葛剑雄近影

## 本 书 编 委 会

（按姓氏拼音排序）

安介生　董龙凯　杜　菲　高蒙河
葛庆华　侯杨方　李玉尚　孙宏年
王卫东　张根福　张　敏　赵发国

# 咸蹊集（二）

本书编委会 编

葛剑雄先生从教六十年誌庆论文集

复旦大学出版社

# 人类文明发展的主线和历史地理学的使命（代序）

葛剑雄

文明是指一个较大的人类群体，在特定的时间和空间范围内所创造的物质财富和精神财富的总和。

中华文明就是中华民族在以往五千多年间在世界上创造的物质财富和精神财富的总和。

人类处于地球表层极其复杂多样的环境中，人类文明和人类历史的发展是各种因素综合作用的结果。但从人类产生至今，一直到可以预见的未来，始终贯穿着两条主线：一是人类与自然的互动和协调，即人类不自觉地或自觉地适应地理环境。一是人类不断克服自身的生物性、兽性，形成人性，并逐步确立人类共同的精神标准和价值观念。

一

人类在非洲产生后相当长的阶段内，都不具备生产能力，只能靠采集，后来加上狩猎为生。自然界的野生植物、动物尽管非常丰富多样，但可供原始人采集并用于维持生存的种类和数量还是有限的。特别是在同一个空间范围内，当人类的需要量超过了它们正常的繁殖更新量时，这些人就生存不下去，他们会本能地扩大采集范围。一旦在新的区域内生存下来，就不再迁回原地。但总有些人具有更强的好奇心，对外界和新事物的好奇，促使他们会在食物并未采尽时就走向新的区域，或暂时定居，或继续前行。他们或许会因为采集不到足于维生的食物而灭绝，或许就此完成了一次新的迁徙。

人类就是这样走出非洲，并最终走到地球上大多数适合人类生存的地方。但这一过程极其漫长，而且最终能走到新的定居地的人或许只是少数。由于那时的人完全不了解外界的环境，再次向外走的时候往往没有选择的余地，只是一次次地试错，无数个迁徙人群会以灭绝告终。有幸迁入一些自然条件相对优越的地方的人，则获得了更好的繁衍条件，并逐渐进入文明。

在东非以外，包括今天中国境内，也发现了几十万年至一二百万年前的人类化石。但迄今，还没有找到这些古人延续下来的证据，他们也应该像那些没有走出非洲的人那样，在试错中失败而导致灭绝。

如果今后的科学研究证明，人类的发源地不止非洲一处，如包括中国境内的古人类的发源地，那么起源于那些地方的人的迁徙和扩散过程大致相同。

据此推测，在银河系或宇宙的其他空间，在理论上完全应该存在着的类似地球的星体上，同样的过程已经无数次地发生于过去和现在，也将发生于未来。

孕育了早期文明的地方，如两河流域的美索不达米亚平原、爱琴海周围、希腊沿海平原、地中海中的岛屿、肥沃新月形地带、尼罗河三角洲、黄河中下游地区等，都具有较好的自然条件。如地球上可能被人类驯化为粮食作物的20余个品种，大多数生长在地中海式气候带，环地中海地带的人最早驯化成小麦、豌豆、橄榄等优质作物。生产出充足的食物，为人口聚集和阶层分化提供了稳定的物质基础。又如黄河中下游地区属黄土高原和黄土冲积形成的平原，土壤疏松，原始植被易于清除，五六千年前气候温暖，降水充足，形成大面积的农田，文明曙光在这一带发展成华夏文明的核心绝非偶然。

因各种原因迁入自然条件较差地区的人群，不得不选择游牧、狩猎、饲养、采集等生产方式，一般难以产生充足的、稳定的食物供应，人口数量有限且分散，阶层分化出现得较晚，层次简单，一直无法形成城市或行政中心。等他们发展到足以改变生产方式，或有能力采用定居农业时，近处的宜农地域早已被其他人群占有。在从事不同产业的人群交错分布的地区，由于农耕人群更强的生产和生存能力，其他生产方式的人群往往会被压缩到自然条件更差的空间，或者不得不外迁，或者被并入农耕人群。例如先秦时在黄河中下游地区还有不少以牧业为主的戎、狄部族，到公元前221年秦始皇统一，在长城以内已不存在聚居的牧业部族。

在总生产力相当低而管理成本相对高的条件下，统治阶层要维持自己的权力、地位和利益，必定会采用专制的办法，早期的政治实体、酋邦、国家基本都采用专制政治体制，并先后转为世袭制。但由于不同的地理环境，专制集权的程度不一，统一的范围各异。如中华文明，形成于黄河中下游地区，以黄土高原和黄土冲积平原为基础,基本都属宜农地区,面积大,中间没有明显的地理障碍,便于统治管理,行政成本低,因而很早就产生了大一统的观念和理论,并在公元前 221 年由秦始皇首先实现,建立了中央集权的专制政治体制,延续到 20 世纪初的清朝末年。在希腊半岛,由于仅在沿海有狭窄的平原,其他都是山岭、峡谷、山地,交通不便,对异地的统治管理行政成本太高,因而形成一个个独立的城邦,整个半岛从来没有出现如秦朝那样的中央集权专制政权。即使是在国力最强盛时,也只是主要城邦间的松散联合。上埃及与下埃及之间,只是联合,而不是中国式的中央集权。波斯帝国、亚历山大帝国、罗马帝国、拜占庭帝国、奥斯曼帝国,没有一个产生过"大一统"思想和理论,没有一个建立过真正意义的中央集权政权。

游牧部族一般只能生产出勉强维持生存的食物,一旦出现不利的气候条件,往往只能选择迁徙。由于他们掌握的地理信息有限,迁徙大多是盲目的,因此其中一部分会以部族灭绝或被其他部族吞并而告终。在迁徙遇到人为阻力时,他们别无选择,只能以武力对抗,结果可能获得依靠生产无法获得的食物、物资和财富。这无疑会诱发他们本来就难免的贪欲、野心、兽性,转而以掠夺、杀戮为手段取得更有利的生存条件。在耕地不足、气候不利或遭遇天灾人祸时,农业部族也不得不部分或全部迁徙。他们的最终命运,取决于能否获得足够的土地和包括人文、自然两方面资源的基本的生存条件。

而像古代中国这样拥有辽阔的疆域和足够的农田、能够生产出足够食物和物资供养自己的人口的国家,在不利的气候条件或异常灾害面前,具有充分的回旋余地,通过内部的人口迁移和资源配置就能得到解决,如人口从北方迁往南方,从平原进入谷地、山区,由黄河流域转移到长江流域,开发尚未开发的区域。所以,从西汉至明朝,尽管经常拥有足够的军事控制能力,朝廷却始终没有在蒙古高原、青藏高原和东北地区设置正式的郡县(州县)制度。开疆拓土或坚守边界,更多是出于国家安全的考虑,或者是反击入侵的结果。对新获得的疆土仅实施军事监护和象征性的行政管理,一旦国力衰退或鞭长莫及,就会轻易放弃。甚至不屑、不愿获得新的疆土,如果管理成本太高,或当地抗拒的压力太大,最终还会弃守。

有人将不同群体、不同民族、不同国家、不同文明之间的差异和特点归结于血统、基因,甚至认为存在优劣之分。但遗传学研究已经证明,人类出自同一个祖先,同一种基因,至多几个祖先、几种基因。今天的不同人种、不同遗传基因是同一祖先的后裔散布到地球各地后长期演变的结果。而导致这些演变发生的主要原因,是各地不同的地理环境,而不是当初已经存在遗传基因的差异。

另外,地理环境对人类活动和人类文明的制约作用并不反映在对人类生活、生产、生存方式的具体内容和程度的决定,而是反映在规定了特定条件下的上限和下限。在这一范围,人类可具有相对无限的创造力和发展空间。例如,在一个物质条件完全相同的空间范围内,不同的生活、生产、生存方式,不同的工具、技术、科学,不同的价值观念、意识形态、政治制度,所产生的物质成果和对自然环境的影响可以有极其悬殊的差异。至于某些精神财富,则完全取决于个人。思想家只要能维持生存,就能产生意识、观念、思想。同样生存条件下的不同思想家的精神产物可以千差万别,一位天才思想家的精神产物可以超过无数平庸人物的总和,甚至达到空前绝后。

物质财富可以积累和继承,尽管不可避免地会不断受到人为和自然的损毁,但总的趋势是越来越丰富多样。工具、技术、生产力总是越来越先进高效,并因科学研究成果的应用而发生突变和飞跃,产生的物质财富甚至可能有几何级数的倍增。对任何一种文明,就物质财富而言,总是后超乎前,今胜于昔。

随着生产力的发展,特别是在工业化以后,一些人陶醉于科学技术的长足进步和物质财富的迅速增加,一度产生人定胜天的观念,提出过"征服自然"的号召,造成某些资源的枯竭、某些物种的灭绝,并对局部区域的环境造成难以消除的污染和不可修复的破坏。殖民主义、帝国主义、垄断资本推波助澜,加剧环境恶化,引发社会危机。一方面,技术的进步和科学的发展达到空前的高度;另一方面,人类与自然的和谐共生共存也受到严峻的考验。

## 二

人类历史的另一条主线,是人类不断克服自身的生物性、兽性,具有人性并不断完善的过程。

当人类的祖先还在非洲以及走出非洲的过程中,绝大多数人都还只有生物性、兽性,与其他动物还没有明显的区别。他们行动、发声、觅食、饮食、性欲、避热、御寒、集群、互助、争斗、交配、生殖、育雏、喜好、厌弃、病痛、死亡、迁徙等行为,大致与生物无异。与此同时,其中个别人或少数人由于超常的生理发育或脑功能的进化,或迄今我们还无法理解的原因,产生了或增强了好奇心、同情心、厌恶心、羞辱感、舒适感、美好感、荣耀感、模仿力、判断力、思维力、表达力、感染力、想象力、号召力、表达欲，并且不断克服自身的动物性、野性、兽性。但多数人不具备他们这样的能力，而且不认同他们的行为方式和表达出来的感情，视他们为异类，甚至加以驱逐或杀害。但其中有的人依靠自己的体力和智力，成为部落的首领，通过暴力强制或劝导示范，使部落成员接受他的生活方式、是非标准、行为规范，增强了部落成员的人性。这一过程是漫长的、曲折的、反复的，但最终结果是，一些部落形成了比较共同的人性，并结为更大的部落联盟或部族，进而形成酋邦、政治实体、早期国家。

早期人类面对变幻莫测又威力无穷的自然界和无法对抗的敌对群体，无不寄希望于神灵、祖先，产生广泛的自然崇拜、泛神崇拜，形成越来越隆重丰盛的祭祀。由于他们所崇拜和祈求的是拟人化的神灵，所以就按自己的标准和理想来准备祭享用品和殉葬品——动物、植物、鲜血、器官、心脏、头颅、奴隶、俘虏、美女、异人和各种珍贵的物品。中国秦汉时的观念是"视死如生"，所以皇帝的陪葬品应包括他生前所需要的一切。随着人类自身的物质需求、审美标准和价值观念变化，这才逐步改为食物、果品、鲜花和精心制作的祭祀器物，伴随以音乐、舞蹈和隆重的仪式，殉葬品也逐渐以俑、器物、模型、图画、象征性器物替代。

由于种种原因，包括迄今我们还不能了解的，在特定的区域（一种说法是在亚美尼亚一带）人类产生了语言，随着人口的迁徙而形成不同的语系和更多的不同语言。有了语言，杰出的、先知先觉的人，无论是要强制推行还是教化感化，都有了更有效的手段。一万年以来，地球上先后产生了不同的文字。文字的使用和传播，使人类的思想和精神生活得到记录和推广，也使人的生活方式、行为规范、好恶程度、是非标准、价值观念等得到准确的记录和表达，又通过家庭家族的权威和政权的权力，逐步形成规则、惯例、法令、制度、法律。文字记载使人与神的沟通更加便利，使人的祈求更加直接而具体，也由此分化出历史记载专职人员。

统治者和统治阶层，因其拥有丰厚的物质条件和强大的行政权力，可以有效地推行他们认可的人性，尽管他们自己未必真正实行。一方面他们可以通过家庭、学校、社会的各种途径进行教化，另一方面也会用规则、法律的惩处乃至严刑峻法加以强化和强制。在宗教盛行后，统治者还会借助于宗教。只要他们想推行的"人性"得到宗教信仰的肯定，被列入信仰的范围，或被解释为信仰的表现，统治者不需要任何行政成本，就能达到最大的效益，但统治者实际推行的非人性、愚昧、野蛮、暴虐、奴役、专制、集权，也在这种政教合一的条件下被推向极致。

虽然宗教本身是创造者本身的人性的理想化、完美化和神秘化的产物,但一旦形成宗教信仰,信众就丧失了本来的人性,而必须完全接受神、上帝、主赐予的"人性",方能救赎自己与生俱来的罪愆。宗教领袖、神职人员,假神的名义,或者依照他们自己对神谕的理解,推行他们的"人性"。任何宗教信仰本质上都是排他的,在未形成世俗的世界秩序和国际条约之前,宗教之间不可避免存在难以调和的冲突,引发出持久的、激烈的宗教战争。政教合一、宗教战争,曾经使欧洲相关宗教信仰地区经历了人类历史上最黑暗的时代。所以现代社会都必须实行政教分离,在保证宗教信仰的同时,宗教不得干预政治、教育、科学、学术和世俗社会、公共事务。

在生存资源有限、人类的生存能力不可能及时提高的条件下,群体之间为了争夺生存资源的斗争和战争不可避免。无论战争的胜负,都可能激发人本来就有的动物性、兽性,使有些个体或群体以掠夺侵略代替生产,甚至以杀戮为乐趣。一旦兽性强的人掌握了权力,或者成了大群体的首领,更会不顾后果地、持续地发动战争。另外,人性的张扬也使有些个体或群体以正义的战争守卫自己的财物,维护自己的权益,以战止战。当他们拥有足够的实力时,就会用人性规范战争,感化或强制对手遵守这些规则。如中国春秋时代的宋襄公,在敌强我弱的情况下还坚持不攻击正在渡河、未布好阵势的敌军和头发斑白的中老年人,在兵败身伤时仍然坚持。希腊、罗马时代就形成一些决斗、战争的规范,中世纪后,欧洲逐渐产生规范战争行为、战场救护、善待战俘、保护平民的国际条约。

生产力和科学技术的进步,武器和战争手段的发展,人口的增加,使掌握国家权力的战争狂人具有无限的杀伤力,他们兽性的膨胀会给全人类带来浩劫。人性也凝聚着另一些人类群体、民族、国家,为了自己的利益、尊严、独立、自由、民主进行并坚持正义的战争。在第二次世界大战中,大多数国家和人民结成同盟,打败了侵略者,消灭了法西斯,建立联合国,确立了国际关系的准则,制订了相关的国际法。但时至今日,一些人的兽性依然得不到抑制,膨胀为侵略、掠夺、反人类行为、恐怖活动,并因最先进的武器和战争手段给全人类带来巨大的灾难。

人类的精神活动对物质条件的依赖性很低。一位天才、一位杰出人物,只要他(或她)尚未脑死亡,就能有思维,就能保持和提升人性,就能创造精神财富。当然这一切必须被记录和传播,才具有社会意义和实际意义。迄今的脑科学研究并未发现精神、思想可以随基因遗传，人脑的机能始终在进化和优化。所以人类的精神境界、人性的高度并不一定随着时间和物质基础同步提升。某位天才、杰出人物曾经创造的精神境界、达到的人性高度和纯度，或许永远不可能被复制和超越。

人性不是自然的产物，也不是具体的地理环境的产物。生存在同样的地理环境中的人只有极个别才会产生人性或张扬、提升、纯化人性。人性也不是自然进化的结果，否则，人类出现到现在已有二百多万年了，为什么在同一个地球表层没有其他生物也进化为人，并具有人性呢？长期流行一种说法——劳动创造世界，但劳动只能创造物质世界，却不能创造精神世界。还有种说法——劳动使人类进化，实际上，单纯的劳动至多能促进人类身体的进化，却不能产生人性，更不能促使人性提升。某些动物也能劳动，甚至能制造工具，但它们并没有产生人性，更没有进化为人类。

正因为迄今的脑科学研究成果还无法对人类精神活动的原理作出合理的、令人信服的解释，尽管大多数科学研究成果有利于人性的彰显，另一些成果却起着相反的作用。科学与人性、人文、人类之间始终存在，并且会不断产生矛盾、失衡和冲突。科学研究的结论认为可以做或应该做的事，从某一阶段或某种特定的人性出发，往往是不能做或不应该做的。

任何一种人类文明的形成和发展、兴盛和衰落，当然离不开基本的物质财富。但在这一群体获得了生存的手段，摆脱了物质匮乏状态，特别是进入富裕社会后，文明的命运就取决于精神财富，取决于人性。人类的未来，人类命运共同体的精神基础，就是《中国共产党章程》中所提出的"和平、发展、公平、正义、民主、自由的全人类共同价值"——全人类人性的升华和结晶。

三

一方面，人类和人类文明在地球表层产生和发展，地球表层是人类历史的舞台。另一方面，地球表层本身就是人类和人类文明的物质基础和构成部分，所以人类文明史也应该包括地球表层在不同时期的状况和演变过程，这正是古地理学和历史地理学的研究对象和学科使命。历史地理学主要研究和重构人类历史时期的地理现象，更多依赖于当时保留下来的信息和文字记载。解析或复原这些信息可以解决重要的定性或定量问题，如通过碳14测年可以比较精准地确定年代，通过遗址的发掘和研究可以确定古城的位置和内部布局，通过器物及其残留物的鉴定可以确定文化类型,但如果没有文字,就无法最终确定具体的名称、时刻、过程和内容。例如,尽管考古学者基本可以确定山西襄汾的陶寺遗址就是"尧都",却只能公布为"非常可能就是传说中的尧都",原因就是还找不到文字证据。因此对有文字记载的文明或历史阶段,历史地理学可以比古地理学和考古地理学发挥更大的、往往是决定性的作用。

就人类文明的第一条主线而言,同时期的地理环境是人类文明的物质基础,也是人类创造物质财富的前提,始终起着制约作用,相当大程度上起着决定性的作用。只有正确地复原或重构特定时期的地理环境,包括自然的、人文的各种要素,才能真正了解、估量、证实、评价这些物质财富,以及它们对人类和人类社会的意义。

就人类文明的另一条主线而言,人性本身虽然并不依赖于地理环境,但人性的具体化和实践还是离不开物质条件,同样与地理环境密切相关。任何观念、思想、信仰的实施都需要最低限度的物质基础,虽然高度发达的物质财富不能自然形成高度发达的人性,但"和平、发展、公平、正义、民主、自由的全人类共同价值"只有在物质财富高度发达的条件下才有可能在全世界实现。

历史地理学研究和重构历史时期的自然和人文地理环境,是认识人类文明这两条主线的必要条件,也是厘清两者关系和区别的可行途径。如果仅仅只有第一条主线,在大致相同的地理环境内只能产生和发展出同样的文明,但历史事实并非如此,其主要的原因就在于不同人类群体中产生的人性以及人性的发展并不与地理环境一致,可能有很大的差异,甚至迥然不同。所以一方面,通过历史地理的研究,确定特定的地理环境可能对人类文明产生什么影响,留下什么后果;另一方面,考察实际状况,可以了解实际产生了什么影响,留下了什么后果。两者之间的差异恰恰反映了两条主线之间的互动或矛盾——有时是正叠加,有时却是负抵消。例如在宣泄洪水时,正常的选择就是"以邻为壑"——往低处、开阔处、对自己危害少处引导——完全符合人与自然环境的调适。但如果从不同的人性出发,或者会为了不给"邻"造成不利影响而"以己为壑",或者会利用洪水加重对"邻"的祸害,或者会先与"邻"谈判确定"壑"的范围和程度。在人类文明的早期,主要是第一条主线起作用,历史地理学的研究对象主要是自然地理。随着文明的进步与发展,第二条主线的作用越来越强,不仅产生了越来越多的人文地理要素,而且自然地理要素也很少不受人类活动和人性的影响。

人类文明的未来依然是两条主线交织,由于人性的不可知性,所以无法以现有的科学知识和原理作出预测,但历史地理学的研究成果还是可以提供有益的经验。例如,面对全球变暖的趋势,科技界的主导性判断是人为因素所致,但这无法解释人类文明史上更大幅度的变暖和变冷的根本原因。在中华五千年文明史上,曾经不止一次出现过的变暖或变冷,都大于有器测以来的纪录,也高于对这次全球变暖幅度的预测。而当时的人为因素比现在小得多,甚至可以忽略不计。对于器测时代以前的气候变迁,现代气象学和相关学科还无计可施,基于中华文明丰富的文献记载和遗址遗物,历史地理的研究方法或许能另辟蹊径,取得突破。

对人类文明的未来,历史地理学将承担新的使命。

# 目　录

## 政治史与军事史研究

## 边疆史与民族史研究

## 文化史研究

## 城市史与环境史研究

人口史与移民史研究

# 抗战时期人口流迁状况研究

张根福

20世纪三四十年代,日本发动侵华战争,数以千万计的中国民众为避战祸被迫进行迁移。此时,自然灾害也时有发生,大批灾民也不得不背井离乡。

对抗战时期流迁人口的数量,很多学者进行过估测,如陈达、陈彩章、孙本文、陆民仁等,估计数量从1 000万—5 000万不等。这些估计仅针对内迁人口[1]而言,相互之间差距甚大,且缺乏比较可靠的统计支撑,有较大的随意性。近年来,笔者在中国第二历史档案馆查阅课题资料期间,对行政院善后救济总署的战时损失调查做过比较细致的研究,认为其有关战区各省市难民及流离人口数量的统计,对研究战时人口流迁具有重要意义。

由于抗战时期的人口流迁情况是极其复杂的,它虽有部分自觉的、有组织的群体迁移,但更多的则是自发的、非组织的个体行为,与常态下的人口迁移有着重大区别。常态下人口迁移的主体是可以明确选择的,迁移的时间和地点也是可以确定的,而战时人口流迁在战局演变下则具有不确定性。为此,笔者在研究时,将人口流迁界定为:越过一定地界、经历一定时间的人口移动。"一定地界"包括各省市之间,也包括省内各区域之间,如国统区、沦陷区、抗日根据地之间,各行政区域之间及同一行政区的县城与乡村、平原与山区之间等。"一定时间"既包括永久性,也包括暂时性,但这里的暂时性是特指的,如战役的前后或重大事件的前后等。

## 一、战时人口流迁的数量

行政院善后救济总署成立后,即展开战时损失的调查,并设立调查处专司

---

[1] 所谓内迁人口,是指迁入西南、西北大后方及中国政府和军队其他控制区域的人口,不包括迁入沦陷区、抗日根据地、游击区的人口。

其事,"该处以沦陷之省区为单位,设置十七组分别进行调查工作。经制定表格送请各该有关省市政府、同乡会及各地来渝之同乡填报,同时派员访问各有关机关团体或有关之个人,凡有可供参考之资料务期搜集完备。对于首先恢复之地区如黔南及广西则派员前往实地调查,以期正确。所有各组工作历时四月乃完成"〔1〕。

"此次调查资料的来源主要有:(一)各省市政府报告;(二)各地同乡会报告;(三)有关机关或团体汇集之情报;(四)通信及访问所接获之资料;(五)实地调查之报表;(六)合理之估计数字;(七)参考伪组织所发表之统计。""各组依据上项资料,参酌研究,仍以各省市为单位,分别编成调查报告。"〔2〕上述调查资料来源不一,统计口径会有一些差异,遗漏也不可避免,而且统计中有部分数字为估计数,但是大部分毕竟为各地的调查数字,因此,在无其他可靠统计的情况下,它可作为战时流迁人口的重要参考数据。

调查结果显示,战时各省市难民及流离人民总数为 9 500 多万人(见表1)。

表1　战区各地难民及流离人民数量统计

| 省市名 | 难民及流离人民数 | 占人口百分比 | 省市名 | 难民及流离人民数 | 占人口百分比 |
|---|---|---|---|---|---|
| 江苏 | 12 502 633 | 34.28 | 武汉 | 534 040 | 43.56 |
| 南京 | 335 634 | 32.90 | 湖南 | 13 073 209 | 42.73 |
| 上海 | 531 431 | 13.80 | 福建 | 1 065 467 | 9.25 |
| 浙江 | 5 185 210 | 23.90 | 广东 | 4 280 266 | 13.76 |
| 安徽 | 2 688 242 | 12.23 | 广西 | 2 562 400 | 20.37 |
| 江西 | 1 360 045 | 9.55 | 河北 | 6 774 000 | 23.99 |
| 湖北 | 7 690 000 | 30.13 | 北平 | 400 000 | 15.45 |

---

〔1〕《各省市善后救济初步调查概要》,中国第二历史档案馆(以下简称二档),二一(2),221。
〔2〕《各省市善后救济初步调查概要》,二档,二一(2),221。

续　表

| 省市名 | 难民及流离人民数 | 占人口百分比 | 省市名 | 难民及流离人民数 | 占人口百分比 |
|---|---|---|---|---|---|
| 天津 | 200 000 | 10.00 | 东北四省 | 4 297 100 | 12.12 |
| 山东 | 11 760 664 | 30.71 | 绥远 | 675 715 | 38.20 |
| 河南 | 14 533 200 | 43.49 | 察哈尔 | 225 673 | 11.08 |
| 山西 | 4 753 842 | 41.06 | 总计 | 95 428 771 | 26.17 |

资料来源:《难民及流离人民数总表》,二档,二一,221。

其中流迁人口数量最多的是河南省,为 14 533 200 人,占全省人数的 43.49%,"推其原因:(一)平汉、陇海两铁路纵横境内,战事频繁;(二)抗战后历年水、旱、虫、蝗、风、雹、灾祲未已,黄河溃决,泛滥甚广,(民国)三十一至三十二年之灾情尤为普遍重大;(三)豫西、豫北各县游击、扫荡往复激战,受害更惨"[1]。位居第二的是湖南省,为 13 073 209 人,占全省人口的 42.73%,"此由于该省境内大会战八次,其激烈者如湘北三次会战、常德会战及民国三十三年敌图打通大陆交通线之进攻。又长沙曾经大火,而衡阳、常德、湘潭屡遭滥炸。成为人民流离之主因"[2]。流迁人口百分比最低的省为福建省,计 1 065 467 人,占全省人口 9.25%;次低为江西省,计 1 360 045 人,占全省人口 9.55%。究其原因,二省"境内激战不多,沦陷县份较少。福建省沦陷 15 县,江西省 39 县从未沦陷,而沦陷较久者仅 14 县。居民以交通阻塞多滞留家乡"[3]。

表中的难民及流离人民数不包括西部地区(除广西省外)的流迁数,西南、西北为战时大后方,是重要的人口迁入地。但个别省区在战时曾一度遭日军侵入,重庆、成都、昆明、西安、兰州等城市也数度遭日机轰炸,都造成了部分难民的迁移。例如,1938—1940 年,重庆在日本大规模轰炸中,每年疏散的人口超过 20 万,成都、兰州也有不少难民疏散。另外,抗战期间西部地区还征送了大量的壮丁,如,四川 2 578 810 人,西康 30 938 人,云南 374 693 人,贵州

---

[1]《各省市善后救济初步调查概要》,二档,二一(2),221。
[2]《各省市善后救济初步调查概要》,二档,二一(2),221。
[3]《各省市善后救济初步调查概要》,二档,二一(2),221。

580 416 人,陕西 888 363 人,甘肃 383 857 人,宁夏 23 609 人,青海 18 009 人[1],共 4 878 695 人。再加上西部各省市之间的互迁,西部地区战时的流迁人口至少在 600 万以上。这样,抗战时期中国人口流迁的总量当在 1 亿以上。

## 二、战时人口流迁的过程

以卢沟桥事变为界,抗日战争经历了局部抗战与全面抗战两个时期。局部抗战时期,人口流迁主要发生在东北地区,迁移的地域性比较明显。而全面抗战初期,日军处于战略进攻阶段,中国大片领土相继丧失,华北、长江中下游、东南沿海等地均发生了大规模的人口流迁;抗战中后期,战区相对稳定,除豫湘桂战役时期外,流迁人口相对较少,变化比较平稳。依据上述特征,可将战时人口流迁分为以下三个阶段。

### (一)"九一八"事变后东北地区的人口流迁

"九一八"事变后,日军相继侵占了辽宁、吉林、黑龙江三省,致使原先居住在东北的大批民众迁入关内。据不完全统计,"九一八"事变初期,迁入关内的民众"不下五六十万",大致可分为四类:"第一类为各机关之公务人员及其眷属——'九一八事变'发生,东北地方机关多循交通线撤至平津,其眷属亦随同后撤;第二类为军官士兵及其眷属——'九一八事变'前,东北部队已多半内调,驻守平津、河北,事变后又继续内移;第三类为教育工作者及学生——'九一八事变'后,东北较大学校均相继内移,而从事教育工作人员多激于爱国情绪,亦多半率同青年学生鱼贯来归;第四类纯粹避难来归之人民——于(民国)十一年至二十五年间由东北携眷迁居平津之人民络绎不绝"[2]。

日军占领东北后,为巩固其殖民统治,于 1932 年 3 月成立伪满洲国。1933 年 3 月,又派兵侵占了热河,并将它划入伪满洲国版图。为切断抗日武装与人民群众的联系,日军使用武力实行集家并村,设立"集团部落",强迫小村庄和分散的民众离开世代居住的家园,集中到日伪指定的部落之内。而对原住的村庄一律烧毁,制造"无人区",致使大批民众流落他乡。据申玉山、赵

---

〔1〕 浙江省中国国民党历史研究组(筹)编印:《抗日战争时期国民党战场史料选编》(一),附表16。
〔2〕 《东北四省调查报告底稿》,二档,二一(2),205。

志伟研究,侵华日军仅在热河省强行集家并村过程中,即有 123 718 户、618 590 人被迫离开原住村落,迁入所谓的"集团部落",分别占总户数、总人口的 19.3% 和 16.6%[1]。

日军占领东北初期,对一些重要经济部门如铁路、航空、银行、邮政、钢铁、矿业、石油等实行"国家统制",使中国民族工商业遭受重大的打击,一些中国商户因无力与日商竞争,经不起打击,纷纷休业,甚至倒闭、破产,曾经在东北经商的山东、河北商人大多返回华北[2]。东北的农村经济也出现残破现象,农民大量破产冲击了劳动力市场,使"九一八"事变后东北地区雇工工资锐减。加之东北沦陷初期,日军实施限制华北劳工入境的劳动统制政策,使出关人数减少,而关内移民纷纷返回关内。1931—1937 年,华北民众进入东北的人数为 3 109 130 人,离开东北人数为 2 761 186 人[3]。

### (二) 全面抗战初期的人口流迁

卢沟桥事变爆发后,日本发动全面侵华战争。此时中国大片国土相继沦陷,广大民众被迫背井离乡。这一时期的人口流迁主要发生在日军进攻华北、淞沪会战、南京撤退、徐州会战、武汉会战及闽粤战事期间。

1. 华北沦陷时期

1937 年 7 月底,日军占领平津后,向华北其他省市也发动了猛烈进攻,华北地区人口迁移变得极为频繁。如北平市,1937 年 7—11 月,共迁入 57 419 户、233 647 人,迁出 63 468 户、263 312 人[4]。天津沦陷后,大批市民为躲避战乱,或匿身附近农村,或迁居租界。更多的人扶老携幼朝不同方向逃难。河北、河南、山东、山西等省在抗战初期均发生了大规模的人口流迁。程朝云经过深入研究,认为抗战初期华北地区人口流迁的路线除近距离外,主要有三条:(1) 经平汉路至郑州,再由郑州或者安置于河南境内,或者经陇海路西去陕西,或者继续沿平汉线南下湖北省境。(2) 经平绥路西迁。一部分往大同、包头;一部分再由大同沿同蒲线至太原,并以太原为主要汇集地,进一步向陕

---

〔1〕 申玉山、赵志伟:《侵华日军在华北制造"无人区"若干史实考辨》,《山西大学学报(哲学社会科学版)》2005 年第 5 期。

〔2〕 范立君:《"九一八"事变后东北地区华北移民动态的考察》,《史学月刊》2002 年第 4 期。

〔3〕 《满洲矿山劳动概况调查报告》(第十四编),伪满铁调查部,1940 年 7 月,第 7 页。

〔4〕 谢萌明:《由七七事变引起的北平社会动荡》,《中共党史研究》2003 年第 3 期;合计中的数字本人作了较正。

西迁移。(3) 一部分有能力的自动南迁京沪或武汉三镇[1]。

### 2. 淞沪会战时期

1937 年 8—11 月的淞沪会战使江浙沪地区的人口发生了大规模的迁移。上海租界成为避难人口的重要迁入地,仅"八一三"当天就有 6 万民众迁入。此外,战区大批民众纷纷外迁,"自八月十三日起,至九月三十日止,由淞沪宝山一带经京沪路各站辗转以轮船遣送至江北江都、仪征、高邮、宝应、淮安、淮阴、涟水、泗阳、宿迁、泰县、东台、兴化、盐城、阜宁十四县者为二十五万三千九百六十五人;自动奔走或搭雇帆船、连同转道津浦路由浦口渡江至江北六合、江浦、铜山、丰县、邳县、萧县、砀山、东海、灌云等县者为四万五千三百六十人,男妇老弱并计其二十九万九千三百二十六人"[2]。原籍浙江、江苏、广东、福建、江西、湖北、河南等地的旅沪人口也大批避难回乡,如宁波同乡会在淞沪会战开始后历时三个月"租轮船四艘,免费遣送同乡回甬二十余万人"[3]。1937 年 11 月 5 日,日军在杭州湾登陆。不久,相继占领了浙省杭嘉湖地区的一些主要市镇,此地民众的生命财产受到严重威胁,只得抛弃家园,仓皇逃难。据王惟英统计,抗战初期迁入后方国统区的浙省难民有 1 310 801 人[4]。

### 3. 国民政府西迁前后

日军占领上海后,立即兵分三路向南京进攻,常熟、苏州、无锡、常州、镇江相继失陷,民众四处逃难。如苏州,"素为江南繁华之区,战前人口 36 万,战后仅 2 万余人"[5];"无锡原有居民 30 万,留下来的不过 1 万人"[6];"常州战前有人口 70 余万,战后不足 5 万"[7]。南京战前常住人口约 100 万,其中城区人口 85 万。至 1937 年 11 月常住人口 54.7 万,其中城区人口 37.9 万[8]。日军占领南京后,进行了疯狂的大屠杀,死亡人数 30 余万。

〔1〕 程朝云:《抗战初期的难民内迁》,《抗日战争研究》2000 年第 2 期。
〔2〕 《京沪路难民救济专员成静生致赈委会 9、10 月份的电文》,二档,一一六,65,转引自程朝云:《抗战初期的难民内迁》,《抗日战争研究》2000 年第 2 期。
〔3〕 董启俊:《宁波旅沪同乡会》,《宁波文史资料》第 5 辑,第 13 页。
〔4〕 王惟英:《抗战一年来浙江省救济难民概况》,《浙光》1938 年第 6 期。
〔5〕 《沪宁路沿线各地损失情形概况》(1941 年 12 月),上海市档案馆编:《日本在华中经济掠夺史料(1937—1945)》,上海书店出版社 2005 年,第 115—116 页。
〔6〕 《申报》,1938 年 2 月 11—12 日。
〔7〕 《沪宁路沿线各地损失情形概况》(1941 年 12 月),上海档案馆编:《日本在华中经济掠夺史料(1937—1945)》,第 136 页。
〔8〕 张连红:《南京大屠杀前夕南京人口的变化》,《民国档案》2004 年第 3 期。

1937年11月下旬,国民政府迁都重庆,把西南作为抗战大后方,从而带动了大批人口的西迁。政府机关、社会机构、民间团体、外国驻华机构等纷纷云集西南,工矿企业、文化教育机构也开始了自东向西的大转移。

4. 徐州会战、武汉会战时期

1937年12月至1938年6月,徐州会战发生,安徽、山东两省及苏北、豫北部分地区沦为战区,致使大批民众迁移。徐州会战结束后,日军又兵分两路,展开对武汉的进攻,一路从皖中部、南部向鄂省进犯,一路自皖北经豫南再沿平汉线南下或从鄂豫皖三省交界处攻向汉口。为遏止日军的西进,国民党军队在郑州花园口、赵口一带决堤,致使豫皖苏1930多万人口受灾,390多万民众逃离他乡。

武汉会战从1938年6月12日开始至11月12日结束,持续5个月。随着战火的日益逼近,以武汉为中心的鄂、豫、皖、赣各地的人口流迁也随之展开,"其具体大概有二:一是继续沿江上驶,或乘船,或从陆路乘车,有的甚至步行,经沙市、宜昌去往重庆和四川省其他地区,这是当时最繁忙、集中难民人数最多的一条西迁之路;二是经粤汉铁路或者武长公路至长沙,由长沙一部分安置在湘西,如湘西沅陵等9县就被作为安置皖籍难民区"[1]。

5. 闽、粤战事发生时期

1938年5月后,闽、粤战事接连发生,10月22日,广州沦陷,"福建、广东等地居民有的逃往山区和内地,有的到香港、澳门,也有的移居南洋一带。如,广州原有150万人口,至1938年6月初'仅有五十余万人'。迁离的难民少数疏散回乡,相当数量的难民流亡到内地一些城市"[2]。

### (三) 全面抗战中后期的人口流迁

在抗战中期,由于战区的相对稳定,人口流迁的规模和数量相对较小。但这一时期,日军对中共领导的抗日根据地的"扫荡""治安强化运动""清乡"及对国民党正面战场发动的局部进攻,都造成了大批人口的流迁。如侵华日军为了封锁、扼杀华北地区的抗日根据地,除在长城沿线、晋东北、冀西大规模制造"无人区"外,还在山东和晋中、晋西北及河南等地制造了大大小小若干块"无人区"。为制造这些"无人区",日军大致采取两种办法:一种是通过残酷

〔1〕 程朝云:《抗战初期的难民内迁》,《抗日战争研究》2004年第2期。
〔2〕 王同起:《抗日战争时期难民的迁徙与安置》,《历史教学》2002年12月。

的烧、杀、抢、掠,强行将划定为"无人区"的原住百姓驱赶到其所谓的治安区,之后由群众自行选择去向;另一种办法就是武力"集家并村",实行集中强制管理[1]。这致使华北地区数百万民众流落他乡。

到抗战后期,尤其是 1943 年末至 1944 年春,日军在太平洋战场接连失利,在世界大战中已显露败局。为了扭转不利战局,日本决定对中国的平汉、粤汉、湘桂铁路沿线开展代号为"一号作战"的强大攻势,即豫湘桂战役,企图开辟一条从中国东北经华北、华南到越南的"大陆交通线",并迫使重庆政权屈服。豫湘桂战役丧失国土 20 余万平方公里,丢掉城市 146 座,省会 4 个,失去 7 个空军基地和 36 个飞机场[2]。这次战役形成了抗战时期最后一次巨大的人口迁移浪潮[3],豫省民众除就近避入安全地带外,大都向陕西、甘肃迁移。湘、桂等地难民则向四处避难,其中不少迁往西南地区。原迁湘桂地区的沿海一带人口也不得不再次加入迁移的洪流,这些流迁人口从独山、都匀等地沿黔桂公路前往贵阳,部分进入重庆、成都等地。

## 三、战时流迁人口的地域分布

战时人口流迁虽有部分自觉的、有组织的行动,如政府机关、高校、中等学校、文化团体、报社、银行等的迁移,但大多数是自发的非组织的行为,它们常常受战局演变的制约。因此,在迁移流向和地域分布上就显得非常广泛。就迁移人口的地域分布而言,主要有以下几种情况:

### (一) 西南、西北大后方

关于战时人口西迁与分布,孙本文曾论述:"战时移民主流,大致从东部移向西部,以长江为主途。除有一部分沿江迁入江西、湖南、湖北各省外,大都分布于西南西北各省;而其中尤以四川、云南、贵州、广西为最多。就集中时期言,大致可分为两期。第一期集中于武汉,渐次分布于两湖、川、陕、滇、桂诸省。第二期集中于重庆,渐次分布于川省内地及陕、甘、西康、滇、黔、桂诸省。其迁移过程,大率先往城市;城市不能容纳时,再入内地市镇或乡区。"[4]这

〔1〕 申玉山:《侵华日军在华北制造的"无人区"研究》,《东北论坛》2004 年第 4 期。
〔2〕 章伯锋、庄建平主编:《抗日战争》第二卷,四川大学出版社 1997 年,第 2028 页。
〔3〕 李正华:《湘桂败退与西南难民潮》,《历史教学》1994 年第 4 期。
〔4〕 孙本文:《现代中国社会问题》第 2 册,商务印书馆 1946 年,第 260 页。

一论述,对分析西迁人口的地域分布具有重要意义。据估计,战时战区各地迁入西南地区的人口约 300 万—400 万[1],迁入西北地区约 300 万[2]。其分布大致如下。

1. 重庆、成都、昆明、贵阳、桂林、西安、兰州等区域中心城市

重庆是战时陪都,成都、昆明、贵阳、桂林、西安、兰州分别为四川、云南、贵州、广西、陕西、甘肃的省会,所以首先成为西迁人口的重要栖息地。如重庆,抗战前夕,市区有 74 398 户,339 204 人;到 1946 年增加到 125 万人,增长了 3.67 倍,10 年净增 90 万。其中增加的人口绝大多数是随军队、文教、工矿企业迁来的,外地迁渝人口占重庆总人口的一半以上[3]。又如西安,据中国第二历史档案馆馆藏档案,至 1946 年 3 月,"晋绥籍难民在西安一地约五千人(受急赈者 1 330 人);冀籍留陕难民约十万,西安一地约四万人;河南籍留陕难民约二百余万,西安一地领急赈者约三万人,倘予遣送至少五万人。"[4]

2. 中小城市和交通沿线

除大城市外,中小城市和交通沿线也是西迁人口的重要分布区。因为这些地方是区域性的政治、经济中心,交通便利,住所和日常用品容易解决,择业也相对容易。如四川省沿江之万县、忠县、长寿、涪陵、梁山、丰都、云阳、奉节八县,为入渝孔道,"难民因战争内移,多避居此八县谋生"[5]。以万县为例,据 1946 年 1 月的调查,"现万县住有各省人民约八万余人。其中以湖北籍最多,占三万余人;安徽次之。"又如贵州,"抗战以还,历年由各地逃避入黔难胞不下数十余万。自二十九年起省会及交通线上各县份无不人口激增"[6]。1944 年桂柳失陷,大批难民更蜂拥而来,"估计为数共约卅余万人"[7]。这些难民经省府努力疏散至各地安置,"分布于三十五县市,就中以贵阳、独山、都

〔1〕 冯祖贻估计迁入四川约 200 万人,迁入云、贵约 100 万人,参见《抗战期间内迁人口对西南社会经济的影响》,《庆祝抗战胜利五十周年两岸学术会议论文集》,1995 年;何一民估计迁入四川的人口为 300 万,参见《抗战时期西南的经济发展与人口变动》,《庆祝抗战胜利五十周年两岸学术会议论文集》,1995 年。

〔2〕 据二档,二一,战时迁入陕西的人口约 200 万,迁入西北其他省市人口据笔者估计在 100 万左右。

〔3〕 周勇主编:《重庆通史》第三卷,重庆出版社 2003 年,第 875 页。

〔4〕《李降宁报告第一二号》(1946 年 3 月 19 日),二档,二一,2105。

〔5〕《四川万县涪陵难民调查》(1946 年 1 月),二档,二一,2106。

〔6〕《贵州省救济战区难民临时委员会代电》(1945 年 12 月 1 日),二档,二一(2),725。

〔7〕《贵州省善后救济方案草案》(1945 年 11 月),贵州省社会处编印,二档,二一(2),725。

匀、镇远、玉屏、平越、遵义等市县为最多"[1]。再如云南省,"难民之逃入云南多系沿交通线逐步迁移,并多集中于各工厂区附近"[2]。据1946年6月《云南省各属沦陷区人民寄居调查表》所载,云南全省有内迁人口的1市28县,以分布情况而言,除昆明市最集中外,昆明市附近的昆明、安宁、呈贡、宜良诸县也比较集中,此外还分布在滇越铁路和几条公路沿线,如川滇线的会泽、昭通、寻甸,滇黔线的陆南、宣威,滇湎线的楚雄、姚安、祥云、漾鼻、龙陵、凤仪及滇越路的蒙自等县。

同样,西北地区的中小城市、交通沿线也有大量人口迁入。如陕南汉中、甘肃天水等。

### (二) 省内或邻省安全区

#### 1. 迁向战区附近安全地带

因战争大多在城郊或农村展开,农民受害最重,沦为难民的数量也最多,但由于农民对土地具有过分的依赖感,加之乡土观念浓厚,缺乏谋生技能等,大多只是就近避难。此外,部分城镇人口为避战祸也在战前或战时纷纷逃至乡下。譬如,战争初期浙江省杭嘉湖地区的民众除迁向后方国统区外,大都避居陷区或游击区的安全地带。如杭州市民众在战争爆发后,有三分之二逃到乡下[3]。此类难民迁移的时间较短,但与每场战事相始终,加之人口基数大,其数量非常巨大,是战时流迁人口中比例最高的一群。

#### 2. 迁向省内国统区

全面抗战爆发后,华北、长江中下游、东南沿海等地大片国土沦入敌手,但日伪控制区主要是战略要地、城市、县城及交通沿线,其他区域仍为国民党政权或中共抗日政权所控制。这些安全区尤其是国民党控制区域,就成为人口的重要迁入地。如皖南之宁国、休宁、歙县、祁门、黟县、绩溪、旌德、太平、石埭、屯溪及皖西之霍丘、岳西,因未遭敌之入侵,局势相对平稳,成为难民的重要避难地。如屯溪,战初曾是第三战区司令部所在地和第三救济区所在地,人口一度由战前的五六千增至二十多万[4]。

---

〔1〕《贵州难民调查》(1945年12月),二档,二一,2103。

〔2〕《昆明难民侨民遣送经过》,二档,二一(2),322。

〔3〕苏智良等编著:《去大后方——中国抗战内迁实录》,上海人民出版社2005年,第289页。

〔4〕孙艳魁:《苦难的人流——抗战时期的难民》,广西师范大学出版社1994年,第268页。

3. 迁向邻省国统区

战时的人口流迁大都属不规则的运动,流徙的难民个体往往根据其经济能力、求生期望及便利程度来决定具体路径。交通便利、路程较短的邻省国统区自然成为其重要的迁入区。如,抗战时期闽赣两省及皖南地区局势相对平稳,浙省民众从抗战初期开始便大批迁入这些省份。抗战中后期,特别是浙赣战役时期,迁入的浙籍人口则更多。其他一些国民党统治区域,如江苏、浙江、湖北、湖南、河南、广东、山东等地的国统区,都吸收了大量邻省的流迁人口。

### (三) 租界与港、澳地区

太平洋战争爆发前,因英美等国持中立态度,租界成为局部的安全区,战区各地的大批人口纷纷迁入租界居住。如上海租界,1938—1941 年,人口净增 78 万[1];天津失陷后,天津大大小小的英国租界的街道上拥挤着 50 万以上的难民[2]。

香港与澳门地区在抗战初期,也由于其特殊地位及在中日战争中的"中立"立场,在太平洋战争前成为重要的避难地。据铁路和航运部门的不完全统计,从 1937 年 7 月至 1938 年 7 月,香港人口净增近 25 万人[3]。1938 年 10 月,日军进攻广东后,从水陆两路进入香港者源源不断。至 1939 年 9 月,香港人口超过 200 万,其中内地难民占很大比例。此后,由于战局相对稳定,难民陆续回乡。据 1941 年 3 月的人口调查,香港人口为 165 万,这个数字低于峰值,但较之 1937 年 12 月的将近 100 万人口,已经净增 60 余万[4]。

澳门也吸引了不少民众的迁入。1938 年 6 月 16 日的《华侨报》报道:"各地逃来澳之难民已达 4 万余众,本澳屋宇有人满之患。"不少商店、银行、钱庄也由内地迁至此地经营,使得当时的澳门,"商贾云集,市场繁荣,各种货币兑换增加,金融市场活跃"[5]。战前澳门人口约 12 万,1939 年突破 24 万,增加至 245 194 人[6]。

---

〔1〕 张仲礼主编:《近代上海城市研究》,上海人民出版社 1990 年,第 26 页。
〔2〕 [美]埃德加·斯诺著,夏翠薇译:《我在旧中国的十三年》,生活·读书·新知三联书店 1973 年,第 91 页。
〔3〕 《香港立法局会议报告(1938 年)》,转引自张丽:《抗日战争时期香港的内地难民问题》,《抗日战争研究》1994 年第 4 期。
〔4〕 张丽:《抗日战争时期香港的内地难民问题》,《抗日战争研究》1994 年第 4 期。
〔5〕 吕志鹏:《抗战时期澳门的经济发展与社会救亡运动》,暨南大学硕士学位论文,2004 年。
〔6〕 吕志鹏:《抗战时期澳门的经济发展与社会救亡运动》,暨南大学硕士学位论文,2004 年。

### (四) 抗日根据地

抗战期间,大批移、难民源源不断地涌向陕甘宁地区。在 1939 年 1 月边区政府对边区第一届参议会作的工作报告中就指出:"边区临近战区,从山西、绥远以及冀、晋、豫各省流入边区之难民,前后为数在三万以上。另外边区四周的抗日军人家属,因在各地不能得到救济优待而逃入边区的亦复不少。"[1]

据有关资料统计,战时陕甘宁边区共安置移难民 266 619 人,其中 1937—1942 年 170 172 人,1941 年 20 740 人,1942 年 12 431 人,1943 年 30 447 人,1944 年 266 629 人,1945 年 6 200 人[2]。这些移难民主要是为了逃避战火、灾荒、抓壮丁、苛捐杂税等流向边区的,而边区作为抗日民主政权的模范区,制定了较为完善的优待移民、难民的政策、法令,也是其成为移民、难民的迁入地的重要原因。此外,尚有数万青年知识分子、工农群众和抗日志士,出于革命的热情和对中国革命圣地的敬仰而奔赴延安。

除陕甘宁边区外,其他抗日根据地也迁入了不少外来人口,如晋冀鲁豫抗日根据地,仅太岳区就有从豫北各地迁徙来的移民先后不下 20 万人,太行区也有 4—5 万的外来灾民[3]。为安置外来移民,根据地积极开展生产自救,提倡拨工互助、牲口贷款等,至 1942 年底,晋冀鲁豫根据地,已开荒扩大耕地 40 万亩,开渠、打井、修滩增加水田约 6 万余亩[4]。

### (五) 东北及沦陷区城市

东北沦陷初期,大批民众或受爱国心驱使,或为避难,陆续迁入关内。全面抗战爆发后,日本为实行以战养战,急于开发东北的战略资源,从 1938 年开始改变了以往限制中国关内移民进入东北的政策,转而采取鼓励乃至强制关内青壮年劳动力迁入东北的做法,使山东、河北、河南、山西等地迁入东北的人口有了较大幅度的增加。据不完全统计,1936—1942 年,进入东北的人数达 5 402 172 万,其中 1938—1942 年即达 4 719 722 人[5]。

〔1〕 陕西省档案馆、陕西省社会科学院编:《陕甘宁边区政府文件选编》第一辑,档案出版社 1986 年,转引自张志红:《初探抗战时期陕甘宁边区移难民的源流》,《殷都学刊》2002 年第 1 期。
〔2〕《陕甘宁边区社会救济事业概述》(1946 年 6 月),《抗日战争时期陕甘宁边区财政经济史料摘编》第 9 编,陕西人民出版社 1981 年,第 400 页。
〔3〕 石方:《中国人口迁移史稿》,黑龙江人民出版社 1990 年,第 447 页。
〔4〕 石方:《中国人口迁移史稿》,第 447 页。
〔5〕《满州矿工年鉴》(1944 年),第 70 页。

城市作为某一区域政治、经济、文化重心所在,是社会财富的集中地,其社会慈善力量和功能也相对完善,"从社会心理的角度来看,一般群众在患难之际也都有一种结成群体寻求保护的心理,所以城市往往对他们产生向心作用"〔1〕。沦陷区的一些城市也就成为战时难民的重要迁入地。如蚌埠,"战前人口约为六七万人,近则达卅余万人,市区亦展拓甚广,商业尤殷盛。盖均蚌埠四围各县区居民,避敌寇之骚扰而托避其间者也""芜湖情形亦然"〔2〕。

日军在占领沦陷区的一些城市后,为维护其统治,实施了一些维持地方秩序,恢复生产的举措,并在"中日亲善"的旗号下,采取一些怀柔招致的措施,也引诱了四周难民的迁入。

通过上面的论述可以得知,由于日本侵华战争造成的人口流迁,其规模和数量在中国历史上是罕见的,华北、长江中下游、东南沿海等地的一些省市都发生了大规模的人口流迁。这些流迁主要发生在战役前后,流迁人数随战局变化而波动,其中全面抗战初期是人口流迁最集中的时期。虽然各地由于战局演变的不同、受战争与自然灾害破坏程度存在着差异以及受地理环境与政治、经济、文化等因素的影响等,人口流迁体现出一些不同的特征,但从总体上说,战时人口流迁的流向和地域分布具有共同性,其集中的分布区为西南和西北大后方、省内或邻省安全区、租界与港澳地区、抗日根据地、东北及沦陷区城市等地。战时人口流迁,对中国社会尤其是抗战局势发生了重大而深刻的影响。本文的研究仅仅是一个开始,由于受能力、资料方面的限制,对流迁人口总数的考证及流迁人口在各地的分布数量等的分析还不成熟,有待于以后进一步研究。

本文原载《中国人口科学》2006 年第 6 期。

---

〔1〕 孙艳魁:《苦难的人流——抗战时期的难民》,第 84—85 页。
〔2〕 《安徽省善后救济调查报告底稿》,二档,二一(2),209。

# 从清末山东黄河南岸十三州县迁民及返迁看政府与农民关系

董龙凯

## 一、问 题 的 提 出

清咸丰五年(1855),黄河在河南兰阳铜瓦厢决口,东流循山东大清河入海,是为黄河历史上之第六大徙。自是以后,徐、邳河道断流,成为废黄河,沿线水灾顿减。而铜瓦厢口门以下特别是山东境内,黄河水如脱缰野马,不时为害乡里,沿岸正常的生产生活得不到保障。在这种情况下,人口流徙现象不断发生,其中既有民间自发的,也有官方组织的[1]。官方组织的移民中,又以光绪中叶山东黄河南岸十三州县迁民为代表。这十三州县为历城、章丘、济阳、齐东、青城、滨州、蒲台、利津、东平、东阿、平阴、肥城、长清。此次迁民,起于光绪十五年(1889),终于光绪二十年(1894),分别由山东巡抚张曜、继任巡抚福润主持,把堤内居民迁于堤外或远离河床,这项措施与当时废埝守堤、展宽河道的治河政策密切相关。迁移形式一般为整村搬迁,除少数有分合外,大多沿其旧名。两任巡抚共计迁移 543 个旧庄,设立新庄 557 个,迁民总数约 67 000 户,若以户均 5 口计,约 30 万人[2]。各州县迁、立村庄情况见表 1。

1998 年夏天,笔者赴山东沿黄考察并重点注意到了这些移民村。本想通过考察研究移民村对迁入地的影响及土客之间的关系等问题,可结果出乎笔者意料,这些移民中的大部分仅仅过了二十余年甚至有的十余年就返回了原来的迁出地。原因何在? 这又能说明政府与农民之间到底有着一种什么样的关系? 前人还没有注意到这个问题,本文试加以分析。

---

〔1〕 董龙凯:《1855—1874 年黄河漫流与山东人口迁移》,《文史哲》1998 年第 3 期;《清光绪年间黄河变迁与山东人口迁移》,《中国历史地理论丛》1998 年第 1 辑。
〔2〕 黄玑:《山东黄河南岸十三州县迁民图说》,光绪二十二年上海点石斋石印本。

表1　光绪十五至二十年各州县迁、立村庄　　　　　单位：个

| 县别 | 历城 | 章丘 | 济阳 | 齐东 | 青城 | 滨州 | 蒲台 | 利津 | 东平 | 东阿 | 平阴 | 肥城 | 长清 | 合计 |
|---|---|---|---|---|---|---|---|---|---|---|---|---|---|---|
| 迁移旧庄 | 21 | 11 | 17 | 58 | 76 | 70 | 78 | 41 | 7 | 44 | 23 | 35 | 62 | 543 |
| 设立新庄 | 24 | 13 | 19 | 59 | 66 | 55 | 75 | 56 | 7 | 54 | 31 | 37 | 62 | 557 |

资料来源：黄玑：《山东黄河南岸十三州县迁民图说》，光绪二十二年上海点石斋石印本。

## 二、移 民 返 迁

关于移民返迁，在所有的史料中，无论是地方史志还是官方文书等，留下的记载非常少，只能主要借助实地考察。1998 年 8 月，笔者通过对长清、章丘、邹平、滨州等沿黄地区一些七八十岁老人的访谈，并与地方史志等资料中所隐含的一些蛛丝马迹相结合，大致了解了当时移民返迁的情形。

光绪十九年(1893)，道员黄玑建议山东巡抚福润迁移长清等县临河村庄。长清共迁移 62 村。笔者按照黄玑《山东黄河南岸十三州县迁民图说》中的"总图"(下简称"总图")所标，在长清县归德镇黑沟桥村，笔者采访了移民后裔 81 岁的董庆明及 73 岁的马祥金等人。据他们所述，朱官庄、董家庄、杜家圈、张家庄、南苗庄、雾露河[1]、李家庄、杨家庄、桃园庄 9 个村庄由长清迁民局迁至黑沟桥一带，另立新村，村名基本不变。民国《长清县志·地舆志》也有明确记载。笔者发现，实际上迁至归德镇一带的村庄还应该有曹家楼，因为从黄玑"总图"所标位置来看，该村介于张家庄、南苗庄之间。所以清末长清县迁此村庄数可能不止 9 个。老人们还回忆，当时村除少数不愿迁外，绝大部分已迁至今址，但仅过了一二十年，这些移民又多数返回。其中雾露河村民全部返迁后，因人数较多等原因，民国时期还在返迁地即原村址成立了集市，集日为农历每月四、九日。同样的情况还有附近的杜家圈。该村迁后不久也全部返迁，同样成立了集市。其余 7 村的村民也多数返迁，只剩了 18 户，约 70 余人。因村民较少，这 7 村留在迁入地的村民就合为一村并以黑沟桥命名。至 1991

---

[1]　民国《长清县志》卷 1《地舆志》与黄玑《山东黄河南岸十三州县迁民图说》"总图"部分写法不同，前者为"雾露河"，后者为"务路河"。其他一些村庄，也略有区别，如董家庄、张家庄，黄玑写成"董庄""张庄"。

年，黑沟桥村发展至 48 户，约 170 人。返迁后的村民仍在旧址立村，村名也沿用原来的。1929 年印制的"长清县地图"可以清楚地反映出来。

归德镇水坡村约 70 岁的退休老校长张光常接受笔者采访时说，光绪十九年黄河岸边水坡村村民迁往归德后，村名不变，当时迁者有一百四五十户。从清人黄玑所绘的"总图"来看，水坡村确是由黄河南岸向南撤至双露山西侧，新址村名和旧址村名完全一致。但十余年后，村民多数返回，仅剩 30 余户。返迁者在旧址仍立水坡村。迁入地的剩余户因受战乱、灾荒、疫疫等影响，直至中华人民共和国成立之际，户数仍没有明显变化。

光绪十九年河泛时，顾家道口被淹，迁于归德，亦名顾家道口，今称顾道口。据该村 86 岁的村民顾承元所言，差不多也是在一二十年后，多数迁户返回了旧址。

在归德镇政府，一位工作人员告诉笔者，新苗庄有一位陈兴仁，对迁村情况了解比较多。所以笔者就立即赶了过去。在陈兴仁家中，这位 74 岁的老人告诉笔者，光绪十九年迁民前，他的上辈陈玉成生活在黄河南岸边北苗庄，光绪十九年因河泛，随其他村民迁至今址。据陈兴仁所言，当时北苗庄迁来 270 余人，所立新村为新苗庄，过了一些年，大部分村民也返回了。但据黄玑"总图"，当时所立新村亦为北苗庄，而不是新苗庄。之所以出现这种情况，原因不难解释，北苗庄大部分村民不久由新址返回旧址，只有陈玉成等为数不多的人居留下来。如此一来，便有两个北苗庄。为避免混淆，位于新址的这个北苗庄便改为新苗庄，即陈兴仁所在的村庄。

可以看出，上述这几个村庄的移民返迁情形大致相同。实际上，笔者在采访这几位老人时并非单单问及本村的情况。他们所谈到的内容除侧重本村外，也包括对长清其他村迁民及返迁事实的回忆。也就是说，这几个村村民的返迁基本可以作为长清县的代表。尽管这几位口述人的回忆或许有的与事实不尽相符，但估计不会相去太远，因为一者他们口述的内容并无实质性区别；二者他们的父辈或祖父辈有的就是当时移民中的一员，上下代之间的谈话很容易涉及这个问题。

正是由于这种迁而复返的原因，在返迁后相当长的时间内，上述村庄新旧地址皆存在，且村名基本相同，只是有的冠以一些名号以示区别。我们可称其为"姐妹村"。这在当时长清 62 个移民村中是很多的。即使翻开距今约百年的长清地图，也能发现其中多数村庄之名与河岸边的村名有着遥相呼应的关系。寿张东部至长清中西部之间，因南岸多山，其间并未修筑大堤，灾民迁移是由近河迁至远处、由低处迁到高阜。在迁民原则上,长清与平阴、东平、东阿等县一致,在移民回返情景中,这几个县也是差不多的,这从民间口口相传中也可以证实。

南岸从历城到利津,则有绵延数百里的大堤。此间的移民属于堤内迁至堤外型,返迁情况依然十分普遍。笔者这里有一份1993年印制的1:75 000的章丘地图,上面非常详细地标出了该市村庄的位置、名称。以黄玑的"总图"相对照,则当时章丘迁出的28个村庄中可以确定为返迁村庄的有12个,未返迁仍在堤外者8个,部分人返回、两地立有姐妹村者4对,另外还有4个村庄在地图上不能确认其所对应的位置。由此可知,返迁的村庄为多数。又对照1957年"齐东县分乡图"、1966年"邹平县行政区域图"、1974年"邹平县地图"等,则当时齐东县所迁58个村庄中,返迁村庄21个,未返迁村庄20个,姐妹村8对,迁、返不详者9个。至于返迁的时间,据章丘黄河乡王家圈71岁的王丹禄说,主要是在迁后一二十年发生的,也有个别持续到近20世纪中期。

滨州、蒲台的情形与章丘、齐东大抵类似。滨州、蒲台当时迁移之范围约相当于今高青东北角、滨州南部及博兴西北角。据滨州小营镇道旭村75岁的韩秀江的回答,这一带移民返迁亦为主流。从20世纪80年代末的地图上也可看出,黄河大堤内村庄仍不下四五十个,其中半数以上可以被确认为返迁村庄。而堤外村庄能与"总图"对上号的却寥寥无几,并且有的村是中华人民共和国成立后才迁出的。如据笔者在小营李廷庄调查,该村现在虽位于南堤外,1976年前却立于河滩中,属清末迁而又返村庄之一,返迁时间与章丘、齐东基本一致。据1988年所编《山东省滨州市地名志》,其中蒲城乡部分村庄返迁情形如下。

金卜庄:原址在城西。光绪间因黄泛,迁河南烟火台东建村,河床稳定返回。1977年复迁至市府西南3.5公里黄河旧堤弯处。

小关:位于滨州黄河大桥北首。光绪间因避河患迁河南立村,民国初年返回。

刘口:位于黄河北滩区。清末黄河决,迁村南岸,民国初年返回。

谢家:位于黄河北滩区。光绪间黄河泛,迁村南岸,民国初年返回。

三里庄:位于黄河北滩区。清末黄河漫滩时,迁村南岸。民国初年大部迁回,余者居地称新三里庄。

大刘家:位于黄河北滩区。清末黄河漫滩时,迁村南岸。民国初年大部迁回,余者居地称新大刘。

清末，蒲城乡属于蒲台县。根据该地名志的记载，这6个村庄迁村时，都发生在清末，而且迁移背景差不多，应该都是光绪年间张曜、周馥迁民的一部分。但展开黄玑"总图"，其中只能找到金卜庄、小关、三里庄，都是自堤内迁至堤外。奇怪的是，另外3个村庄却找不到对应的村名。原因无非有三个：一是黄玑在绘图时把这3个村庄漏标了；二是当时迁村时它们可能并不存在，或者叫其他村名；三是20世纪80年代滨州编地名志时，毕竟距清末有近百年的时间了，村庄分分合合、村名发生变化也是可能的。前两个原因似乎可能性不大，因为黄玑等人是在掌握了详细的迁村资料后才绘制此图的。第三个原因是有可能的，因为迁村后大部分返回了，两个相距不远、村名相同的村庄，其中一个肯定要改名，正如长清北苗庄、新苗庄一样。不过，与长清稍不同的是，这里的村庄返迁时间大部分是在民国初年。另外通过《山东滨州市地名志》可知，这6个村庄基本位于黄河北岸，清末由于河泛而"迁河南"，即黄河南岸。这与黄玑"总图"中所绘的方位不同，"总图"中不是自河北岸迁自河南岸，而是自南岸滩地迁至南堤之南。这个好解释，是因为后来黄河干流南摆，这几个村庄由位于南岸变成了居于北岸。

上述数县，东西绵延三四百里，具有一定的代表性。通过分析，基本可以得出如此结论：清末官方组织的黄河南岸十三州县迁民是治河政策的产物，有较大规模，但最终的效果并不理想，其中的大部分移民在一二十年后便返迁了。

## 三、移民返迁原因剖析

既然此次迁民活动与废埝守堤、展宽河道的治河政策密切相关，那就必然带有一定的强制性质。既如此，清末政府就应该而且必须拿出配套措施，否则除非采取高压政策，移民举措未必能达到预期效果。政府这么做了吗，做得怎么样？此为第一个问题。第二个问题则是看迁出地、迁入地状况如何。在研究移民时，迁出地状况一般指的是"移民在迁移以前所居住的地点各方面的条件，包括自然地理如地形、地貌、水文、气候、灾害等状况，人文地理如经济、文化、人口、民族、风俗等状况，有关的历史事件如异族入侵、农民起义、社会动乱、赋税制度和土地制度的改变等。当然这些因素中有的对移民在迁移前的生产和生活并没有明显的影响，有的就起着很大的作用"。对迁入地各方面情况的考察与迁出地并无二致，"除非出于外力或强制性移民，迁入地的总体状况一般应比迁出地优越,否则就不可能成为迁入地"[1]。这里所谓的迁出、迁入地状况是指移民发生也就是到了迁入地以后,迁出地对他们而言有无后顾之忧以及其成分有多少;迁入地对他们有无诱惑力以及有多大。对山东沿黄两岸而言,黄河频频决溢成灾是移民迁移的推力,在恰逢洪水时更是如此。

光绪十五至十九年,黄河连年决泛,民不聊生,这为实行废埝守堤政策带来了契机。也就是说,迁出地具有了一定的推力。事实上,清朝政府也正是在此时组织移民的。移民到了迁入地以后,如果发现生产、生活都比迁出地方便或至少不会比以前麻烦,他们就有可能定居下来,否则便难以保证。那么,迁入地状况到底如何呢? 对这些移民有诱惑力吗?

在这次移民中,清朝政府有没有给予补助? 答案是肯定的——有。这里所要讨论的是,政府到底给了这部分人什么样的好处,能不能足以使他们留住下来。

在长清归德镇新苗庄,陈兴仁特地向笔者展示了他的上辈收藏并留下的宝贝——光绪十九年长清迁民局所发的执照,总共不下十余张,发放对象都是北苗庄的各个户主,其中包括给迁户陈玉成的执照(见图1)。

长清县的迁民执照是统一印制的,在空格处填好内容后,又经朱笔圈点,表示已校核过内容。核对无误后,迁民局即同意将执照发给迁户,批一"行"字。但发执照时,长清县的村庄迁移还未进行。也就是说,陈玉成当时还依然居住在黄河岸边的北苗庄。不过,政府购地立庄活动已经开始了。据陈兴仁言,新苗庄所占地亩是政府从附近土著手里以每亩40吊钱的价格购得,然后将房屋盖好。这项工作完成后,迁民活动就正式展开了。光绪十八年六月二十七日,山东巡抚周馥也如此奏到:移民中先查户口,酌定住房,填给执照,一面在大堤以外高阜购地立庄,再凭执照分给宅基,按户发给钱文[2]。陈玉成所在的北苗庄南迁至归德镇的新苗庄处。按执照约定,他分得了1分中亩地和12千即12吊钱的盖房津贴。1分地又用来做什么呢? 通过陈兴仁的介绍,笔者才明白,这是3间屋的地基。此外,执照中还印有"土场在内"的字样,"土场"是指一小块公共用地。执照中政府所给予移民的利益只有这些,显然对移民没有多大吸引力。

[1] 葛剑雄:《中国移民史》第1卷,福建人民出版社1997年,第25、30页。
[2] 黄玑:《山东黄河南岸十三州县迁民图说》。

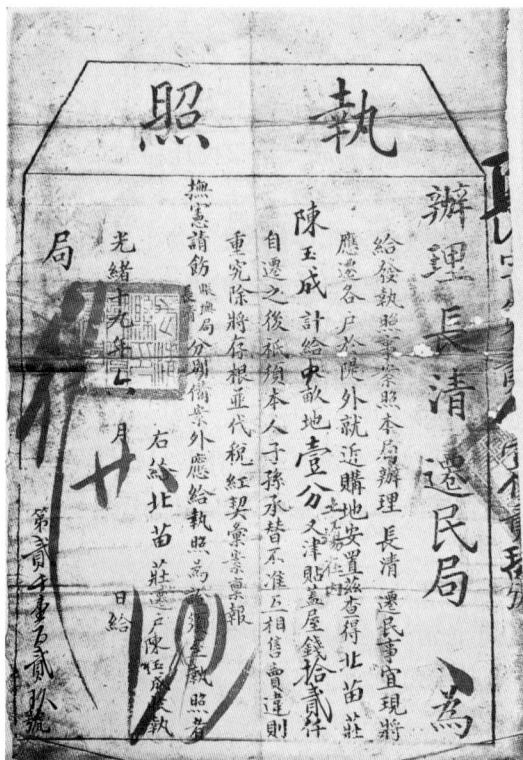

**图 1  光绪十九年长清迁民局发给迁户陈玉成的执照**

笔者还找到了当时长清迁民局的章程，不妨看看其中的内容：

领屋一间者给地五厘五毫，两间者七厘，三间者一分。每名领屋以三间为最多。有街、有巷、有土场、有四周，其余地基皆由领宅基数内均出。

其尺丈，公共地则每弓三尺五寸，宅基地则每弓三尺三寸，余二寸即作街、巷等地之用。

又有公议堂地基、井碾地基，以户之多寡为增减。又有义地，为无地瘗埋者之用。宅基地一亩给义地二分。

又有修屋费，每年一间津贴京钱四吊，极贫者酌加。

领地手续由该庄首事开具人名单，交分局委员，再经首事看准地点，请委员亲诣丈量，交付地价。修屋工竣，每户给宅契一纸，注明不许转卖。

义地章程先编号，瘗埋时不许任意散乱，不许山向互异。先葬者迁去，后葬者补其缺，不准空号。每号长短、宽狭有一定尺数。

　　所买宅基、义地有印。就卖契,均令卖主亲笔填写,交委员收执。该
地所退之粮,迁民局收纳,每年从秋灾案内报销,于灾民毫无托累。[1]

　　该章程中所包含的也无非是对宅基地、公共地、街、巷、公议堂地基、井碾
地基、义地、土场之类的规定,除此而外,几乎没有其他内容。也就是说,当时
的政府在这次迁民活动中所给予移民的好处只有这些。这里有一个明显的过
失,就是政府基本没有分给这些新迁民用以维持生活的耕地,长清 61 村所占
的 619.65 亩土地[2](见表 2)也只不过是村民在村里的活动范围,即章程所
涵盖的各项土地数之和罢了。平均起来,每村也就 10 亩地。据前所述,十三
州县迁民约 67 000 户、迁移 543 旧庄,则平均每村约 123 户;若以 557 新庄计,
则平均约 120 户。虽然《长清县志》等史料并未记载该县村庄的户数,但可以
通过距长清很近的东阿县村庄的平均户数看出来。在东阿县在 20 世纪 30 年
代,有的乡每村平均八九十户,有的平均超过 100 户甚至多达两三百户,全县
平均数应有一百数十户[3]。如此,清末长清县每村平均户数估计不会低于
100 户,比如水坡村迁者有一百四五十户。若以每户分得土地一分而言,则
100 户正好约 10 亩地。这更加印证了,迁户所分到的只是宅基地等,并不包
括耕地。

表 2　长清县 61 移民村所占地亩统计

| 序　号 | 移 民 村 | 迁 居 地 | 占地(亩) |
|---|---|---|---|
| 1 | 邢家庄 | 迁居三里庄前 | 8.04 |
| 2 | 西兴隆庄 | 迁居业家庄前 | 9.41 |
| 3 | 前兴隆庄 | 迁居城西北隅 | 11.02 |
| 4 | 尚高屯 | 迁居庞庄东北 | 15.45 |
| 5 | 戴家庄 | 迁居东关外 | 6.62 |

[1]　民国《长清县志》卷 1《地舆志》。
[2]　长清县所迁实为 62 村庄,无分合。据黄玑"总图",此处缺下庄。另外,民国《长清县志》卷 1《地
　　舆志》对 61 村庄占地亩数的统计结果是"六顷零八亩八分八厘",即 608.88 亩,与各村实占地亩
　　之和 619.65 亩不符,应是修县志时计算错误。
[3]　民国《东阿县志》卷 1《舆地志》。

| 序　号 | 移　民　村 | 迁　居　地 | 占地（亩） |
|---|---|---|---|
| 6 | 小张家庄 | 迁居归德西南 | 5.81 |
| 7 | 顾家道口 | 迁居双乳山西南 | 6.85 |
| 8 | 孟家道口 | 迁居双乳山西南 | 16.52 |
| 9 | 小顾家庄 | 迁居曹家楼西 | 8.57 |
| 10 | 刘家庄 | 迁居小白庄后 | 6.85 |
| 11 | 水坡庄 | 迁居翟家庄西 | 19.74 |
| 12 | 朱官庄 | 迁居黑沟桥 | 21.63 |
| 13 | 董家庄 | 迁居黑沟桥北 | 17.39 |
| 14 | 杜家圈 | 迁居黑沟桥 | 4.88 |
| 15 | 张家庄 | 迁居黑沟桥 | 5.87 |
| 16 | 南苗庄 | 迁居黑沟桥北 | 6.55 |
| 17 | 雾露河 | 迁居黑沟桥 | 5.51 |
| 18 | 李家庄 | 迁居黑沟桥 | 8.04 |
| 19 | 杨家庄 | 迁居黑沟桥 | 4.28 |
| 20 | 桃园庄 | 迁居黑沟桥 | 3.36 |
| 21 | 辛　庄 | 迁居翟家庄西 | 32.24 |
| 22 | 北苗庄 | 迁居薛家庄后 | 12.95 |
| 23 | 小码头 | 迁居辛庄南 | 3.43 |
| 24 | 曹家楼 | 迁居水坡北 | 13.04 |
| 25 | 太平庄 | 迁居本庄东南 | 8.35 |
| 26 | 垄家庄 | 迁居郭家庄南 | 5.02 |
| 27 | 辛庄（二合庄） | 迁居曹家楼西南 | 2.44 |

| 序 号 | 移 民 村 | 迁 居 地 | 占地（亩） |
|---|---|---|---|
| 28 | 侯家庄 | 迁居十里铺北 | 4.32 |
| 29 | 西睦里庄 | 迁居国家庄南 | 15.7 |
| 30 | 东睦里庄 | 迁居大刘家庄东 | 9.88 |
| 31 | 吴家渡 | 迁居郭家庄东 | 9.88 |
| 32 | 北刘家道口 | 迁居薛庄西 | 3.94 |
| 33 | 南刘家道口 | 迁居薛庄西 | 15.55 |
| 34 | 边家庄 | 迁居叶家庄前 | 10.63 |
| 35 | 荆家庄 | 迁居叶家庄前 | 6.5 |
| 36 | 后周家庄 | 迁居西关北 | 3.17 |
| 37 | 孟李庄 | 迁居金牛山前 | 13.29 |
| 38 | 大房家庄 | 迁居金麟庄前 | 9.91 |
| 39 | 段家庄 | 迁居徐家洼东 | 12.08 |
| 40 | 义和庄 | 迁居三里庄前 | 12.07 |
| 41 | 前周家庄 | 迁居金牛山前 | 7.38 |
| 42 | 王家庄 | 迁居赵家庄东南 | 10.43 |
| 43 | 南张家庄 | 迁居苗官屯南 | 12.69 |
| 44 | 北张家庄 | 迁居小王庄南 | 11.62 |
| 45 | 乌雅刘庄 | 迁居小王庄西 | 2.04 |
| 46 | 小王家庄 | 迁居旧庄前 | 1.79 |
| 47 | 王府庄 | 迁居前孙家庄东 | 9.36 |
| 48 | 潘家庄 | 迁居韩家庄东 | 6.06 |
| 49 | 后王家庄 | 迁居潘家庄东北 | 19.71 |

续　表

| 序　号 | 移 民 村 | 迁 居 地 | 占地(亩) |
|:---:|:---:|:---:|:---:|
| 50 | 龙王庙 | 迁居田家庄西 | 6.09 |
| 51 | 前王家庄 | 迁居韩家庄东南 | 7.32 |
| 52 | 马家庄 | 迁居乙家庄西南 | 21.45 |
| 53 | 李家庄 | 迁居许家寺东南 | 29.63 |
| 54 | 邢家庄 | 迁居许家寺西南 | 12.26 |
| 55 | 冯家庄 | 迁居许家寺西南 | 12.26 |
| 56 | 前朱王庄 | 迁居卢家庄西南 | 7.73 |
| 57 | 后朱王庄 | 迁居卢家庄后 | 20.62 |
| 58 | 前红庙 | 迁居韩家庄东 | 9.39 |
| 59 | 前孙家庄 | 迁居藤屯南 | 9.22 |
| 60 | 东庞家庄 | 迁居石头庄西 | 2.79 |
| 61 | 后红庙 | 迁居韩家庄东南 | 3.03 |
| 合计 | | | 619.65 |

资料来源：民国《长清县志》卷1《地舆志》。

由于黄河南岸十三州县迁民是官方统一安排的，其他各州县所颁执照样式差不多，有的完全一样，只是州县名称不同而已；各州县所采取的措施也基本一致，无非是给大亩或中亩或小亩地若干，盖屋钱四千、八千、十千、十二千、十六千不等。例如：

东阿县，光绪十九年给焦家村焦大颜"小亩地一分二厘，又津贴盖屋钱八千"。

平阴县，光绪十九年给外山庄李锡斗"大亩地一分八厘，又津贴盖屋钱八千"。

齐东县，光绪十六年给东官道庄王□颜"大地五厘，移巷土场在内，又津贴盖屋京钱八千"。

青城县，光绪十七年给东向阳李庄李清通"大亩地七厘，又津贴盖屋钱十六千"。

蒲台县，光绪十八年给闫家庄闫孙氏子玉林"小亩地一分五厘△毫，又津贴盖屋钱十二千"；给闫家庄闫孙氏子花林"小亩地一分二厘五毫，又津贴盖屋钱八千"；给佟家庄沈张氏"小亩地一分二厘五毫，又津贴盖屋钱八千"；给龙爪树庄李振泗"小亩地二分△厘△毫，又津贴盖屋钱十□千"；给新庄阎森林"小亩地一分五厘△毫，又津贴盖屋钱十二千"；给韩家墩庄贾丹池"小亩地一分二厘五毫，又津贴盖屋钱八千"。十九年给后四圈赵庄赵书林"小亩地一分二厘五毫，又津贴盖屋钱八千"；给东贾家庄王曾吉"小亩地一分二厘五毫，又津贴盖屋钱八千"。

滨州，光绪十八年给小安定庄张思盛"小亩地一分五厘，又津贴盖屋钱十二千"；给中安定庄张务荣"小亩地一分一（厘），又津贴盖屋钱四千"。十九年给西三岔庄陈连元"小亩地一分二厘五毫，又津贴盖屋钱八千"〔1〕。

当然，各地所给土地稍有出入，这应和每户人口多寡及土质好坏有关。实际上，齐东等地分给迁户的土地也主要是盖房的地基，无论如何，从执照中看不出迁户得到了耕地。

移民未得耕地，不独能从这些百年前留下的资料中反映出来，笔者考察期间被调查的每一位老人也都提供了一致的答案。笔者在邹平采访了台子镇城关近 80 岁的马鉴孝，在章丘采访了黄河乡二图村 80 多岁的王司禄、王家圈村 70 多岁的王丹禄，他们的回答也同样如此，即清末政府并没有让移民在迁入地分得耕地。

迁入地无田可种，如何让这些新迁户生存？当时的政府自有招数：旧址"冬春水退，地仍可种"，即让他们继续耕种迁出地的土地。当然从安全角度讲，新村相对优于旧村，可是毕竟两地相距"或四五里，或二三里"，有的地方如长清迁至归德镇黑沟桥一带的这几个村庄距旧址有十余里。如此距离，让村民频繁往返奔波，如何受得？历城以下所立新村虽一般距大堤较近，离旧址也并不算远，但南岸卧有绵长大堤，村民到滩地收种必然免不了来回跨越，非常麻烦和辛苦。黄河不同于其他河流，正因为它太容易泛滥了，所以对大堤的修

---

〔1〕 1998 年笔者考察黄河时，仅发现长清归德镇新苗庄村民陈兴仁所收藏的清末政府发给北苗庄陈玉成等人的执照，并未见到其他州县颁发的。近期通过网络，发现了其他一些地方的执照原件照片，如东阿、平阴、齐东、青城、蒲台、滨州等。此处提到的政府分给迁户土地的情况，就源于此。

防也格外重视，于是大堤愈来愈高。居民平时跨越都颇费气力，在运送已经收毕的庄稼时更显不易。如此一来，迁入地的诱惑力就大大降低，再加上对旧址土地、庄稼的牵挂，返迁便是自然的事了。当然也不是所有的人都回去，有的在旧址并没有耕地或仅有少许耕地，就无须过于留恋，自然也就留在新址了。通过考察笔者了解到，这部分留住移民在迁入地主要靠打工、要饭、做小生意来谋生，待赚到钱后再买田置地。有的村民因旧村距河太近或地势太低，无法返居，也只好在迁入地定居下来了。不过，他们一般还不得不耕种原来的土地。

## 四、从迁民及返迁看清末政府与农民的关系

先来分析一下这几年的移民是何人发起，何人具体操作的。当时一署名铁岭庆增的人在为黄玑《山东黄河南岸十三州县迁民图说》所作的序中写道：

> 山左河患频仍，民无宁岁，黄公仲衡观察上迁民之议于张勤果，张勤果题其言，请于朝，以公献，肩厥任。福少农中丞因之，遂告成功。

张勤果即山东巡抚张曜，福少农中丞即下一任巡抚福润。黄公仲衡即道员黄玑，他是清末的一名绅士。黄玑本人在《图说》中也说："己丑，玑奉檄综司振务，遂建迁民之议。张勤果公命试办于下游历城、章丘、济阳、齐东、青城、滨州、蒲台七州县。"己丑乃光绪十五年。看来黄玑的迁民之议得到了山东巡抚的同意。张巡抚即于三月十五日上奏请迁，尔后便出现了一系列迁民之举。

沿黄十三州县迁民由绅士发起后，具体有哪些人执行呢？也主要是一批绅士，如黄玑、严作霖、金福曾、施敬则、潘民表、杨建烈等。另一任巡抚福润还直接上奏提议由黄玑任总办，杨建烈任提调，督率印委官绅办理，又遴派员绅分投设迁民局以成此事[1]。

在明清时期，绅士阶层是一个独特的社会集团，具有政治、经济和社会特权，"绅为一邑之望，士为四民之首"，这在当时是公认的看法。尤其是在咸丰、同治之际，伴随着地方团练组织的发展，绅士阶层更是如虎添翼。作为一个特殊的社会集团，绅士是乡村社会的领导阶层，处于领袖地位，是乡村社会事务

---

〔1〕 黄玑：《山东黄河南岸十三州县迁民图说》；武同举等：《再续行水金鉴》卷128，水利委员会1942年；《清史稿》卷452《潘民表传》，中华书局1976年；王钟翰点校：《清史列传》卷77《循吏传》，中华书局1987年。

的组织者和管理者。他们承担了诸如兴建工程设施、调解民事纠纷、提供社会救济及慈善服务等。如东平县蒋毓濂，作为光绪年间的一名举人，他首倡呈控滥征国课的柳堂，并用其所退之款修筑南桥；另外，他还练团以御乡里〔1〕。齐东县举人刘殿镜，光绪十一年任齐东教谕，"时县境频遭水灾，凡士子入廉者，概不计资，奖励寒畯，倍极热心，问业者恒履满户外"〔2〕。咸丰己未副贡王汝霖于光绪年间捐修石坝、赶修堤堰等〔3〕。同治间生员杨乃骅更是"举凡坝河筑堤，黄河修堰，筹赈济民，厢埽送料，以及修书院、练乡团，邑中一切公事，几乎靡役不举"〔4〕。等等之类的记载，在方志中屡屡可见。

这次山东黄河南岸十三州县迁民，绅士们在官府的委任、领导下也干得格外卖力。铁岭庆增如此夸赞道员黄玑：

> 度其隰原，编其户口，设分局以辅相之，购村基以经营之，券以信之，资以助之，日以程之，风雨寒暑无间辄以督课之举。上下游十三州县五百五十又七庄灾黎六万户出沮洳而登衽席，无一夫不得其所。〔5〕

在此次迁民中，迁民的费用基本上是来自赈捐。近代山东自黄河东流入渤海后，几乎年年受到洪水冲击，而政府国库空虚，无力可用。正因如此，黄玑提出赈捐的建议。山东巡抚张曜不仅同意，还两次上奏皇上，终得以批准。于是，绅士们开始四处赈捐。据黄玑所言：

> 东省历年放赈，需款浩繁，筹办迁民费用更巨，请帑既难，库款又绌，乏点金之术。适顺直开办四成赈捐，遂请仿照办理。蒙张勤果公两次具奏，始经议准。随即定章遴员，分驻江苏、浙江、安徽、江西、四川、广东、广西、河南、奉天、福建、湖南、湖北十二省，设局勘办。计自十七年二月开办起，至二十年九月交卸局务止，各省分局共捐解银九十八万七千余两。〔6〕

---

〔1〕 民国《东平县志》卷11《人物志》："光绪辛丑，州牧柳堂征国课，浮收若干，众虽稔，悉惧祸，罔敢发。毓濂愤然首倡呈控，抚藩得直，柳遂撤任……其浮收之款，扫数重新南桥……西鄙旧为盗薮，毓濂练团捍御，里党赖以安枕。"

〔2〕 民国《齐东县志》卷3《政治志》。

〔3〕 民国《齐东县志》卷5《人物志》："王汝霖，字雨岩，咸丰己未副贡……光绪五六年间，河水浸刷城垣，捐修石坝数处，危城得以不堕。东皋书院以款绌将废，又捐银两以资膏火。巡抚周奏请加侍卫衔。七年，坝河决口，将为巨患，即于南门外赶修堤堰一段……昼夜防护，城中得免水患。"

〔4〕 民国《齐东县志》卷3《政治志》。

〔5〕 黄玑：《山东黄河南岸十三州县迁民图说》，铁岭庆增序。

〔6〕 黄玑：《山东黄河南岸十三州县迁民图说》。

这些赈捐款,一是用于放赈,一是用于迁民,创办各善举并总局开支也"一切皆取给于此"。光绪十八年时,河防局还用了"工款银二十四万五千两"。迁民工程完成时,黄玑交替局务,"尚存银八万余两"。

由此可以看出,绅士在迁民过程所起的作用的确是很大的。怪不得太平天国时期胡林翼曾这样说:"自寇乱以来,地方公事,官不能离绅士而有为。"〔1〕可以说,绅士是联系政府与农民关系的纽带。由于这一纽带的存在,政府的许多政策才得以实施。也正因如此,山东黄河南岸十三州县迁民才进展得如此顺利。如果没有绅士的倡议与具体执行,或许光绪年间山东黄河南岸根本就不会出现政府组织村庄迁移这样的事情。

但是后来随着绅士阶层的分化,情况发生了变化。绅士的地位是通过取得功名、学品、学衔等获得的,而学品和学衔又都是通过科举考试取得的,是证明受教育者资格的正式方法,人们常将通过科举考试而成绅士的那些人称为正途〔2〕。正因为如此,想要谋取绅士地位的人便沉湎于科举生涯。可以说,绅士阶层是科举制度的产物。科举制作为中国封建社会一种主要的选拔人才的制度,盛行了一千多年,但到近代,在西方经济文化的冲击下,它已经充分显示出了对新环境、新生活的不适应。于是在 20 世纪初年,随着光绪皇帝颁布的一份历史性的诏书,科举制寿终正寝,结束了它的使命。面对这种情形,绅士们不得不谋求新的生路,传统绅士阶层于是就分化、衰弱了。根据 Theda Skocpol 的观点,君主制的让位和军阀制的到来,也对绅士的变化影响巨大,它导致了儒家精英——读书人和官员共同谋就的行政结构和文化整合开始解体,许多前地方绅士变得无所事事,只剩消遣,乡村共同体在其统治下的内聚和自主性随之失去〔3〕。

绅士之所以能够维持统治,在于他能够发挥乡村的功能及保持与农民直接的人际关系。绅士阶层分化后,使它不再作为政府与农民之间的调节力量而发挥作用,而且也丧失了许多传统的职能。从宏观看,它使得传统社会中社会结构的弹性丧失殆尽〔4〕。另一方面,绅士阶层的分化也引起了乡村政权

〔1〕《麻城县禀陈各局绅筹办捐输情形批》,《胡林翼全集》中册,大东书局 1936 年。
〔2〕 张仲礼著,李荣昌译:《中国绅士——关于其在 19 世纪中国社会中作用的研究》,上海社会科学院出版社 1991 年,第 1 页。
〔3〕 Theda Skocpol, *States and Social Revolutions*, Cambridge University Press, 1979,转引自张静《现代公共规则与乡村社会》,上海书店出版社 2006 年,第 40 页。
〔4〕 卢晖临:《绅士的蜕变与社会侵蚀》,《社会学与社会调查》1991 年第 5 期。

的蜕化。作为社会中间力量的绅士阶层，在官、绅、民三层结构中，借助于科举制和等级制，保证了对基层社区的领导权。科举制消亡后，基层政治权力呈现出真空状态，被"劣绅""豪强"所掌控[1]。传统绅士所提供的社会整合作用丧失了，乡村出现了许多无法维持生活的贫苦农民，在这种情况下，在迁入地得不到相应利益的沿黄十三州县移民的返迁便成为很自然的事情了。

至此，我们可以说，在清末绅士阶层分化之前，政府只有通过绅士的配合才能有效统治乡村社会，才能有效控制农民，才能使迁民顺利进行。换言之，由于绅士这一特殊阶层的存在，政府与农民之间并没有直接的控制与被控制的关系。

当然，绅士这一中间力量的弱小，取而代之的无疑是政府对乡村社会、对农民控制力的加强。但由于绅士阶层在封建社会统治历史中，向来是皇权政治牢固的社会基础，而绅士阶层的分化，从根本上动摇了清王朝的统治。在清末民初复杂的国内形势面前，分化的绅士们非但没有汇聚到清王朝麾下，反而投身到革命的浪潮中[2]。政府根本没有过多的精力顾及广大的乡村社会。十三州县移民返迁，就说明了当时政府对乡村的控制还没达到比较高的程度。

为把问题说得清楚，我们还可以和以后进行比较。中华人民共和国成立后，新政权摧毁了旧社会遗留下来的诸多组织，中间的绅士阶层已不复存在，于是乡村社会形成了政府—农民格局。中间力量的消失，政府与农民之间变成了直接的关系，这使20世纪70年代后期也是村庄自堤内迁至堤外的行动进行得比较彻底。1976年，山东邹平对黄河滩区村庄进行了迁移，此次迁村，迁入地新房是政府统一建造的，同时又予以适当补助，每间屋补助50元钱、60斤粮。搬迁工作次年大汛前完成，历时一年，滩区23个村庄全部迁出[3]。所迁村庄主要排列在沿大堤一线，村民仍然到堤内种地。这次迁庄与光绪中叶相比并没有多大区别，所不同的是，这次迁庄成功了，村民全都没有返回。

---

〔1〕 王先明：《近代绅士阶层的分化与基层政权的蜕化》，《浙江社会科学》1998年第4期。另外，章开沅等主编的《中国近代史上的官绅商学》(湖北人民出版社2000年，第469页)从官-绅-族的关系中得出结论说，近代国家政权的腐败使国家政权丧失了社会威权，削弱了国家政权对乡绅阶级的约束力，从而造成乡绅阶级恶霸豪绅与宗族武装集团化，破坏了宗族社会原有的社会结构与社会秩序，造成了农村宗族社会的失控；而民间宗族社会的现实社会经济状况又是决定乡绅命运的社会与经济基础，当近代宗族社会已经进入严重衰败之时，乡绅也只能或融入恶霸流氓势力，或逃入城镇社会，必然会丧失其在乡村社会的主导地位。

〔2〕 王先明：《近代绅士阶层的分化与基层政权的蜕化》，《浙江社会科学》1998年第4期。

〔3〕 山东省邹平县黄河修防段编纂办公室：《邹平黄河志》第二篇，未刊本，1984年。

为什么呢？这就存在着政府作用发挥的问题。清末，政府无法完全控制乡村社会和农民，所以迁民要依靠绅士这一中间阶层的力量。20世纪70年代的迁民之所以成功，则是因为政府与农民之间已不需要中间阶层，提高了实施力度，增强了管理效果。

土地问题是乡村社会的基本问题，是农民长盛不衰的话题，是农民最关注的命根子。如果说，邹平的迁庄没有配合相应的用于耕作的土地，是因为新旧村庄距离并不遥远，而在长清，情况则有所不同。在旧时，留在迁入地的长清归德新苗庄的村民，仍需跋涉约十里路到旧址去种地。中华人民共和国成立后，随着社会主义公有制的确立，这种情况发生了改变，政府逐渐对土地进行了调整。据陈兴仁言，在1957年左右，新苗庄村民已经能够在附近拥有土地，不用再到原地去耕种了。而在清末，所存在的是土地私有制，政府对土地是轻易动不得的，所以尽管组织了较大规模的迁民，却无法实现土地的调整，以致迁入地的村民只能辛苦一些去旧村一带种田。从这一点来说，清末政府没有有效控制农民，其实质是没有有效控制土地，这是山东黄河南岸十三州县移民迁而又返的根本原因。

本文原载《社会科学战线》2003年第6期，稍有增补、修改。

# 太平天国战后皖南地区的移民活动

葛庆华

太平天国战后,皖南地区曾发生大规模的移民浪潮[1]。对于这场移民运动,虽有学者在行文中略有提及[2],但至目前尚无专文研究。此处,笔者拟以移民幅度最大的广德州、宁国府为中心,探讨战后皖南地区移民的过程及其空间分布状况,抛砖引玉,以期引起人们的注意。

## 一、迁 移 过 程

太平天国战争期间,广德州、宁国府作为天京的外围屏障,往来苏、浙两省的必经之地,成为太平军与清军往来拉锯的主战场,深受战争的破坏。"发逆焚戮之酷,无甚于徽宁者,孑遗之民,存什一于千百"[3]。战后许多地方出现人口的"真空"或"半真空"状态,大量土地闲置乃至抛荒,从而为外地移民的迁入预留了空间,因此,这一带成为战后招民移垦的重要地区。时任两江总督的曾国藩,因"皖南诸郡户口凋敝,而广德一州为尤甚,于是募民开垦以实其地"[4]。此后,曾国藩和安徽巡抚又发布文告,鼓励河南、湖北等地农民前来皖南垦荒。文告的大意是:

> 你们离开你们贫瘠之土,到这里肥沃之地来吧!让这些田地、这些房屋成为你们的不动产吧!头几年,你们可免交公粮,到了规定时期,你们再和其他人民同样地向朝廷纳税,共享同样利益。只要你们奉公守法,我

[1] 本文所指的皖南地区,即清后期广德州属广德、建平及宁国府属宣城、宁国、南陵、泾县、旌德、太平八州县。
[2] 张爱民:《近代安徽人口的变迁》,《安徽师大学报》1996年第3期;行龙:《太平天国运动前后安徽的人口变动》,《历史地理》第12辑,上海人民出版社1995年。
[3] (清)沈葆桢:《皖南急于和民不急于招垦片》,《沈文肃公政书》卷7。
[4] 《嘉兴残杀客民说上》,《申报》1883年4月4日。

们一致保护你们。[1]

皖南地区的招垦,在湖北、河南等省无地或少地的农民中间引起极大轰动。据当时的县志记载,"同治六七等年,民间讹言下江南,种无主良田,住无主美屋,无一村一堡不轰动。凡佃户皆辞田而去,迁徙者不下万户"[2]。正是在这种背景下,近代皖南地区出现了一场大规模的移民浪潮。

因移民本身良莠不齐,随着大批移民的涌入,极易出现纷争乃至酿成事端。如宣城县"客土难于融洽,不免各存意见"。因此,两江总督曾国藩于同治末年咨会两湖督抚大宪,要求停止招垦,并请水师统帅彭玉麟派炮船在沿江游弋。尽管采取了以上措施,前来垦荒者仍络绎不绝,岁无虚日。同治十三年(1874)八月,宣城县令黄祺年再次仰请湖北、河南巡抚,"出示晓谕楚北民人毋庸再来皖南垦荒,俾免滋生事端"。为此,湖北汉阳县令奉命晓谕县人,"各守故土,仍理旧业,毋得远□皖南垦荒"。对违禁前往者,将人、船一并扣留,从重惩办[3]。但是,一纸禁令无法阻遏民间的迁移行动,此后,各地百姓仍然依亲伴友,呼朋引类地前来本区垦荒。据当时的报纸报道,光绪九年(1883)前后,"各省客民仍有潜入宁郡开田者"[4]。此外,战后的皖南地区还成为灾民就食的重要场所。光绪十年(1884),湖北大冶、监利等地发生灾荒,该地难民一百六十余人乘船到安庆,"欲投皖南各属为人耕种以糊口";光绪十四年(1888)夏季,"人民每日从庐州府到芜(湖)者川流不息,皆拟到宁国府寻觅工作"[5]。直至光绪二十六年(1900),还有上万湖北应山(今县)农民迁入宁国、宣城和广德等县[6]。这些灾民多数不再返乡,转化为战后移民的一部分。

总之,在太平天国战争的冲击下,皖南地区出现人口的"真空""半真空"状态,从而引发了大规模的移民潮。在长达半个世纪的移民运动中,有一百多万移民及其后裔定居本区,占全区总人口的74%[7],构成本区人口的主体,从而对人口的分布格局产生重要影响。

---

[1] [法]史式徽:《江南传教史》第2卷,上海译文出版社1983年,第217页。
[2] 同治《安陆县志补正》卷下《祥异》。
[3] 《客民禁入皖省宣城示》,《申报》1875年1月18日。
[4] 《晓谕土客示》,《申报》1883年8月4日。
[5] 《难民到皖》,《申报》1885年5月24日;《芜湖口华洋贸易情形论略》,《近代史资料》总72号。
[6] 《应山县志》卷2《户口》,湖北科学技术出版社1990年,第90页。
[7] 葛庆华:《近代苏浙皖交界地区人口迁移研究(1853—1911)》,复旦大学博士学位论文,2000年。

## 二、地 域 分 布

**广德州** 同治三年(1864)前后,两湖散勇迁居广德,成为广德的第一批移民。此后,"江督曾侯出示招垦,于是楚豫各邻省之民络绎来归,岔集境内,垦荒纳税"〔1〕。在广德,外来移民的迁入时间,主要集中在同治末年和光绪初年,这可从移民数量的变化中看出(见表1)。

广德移民来源广泛,除"河南、湖北、浙江、江苏、湖南及江北各属人民"外〔2〕,还有江西、山东移民。据民国《广德县志稿》记载:"吾广以嫩毛竹制表芯纸,产额甚巨,资生活者不下十余万人,工人以江西、富阳人为最多。"光绪十二年(1886),广德擒获劫盗数名,"皆温州、山东无赖伪充乞丐,暗肆凶犯"〔3〕。在广德移民中,"湖北人居其四,河南人居其三,江北人居其一,浙江人居其一,他省及土著共得其一"。这是光绪年间各地移民所占比例,以后随着移民的续迁及各自发展的不同,至民国年间,各地移民所占比例发生变化。河南移民跃居首位,占总人口的百分之六十,其他各地移民,"湖北人居其二,江北人居其一,他省及土著共得其一"〔4〕。

**表1　广德移民数量变化表**

| 时　间 | 户数(户) | 口数(人) | 时　间 | 户数(户) | 口数(人) |
|---|---|---|---|---|---|
| 1865 年 | 381 | 1 250 | 1869 年 | 4 995 | 17 993 |
| 1874 年 | 16 336 | 79 970 | 1879 年 | 23 560 | 109 567 |

资料来源:光绪《广德州志》卷16《田赋志·户口》。

河南移民(来自光山、罗山、商城、固始等县)在境内分布最广,几乎每乡镇都有分布,但主要集中在县境北半部的平畈区和丘陵地带,如今高湖、邱村、彭

---

〔1〕 光绪《广德州志》卷16《田赋志·户口》。
〔2〕 文翰:《垦荒客民附籍与考文卷》,光绪《广德州志》卷51《艺文志》。这里的江北,指安徽省长江北岸的原安庆府(辖怀宁、潜山、桐城、太湖、宿松、望江)、庐州府(辖合肥、巢县、无为州、舒城、庐江五州县)及和州(辖和州、含山)三府州。以下同,不再另作说明。
〔3〕 《广德来函》,《益闻录》第608号,1886年10月30日。
〔4〕 光绪《广德州志》卷末《补正》;民国《广德县志稿》第二十册。

村、流洞、新杭、砖桥、独山、赵村、下寺、山北、花鼓等乡镇;湖北移民(来自荆门、钟祥、孝感、南漳等县)分布在县境西部、南部的丘陵地区和山区,以今苏村、石鼓、独树、月湾、杨滩、四合等乡镇最为集中;江北移民多居住在县城和今东亭等乡镇;湖南移民(来自长沙、岳阳、益阳、湘潭、湘乡等地)分布在清溪乡的新屋及山北乡的丘村;江西移民分布在山北乡的伏岕、砖桥乡的河口及新杭乡的涧东等地;浙江移民分布在今新杭乡的路东、涧东,双河乡的苏觉涧、独山乡的朱湾及杨滩、月湾、石鼓等乡镇[1]。

**建平县(今郎溪县)** 战后随着曾国藩的大力招垦,"同治四五年,有河南、湖北等省客民陆续挈家就垦"[2]。此外,被遣散的湖南散勇也纷纷来建平垦荒。据《上海新报》同治十年报道:"曾中堂于克复金陵时,特遣湖南勇丁五千名赴建平县安插,并令开垦自食其力。湖南勇丁自到建平,于田之荒者辟之,屋之倾者整之,数年来安居乐业,几忘其为湖南人矣。"在长达半个世纪的时间内,来自湖北、湖南、河南、江苏以及本省(安庆府、庐州府、和州)的大量移民移居建平,使建平人口得到大量补充,形成五方杂处的格局。

据民国三十五年(1946)《郎溪县东夏乡东夏二保户口清册》,东夏二保共163户,按其籍贯划分,安徽江北地区68户,皖南地区11户,湖北17户,湖南6户,河南2户,江西1户,江苏13户,本地45户。可见移民以江北地区为最多,故今郎溪县有"小江北"之称。江北移民多分布在县城及附近乡村、各乡镇政府所在地;湖北移民分布在县境的西南部和东北部,如今姚村、十字、南丰、幸福、涛城、凌笪、毕桥、飞鲤、水鸣和钟桥等乡镇;河南移民分布在县境北部(郎川河以北)的今岗南、梅渚、定埠、凌笪、下湖等乡镇[3]。

**宣城县(今宣州市)** "自兵燹后,地广人稀,田多荒废,又毗连广建,当时情形不得不借客民协力开垦。"[4]早在同治三年(1864),就有湖北应山县张姓、魏姓农民迁居宣城[5]。此后,在地方政府的大力招徕下,两湖、河南及江北等地移民纷纷前来就垦。

同治初年,宣城县移民以"湖北客民最为强盛,河南客民少于湖北",此外,

〔1〕《广德县志》,方志出版社1996年,第87、578页;《宣城地区志》,方志出版社1998年,第760页。
〔2〕《建平县客民请援案与考文卷》,光绪《广德州志》卷50《艺文志》。
〔3〕《郎溪县志》第三十五章《方言》,方志出版社1998年,第1011页。
〔4〕《客民禁入皖省宣城示》,《申报》1875年1月18日。
〔5〕《张氏宗谱》《魏氏宗谱》,《应山县志》卷2《人口》,第90页。

"江西、福建流民，猬集四境，租山扎棚，栽种烟靛、白麻、包芦、薯蓣等物"[1]。同时，江苏及本省安庆、庐州、徽州、和州等府州也有大量移民迁入，这些移民在县城及孙家埠等地分别建有江苏会馆、安庆会馆、庐州会馆和徽州会馆[2]。外来移民的大量涌入，使宣城的人口发生重大变化，这给民国年间的一位旅行者留下了深刻的印象。他在旅行记中描述道："据本地人说：'因洪杨战后，城市尽成废墟，本地人民非死即流，故至今若在城中欲觅一地道宣城人，颇非易事。'"在外来移民中，"以两湖籍占最多数，皖北次之"[3]。

移民主要分布在县境的东部和南部。今水东、新田、洪林、棋盘等乡镇为湖北移民的聚居地，尤其是水东镇，全镇五万人口中，湖北籍人占百分之七八十；河南移民分布在东部的洪林、丁店、建国等乡镇；江北移民分布在县城及南部的夏渡、金坝、向阳、峰山等乡镇；徽州移民因经商关系，主要集中在县城及集镇[4]。

**宁国县** "兵燹后土著稀少，田地荒芜，自同治五六年以来，两湖、河南以及皖北等处客民携带家口，前来就垦者人数众多。"[5]光绪年间，原居浙江淳安、景宁、兰溪等县的畲族钟姓、雷姓、蓝姓随汉族垦荒者迁居宁国[6]。直至清末，仍有不少应山移民迁入宁国（上揭）。战后大量湖北、河南、湖南、浙江、福建及本省安庆（含潜山、桐城、怀宁等县）和江北（含合肥、庐江、巢县、无为、和县、含山等县）移民的迁入，在县内形成五方杂处的格局。据民国年间调查，宁国县移民，以"湖北人为最多，安庆所属各县次之，庐江、和县又次之"[7]。

湖北移民（来自麻城、应山、安陆、襄阳、黄陂、随县、荆门、枣阳等地）最先迁入宁国，占居平原集镇；江北移民分布在县境东南部山区，如今狮桥、中田、大龙、万家、宁墩、中溪和三元等乡镇，另外河沥溪镇及附近乡村也有分布；畲族移民分布在今云梯、仙霞、杨山、中田、河沥溪、三元、狮桥、港口、梅林、虹龙、山门、宁墩、黄岗、中溪、南极等乡镇。由于迁来时间较晚，生产条件恶劣的云梯、仙霞、杨山三乡镇成为畲族移民的聚居地；湖南移民（来自长沙府、岳阳府）分布在今南极乡半山、银峰乡李家村等地；浙江（来自温州府）和福建（来自松

〔1〕《客民禁入皖省宣城示》，《申报》1875 年 1 月 18 日；光绪《宣城县志》卷 2《疆域·形势》。
〔2〕王锡鼎：《宣城的会馆》，《宣州文史资料》第四辑。
〔3〕洪素野：《宣城杂描》，《皖南旅行记》，中国旅行社 1944 年，第 44—45 页。
〔4〕《宣城县志》第三十七章《方言》，方志出版社 1996 年；胡传楷：《安徽宣城的广东村和洪杨乱后宣城的人口》，《禹贡》1934 年第 2 期。
〔5〕《客民入籍原案》，民国《宁国县志》卷 14《杂志·大事记》。
〔6〕《宁国县云梯公社畲族情况调查》，《畲族社会历史调查》，福建人民出版社 1986 年。
〔7〕《中国经济志·安徽省宁国县》，1936 年。

溪等县)移民分布在今仙霞乡岩山一带〔1〕。

**南陵县** "宣、南、宁乱后土著稀少,同治初年有创议令楚南北之人挈室来佃此土者,于是趾踵相接,蔽江而至。……不数年,客即十倍于主,因是有客民之号。"光绪二十年前后,南陵外来移民已占全县人口的十之七八,南陵几乎成为一个移民世界〔2〕。

移民主要分布在县境的西北、西南和东南的丘陵地区。江北移民人数最多,分布广泛,以县城及附近乡村最为集中;湖南移民聚居在县境南部丘陵地区的三里、峨岭等乡镇;湖北移民分布在城关北门画眉嘴、葛林乡的千峰及何湾乡的何湾村、椿树园等地〔3〕。

**泾县** 同治三年(1864),湖北应山张姓一支族人迁居泾县,以后续至的湖北移民分布在东、北两乡垦荒〔4〕。随着移民的不断迁入,土客矛盾激化,光绪九年(1883)七月,泾县不得不发布告示,以使"土客相安,永泯诈虞"〔5〕。泾县的移民运动一直持续到清末。

相对于宣城、宁国、南陵等县来说,泾县外来移民较少。光绪九年(1883),移民与土著居民因争垦荒田发生械斗,"土人愈来愈多,焚去客民房屋二百余椽,客民莫敌,遂逃至城中禀诉。邑令当即派兵弹压解散,然犹起桓不服,拟将客民尽数驱逐"〔6〕。据民国年间调查,泾县"农民籍贯,多本地人,客籍以无为、合肥、巢县、芜湖、南陵、宣城、桐城等县为多,湖北黄梅人亦有之"〔7〕。

安庆移民分布在县境西北部的孤峰、童疃和东部的爱民等乡镇;湖北移民分布在东部的汀溪等乡〔8〕。

**旌德县** 战后旌德县外来移民的迁入过程不太明晰。光绪中叶,时人指出"旌德多鄂、赣、怀、桐客民"〔9〕。此外,还有湖南、山东和河南移民。光绪十年(1884),旌德发生旱灾,因积谷不多,只对土著居民进行救济,引起外来移

〔1〕《宁国县志》,生活·读书·新知三联书店1997年,第765、135页;郑张尚芳:《皖南方言的分区(稿)》,《方言》1986年第1期。
〔2〕《客民滋事》,《申报》1883年7月19日;(清)李应珏:《皖志便览》卷2。
〔3〕《南陵县志》第二十九章《方言》,黄山书社1994年;《南陵的会馆》,《南陵文史资料》第五辑。
〔4〕《张氏宗谱》,《应山县志》卷2《人口》,第90页。
〔5〕《晓谕土客示》,《申报》1883年8月4日。
〔6〕《土客又斗》,《益闻录》第248号,1883年4月21日。
〔7〕《中国经济志·安徽省泾县》,1936年。
〔8〕《泾县志》第三十五章《方言》,江苏古籍出版社1988年,第863页。
〔9〕(清)李应珏:《皖志便览》卷2。

民的不满。"楚南寄籍该处之人,谓其办理不公,殊非为善从同之意,因于初九日夜结聚同党千余名,持械拥入县署"[1]。一时集聚千余人,可见其人数之多。光绪十七年(1891)五月,宁国县在河沥溪擒获"匪徒"十五人,皆系"河南、山东产,潜居旌德县有年"[2]。说明同治末或光绪初年,旌德已有河南、山东移民迁入。

由于资料的限制,对于移民在县内的分布状况知之甚少。根据方言调查资料,可知旌德县城关、东北部的云乐乡及俞村乡的上口村湖北移民较多;城关、双河乡及俞村乡的乌岭沟等地则有安庆、庐州等地移民分布[3]。

**太平县(今黄山区)** "兵燹后土著多贸易他乡,人烟更觉稀少。又有客民杂处其地,良莠既已不齐,萑苻因而不靖。"[4]太平县因地处宁国府南部,战后虽有移民迁入,但数量不大,主要以江北移民为主。《安徽白话报》第三期报

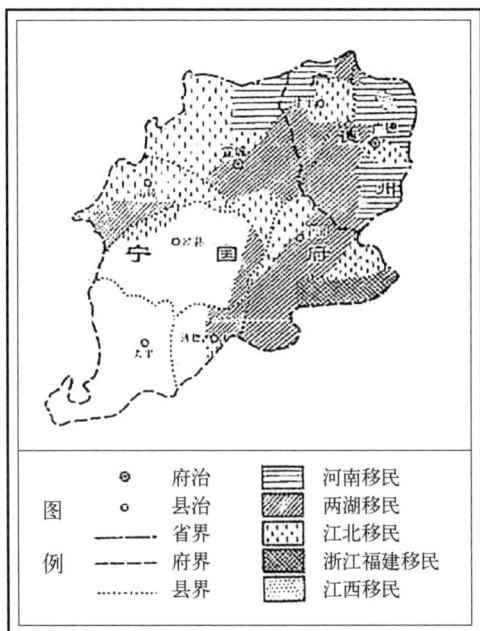

**图1　太平天国战后皖南地区移民分布图**

---

〔1〕《客民滋乱》,《益闻录》第367号,1884年6月18日。

〔2〕《宁国近事》,《益闻录》第1074号,1891年6月17日。

〔3〕《旌德县志》第三十三章《方言》,黄山书社1992年,第544页。

〔4〕《乡人获盗》,《申报》1887年11月13日。

道："土民人稀,耕种大都赖诸客民,客民类皆江北人居多。"江北移民主要分布在今公路沿线和较大的村庄,僻远山区较少〔1〕。此外,还有少量的河南移民。光绪末年,河南移民为开垦仁村河沙洲,"自杀一人以图害地方"〔2〕。

## 三、影响人口分布的因素

为什么会形成这种分布格局?换句话说,有哪些因素导致这种分布态势的形成呢?笔者认为有以下几点原因。

### （一）移民信息的影响

张国雄在《明清时期的两湖移民》一书中专辟一节,对官方和民间两种移民信息在移民运动中的作用作了论述。这两种移民信息不仅在战后本区移民过程中起到重要作用,而且对移民的分布也产生深刻的影响。

"官方移民信息是通过布告这种传媒形式和完善的行政组织系统,同时向一定区域内非特定多数的接受者传递,信息内容是相同的。"〔3〕战后皖省大吏面对户口凋敝、田地荒芜的状况,积极招徕外地农民前来垦荒。曾国藩"奏迁豫省之民挈眷口、给牛种以往"〔4〕。并同安徽巡抚发文到河南、湖北等省,号召当地农民前来皖南就垦。官方移民信息传递面广,影响大,得到广大农民的响应。如广德州,"江督曾侯出示招徕开垦,客民麇集"〔5〕。因官方移民信息是为某一地区招垦而发,故在大范围内对移民的分布产生影响。如皖南地区主要招募两湖及河南农民,因此,广德、宣城、宁国、建平等县成为两湖、河南移民的麇聚地。

在官方移民信息传递的同时,民间移民信息(即由个人口头传给一人或数人)也在充分发挥着作用。同治十三年(1874),宣城县令黄祺年在《客民禁入皖省宣城示》中指出:虽然禁止外地客民迁入,但"客民因亲及友,仍是络绎而来,岁无虚日"。皖南花鼓戏《唐老三下江南》反映的是湖北襄阳府南漳县农民唐老三夫妻下江南的故事,可以说是当时千千万万移民的缩影。唐老三移民

---

〔1〕《黄山市志》第二十编《方言》,黄山书社 1992 年,第 792 页。

〔2〕《太平县志稿·人物类》。

〔3〕张国雄:《明清时期的两湖移民》,陕西人民教育出版社 1995 年,第 125 页。

〔4〕《嘉兴残杀客民说上》,《申报》1883 年 4 月 4 日。

〔5〕光绪《广德州志》卷 18《田赋志·赋额》。

信息的获得就是来自民间。

> 昨日里无事去把集赶，/耳听得众人等讲一遍。/…………/江南人儿发瘟死，/全都是客家人种庄田。/唐老三不信下河去看，/背的背挑的挑都下江南[1]。

光绪初年皖南地区虽已停止招垦，政府禁止外地移民迁入，但对有亲朋可依者仍予放行。光绪四年（1878），两江总督沈葆桢在《苏皖招垦晋豫流民为难情形片》中称："河南本有耕于皖南之人，故过江而来者资之即行，遇雨雪始流连数日。此有亲友族邻可倚，无待官为督促收恤之，佣保之谊不容辞者也。"[2]正是在官方、民间移民信息的共同作用下，本区的移民运动才得以持续半个世纪之久。

民间移民信息一般在较小的范围内传递，传递者和接受者或是戚族，或是乡邻，传递者所提供的信息主要是自己定居地及邻近地区的情况，这势必影响到接受者对迁入地的选择。此外，移民初到异地，在生产、生活诸多方面都需要帮助，佃种他人的土地，也须有熟识之人作保，"其异籍农民认垦荒田，须令田邻地保出具互保，俾知根底"[3]。这对移民选择迁入地影响极大，后来者不得不首先选择信息传递者的定居地。同治七年（1868），传教士金式玉和韩伯禄在宣城县的许村发现五十多位贫困交加的湖北移民，在他们的支持下，这些移民向政府租种了部分田地维持生活，"后来又召来了许多至亲好友；这样，到1869年底，约有三百名教友聚居在许村、芦村、水东三个相邻的村子里"[4]。发展至今天，水东镇成为湖北籍人的麋聚地，全镇五万人口中，湖北籍人占百分之七八十（上揭）。可见，民间移民信息极大地影响了小范围内移民的分布，使本区各县形成一个个移民聚居区。

### （二）迁移路线的影响

在中国传统社会中，人们受安土重迁观念的影响，对远适他乡存有畏惧心理，故如果能够在距离家乡较近的地方找到适宜的定居点，一般不会舍近求远，以保持和家乡最短的距离，减少迁移成本。这种对路线的选择原则，对移

---

[1]《安徽省传统剧目汇编·皖南花鼓戏》。
[2]（清）沈葆桢：《沈文肃公政书》卷7。
[3]（清）李宗羲：《招垦荒田酌缓升科章程详文》，《开县李尚书政书》卷4。
[4]［法］史式徽：《江南传教史》第2卷，第217页。

民的分布影响甚大。

两湖、河南等地移民多是乘船沿江东下,到达芜湖后,沿青弋、水阳二江,迁往广德州和宁国府属各地。沿青弋江及其支流上行,可达宣城、南陵、泾县、太平、旌德等县;沿水阳江可达宣城、宁国,故在两河流域广布着大量的两湖、河南及江北地区的移民。如今宣州市水阳江、南湖流域的双桥、孙埠、水东、洪林、五星、沈村、团山等乡镇分布着湖北、河南移民后裔;水阳江支流华阳河、宛溪河流域的今华阳、溪口、周王、峄山、黄渡、夏渡等乡镇,广布着安庆移民后裔〔1〕。沿青弋江各县,宣城、南陵移民分布密集,而上游的泾县、太平、旌德三县移民较少,与迁移路线不无关系。

### (三) 社会因素的影响

太平、泾县、旌德等县,山多地少,人们多聚族而居,如旌德"人烟凑集,城乡皆聚族而居,近来生齿愈繁,大族人丁至有万余,其次不下数千,即最少亦三二百人";泾县北乡"人民聚族而居,村庄络绎。村之大者数万家,至数十万家,小者亦必数百家至数千家"〔2〕。在这样的地区,宗族势力强大,外来移民很难插足,即使"他姓有迁入者,则受其欺侮排斥"〔3〕。移民的分布因而受到影响。

### (四) 迁移时间的影响

在信息不发达的社会里,各地获得移民信息的时间有先有后,故迁移时间有早有迟,从而影响到移民的分布。这以宁国县移民的分布最为明显。在宁国县,"最先迁进的为湖北人,多占住平原集镇;安庆人来得晚些,只好住山区;浙江人来得更晚,多上南部大山种山芋、玉米、香菇,与原来的山区土著居民杂居;最后其他各地来的移民也多到南部山区"〔4〕。另外,畲族移民的分布,除有适应原有的生产方式的原因外,也与其迁移时间较晚有关。"畲族人民迁来较晚,只好住在山脚下,靠帮工或租种山地、冲田度日。这种田地水源差、地质薄,较好的畈田都被汉族地主或其他早来的汉族群众占有"〔5〕。

〔1〕 刘永濂:《我国近代江南地区的移民活动》,《安徽史志通讯》1983 年第 1 期。
〔2〕 嘉庆《宁国府志》卷 9《舆地志・风俗》;《客民滋事》,《申报》1883 年 7 月 19 日。
〔3〕 胡淀成:《青弋江流域概况》,张其昀辑:《安徽志》。
〔4〕 郑张尚芳:《皖南方言的分区(稿)》,《方言》1986 年第 1 期。
〔5〕 《安徽宁国县云梯公社畲族情况调查》,《畲族社会历史调查》。

　　总之,在太平天国战争的冲击下,昔日人口稠密的皖南地区,出现了人口"真空"或"半真空"的状态,从而引发了战后的移民浪潮。在长达半个世纪的移民运动中,上百万移民及其后裔定居本区,使得人口分布格局发生重大变化。同时,大量移民的迁入,不仅为皖南地区提供了急需的劳动力,促进了当地荒地的垦辟和经济的恢复及生产经验、技术的交流,而且还在很大程度上奠定了近现代皖南地区的文化格局,使得当地在艺术、饮食、方言和风俗习尚等诸多方面,均打上了移民文化的烙印。凡此种种,笔者将有专文加以论述。

　　　　　　　　　　本文原载《中国历史地理论丛》2002 年第 2 期。

# 鄂尔多斯地区近代移民研究

王卫东

　　鄂尔多斯高原*是我国半干旱地区一个相对独立的地理单元,处于农牧交错带上,在历史上农业民族经常与游牧民族在这里展开争夺,从秦汉至明代,呈现出农业与游牧景观交替出现的现象。同时,该地区又是一个北方游牧民族之间争夺的要地,不时为不同的游牧民族所占据,常常发生大规模的移民。然而自清朝统一中国,鄂尔多斯地区成为其疆土的组成部分,游牧的蒙古族在清朝的控制下几乎停止了迁移,但内地迁往该地的移民却一直没有停止过,使得这一地区的人口数量与分布、民族构成、社会结构与民族关系都发生了巨大的变化。因而系统而深入地研究这一课题对于我们认识自清代以来该地区的社会变化有着重要的意义。

　　清代及民国时期迁入鄂尔多斯地区的移民多为汉族,政府采用由内地州县遥治的方式对他们进行控制,所以鄂尔多斯当地极少有迁入汉族人口数量的直接记录,而陕西、山西对此记录也多含混不清,尤其是因遥治而导致的行政区划的混乱,更增加了对该地区移民数量研究的难度。以往的研究一般只注重土地的开垦,尤其是清末和民国时期的土地开垦[1],由于存在着春去秋回的雁行人,土地开垦的进度并不能表示移民迁入的进程。

------

　　* 鄂尔多斯高原习惯上指内蒙古高原阴山以南的部分,但因研究者的目的不同,故所理解的鄂尔多斯高原的范围也就不同,本文所论述的鄂尔多斯高原的范围南以长城,东、西、北三面均以黄河为限。主要包括今天内蒙古自治区的伊克昭盟,陕西府谷、神木、榆林、横山、定边、靖边六县长城以北的部分及宁夏之陶乐县。清代的鄂尔多斯部蒙古还包括今黄河以北乌加河以南的后套一带,二者的范围稍有不同,由于后套地区的移民受地理环境影响,自成一独特的移民社会,笔者有专文论述,因而后套地区不在本文讨论的范围之内。本文所说的近代是指清代及民国时期。

[1] 关于土地开垦的研究主要有安斋库治《清末绥远的开垦》(载《满铁调查月报》第18卷12号及19卷1、2、12号)、宝玉《清末绥远垦务》(载《内蒙古史志资料选编》第1辑)、梁冰《伊克昭盟的历代开垦和近现代社会形态的变化》(载《鄂尔多斯史志文稿》第4辑)及祁美琴《伊克昭盟的蒙地放垦》(载《内蒙古近代史论丛》第4辑)等文,但这些文章主要讨论清末及民国的垦务和土地关系,对移民问题仅稍有提及。

## 一、同治朝之前的移民

元朝灭亡后,鄂尔多斯部蒙古系成吉思汗嫡系后裔达延汗的子孙,以尚武著称,保持着强盛的兵力,成为明朝无法平息的边患。满洲女真族崛起后,也为征服鄂尔多斯部颇费了一番功夫,清朝一直对鄂尔多斯部保持着戒心。明末,与鄂尔多斯部相邻的陕北一带,土地贫瘠,荒旱频仍,百姓因生活极端困苦,屡树义旗,李自成、张献忠就出身于此。明亡之后,驻于此地的军队虽然投降于清朝,但仍然保持着强烈的反清色彩。顺治五年(1648),延安参将王永强、榆林将领刘登响应大同总兵姜瓖起兵反清,定边、神木、花马池的绿营兵也闻风声援[1];康熙十四年(1675),定边、延安、神木、花马池、绥德、庆阳一带的绿营兵为响应吴三桂北上又爆发了反清兵变。对清政府来说,陕北一带是一极其危险的地带,清朝初年,为禁止蒙汉往来,对鄂尔多斯地区实行严格的封禁政策,在其南部沿长城边外划一条南北宽五十里的禁地,不允许汉人进入垦种,也不许蒙古人进入游牧,称为"黑界地"。

陕、晋北部与鄂尔多斯毗邻的地区,经过明末清初的长期战争,人口急剧减少,土地大量抛荒。清初,陕、晋北部与全国其他地区一样致力于招徕流移,垦辟荒地,但清廷对蒙古私自招垦的处罚较为严厉,所以很少有人迁入鄂尔多斯地区。

鄂尔多斯地区的开垦是随着清廷对鄂尔多斯部蒙古王公的防范心理逐步解除而开始的。自鄂尔多斯部归顺清朝后,在征服中原及平定陕、晋北部叛乱的过程中,诸王公能够积极配合清军作战,并立下了汗马功劳。康熙二十一年(1682),鄂尔多斯贝勒达尔请求进入黑界地游牧,得到允准[2]。康熙三十六年,贝勒阿松拉布奏请:"乞发边内汉人,与蒙古人一同耕种黑界地。"清廷俱如所请,令贝勒阿松拉布及地方官"各自约束其人,勿致争斗,……日后倘有争斗,蒙古欺凌汉人之事,即令停止"[3]。此为清代内地民人进入鄂尔多斯地区之始,但政府规定不准在蒙古地区定居,春去秋归(后改为冬归),号为"雁行人"。这些进入鄂尔多斯地区的陕、晋之人只能算是流动人口,尚不能称为移民。

---

〔1〕《清史稿》卷 4《世祖本纪》。
〔2〕张鹏一:《河套图志》卷 4《屯垦》。
〔3〕《清圣祖实录》卷 181"康熙三十六年三月乙亥"。

　　"黑界地"开垦之始,出边垦种的并不多,贝勒松阿拉布"乞发边内汉人"及清廷禁止"蒙古欺凌汉人之事"的发生都出于这种情况的考虑。随着内地人口的增加,尤其是发生灾荒的年份,内地沿边之民便出边就食,"自清康熙末年,山、陕北部贫民,由土默特渡河而西,私向蒙人租地垦种,而甘省边氓亦复逐渐开殖,于是,伊盟七旗境内,凡近黄河长城处,所在有汉人足迹"[1]。由于出边垦种的人增多,以致康熙五十八年,鄂尔多斯贝勒达西拉布坦因"游牧狭窄",奏请驱逐边外民人[2],清廷命侍郎拉浑"以三十里定界,界内之地准民人耕种,每牛一辄,准蒙古收取租糜子五斗"[3]。雍正八年(1730),"仍以五十里定界,命附近地方官折征粮草,十年,鄂尔多斯荒歉,复准蒙古情愿招民越界耕种,收租取利者,听其自便。从此,内地民人以口外种地为恒产,蒙古亦资地租为养赡"[4]。

　　至乾隆时期,出口垦种的人更多,清廷为加强管理,于乾隆八年(1743)设榆林神木理事同知,"驻扎县治,专管蒙古鄂尔多斯六旗伙盘租种事务,词讼有牵涉蒙古者悉由该厅审理,其近边各县蒙民交涉命盗案件,先由各县录供详报,于奉批后申请该厅会同审拟解勘,他如监放兵粮、协捕贼盗,亦有分责"[5]。当时,出口垦种的汉人编籍仍隶内地邻近州县,不准在蒙古入籍定居。可见出口垦种仍被视为一时的权宜之计。

　　康、雍、乾三朝,社会日趋稳定,内地人口不断增长,移民出口的浪潮已成不可遏抑之势。卢坤说:"蒙民赋性较贪,最爱眼前些小便宜,遇有为难之事,汉民止须送给烟茶布匹,以厌其欲,其事即寝。又汉民生长边区,熟悉口外情形,善于趋避,蒙民不辨利害,轻听妄为。"[6]内地民人在口外定居虽为清廷所禁止,但汉民只须送礼通融一下便可达到目的,这样越来越多的雁行人由流动人口变为真正的移民。另外,晋、陕北部还有一部分贫苦农民为生活所迫,到鄂尔多斯地区"与蒙古畜养牲畜"[7],畜养牲畜不像农业那么具有强烈的季节性,需要长期居住下来,久而久之,也成为真正的移民。

　　晋、陕北部地处黄土高原,经过长期的开垦,水土流失严重,环境日趋恶

---

〔1〕 《调查河套报告书》,京华书局 1923 年,第 219 页。
〔2〕 民国《续修陕西通志稿》卷 5《疆域》。
〔3〕 张鹏一:《河套图志》卷 4《屯垦》。
〔4〕 张鹏一:《河套图志》卷 4《屯垦》。
〔5〕 (清)卢坤:《秦疆治略》"榆林神木理事厅"条。
〔6〕 张鹏一:《河套图志》卷 4《屯垦》。
〔7〕 (清)卢坤:《秦疆治略》"神木县"条。

化。如神木县："邑处极边,多沙冈石碛,幅员虽广,而可耕之地计以顷亩,诚不及沃野之十之二三耳"[1];怀远县："僻处边陲,邻于蒙古,建县年浅,百十年来,地有开垦而粮无加增,境内无地可耕者皆租蒙古地亩"[2]。随着口外土地的开垦,这些地区的人口也获得了充分的发展空间,因而陕西北部州县的人口在清代中期随着鄂尔多斯地区的开垦而大量增加。

**表1 乾隆至道光朝榆林府沿边州县人口数量及年均增长率**

| 年 代 | 榆林县 | | 神木县 | | 怀远县 | | 府谷县 | |
|---|---|---|---|---|---|---|---|---|
| | 口数（人） | 增长率(‰) | 口数（人） | 增长率(‰) | 口数（人） | 增长率(‰) | 口数（人） | 增长率(‰) |
| 乾隆四十年 | 85 679 | | 75 691 | | 83 640 | | 71 283 | |
| 嘉庆十年 | 96 512 | 4.0 | 109 277 | 12.3 | 92 212 | 3.3 | 85 414 | 6.0 |
| 道光三年 | 101 283 | 2.7 | 109 908 | 0.3 | 97 653 | 3.2 | 140 036 | 27.8 |
| 道光十九年 | 103 140 | 1.1 | 113 717 | 2.1 | 89 031 | −5.8 | 204 357 | 23.9 |

资料来源:道光《榆林府志》卷22《食志·户口》,这些人口数据包含口外近边遥治的人口。

据表1,从乾隆四十年至嘉庆十年(1805)的三十年间,榆林、神木、怀远、府谷四县的人口都有一个较为合理的年平均增长率,其中神木县人口增长率最高,达12.3‰,怀远县最低,为3.3‰,而与神木县相邻但并不沿边的葭县在此期间只有1.6‰的年增长率[3]。沿边州县之人或迁居口外,或作为雁行人租种蒙古田亩,因而可以获得较多的生活资料,为其人口自身的再生产提供了较为优越的条件,而那些没有充分发展空间的州县的人口增长则受到了限制。

嘉庆十年至道光三年(1823),道光三年至十九年两个时段,榆林、神木及怀远三县都呈现出人口增长率下降的趋势,从道光三年至十九年,怀远县甚至出现了年均5.8‰的负增长,而嘉庆十年至道光十九年间的两个时段,府谷县都保持了20‰以上的年增长率。

[1] 道光《神木县志》卷4《建置·里甲》。
[2] (清)卢坤:《秦疆治略》"怀远县"条。
[3] 道光《榆林府志》卷22《食志·户口》。

　　查嘉庆、道光年间,陕北一带并无大的自然灾害发生,这说明到道光年间,连同长城边外允许开垦的黑界地得到了最大程度的开垦。道光年间,越界垦种事件接连不断地发生,以致道光十七年,清廷只得下令重垒界石,招内地民人移垦[1]。事实上,道光年间界石以内早已是村落相望、鸡犬相闻的农业景观。至道光十九年,长城边外的村庄,神木县 587 个,府谷县 441 个,怀远县 479 个,共 1 507 个,而同时这三县边内的村庄也只有 1 926 个,二者相差无多[2]。

　　从人口的年增长率来看,从乾隆至道光年间,榆林府人口的增长也呈下降态势,其实该地的人口自然增长率并没有下降,在没有天灾人祸的情况下,仍应保持 5‰ 左右的增长率,笔者推测陕北沿边这些州县的一部分人迁移到鄂尔多斯中部甚至更远的地区去了。法国传教士、旅行家古伯察(Evariste Régis Huc, 1813—1860)在鄂尔多斯地区的旅行见闻证实了这一推测。道光二十四年,他在鄂尔多斯中部——从热河到西藏的途中——发现了许多汉人开凿的窑洞,但没有人居住,据当地的蒙古人讲,二十多年前,也就是嘉庆、道光之间,内地汉人来此开垦,过了一段时间,由于他们随心所欲地扩大耕地,抗租并盗窃蒙古人的牛羊而被赶走[3]。不消说,这种情况在鄂尔多斯中部的其他地方也同样存在着。

　　府谷县从嘉庆十年到道光十九年的年均增长率为 26.0‰,显然这不是该县的人口自然增长率。查道光《榆林府志》,在此期间府谷县的政区并未发生变化,其人口的高增长率显然不是由政区变化而引起的。与府谷县一河之隔的山西保德,土地贫瘠,清初即已形成了佣佃陕西的习俗,康熙《保德州志》卷 3《风土篇》说,河曲“民贫,鲜生理,耕种而外,或佃佣陕西,贸易邻境”。随着口外的开垦,由府谷县迁居口外是其最便捷之途,而这些迁移至府谷县口外的保德人也就归府谷县管辖,这就不难解释在嘉庆至道光时期府谷县保持如此高的人口增长率。

　　1953 年府谷县的人口数为 112 162[4],而道光十九年府谷县的人口数为 204 357,几为 1953 年的两倍。这主要有两个方面的原因:一、道光时期,归府谷县管辖口外村庄很多,其范围深入准格尔旗内部较远,经过 1949—1951

〔1〕 民国《横山县志》卷 2《纪事》。
〔2〕 道光《榆林府志》卷 22《食志·户口》。
〔3〕 [法]古伯察著,耿昇译:《鞑靼西藏旅行记》,中国藏学出版社 1991 年,第 221 页。
〔4〕 国家统计局人口统计司编:《中国人口统计年鉴(1988)》,中国展望出版社 1988 年,第 228 页。

年的边界调整，相当一部分村庄划归了准格尔旗管辖；二、自同治朝起，陕北地区屡遭战争及自然灾害的影响，人口损失严重，而且恢复较慢。故1953年府谷县的人口数量尚不及道光年间。在边界调整时，划归神木、榆林、横山和靖边的土地和村庄都远较划归府谷县为多，因此仅有府谷县道光年间的人口数量超过了1953年。

口内移民进入鄂尔多斯北部、东北部地区的时间也比较早。雍正十年规定，"蒙古情愿招民人越界耕种，收租取利者，听其自便"，这些地区也开始有移民迁入垦种。乾隆年间河套东部一带的黄河河道发生变迁，达拉特旗与土默特旗发生争端，其时达拉特旗的沿黄河南岸一带已经有移民迁入，土地得到了开垦。

随着归化城土默特地区的开发，该地聚集了大量的移民，管理机构也建立起来。雍正十二年，萨拉齐置协理笔贴式，乾隆四年置协理通判，二十五年改理事厅，兼辖鄂尔多斯左翼中旗、左翼后旗的蒙民交涉事务。乾隆元年，清水河置协理通判，二十五年改理事厅，兼辖鄂尔多斯左翼前旗等蒙民交涉事务[1]。雍正十二年，托克托置协理笔贴式，乾隆元年置协理通判，二十五年升为理事厅，兼辖鄂尔多斯左翼前旗等蒙汉交涉事务[2]。这些厅初设时仅治理当地的蒙汉交涉事务，至乾隆二十五年开始兼理邻近鄂尔多斯地区的蒙汉交涉事务，也说明当时鄂尔多斯东部及东北部的移民开始增多，并受到了政府的注意。

迁移到鄂尔多斯东北及北部地区的移民多为山西河曲、保德及偏关等地之人。河曲、保德等地受地理条件的影响，保德"地偏僻且瘠薄……民贫，鲜生理，耕种而外，或佃佣陕西贸易邻境……农勤力作，而土不肥泽，遇丰年差足糊口，荒年冬储蔓青，春以谷糠，采荼杂而食之，不致死，犹愈于明季食干泥者"[3]；偏关县"土质干燥，气候较寒，山田高耸，无川灌溉，所凭借者雨泽耳，故晴雨稍有失时，便成灾歉"[4]。严酷的自然环境使得当地的农民在死亡线上挣扎，因而早在口外开放之前就有佣工于外、贸易邻境的习俗，在边外部分土地开放后，大批的农民涌向口外，因距离较近，来自这三县的移民首先进入鄂尔多斯东北及北部地区，而后逐渐向中部推进。

---

〔1〕《归绥道志》卷5《十二厅治考》。
〔2〕《清史稿》卷60《地理志》。
〔3〕康熙《保德州志》卷3《风土篇》。
〔4〕(明) 卢承业原编，(清) 马振文增修：《偏关志》卷上《风土》。

　　鄂尔多斯西南部地区与甘肃相邻,随着黑界地的开放,一部分移民进入该地,清末放垦的五堆子地、月牙湖地等就是在这时开始发展起来的,其蒙汉交涉事务以及租银、税务均由宁夏部院及安边同知两方管辖。

　　除上述农业移民外还有一小部分商业及工矿业移民进入鄂尔多斯地区。在黑界开放之前,清廷只准鄂尔多斯蒙古在横城一带与内地贸易,极为不便。康熙三十六年,贝勒阿松拉布奏请于定边、花马池、平罗城三处,令诸蒙古就近贸易,得到允准[1]。随着开垦的扩大,移民的增多,小部分商人逐渐进入鄂尔多斯地区,尤其是近边汉族移民聚集的地区,如鄂尔多斯左翼前旗的十里长滩,在咸同之际已发展成一个"商民云集"的较大市镇[2],靖边县口外的宁条梁也是一个较为重要的商业市镇。近长城一带,在有煤炭及盐碱矿的地方,蒙古人将矿藏租给汉人开采,收取租金,因此也吸引了一批移民。商业及工矿业移民在数量上与农业移民虽不可同日而语,但这些移民对口外地的蒙汉人民的生活有着不可或缺的作用。

　　同治以前迁入鄂尔多斯地区的移民,定居与流动人口混杂在一起,又归与之相邻近的陕西、山西及甘肃等省的州县管辖,但同时也存在着完全脱离沿边厅州县管理的移民,加之文献资料的不足,很难对移民的数量做出精确的估计。道光十九年,神木、榆林、怀远、府谷四县共 510 245 人,定边县嘉庆十九年 72 811 人[3],光绪《靖边县志稿》不载同治之前的户口,光绪二十五年的保甲册仅有 18 420 人,当时保甲册的户口记载已严重失实,因此其同治之前的人口情况无法确知,沿边州县所辖长城边外范围已相当辽阔,有些甚至比其边内面积还要广。鄂尔多斯东部及北部杭锦旗、达拉特旗及准格尔旗黄河沿岸一带亦有大量的移民聚集,再加上鄂尔多斯中部地区郡王旗、札萨克旗等的移民,在同治朝战乱之前,迁入鄂尔多斯地区的移民估计不会低于20 万。

## 二、清末民国放垦与鄂尔多斯移民

　　同治年间,西北回民起事,同治七年(1868)攻陷神木高家堡,其后进入府谷县、乌审旗及准格尔旗,并占据准格尔旗的十里长滩及巴汉图地。经过战

---

〔1〕《清圣祖实录》卷 181"康熙三十六年三月乙亥"。
〔2〕 同治《河曲县志》卷 3《疆域界·蒙古地界》。
〔3〕 道光《定边县志》卷 4《田赋志·户口》。

乱,居民死亡星散,土地抛荒,《河曲县志》说:"同治七年,河西地方夏冬两次惨遭兵燹,居民寥落。"〔1〕靖边县乱后,"烟户百无一存";神木县之县城及高家堡两处,"存者十之一二,其余存仅十之五六"〔2〕。鄂尔多斯蒙古亦因被抢掠而变得贫困不堪。战乱后的陕北及鄂尔多斯地区人口大量减少,以致同治八年、光绪三年(1877)横山县(即怀远县,民国间改名)两次野狼成群噬人,白昼农民闭户警戒,商旅裹足〔3〕。光绪初年(1877—1878),晋、陕大部地区发生特大旱灾,大量人口死亡,其北部地区灾情奇重,灾荒过后,这些地区成了移民的输入区,因而向鄂尔多斯地区的移民几乎处于停滞状态。

战乱和灾荒之后,晋、陕沿边州县同山西的其他州县一样开展了招集流亡、促进垦复工作。靖边县,"自同治八年招民垦种,至光绪六年,阅十春秋,流亡渐复"〔4〕。当然,这些州县的招民复垦也包括战乱前其遥治的边外地区。但由于人口损失严重,陕北各州县一直到19世纪末也未恢复到同治朝前期的人口水平。至光绪二十五年,靖边县也只有3 171户,18 420口,不及南方一个市镇的人口,神木县至民国三年也只有96 913口,"生聚四十余载,元气犹未尽复,较之道咸年之户口尚不逮焉"〔5〕。陕北地区人口恢复得如此之慢,也严重影响了其向鄂尔多斯地区移民的速度。

19世纪下半叶,尤其是进入20世纪后,蒙古地区在沙俄和日本帝国主义的侵略和渗透下,蒙古上层中的一些人离心倾向日益明显,因此朝野上下要求充实边防、抵御日俄侵略的呼声越来越高。张之洞分析当时的形势指出:"蒙古强则我之壄遮也,蒙古弱则彼之鱼肉也。"岑春煊亦言:"边臣皆知蒙兵宜练,而苦于无饷。是则欲练蒙兵,非筹练费不可;欲筹练费,非开蒙地不可。"迫于当时的形势,清廷只得放弃原先封禁蒙地的政策,于光绪二十八年宣布全面开放蒙地,并派贻谷为钦差大臣到归化城主持蒙地的放垦工作。

从光绪二十八年至宣统三年,伊克昭盟共报垦45 356.9顷,放垦35 532.2顷,杭锦旗放垦之东、中两巴噶地及达拉特旗的永租地和四成补地都在今黄河的北岸,四成地的大部亦在黄河北岸,位于后套,不属本文所要考察的范围,今黄河以南鄂尔多斯地区实际放垦共1.6万顷左右,其具体情况如表2。

---

〔1〕 同治《河曲县志》卷6《艺文类》。
〔2〕 民国《神木县志》卷2《户口》。
〔3〕 民国《横山县志》卷2《纪事》。
〔4〕 光绪《靖边县志稿》卷4《艺文志余》。
〔5〕 民国《神木县志》卷2《户口》。

表 2　清末伊盟垦务情形一览表　　　　　　　　单位：顷、两

| 旗 别 | 报垦地名 | 报垦时间 | 报垦地数 | 已放地数 | 已放地管辖厅县 | 共得押荒银两 |
|---|---|---|---|---|---|---|
| 准格尔旗 | 黑界地 | 1905—1906 | 1 588.25 | 1 588.25 | 河曲、府谷 | 60 339.5 |
| 扎萨克旗 | 黑牌子地 | 1905 | 1 608 | 1 608 | 东胜 | 20 406.9 |
| | 祝嘏地 | 1904 | 575.35 | 575.35 | 东胜 | 6 015.9 |
| 乌审旗 | 旧牌子地 | 1909 | 1 452.5 | 1 452.5 | 东胜 | 18 820 |
| | 祝嘏地 | 1904 | 530.7 | 530.7 | 东胜 | 5 540.8 |
| 鄂托旗 | 月牙湖地等 | 1903 | 10 000 | 175.3 | 平罗 | 4 363.8 |
| 杭锦旗 | 东中两巴噶地 | 1904 | 4 100 | 4 100 | 五原 | 305 271 |
| 郡王旗 | 灶火、盐灶等地 | 1903 | 9 638.9 | 9 638.9 | 东胜 | 108 219.9 |
| 达拉特旗 | 四成地 | 1903 | 1 225.2 | 1 225.2 | 东胜、榆林等 | 100 447 |
| | 四成补地 | 1905 | 1 420 | 1 420 | | 135 234.2 |
| | 永租地 | 1905—1911 | 13 218 | 13 218 | | 373 267.5 |

资料来源：甘鹏云《调查归绥垦务报告书》，曾庆锡《伊克昭盟概况》。

　　清廷放垦蒙地主要是为了收取"押荒银"来补充赤字日巨的国库，所以无论是荒地还是早已垦好的熟地，都被当作荒地而收取"押荒银"。黑界地早已开垦，自不必说，报垦的白界地亦多已开垦。所谓白界地，亦称牌子地或牌界地，是康熙年间清政府对鄂尔多斯刚刚解除封锁不久，内地农民越过长城，在准格尔旗境内开垦耕种的土地，长约二百里，宽四五十里，地域在黑界地以内。在报垦白界地亩之前，林毓杜提出有别于其他地区的放垦措施，熟地以照税名义收取代金，荒地放垦收取押荒银，但其呈报材料被垦务大臣文案处压了起来，这一建议没有被采纳〔1〕，因此，鄂尔多斯地亩的报垦也是将已垦熟地与

〔1〕　梁冰：《伊克昭盟的历代开垦和近代社会形态之变化》，《鄂尔多斯史志文稿》第四辑。

未垦荒地混合在一起,所以无法弄清楚已垦地与未垦地的区别,也就不知道放垦荒地的具体数量。但根据目前现有的资料看,清末放垦的绝大部分土地都是早已开垦的熟地。交了所谓的"押荒银",由垦务局发给部照,农民就有了土地永久的使用权。这样一来,又有一部分租种蒙地的雁行人定居下来,由流动人口变为真正的移民。这一点也可以从该地区自然村的设立时间得到印证。

为了更清楚地了解鄂尔多斯地区清季以来的移民进程,笔者对《伊克昭盟地名志》中所记录的自然村的建立时间进行了统计,其具体情况如表3[1]。

表 3　伊克昭盟地区建村时间情况　　　　单位:个

| 年　代 | 东胜 | 准格尔旗 | 伊金霍洛旗 | 达拉特旗 | 乌审旗 | 鄂托克旗 | 鄂托克前旗 | 杭锦旗 |
|---|---|---|---|---|---|---|---|---|
| 光绪之前 | — | 27 | 6 | 4 | | 1 | — | — |
| 光宣时期 | 9 | 86 | 24 | 32 | 6 | — | 4 | 2 |
| 民国时期 | 9* | 124** | 58 | 71 | 1 | 1 | 6 | 21 |
| 解放后 | 15 | 10 | 14 | 7 | — | 18 | 6 | 10 |
| 情况不明 | 57 | 104 | 336 | 165 | 99 | 116 | 160 | 156 |
| 总计 | 90 | 351 | 438 | 279 | 106 | 136 | 176 | 189 |

资料来源:《伊克昭盟地名志》,1988年,内蒙古自治区地名委员会编印。

说明:地名志中注明清末的一律归入光宣时期。

　　* 其中注明民国初年建村的 4 个,** 其中注明民国初年建村的 85 个。

据表3,光绪、宣统两朝建立的自然村以准格尔旗、伊金霍洛旗(1958年,札萨克旗与郡王旗合并,称伊金霍洛旗)和达拉特旗三旗较多。清末放垦,仅

---

[1]《伊克昭盟地名志》以 1980 年的行政区划为准,所载自然村包含村名及来源语种、建村时间、最早迁居人、迁自何处、村名含义、户口(含有不同民族的亦分别注明)、耕地及牲畜数量、物产、地形、交通状况等内容,但主要是一些规模较大的或有村民委员会驻地的自然村,其中乌审旗、鄂托克旗、鄂托克前旗及杭锦旗因气候不宜农耕,农业较其他旗少,现代仍以牧业为主,由于从游牧到定居有一个过程,因此上述几旗的建村时间多不清楚,解放后,在政府的帮助下,基本上都转变为驻牧,又形成一部分村落,因历史较短,建村时间一般都很明确。

准格尔旗、札萨克旗和郡王旗就放垦 13 410.5 顷，占黄河以南鄂尔多斯地区放垦总面积的 4/5，耕种这些土地的农民取得了土地的永久耕种权，大部分雁行人变了真正的移民。达拉特旗放垦的土地主要在黄河以北，地名志中所统计的自然村并不包括黄河以北的地区，而达拉特旗这一时期建立的村庄已知确切时间的达 32 个，可见除放垦的河套地区外，达拉特旗黄河南岸部分在清末也有一部移民迁入。西南部的鄂托克旗虽然报垦了 10 000 顷土地，但地多沙碛，不堪耕种，仅放垦 175.3 顷，放垦之地现属宁夏回族自治区的陶乐县，为《伊昭盟地名志》所不载。鄂托克旗的东南为法国天主教区，传教士在放垦之前已招徕移民开垦，其地虽已报垦，但没有赎回地权，未能放垦。乌审旗放垦之地也是早已开垦的熟地，放垦后也使一部分流动人口转化为移民，但从建立的自然村及土地数量来看，移民人数不多。

清政府采取的放垦蒙地政策实质上是对内蒙古地区蒙汉人民的掠夺，因而遭到了蒙汉人民的强烈反对，在鄂尔多斯地区甚至发生了武装抗垦的"独贵龙"运动。光绪三十四年，清政府为平息"独贵龙"运动，被迫以"败坏边局、欺蒙取巧、蒙民怨恨"为由，将贻谷革职查办，贻谷之后，"继任诸将军不过调查垦款，催收旧欠而已，对于垦务毫无进展"[1]。光绪三十四年以后，垦务基本结束。垦务虽然结束，但移民的浪潮并没有结束，"独贵龙"抗垦运动反对的只是清政府的掠夺，而并非开垦土地本身，实际上，蒙古王公私下进行着大量的开垦，土地租给汉民，收取地租。

民国初年，察哈尔、热河、绥远被划为特别区，从中央派都统管辖，从而使内蒙古各盟旗分别置于各省地方军阀的分割统治之下，伊克昭盟的蒙古王公的专制权也受到了限制与削弱。1914 年，北洋政府内务、农商、财政三部暨蒙藏院共同制定了《禁止私放蒙荒通则》和《垦辟蒙荒奖励办法》。《禁止私放蒙荒通则》规定："凡蒙旗出放荒地，无论公有私有，一律应由扎萨克行文该管地方行政长官报经中央核准，照例由政府出放，否则以私放论。"《禁止私放蒙荒通则》还详细规定了对私放蒙荒的惩处办法。《垦辟蒙荒奖励办法》规定："凡各蒙旗愿将各该旗地亩报垦或自行招放者及领垦蒙荒者给予奖励。"[2]

在北洋政府奖励垦荒的政策下，晋系军阀及陕、晋一些地商和地方豪绅趁机大肆开垦。为促进移民垦殖工作的进行，1925 年交通部颁布了《垦民乘坐

〔1〕 黄奋生：《蒙藏新志》，中华书局 1938 年，第 854 页。
〔2〕 石华严：《绥远垦务计画》，绥远垦总局印 1932 年，第 12—13 页。

火车减收四成规则》,规定"凡各省区运送大宗垦民,人数满二十人以上,经行京奉、京绥、津浦、京汉四路,前赴关东、塞北省",车票均减免四成,1926年又颁布了《垦民家眷乘坐火车免费办法五条》[1],对促进移民起到了一定的作用。因此民国前期,伊克昭盟又形成一个移民高潮。

据表3,民国时期自然村建立较为集中地区为准格尔旗、札萨克旗、郡王旗、达拉特旗和杭锦旗。达拉特旗的自然村中也有一部分最早是蒙古族人建立的,"民国十七年后,本旗蒙民感于牧场日蹙,牧畜日减,为应生活之要求,曾先后向旗政府领地,自行耕种。自是以后,相率成风,旗府附近,直到黄河南岸,蒙人耕作者,阡陌相望"[2]。但对这一情况我们不能作过高的估计,"分有地的不过是服侍'王爷'的那般所谓士官及终身应差的忠实'奴才'而已",他们为数不多,散见于各村庄之中[3]。杭锦旗这一时期建立的村庄多分布于近黄河易于灌溉之地。

乌审旗、鄂托克旗、鄂托克前旗这一时期建立的自然村数量仍比较少。清末,鄂托克旗放报垦之地未能完全放垦,民国十三年,增设"勘放鄂托克旗地亩局",继续查丈,由于蒙民的强烈反抗,只得撤局停办;乌审旗放垦数量亦极少,报告书说:"右翼四旗蒙人,自种地者寥寥无几,要以雇汉人耕种、佃与汉人耕种最为普遍,此种佃农或雇农,因无土地权,不作久居之想,春来秋回,又因伊盟土地含有沙性,须行轮种,汉佃今年在此,又不知明年移在何处,加之各旗对汉人抽收建造房屋税,而房屋建好后,每年又须纳地皮租,因之蒙地汉民,不愿建屋久居,演成一种游农性质之特别景象。"[4]

1937年10月,日军占领了归绥,之后又占领了包头,在西撤之际,绥远省政府机关大部迁移到了后套一带,也有少部分迁移到东胜等地,同时,也有一小部分农民由绥远省东部迁移到鄂尔多斯地区。

1941年,傅作义任命陈长捷为伊克昭盟警备司令,陈长捷以解决军粮名义,向蒋介石建议在伊盟开垦土地一万顷,蒋指示先试垦五千顷,如可行,再扩大开垦。陈派人鼓动陕西神木、府谷等地的农民北迁伊札萨克旗和郡王旗,很快伊克昭盟牧场及召庙地都被开垦,甚至连成吉思汗陵附近的禁地也被开垦了1500顷。伊金霍洛旗的一部分村庄就是这一时期建立的。陈长捷的行为

---

〔1〕 《绥远通志稿》卷20《移民》。
〔2〕 蒙藏委员会调查室编:《伊盟左翼三旗调查报告书》,1931年12月,第27—28页。
〔3〕 庞善守:《伊克昭盟达拉特旗蒙民的乡村生活》,《东方杂志》1935年第12号。
〔4〕 蒙藏委员会调查室编:《伊盟右翼四旗调查报告书》,1939年6月,第49—50页。

激起了蒙古人民的愤怒，1943年爆发了"伊盟事变"，国民政府迫于舆论，宣布停止对蒙旗的开垦，陈长捷也因此被撤职。

除了上述规模较大的移民外，因蒙古王公私垦而引起的零星的移民在民国时期从来没有停止过。至1936年，"准格尔旗现有垦地不下二十万顷，除黑界地一千五百顷已报垦外，其余概属私垦"；达拉特旗"几完全为农业区域，牛羊所至，阡陌在望，不复游牧景象矣"[1]。至陈长捷开垦时，可垦地亩已所剩无几。

1949年，伊克昭盟地区的汉族人口为357 668人，总人口为411 747人[2]，这一人口数据已不含陕西北部榆林、神木、府谷、横山、定边、靖边六县边外及宁夏的陶乐县的人口。1953年伊克昭盟的人口统计为519 476人[3]，年均增长率为59.8‰，这显然不是其人口的自然增长率，是由于行政区的变化而引起的人口机械变动。从1949年至1953年，先后有归山西、陕西管辖的9个乡划归伊盟管辖，因此考虑到行政区变化的因素，1949年伊盟的人口数还是比较可信的。1953年陕西榆林专区沿边榆林、神木、府谷、横山、靖边、定边六县总人口为737 354人[4]，其边外占有很大部分，人口亦不会少于25万人；鄂尔多斯地区西南部归甘肃银川专区管辖的陶乐县共有人口5 402人[5]。据上述几个数字估计，至1949年，鄂尔多斯地区的移民及其后裔在60万人左右。

## 三、移民与鄂尔多斯地区的社会变迁[6]

### （一）蒙古族人口数量的变化

据乾隆《大清会典则例》，清初伊克昭盟共有274佐领，每佐领150正户，所谓正户，就是不包括喇嘛、黑徒、鳏、寡、孤、独的男妇儿女齐全的人户。若每

〔1〕 蒙藏委员会调查室编：《伊盟左翼三旗调查报告书》，第26页。
〔2〕 《伊克昭盟志》卷5《人口》，现代出版社1994年，第452页。
〔3〕 国家统计局人口统计司编：《中国人口统计年鉴(1988)》，第288—289页。
〔4〕 国家统计局人口统计司编：《中国人口统计年鉴(1988)》，第284页。
〔5〕 国家统计局人口统计司编：《中国人口统计年鉴(1988)》，第291页。
〔6〕 社会变迁所含内容很广，这里仅讨论蒙古族人口数量的变化、蒙汉杂居局面的形成、社会结构的变化三个方面，关于移民所引起的风俗文化、民族关系等方面变化笔者有另文讨论。

户以 4.68 口计〔1〕,则有 192 348 人,清初的喇嘛教还未达到其鼎盛时期,喇嘛的人数不多,即使考虑到正户以外的人口,其人口总数大致在 20 万人左右。嘉庆《大清会典事例》所载佐领数与前者相同。其间,各佐的户口数都在发生变化,有增有减,但如果其人口没有太大的变化,则不增加或减少佐领的数额。清代前期,鄂尔多斯蒙古力量强盛,该地区以游牧为主,没有大的自然灾害发生,康熙中期以后,虽然有喇嘛教及出兵征战的影响,其人口还应有所缓慢增长,年平均增长率大致在 1‰ 左右,其人口峰值出现在道光时期,估计人口数量在 21 万左右。道光朝以后,其人口则处于逐渐下降趋势。清政府已进入多事之秋,鄂尔多斯蒙古又开始大量出兵征战,战争中的伤亡及壮丁出征所造成的人口出生率下降;经过康雍乾三朝的提倡,喇嘛教势力大盛,大量的青年男子出家、性病的流行以及不良卫生条件等,都是造成蒙古族人口数量逐渐下降的重要因素〔2〕。

在鄂尔多斯地区牧地一般为公共游地,蒙古平民拥有户口地的数量较少,他们很少从事农业,而是将自己的户口地租给汉人耕种。随着汉族移民的增长,大量土地得以开垦,至民国时期,除鄂托克旗和杭锦旗外,"大批牧畜群,则不易觅见矣"〔3〕。蒙古王公将公共游牧地视为私有,他们私垦土地所得租金只供自己挥霍享用,不顾平民的生活,部分蒙古平民将自己仅有一点户口地出租,以收取租金,很少自己耕作,他们生活来源由原来唯一的畜牧方式逐渐转向以收取地租为主,由于当地的汉族部分属于定居的,部分属于流动的,一旦发生自然灾害,蒙古族平民的生活来源很容易因此受到影响。

同治年间,马化隆等部进入鄂尔多斯地区。战乱使蒙民遭到了重大损失,据当时的传教士说,"反叛的伊斯兰教徒从 1868 年到 1872 年连年抢劫,把鄂尔多斯的蒙古人严重地搜括穷了"〔4〕。巨创未愈,光绪三、四年又发生了特大旱灾,"口外各厅大饥……仓谷不敷,饿殍遍野,蒙古旗亦大饥,伊盟准格尔旗斗米制钱千八百文,居民死者大半,多将幼子弃诸他人之门,冀得收养";十

---

〔1〕 该数据引自张植华:《清代至民国时期内蒙古地区蒙古族人口概况》,《内蒙古大学学报(哲学社会科学版)》1982 年第 3、4 期。

〔2〕 贺扬灵:《察绥蒙民经济的剖析》,商务印书馆 1935 年,第 21 页。

〔3〕 蒙藏委员会调查室编:《伊盟左翼四旗调查报告书》,第 45 页。

〔4〕 约瑟夫·藩·赫肯:《蒙古两旗的争端与天主教传教士所起的作用》,《内蒙古近代史译丛》第三辑,内蒙古大学出版社 1991 年,第 5—6 页。

八年，"归绥道属七厅及蒙旗大饥……情形与光绪三、四年略同，全境赤地千里，死者枕藉……蒙旗饥民亦多，杭锦各旗糜子每石价至五两，死者相望"[1]。所有这些都使鄂尔多斯地区蒙古族人口大量减少。清末民政部调查伊盟蒙古族为35 914户，164 127口，户均4.57口[2]。从户口数字看，清初至清末，伊盟的户数由41 100下降为35 914，而户均口数基本与上没有发生变化。经过了长期的低出生率和高死亡率，再加自然灾害的影响，户均口数应该有明显的降低。如此说来，伊克昭盟宣统年间的户口统计可能存在着虚报的现象，其数字明显偏高。

民国时期，鄂尔多斯地区的开垦继续扩大，虽然有一部分蒙古牧民开始从事农耕，但毕竟是少数。如达拉特旗，一般的蒙古平民根本得不到户口地，只有那些蒙古贵族忠诚的奴仆能够取得土地[3]。至民国时期，蒙古王公们活动不再像清朝时那样受到严格限制，他们为外界的现代生活吸引，更加扩大开垦，出租给汉族耕种，"因受着移住民农业经济发生的侵蚀，牧场日渐缩小，使游牧经济的基础，加速崩溃；再以内地农村经济的破产，国际经济恐慌的加剧，而皮毛的销路，亦受到低落的影响，他们为抵抗这种崩溃的命运，只有减低自己的生活需要而至于极度的恶化"[4]。政府放垦蒙地以后，实行所谓的"共收租税"，而实际上这些荒价银只是归官府与蒙古王公所有，旗内的蒙古贫民是不可能得到的，有时即使是蒙古王公应得的那部分也往往被挪用。不仅如此，鄂尔多斯地区还经常遭受土匪的抢掠及自然灾害威胁，民国十七、十八年，华北地区遭受特大旱灾，鄂尔多斯地区"水草干枯，灾疫流行，牲畜死去十分之七八，蒙人谈之，犹觉色变"[5]。1934年，伊盟的人口已下降至93 133人[6]，而1936年的调查显示，伊盟蒙民人口约为92 900人，到1949年，其人口更下降至53 936人。前面我们已证明1949年的人口数据是可靠的，参照1949年的人口数，1934年、1936年两个有关伊盟蒙民人口的数字还是比较接近当时实际人口的。直到1949年以后，鄂尔多斯地区的蒙古族人口才开始增长。

---

[1] 《绥远通志稿》卷29《灾异》。
[2] 王士达：《民政部户口调查及各家估计》，《社会科学杂志》1933年第1期。
[3] 庞守善：《伊克昭盟达拉特旗蒙民的乡村生活》，《东方杂志》1935年第12号。
[4] 贺扬灵：《察绥蒙民经济的剖析》，第227页。
[5] 蒙藏委员会调查室编：《伊盟右翼四旗调查报告书》，第45页。
[6] 贺扬灵：《察绥蒙民经济的剖析》，第15页。

### （二）蒙汉杂居局面的形成

由于汉族移民的大量进入，鄂尔多斯地区的民族构成发生了巨大变化。清初，该地区可以说是纯蒙古族的游牧社会，清廷对蒙汉的交往进行严格限制。康熙三十六年开放黑界地，皇帝谕令"日后倘有争斗，蒙古欺凌汉人之事，即令停止"也说明，当时出边垦荒的汉族人数很少。随着汉民的增多、开垦的扩大，长城边外的很多地方已变为农业社会。由于蒙古从事游牧，不谙农事，不从事农业，因而逐渐向鄂尔多斯中部退缩。乾隆中期以后，汉族农民开始深入鄂尔多斯中部地区，但其人数较少，呈点状的分布。至道光咸丰时期，迁移到鄂尔多斯地区的汉族人口大大增加，鄂尔多斯地区的蒙汉人口数量大致相当，但汉族人口主要分布在东部长城沿边一带，鄂尔多斯中部地区的汉族仍呈点状分布，西部地区则相对稀少。道光中期以后，伊盟的蒙古族人口开始下降，而汉族人口则不断增加。至清末，伊克昭盟的汉族人口不但大大超过了蒙古族的人口数量，而且分布也更为广泛，形成了大杂居小聚居的局面。但是小杂居的现象比较少，即使在放垦较早的达拉特旗，虽汉族为多，也存在一部分从事农耕的蒙古族，但亦是"蒙与蒙居、汉与汉居"[1]。

民国时期迁入伊盟地区的移民继续增加，据民国 25 年调查，伊克昭盟蒙汉人口分布如表 4。因蒙古族的人口向无准确的统计，表 4 的人口数量据当时调查估计，系大致情况。

**表 4　民国二十五年伊克昭盟蒙汉人口分布情况及人口密度表**

单位：人/方里

|  | 郡王旗 | | 准格尔旗 | | 达拉特旗 | | 杭锦旗 | |
|---|---|---|---|---|---|---|---|---|
|  | 人数 | 密度 | 人数 | 密度 | 人数 | 密度 | 人数 | 密度 |
| 蒙古族 | 4 700 | 0.13 | 37 000 | 0.72 | 13 000 | 0.35 | 9 000 | 0.11 |
| 汉族 | 6 300 | 0.17 | 64 000 | 1.24 | 60 000 | 1.62 | 20 000 | 0.25 |
| 合计 | 11 000 | 0.30 | 101 000 | 1.96 | 73 000 | 1.97 | 29 000 | 0.36 |

---

[1] 庞守善：《伊克昭盟达拉特旗蒙民的乡村生活》，《东方杂志》1935 年第 12 号。

续 表

| | 鄂托克旗 | | 乌审旗 | | 札萨克旗 | |
|---|---|---|---|---|---|---|
| | 人数 | 密度 | 人数 | 密度 | 人数 | 密度 |
| 蒙古族 | 18 300 | 0.12 | 8 400 | 0.17 | 2 500 | 0.56 |
| 汉族 | 10 000 | 0.07 | 3 000 | 0.06 | 2 000 | 0.44 |
| 合计 | 28 300 | 0.19 | 11 400 | 0.23 | 4 500 | 1.00 |

资料来源：《伊盟右翼四旗调查报告书》《伊盟左翼三旗调查报告书》。

说明：此数据不包括长城以北、牌界以南地区、西南部的沃野设治局及宁夏平罗县管辖之地。

据表4，伊克昭盟左翼之准格尔、达拉特及札萨克旗，人口度密度相对较大，而右翼之杭锦、鄂托克和乌审旗则较小，这是由于鄂尔多斯地区的降水由东南向西北逐级递减之故，西部地区发展农业受到降水量制约，在民国时期基本上仍处于游牧状态。至1949年，蒙古族人口下降到53 936人[1]，这一数据不包含杭锦旗的后套部分的蒙古族，但由于后套地区的农业发展，大部分蒙古族迁移到了黄河以南，在民国时期，"其余如黄河以北及旗境四周，地多已开垦，则汉人稠密，蒙人杂居其间者，为数寥寥"[2]。1949年，伊克昭盟的汉族增长到357 668人，满、回等其他民族则仅有143人[3]，蒙古族仅占全部人口的13.1%，且这一数据尚不包含南部沿长城的陕西、宁夏管辖的人口，若就整个鄂尔多斯地区来说，蒙古族的人口不到10%，在该地区已成为一个少数民族。

### （三）社会结构的变化

在清代，蒙古地区是一个等级森严的封建社会，各级僧俗封建主构成了社会的上层，各旗札萨克效忠清廷，在其所辖之旗内部享有很多特权。阿勒巴图（箭丁）、哈木济勒嘎（随丁）、沙比那尔（庙丁）三个阶层和少数在封建主家中世代服役的家奴及其家属构成社会的下层，他们是蒙古封建主的属民，虽然没有从法律上确认封建主对其属民的完全占有，但属民对其领主有严格的人身依附关系，他们要为王公贵族服种种劳役。

---

〔1〕《伊克昭盟志》卷5《人口》，第452页。
〔2〕蒙藏委员会调查室编：《伊克昭盟右翼四旗调查报告书》，第32页。
〔3〕《伊克昭盟志》卷5《人口》，第452页。

在汉族移民进入鄂尔多斯地区之前,社会结构为单纯的封建牧奴制。随着土地的开垦,汉族移民的迁入,封建牧奴制逐渐向封建租佃制转化。蒙古王公贵族的身份开始发生变化,他们将土地出租给迁移进来的汉族农民,结成了地主与佃户的关系,但是与蒙古下层牧民的关系没有发生变化。清末民国时期推行放垦,小部分交纳了"押荒银"的农民获得了土地的永租权,变为自耕农。由于当时鄂尔多斯的蒙民的强烈反抗,放垦的土地只是开垦的土地的一部分,仍有相当数量的土地属于蒙古王公私垦,出租给前往耕种的汉族农民,此种情况以准格尔、达拉特旗最为普遍,蒙古王公台吉成了大地主,拥有的土地可至数百顷。"旗府及王府所有垦地除一小部分租给蒙民外,大部分亦招租汉人耕种。"[1]在准格尔旗,普通的蒙民亦拥有一定数量的户口地,"每户土地在十顷以上者最为普遍"[2],出租给汉人耕种,与租种的汉人形成了地主与佃户的关系,这些蒙古牧民之中有些还租旗府及王府的一部分土地,但他们自己并不耕种,而是将其转租于汉人,成了二地主。而达拉特的蒙民却很少拥有户口地,拥有户口地的普通牧民皆为王公的奴仆,他们仍然不能摆脱牧奴制的隶属关系,但他们中的一些人将土地出租给汉人耕种,成为地主。由于政府放垦土地较多,自耕农的比重较高,而佃农租种的土地大多属于蒙古贵族。

在清末民国放垦土地的过程中,晋、陕一些军阀及豪绅巧取豪夺,在鄂尔多斯地区占有了大量土地,成为新兴的大地主。所据土地主要集中在郡王旗、乌审旗和鄂托克旗,占地6 000亩以上的达25人,其中占地最多的为陕西人高士修,达90万亩,谢振祥也有20万亩土地,仅这25人就占有土地达188万余亩[3]。

## 四、结　　论

通过以上对鄂尔多斯地区近代移民过程、移民数量及移民与鄂尔多斯近代社会变迁的分析,我们得出如下几点认识:

近代由晋、陕向鄂尔多斯地区的长期移民由口内人地矛盾紧张及蒙古人民的需求而产生的,鄂尔多斯地区的人口大量增加。而该地区本来属于半干旱区的草原生态,植被结构简单,自我调节能力较差,具有潜在沙漠化倾向,移

---

〔1〕 蒙藏委员会调查室编:《伊盟左翼三旗调查报告书》,第25页。
〔2〕 蒙藏委员会调查室编:《伊盟左翼三旗调查报告书》,第25页。
〔3〕 梁冰:《伊克昭盟的历代开垦和近代社会形态之变化》,第135—136页。

民迁入后,大面积土地被开垦,表层土壤露在干旱多风的自然环境下,表土被风蚀,土地逐渐沙化,在清代后期及民国时期,土地沙化的面积大量增加,流沙的扩展加速。虽然清代鄂尔多斯地区的流沙的扩展也与气候变干有一定关系,但移民对土地不合理的利用方式是环境恶化的主要诱因。

从历史上看,中原王朝边疆的扩展及巩固的成功与否,在很大程度上取决于"移民实边"能否取得成功,而清朝对边疆少数民族上层采用笼络政策,对边疆的扩展与巩固起到了重要的作用,但这些王公贵族在其范围之内拥有很大的特权,基本上处于半独立或自治状态。清代中后期出现的边疆危机使得原先的那一套统治政策逐渐失去了效用,"移民实边"是新的形势下采取的一种对应措施,其实质是中央与边疆少数民族地区上层争夺对边疆地区人民的管辖权。在民国时期往往将"移民实边"与民族生存联系起来,成为近代史上人们最为注目的问题之一。

终清一代,清政府对蒙古采取封禁政策,禁止蒙古族人民自由流动,在移民大量进入后,土地被开垦,普通的蒙古牧民生活来源日渐减少,遇有灾荒人口便大量死亡,这是晚清及民国时期该地区蒙古族人口剧减的一个重要原因,可见近代的"移民实边""放垦蒙地"政策也是以牺牲边疆少数民族利益为代价的。清末民国"移民实边"虽是在边疆危机日益严重的背景下进行的,但在执行移民、放垦政策的过程中存在掠夺蒙古族财富的现象,在一定程度上激化了民族矛盾,使得"移民实边"的作用大打折扣。

本文原载《中国边疆史地研究》2000 年第 4 期。

# 清代伊犁地区人口迁移研究

阚耀平

人口迁移是人口在一定时期内跨地区之间永久或半永久的居住地变动，人口迁移的形式是移民，必须具有一定数量、一定距离、在迁入地居住了一定时间，出于任何一种目的而改变居住地区域的特点[1]，人口迁移往往对新的移民地发展有巨大的推动作用。王希隆曾研究了整个新疆移民屯垦的状况[2]，笔者对天山北麓的人口迁移也做过相应的研究[3]。伊犁地区在清对准噶尔战争以后，重新纳入祖国的版图，针对天山北麓地广人稀的状况，清政府采取移民实边的政策，将内地和南疆的部分民众迁入这个区域。伊犁地区的人口迁移就是在这种背景下展开的。

## 一、维吾尔族的人口迁移

### 1. 清代初期的人口迁移

明末清初，分布在伊犁河谷一带的蒙古准噶尔部落，将南疆的部分维吾尔族迁入伊犁屯田。《西域图志》卷 12《御制花门行》记载了准噶尔曾"役使若辈如奴佃，令弃故居来伊犁"。《回疆通志》也记载了部分南疆民众被迫迁入伊犁的情形。《鄂对传》记述了鄂对世居库车，"准噶尔胁徙伊犁，居河北固勒扎"。《色提卜阿勒氏列传》："色提卜阿勒氏为乌什人……以准噶尔胁徙，携弟阿克伯克扑伊犁。"当时迁入伊犁地区的具体人数，虽然没有直接的记载，但是伊犁

---

[1] 参见《中国大百科全书·地理学》，中国大百科全书出版社 1990 年，第 357 页；葛剑雄：《中国移民史》第 1 卷，福建人民出版社 1999 年，第 10 页；胡焕庸、严正元：《人口发展与生存环境》，华东师范大学出版社 1992 年，第 119 页。

[2] 王希隆：《清代西部屯田研究》，兰州大学出版社 1990 年。

[3] 阚耀平：《乾隆年间天山北麓东段人口迁移研究》，《干旱区地理》2003 年第 4 期；阚耀平：《近代天山北麓人口迁移形成的地名景观》，《干旱区地理》2005 年第 6 期。

办事大臣阿桂曾经奏称:"叶尔羌、喀什噶尔、阿克苏、乌什等城,有旧在伊犁耕种的回人二三千人"[1],间接地说明了清初以前迁入伊犁地区的维吾尔族人口规模。在清军对准噶尔的战争中,在伊犁一带耕种的维吾尔族多数为躲避战乱,返回南疆各地。战争结束以后,大量维吾尔人有重新返回伊犁地区耕种的愿望,"旧在伊犁耕种回人二三千名,今闻开设屯田,愿来效力者甚多"。

### 2. 乾隆年间的人口迁移

在清代的史料中,将维吾尔族称之为"回部""回子""回人""缠回"等,维吾尔族在伊犁一带的屯田称为"回屯"。准噶尔人称维吾尔族为"塔兰其"。

伊犁地区维吾尔族的人口迁移与屯田密不可分,清政府在筹划伊犁善后事宜时,为了供养伊犁地区庞大的驻军给养,实施了鼓励维吾尔族迁入伊犁从事农业生产的政策,以收取高额的实物地租。

乾隆年间,清政府将迁入伊犁的维吾尔族移民分为三类,不同类型的移民实行不同的移民政策。第一类移民是清初以前迁入伊犁屯田的维吾尔人,清政府对其实行了怀柔政策,令其自备牛具籽种,"将屯兵所余之地,分拨垦种,减收其租"[2]。第二类是在清对准噶尔战争中返回天山以南的维吾尔族农户,战后政府强令其自备资斧,返回伊犁屯田。第三类是官方组织的大规模的人口迁移,这类迁移人口是当时维吾尔族人口迁移的主体。清政府制定相关的优惠政策,鼓励南疆各地的维吾尔族农民迁移到伊犁来耕种田地。

乾隆二十三年(1758),清朝开始在南疆招募伊犁的"回屯"的人员,受到南疆各地伯克的大力支持,募民情况极为顺利。从参赞大臣舒赫德等奏折中得知,"初次遣回人三百名",第二批来伊犁屯垦的维吾尔族移民达到五百多户,他们分别来自"阿克苏,一百六十一户,乌什,一百二十户,赛哩木,十三户,拜城,十三户,库车,三十户,沙雅尔,三十户,多伦,一百五十户"。乾隆二十六年,到达伊犁屯垦的维吾尔族农户已经达到 800 户。由于伊犁河两岸一带自然环境较南疆优越,土地肥沃,在伊犁屯垦的维吾尔族移民多获丰收,致使来伊犁的维吾尔人数量剧增,以至于后来清政府适度限制维吾尔人的迁入,"回城愿迁伊犁人甚多,应命明瑞等议,以一千五百人为率,不足,以绿旗兵补"[3]。

对于乾隆年间维吾尔族迁入伊犁的人口数量,不同的史料记载出入较为明显。由《大清会典》统计可知,乾隆二十七年(1762),伊犁地区的维吾尔人有

---

[1] 《清高宗实录》卷 634。
[2] 朱批屯垦,乾隆二十三年四月二十七日黄廷桂奏。
[3] 《清高宗实录》卷 615。

户数 1 232 户,人口 3 140 人,由于老弱病残者多留在原籍,迁移者均为"年力精壮者",所以,户均人口 2.6 人,多为夫妻双方携带一子,许多迁移者就是夫妻二人,可以直接从事农业生产的人。《钦定新疆识略》记载"乾隆二十五年,办事大臣阿桂奉旨自阿克苏带领回子三百名去伊犁,分拨垦种,自二十七年至三十二年(1762—1767),陆续由乌什、叶尔羌、和田、哈密、吐鲁番等处调拨回子共六千户,垦种地亩","至三十三年,共有六千三百八十三户,内除彦齐……回子三百二十三户",说明到乾隆三十三年时,维吾尔族迁入的人数为 6 706户(6 383+323=6 706)。关于彦齐的人数,《西域总统事略》记载与之有出入,认为是 330 户,"彦齐三百三十户,种地所收之麦为大小伯克及挖铁回子六十户养赡口粮"。成书于乾隆二十七年(1762)的《西域图志》记载,伊犁地区有户数 6 406 户,人数 20 356 人,户均人口的比例上升为约 3.18 人。

表 1 是根据不同资料整理的乾隆年间每次迁入伊犁的具体人数一览表,从表中可知到乾隆三十三年(1768)冬,从南疆各地迁来的维吾尔族就有 5 774户。所以,《西域图志》中记载的乾隆二十七年的人口资料应该有很大的出入,但是学术界对于户口的统计数据比较认可,只是对于这一数字的统计年代有怀疑,苗普生研究认为这一人口的统计数字当为乾隆四十一年(1776)的增补数据[1]。笔者以为这个统计数据仅仅是屯垦的维吾尔族人口数字,并不包括给伯克做私奴的"彦齐"的数字和"挖铁回子六十户"的人口数字,因为他们都是跟随伯克迁入伊犁的。由此,笔者以为,在乾隆年间,维吾尔族迁入的人口数字最多为 6 406 户、330 户和 60 户之和,即 6 796 户,按照户均 3.18 的人口比例,迁入的人口约为 21 610 人。

表 1 乾隆年间迁入伊犁的维吾尔族人口一览表

| 迁移时间(乾隆时期) | 户数 | 原 居 地 | 资料来源 |
|---|---|---|---|
| 二十五年(1760)二月 | 300 | 阿克苏、乌什、库车、沙雅尔、拜城 | 《阿文成公年谱》卷 1 |
| 二十六年(1761)春 | 500 | 阿克苏 161 户、乌什 120 户、拜城 13 户、库车 30 户、沙雅尔 13 户、赛里木 13 户、多伦 150 户 | 《清高宗实录》卷 615 |

---

〔1〕 苗普生:《清代维吾尔族人口考述》,《新疆社会科学》1988 年第 1 期。

| 迁移时间(乾隆时期) | 户数 | 原　居　地 | 资料来源 |
|---|---|---|---|
| 二十六年(1761)六月 | 200 | 阿克苏、库车等处 | 《清高宗实录》卷 639 |
| 二十七年(1762)四月 | 368 | 叶尔羌、和阗 | 《清 高 宗 实 录》卷 654、658 |
| 二十八年(1763)八月 | 200 | 乌什(次年二月抵伊犁) | 《清高宗实录》卷 699 |
| 二十八年(1763)十一月 | 1 500 | 阿克苏 270 户、乌什 200 户、喀什噶尔 300 户、叶尔羌及和阗 400 户、赛里木及拜城 130 户、库车及沙雅尔 150 户、喀喇沙尔多伦 50 户 | 《清高宗实录》卷 699 |
| 二十九年(1764)八月 | 500 | 叶尔羌、和阗 | 《清高宗实录》卷 716 |
| 三十年(1765)二月 | 1 826 | 南疆各城 1 796 户、多伦 30 户 | 《平定准噶尔方略》续编卷 28、 |
| 三十三年(1768)冬 | 350 | 叶尔羌、和阗 | 《清高宗实录》卷 806 |
| 合计 | 5 774 | | |

### 3. 道光年间的人口迁移

道光年间,由于伊犁河沿岸修建了许多灌溉渠一类的水利工程,可耕种土地明显增加,导致维吾尔族掀起了新一轮的人口迁移高潮。道光二十年(1840),维吾尔族农民在塔什图一带,挖渠长度达 143 里之多,"得地十六万四千余亩",致使当地新增维吾尔人 1 000 户。道光二十一年,"塔什图毕三道湾开垦地九百二十四顷九十三亩",安置新增维吾尔人 500 户,每年纳粮 8 000石。道光二十三年,布彦泰奏称:"阿勒卜斯地方,共垦得地十六万一千余亩,分设回庄五处",安置新增维吾尔人 500 户,年纳粮 8 000 石。在道光年间,整个伊犁地区新增维吾尔族屯户 2 000 户,每户按 3.5 人计算,新增移民达 7 000人左右。道光二十九年(1849),伊犁将军萨迺阿奏称"伊犁回子八千户承种地亩",同治四年(1865)"回乱"时,冰岭以北回众"八千户全行叛乱",都说明了道光年间伊犁地区的维吾尔族的屯田户数为 8 000 户。实际上,加上前述乾隆年间的伊犁回屯人数 6 736 户,和道光年间新增的 2 000 户维吾尔族屯户,伊犁地区在道光年间的维吾尔族的屯垦户数应该为 8 736 户。如果考虑乾隆至道光年间将近一百年间当地人口的自然增长率,道光时期,伊犁地区的回屯户数应该在 10 000 户以上。

4. 光绪年间的人口迁移

光绪七年(1881),清朝和沙俄签订的《中俄伊犁条约》,引发了伊犁地区维吾尔族人口被迫西迁,形成了维吾尔人的外迁高潮。《中俄伊犁条约》第三条规定:"伊犁居民,或愿仍居原处为中国民,或愿迁居俄国入俄国籍者,均听其便。应于交收伊犁以前,询明其愿迁居俄国者,自交收伊犁之日起,予一年限期迁居,携带财物,中国官并不拦阻。"俄最终用武力强迫维吾尔农民 9 500 户45 000 人迁入俄国。

5. 维吾尔人在伊犁的居住地

伊犁河流域土地肥沃、军事地理位置至关重要,清政府出于维护驻军的需要,大量迁移以农业生产为主的维吾尔族来伊犁屯垦。迁入的维吾尔族主要分布在伊犁河沿岸一带的惠远城(在伊犁河的北岸,今霍城县境南部一带)、惠宁城(在伊犁河北岸的巴彦岱一带,伊犁九城之一,在今伊宁县境内)以东,尼勒克河以西的伊犁河流域。"自宁、远城以东三百里,皆回民田。"从当时回人屯田的地域可以看出,维吾尔人具体分布在以下八个地方:济尔噶朗、鄂罗斯坦、塔什鄂斯坦、巴尔图海、哈什、博罗布尔噶素、海努克和霍诺海,乾隆五十九年(1794),又增加达尔达木图一处。人口迁移的通道主要是从温宿县经过夏塔古道到达昭苏县,继而进入伊犁河流域。

## 二、锡伯族的人口迁移

1. 人口迁移的背景

清对准噶尔战争以后,天山北路一带土地荒芜,原准噶尔部落民众"计数十万户中",有十分之九由于种种原因流失。为巩固伊犁之防务,清朝从内地陆续抽调满、锡伯、索伦、察哈尔八旗兵组成 4 营驻守伊犁,由于调防成本过高,清朝采取了"挈眷永远驻防"的方式固守伊犁,锡伯人就是在这种背景下迁移到伊犁的。

2. 人口迁移的过程

锡伯人以狩猎为生,善于骑射,在西迁以前,锡伯族属于满洲新八旗之一,分散于盛京各地。伊犁将军明瑞鉴于伊犁之地的重要性,兵力不敷,上书请求增派锡伯族官兵永久驻防伊犁。在"盛京锡伯兵内,拣其精明能牧者一千名,酌派官员,携眷前往",开始了锡伯人的西迁。为了方便管理,锡伯族的西迁是分两批进行的,两批人数相当,都在 1 600 人左右。从盛京出发时,"就近出彰武台边门,由克鲁伦路直赴乌里雅苏台"。过科布多、翻越阿尔泰山,经阿勒泰、布尔津、霍布可赛尔(今新疆之和布克赛尔蒙古自治县)、察罕俄博、额未勤(今新疆额敏县)、巴图鲁克、博尔塔拉等地,历时一年零三个月左右,两批西迁移民分别于乾隆三十年(1765)七月二十日、二十二日先后抵达伊犁。从《绥定县志》得知,清朝为迁入的锡伯族设锡伯营,分八牛录,安置于伊犁河南岸的今察布查尔锡伯族自治县境内。

张雷军对西迁的一千兵丁来源地做了考证,得出这一千兵丁来源于盛京及周围各地,其中盛京 404 人、凤城 45 人、辽阳 66 人、开原 94 人、牛庄 23 人、广宁 60 人、金州 44 人、盖州 15 人、锦州 24 人、义州 61 人、兴京 23 人、抚顺 10 人、熊岳 51 人、复州 52 人、岫岩 38 人[1]。

### 3. 人口迁移的数量

从相关的历史记载来看,锡伯族西迁时,第一批"兵丁四百九十九名,连同眷属共计一千六百七十五人",第二批"兵丁五百零一名,连同眷属共计一千六百人",加上"途中相继出生婴儿已达三百五十余人",自愿随军的"四百零五人"[2],锡伯人到达伊犁时的人口总数为 4 030 人,其中兵丁 1 000 人,家属 3 030 人。与锡伯人前后迁入伊犁携眷的,还有满洲、索伦、察哈尔、厄鲁特、绿旗兵等,人数总共达到一万余人。

迁入伊犁的锡伯人自然增长率偏高,嘉庆初期,锡伯人口繁衍为"锡伯营九千二百余口"。《锡伯营总管档房事宜》部分档案显示,至嘉庆二十年(1815年),"其人口已达九千三百三十七名。其中大小男丁四千九百一十六名,妇女四千四百二十名"。

### 4. 迁移人口的农业生产

锡伯人被安置的伊犁河南岸一带属于天山西端的山前丘陵地带,地面平坦,土地肥沃,伊犁河水难以自流灌溉。锡伯人在河以南一带地方游牧,"种地自食,秋收后操演骑射"。为了从事农业生产,图默特率众在伊犁河南岸凿渠二百余里,引伊犁河水灌溉。"锡伯营总管档房事宜"档案记载共开垦土地七万八千七百零四亩,"为闲散户口,退伍官兵等拨给土地,每旗一千八百亩。每

---

[1] 张雷军:《迁徙对锡伯族历史发展的影响》,《内蒙古社会科学》1994 年第 1 期。
[2] 新疆社会科学院历史研究所编:《新疆历史资料》第 13 辑,第 157 页。

牛录共分得九千七百余亩地"。徐松在《西域水道记》中对渠道的走向及灌溉的情况做了详细的描述,《伊犁府志》的《川流方面记述》也记述了锡伯营大渠的情况:"锡伯营大渠,由伊犁大河引水,经恰布恰地方西流九十里,经海努克北,入锡伯北境,经二牛录流二十里,经八牛录流二十里,经七牛录流二十里,经六牛录流三十里,经五牛录流五十里,经四牛录流十里,经三牛录分饮八处牛录屯田,无余流。"

锡伯族的农业开发取得了巨大的成功,粮食自给,生活稳定。"所有耕种之人,仰恳鸿慈,于仓存余粮内赏借,明年籽种口粮,分作三年,秋成后还仓,两城地甚广,所有稻田,每年照旧耕种,不过数年,一切工本概可归还,彼时陆续所获余利,尽可赡给贫乏。"[1]嘉庆九年(1804),将军松筠在给皇帝的奏折中,称锡伯人在防务的同时,屯垦取得了成功,口粮完全能够自给。

锡伯族成功的农业生产制度成为伊犁一带效仿的对象,嘉庆十年(1805),"惠远城,需地八万亩,惟期两城驻防满洲官兵,渐次立有世产。俟耕种数年之后,照锡伯立仓储粮成法办理",满洲兵丁"请照锡伯营屯种之例,按名分给地亩,各令自耕,永为世业"[2]。

## 三、清代伊犁地区人口迁移的特点

清代伊犁地区位于我国西北边疆地区的前沿,由于受到俄罗斯侵略的威胁,实行移民强边成为清政府的主要选择。新疆建省以后,伊犁将军府的设立,强化了伊犁在整个新疆的地位,伊犁成为整个新疆的军事中心。

1. 人口迁移在迁移方式上以被动迁移为主,以主动迁移为辅

伊犁地区处在肥美的伊犁河谷,环境条件优越,是新疆不可多得的风水宝地。为了强化伊犁地区的防守,清政府从军事上考虑,有计划地从东北地区长途迁移部分八旗子弟来伊犁安居,锡伯、索伦等族被政府有计划地迁入。而南疆、东疆地区的维吾尔族迁入,则是在政府鼓励下,农民自愿流入的。

2. 人口迁移的方向性明显

伊犁地区清代的人口迁移,由迁入人口和迁出人口两个部分组成,且迁移方向有差别。迁入人口主要来自东、南两个方向,东部主要来自东北地区,南

---

[1] 道光《钦定新疆识略》卷6。
[2] 《大清会典事例》卷178。

部主要来自天山以南的地区。阿古伯叛乱和沙俄多次侵入伊犁,导致了伊犁地区在清代后期发生了人口流出的事情,沙俄多次胁迫大量民众进入中亚一带,使伊犁地区的人口迁移也拓展到西部方向。

3. 迁移人口持续的时间长、目的性强

伊犁地区的人口迁移过程从乾隆年间开始,一直持续地进行,而且越到后来,人口迁移的数量越大,特别是维吾尔族的迁移,在道光以后才进入高峰。人口迁入的目的分军事驻守和农业生产两个方面,以锡伯族为主的内地迁移人口,主要担当着驻防边疆的作用,而南部迁来的维吾尔族的主要目的是农业生产。

4. 移民的迁入形成了新的文化景观

清代移民大量进入伊犁地区,使移民将自身的文化景观带入移入的地区,这些文化景观和当地原有的文化景观相互整合,形成了新的文化景观,如地名景观、宗教信仰景观、语言景观和城镇景观等,客观上促进了各种文化的相互融合。维吾尔族文化在伊犁地区盛行,维吾尔族的文化因子多和其他民族的文化相融合,整合出一种新的文化景观。在整个伊犁地区,由于多民族的同时迁入,民族文化的整合作用更加明显,特别在语言方面,其他民族语言的借用词汇频繁出现,使每个迁入民族的语言表达更为丰富。

本文原载《干旱区地理》2006 年第 6 期。

# 1929 年河南灾民移垦东北述论

苏新留

关于 1929 年河南灾民东北垦荒的问题,史学界略有论及,其中比较好的论述当属陈翰笙的《难民的东北流亡》[1]。但该文是从宏观角度论述当时数省难民的东北流亡,并非对 1929 年河南灾民东北移垦的专门研究。其他学者虽然也间或谈及这次移垦问题,要么是一笔带过,要么是引用陈文的简单复述,均没有超过陈翰笙的研究[2]。本文拟依据相关资料尽可能地展现当时的历史事实,以期对这次灾民移垦有更全面的认识。

## 一、移 垦 背 景

河南自古以来就是一个以农业为主的社会,居民多以农业为生活支柱,由于灾害频仍,丰歉不常,结果导致"贫者不谋朝夕,富者亦鲜巨资"。尽管如此,

---

[1] 陈翰笙:《难民的东北流亡》,冯和法:《中国农村经济论》,上海书店出版社 1987 年。

[2] 其他可参阅陈达:《人口问题》,据商务印书馆 1934 年版影印,第 259 页,民国丛书,第一编(9),上海书店;陈彩章:《中国历代人口变迁之研究》第五章《边疆移民》,民国丛书,第三编(16),上海书店出版社 1987 年;葛剑雄:《中国人口发展史》,福建人民出版社 1991 年,第 386 页;侯杨方:《中国人口史·1910—1953 年》,复旦大学出版社 2001 年,第 609 页;曹树基:《中国移民史》(第六卷)第十一章第四节"民国时期的移民垦荒",福建人民出版社 1997 年;[美]何炳棣著,葛剑雄译:《明初以降人口及其相关问题(1368—1953)》第七章,生活·读书·新知三联书店 2000 年;李文海等:《中国近代十大灾荒》,上海人民出版社 1994 年,第 190 页;姜涛:《中国近代人口史》,浙江人民出版社 1993 年,第 259 页;行龙:《人口问题与近代社会》第三章《人口的分布及其流迁》,人民出版社 1992 年;夏明方、康沛竹主编:《20 世纪中国灾变图史》(上),福建教育出版社 2001 年,第 142 页;朱玉湘:《中国近代农民问题与农村社会》第九章《近代中国农村人口的离村与迁移》,山东大学出版社 1997 年;路遇、滕泽之:《中国人口通史》(下册)第七章,山东人民出版社 2000 年;何廉:《东三省之内地移民研究》,《东省经济月刊》1932 年第 3 期;吴希庸:《近代东北移民史略》,《东北集刊》1941 年第 2 期;方华:《灾荒中的河南农村》,《新创造》1932 年第 12 期;胡耐秋:《最近中国的农民离村问题》,《教育与民众》1936 年第 3 期;赵中孚:《一九二○—三○年代的东三省移民》,《"中央研究院"近代史研究所集刊》1971 年第 2 期。

河南居民"多安土重迁,虽凶荒亦少去其乡者"[1]。但这并不意味着他们从不离开家乡,一旦生存环境实在找不到他们苟延残喘的手段时,他们也不得不做出背井离乡的选择。所以这种"移民一般都以生存型为主,发展型的较少"[2]。生存型移民往往是为了维持自身的生存而不得不迁入其他地区定居的人口,移民的主要目的是能够生存,这类移民产生的主要原因是迁出地的推力,如自然灾害等因素[3]。1929年的河南大旱就是这次灾民移垦的重要原因。

1929年,河南旱灾严重,实际上从前一年开始,河南已经开始大旱,到第二年,旱灾尤为严重,中原赤地千里,一片焦土。尤其是豫西21县和南阳各属,僵尸盈野,死亡载道,人民求生无路,倒毙道旁触目皆是[4]。叶县灾民以秕糠等为食,食后身体肿痛,死亡的在在有之。幸存的灾民,也难以幸免,外地贩来的粮食,"谷子一斗三十六串,饼渣每斤三百二十文",乡间牛马,剩余不足百分之五,所有猫狗,剥吃殆尽。"少女鬻身,无人给价""饿殍流亡,累千成万"。根据当时的灾情报告:"日来孟奉村,饿死三口,庙岗村冯士龙家,饿死四口,查其田产,亦有地数十余亩,夏李西牌死四口,河召北牌死五口,路店村饿死七口,水砦村饿死王三毛一口……"即使有施粥的地方,冻饿死的"每日二十余口"。由此"推之全县,各村每日死亡统计,至少亦有千人"[5]。近南阳一带,"十室十空,屋无顶……野无青草……男女老幼,瘠不可支,面黄肿,目为闭,久食树叶,毒使徒之然,有人千之村如此,无人者丘墟矣"[6]。"豫西一带,豫南之南阳、豫北之全境亦大略相同,次则豫南汝、光,豫东各属,人民大半十室九空。"[7]豫北新乡一带,"始则出卖妇女,借以维持生活,继则妙龄少女,亦无人购买,甚至分文不取,无人养活,饿而死者,日益增多,老幼相率出走,村为之空"[8]。以致大河南北,多数人无衣无食,困苦不堪,大平原变成了废墟。

严重的灾荒吸引了外国人的眼睛,《法兰克福日报》的记者史沫特莱看到这次灾荒后做了这样的描述:河南"是军阀混战、河水泛滥、饥馑连年的重灾区。好几百万农民被赶出他们的家园,土地卖给军阀、官僚、地主以求换升斗

〔1〕 吴世勋:《河南》,中华书局1927年,第20页。
〔2〕 葛剑雄:《中国移民史》第1卷,福建人民出版社1997年,第51页。
〔3〕 葛剑雄:《中国移民史》第1卷,第51页。
〔4〕 河南省赈务会:《河南省各县灾情状况·豫灾弁言》。
〔5〕 《大公报》1929年2月11日。
〔6〕 《大公报》1929年6月24日。
〔7〕 《大公报》1929年8月20日。
〔8〕 《大公报》1929年7月14日。

粮食,甚至连最原始简陋的农具也拿到市场上出售。儿子去当兵吃粮,妇女去帮人为婢,饥饿所逼,森林砍光,树皮食尽,童山濯濯,土地荒芜。雨季一来,水土流失,河水暴涨;冬天来了,寒风刮起黄土,到处飞扬。有些城镇的沙丘高过城墙,很快沦为废墟"。根据华洋义赈会和河南赈务会的统计,全省一百十八个县,几乎无县不灾[1]。

面对如此严重的灾荒,河南赈务会也采取了诸如工赈以及向灾区发放赈粮等救灾措施,但面对如此众多的嗷嗷待哺的灾民,"虽屡运赈粮赴各灾区分散,无如杯水车薪,终难挽救"[2]。工赈虽然也起到了一定的作用,但真正能够参加工赈的也仅仅是一少部分灾民,甚至部分参加工赈的灾民的状况也令人不敢恭维。"对这大批的被征者,单就妨碍农事一点而论,已经很够使他们的家庭经济受到重大威胁,何况工作期间的生活情形,又是异常恶劣,他们抛弃了自己的工作,甚至还得奔到十多里路以外去受驱使,而所得到的工资还是不够一饱。"[3]更何况河南向来感受人多地少之苦,无事尚可勉强度日,遇到较严重的灾荒便哀鸿遍野;东北不但土地肥沃,而且缺少人工,当时东北的张学良也有移内地之民充实边防之意。东北的"拉力"和家乡灾荒的"推力",使得灾民被迫携家出山海关,往东三省各地开垦荒地,以资谋生。

## 二、移 垦 办 法

民国时期,政府就灾民移垦专门颁布了相应的办法,规定"凡灾民确有耕作能力,自愿前往就食者,经该管区、村长保证,即可接受安置,安置办法分垦荒、佃户和雇工三种,任灾民自择。如有多数愿垦荒一处者,则可拨给相当荒地,令其自组村庄"[4]。东北是灾民移垦的重要地区,这里原是榛莽之地,地广人稀,清政府认为其是"龙兴之地",禁止内地居民迁入。相对于关内来说,东北土地肥沃,物产丰富,地广人稀,是中国的"新大陆"[5],谋生较易。清末开禁后,关内人民趋之若鹜。相对于华北平原饥荒和人口的压力,"(伪)满洲

〔1〕 李文海等:《中国近代十大灾荒》,上海人民出版社1994年,第178—179页。
〔2〕 《大公报》1929年4月26日。
〔3〕 罗琼:《征工和工赈》,中国经济情报社:《中国经济论文集》第2集,上海生活书店1936年。
〔4〕 "国史馆":《戴传贤等请令各省速筹安置灾民垦辟荒地办法》,叶飞鸿:《国民政府的灾时救济措施(1928—1937年)》,载《"国史馆"馆刊》复刊第3期。
〔5〕 侯杨方:《中国人口史·1910—1953年》,第609页。

的充裕、相对安定和政治稳定与此适成对比,增加了向(伪)满洲移民的推动力"[1]。移往东北的人口,往往是因为本地生活困难,难以生存,不得不远离家乡,另谋出路,这些人大多是自由迁移,没有政府或者团体组织。1929 年的河南灾民迁移与此不同,由团体筹款派送,类似古代"移民就粟"的性质。河南省赈务会为了配合遣送灾民远赴边远省份"作工就食,垦荒牧畜",专门拟订了《河南省赈务会筹拟移民赴东三省垦荒办法》(以下简称《办法》):

　　1. 本会为救济灾荒起见,除办理工赈急赈外,并移送灾民赴东三省垦荒就食,其移送人数无定额。

　　2. 凡系被灾良民,确有耕作能力,自愿前往就食者,须有该管区长或村长之保证,本会负移送安置之责,携眷同往者一律办理。

　　3. 各县出外就食灾民人数由县长督同赈务分会及各区长村长详细调查,先行登记册报本会,以便定期移送。

　　4. 移送时所需火车由本会呈请。

　　5. 移送时所有沿途食住由本会并商请各善团体分段设所招待。

　　6. 移送时本会派员在指定交通便利地点接收,但由各县送赴接收地点之临时费用,应由各县自行负担。

　　7. 灾民到达东省后,由本会商请该省当局分别安置。

　　8. 安置办法分垦荒、佃户、佣工三种,由灾民自择,如有多数愿在一处垦荒者,可拨给相当荒地,自组村庄。[2]

　　这个《办法》比以前所规定的灾民移垦办法更加详细一些,确定了这次移垦的指导原则,内容是相当周全的:其一,赈务会没有对移送灾民的数量进行具体规定,只要是有耕作能力的合法灾民,就可以登记造册移送;其二,用火车移送灾民,并且在沿途由赈务会商请各慈善团体设立招待所提供食宿;其三,对于灾民到达东北后,由赈务会商请东北各省当局给以妥善安置;其四,对于安置到具体地点的灾民,赈务会还制定了相当完备的措施,不但允许他们自由挑选工种,而且对于乡土观念比较重的灾民,给予他们自组村庄的自由。这些措施如果都能够落实,可以说这是一次非常成功的救灾举措,但实际上却存在着相当大的差距,给灾民带来了不小的损失。虽然河南省赈务会十分重视,但

〔1〕何柄棣:《明初以降人口及其相关问题(1368—1953)》(中译本),生活・读书・新知三联书店 2000 年,第 190 页。

〔2〕河南省赈务会:《十八年豫灾纪实》,第 117 页。

这次灾民移垦的移送工作主要是由旅平河南赈灾会负责的,该会成立于1928年底。当时旅居北平的河南同乡,见家乡连年多灾,农民颠沛流离,嗷嗷待哺,因而倡议成立该会,公推李民修为会长。该会考虑到古人救荒政策或是移民,或是移粟,都是重要的救灾手段。河南这次灾荒不仅灾区广大,而且灾民众多,"虽屡运赈粮赴各灾区分散,无如杯水车薪,终难挽救"[1]。况且河南向来感受人多地少之苦,无事尚可勉强度日,一遇水旱灾害便哀鸿遍野。于是他们便认为移民是最好的救灾办法。况且关东各省土地肥沃,缺少的就是人工。故赈灾会的主要任务便是移民到东北。因此,"旅平河南赈灾会曾一度称为河南赈灾移民委员会"[2]。移垦经费来源有三:一是经向南京中央政府的赈务部门和河南的赈务部门交涉,拨给一部分经费;二是向各界人士募捐;三是邀请京剧名演员义演捐献。据说由于蒋介石害怕张学良增添力量,所以不愿意向东北移民,几经交涉后,才拨给很少部分赈灾款。[3] 旅平河南赈灾会通过各大报纸等媒体报道河南灾情,为三千万垂死同胞请命,以期引起全社会的同情之心,同时将捐款收入公诸报端。[4]

赈务会经过和张学良及各省主席等商议,基本解决了安置办法,运输问题也和铁道部门接洽,允许免费挂运。为了妥善解决运输灾民的相关问题,有关部门还颁布了《河南各招待处至北平丰台站沿途招待灾民办法》。在郑州设立总招待处,分别在开封、商丘、周家口、许昌、鄢城、南阳、西平、信阳、潢川、洛阳、陕县、临汝、新乡、汲县、沁阳、安阳、石家庄等地设立招待分处。并派人驻守在丰台、打虎山、沈阳和黑龙江等处,会同各慈善团体办理运送及沿途给养事宜。凡灾民到达各个招待地点后及中途转车时在候车停留期间,每人每天给杂面馍二斤,但这必须有相关单位的造送名册方准发给。这样就有了一定条件的限制,没有名单的一律没有享用的资格。而灾民在由各招待所起运时,每人每天发杂面馍二斤,银洋一角,并且规定:由南阳到许昌发六天给养,由潢川至信阳发四天给养,由周家口至漯河发二天给养,由临汝至洛阳发三天给养,由信阳至郑州发一天半给养,由西平、鄢城、许昌至郑州都发一天给养,从商丘、开封到郑州均发一天给养,由陕县到洛阳发一天给养,由洛阳到郑州发一天给养,由郑州、新乡、汲县到石家庄发一天给养,由沁阳到新乡发一天给

---

〔1〕《大公报》1929 年 4 月 26 日。

〔2〕《河南省旅平同乡会救济河南灾民情况概述》,河南省档案馆,档案号:M18-01-0141。

〔3〕王仲成:《我所知道的旅平河南赈灾会》,载《河南文史资料》第 19 辑。

〔4〕《大公报》1929 年 1 月 21、22、23、24 日,3 月 6、7 日。

养,从安阳到石家庄发一天给养,由石家庄到丰台发一天给养[1]。

本次移民,辽宁当局计划接纳人数为五千人,但后来看到豫省灾民愈来愈多,再加上旅平河南赈灾会一再要求东北长官以悲悯为念,经过多方筹措,最后同意准予尽数安插。灾民到达招待所后,即有招待人员先安置住所,每人记口发给小米,登车后根据路程的远近发给小馍。从郑州上车沿途经过的彰德、石家庄、保定、长辛店等地都设有茶站,至丰台另外发给给养直到转北宁路线。其他如天津、唐山、榆关、锦州、打虎山、通辽、洮南等地,均有各慈善团体设立的粥厂。

上述一系列的措施和手段如果能够全部落实,这次灾民移垦将成为中国灾荒救济史上的一次成功典型,但由于各种各样的原因,一些措施变成了一纸空文,给灾民移垦蒙上了一层抹不去的阴影。

# 三、移 送 灾 民

当移垦的先期准备工作完成后,赈灾会便开始了灾民的运送工作。灾民移送从 1929 年 5 月 1 日正式开始,第一批估计运送一千人,以后陆续运送[2]。运送一直持续到 9 月 17 日,前后共计运送灾民 43 批,人数共计35 004[3]。灾民主要分布在黑龙江省和辽宁省的部分县。具体情况如下表:

**河南省移垦灾民分拨地点人数时期统计表(1929 年)**

| 安置地点 | 灾民人数 | 分发日期 | 安置地点 | 灾民人数 | 分发日期 |
|---|---|---|---|---|---|
| 兴安屯垦区 | 3 710 | 6 月 7—21 日 | 龙江县 | 1 484 | 7 月 14 日 |
| 黑龙江讷河县 | 609 | 6 月 30 日 | 呼兰绥化克山三县 | 4 513 | 7 月 19 日 |
| 甘南县 | 416 | 6 月 30 日 | 拜泉安达肇州三县 | 4 552 | 7 月 30 日 |
| 布西县 | 369 | 6 月 30 日 | 肇东县 | 2 683 | 8 月 3 日 |

---

[1] 河南省赈务会:《十八年豫灾纪实》,第 118 页。

[2] 《大公报》1929 年 4 月 26 日。

[3] 河南省赈务会:《十八年豫灾纪实》,第 121—124 页。

续 表

| 安置地点 | 灾民人数 | 分发日期 | 安置地点 | 灾民人数 | 分发日期 |
|---|---|---|---|---|---|
| 龙江县 | 1 258 | 8 月 6 日 | 辽宁省通辽县 | 2 800 | 9 月 9—17 日 |
| 明水县 | 1 824 | 8 月 9 日 | 开通县 | 1 200 | 9 月 25 日 |
| 肇州县 | 1 967 | 8 月 9 日 | 洮县县 | 762 | 9 月 26 日 |
| 林甸县 | 1 583 | 8 月 28 日 | 洮南县 | 1 332 | 9 月 27 日 |
| 泰来县大赉县 | 878 | 不详 | 镇东县 | 1 000 | 9 月 27 日 |

资料来源:《十八年豫灾纪实》,第 124—125 页。

表中分拨各县灾民共计 32 940 人,和由丰台起运的 35 004 人相比少了 2 064 人。一方面据《十八年豫灾纪实》的记载,称灾民减少的原因是因为出关后沿途有下车自谋生路的人[1]。实际上,这并不是灾民减少的最关键因素。灾民听说移民垦荒的消息,纷纷"鬻什物,卖釜甑",扶老携幼,麇集各车站以待运送。然而,由于车皮所限,灾民痛哭失声,"栖泊道路间,无家可归"[2]。东北当局本来商定暂时以五千人为限,但"灾民迫于饥饿,率多扶老携幼,徒步北来",虽然经过接洽商量,东北当局取消了限额,但由于运输缓慢,到达丰台的灾民,"麇集待运,食粮燃料,张罗俱穷,暑饿交迫,日毙数人",而"中途跋涉,大批续来者,仍络绎不绝"[3]。灾民候车往往停留很久,他们在空场上露天席地,由于他们本来就很虚弱,所以大部分的老人和小孩很容易沾染疾病。7 月21 日,滑县、内黄、南阳三县灾民八百余人,下车后聚集在正太、平汉两车站间,候车北上出关,结果到下午六时,尚未来车,不料六时四十分,大雨骤至,露天卧地的灾民,无处躲避,衣服全湿,男女老幼哭声震天,"灾民啼饥,呼卖幼子幼女……三岁幼女仅售大洋一元,五岁男孩售洋二元"[4]。河南灾民从陕县、南阳出发到达黑龙江一般需要十五天,尽管沿途免费运送,但由于车皮紧张,他们很难坐上火车。"到洛数百人,因无车,劝令返家,(灾民)痛哭不止。

---

[1] 河南省赈务会:《十八年豫灾纪实》,第 125 页。
[2] 《大公报》1929 年 7 月 18 日。
[3] 《大公报》1929 年 7 月 1 日。
[4] 《大公报》1929 年 7 月 27 日。

救济无术,曷胜悲悼。"另一方面,灾民沿途的给养问题虽然安排得还算妥当,但实际上问题也不少,"有时久滞车中的难民,很少的食物都不容易得到"。如旅平河南赈灾会的李茂修护送的几批灾民,由于延迟了五天,2 300多人的给养每天只能吃一顿饭,每餐只是小米二石。有些招待所甚至一点食粮都不能发给,有些办事员不忍心看灾民的惨状,"便自己避匿了"。在有些换车的地方,往往难民前批未去,后批又来,因此大批灾民麇集一处,"有因给养缺乏而饿死的,也有经不起饥饿而逃亡的"。即使沿途的给养能够照常发给,但由于没有柴火,灾民连一杯薄汤都难以得到,于是他们只好吃生面馍、饮冷水,结果泻痢的人很多。那些能够坐上车的,由于这些车辆是敞篷露天,风吹雨淋和昼夜温差,常使这些体弱、免疫力低下的灾民患病,所以常有死亡。这些都可能导致灾民的减员。

不仅上述因素能够导致灾民的减少,而且经常发生地痞流氓勾引少年去当兵和诱拐妇女的事情。王仲成是这次移民垦荒的护送员之一,八月中旬,他和王抢青等护送两千人乘火车前往黑龙江省。到达山海关的第二天,当一切手续办妥将要开车时,忽然一户灾民报告说,他的媳妇不见了,于是王仲成等随即找到检查处的冯处长,提出暂时不开车,就地寻找。经冯同意后,王仲成和两名警务人员一起去查找。当王仲成等到离车站不远的一个工人家里查看时,他们不同意,王等只管进去查看,结果在猪圈里发现了那个灾民。问她为什么到这里来时,她说:"这里的房东说,黑龙江一带太冷,我不去东北了。"据当地人说,一个年轻妇女可卖大洋四五百元,看来这家人想拐卖她[1]。这种情况未必只有这一例,也是造成到达灾民人数减少的原因之一。

尽管由于各种原因使运送的部分灾民没有安全到达目的地,但大部分灾民还是在社会各界尤其是旅平河南赈灾会的共同努力下,最终到达了他们梦中的"天堂",开始开辟他们心中的理想。

## 四、灾 民 生 活

身无分文的灾民被分配到各地后,生活究竟如何呢? 刚到东北的灾民别说垦荒的大宗资本,一开始连棉衣等都要依靠别人帮助。旅平河南赈灾会在

---

[1]　王仲成:《我所知道的旅平河南赈灾会》,载《河南文史资料》第19辑。

当年冬季分发棉衣之际,派员调查了灾民的实际生活状况。克山县面积 486 井,每井六方里,该地分配灾民六百余人,疾病死亡甚少,安插办法为每井一户,房屋、食粮及锅碗瓢勺等零用物件,统统由井中各户均摊供给,给人做工每日工资约为洋五六角,忙时可得到一元七八角。勤劳的灾民,除能自给外,等到来春每户可有七八十元的余款,而少数懒惰的灾民,还要靠各住户设法办理。讷河县于 1929 年 6 月间领来灾民 615 口,大部分是孟津、洛阳和巩县人,疾病死亡绝少。灾民的安插是让各区分领,房屋、食粮由认领户供给,以两个月为限。勤劳的灾民,已经能够自足衣食,少数懒惰者,生活未免有些困难[1]。拜泉县人性情豪爽,乐于办理慈善事业,该县面积 4 110 井,共领灾民 1 043 口,第一区没有灾民,余下四区按井分发,每井约一户。佣工工资平时每日可得到七八角,忙时可得两元。灾民初到时的衣食住均由地主供给,灾民勤者一年可有余款三四十元[2]。肇州县有灾民 1 603 口,所居系借人平房,每家一间或两家一间,室内多有热炕且多有暖气管,食住供应以三月为限[3]。明水县民风淳朴,拨到灾民 504 名,劳工待遇,泥瓦木匠每日工资二元以上,其余工作以忙闲定工资的多寡,忙时每日一元六七角,零活每日五角之谱。灾民房屋借住,不给房租[4]。林甸县全境共分八区,一、二、三、四区和八区对灾民很好,每月每人发给小米一斗,灾民所住房屋,有一家一间或两家一间不等,能工作者,衣服已经能够自备;不能工作的老弱者,带来的棉衣也可御寒。而其他各区相对较差,灾民有两三家共住一间者,并且有住草棚的。绥化县计第二区分配灾民 185 名,第三区分配 176 名,第四区分配 150 名,第五区分配 306 名,每一家一间房或两家一间房,灾民饮食由百户长按地亩摊钱供给,每人每天约得到米粮一斤四两,衣服由所得工洋自备[5]。

灾民到东北后并非一切都如上述各个县的情况,刚到达东北时由于衣食无着,他们的衣服还要靠旅平河南赈灾会运送给他们的九角大洋一身的旧棉衣。并且出关的灾民后来向旅平河南赈灾会报告说:"后到灾民因无积蓄,各地多有借口期限停止接济者,当此春初无工可作,颇感困难。"还有对灾民的住

〔1〕《大公报》1930 年 2 月 5 日。
〔2〕《大公报》1930 年 2 月 6 日。
〔3〕《大公报》1930 年 2 月 7 日。
〔4〕《大公报》1930 年 2 月 9 日。
〔5〕《大公报》1930 年 2 月 10 日。

房"逼索房租者"[1]。根据陈楚白来自肇东县的调查，该县第一区灾民因缺少房子，三五家住一间房，未穿棉衣的占五分之一；第三区灾民由于尚未工作，所以存粮少，四五家住一间房，并且住房期限为第二年的二月份，以后自谋生路，不仅如此，该处由于不产棉花，所以棉衣奇贵，这都给灾民带来了极大的困难[2]。而且有部分灾民被铁路雇为苦力，有的靠上山拣蘑菇为生[3]，甚至有的为生计所迫投了土匪。由于东北当局一开始就怀疑河南灾民中有红枪会分子，所以几经周折才同意移民。灾民到达东北后常常被公安局明察暗访，当河南灾民到达东北后，首先要接受辽宁省政府设在绥中"检察垦民临时办公处"的检查，合格后发给合格证，然后才可去垦荒。

到达东北的灾民并没有完全享受《办法》所有优待规定，他们"新生活"的好坏一方面与当地的民风有关，另外，东北当局对他们的不信任也给他们的生活带来了诸多不便。但这并不能掩盖这次灾民移垦的成绩，毕竟使不少河南灾民逃脱了被家乡灾荒吞噬的命运。

## 五、结　　语

1929 年的灾民移垦是民国时期河南省有组织的颇具规模的移民活动，由于各方面做了一些事前的准备工作，避免了沿途更多灾民的不必要死亡。但是，这次移民活动也不是十全十美的，不仅出现了不少灾民沿途丢失甚至死亡的情况，到达后的灾民也经受了各种"环境"的考验。当然，这些不和谐的音符并不能掩盖这次移民成功的乐章。

总之，这次移民垦荒是较为成功的，特别在当时灾情严重、救济不及的情况下，"与其千里馈粮，缓不济极。实不如尽量设法，移民就食或犹较有实益也"[4]，灾民移垦挽救了不少奄奄待毙的河南灾民。从大的方面说，向东北地区移民，不仅是贫苦农民谋生的需要，也是国家对东北地区开发的需要[5]，对于巩固东北边防也有一定的襄助作用。从中国历史上的传统救荒来看，灾后安置不外乎"移民就粟"和"移粟就民"等几种手段，1929 年河南灾

---

〔1〕《大公报》1930 年 3 月 7 日。
〔2〕《大公报》1930 年 2 月 8 日。
〔3〕《河南省旅平同乡会救济河南灾民情况概述》。
〔4〕《大公报》1929 年 7 月 18 日。
〔5〕路遇、滕泽之：《中国人口通史》（下册），第 1101 页。

民东北移垦从形式上讲,与中国古代的"移民就粟"并无二致,但这次移垦组织更加严密,措施也较以往得力,铁路的运输也是历史时期难以比拟的,所以这次灾民移垦更具有了"现代"的味道。而且,此次移垦更增添了开发边疆的意义,而非简单的"就食",随着这些河南移民的土著化,这种意义体现得就更加明显。

本文原载《史学月刊》2004 年第 9 期。

# 宣统甘肃"地理调查表"里的城乡与晚清北方城乡人口结构

路伟东

  人口地域结构是按照地域标志将人口划分为各个组成部分而形成的人口结构。在传统典范式的人口史和城市史研究中,人口地域结构尤其是城乡人口结构,因为可直观反映人口的空间分布状态,并且更因为其与中国传统农业社会非农业人口占比、城市化水平、经济发展状态以及社会结构稳定性等重大问题相关,长期以来一直是中外学界关注的热点,论著丛出,成果丰硕[1]。

  但是,由于在城乡边界和人口数量两个核心问题上,存在着几乎不可逾越的障碍,所以,既有研究在划分城市乡村标准、计算城市规模的方法、城乡人口结构以及城市化水平估计等方面,分歧丛生,互不统一,部分结论甚至彼此完全相互矛盾。笔者利用宣统调查甘肃"地理调查表"近七千个聚落户口数据,曾对晚清西北城市、城市人口等级模式和城市化水平等进行过讨论,但部分问题仍然没有彻底解决[2],加之学界亦有相关回应和新出成果[3],因此,有必要继续开展深入探讨。本文从城市、乡村概念入手,结合宣统"地理调查表"和民国时期的官方及民间调查数据进行阐述,以期更加深入和完整地推动相关问题的研究。文章不足之处,希望诸位方家批评指正。

---

〔1〕 相关研究请参见[美]施坚雅著,王旭等译:《中国封建社会晚期城市研究——施坚雅模式》,吉林教育出版社 1991 年;韩光辉:《北京历史人口地理》,北京大学出版社 1996 年;姜涛:《人口与历史》,人民出版社 1998 年;葛剑雄主编、曹树基著:《中国人口史·清时期》,葛剑雄主编、侯杨方著:《中国人口史·1910—1953 年》,复旦大学出版社 2001 年;李孝聪:《历史城市地理》,山东教育出版社 2007 年;成一农:《古代城市形态研究方法新探》,社会科学文献出版社 2009 年;路伟东:《晚清西北人口五十年(1861—1911)》,复旦大学出版社 2017 年。

〔2〕 路伟东:《清末民初西北地区的城市与城市化水平——一项基于 6 920 个聚落户口数据的研究》,《历史地理》第 32 辑,上海人民出版社 2015 年;路伟东、王新刚:《晚清甘肃城市人口与北方城市人口等级模式——一项基于宣统地理调查表的研究》,《复旦学报(人文社会科学版)》2015 年第 4 期。

〔3〕 江伟涛:《基于地形图资料与 GIS 的民国江南城市人口估算》,《中国经济史研究》2015 年第 4 期。

## 一、甘肃"地理调查表"与聚落户口数据

清末"宣统人口调查"是中国历史上第一次真正具有现代人口普查意义的全国性人口调查[1]。理论上,这次调查的对象包括了调查区域内的全部人口,调查数据与中国历史上传统的以纳税为主要目的的户口登记数据有本质区别。宣统人口调查各省标准并不统一、调查人员素质参差不齐,调查数据讹误也不少,部分省份还存在较严重的人口漏报现象。但总体来看,至少在甘肃省,此次调查活动得到了切实有效的执行,调查人员配置足额,分工明确,调查工作细致有序,最终的调查数据质量也比较高[2]。

"地理调查表"是宣统人口调查基层数据汇总的简表,也是留存至今最原始的调查文献之一。调查表以厅、县为基本调查单元,每个调查单元一册,单独装订。调查表式以自然聚落为经,以方向位置、离城里数、户数、人口、附记及承办绅董六项为纬,每个聚落一行。排列顺序自城内开始,次及关厢附城,再至四乡。统计校核显示,现存甘肃"地理调查表"尚有 66 个调查单元[3],缺失的部分主要分散在甘肃西南部及西北部人口稀少地区,在甘肃东部、北部及中西部等人口稠密的核心区域保存比较完整(见图 1)。

现存 66 个调查单元共有 6 987 个聚落,每个调查单元平均 106 个聚落。但大部分调查单元聚落数较少,且彼此之间数量差异极大。其中超过平均数

---

[1] 侯杨方:《宣统年间的人口调查——兼评米红等人论文及其他有关研究》,《历史研究》1998 年第 6 期。

[2] 路伟东:《宣统人口普查"地理调查表"甘肃分村户口数据分析》,《历史地理》第 25 辑,上海人民出版社 2011 年。

[3] 这 66 个调查单元分别是兰州府 8 个,皋兰县、皋兰红水分县、渭源县、金县、靖远县、狄道州、狄道沙泥分州、河州;甘州府 3 个,张掖县、山丹县、抚彝厅;平凉府 5 个,平凉县、华亭县、隆德县、隆德庄浪分县、静宁州;巩昌府 8 个,陇西县、陇西分县、安定县、会宁县、通渭县、宁远县、伏羌县、洮州厅;庆阳府 4 个,安化县、环县、正宁县、宁州;宁夏府 5 个,宁夏县、宁灵县、灵州、宁灵厅、花马池厅;西宁府 7 个,西宁县、大通县、碾伯县、巴燕戎格厅、贵德厅、循化厅、丹噶尔厅;凉州府 4 个,永昌县、平番县、古浪县、庄浪茶马厅;泾州直隶州 4 个,泾州、灵台县、镇原县、崇信县;安西州直隶州 3 个,安西县、玉门县、敦煌县;肃州直隶州 4 个,肃州、高台县、高台毛目分县、肃州王子庄分州;秦州直隶州 6 个,秦安县、清水县、礼县、两当县、徽县、三岔厅;固原州直隶州 4 个,平远县、海城县、海城打拉池分县、固原硝河城分县;化平川直隶厅。清代甘肃州县分辖体制独具特色,学界对此已有系统考证,详请参见胡恒:《清代甘肃分征佐贰与州县分辖》(《史学月刊》2013 年第 6 期)。从现存"地理调查表"登记数据来看,现有考证分征佐贰名目仍有部分缺漏。

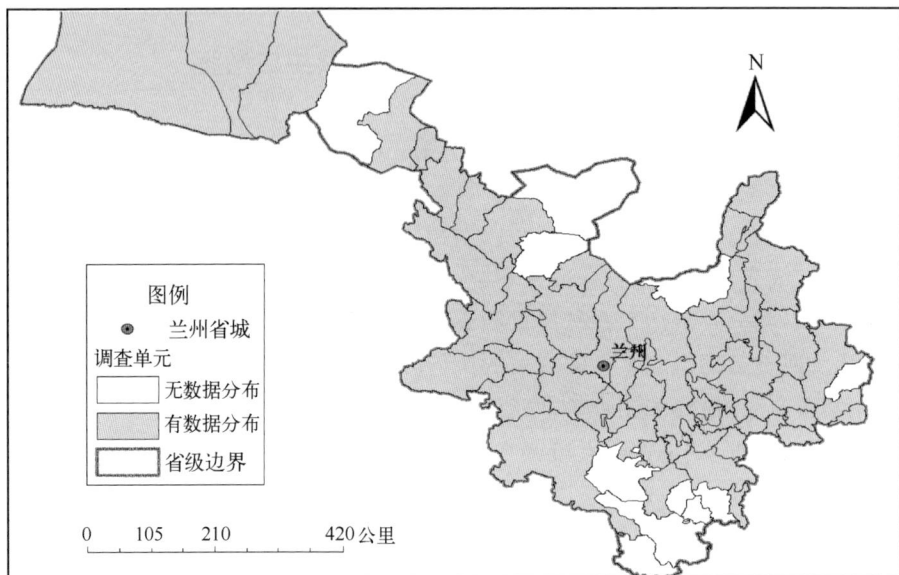

**图 1   现存甘肃"地理调查表"空间分布**

资料来源:底图使用复旦大学中国历史地理研究所中国历史地理信息系统(CHGIS)V4 版 1911
年数据。

的仅有 20 个,超过 300 个聚落的调查单元仅 5 个。最多的镇原县有 601 个聚
落,最少的打拉池县丞(即海城县)则仅有 9 个聚落。从聚落人口来看,66 个
调查单元共 626 903.5 户,3 295 175 口[1]。这一户数和人数在宣统人口调查
甘肃总户数和总人数中所占的比例均在 70%左右[2]。

图 2 比较直观地展示了各调查单元聚落人口占比差异。实际上,从该图
还可以比较清晰地看到聚落数量与聚落人口的非同步性,图上的高台县、礼
县、河州、秦安县以及皋兰县等高点数值表明,部分调查单元虽然聚落数量不
多,但聚落规模庞大。这与众多低点数据,即聚落数量很多,但聚落规模较小
的情况形成了鲜明对比。

甘肃现存"地理调查表"是目前已知民国以前唯一一份在一个较大行政区
域内精确到自然聚落的官方大规模基础调查数据。长期以来,学界对这批珍

---

〔1〕 半户数据来源于玉门县,半户并非人口统计上的户,而是一种纳税单位。具体考证见路伟东
《宣统人口普查"地理调查表"甘肃分村户口数据分析》,《历史地理》第 25 辑。
〔2〕 路伟东:《晚清西北人口五十年(1861—1911)》,第 56 页。

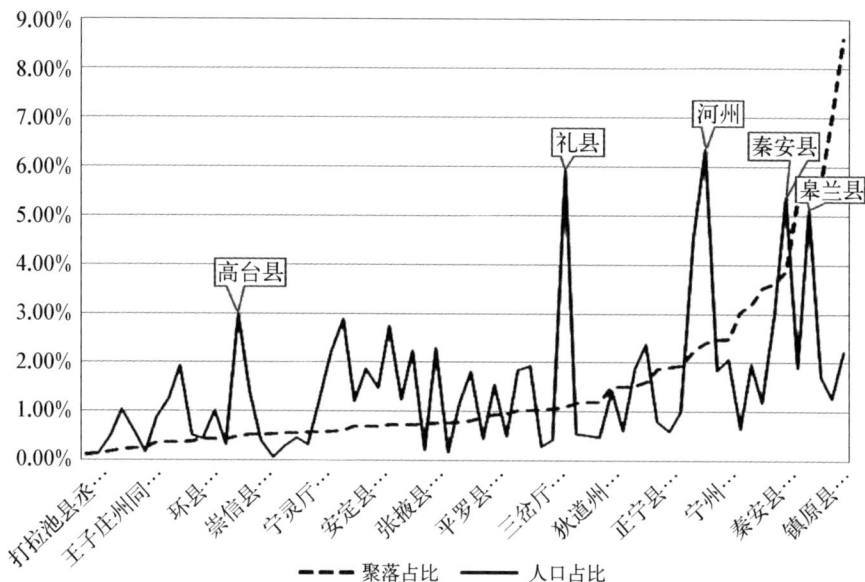

**图 2　甘肃现存"地理调查表"66 个调查单元聚落和人口占比**

贵文献没有给予应有的关注,以此为基础的相关研究更是极为缺乏。与此前人口史研究主要依赖的传统数据,如地方史志数据、个人或民间团体调查数据以及其他借代指标数据等相比,甘肃"地理调查表"数据不但数量庞大,而且精度和质量均较高,可以在一定程度上弥补学界在中国 20 世纪初历史城市人口研究中的数据缺失问题。

## 二、城乡概念与甘肃"地理调查表"里的城市和乡村

在西方,"*city*"最初是指那些拥有教堂且为主教任职之处的居民点[1],与现代意义上的城市完全不同。欧美学者对现代城市概念的定义或着眼于空间形态,或着眼于分工与职能[2],又或强调城市内部的差异性与外部的中央性机能等[3]。观点众多,各不相同。到目前为止,对于什么是城市这一核心

---

[1] Susan Mayhew, *Oxford Dictionary of Geography*, The Second Edition, Oxford New York oxford University Press, 1997, p. 77.

[2] 洪俊、宁越敏:《城市地理概论》,安徽科学技术出版社 1983 年,第 16 页。

[3] Derek Gregory, Ron Johnston, Geraldine Pratt, Michael Watts, Sarah Whatmore, *The Dictionary of Human Geography*, The 5th Edition, John Wiley and Sons Ltd, 2009, p. 85.

问题并未有共识。

在中文语境里,从词源上看,"城"指城墙环绕的权力场所,而"市"指的则是人口汇聚的交易场所[1]。显然,"城市"一词中的"城"与"市"最初是两个完全不同的概念,分别表示两个完全独立的要素。随着后世社会经济的发展,"城市"逐渐演化成为传统意义上那种具有一定人口规模、集政治权力与商品贸易为一体的聚落点的泛称[2]。在国人的传统观念中,"城市"总是与官府和衙署紧密联系,而高大的城墙因为代表了行政权力所在,是城市的典型标志[3],于是,"真正的"城市便成了那些建有城墙的县治、府治或省治。牟复礼认为中国的城市"通常指的是定为中央政府下属政权机关所在地的约莫 1 500 到 2 000 个城市的集中点,即都城、省城与府州、县城。……这些通常所指的城市因为在行政上的重要性,于是也就有了筑城的资格和需要。"[4]这种观点在学界相当有代表性,专业的研究者长期视其为固然。有关中国历史城市的研究,大都以行政中心的县城、州城、府城、省城及京城为标准。

但行政职能并非城市的唯一职能,城墙亦非行政治所的专属标志,将城市限定于筑有城墙的行政治所显然过于狭隘。明清以来,随着乡村逐步都市化[5],市镇在城市与区域社会经济发展过程中扮演了越来越重要的角色,开始成为城市体系的重要组成部分。因此,有学者认为,估计都市化的程度时,这些重要的市镇是应该包括在内的[6]。由此来看,乡村不再是与城市完全对立的二元存在,两者逐渐杂糅在一起,界线也变得越来越模糊。现代地理学中乡村的概念,虽然仍是相对于城市而言,但具体划分,亦往往是城镇并称。问题的关键在于,究竟有哪些市镇才是重要的,或者哪些重要的市镇才应该包

[1] (汉)许慎:《说文解字》卷 13 下"土部"、卷五下"门部",中华书局 1963 年,第 288、110 页。

[2] 韦伯对欧洲和中东地区的历史城市与印度和中国的历史城市进行了比较研究,他认为中国历史上从来就没有过城市,这种观点显然是错误的,李孝聪对此进行了批驳。详情参见李孝聪:《中国历史城市地理》,山东教育出版社 2007 年,第 6 页。

[3] [美]施坚雅著,史建云、徐秀丽译:《中国农村的市场和社会结构》,中国社会科学出版社 1998 年,第 8 页。

[4] 牟复礼:《元末明初时期南京的变迁》,[美]施坚雅主编、叶光庭等译:《中华帝国晚期的城市》,中华书局 2000 年,第 119 页。

[5] 马正林认为中国历史上城市数量少,谈不上都市化过程(马正林编著:《中国历史城市地理》,山东教育出版社 1998 年,第 15—16 页),这一观点并不被学界所认同。参见樊树志:《明清江南市镇探微》,复旦大学出版社 1990 年,第 5、12 页。

[6] 刘石吉:《明清时代江南市镇研究》,中国社会科学出版社 1987 年,第 138 页。

括在内。

与之相反,也有学者认为,县城作为一个县的政治、经济中心,具有乡村的某些特征,是乡村之首、城市之尾,"如果考虑到县城对乡村的领导及县城直接和间接为乡村提供服务,县城也应该划在乡村范围之内"[1]。有的学者甚至认为,历史时期乡村的范围,可以扩大到少数中心城市圈范围外的广大地域,以明清时期而论,"包括全部的县城及部分的府城"[2]。虽然县城及以上行政治所,历来都毫无疑问地属于城市的范畴,但从乡村地理研究的视角看,这种观点有其合理的一面。总之,用孤立的、完全二元的观点看待历史时期中国的城市与乡村,并试图把两者进行绝对的区分,既不符合历史的实际状况,也是不可能的。

从现有的研究看,几乎所有的研究者都采用个案举例式的研究方法,即挑选那些不被质疑、的确发挥了相当一部分城市职能,且有较多材料支撑研究的典型市镇来做研究[3]。更多的学者在界定历史上的中国城市时,则使用了更为简单的划分标准,那就是城市人口最低阈值。人口超过设定的阈值就划为城市,反之即为农村。比如施坚雅(G. William Skinner, 1925—2008)、赵冈以及曹树基[4]等人在统计 19 世纪 90 年代的中国城市时,最低标准是2 000 人,饶济凡(Gilbert Rozman)定义的清中期中国城市人口阈值更低,只有 500 人[5]。乔启明在《中国农村经济学》中给出的划分 20 世纪 30 年代中国城市的标准是 10 000 人,2 500 人以上为市镇[6]。

现存甘肃"地理调查表"66 个调查单元总计近七千个自然聚落中有 64 个

[1] 郭焕成主编:《黄淮海地区乡村地理》,河北科学技术出版社 1991 年,第 4 页。

[2] 王社教:《论历史乡村地理学研究》,见王社教主编:《黄土高原地区乡村地理研究(1368—1949)》,三秦出版社 2009 年,第 2 页。

[3] 相关研究可参见刘石吉:《明清时代江南市镇研究》;樊树志:《明清江南市镇探微》;张海英:《明清江南商品流通与市场体系》,华东师范大学出版社 2002 年;许檀:《清代河南的商业重镇周口——明清时期河南商业城镇的个案研究》,《中国史研究》2003 年第 1 期;张萍:《区域历史商业地理学的理论与实践——明清陕西的个案考察》,三秦出版社 2014 年。

[4] [美]施坚雅主编,叶光庭等译:《中华帝国晚期的城市》,第 264 页;赵冈:《中国城市发展史论集》,新星出版社 2006 年,第 83 页;葛剑雄主编,曹树基著:《中国人口史·清时期》,第 828—829 页。

[5] Gilbert Rozman, *Urban Networks in Ch'ing China and Tokugawa Japan*, Princeton University Press 1973, p. 218, 273.

[6] 乔启明:《中国农村社会经济学》,商务印书馆 1945 年,第 19 页。

行政治城[1]。城均人口约 5 900 人,扣除兰州省城和秦安县城这两个人口规模超大的异常数据,城均人口仅为 4 600,而中位数更是跌至 2 900 人。这说明,行政治城的人口规模普遍不高。扣除传统行政治城,人口超过 500 人的聚落多达 1 597 个,超过 1 000 人的有 647 个,超过 2 000 人的也多达有 244 个(见图 3)。显然,按上述研究者的标准,把所有这些聚落全部划分为城市是不恰当的。实际上,所有非治城聚落中,超过行政治所城市人口中位数的有 118个,超过治城人口平均数 4 600 的有 30 个,超过平均数 5 900 的聚落有 17 个,而超过 10 000 的非治城聚落居然也多达 7 个。把所有这些聚落都划分为乡村,也不符合对历史城市的一般认知。究其原因,主要在于城乡聚落是超大规模研究对象,其真实数量远远超过一般的认知。

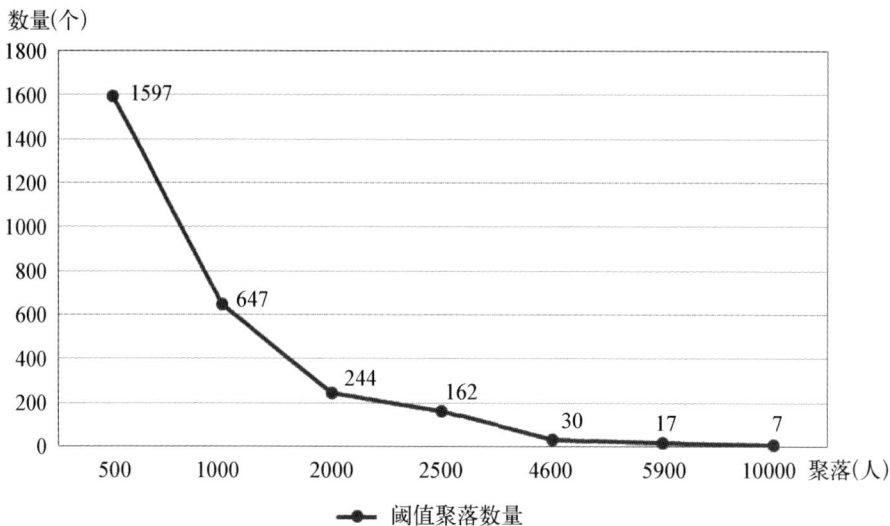

图 3　现存甘肃"地理调查表"各阈值聚落数量统计

　　现存甘肃"地理调查表"66 个调查单位共 6 987 个自然聚落,在全省调查单元和总人数中所占比例分别大约是 80% 和 70%。[2] 以此作简单类比估算,宣统年间甘肃全省聚落总数至少应当在 9 000 个左右,甚至有可能达到 10 000 个。传统个案举例式的研究方法,并不适合城乡聚落这种超大规模的

---

〔1〕　其中宁夏府与宁夏、宁朔两个附廓县同城、庄浪茶马厅署在平番县城内。合而计之,实际包括了 64 座传统治所城市,约占全省行政治所城市总数的 4/5。
〔2〕　路伟东:《晚清西北人口五十年(1861—1911)》,第 56 页。

研究对象。至少,对于划分城市与乡村,讨论城乡人口结构、城市化水平、城市层级以及市场网络等问题,从方法论上讲,个案举例式的研究手段无法支撑。

## 三、关于城乡边界与城市规模的讨论

在历史人口学者的研究视域里,历史城市往往只是一个人口数字代表的抽象的点,而不是一个具象的面。当史料足够支撑把这个点状的城市铺展成一个面状的城市来考察时,我们首先需要做的,就是明确城市的空间边界在哪里。因为城市空间边界决定了城市在地理空间上所占的实际区域,也决定了城市的人口规模。但是,城市是典型的无标度性(scaling invariance)的地理实体,虽然真实地存在于现实世界中,却无法客观测量,只能主观定义。[1] 现代地理学中,对于什么是城市,虽然不同国家和地区不尽相同,但都有极其严格的人为界定。由此,产生了城市、市镇以及乡村的划分。

比如,中国国务院 1955 年颁布的关于划分城乡标准的规定就明确:"一、凡符合下列标准之一的地区,都是城镇:甲、设置市人民委员会的地区和县(旗)以上人民委员会所在地(游牧区流动的行政领导机关除外)。乙、常住人口有二千人以上,居民 50% 以上是非农业人口的居民区。二、工矿企业、铁路站、工商中心、交通要口、中等以上学校、科学研究机关的所在地和职工住宅区等,常住人口虽然不足二千,但是在一千以上,而且非农业人口超过 75% 的地区,列为城镇型居民区。具有疗养条件,而且每年来疗养或休息的人数超过当地常住人口 50% 的疗养区,也可以列为城镇型居民区。三、上列城镇和城镇型居民区以外的地区列为乡村。"[2]

历史文献,尤其是地方志书中关于城墙的记载比较丰富,容易获取。传统城市史或人口史学者常常使用这一比较直观,也更容易量化的借代指标来确定历史城市的空间边界,直接或间接描述古代城市的空间范围,计算城

---

[1] 在具有分形性质的物体上任选某一局部区域,由于其自身具有自相似性,对它进行放大后,得到的放大图形会显示出原图的形态特性,即它的形态、内在的复杂程度、不规则性等各种特性,与原图相比均不会发生变化,这种特性称为无标度性。简单地讲,城市的无标度性,就是没有特征尺度。相关论文请参见陈彦光:《城市化:相变与自组织临界性》,《地理研究》2004 年第 3 期。

[2] 国务院法制办公室编:《中华人民共和国法规汇编(1953—1955)》第 2 卷,中国法制出版社 2005 年,第 596 页。

市规模[1]。但是，历史的真实情况是，城墙所围绕的区域往往并不是城市的全部，有时，甚至可能只是其中很小的一部分[2]。正因为如此，有的学者研究后发现城市规模（即城墙包围的城市空间）与城市行政等级之间的相关性很低[3]，这一点也不奇怪。

甘肃"地理调查表"对城乡聚落人口的记载顺序，一般从城内开始，次及关厢，再次为附城，最后为四乡聚落。比如，其中最典型的城市省城兰州，就首记城内，接下来分别是东关、新关和附城西川。汇总数据显示，清末兰州全城人口总数共 59 147 人，其中城墙以内人口所占比不过 15.5％，仅有 9 163 人。而关厢及附城人口则有 49 984 人，占比高达 84.5％。很显然，城市人口的实际聚居空间已远远超出了城墙包围的范围。

秦安县汇总数据显示，清末全城共约 5 212 户，32 206 口。其中城内人口仅有 2 165 人，所占比例不过 7％，除此绝大部分人口都聚居在城墙之外。查看《秦安县地理调查表》原件，其行文和记载极有意思，首记城内，接下来没有关厢，但依次所记先农坛、金汤门、东山街、南上关、南下关、饮马巷、北关、坛树下、教场里和十字路以及安马家河等聚落，均不记离城里数，只注所处方向位置在城某角或城某方向。对照清代秦安县城图[4]，除东山街在东门以东、十字路则紧邻北廓城外，其他聚落大都在南、北廓城之内。更有意思的是，安马家河一栏上标注有"附城"两个字，离城里数一栏空白处则填写户和口的汇总数据，从用笔及墨迹上看，相关信息应为当年调查时校核所用。

甘肃"地理调查表"里的城市指的是传统行政治城，这一点非常明确。但行政治城是什么却不简单。比如《皋兰县地理调查表》关于兰州省城的记载就相当复杂。除了城内外，关厢部分包括了东关、新关、附城、南关、拱兰门外、伍

〔1〕 ［日］斯波义信著，方健、何忠礼译：《宋代江南经济史研究》，江苏人民出版社 2001 年，第 307 页；周长山：《汉代城市研究》，人民出版社 2001 年，第 36 页；李健才：《东北地区金代古城的调查研究》，孙进己主编：《中国考古集成》东北卷《金》（一），北京出版社 1997 年，第 1 页；王永祥、王宏北：《黑龙江金代古城述略》，孙进己主编：《中国考古集成》东北卷《金》（二），第 866 页；章生道：《城治的形态与结构研究》，［美］施坚雅主编、叶光庭等译：《中华帝国晚期的城市》，第 84—111 页。具体表述中，研究者大都使用"城市规模"这一术语，城市规模是衡量城市大小的数量概念，包括人口规模、地域规模等不同指标，人口规模通常是衡量城市规模的决定性指标。作为城市的基本测度，城市规模却是一个难以具体确定的概念。因为计算城市规模的前提是界定城市的地域范围，而城市的地域范围又存在诸多的争议，没有定论。
〔2〕 刘景纯：《清代黄土高原地区城镇地理研究》，中华书局 2005 年，第 287—333 页。
〔3〕 成一农：《古代城市形态研究方法新探》，第 127、136 页。
〔4〕 秦安县志编纂委员会编纂：《秦安县志》，甘肃人民出版社 2001 年，卷首附图。

泉山、西关、上下沟、官邑后、三岔路口以及附北城等21个聚落,离城里数部分留空,注明者从一二里至二三里不等,最远的安宁堡离城远至三十里。关厢之后又记附城西川,在城正西,包括西园、莲花池、梁家庄等19个自然聚落。离城里数从四五里至二三十里不等。除城墙围绕的城内区域外,其他数十个自然聚落都是散落城墙周边,彼此在空间上完全独立。究竟哪些近城聚落属于城市而非乡村,应该与离城距离关系不大,因为在更多行政治城的记录中,绝大多数离城很近的聚落都没有纳入城市的范围。估计,最有可能的原因应该是经济的或者行政的,比如同属于某一个纳税单位或者同属于某一保甲等。总之,不论什么标准或原则,有两点可以肯定:其一,对于调查者本人来讲,什么是城市?什么是乡村?答案是相当清晰的;其二,"地理调查表"里的所谓城市,尤其是人口众多的大城市,实际上是以特定聚落为核心的聚落群。而这个以特定聚落为核心的聚落群的最大外围边界是城市真正的边界。所有在这个边界内聚居的人口都应是该城市的人口。

## 四、"地理调查表"里的城乡人口与晚清北方城乡人口结构

基于前文讨论的城市及城市空间边界,笔者对"地理调查表"66个调查单元的6 987个自然聚落的户口数据重新进行了合并、汇总,共得到6 868个城乡核心聚落,平均每个核心聚落约91户、480口。单纯从平均数来看,晚清甘肃聚落规模100户500人是一个相当重要的指标。但简单计算平均数受极端数值影响很大,如果计算聚落规模中位数,其数值仅有35户、195人。很显然,这是一个相当典型的正偏态分布。晚清甘肃聚落规模相当小,其中有一个人口不足200人。千人分组的城乡聚落人口分布可以清晰地看到,对于晚清甘肃聚落规模来讲,1 000人是一个极其重要的分界线。在这条线以下的聚落数量占总数的90%,其人口数量占比亦接近总人口的一半(见图4)。尽管图上折线走势在1 000至2 000人组距间陡然下降,但是,2 000人仍是1 000人之外另一个重要的分界线。在这条线以下的聚落数量累积占比超过95%,人口占比累积亦高达64%。除这两条线外,4 000人也是一个较重要的分界线,此线以上的聚落量仅约占总数的1%。这条分界线尚不及行政治所类城市的人口规模平均数。总体来看,广大乡村聚落人口规模非常小。

4 000人以上的非治城乡村聚落总共48个,分散于秦州、宁夏、西宁、甘州、巩昌、平凉、凉州以及肃州8个府州的17个厅、县中。其中秦州直隶州16

占比(%)

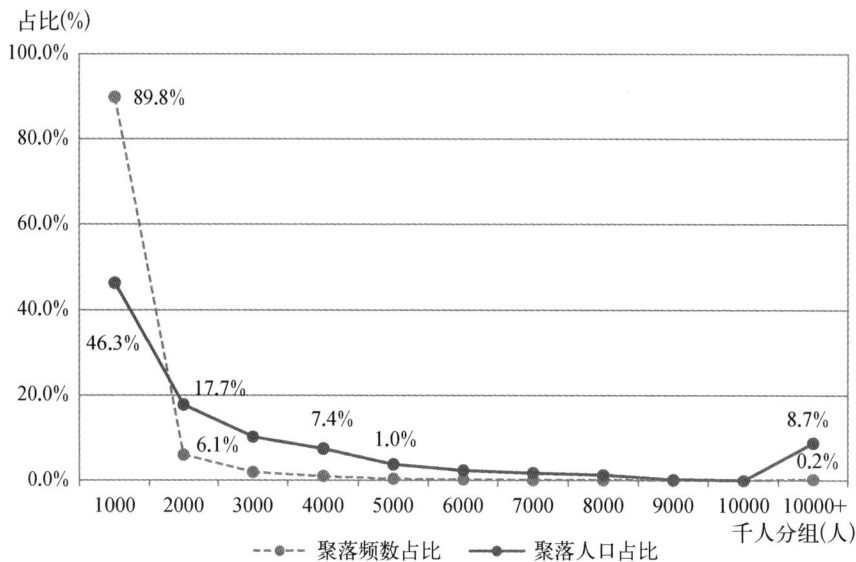

图4　千人组距的聚落频数和人数分布

个,宁夏府 8 个,甘州府和西宁府各 6 个,分布较为集中。而秦州所属礼县一县就有 14 个,分布最为集中。从地理位置上来看,这些大村巨堡主要分布于二个区域,即渭水上游的秦州和巩昌府属地区;黄河沿线的河湟、兰州以及宁夏等处;河西走廊的甘、凉府以及肃州等府州。

巩昌府洮州厅旧洮堡有 12 400 余人,调查者是武生魏学文,该村附记称"堡内有武衙门一所,劝学所一,蒙养小学堂一,巡警分局一,邮政分局一,庵观寺庙共十所,回民礼拜寺二所,井五口。堡外有福音堂一所"[1]。所记之详,远超一般聚落。由此可见,当年调查是相当认真的。总体而言,这些大村巨堡,因为具有重要的地位,为调查者所重视,数据登记抄录大都比较细心,人为讹误较少。这也是户口调查中,人工操作的特点之一。时至今日,48 个 4 000人以上乡村聚落中有少数沦为一般乡村聚落,个别则跻身于县级行政治所,其他绝大部分,今天仍然是各自区域内的重要集镇。

比照学界较有代表性诸家关于清以来中国城市定义及城市化水平的估计,以甘肃"地理调查表"汇总数据为基础进行统计,可以发现,他们的结论和"地理调查表"的统计结果完全不同,并且大部分都相距甚远(见表1)。

----

〔1〕 (清)张彦笃:《洮州厅地理调查表式》,甘肃图书馆藏。

表 1　代表学者的城市人口比重与"地理调查表"统计数据对比

| 代表学者 | 定义城市 | 定义时间 | 空间范围 | 城市人口比重 | 调查表城市人口比重 | 相差倍数 |
|---|---|---|---|---|---|---|
| 饶济凡 | ＞500 人 | 19 世纪中叶 | 中国 | 6.0%—7.0% | 80.2% | 11.5—13.4 |
| 赵　冈 | ＞2 000 人 | 19 世纪 90 年代 | 中国 | 7.7% | 36.1% | 4.7 |
| 施坚雅 | ＞2 000 人 | 19 世纪 90 年代 | 中国 | 6.0% | 36.1% | 6.0 |
| 曹树基 | 行政治城 | 19 世纪 90 年代 | 中国/甘肃 | 7.1%/4.6% | 11.2% | 1.6/2.4 |

数据来源：Gilbert Rozman, *Urban Networks in Ch'ing China and Tokugawa Japan*, Princeton University Press 1973, p. 218, 273；赵冈：《中国城市发展史论集》，第 83 页；［美］施坚雅主编，叶光庭等译：《中华帝国晚期的城市》，第 264 页；葛剑雄主编、曹树基著：《中国人口史·清时期》，第 828—829 页。

　　这其中最夸张的是饶济凡的研究，他根据人口数量把 19 世纪 20 年代的中国城市分为七级，认为第七级（即最低一级）的人口阈值应该为 500 人。按照这一标准统计，"地理调查表"数据比饶氏估计高出 10 余倍，其随意性让人瞠目。代表学者之中，曹树基的工作也很有意思。他花了大量的篇幅来讨论什么是城市，同意清代的城市除了传统行政治城，还应该包括部分重要的市镇的观点，只是认为应该把"大批人口不多的小型市镇"排除在外[1]，但在具体工作时，很明显受数据所困，只讨论了传统的行政治城。与"地理调查表"统计数据相比，曹氏对 19 世纪 90 年代初全国及甘肃行政治城市人口占比的估计是偏低的。如果考虑到清末民初甘肃实际的社会经济及人口发展水平[2]，以往学者对清以来中国城市人口边界以及城市化水平的估计，与实际状况相去更远，根本无法使人信服。

　　究其原因，主要在于，城乡聚落是超大规模的研究对象，对这样的问题进行研究，在研究方法上，只能基于统计分析，而不能基于个案举例；而在研究数据上，只能基于真实客观的调查数据，而不能基于个人主观的经验认知。在中

─────────

〔1〕　葛剑雄主编、曹树基著：《中国移民史·清、民国时期》，福建人民出版社 1997 年，第 585—588 页。

〔2〕　王蕾：《甘肃城镇化问题分析及思考》，《兰州交通大学学报》2011 年第 4 期。

国这样一个如此广袤复杂的地理空间里,面对如此巨量的人口规模,只有强有力的政府才有可能进行全国性的人口调查以及人口普查,也只有在此基础上才能得到真正可靠的人口数据。除此之外,其他任何个人乃至团队,都没有这样的能力,也无法提供可靠的人口数据。

入民国后,甘肃虽未有过真正意义上的人口普查,但官方及半官方的人口调查数据相当丰富。尤其民国元年(1912)的人口调查就非常严肃认真,甘肃图书馆目前仍保存有《甘肃省府厅州县管辖城乡市镇户口统计表》和《甘肃省府厅州县户口籍贯分别统计表》两份原始文件[1]。这次调查有府厅州县治城厢人口、市镇人口与乡村人口的分类统计,三者人口占比分别为10.4%、13.5%和76.1%(见表2)。其中府厅州县治城厢人口与宣统"地理调查表"城厢人口的统计口径是一致的,是单纯的行政治城,两者人口占比也基本相同,都略高于10%。这至少从一个侧面表明,1912年的人口数据与宣统人口数据一样,都是经过认真调查得来的,而不是编造的。1912年调查中的市镇一类是行政层级的地方市镇,与"地理调查表"仅分列城厢与四乡的标准不同。由于缺少详细的分村数据,两者市镇及乡村数据无法进行对比。

表2 不同来源的乡村、市镇、城市人口百分比

| 类　　别 | 城市占比(%)(>10 000人) | 市镇占比(%)(2 500—10 000人) | 乡村占比(%)(<2 500人) |
| --- | --- | --- | --- |
| 20世纪30年代卜凯数据 | 10 | 10 | 80 |
| 20世纪40年代乔启明数据 | 12 | 22 | 66 |
| 1911年"地理调查表"数据 | 9 | 22 | 69 |
| 1912年数据 | 10 | 14 | 76 |

数据来源:卜凯主编:《中国土地利用》,金陵大学1937年,第505页;乔启明:《中国农村社会经济学》,第15—20页;甘肃图书馆藏《甘肃省府厅州县管辖城乡市镇户口统计表》;甘肃图书馆藏各府州厅县"地理调查表"。

进入20世纪以来,不少个人及团队都在不同范围内,对中国城乡人口进

---

[1] 方荣、张蕊兰两位先生对民国年间的甘肃人口数据做过极其细致的梳理和统计,并对甘肃图书馆收藏的这两份原始文献的年代进行了研究,考证比较充分,本文采用他们的说法。见方荣、张蕊兰:《甘肃人口史》,甘肃人民出版社2007年,第425—429页。

行过调查。但这些调查数据的质量千差万别,其中绝大部分都不可靠。比如被学者称为"的确是有关 20 世纪上半期中国城市人口统计的最全面、可能也最好的统计之一"[1]的中华续行委办会对 1918 年中国 10 万人以上城市的统计,实际上就讹误百出,基本无法使用[2]。在所有同时期调查中,金陵大学农学院卜凯教授及其学术团队的中国土地利用调查属于例外。这次持续十余年的调查活动采用现代科学抽样调查方法,在全国 16 个省的 119 个地区展开,其人口部分最终记录了 38 256 个家庭的 202 617 人,堪称 1953 年以前中国规模最大的一次符合现代科学标准的人口抽样调查。诺特斯坦(Frank W. Notestein)对其中的人口调查数据进行了汇总分析,他认为,20 世纪 30 年代前后,中国北方小麦区生活在城市、市镇和乡村的人口占比分别为 10%、10% 和 80%(以下简称卜凯数据,卜凯数据中更详细的分类统计见表 2)。

卜凯数据中的北方小麦地带的大概范围是秦岭—淮河一线以北,农牧分界线以南的中国传统农业区[3]。把"地理调查表"数据按卜凯数据的统计口径汇总后比对,可以看到,就整个小麦地带的数据而言,10 000 人以上城市人口占比两者相当接近,但 2 500 人至 10 000 人间的市镇以及 2 500 人以下乡村人口占比,差别比较显著。

究其原因,可能是卜凯数据本身的问题,也可能与清末民初甘肃人口实际状态有一定关系。卜凯调查团队人数仅有数十,很难想象如此少的调查人员能够胜任这样一项庞大复杂的调查工作。因此,尽管在项目设计上,卜凯调查使用了科学抽样的方法,但实际工作中,调查样本的选择带有一定的被动性,并不完全符合科学的抽样要求,不少合适的样本最终选择放弃[4]。实际上,数据来源也相当复杂多样,并非完全来自团队自己的调查。10 000 人以上城市样本数量较少,比较显著,更易引起调查人员的关注。另一方面,这些城市可资参考的人口数据也较多。因此,最终得到的调查数据质量比较高。

相对于城市,随着人口阈值的降低,市镇数量呈几何倍数增长,调查的难度亦相应成倍增加。在相当程度上,这部分聚落的调查工作实际上已经逐渐超出个人或小团体的能力范围,调查数据质量由此会越来越差。诺特斯坦称:

---

[1] 葛剑雄主编,侯杨方著:《中国人口史·1910—1953》,第 482 页。

[2] 路伟东:《清末民初西北地区的城市与城市化水平——一项基于 6 920 个聚落户口数据的研究》,《历史地理》第 32 辑。

[3] 卜凯主编:《中国土地利用》,第 28 页。

[4] 梁方仲:《卜凯〈中国土地的利用〉评介》,《社会科学杂志》1947 年第 2 期。

"多数观察家以为乡村人口约占总人口百分之八十,乃至百分之八十五……据政府调查材料,农户占总户数百分之七十五。"[1]我怀疑,当年的调查者,或者数据的最终分析和呈现者可能受了这种传统说法的影响。无论如何,最终发布的卜凯调查市镇人口数据,应该比实际水平要低一些。

同治元年(1862),西北战争爆发,短短十余年间区域人口和社会经济就遭到沉重打击。根据笔者对不同空间尺度下西北人口迁徙特征和规律的研究,战争期间人口存在着从散布乡间的弱小聚落往防守力强的核心聚落集聚的趋势。其结果就是在人口规模减小进程中出现了较为明显的聚落,尤其是小聚落数量减少,核心聚落人口增加的情况[2]。笔者对"地理调查表"中1 000人以上聚落空间分布的研究也用数据证明了这一点[3]。基于这一历史背景,甘肃2 500人以上市镇人口占比可能有一定的特殊性,整个北方小麦区聚落人口的分布应该会更平滑一些。

实际上,作为卜凯调查团队"人口及生命统计调查"主任,乔启明自己也意识到卜凯数据存在的问题。在随后的个人研究中,结合同时期多种来源的调查数据,乔启明给出了自己的结论。他认为,在20世纪40年代左右的中国,城市、市镇和乡村人口占比分别是12%、22%和66%(简称乔启明数据)[4]。这一城乡人口结构数据除城市人口占比稍高外,市镇及乡村人口数据与"地理调查表"数据惊人地一致或相似。受地区社会经济发展水平和同治西北战争影响,宣统甘肃没有人口超过10万的城市,"地理调查表"统计数据10 000人以上城市人口占比相对较低,完全正常。

## 五、余　论

现代地理学中城市的概念来自严格的人为界定,城市的人口源于科学的人口普查。对于历史城市来讲,既缺乏严格界定的概念,也缺乏真正真实有效

---

〔1〕 卜凯主编:《中国土地利用》,第501页。
〔2〕 路伟东:《布朗运动与在城聚居:同治西北战时人口迁移的特征与规律》,《江西社会科学》2017年第9期;路伟东:《城居与防守:战争状态下小民避祸逃生的一个侧面——以同治西北战争为例》,《城市史研究》第38辑,社会科学文献出版社2018年;路伟东:《守土与离乡:同治西北战时人口外迁的特征与规律》,《复旦学报(人文社会科学版)》2019年第2期。
〔3〕 路伟东:《宣统甘肃1 000人以上聚落分布与人口迁移的空间特征与规律——一项基于宣统地理调查表的研究》,《历史地理》第35辑,复旦大学出版社2017年。
〔4〕 乔启明:《中国农村社会经济学》,第15—20页。

的人口数据。研究者在讨论中国城乡人口结构时，往往纠结于城市、市镇、乡村以及城市化水平这些实际上无法客观界定的时髦概念，并沉溺于自说自话或自我循环式的论证过程，最终导致充满了个人想象与猜测的错误结论。实际上，把现代地理学中城市的概念引入历史城市研究中来，本身就是不科学的，相关问题其实都是伪命题，研究结论也大都不可靠。

历史城市人口的规模和城乡人口结构与研究者本人想象中的城市的边界有直接关系。基于"地理调查表"近七千个聚落数据的研究虽然仍然无法给出同时期城乡人口结构和城市化水平的具体数值，实际上也没必要这样做，但可以指出其大概趋势，即在清末民初的西北地区，聚落人口呈指数分布，200 人、1 000 人、2 000 人和 4 000 人是四个比较重要的分界线。与卜凯团队 20 世纪30 年代中国北方小麦区调查数据和乔启明研究数据相对照，可以肯定，"地理调查表"呈现的甘肃聚落人口空间分布状况在清末民初的西北地区乃至整个中国北方地区，都有重要的指标意义。同时，对我们正确认识中国传统农业社会的城乡结构问题，也有一定的参考价值。

本文原载《福建论坛》2019 年第 9 期。

# 清代新疆喀什噶尔人口变迁探析

吴轶群

有关清代新疆人口的研究,有论及清代新疆城市人口者[1],有对清代新疆人口变迁进行全面分析研究的[2],纪大椿《近世新疆人口问题的历史考察》对清代以来新疆人口总量的变化进行了梳理,并对 1944—1984 年新疆人口数量变迁进行对比。以上研究均以全疆为研究范围,除了伊犁地区人口的研究之外[3],还未见新疆各地区历史人口研究成果。

新疆各地区由于资源环境及人文因素的影响,人口分布有显著差异,人口密度与人口时空变化具有强烈的区域特征。从 2010 年统计数据来看,全疆 15 地州中,人口超过 300 万的地州,只有喀什地区和乌鲁木齐,而喀什地区是全疆人口最多地区,达到 397 万余人,约占全疆总人口的 18.25%。新疆人口与绿洲的分布相吻合,95% 的人口集中分布在占土地面积不超过 3% 的绿洲上。从地带性与非地带性分异规律来看,人口分布具有明显的垂直地带性分异规律。而参考经度地带性分异规律,则表现出绿洲面积与人口数量西多东少的规律[4]。喀什地区处于冲积扇中下部冲积-洪积平原,是水、土、热、盐及地形等自然条件良好结合的绿洲农业区域,因而其灌溉农业较早得以发展,而且是密集分布发展的状态。据第六次人口普查(2010 年),喀什地区人口达 397 万余人,为全疆人口数量最多的地区,而清代以来该地区人口是近世地域人口发展的基础。

本文即以清代喀什噶尔地区人口发展演变为研究对象,梳理新疆这一人口密度最高区域的人口历史发展轨迹,分析人口发展变迁的影响因素,以期推动对历史时期新疆各地区人口发展变迁的深入研究,为当今社会经济文化建设提供借鉴。

---

[1] 张建军:《论清代新疆城市的人口规模》,《中国历史地理论丛》1999 年第 4 期。
[2] 吴轶群:《清代新疆人口研究》,新疆大学硕士学位论文,2001 年。
[3] 吴轶群:《清代伊犁人口变迁与人口结构特征探析》,《西域研究》2010 年第 3 期。
[4] 张力群:《试论新疆人口分布的地域分异规律》,《伊犁教育学院学报》2000 年第 1 期。

## 一、人口研究的空间范围界定

本文人口研究的空间范围是作为清代南疆地方行政中心的喀什噶尔，即新疆建省前历史文献中的"喀什噶尔属"所载地理范围，是结合了清代新疆南部政区"以城辖域"的特点而确定的。但由于建省前后政区变迁的原因，喀什噶尔辖区有所变化，因而在下文中对这一空间范围做进一步说明。喀什噶尔地区的概念有一个发展的过程，符合地理学区域名称概念形成的一般规律，"严格说来，喀什噶尔这一名称只指一个城市，直到马可·波罗时代之后，由于在这整个地区中这个城市人口最多、最富有，这个地名才用来表示邻近的地域"[1]。在有的文献中，喀什噶尔也指代地理单元意义的喀什绿洲或喀什洪积-冲积三角洲的地域总称[2]。清代新疆建省以前文献所载"喀什噶尔属"，其具体范围是："东至阿喇古，接乌什界；东南至赫色勒布伊，接叶尔羌界；西北俱接葱岭，通藩属布鲁特、安集延界。"[3]1884 年新疆建省，设置了喀什噶尔道，道治疏附县，领府二、厅一、直隶州一：疏勒府（领县二：疏附县、伽师县）、英吉沙尔直隶厅、莎车府（故叶尔羌回城，领厅一：蒲犁分防厅，州一：巴楚州，县二：叶城、皮山）、和阗直隶州（领县二：于阗、洛浦）。建省后的喀什噶尔道辖境包括了建省前的叶尔羌属、和阗属等地，较建省前范围扩大了[4]。人口变迁的研究，必须面对前后一致的地域空间范围，本文取与建省前喀什噶尔属大致相同的人口地理空间范围，即建省后疏勒府和英吉沙尔直隶厅所管辖的地理范围。因此，本研究探讨清代喀什噶尔人口问题，是遵循清政府"以城制域"（或称为"以城辖域"）的形式下喀什噶尔的地理范围，即喀什噶尔所辖十城七村（包括本城）的地理范围，与自然地理单元——喀什-克孜勒苏绿洲（或称为洪积-冲积平原）基本吻合，不包括"叶尔羌属"及"和阗属"。

---

〔1〕 [英] 包罗杰著，本馆翻译组译：《阿古柏伯克传》，商务印书馆 1976 年，第 3 页。

〔2〕 [俄] A. H. 库罗帕特金著，中国社会科学院近代史研究所翻译室译：《喀什噶尔》，商务印书馆 1982 年，第 1 页。"名叫喀什噶尔的地方……总的说来，喀什噶尔是个盆地，盆地底部是平原，西部高达四千英尺，东部高达二千五百英尺。"

〔3〕 《西域图志》卷 10《天山南路四·喀什噶尔属》。

〔4〕 《新疆图志·建置一》，文海出版社 1965 年，第 6—8 页。

## 二、清代喀什噶尔人口变迁过程与人口经济结构分析

### (一) 建省以前喀什噶尔人口状况

清代统一新疆之初,就对南疆各地进行了社会调查,"查核户口、田赋",以便于驻防。据定边将军兆惠的调查,乾隆二十四年(1759),喀什噶尔所属城村十七处,总计约 16 000 户,50 000 余口(见表 1)[1]。

表 1　清朝平定南疆时喀什噶尔户数调查表

| 序　　号 | 城　　村 | 户数(户) |
|---|---|---|
| 1 | 喀什噶尔回城 | 2 500 |
| 2 | 东界三城二村 | 6 000 |
| 3 | 西界三城二村 | 2 200 |
| 4 | 南界二城二村 | 4 400 |
| 5 | 北界一城一村 | 800 |
| 总计 | 十城七村 | 15 900 户,约 50 000 人 |

《西域地理图说》记载了乾隆二十八或二十九年"喀什噶尔各属城村回民,共计 15 500 余户,男妇大小约略 50 700 余口"[2]。

成书于乾隆三十一年(1766)的《大清会典》记载,乾隆二十六年版籍:喀什噶尔户数 15 506,口数 50 540,户均 3.3 人。与战乱甫定之时兆惠的奏报差约 400 户,口数多 500 余人。这应该是没有包括伯克及其燕齐户、台站服役回户造成的差异。据苗普生研究,清政府统计的南疆人口中,有未统计入内的维吾尔户口,即燕齐户和台站服役的维吾尔人口[3]。据《大清会典则例》记载,喀什噶尔共有伯克 49—59 缺[4],燕齐数约 500 户[5],加上台站

〔1〕《平定准噶尔方略》正编卷 75,乾隆二十四年七月庚午"兆惠奏办理喀什噶尔等城事宜"。
〔2〕 阮明道主编:《西域地理图说注》,延边大学出版社 1992 年,第 30 页。
〔3〕 苗普生:《清代维吾尔族人口考述》,《新疆社会科学》1988 年第 1 期。
〔4〕《大清会典则例》卷 143《理藩院》。
〔5〕《回疆志》卷 4《回人官制》。

服役的回户,共约 600 户。以当时的户均 3.3 人计,增加约 1 980 人。据此,将《大清会典》所记载乾隆二十六年喀什噶尔户口数修正为 16 100 户,口数 52 520 人。

此后南疆社会保持了稳定局面,至 1847 年爆发了七和卓叛乱,而 1857 年倭里罕之乱是最大的一次和卓叛乱,对新疆社会造成了破坏。直到 1864 年反清以前,虽然有多起和卓叛乱,但总的来说,喀什噶尔的政治经济是稳定发展的。与此同时,喀什噶尔人口稳定增长。

以前述乾隆二十六年不计伯克等人户的喀什噶尔人口 50 540 人,与《西域图志》所记乾隆四十一年人口 66 413 人对比,年平均人口增长率为 1.84%(见表 2)。以此增长率推算应加入的伯克、燕齐、台站服役回户人口数字,则由 1 980 人增长为乾隆四十一年的 2 600 余人。但户数不宜用此方法推算,以其户均倒推,仅作为参考。

表 2  乾隆时期喀什噶尔户口估算统计表

|  | 乾隆二十六年(1761) | 乾隆四十一年(1776) | 增长率 |
|---|---|---|---|
| 户数 | 16 100 | 14 687 | / |
| 口数 | 52 520 | 69 013 | 1.84% |
| 户均 | 3.3 人 | 4.7 人 | / |

这一阶段喀什噶尔地区没有大的迁移活动,人口平稳发展,人口增长率达到 1.84%。对比同时期北疆伊犁地区,大规模人口迁移结束后的人口增长率至乾隆四十五年始为 1.59%。可见,除去人口迁移因素,南疆传统绿洲农业地区人口发展较北疆地区更快[1]。

自乾隆四十二年(1777)以后至道光初年,由于社会长期安定,南疆人口以更快的速度繁衍增长。人口增长与耕地不足的矛盾在道光年间已成为引人注目的重大问题,民间开始扩大耕垦"私垦地亩"[2]。此时清政府正式宣布"将西四城可种之地,招民开垦,有愿携眷者听之"[3],标志着清政府对南疆农业

---

〔1〕 参见吴轶群:《清代新疆建省前后伊犁人口变迁考》,《新疆地方志》2009 年第 9 期。
〔2〕 《平定回疆剿擒逆裔方略》卷 46,成文出版社 1968 年,第 20—24 页。
〔3〕 《清实录新疆资料辑录》卷 197,新疆大学出版社 2008 年,第 18 页。

政策发生了重要改变,从而推动了南疆农业的发展,形成了道光年间南疆地区大规模的兴垦活动,对当地人口的增长也产生了推动作用。

自清代道光年间起,虽然喀什噶尔屡遭和卓叛乱破坏,但人口数量与前期相比仍然有了较大的增长。道光十一年(1831)初,据哈朗阿、杨芳报告,"喀什噶尔回城内外四乡各庄归业回子 19 222 户,计大男 31 913 名,大女 28 907 口,小男 28 879 名,小女 25 503 口",合计为 115 202 人,户均 5.9 人。此外还有张格尔裹胁、逃亡在外人口 4 191 户[1],仍按每户平均 5.9 人计算,为 24 726人,则两项总计 139 928 人,另外加入伯克、燕齐、台站回户人口约 5 000 人,总计为 145 000 余人。考虑到此时的调查为战争平息之初,战争造成的人口损伤及人口逃散当不在少数,这应该视为较小的人口数值。因此,1831 年较乾隆四十一年(1776),喀什噶尔地区人口数量在 55 年间增加了一倍多,年平均增长率仍然较高,为 1.37%。佐口透在分析 1760—1830 年间喀什噶尔地区维吾尔土地制度时,曾经指出其人口与占有耕地增长的事实,估计可能增长了一倍[2],本研究得出的结论与此相同。

同治三年(1864),新疆农民起义爆发,各地起义被利用,形成了互相混战的动荡局面,给浩罕军官阿古柏入侵南疆造成了可乘之机,最终引发了西北边疆危机。1878 年 1 月,清军驱逐阿古柏侵略者,战役结束。长时间的战乱和掠夺,造成城市被毁、土地荒芜、人民逃散。阿古柏之子伯克胡里等人西逃时强掳数十万民众跟随,造成大批人口流散伤亡,人口数量锐减。

### (二) 新疆建省后喀什噶尔人口

随着清代新疆建省,社会环境安定,经济恢复发展,人口逐渐回升。尤其是南疆地区,因人口基数大,恢复发展较快。光绪十三年(1887),新疆巡抚刘锦棠奏称:"通省汉回缠民及入籍安民,共计 266 959 户,男女大小 1 238 583 丁口。遂加查核,以北路户口为最稀,尚需极力招徕抚辑,以期生齿日盛,额赋日增。"[3]各地汉、回人口聚集较慢,尚未达到道光中叶的一半。而维吾尔族人口由于基数大增长最快,已经恢复到同治初年的水平。

---

〔1〕 军机处录副,民族,1290-5-2。

〔2〕 [日]佐口透著,凌颂纯译:《18—19 世纪新疆社会史研究》,新疆人民出版社 1983 年,第298 页。

〔3〕 马大正、吴丰培主编:《清代新疆稀见奏牍汇编》(同治、光绪、宣统朝卷),《刘襄勤公奏稿》卷 12,新疆人民出版社 1997 年,第 398 页。

清末对新疆人口重新统计,记载于《新疆图志》"建置"与"民政"目下。前者是四道之下府、厅、州、县人口的分别统计。后者包括了四种人口统计,一是居住地域别人口统计,如分为城厢、乡村、市镇、商埠的居住区域别;二是宗教信仰别人口统计;三是籍贯别人口统计,包括本籍、本省人寄居、外省人寄居、外国人寄居的籍贯别;四是职业别人口统计,分为官、农、工、商、兵、书吏、差役、杂业、无业、乞丐等分项。人口记载既有总量的记载,又有分项的统计,是较为完备的人口资料。但该书在各处的记载不一致,需要仔细辨别。

关于《新疆图志》所载人口的统计年代,卷40"民政一"记载为"光绪二十八年始查户口,编保甲",而卷45"民政六·地方自治"记载为"宣统元年三月设立调查户口所,即将调查户口章程暨门牌调查口票报部表式,并颁布告示通发各属,遵章调查",因此,应该将此次调查结果视为宣统元年(1909)左右新疆人口调查统计数字。喀什噶尔地区人口数量,分别见于"建置一""民政五"中。建省后二十余年,喀什噶尔人口已经达到了十二万七千余户,近60万口,可见建省后的安定环境,对其人口的增长起到了巨大的作用。《新疆图志·民政志》所记载的喀什噶尔地区人口划分较细致,但有出入。下面列出三表(表3、4、5),以便比较。

表3 《新疆图志·建置一》所载喀什噶尔人口表[1]

| 地 名 | | 户 数 | 口 数 | 户均人数 |
|---|---|---|---|---|
| 喀什噶尔 | 疏勒府 | 36 154 | 169 950 | 4.7 |
| | 疏附县 | 38 031 | 173 818 | 4.6 |
| | 伽师县 | 27 762[2] | 134 501 | 4.9 |
| | 英吉沙尔 | 26 347 | 116 971 | 4.4 |
| 合计 | | 127 794 | 595 240 | 4.65 |

[1] 《新疆图志》卷1《建置一》。据纪大椿考证,《建置志》所载为1909年数字。《民政志》所载为光绪二十八年(1902年)数字。见纪大椿:《近世新疆人口问题的历史考察》,《新疆经济开发史研究》(上),新疆人民出版社1992年,第374页。但笔者认为还要仔细对具体的调查记录年代加以考证。

[2] 此项原记载为27 262户。但与地域人口总和、籍贯别人口总和相比,户数均为27 762,因此估计为笔误,修正为27 762户。

表4　《新疆图志·民政志》所载喀什噶尔人口地域分布表〔1〕

| 地域别 | 城 厢 | | 乡 村 | | 合 计 | |
| --- | --- | --- | --- | --- | --- | --- |
| 户口数 | 户数 | 口数 | 户数 | 口数 | 户数 | 口数 |
| 疏勒府 | 639 | 2 228 | 35 519 | 167 722 | 36 158 | 169 950 |
| 疏附县〔2〕 | 6 138 | 22 487 | 31 893 | 151 331 | 38 031 | 173 818 |
| 伽师县 | 132 | 469 | 27 630 | 134 032 | 27 762 | 134 501 |
| 英吉沙尔厅 | 1 501 | 10 300 | 24 846 | 106 671 | 26 347 | 116 971 |
| 总计 | | | | | 128 298 | 595 240 |

表5　《新疆图志·民政志》所载喀什噶尔人口籍贯别表〔3〕

| 籍贯别 | 本 籍 | | 本省人寄居 | | 外省人寄居 | | 合 计 | |
| --- | --- | --- | --- | --- | --- | --- | --- | --- |
| 户口数 | 户数 | 口数 | 户数 | 口数 | 户数 | 口数 | 户数 | 口数 |
| 疏勒府 | 33 126 | 158 952 | 1 624 | 6 167 | 1 404 | 4 831 | 36 154 | 169 950 |
| 疏附县 | 37 617 | 172 732 | 274 | 6 86 | 1 40 | 400 | 38 031 | 173 818 |
| 伽师县 | 27 500 | 134 157 | 235 | 1 970 | 27 | 147 | 27 762 | 136 274 |
| 英吉沙尔厅 | 25 554 | 116 522 | 701 | 2 850 | 92 | 164 | 26 347 | 119 536〔4〕 |
| 总计(口数) | | 582 363 | | 5 673 | | 5 542 | | 599 578 |

---

〔1〕《新疆图志》卷 43《民政五》。

〔2〕《新疆图志》卷 43《民政五》。后增列"卡伦二十一座,管理员二,一千一百五十户,四千五百十二丁口,喀什道管辖。鄂博二十五处,管理员一人,一千一百三十九户,四千四百十四丁口,喀什道管辖"。如不加入此项人口数,则建置卷人口总数与民政志完全相同。那么可以认定,此项人口数已经包含在民政志人口地域分布别的记载中了。进而推断此项人口应该是轮值卡伦与鄂博的民户人口数量。

〔3〕《新疆图志》卷 43《民政五》。不含"外国人寄居"项人口数。

〔4〕英吉沙尔厅的籍贯别人口总和为 119 536 人,较《建置一》记载与地域别人口总和 116 971 人,多出了 2 565 人。据《英吉沙尔厅乡土志·人类·户口》记载:"户口,男口 59 640 人,女口 40 370 人。间有痘疫,小孩多亡。贫民赴外部佣工十人有二三。"总和 10 万人,加上外出佣工者 2 万人,则英吉沙尔厅人口约 12 万人左右。因此,本文认为英吉沙尔厅人口总数应取籍贯别人口总和为119 536 人。

从以上三表中可以看出,首先在整体数据上,人口地域分布别的记录和人口籍贯别记录较为准确,与同书《建置志》记载的总户数和口数相接近。另有人口职业别则差别较大,不予采用。

另外,与《新疆图志》时间较接近的人口记录在各地方乡土志中也有所记载。与本文相关的乡土志计有三种。《疏勒府乡土志》记载:"按光绪三十二年,查报户口数目,城关四乡,计大小男丁 63 676 丁,大小女丁 59 569 口。"[1]合计 12 万余口。《伽师县乡土志》人口总计为:99 721 人。《英吉沙尔厅乡土志》人口总计为 10 万人。乡土志人口数都与《新疆图志》所载人口数相差较大,因此仍然以《新疆图志》所载人口数为主要依据。

## 三、人口变迁的阶段性显著

乾嘉时期城镇的兴建以及商业的发展,促进了社会生活的丰富,对人口的聚集和增长也具有重要作用。喀什噶尔传统绿洲农业区,在清政府重视水利、定额粮赋等政策促进下,人口增长速度比伊犁地区大规模迁移人口之后的增长率要高(分别为 1.84% 和 1.59%)。与藩属各部之间往来密切,互相交换所需农牧业和手工业商品,促进了社会经济的发展,对人口增长也是有益的。

道光、咸丰朝的继续增长是和清政府在新疆的经济政策分不开的。道光时南疆和卓叛乱,使清政府调整了政策,开始重视南疆的经济发展,并由官方组织贫困无地农民开垦荒地,修缮水利设施。同时,汉回隔离政策也开始松动,南疆与内地的交往增多。南疆地区历史人口高峰即出现在这一时期。虽然有数次和卓叛乱,但基本上保持了和平发展的局面,人口增长应该是达到了前一阶段的增长水平。

经历了同治时期的反清起义和掠夺性侵略政权的压榨以后,喀什噶尔地区至建省以前的人口损伤,到光绪初年就开始恢复发展。清末新疆总人口突破了 200 万,此时北疆伊犁地区人口仅恢复到乾隆时期的水平,而喀什噶尔的人口则已经达到 59 万—60 万人口,增至乾隆时期人口数量的10 倍。

---

[1]《疏勒府乡土志·人类》。

## 四、影响人口变迁的绿洲农业经济地理因素分析

影响清代喀什噶尔人口变化的经济地理特征,实际上就是地理因素所决定的农业对人口供给的比例关系。南疆地区延续传统绿洲经济模式,以定居农业为主。喀什噶尔一直是农业较为发达地区,由于水利、光热资源丰富,农业作物可以一年两熟,或两年三熟,可以为更多的人口提供粮食,体现出绿洲农业发展对人口的吸引和聚集。"喀什噶尔的水量足够灌溉比现有耕地多得多的耕地。可以肯定地说,现有耕地面积较小的主要原因,是因为喀什噶尔的居民数量少,而不是相反,因为适于灌溉和耕种的土地并不少,它可供比现有居民多几倍的人耕种。"[1]

尤其在道光年间,利用水资源的能力提高以后,喀什噶尔地区农业发展迅速,人口增长也同步进行。道光十一年喀什噶尔的人口数字说明了农业在该地区的发展对人口增长的决定性作用。因其地理位置处于南疆的西沿,与南疆其他地区及境外各地区来往方便,喀什噶尔一直都是手工业产品生产地与商业贸易集中的地区。近代以来对外贸易带来的商业因素,也对人口增长产生了促进作用,在人口经济结构特征中有显著的表现。下面以乾嘉时期和建省以后作为两个时期的典型加以分析。建省以后的情况,根据《新疆图志》和有限的乡土志编为两表(表6、7)。

表 6　《新疆图志·民政志》所载喀什噶尔人口职业表[2]

| 职业别 | 农 | 工 | 商 | 合计 | 农比例 | 工比例 | 商比例 |
|---|---|---|---|---|---|---|---|
| 疏勒县 | 51 845 | 3 274 | 1 146 | 56 265 | 92.1% | 5.8% | 2.0% |
| 疏附县 | 22 936 | 5 380 | 3 762 | 32 078 | 71.5% | 16.8% | 11.7% |
| 伽师县 | 38 916 | 9 581 | 1 692 | 50 189 | 77.5% | 19.1% | 3.4% |
| 英吉沙尔厅 | 39 740 | 7 545 | 2 102 | 49 387 | 80.5% | 15.3% | 4.3% |

〔1〕［俄］A. H.库罗帕特金著,中国社会科学院近代史研究所翻译室译:《喀什噶尔》,第20页。
〔2〕《新疆图志》卷43《民政四·户口》。

表 7 《英吉沙尔厅乡土志》《伽师县乡土志》载人口职业表

| | 农 | 工 | 商 | 合计 | 农比例 | 工比例 | 商比例 |
|---|---|---|---|---|---|---|---|
| 英吉沙尔 | 52 300 | 2 378 | 1 820 | 56 498 | 92.6% | 4.2% | 3.2% |
| 伽师 | 36 175 | 10 992 | 1 520 | 48 687 | 74.3% | 22.6% | 3.1% |

农业人口比例最大的是疏勒县和英吉沙尔厅,而商业人口比例最大的是疏附县,其商业人口比例是其他地区的 2—3 倍,而且工与商的比例都很高,说明该地手工业与商业都很发达。除疏附县以外,其他城市周围均为农业区,"务农为业者十居八九"。伽师县是原来的牌素巴特庄,是重要的棉花产地,棉花运出本地,陆路赴俄国,每年行销 8 万余斤,手工加工的土布每年约销十一二万匹,其手工业人口较从事商业的人口多很多,说明主要手工产品——棉织品都是大宗销售的。其他地方商业人口也与伽师县类似[1]。这在《乡土志》表中也反映出来了。疏勒县在喀什噶尔地区是手工业不发达的地区,"工匠极少,制造无多。城关银铁铜器铺面只七八家,成衣店倍之,其余木工、皮工、织者,亦不过仅供本境之雇用而已"。疏勒"本境缠民居行贸易者,亦繁有徒,然无富资巨本。汉人只津商三两家,南商、西商四五家,买卖亦极微薄。其英、俄夷商与新疆缠回及关内客回各巨商,则多往疏附县城,盖该城系通商码头,故皆辐辏于彼也"[2]。这反映出疏附县商业的发达和在地区内商业贸易的中心地位,当地经济也被商业所带动,对人口增长是正面的作用。

清代喀什噶尔人口变迁具有明显的阶段特征,政治环境的安定与之直接相关。乾嘉时期喀什噶尔人口增长,至道光、咸丰朝持续增长,历史人口高峰出现,是与清政府治边政策的调整密切相关的。同治年间人口下降与当时的战乱有直接关系。建省时期是人口恢复发展时期,至清末喀什噶尔的人口已经达到 59 万—60 万的峰值。传统绿洲农业及其手工业、商业等经济多样化发展,对人口增长产生了积极影响。人口经济结构反映出经济要素的多样化在该地区很普遍。经济多元化,必然给绿洲农业相对隔离的物质交流带来积极的影响,对人口的增长有推动作用。

本文原载《西域研究》2016 年第 4 期。

---

[1] 《伽师县乡土志》物产。
[2] 《疏勒府乡土志》实业。

# 近代广东的瑶族人口调查研究(1928—1953)

胡列箭

近代广东各地究竟有多少瑶族人,迄今依然没有全面和深入的研究。民国的官方、学者或调查机构一直都没有公布一套各方都认可的数据。管见所及,谢剑曾研究过近百年连南瑶族人口的变化,但没有深入探析明显不同的人口数字背后的调查制度[1];李默也曾论述过乳源瑶族人口的分布情况,但所收集和利用的近代瑶族人口资料较少[2];令人不解的是《广东省志·少数民族志》只简单论述了当代广东瑶族的总量及比例的增减,完全没有提及近代广东瑶族人口的变化[3]。

为何学术界对广东瑶族人口分布及其调查情况一直含糊不清呢? 其一,民国政府并没有开展全面的实地调查。其二,现存的相关资料比较分散,而且经常自相矛盾。这两个原因导致已有的研究顾此失彼,难以从整体上交代清楚近代广东瑶族分布及其调查情况。近年来,随着民国档案资料和报刊,尤其是20世纪50年代初期的人口调查资料和民族档案的陆续开放,已可大致复原近代广东瑶族人口调查过程及其分布情况。在此基础上,通过对比1949年前后的调查工作,还可以反映出政治态势变化对边缘群体的影响。

## 一、民国瑶人聚落分布

关于民国时期广东瑶族的分布情况,胡耐安在《说傜》中介绍说:"现散布于粤北各县之傜,其聚集之中心区,一为曲江、乳源、乐昌三县之毗连地带,一为连县、连山、阳山三县之毗连地带。后者较前者为大,后者为八排傜之聚集

---

[1] 谢剑:《近百年来广东连南排瑶人口的变化及其意义》,《贵州民族研究》1991年第4期。
[2] 李默:《韶州瑶人》,中山大学出版社2004年,第18页。
[3] 广东省地方史志编纂委员会编:《广东省志·少数民族志》,广东人民出版社2000年,第71页。

区。"[1]可见当时政府和学者们已弄清瑶族主要分布于粤北山区的连县、连山和阳山的交界山区,以及曲江、乳源和乐昌的交界山区。其聚落分布概况,如表1所示。

**表1　广东瑶族的聚落分布概况**

| 县名 | 大排(排瑶) | 小排(排瑶) | 过山瑶 |
|---|---|---|---|
| 连县 | 油岭、行祥、横坑 | 犁头塘、横山头、大龙山、小龙山 | — |
| 连山 | 军寮、大掌岭、火烧坪、马箭、里八峒 | 上蒂源、盘血大坪、中炉坑、犁头岭 | — |
| 阳山 | — | 大木根、下坪寨、六暗冲、上峒 | — |
| 曲江 | — | — | 西山的三十六坑 |
| 乳源 | — | — | 壁坑、黄茶坑、桂坑、西坑村等二十四坑 |
| 乐昌 | — | — | 西南山和九峰乡的二十八寨 |
| 始兴 | — | — | 西南乡某地 |
| 英德 | — | — | 西北乡某地 |
| 翁源 | — | — | 李村、松塘、新江等 |

资料来源:1.《连阳化瑶杂志》,连县同生印务局1928年,第3—6页。2.胡耐安:《粤北之过山傜》,《建设研究》1941年第4期。3.胡耐安:《说傜》第三篇《粤北傜之散布现状》,粤北边疆施教区1942年印,第35—37页。4.愚民:《翁源瑶民生活一瞥》,《民俗》1928年第23—24期。

　　由表1可知,官方和学者们对广东瑶族人口的大概分布和族群情况已经有了一定的了解。其中,连阳瑶区主要是排瑶,北江瑶山主要是过山瑶。不过,广东各地瑶族的具体户数与口数,这时却还没有令人信服的调查数据,因此国民政府在管理瑶族事务时,迫切需要进行相应的调查。

---

[1]　胡耐安:《说傜》第三篇《粤北傜之散布现状》,第35页。

## 二、民国瑶族人口估计

1927 年连阳化瑶局成立后，连阳地区的瑶族聚落绝大多数都归化瑶局管理。为提升管理当地瑶人的能力，1928 年《连阳化瑶局办事细则》提到该局的社务股需要负责"人口户籍面积之调查统计编配等事项"，争取尽快调查清楚各排瑶人的户口并编订户籍[1]。不过，二十年后的《傜民概况》依然提到："详细傜民户口调查确数，尚俟计划调查中。"[2]因而现今只能根据当时的档案和文献资料，估计各个瑶区的大概人数。下文将在表 1 的基础上，重点讨论连阳瑶区、北江瑶山等地相关各县的瑶人数量。

### （一）连阳瑶区

连阳地区瑶族人口的分布情况，光绪《连山乡土志》提到当地有六万余瑶族人，而户数不清楚[3]。随后，民国四年编修的《连山县志》在延续旧说的同时，进一步更正了瑶人的数量，并补充了缺失的户数。

> 环连皆瑶也，宜善以东，三江以西，金坑、白芒以南北，周围四百余里。崇山峻岭、绝壑深林中土墙瓦屋，聚族而居。其户凡六千八百三十二，其丁口二万六千五百七十七。[4]

该县志不仅记载了连阳地区各个排冲的户数与口数，而且其户均人口为 3.9 人，也比较符合少数民族的实际情况。客观地说，当时虽然没有进行大规模的详细调查，但是从 20 世纪 50 年代初期的瑶族人口调查数来看，该数据是比较可靠的。令人疑惑的是，1927 年专门管理瑶民事务的连阳化瑶局成立后，并没有重视此前的户口数据。次年，莫辉熊（连南三江人）上任化瑶局长后，继续对该户口数视而不见。

莫辉熊作为连阳人、首个专任化瑶局长，他对瑶人事务应该是比较熟悉的。但面对光绪《连山乡土志》的六万人与民国四年《连山县志》的二万六千多人，他一方面承认具体瑶人的数量还不清楚，需要进一步调查；另一方面却开

---

〔1〕《连阳化瑶杂志》，连县同生印务局 1928 年，第 33、40 页。
〔2〕 廖炯然：《傜民概况》，中华书局 1948 年，第 93 页。
〔3〕 光绪《连山乡土志》，国家图书馆出版社 2011 年，第 97 页。
〔4〕 民国《连山县志》，1928 年铅印本，第 505 页。

始反复宣称连阳地区的瑶族人口约为十万。如他在给上级部门的汇报公文中说:"八大排暨二百余小冲,约有九万余人,现今正在详为调查,一俟完毕编订成册,再行报告。"[1]也就是还没有进行详细的调查,就公开说是九万余人了。在他积极组织编写的《连阳化瑶杂志》中,当地瑶人数量分别有数万人、约为十万人、不下十万人等多种说法。另外,在他公开发表的论文中,莫辉熊却开始宣传连阳地区有十万瑶人,"大排人口二千至五千不等,小冲二百至一千不等,统计约十万余人"[2]。在莫辉熊的鼓吹之下,连阳地区有十万瑶族的说法不胫而走。

在莫辉熊的八个月局长任期之后,由于官方和学者一直都没有进行全面的调查,瑶族人口的具体数量一直无法弄清楚。随后化瑶局局长几经更换,虽然他们也感觉应该没有那么多瑶族,但都无法彻底摆脱莫辉熊十万瑶族之说的影响。1940 年 3 月,廖炯然局长在《傜民概况》中说道:"至于户口方面,现未确实调查,依前任报案计约一万六千余户,七万五千余人。"[3]1929 年,赵成希任局长期间认为瑶族有 79 665 人,而 1935 年,陈茂功任局长期间认为瑶族人口数量为 82 211 人,次年却又认为人数为 75 640 人[4]。与此类似,1932年,林国棠局长在《连阳徭民风俗及徭排地方概况》中说道,连阳地区瑶族合共约 20 099 户,79 831 口[5]。瑶族人数虽然下降为七八万人,但是官方仍然没有进行全面的调查。晚至 1948 年,孙延先仍认为连阳瑶区的瑶族人口数量没有调查清楚,他只能"据一般估计,连阳三属约在七万左右"[6]。与此同时,十万瑶族人的说法仍不时出现在官方文件中,如 1935 年 7 月,化瑶局在向省政府争取改县的呼吁中提到连阳瑶民为数约十万人[7]。1942 年 10 月,胡耐安还提到政府的官报记载连阳地区有十万瑶族[8]。

连阳瑶区是不是真的有七八万瑶族,甚至十万瑶族呢? 当然,不管是七八万,还是十万的说法都来源于化瑶局,并未得到外界的普遍认同。首先,学者

[1] 《番民及苗瑶各种民族调查表》,《广东省政府周报》1928 年第 57 期。
[2] 莫辉熊:《连阳瑶民状况的概要》,《民俗》1928 年第 6 期。
[3] 廖炯然:《傜民概况》,第 82 页。
[4] 廖炯然:《傜民概况》,第 83 页。
[5] 林国棠:《连阳徭民风俗及徭排地方概况》,《广东省政府公报》1932 年第 205 期。
[6] 孙延先:《今日傜山》,《鞭》1948 年第 2 期。
[7] 连阳化瑶局:《呈缴改县意见书及新县经费预算表并地图等请察核由》,1935 年 7 月 28 日,连南档案馆藏,档号 10-3-9,第 10 页。
[8] 胡耐安:《说傜》,第 35 页。

们不认同化瑶局公布的人口数。如长期担任化瑶工作的胡耐安先生根据其实地调查,认为连阳瑶区的人数约在五万至五万五千人之间[1]。1936 年 11 月,江应梁在调查曲江瑶区的荒洞瑶村之后,发现原有瑶区人口统计数据严重失实,因而间接推算连阳瑶区的人数仅有一万[2]。其次,附近两县政府也不认同化瑶局公布的人数。早在 1928 年,《连山县志》就认为连阳瑶区的瑶族数量为 2.65 万人,而成书于 1949 年的《连县志》,虽然编得比较粗糙和原始,却认为"僚排地区延袤全是山岭……各排冲人口统计约二万五千余人。……依据连山县民国十七年《新志》……共计丁口二万五千余人,惟连阳化僚局二十三年报告共计人口有七万余云"[3]。虽然现今我们已经难以得知《连山县志》和《连县志》关于瑶族人口数量的统计方式和数据来源,但是时隔二十余年,1949 年《连县志》仍不认可化瑶局的七万余瑶族,依然倾向于认可 1928 年《连山县志》的数据。这些都足以说明,邻县并不认为连阳瑶区有那么多瑶族。再次,化瑶局在某些偶然的情况下,也曾给上级单位汇报过当地人数不到七万人。如 1932 年化瑶局汇报给广东省政府的数据,当地瑶族数量为 53 836 人,"据连阳化僚局最近之调查,僚族人共分为八排暨二百余小冲,共一万七千二百零四户,五万六千八百三十六人"[4]。又如 1939 年该局上报省政府其境内瑶人只有 36 685 人[5]。为何这两个汇报给省政府的人数远低于该局经常提及的七八万或十万瑶族呢?由于资料的缺失,现今已经难以弄清楚。

不过,这正好反映出化瑶局不是没有低于七万人的估计,也不是没有其他可资借鉴的资料,或许是因为某些现今难以揣测的缘由,导致该局在绝大多数的情况下一直坚持七八万瑶族(淡化了十万瑶族)的说法。由于连阳地区长期没有开展全面的调查,政府和学者都只能各说各话,无法拿出一套令人信服的数据。

### (二) 北江瑶区

与连阳瑶区一样,北江瑶区的瑶人数量起初同样也不清楚。如 1910—1911 年间,住在乐昌的德国传教士 F. W. Leuschner 先后三次进入瑶山考察,

[1] 胡耐安:《说僚》,第 35 页。
[2] 江应梁:《广东瑶人之今昔观》,《民俗》1937 年第 3 期。
[3] 民国《连县志》卷 7《人文志七》,1949 年油印本,第 1265 页。
[4] 广东省政府秘书处统计股编:《土地与人口》,广东省政府秘书处 1932 年。
[5] 《广东统计季刊》1941 年第 1 期,第 189 页。

他曾大胆推测全山约有十万瑶人。鉴于该传教士主要调查的是乳源瑶山,足迹并未遍及北江瑶山,因而其所说"北部之瑶子,计有十万人口"[1],很可能只是一个估计数。

德国传教士的调查和估计影响甚广,直到1930年庞新民在北江瑶山调查两个多月后,才指出德国传教士的估计数"似非确实"。庞新民根据所收集的乐昌和乳源的资料,认为北江瑶山应该只有三万人而已,"据前数年之调查,曲江、乳源、乐昌三县所管之瑶民只三万人耳"[2]。随后,江应梁也提到1931年北江瑶山地区的这三县政府的估计数为三万人。不过在经过三天对北江瑶山的调查后,他怀疑该估计数过多,他感觉北江瑶山的瑶族应该只有一万五千人左右[3]。

进入20世纪40年代,官方和学界对北江瑶山的了解越来越清楚。胡耐安在长期参与化瑶事务后,于1942年说"至曲江、乳源、乐昌三县所属之傜区,据各该县县政府之报告"约为一万二千人。与胡耐安类似,1948年,孙延先认为乳源县政府所报约数六千,乐昌县府所报约数七百,曲江县府查报约数七千[4]。也就是说,孙氏认为该处瑶族数量为一万三千多人。如取胡氏和孙氏的中间值,北江瑶区的瑶族数量为一万三千人。

与连阳瑶区人数扑朔迷离不同,民国后期北江瑶区的瑶族人口数量,官方和学者虽然没有进行全面的调查,却没有太多的争议。具体可以从乳源瑶族人口的数量变化中,略见一斑。

起初,1928年底,乳源县政府报告说当地瑶族的数量有一万一千余人,该数据来源于当地瑶族的请愿信,有夸大人数之嫌[5]。该县县长派人调查后,却认为当地瑶族只有四千一百余人,《土地与人口》说:"(瑶族)居于乳源县者,据该县长之调查亦有男子二千三百余,女一千八百余。"[6]此后,乳源瑶族有一万多人的说法被人放弃。与该县调查数类似,1934年,《广东全省地方纪要》认为"(乳源)瑶籍男女约五千人"[7],1942年,胡耐安也提到"(瑶族)在乳

〔1〕 转引自庞新民:《广东北江瑶山杂记》,《国立中央研究院历史语言研究所集刊》1932年第4期。

〔2〕 庞新民:《广东北江瑶山杂记》,《国立中央研究院历史语言研究所集刊》1930年第4期。

〔3〕 江应梁:《广东瑶人之史的考察》,《新亚细亚》1936年第6期。

〔4〕 孙延先:《今日傜山》,《鞭》1948年第2期。

〔5〕 广东省政府:《议决照准乳源县瑶务照旧设立瑶目办理不划归连阳化瑶局管辖案》,《广东省政府周报》1929年第71期。

〔6〕 广东省政府秘书处统计股编:《土地与人口》,第115页。

〔7〕 广东民政厅编:《广东全省地方纪要》第三册,广东省民政厅第一科庶务股1934年,第47页。

源者，约六千"。虽然有所不同，但各方估计还算客观。

与三者的数值略有不同，1941 年 4 月底，杨成志等人在探访连续担任三十余年瑶目的邱璧联（年届六旬）时，不仅咨询了许多关于瑶族的问题，而且还收集到了数种文字资料。从邱璧联提供的《北山傜民烟户册》来看，乳源瑶族约有 495 户，2 475 人（原册为 2 535 人，计算有误）[1]。杨成志在对比烟户册的工食钱、瑶目口述情况、县政府历年派盐时领取人数等相关资料后，认为该烟户册的户口统计数字大致可靠。

由于乳源县政府以后也没有全面调查瑶山人口，现取该县 1932 年的调查数（4 100 人）与杨成志的估计数（2 475 人）的中间值，该县瑶族人口的数量约为 3 300 人。可见，随着官方调查和学者研究的深入，北江瑶山的瑶族越来越少，人数的估计也越来越有依据。

### （三）其他地区

除连阳瑶区和北江瑶山之外，文献提到始兴、英德和翁源等地也有一些瑶族。胡耐安在《说傜》中说道，始兴有瑶族 500 余人，英德有瑶族 350 人[2]。而随后孙延先提到，始兴 500 人，英德 500 人[3]。两者差别不大，因胡氏进行过调查，对瑶族事务也比较了解，故以胡耐安的数据为准。此外，《翁源瑶民生活一瞥》也提到翁源县共有瑶族数十家。因为没有具体的户数和人数，笔者大胆估计为五十户（户均 4 人），约 200 人[4]。

总之，连阳瑶族的人数仍有较大争议，北江瑶山大概为一万三千人，始兴、英德、翁源等其他地区总计约为一千人。虽然官方经常提到连阳瑶区约有七八万瑶族，但这种说法的可信度不高，有可能夸大了当地瑶族的数量。

## 三、新中国成立初期人口调查

自 1927 年化瑶局成立起，直到 1949 年败退台湾，国民党政府一直都没有弄清楚广东各地瑶族的分布情况。1949 年之后，新成立的人民政府很快就弄清楚了广东各地瑶族的人数和分布情况（见表 2）。

---

[1] 杨成志：《粤北乳源傜人的人口问题》，《民俗》1943 年第 1—2 期。
[2] 胡耐安：《说傜》第三篇《粤北傜之散布现状》。
[3] 孙延先：《今日傜山》，《鞭》1948 年第 2 期。
[4] 愚民：《翁源瑶民生活一瞥》，《民俗》1928 年第 23—24 期。

表2 1949年前后粤北瑶族人口数量变化

| 县别 | 民国估计人数 | 1951年估计人数 | 1953年调查人数 | 备 考 |
|------|------------|--------------|--------------|------|
| 连南 | 75 000 | 25 000 | 25 163 | 过山瑶占5% |
| 连县 | 0 | 1 830 | 1 604 | 过山瑶 |
| 阳山 | 527 | — | 458 | 排瑶 |
| 乳源 | 3 300 | 3 050 | 3 000 | 大部为过山瑶 |
| 乐昌 | 800 | 1 548 | 1 842 | 过山瑶 |
| 英德 | 350 | 220 | 294 | 过山瑶 |
| 始兴 | 500 | 1 200 | 1 277 | 过山瑶 |
| 仁化 | 70 | 70 | 114 | 过山瑶 |
| 曲江 | 5 000 | 7 000 | 4 021 | 过山瑶 |
| 翁源 | 200 | 70 | 209 | 过山瑶 |
| 合计 | 约85 500 | 39 988 | 37 524 | 过山瑶 |

注释：连南为连阳化瑶局。

数据来源：1.《广东北江瑶族情况调查》，广东省人民政府民族事务委员会印，1951年9月，第2、5、99、100页；2.《1953年人口调查统计汇编》，国家统计局人口统计司1986年9月翻印，第212页；3. 其中阳山县的民国估计数来源于梁钊韬：《阳山县上峒边民社会》，《大同》1943年第2期，第38页。

从表2可知，不管是1951年的估计人数，还是1953年的全国人口调查的统计数，北江瑶区的瑶族人数变化都不是很大，比较接近民国时期的估计数。始兴、英德和翁源等县的瑶族人数，同样也比较接近。最大的不同是连阳瑶区的瑶族数量，民国时期认为人数为七八万人，20世纪50年代初期的估计数和全面调查数都显示远远没有这么多。根据1953年全国人口调查，连阳地区（连南、连县、连山、阳山）的瑶族数量为27 806人。

1950年6月，连南县政府虽然沿用民国政府调查人数75 640人，但已经开始怀疑该数据的准确性，提到"根据旧卷不完全统计，实际人口可能没有这么多"[1]。紧接着1950年9月，连南县政府经过一定的调查后，放弃民国政

[1] 连南县人民政府秘书室编：《连南县概况》，1950年6月30日，第2页。

府的调查数，并认为"连南僮族总数历来无确实统计，过去伪政府呈报省府为数七五六四〇人，但现在比较确实的估计，全县僮人二万五千左右"[1]。另外，该书还提到 30 000 人左右、21 876 人、21 488 人等估计数[2]，不过这些估计数还算比较接近。

另外，当时的档案也显示，当地瑶族的数量远远没有七万人，如连南县政府《民政工作》认为 21 438 人[3]。与此类似，连南县政府《连南县少数民族调查统计表》提到连南当地瑶族男性约 12 000 人，女性约 11 000 人，总人口约 23 000 人[4]。短时间之内，可能有些偏远地区的瑶族还没能调查清楚，不过已经比较接近 1953 年全国人口调查时的真实情况了。人民政府是如何做到的呢？当时留存的这类档案很多，现以 1950 年底连南县政府《民政工作》为例，加以说明。

> 建立村政权：于五月卅一日配合十二团剿匪、次第建立行政村二十三个。计第一区有南江、三排、油岭、连水、水井坳、横坑等六个村，第二区有香坪、牛路水、火烧、社下、必坑、军寮、盘石、大掌、龙水尾、金坑等十个村。第三区有望佳岭、马头冲、僮隆、九寨、白芒、上洞、菜坑等七个村。大的行政村，有村干七人，农干一人，中的行政村有村干五人，农干一人，小的行政村有村干三人，农干一人。全县村干一百零八人，农干十九人。尚有四个村未选出农干，村干、农干都是经过民主选举方式产生。全县总人口：结合救济、农贷、发放棉衣的侧面了解为 21 438 人。[5]

由此可知，在 1949 年 12 月人民政府接管连阳瑶区后，1950 年 5 月 31 日人民政府已经大概调查清楚了当地的瑶族人数。首先，将连南县划分为三个行政区，三个区再划分为 23 个村。每个村再根据村庄的大小建立村政权，选举产生 3 至 7 名村干和 1 名农干。截至 1950 年 5 月 31 日，全县所有村选出了村干，同时多数村也选出了农干。人民政府半年内就完成了县、区、村三个层级的瑶区建政工作。新中国成立后的一年里，当地就顺利培养了 248 名瑶

---

[1] 连南县人民政府编印：《连南县僮民情况与工作报告》，1950 年 9 月 14 日，第 2 页。

[2] 连南县人民政府编印：《连南县僮民情况与工作报告》，第 1、2、19、20 页。

[3] 连南县人民政府：《民政工作》，1950 年年底，连南档案馆藏，档号 32-7-8，第 14 页。

[4] 连南县人民政府：《连南县少数民族调查统计表》，1950 年 12 月 16 日，连南档案馆藏，档号 32-11-23。

[5] 连南县人民政府：《民政工作》，第 14 页。

族干部(主要是村干部)[1]。在基层政权的帮助下,连南县政府先后多次摸查各村人口数,以便合理开展救济、农贷、发放棉衣等工作,当时迅速发放了民众救济粮 46 896 斤、棉衣和棉鞋 14 675 件和提供农业贷款等扶贫工作,并借此估算出全县瑶族人数为 21 438 人。

随后的 1950 年下半年,人民政府在各地基层干部的帮助下,发现连阳瑶族的数量只有 20 000 多人。1951 年 9 月,广东省民族事务委员会根据北江区第一届瑶族人民代表会议资料所编印的《广东北江瑶族情况调查》显示,连南和连县的瑶族人数为 26 830 人(缺连山和阳山的人数)[2]。随后,在 1953 年的全国人口调查中,连阳瑶区的瑶族人数为 27 806 人。鉴于 1953 年与民国后期仅隔数年,可以认为民国后期连阳瑶区的实际人数与 1953 年的全面调查数差不多。但是认为"过去可能有六七万人,但由于历代傜汉战争,被屠杀,不讲究卫生的死亡率高,现在减少到二万五千人"[3],可能不太恰当,因为国民党政府一直都没有全面调查瑶族的人口数量,相关的估计数来源不一,甚至互相矛盾。

连阳瑶区约有二万七千瑶族,这是以前一直难以调查清楚的难题。国民党政府虽然从 1927 年开始设置连阳化瑶局,不厌其烦地呼吁和重申要开展全面调查瑶族人口的工作,可是一直到他们败退台湾之时,仍没有完成该项工作。与国民党不同,共产党只用了九个月的时间就估算出了当地瑶族的大概人数,并在四年内调查和公布了瑶族的准确人数。国共两党治理方式的差异,由此可见一斑。

## 四、民国瑶族人口调查的困境

国民党统治连阳瑶区二十余年,一直都没有调查清楚当地瑶族的数量,而共产党治理当地不到四年,就完全掌握了具体的人数,迅速完成了国民党想做却一直没有做到的事。这与化瑶局的机构利益和对连阳瑶区的控制情况这两个方面密切相关。

**其一,化瑶局的机构利益。**化瑶局的存在是因为要教化瑶族,帮助瑶族成

---

[1] 广东省人民政府民族事务委员会编:《广东北江瑶族情况调查》,1951 年 9 月,第 105 页。
[2] 广东省人民政府民族事务委员会编:《广东北江瑶族情况调查》,第 2 页。
[3] 连南县人民政府:《连南县傜民情况与工作报告》,第 2 页。

为与汉族平等的普通国民。如果化瑶局公布连阳地区只有两万多瑶族的话，它很可能会因为瑶族人数不多，而被广东省政府撤销。也就是说即使化瑶局知道当地瑶族的数量，为了凸显自身机构的重要性，它也倾向于不承认境内瑶族只有二三万人的事实。从起初该局宣称境内有十万瑶族，随后虽然感觉人数不到十万，却依然长期坚持七八万人的说法。国民政府通常不在人少的地区设置县级机构，而化瑶局又一直想升格为县。从1935年到1945年底，该局曾多次请求省政府将其提升为县。如1935年7月，时任局长陈茂功向省政府请示连阳地区应按照海南黎族地区的情形，设县管理瑶族。当时陈茂功反复强调连阳瑶族的人数约为十万或七八万。经过半年多的努力争取，1936年3月，省政府发文同意，改其为安化县[1]。不过令人惊讶的是，省政府随即将其改为安化管理局[2]。

这次设县虽然未成，但省政府大体认可了连阳瑶区有七万多瑶族。如"查本省连阳八排边民(前称傜民)杂居连县、阳山、连山三县边地……壤地四百余里，人口约七万五千余众"[3]。在安化管理局的积极推动下，1941年3月，广东省政府(治所在曲江)再次向中央政府申请将管理局改为县。一年后，得到了中央政府的积极答复："连阳地区向为边民聚居之处，原设有安化管理局职司绥化，因组织简单，推理薄弱，未能适应需要。省政府为提高行政效能泯种族界线，开发边地资源，消弭未来隐患起见，拟将原有瑶民居住区域设置连南县"[4]。当时，四川省政府还转载了中央政府下发的文件，要求省内相关单位备案。旋即又因抗战时局紧张，中央政府认为安化管理局应暂缓设县。由于管理局只是广东省政府的治理措施，不符合当时省、行政督察区、县(设治局)的行政架构，于是中央提议将其改为连南设治局[5]。

由于设治局的财政支出直接来源于省政府，这加重了广东省政府的财政负担。因而，1944年初，在中央要求审核广东连南、南山、梅菉三个设治局的设治条件时，广东省政府明确建议中央取消设治局，理由是"所谓化瑶局、安化

---

〔1〕《粤连山瑶境将改县治》，《申报》1936年3月21日。

〔2〕《连阳瑶境设安化管理局》，《申报》1936年3月26日。

〔3〕 广东省政府：《拟将安化局改设县治》，1941年3月，连南档案馆藏，档号22-2-19，第19—20页。

〔4〕 内政部：《为贵省增设连南县一案已呈院核示请查照另择治所报部咨》，1942年5月30日，连南档案馆藏，档号22-7-66，第66—67页。

〔5〕 国民政府：《设治局组织条例》，《国民政府公报》1931年第787期。

局从未发生多大作用,不如撤销之,而将其所辖之区域分别划归连阳各县治理"[1]。最后形成一个折中的方案,再次将连南设治局降格为安化管理局。如果当时广东省政府知道连阳瑶区只有两三万人的话,很可能会直接撤销该设治局。1945 年 9 月,广东省民政厅再次申请将安化管理局提升为连南县,主要理由是其境内有七万五千余瑶族[2]。于是 1946 年初,在经过十余年的改县诉求后,化瑶局终于顺利改为了连南县。

与连阳瑶区不同,国民政府没有在北江瑶区设置过化瑶局,只要求相关各县政府设置瑶务科,以便管理瑶族事务。因而,当地瑶族的具体数量对各县政府来说,并无太多的利益冲突。有些县不但从未设置过化瑶局,甚至不想管理瑶族[3]。所以随着北江各县与瑶族的接触逐渐增多,关于瑶族数量的调查就越来越准确。也就是说,没有设立化瑶局的北江地区,关于瑶族数量的统计资料是比较准确的,而设立了化瑶局的连阳地区,当地瑶族的数量却一直被化瑶局夸大。与化瑶局同在连阳地区的连县和连山县,由于与瑶族数量的多少不存在直接的利益关系,它们关于连阳瑶族人口的估计数竟然比化瑶局频繁公布的统计数准确。可见,化瑶局本身的机构利益已经成为一个调查瑶族人口的障碍。

**其二,化瑶局对瑶区基层组织的控制比较薄弱。**由于连阳瑶族普遍散布在各地的偏远山区,没有基层组织的帮忙,的确难以开展相关的调查工作。值得注意的是,国民党政权的基层组织是从清代的瑶长、瑶练改编过来的。1928年,化瑶局已经察觉清代以来瑶区的基层瑶长、瑶练制度无法制止掳勒、弹压、械斗等,因而提到需要编练警察保安队[4]。不过,化瑶局虽然此时已经意识到了原有基层组织无法有效管控地方,但是改革基层组织的过程却很不顺利。1940 年 3 月,廖炯然《傜民概况》仍提到:"局属傜长练由清道光十二年间设立,至今已阅百有余年,世代相沿,只由其后代子孙顶名备领傜饷,有其名已非其人,且有等新近繁殖排冲,又无傜长练之设。乃从事调查,分别改选增设,并划分傜长练管辖区域。惟傜民固执,几费启导,历时一载,于二十八年七月间

〔1〕 广东省政府:《关于连南设治局的审查意见》,1944 年 2 月,连南档案馆藏,档号 17-11-76。
〔2〕 广东省民政厅:《关于裁撤安化管理局改设连南县一案审查会议》,1946 年 1 月 22 日,连南档案馆藏,档号 31-5-49。
〔3〕 广东省政府:《议决照准乳源县瑶务照旧设立瑶目办理不划归连阳化瑶局管辖案》,《广东省政府周报》1929 年第 71 期。
〔4〕《连阳化瑶杂志》,第 47 页。

始告口事,是亦整理下层行政机构傜民自治之初基也。"〔1〕亦即化瑶局终于重新设置了基层组织。不过,次年春广东省政府却依然认为"所有傜长、傜练等名称,一仍前清旧制,未加改革,因之,凡百政令莫由推行"〔2〕。也就是说,省政府认为一年前的基层组织改革还是不成功。随后 1946 年,广东省民政厅继续指出:"廿八年……新改选并增至傜长二十名,傜练九十四名,惟制度既不合于自治组织,而名称亦有不免种族之分,似宜逐步改进,先将傜长改为乡长,傜练改为保长,由区指导员协助督导。"〔3〕可见将近二十年过去了,国民党对连阳瑶区基层社会的控制依然很弱,当地化瑶局的工作一直停留在县区一级,无法深入瑶区内部。

## 五、结　　论

与国民党政府的调查困境完全不同,1949 年底共产党接管连阳地区后,半年内就完成了基层政权的建设工作,随即在非常高效的基层政权的帮助下,快速查清了广东各地瑶族的数量。由于瑶族人口的真实数量与化瑶局的命运(被省政府提升为县或裁撤)密切相关,化瑶局受制于自身的机构利益和薄弱的基层统治,其瑶族人口的调查数据长期失实也就不难想象了。化瑶局看似非常重视瑶区人口的调查工作,却一直没有也做不到深入发动广大瑶族群众调查他们自身的情况。因而,学界在引用民国时期的少数民族人口调查资料时,应注意统计数字背后的调查机构和社会制度。

对于国民党政权所遭遇的统治困境,王奇生在《民国时期乡村权力结构的演变》中认为,国民党在推进基层权力机构改革时,由于无法驾驭基层代理人(土豪劣绅)的普遍腐败行为,阻碍了它对基层政权的掌控〔4〕。杜赞奇则在《文化、权力与国家》中认为,国民党政权在控制基层社会时,造就了一大批基层社会的营利型政客,他们在成为乡村社会的主要力量后,拖累了国民党政权〔5〕。不

---

〔1〕 廖炯然:《傜民概况》,第 64—65 页。

〔2〕 广东省政府:《拟将安化管理局改设县治咨请呈核颁县印指令由》,1941 年 4 月,连南档案馆藏,档号 22-2-35。

〔3〕 广东省民政厅:《撤销安化管理局改设连南县初期建设及经费补助办法》,1946 年 2 月 13 日,连南档案馆藏,档号 31-3-9。

〔4〕 王奇生:《民国时期乡村权力结构的演变》,周积明、宋德金主编:《中国社会史论》(下卷),湖北教育出版社 2000 年,第 549—590 页。

〔5〕 杜赞奇:《文化、权力与国家》,江苏人民出版社 1996 年,第 238—239 页。

过,就连阳瑶区而言,国民党政权既没有出现基层政权代理人的广泛的腐败行为,也没有出现大批原有地方精英的干扰或挑战,但是国民党政权依然由于自身的机构利益和乏力的基层组织,导致其在当地的统治长期流于表面。可见,国民党失败的重要原因之一是,其源于清代的基层组织,即使没有基层代理人的干扰,也长期无法提升行政效率,从而阻碍了它加深对连阳瑶区的统治。而共产党之所以能迅速取得成功,是因为它在广大乡村地区建立了健全和高效的各级基层组织。

本文原载《广东社会科学》2023 年第 1 期。

经济史研究

# 无中生有　有生于无

## ——早期铜器石范地理分布考

高蒙河

## 一、从三峡考古发现说起

2000 年春，复旦大学考古队发掘的重庆市万州区麻柳沱遗址，出土了一组石范，凡有剑范、钺范、镞范等，共 4 件（组）[1]。

其中，有的还是合范或多型范，如标本 1：T216E⑤：1—6，短剑范，双单，可相复合，是为一组。出土时略残为六块，但基本完整。剑锋一端略宽，9.8 厘米。剑柄一端稍狭，7.8 厘米。单范厚 3.7 厘米，通长 29.4 厘米。浇口在剑柄一端，剑体部分因浇注时的温度较高，已呈黑褐色。两单范背上，均留有合范线口。范体上还残留着明显是经过陶洗的黄泥，估计是浇注时涂裹在范外的泥土（见图 1）。

这批石范的年代，通过类型学比较发现：T210D2⑦ 和 T215② 中出土的铜削，与四川省绵竹县船棺墓中出土的 M1：43 式铜削和 M1：51 II 式铜削的造型、风格相近[2]。T127 ⑥：5 的 A 型素口圜底罐与四川荥经县同心村战国中晚期墓 M4：13 出土的釜相似[3]。晚期的铜镞，在

**图 1　重庆麻柳沱遗址出土石剑范**

〔1〕 复旦大学文博系考古队：《1999 年度重庆万州麻柳沱遗址考古发掘简报》，《文化遗产研究集刊》第三辑，上海古籍出版社 2003 年。
〔2〕 王有鹏：《四川绵竹县船棺葬》，《文物》1987 年第 10 期。
〔3〕 荥经严道古城遗址博物馆：《四川荥经县同心村巴蜀墓的清理》，《考古》1996 年第 7 期。

四川省荥经县同心村战国中晚期墓 M5 中也有出土〔1〕。而 T216E⑤出土石剑范中可见的所铸铜短剑形态,与四川省石棉县永和乡战国土坑墓 M1:1、M3:7〔2〕、荥经县同心村战国中晚期墓 M1:7、M2:13、M3:1、M3:2 出土的铜短剑形态近似〔3〕。凡此,麻柳沱遗址出土石范年代,大体属于东周时期。

这类东周石范在重庆库区远不止麻柳沱遗址一处出土,我们在重庆中国三峡博物馆展览中,又见到云阳高阳、旧县坪、丰都石地坝等遗址也有发现,遂触发我们对早期铜器冶铸石范地理分布问题的注意。众所周知,东周甚至更早时代的中原地区已经普遍地使用陶范铸造铜器,为何在三峡地区还使用石范?其他地区的情况又是怎样?而当我们收集梳理资料后发现,石范在全国各地更是广有出土,地理分布现象也不乏问题可考。同时引发的另一个问题是,石范是不是陶范铸铜技术的源头并于后来被陶范所取代?石范和陶范之间是单线进化,技术迭代?还是各有所源,并行不悖,双向发展?凡此等等,已然涉及中国早期铜器铸造的大问题了,遂作短文,以求一二。

## 二、现 象 与 问 题

从金属铸造技术角度看,范,即模具。石范,即采用岩石为原料所制作的模具,常见的材质主要是青灰或红褐色的细砂岩、石英长石斑岩以及滑石等(见图 2)。

石范铸造技术是在这类石料上凿刻器物型腔及浇口,浇注液态金属以铸造器物的一种成型技术。石范的范型有单范,有合范,大多是用一块单范或合范铸造一件器物,但我们在三峡也发掘到一块范上可同时铸造几件器物的范块实例。

除了一般的锻造以外,我国先秦时代使用模具技术铸造铜器等金属器具时,主要使用的模具是石范和陶范两种,而其他质地的模具如金属范

**图 2 上海松江广富林遗址出土周代石范**

〔1〕 四川省文物管理委员会:《四川荥经同心村巴蜀墓发掘简报》,《考古》1988 年第 1 期。
〔2〕 四川省文物管理委员会:《四川石棉县永和乡战国土坑墓》,《考古》1996 年第 11 期。
〔3〕 荥经严道古城遗址博物馆:《四川荥经县同心村巴蜀墓的清理》,《考古》1996 年第 7 期。

型等出现的年代要晚许多[1]。

与一般情况下只能一次性使用的陶范相比,石范质地坚硬,铜液注入后,空气易排出,范不易破裂,具有可重复多次使用、耐用等优点。在坚固耐用的同时,石范不重,便于随身携带,走到哪里都可以铸造,这比对陶土原料要求甚高的陶范,显然也便捷得多。但石范也存在因其石质坚硬、雕塑性差,不易刻凿花纹、不便像陶范那样可以铸造结构复杂的容器等不足,常常只适合于铸造非容器类的单面、柱状或比较简单的有銎类的工具、兵器、装饰品以及钱币等。

曾有研究者统计,全国各地至 20 世纪末总共发现 300 余件(块)青铜铸型石范[2],但遗憾的是,该文就此的介绍语焉不详,具体年代也未作详解。21世纪以来,新见报道的石范新材料日渐增多,鉴于本文主要研究地理分布问题,并未对出土数量逐一做计量统计,但总量应该远超上文数量则是可以肯定的。换言之,尽管没有详细统计出具体数量,但通过国内各处出土石范情况的发现和研究粗检后,与陶范的数量相比,石范总量还是不多,只能算“小巫见大巫”。例如,即便不算河南安阳殷墟、山西侯马东周遗址等大规模的铸铜遗址的陶范的数量,仅洛阳北窑西周铸铜遗址就发掘过数以万计的陶范,尽管由于当时是破范取器,一范可被碎成多块碎块,但经过粘对可辨器形者,便有数百块之多[3]。总的来看,陶范数量远远大于石范,是一个可以肯定的史实。但陶范主要集中在黄河流域的中原地区,石范则分布于中原的周边,从下面的表1来看,也是一个可以肯定的事实。换言之,多与少,有与无,亦多亦少,亦有亦无,相互辩证,遂成问题。

张忠培师生前提出,考古学要“以物论史,透物见人,替死人说话,把死人说活”,我学习注疏的点滴体会是:“透物见事,透事见人,透人见史,透史见道。”可见,考古学素来以“有物”的实证作为基本方法论,鲜有以“无物”的虚证作为研究的视角和立论的依据。但从以往考古地理学的方法论实践上看,我们对长江下游的先秦遗址空白区研究,曾经得出过一些水陆变迁的认识[4]。同理,这种类似“计白当黑”的有和无甚或多与少的空间比较,在石范研究中看

[1]　华觉明:《中国古代金属技术》,大象出版社 1999 年。

[2]　刘恩元:《贵州古代青铜冶铸工艺研究》,《跋涉集》,北京图书馆出版社 1998 年。

[3]　洛阳市文物工作队:《1975—1979 年洛阳北窑西周铸铜遗址的发掘》,《考古》1983 年第 5 期。

[4]　刘志岩、孙林等:《苏北海岸线变迁的考古地理研究》,《南方文物》2006 年第 4 期;高蒙河:《长江下游考古地理》,复旦大学出版社 2005 年。

似亦然,即所谓"无中生有,有生于无"。中原石范的有与无,周边石范的无与有,都将成为本文讨论的目标导向、过程导向和结果导向。

表 1 先秦各地出土石范略表

| 区域 | 出土地点 | 范 名 | 量态 | 时代 | 文 献 |
|---|---|---|---|---|---|
| 中原 | 山西夏县东下冯 | 斧、镞、凿为主 | 较少 | 夏、商 | 考古.1980,2;夏县东下冯.1988 |
| | 河南偃师二里头 | | | 夏 | 中国考古学·夏商卷.2003 |
| | 河南安阳殷墟 | 不明 | 极少 | 商晚 | 殷墟的发现与研究.1994 |
| 东北、内蒙古 | 辽宁新金双房 | 斧为主,个别镞、鱼钩、铃、锥、剑、环、钱 | 较多 | 西周 | 考古.1983,4 |
| | 辽宁凌源三官甸子 | | | 战国 | 考古.1985,2 |
| | 辽宁绥中肖家村 | | | 商周 | 北方文物.2002,4 |
| | 辽宁辽阳二道河子 | | | | 考古.1977,5 |
| | 辽宁彰武高台山、平安堡 | | | | 考古学报.1992,4 |
| | 辽宁北票康家屯 | | | | 北方草原考古学文化研究.2007 |
| | 辽宁朝阳黄花沟 | | | | 文物.1988,11 |
| | 辽宁辽阳二道河子 | | | | 考古学报.1977,5 |
| | 辽宁金县岗上、董家沟 | | | | 双坨子与岗上.1996 |
| | 辽宁西丰诚信 | | | | 考古.1995,2 |
| | 辽宁开原李家台 | | | | 考古.1981,2 |
| | 内蒙古赤峰红山后 | | | | 赤峰红山后.1938 |
| | 内蒙古赤峰双井 | | | | 内蒙古考古论文集.1994 |
| | 内蒙古伊盟朱开沟 | | | 夏商 | 朱开沟.2000 |

续　表

| 区域 | 出土地点 | 范　名 | 量态 | 时代 | 文　献 |
|---|---|---|---|---|---|
| 东北、内蒙古 | 内蒙古敖汉旗李家营子、山湾子 | 斧为主,个别镞、鱼钩、铃、锥、剑、环、钱 | 较多 | 西周春秋 | 考古.1983,11<br>北方文物.1993,1 |
| | 内蒙古克什克腾旗龙头山 | | | | 考古.1992,8 |
| | 内蒙古赤峰药王庙 | 斧、珠 | | | 考古学报.1974,1 |
| | 内蒙古宁城小黑石沟、南山根、双井 | 斧、锥、凿、泡、刀、铃、镞、柄形器 | | | 小黑石沟.2009<br>夏家店上层文化的青铜器.2007 |
| | 内蒙古包头麻池 | 钱 | 较少 | | 考古.1962,9 |
| | 内蒙古鄂尔多斯市 | 鸟头型杖首 | | 战国 | 内部资料 |
| | 内蒙古武川 | 削 | | 战汉 | 内部资料 |
| | 黑龙江富裕小登科 | 镞 | 较少 | 商周 | 考古.1984,2 |
| | 吉林东丰大架子山 | 剑 | | | 中国考古学年鉴.1988 |
| | 吉林通化小都岭 | 斧、矛、镜 | | | 博物馆研究.1987,3 |
| | 吉林大安汉书 | 鱼钩 | | 战汉 | 东北考古与历史 |
| 华北 | 北京昌平张营 | 斧、刀、矛、镞、锥、 | 较多 | 夏商 | 昌平张营.2007 |
| | 河北唐山古冶 | 斧 | | | 考古.1984,9 |
| | 河北丰宁东沟道 | 鱼钩、钱 | 较少 | 东周 | 文物.1999,11 |
| | 河北唐山雹神庙 | | | | 考古学报.1954,7 |
| | 河北灵寿中山故城 | | | | 中国钱币.1995,2 |
| | 河北易县燕下都 | | | | |

| 区域 | 出土地点 | 范　名 | 量态 | 时代 | 文　献 |
|---|---|---|---|---|---|
| 西北 | 甘肃玉门火烧沟 | 镰、镞 | 较多 | 夏 | 考古学报.1981,3 |
| | 陕西神木石峁 | 削 | 较少 | 商 | 陕西考古研究院 |
| | 新疆伊犁、伊宁俞其瓮、尼勒克尼勒克沟、特克斯、阜康滋泥泉双河、哈巴河乌什洪子、阿勒泰克尔木齐、硕县新塔拉 | 斧、镜、簪、铲、矛、刀、锥、镞 | 较多 | 夏商 | 西域研究.08,4<br>文物.1981,1<br>考古与文物.1989,2 |
| 华东 | 山东邹县(近泗水) | 不明 | 较少 | 商晚 | 文物.1971,4 |
| | 山东临淄 | 钱范 | | 东周 | 考古.1963,11 |
| | 上海松江广富林 | 斤 | | 周代 | |
| | 安徽霍山戴家院 | | | | 中国文物报.2006.4.12 |
| | 浙江安吉芝里 | 斤 | | 商周 | 浙江考古新纪元.2009 |
| 中南 | 江西樟树吴城 | | | 商 | 文物.1975,7 |
| | 江西乐平高安岭、清江筑卫城、营盘里、樟树樊城堆、赣县圆背岭、永修绍溪山、上高鹭鸶岭、德安石灰山、袁山、黄牛岭、陈家墩、横丰舒家山 | 锛、刀、戈、镞、凿、矛、斧、耜、车马饰等 | 较多 | 商周 | 中国古代金属技术.1999<br>考古.1962,4;1976,6<br>文物.1982,2<br>江西历史文物.81,4;82,4<br>江西文物.89,2<br>东南文化.89,4、5<br>南方文物.93,2;95,2 |
| | 湖北阳新大陆铺 | 不明 | 较少 | 商代 | 北大古代文明研究通讯.28期 |
| | 湖北鄂州雷山 | 凿 | | | 内部资料 |
| | 湖南澧水石门皂市 | 斤、斧 | | | 考古学报.1992,2 |
| | 湖北巴东黎家沱 | 刀 | | | 湖北库区考古报告集.2003 |

续　表

| 区域 | 出土地点 | 范　名 | 量态 | 时代 | 文　献 |
|---|---|---|---|---|---|
| 西南 | 云南剑川海门口 | 商代斧、鱼镖、剑等，东周戈、锄、凿、斧、钺、镞、匕、短剑、铃等 | 较多 | 商 | 考古.1958,6 |
| | 云南剑川沙溪 | | | 商周 | 考古.1983,11 |
| | 云南弥渡和家山 | | | 东周 | 文物.2000,11 |
| | 贵州毕节瓦窑 | | | 商 | 考古.1987,4 |
| | 贵州普安铜鼓山 | | | 战国 | 贵州考古四十年.1993 |
| | 重庆云阳旧县坪、高阳、李家坝 | 镞、斧、剑 | 较多 | 两周 | 重庆中国三峡博物馆<br>重庆库区考古报告集·1997卷<br>重庆库区考古报告集·1999卷 |
| | 重庆丰都石地坝 | | | | |
| | 重庆万州麻柳沱、黄柏溪 | | | | 复旦学报.2002,1<br>重庆库区考古报告集·1999卷 |
| | 重庆忠县中坝 | | | | 重庆库区考古报告集·2000卷 |
| | 重庆巫山柏树林 | | | | 重庆库区考古报告集·2001卷 |
| | 重庆奉节新浦 | | | | 重庆库区考古报告集·1999卷 |
| | 四川会理瓦石田 | 戈、镞 | 较少 | 东周 | 考古学报.1979,4 |
| | 四川高县水江村 | 半两钱 | | 战国 | 文物.1982,2 |
| 华南 | 广西那坡感驮岩 | 刀 | 较多 | 商代 | 考古.2003 |
| | 广西灵川聚田 | 斧 | | 东周 | 中国古代铜鼓研究通讯.17 |
| | 广西平南石脚山 | | | | 壮族文明起源研究.2005 |

| 区域 | 出土地点 | 范　名 | 量态 | 时代 | 文　献 |
|---|---|---|---|---|---|
| 华南 | 广西武鸣元龙坡 | 斧、镞、伞形饰 | 较多 | 春秋 | 文物.1988,12 |
| | 广东中山南萌龙穴 | 斧、凿 | | 商周 | 中山市历史文物图集.1991 |
| | 广东珠海洪澳亚婆湾、南芒湾、南屏白沙坑、平沙棠下环 | 斧 | | | 珠海考古发现与研究.1991<br>新中国考古五十年.1999<br>文物.1998,7 |
| | 广东斗门缙船埔 | 凿 | | | 东南亚考古论文集.1995 |
| | 广东乐昌老虎头 | 鱼钩、铃 | | | 乐昌文物志.1994 |
| | 广东汕尾东涌宝楼 | 斧、铃 | | | 文物地图集·广东分册.1989 |
| | 香港过路湾、大屿山东湾、沙螺湾、南丫岛沙埔村、人湾、榕树湾、马湾岛东湾仔 | 斧、铲等 | | | 考古.1997,6;2003,4<br>JHKAS. Vol Ⅷ.1993 |
| | 福建晋江庵山 | 斧 | 较少 | 周代 | 文物.2014,2 |

　　将表1中出土地点落在地理分布图上，分析各地出土的石范及其相关器物组合信息，可以看到一些值得思考的现象与问题。

　　第一，石范出现的年代，目前看来要略早于陶范，至少不晚于陶范。如表1中的山西夏县东下冯、河南偃师二里头、甘肃玉门火烧沟、新疆等遗址的石范，年代可能早到夏代。可见，石范可能是我国古人最早掌握的一门使用模具铸造金属的工艺，陶范则是到了夏代特别是商代以后才大量地用于铜器铸造。

　　第二，山西夏县东下冯、河南偃师二里头、甘肃玉门火烧沟等地点尽管是目前所知出土石范年代最早者，可到夏或商早期，但这几个地点在此后则几无石范发现，给人以有源无流，后续中断的印象。

　　第三，中原以外地区的石范年代大多是在商代以后，并一直沿用到东周时代,在贵州至少延续到秦汉时期,而在新疆等地甚至可能晚到秦汉—隋唐时期,个别地区如云南甚至流传至近现代[1]。

第四,先秦时期石范在时空间分布上似乎有一个值得注意和分析的现象:黄河流域特别是中原地区很少出土石范,而中原以外的东南西北各方特别是东北、西北和南方却相对较多地出土石范,尤以江西、粤港、西南为多。总体上呈南北多,中间少的现象。

第五,除极个别的铜铃外,各地石范铸型呈现的器物种类,以工具和武器为主。尚未发现铸造容器的石范,以前曾有江西吴城出土了据说有铸造容器迹象的石范,经查发掘报告,未见[2]。

第六,范型既有单范,也有双扇合范,其中带銎器物的范芯系陶质?还是石质?抑或他质?基本都不明确。但江西吴城出土了扁长方体的石范芯,两端大小不一,磨琢得相当圆润[3]。

第七,绝大部分的石范为素面,也有个别的型腔中刻琢有精致规整的蝉纹,较为罕见[4](见图3)。

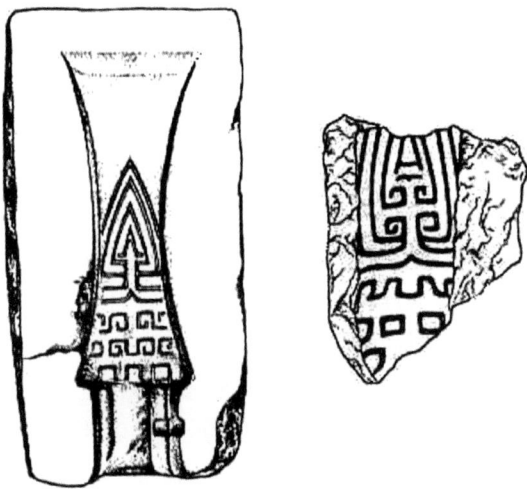

图3　江西吴城遗址出土蝉纹石范

〔1〕 王大道:《曲靖珠街石范铸造的调查及云南青铜器铸造的几个问题》,《考古》1983 第 11 期。
〔2〕 江西省文物考古研究所等:《吴城 1973—2002 年考古发掘报告》,科学出版社 2005 年。
〔3〕 江西省文物考古研究所等:《吴城 1973—2002 年考古发掘报告》。
〔4〕 江西省文物考古研究所等:《吴城 1973—2002 年考古发掘报告》。

第八，钱范的年代普遍较晚，多属东周特别是战国时代，表中的辑录虽未作广泛采信，但似乎缺乏地域差别。

## 三、相关分析思考

### 1. 中原地区缺乏石范铸铜技术传统

一般认为，石范出土地域广的原因，一是石范能多次地反复使用，二是存在发生学或制作与使用传统上的地域差异。我们觉得，中原石范出土数量极少，使用时间短，表面上看是这一铸造技术没有形成延续性传统。实际上，正因为其出土的数量极少，也可能存在着并非有自己发明或源头的可能性。

这意味着中原地区的铜器铸造源头，很可能并不是由石范制作技术而起步的，尔后在整个先秦时期也没有形成长期的技术传统。而由于商周时期上层社会对以容器为主的大型金属礼仪用具的迫切需求，石范不可为而陶范方可为的陶范制作技术的出现和发明，也就成为理所当然、势所必然的铸铜结果。

换言之，远离中原地区的中国其他广大地区有广泛出土石范并长期使用的现象，而且这种现象甚至可以进一步扩大到日本和朝鲜半岛等东北亚地区或越南等东南亚地区〔1〕。前几年有学者提出，整个东亚存在两个青铜冶铸技术传统，一个是以商周为代表的陶范铸造技术传统，另一个是周边如朝鲜、日本列岛的石范铸造技术传统，以后被陶范技术取代〔2〕。石范铸铜技术所代表的，是不同于中原地区陶范铸造技术的另外一种铜器制作传统，其应该有着自身的源流和谱系，尽管这还需要进一步加以考实。

### 2. 东西部地区的铜器铸造业源流

与中原相比，西北地区的石范技术可能承担了更多和更重要的角色，其依照技术进步本身发展的线索也更明显。已有比较直接的证据表明，西北存在过一个锻造→锻造、铸造并存的过程，以至有学者认为西北的铸造业自石范技

〔1〕 安志敏：《唐山石棺墓及其相关的遗物》，《考古学报》第 7 册（1954 年）；朝鲜民主主义人民共和国社会科学院考古研究所编：《朝鲜考古学概要》（内部刊印本），1983 年；李昆生、陈果：《中国云南与越南的青铜文明》，社会科学文献出版社 2013 年。
〔2〕 白云翔：《试论东亚古代铜镜铸造技术的两个传统》，《考古》2010 年第 2 期。

术起步[1]。目前,西北地区越来越多地披露了发现更多石范的信息,而且还发现了数量多倍于中原地区的各种小型铜质工具、武器,包括北方、南方其他地区也曾出土的极少见于中原地区的各种小型装饰品,皆表明还没有大幅度地使用陶范技术,亦即缺乏社会制度方面对容器类礼器的需求,因此锻造和石范铸造足以提供一般生产和生活甚至战争需求的技术支持。

中国铜器石范的最早源头尚无定论,但近年不乏学者就此进行过讨论。有学者指出,从大背景来看,北欧出现石范最早,中国境内则是中西部的石范较早,在新疆伊犁河谷出现得最早[2]。还有学者认为,石范在甘肃火烧沟、陕西石峁和内蒙古朱开沟均有出土,后来在中国滇西和北方地区也比较集中地出现。中国青铜时代的石范技术或有共同渊源,似乎有一条青铜器技术线路沿着欧亚草原从新疆进入中国,向东后又分为南北两支,南线抵达云南、广西、广东一带,北线在两周时期的冀北、蒙东、辽宁地区发展,向东又扩展到朝鲜乃至日本地区,但作者自己也强调,这一假想尚缺乏足够的考古证据[3]。

顺带要提到的一个不能回避的问题是,截至目前,在早期文明化进程中占有突出地位的整个中国东部地区,一直缺乏本地制作铜器的考古发现,反而众所周知地拥有其他地区难以比拟的玉石文化传统,总体上给人以"东玉西铜"的观察直觉。尽管近些年也有学者从发现上做过诸如山东等地区出土铜器的统计[4],并且虽未出土范具,却也提取到了铸、锻的信息,但仍然没有改变在铸铜技术发生期总量偏低的局面。况且,和中原地区一样的是,山东和江浙地区作为中国考古学最早起步的区域之一,所进行的考古工作总量绝不亚于其他地区。因此,用考古工作发现的深度和广度还不够来解说,显然已缺乏强有力的说服力。是否一定要机械地将铜器的发生与使用,看成是一个中国全境的普遍现象或具有同步进程性,并和中原比附,已成为我们在考古发现和研究中更需要思考的问题。

因此,如果说陶范技术作为中国先秦时期青铜铸造的主要技术,始终占主

〔1〕 李水城:《西北与中原早期冶铜业的区域特征及交互作用》,《考古学报》2005年第3期。
〔2〕 刘学堂、李溯源:《新疆发现的铸铜石范及其意义》,《西域研究》2008年第4期。
〔3〕 张明悟、王晓强:《两周时期北方地区青铜器铸造石范研究》,《中国科技史杂志》2018年第1期。
〔4〕 高蒙河:《铜与中国文化》,汉语大词典出版社2003年;何德亮:《山东地区早期铜器及相关问题初探》,《东岳论丛》2007年第5期;徐基:《夏时期岳石文化的铜器补遗——东夷式青铜重器之推考》,《中原文物》2007年第5期。

导地位,并发展出了分铸、铸接、铸焊等一系列技术,产生了荦荦大观的青铜礼器群的话,那也只能说是中原地区的主要范式,而不完全是周边地区的普遍应用模式。

### 3. 石范和陶范共存现象表明石范并非落后的技术

不少人指出,石范多用于铸造形制简单的工具、武器以及钱币等,功能有限,适用范围不大。要之,石范不能大量运用于铜器容器的制造,只能是一种较为原始的、带有较大局限性的铸造技术,以至于最终被陶范的发明和大规模的应用所取代。

我们认为,从中原地区以外长期使用石范的情况看,大多数地区没有留下陶范取代石范的单线进化轨迹,大部分非容器类用具的制作仍旧采用的是石范技术。如江西吴城遗址,相近的陶范传入后,石范则沿着自己的轨迹继续发展,并未被陶范所替代[1]。

杨建华在对北方商周时期青铜器分区时发现了一个现象,即石范空间分布存在着地域差别:如果把商周时期北方青铜器体系分为三区,那么西区为晋陕高原,中区为河套地区,东区为燕山南北。"从各地出土的铸范看,西区和中区均为陶范,东区的燕山南北为石范。"[2]有学者进一步指出,辽东的石范以铸造工具为主,赤峰草原和冀北山地一带的兵器范以及草原文化饰件范明显增多。这一带历史上被中原王朝称为"山戎"或者"东胡",从春秋到战国期间屡次侵犯中原"病燕""伐齐",引起燕、齐等国极大的危机。从出土的石范来看,武器范和饰件范数量多也反映了战争在这一地区生活中的重要性和草原"胡"族的特色,并与史料能够印证[3]。

种种考古发现和研究表明,把使用石范完全归结为是地区间技术发展不平衡、定性为技术落后或自然资源条件使然的结果,是不能完全成立的结论。更合理的解释应当考虑到各地在不同社会发展进程中,对铜产品种类的生产和生活性需求,或政治和社会性需求之间存在的不同质的历史因素。

石范技术在整个先秦时期几乎一直使用,到了秦汉时期,在中原地区也未

---

[1] 彭明瀚:《赣江鄱阳湖地区商代青铜工具和铸铜石范的发现与研究》,《农业考古》2006年第1期。

[2] 杨建华:《商周时期中国北方冶金区的形成——商周时期北方青铜器的比较研究》,《边疆考古研究》第6辑,科学出版社2007年。

[3] 张明悟、王晓强:《两周时期北方地区青铜器铸造石范研究》,《中国科技史杂志》2018年第1期。

绝断,如在陕西临潼秦都栎阳遗址,便出土了斧型残石范[1],但这类实例已不多见,总的趋势是陶范逐渐迭代石范。到了战国秦汉时期,更多地可以见到石范大量作为钱范铸钱的全国现象,不论中原,无论周边,也是史实。

## 四、简短结语:中国存在石范文化圈

第一,中原以外的周边范铸技术,大多是从石范铸造开始的,并形成了长期的简单技术传统,以制造片状体的铜工具、武器和饰品为主。换言之,中国存在一个半月形的"C"状石范文化圈:即东北→华北→西北→西南→华南→中南→华东。

第二,中原地区以内的核心范铸技术,基本上是从陶范铸造起步的,并导致了长期的复杂技术传统,以制作容积体的铜礼器为主,形成了自成一体的圆月形的"O"状陶范文化圈:即陕、晋、豫交界为中心的黄河中游地区。

第三,陶范文化圈和石范文化圈各有源流,内外相套,并行共存,各显其能。陶范文化圈后来对周边的石范文化圈产生了影响,但没有完全取代石范文化圈;与此相反,石范文化圈几乎没有对陶范文化圈产生影响。

第四,中国早期铜器铸造存在两套技术系统,并由此形成了两大铜器文化传统。

本文原载《文化遗产研究集刊》第 7 辑,复旦大学出版社 2015 年,收录时做了增补。

---

[1] 陕西省文物管理委员会:《秦都栎阳遗址初步勘探记》,《文物》1966 年第 1 期。

# 明代漕运"运法三变"新探

吴　滔　张春芳

　　漕运为国之重计,对于传统国家来说其重要性不言而喻,如何运送漕粮成为历代王朝和地方州县所考虑的关键性问题。明初,定都南京,因紧靠全国最发达的东南经济重心,漕粮运输采取粮长民运的方式。永乐即位之后,筹划迁都北京,逐渐建立起一套"南粮北运"的体系。成祖先是继承宋元时代的漕运遗产,尝试使用海陆兼运之法。永乐九年(1411),会通河重新开凿,京杭大运河全线贯通,其后,漕运运法经历了一系列的重要转变。《明史·食货志》将这些转变归纳为——其法三变"初支运,次兑运、支运相参,至支运悉变为改兑而制定"[1]。在运法三变的过程中,军运的比重逐渐增加,特别自成化年间实行长运法后,运军直接至县交兑,开启了军运全面取代民运的大门。这一总体趋势被《明史·食货志》总结为:"自长运法行,粮皆军运,而白粮民运如故。"[2]该认识也成为后来学界理解明代漕粮运输方式变化的主要依据和探讨明清漕运制度变化的出发点,并将支运、兑支相参和改兑实施的时间节点分别定在永乐十三年(1415)、宣德六年(1431)和成化九年(1473)[3]。黄仁宇虽然敏锐地发现改兑开始推行时只是在几个府县进行,随后才延伸到其他府县,但仍与其他学者一样,认为成化九年后所有粮运任务由官军承担,并以永乐十三年作为支运法推行的起点,不仅忽略了支运法与永乐初年"三运"之法的承继关系,而且有将支运法简单地等同于转般法的嫌疑[4]。重新探索明前期之漕运"运法三变"特别是永乐年间"支运法"奠定的历史过程,不仅可以厘清军运与民运之间的复杂关系,而且有助于深化对明代漕运制度的理解。

---

[1]　(明) 张廷玉:《明史》卷 79《食货三·漕运》,中华书局 1974 年,第 1915 页。

[2]　(明) 张廷玉:《明史》卷 79《食货三·漕运》,第 1923 页。

[3]　鲍彦邦:《明代漕运研究》,暨南大学出版社 1995 年,第 55 页;江太新、李文治:《清代漕运》,中华书局 1995 年,第 11—20 页。

[4]　黄仁宇:《明代的漕运》,鹭江出版社 2015 年,第 72—75 页。

## 一、军民联运之发轫：永乐十三年前的"三运之法"

洪武时期，定都南京，京师供应的范围主要是南京周边的府州县，漕运的运输方式主要依靠民运，即由粮长负责漕粮的催征、解运和上纳。"靖难之役"后，燕王朱棣成功夺权，在南京登基，次年改元永乐，并计划迁都北京，自此"国家百费岁亿万不得不赖漕"[1]。为解决北京粮食供应难题，永乐元年（1403），成祖任命平江伯陈瑄和前军都督佥事宣信充总兵官，总理海运，"各率舟师海运粮饷。瑄往辽东，信往北京"[2]。吴缉华和樊铧均认为此举乃洪武海运之延续[3]。当年，"令江南民粮悉运赴太仓州，于平江刘家港，用海船绕出登莱大洋，以达直沽，岁陆拾万壹千贰百叁拾石"[4]，又"今太仓，即平江刘家港，元人海运开洋之处，永（乐）初，苏、松、浙江岁粮俱输纳于此，装运入海，以达直沽"[5]。这是一种典型的军民联运模式——作为海运督运者的卫所官军，并不直接驾船在州县领运漕粮，而是先由粮长将漕粮民运至太仓收囤，再由官军驾船，运抵直沽，最终转运至北京。

在海运的同时，卫河转运的方案也于同年由沈阳中屯卫军士唐顺提出。唐顺建议道，江南粮饷向西北绕道黄河至卫河，在黄河沿河置仓收囤江南漕粮，并且在黄河与卫河之间开挖一条新的运渠以沟通黄河与卫河，通过卫河转运南方粮饷。成祖命廷臣讨论唐顺的这一建言，但议而未行[6]。其后，户部尚书郁新在唐顺卫河转运建议的基础上提出了更为具体的操作办法，"淮河至黄河多浅滩跌坡，馈运艰阻，请自淮安用船可载三百石以上者，运入淮河、沙河，至陈州颍岐口跌坡下，复以浅船可载二百石以上者，运至跌坡上，别以大船

〔1〕（清）傅维鳞：《明书》卷69《河漕志》，《四库全书存目丛书》史部第38册，齐鲁书社1996年，第697页。

〔2〕《明太宗实录》卷18"永乐元年三月戊子"条，"中研院"历史语言研究所影印本1968年，第327页。

〔3〕吴缉华：《明代海运及运河的研究》，"中研院"历史语言研究所1960年，第52页；樊铧：《明初南北转运重建的真相：永乐十三年停罢海运考》，《历史地理》第23辑，上海人民出版社2008年，第188—198页。

〔4〕（明）张学颜：《万历会计录》卷35《沿革事例》，《续修四库全书》史部第832册，上海古籍出版社2002年，第592页。

〔5〕（明）张萱：《西园闻见录》卷37《户部六·漕运前》，《续修四库全书》子部第1169册，第110页。

〔6〕《明太宗实录》卷18"永乐元年三月戊戌"条，第330—331页。

载入黄河，至八柳树等处，令河南车夫运赴卫河，转输北京。从之"[1]。这一运道可划分为三段：淮河至黄河的河运、八柳树至卫河的陆运、卫河至北京的河运，故亦可称之为"河陆并运"。

首先是淮河到黄河的河运，由卫所官军从沿江、沿河的仪真仓、淮安仓领运至黄河边的阳武。由淮入黄，路途遥远，水情不同，多浅滩跌坡[2]，因此途中往往需要换船。江南漕粮通过江南运河，过长江，向北进入淮扬运道，到达淮安后，用载重300石以上的船只向西北运入淮河、沙河、颖河，抵达陈州颖岐口跌坡下，便暂停向前行驶，就地换成载重200石以上的小船，采用盘绞或拉纤的办法渡过跌坡，然后再换大船渡黄河急流，逆流而上经阳武至八柳树。位于新乡县的八柳树是黄河北岸重要渡口和漕粮转运的重要节点。永乐元年冬，"命都督金事陈俊运淮安、仪真仓粮百五十万余石赴阳武"[3]，表明这一段漕运的运输方式采取的是军运。

其次是八柳树至卫河的陆运，从河南卫辉府新乡县八柳树出发，"发山西、河南丁夫陆挽百七十里入卫河，历八递运所，民苦其劳"[4]，至卫辉府汲县，再到卫河南岸。这一段陆运的运输方式为民运，采取的是国家递运所体系下的运输模式。洪武元年(1368)正月，朱元璋下令在全国建置水马驿、递运所与急递铺，以供递送使客、飞报军务、转运军需所用[5]。以递运所体系转输大宗漕粮，之前并不多见。递运所是官方驿递体系的一部分，除官吏之外，其主体人员是递运夫和防夫，分属水递运所和陆递运所，八柳树至卫河段的漕粮转输则由陆递运所负责。由于缺乏直接的资料，无法准确地核算陆运的运力，但可以推测的是，陆递运所根据所辖车辆的数目确定运夫人数，大车每辆3人，小车每辆1人。陆递运所运输工具是牛车，牛车在古代使用普遍，多用于运载粮食。大车载米10石，需牛3头，运夫3人，布袋3条；小车载米3石，需牛1头，运夫1人[6]。从八柳树陆运至卫辉下卫河170里的路程，牛车速度缓慢，陆运效力较低，运输成本完全由递运夫承担。从陆运夫役的来源看，此段运输采取的是民运的运输方式，递运夫随田粮佥派，由15石以下粮户内点充，

〔1〕《明太宗实录》卷21"永乐元年七月丙申"条，第400页。

〔2〕按：跌坡指的是塌陷的坡岸，河道上下坡度大，水流速度增加，因此存在跌坡之险。

〔3〕（明）张廷玉：《明史》卷87《河渠志五·卫河》，第2128页。

〔4〕（明）张廷玉：《明史》卷153《列传第四一·宋礼传》，第4203—4204页。

〔5〕《明太祖实录》卷29"洪武元年正月庚子"条，第500页。

〔6〕《明太祖实录》卷25"洪武元年正月庚子"条，第501页。

共同造车,每人提供牛1头,若不及15石,则由若干户共同承担,归入州县的驿传徭役中。民运陆运至卫辉府卫河沿岸仓口之后,再交由官军运载至京。军民交运的地点并不确定,"永乐间,沁河决,厫仓沦陷,抚军会疏议,卫河不能行漕,乃改小滩镇以避其害"[1]。

最后一段由卫辉府通过卫河转输至京,是为河运,此段运输由军运负责。《明史·地理志》言:"卫辉府汲县,北有卫河,源出辉县,下流至北直静海县入海,行二千余里。"[2]永乐四年(1406),命平江伯陈瑄兼督江、淮、河、卫转运。永乐九年正月,命都督费义率舟师,运卫府所储粟33.44万石于北京[3]。

与海运、河陆并运同时并存的还有德州仓运,三者共同构成了永乐初年攒运北京的主要方式。由于前两者是在永乐元年确立的,后者在永乐五年(1407)才得以实施,因此有些文献没有将德州仓运纳入永乐初年的运法体系中。正是受史籍失载的影响,德州仓运遂逐渐淡出人们的视野。幸乎何乔远《名山藏·漕运记》明确记载了德州仓运的历史踪迹:"文皇作都于燕,初,仍海运之故为一运;别起淮、仪,历黄、卫,水陆灌溉,递抵都下为一运;其北则德(州)仓为一运。三运岁合二百五十万石有奇。"[4]

所谓德州仓运,指的是济南府与济宁州仓的税粮以陆运车夫运至德州仓后,等待卫河船解运至天津的运输方式,亦属军民联运系统。明代初年,由于会通河的淤塞,南运舟楫不通,山东有漕州县的漕粮参照卫河转运事例,"立陆路递运所,往来者悉由陆至德州下河"[5]。永乐五年,在德州设德州左卫,置递运所于城西北。"令山东布政司量起夫车,将济南府并济宁州仓粮送德州仓,候卫河船接运。"[6]德州仓运包括两个环节,一是由车夫陆运至德州仓,性质上属于民运,承运者来自州县递运所的徭役系统;二是卫河船接运,由卫所官军负责,属于军运。永乐五年,命右军都督佥事马荣、参议郭良率河南、山东官军,运天津及德州仓粟储通州[7]。永乐七年,命后军都督佥事吴庸运德州所储粮赴北京,"如卫河漕运事例"[8]。德州位于卫河岸畔,仓运性质上既

〔1〕 嘉庆《浚县志》卷10,《中国方志丛书》华北地方第493号,成文出版社1976年,第530页。
〔2〕 (明)张廷玉:《明史》卷42《地理志三·河南》,第990页。
〔3〕《明太宗实录》卷112"永乐九年正月乙酉"条,第1434页。
〔4〕 (明)何乔远:《名山藏》卷50《漕运记》,《续修四库全书》史部第426册,第446页。
〔5〕 (明)陈建:《皇明通纪法传全录》卷15,《续修四库全书》史部第357册,第248页。
〔6〕《大明会典》卷27《户部十四·漕运》,《续修四库全书》史部第836册,第471页。
〔7〕《明太宗实录》卷63"永乐五年正月辛未"条,第904页。
〔8〕《明太宗实录》卷99"永乐七年十二月丙辰"条,第1299页。

属于卫河转运系统，也有其相对独立性。德州仓同时发挥着收贮与转般的双重功能，故吴缉华称之为漕仓〔1〕。

综上，"三运"之法所包含的海运、河陆并运和德州仓运，后两种皆可视为卫河转运事例。《名山藏》提到永乐元年卫河转运额达到 150 万余石，相较同年海运 49 万余石的数额，是其 3 倍多。以此知之，河陆并运是当时最重要的运输方式，占据将近 60% 的份额。唐文基亦认为，水陆兼挽是永乐前期南粮北调的主要运输手段〔2〕。从另一方面看，"三运"之法，均不是单一的军运或民运。《明史·食货志》所言"惟海运用官军，其余则皆民运"〔3〕，既漠视了卫河转运的军运环节，也忽略了海运环节中民运至太仓的部分。事实上，单从军民二运承担的运输距离看，军运远较民运路途要长。河陆兼运中从阳武至卫辉的陆运民运只有 170 里的路程；德州仓运中从济南、济宁陆运民运至德州仓，路程也不过 700 里；而海运中的民运环节，更是近距离。质言之，永乐初攒运北京的漕运中，军运无疑占据绝对的主导地位。何乔远的《名山藏》载："永乐初，三运皆军"〔4〕，他敏锐地指出了军运的主导性，却淡化了卫河转运中陆运的民运环节。

就运输主体而言，永乐初年针对北京粮食供应的漕运方式，不是单一的军运或者是民运，而是军民联运，这与洪武体制下的单一民运大异其趣。在单一民运的体制中，纳户直接将漕粮上纳至终点京师。而军民联运改变了民纳的仓口，纳户只需将漕粮上纳至中途某个转运仓口，任务便告结束，从转运仓口到北京的运送任务改由卫所官军负责。举凡如何运送、采用何种运输工具以及漕粮的安全等问题，均由运军自行解决。

## 二、永乐十三年至宣德初：从卫河转运事例到支运法

卫河转运之法由淮入黄，再陆运至卫，需要经过两次换船，历经淮河、颍水、沙河、黄河、车运、卫河，才抵达天津，其后转输北京，可谓辗转曲折。加上黄河频繁改道及运力不足等因素的影响，"繁费多艰，不得不思变计矣"〔5〕。

〔1〕 吴缉华：《明代临清德州的地位及其漕仓的研究》，《明代社会经济史论丛》下册，学生书局 1960 年，第 309—324 页。

〔2〕 唐文基：《明代赋役制度史》，中国社会科学出版社 1991 年，第 75 页。

〔3〕 （明）张廷玉：《明史》卷 79《食货三·漕运》，第 1915 页。

〔4〕 （明）何乔远：《名山藏》卷 50《漕运记》，第 450 页。

〔5〕 （清）康基田：《河渠纪闻》卷 8，《四库未收书辑刊》第 1 辑第 28 册，北京出版社 2000 年，第 714 页。

在山东地方利益诉求及对朝廷决策因应的共同推动下[1]，永乐九年，由工部尚书宋礼主持，重新疏浚了沟通济宁至临清段的会通河。次年十月，宋礼上奏，从镇江、凤阳、淮安、扬州四府每年税粮中定额拨出 70 万石民解纳至徐州仓，徐州并兖州府税粮定拨 30 万石民解纳至济宁仓，共计 100 万石，再差拨近河徐州等卫旗军 1 万名，200 料浅船 500 艘，援照"卫河事例"，将前项仓粮从会通河攒运，供给北京"[2]。100 万石的运量只是理论上的，即便实现，与当年"山东指挥佥事李凯等督运卫辉等处粮百六十五万九千二百七十余石至北京"[3]相比，也处于绝对的劣势，说明卫河转运依然是最主要的运输方式。

经过三年的过渡期，自永乐十三年始，行在户部欲将永乐初年已存在的支运操作植入新的里河运输体制中，"依拟里河转运，却将海运停止，所据退下海运官军，俱令于里河驾船运粮"[4]，"里河者，江船不入海而入河，故曰里也"[5]。具体的操作办法是把包括漕船在内的分散的漕运资源集中于会通河，"添造二百料船，共辖三千只，专于淮安仓支粮，至济宁交收，却将二千只于济宁仓支粮，运至北京，一次该运粮四十万石，往回约用五十日，自二月起至十月河冻止，可运四次，共得粮一百六十万石，比与海运数多，又无风水之险，诚为快便"[6]。其后，掌控漕运实际大权的平江伯陈瑄对支运法中的军运环节加以进一步的优化组合，他首先把济宁仓排除在军运转般点之外，接着明确划分了军运的支运地点和支运范围，对军运的漕运责任进行规定：将浙江都司并直隶卫所官军于淮安运至徐州置立仓廒收囤，京卫官军于徐州运至德州置立仓廒收囤，山东、河南都司官军于德州接运至通州交收[7]。又将德州广积仓移入临清永清坝储漕运粮[8]，"河南、山东税粮令民至临清仓交收"[9]。临清仓继承了广积仓收贮和转般的双重功能，可视为军运和民运共同选择的结果。

随着运河沿线漕运资源的重新整合，由淮安仓、徐州仓、临清仓、德州仓四

〔1〕 樊铧：《明初南北转运重建的真相：永乐十三年停罢海运考》，第 188—198 页。

〔2〕 （明）王琼：《漕河图志》卷 4《始议从会通河攒运北京粮储》，《续修四库全书》史部第 835 册，第 617 页。

〔3〕 《明太宗实录》卷 134"永乐十年十一月丁酉"条，第 1639 页。

〔4〕 （明）佚名：《秘阁元龟政要》卷 7，《四库全书存目丛书》史部第 13 册，第 462 页。

〔5〕 （明）王鸣鹤：《登坛必究》卷 31《辑漕河说·漕河建置》，《四库禁毁书丛刊》子部第 35 册，北京出版社 2000 年，第 317 页。

〔6〕 （明）王琼：《漕河图志》卷 4《始罢海运从会通河攒运》，第 617—618 页。

〔7〕 （明）王琼：《漕河图志》卷 8《漕河水次仓》，第 676 页。

〔8〕 《明太宗实录》卷 165"永乐十三年六月癸未"条，第 1856 页。

〔9〕 （明）王在晋：《通漕类编》卷 2《漕运·皇明》，《四库全书存目丛书》史部第 275 册，第 280 页。

大水次仓所引领的支运体系正式确立,"江西、湖广、浙江民运粮至淮安仓,分遣官军就近挽运。自淮至徐以浙直军,自徐至德以京卫军,自德至通以山东、河南军,以次递运,岁凡四次,可三百万余石,名曰支运。支运之法,支者不必出当年之民纳,纳者不必供当年之军支,通数年以为衰益,期不失常额而止,由是海陆二运皆罢"[1]。其中"支者不必出当年之民纳,纳者不必供当年之军支"直接凸显出支运法的优势所在:漕运任务不拘于当年完成,可以跨年转输,拥有较大的回旋空间[2]。梁方仲将之概括为"军民分任其劳"[3],也即军民联运。而李天佑则认为此处"支"专指"军支",以区别于民运,故支运指的是民运粮到指定的各官仓后,再由官军转般递运北上,突出了其中的转般特性[4]。与此相应,各仓民运的进仓粮与运军的支领粮的数额可以数年通融计算,只要不失仓储和运输的常额即可。对于运军来说,不必领运当年民纳的进仓粮,而对于民运来说,不必供纳当年运军的支运粮,既在时间上可弹性地错开运输高峰期,一年最多可运四次,也可以使北京粮储得到更加有效的保证。永乐十三年,馈运北京粮达到六百四十六万二千九百九十石[5],创历史最高纪录。

总体而言,支运法是建立在民纳军支、军支民运的基础上的,军与民在漕运中有明确的分责范围。对于江西、湖广、浙江等省的纳粮户来说,粮长民运至淮安仓,就宣告漕运任务结束;剩下淮安至北京的运程已不是自己的职责范围,而是由指定的运军承担。这就需要大量的运军服务于漕运体制当中。然而,永乐末年,出于战事、建设北京城、下西洋等缘由,军运人员多被调遣。如此,由官军节次递运的方式在运军不足的条件下基本形同虚设,金充民户长途运输的方式死灰复燃,"漕伍废缺,乃令江南民粮定拨淮、徐者,暂假粮户运赴通仓"[6]。永乐十七年(1419)馈运北京粮200.97万石[7],永乐十八年(1420)更是出现断崖式减少,才60.7328万石[8],跌至谷底。连续两年输送至北京的漕粮数额大幅暴跌,表明令民自运至北京、通州的漕粮运输方式并不成功。

〔1〕 (明)张廷玉:《明史》卷79《食货志三·漕运》,第1916页。

〔2〕 吴滔:《改兑与冻阻:明代漕运体制的两难选择》,《浙江社会科学》2020年第7期。

〔3〕 梁方仲:《明代粮长制度》,上海人民出版社1957年,第36页。

〔4〕 李天佑、蒿峰:《明代漕运的几个问题——读〈明史·食货志·漕运篇〉札记》,《山东师大学报(哲学社会科学版)》1982年第1期。

〔5〕 《明太宗实录》卷171"永乐十三年十二月癸巳"条,第1907页。

〔6〕 (明)何乔远:《名山藏》卷五〇《漕运记》,第450页。

〔7〕 《明太宗实录》卷219"永乐十七年十二月己亥"条,第2182页。

〔8〕 《明太宗实录》卷232"永乐十八年十二月癸亥"条,第2245页。

永乐十九年(1421),翰林院侍读李时勉针对因官军俱赴营建北京导致民间自运困敝不堪的局面,提议在淮安、徐州、济宁置立仓廒收贮漕粮,"量地远近,分拨运纳,别设法运至北京,少纾民力"[1]。从民间长运的角度,将运纳仓口改至徐州与济宁,无疑是民运长运的变通之策,相对缩短了民运的距离,减轻了民运压力。然而,相较于永乐十三年原本上纳淮安仓的纳粮户而言,徐州、济宁却是更远的仓口,运输负担仍然非常繁重。永乐二十二年(1424),陈瑄在李时勉的基础上提出恢复并扩大支运法,重新搭建军民联运的运输体制,采取军民于多处仓口运纳的办法,"于近便淮安、徐州等处交纳,别令官军接运至北京"[2]。在陈瑄的建议得到执行后,形成了一府州县之漕粮分解多处仓口的格局。收贮与转搬仓口的增加,既是对漕粮的分流,也是对军民二运运力上的重新调整。

宣德初年,因营建献陵、长陵、南京宫殿及征战交趾等事,运军被频繁调派的情形不少于永乐末岁。在官军运力不足的前提下,宣德二年"令浙江、江西、湖广并直隶苏、松等处起运淮安、徐州仓粮拨民自运赴通州仓,其运粮官军于淮安、南京支运"[3],多少透露出这一阶段的漕粮运输方式始终在令民自运和民纳军支之间反复。

宣德四年(1429),宣宗以"军民每岁漕运劳苦,欲少苏其力,使岁运不乏"为由,命行在工部尚书黄福与陈瑄共同计议,"凡民间所运税粮,当于何处置仓收贮令官军转运,或不必置仓令军民输运如旧,务处置得宜,使公私两便"[4]。经过这次调整,新方案的重心放在了如何处置军运和民运的比例之上。陈瑄提议:"江南民粮昔于淮安、徐州、临清置仓收贮,令军转运赴北京,后因官军多有调遣,江南之粮令民自运,北京路远违期,有误供给。今淮、徐、临清仓廒犹存,宜令江西、湖广、浙江之民运粮一百五十万石贮淮安仓,苏、松、宁国、池、庐、安庆、广德民运粮二百二十五万石贮徐州仓,应天、镇江、常州、太平、淮安、扬州、凤阳及滁、和、徐三州民运粮一百五十万石贮临清仓,山东、河南、北直隶府州县粮俱令运赴北京仓为便。"[5]该方案的中心思想不外乎是将有漕州县民运漕粮及数额与支运仓口对应,重新分割军、民二运在漕运中的运输责任和运输距离。

---

〔1〕《明太宗实录》卷236"永乐十九年四月甲辰"条,第2265页。

〔2〕《明仁宗实录》卷2下"永乐二十二年九月壬辰"条,第71页。

〔3〕(明)王圻:《续文献通考》卷37《国用考·漕运上》,《续修四库全书》史部第275册,第422页。

〔4〕《明宣宗实录》卷53"宣德四年四月戊子"条,第1277页。

〔5〕《明宣宗实录》卷55"宣德四年六月庚子"条,第1320—1321页。

因提议关涉重大，故而宣德帝命群臣合议是否可行，商议的结果是："除淮安仓收贮及河南、山东、北京郡县粮如瑄所言外，会计徐州仓可增粮二十四万石，临清仓可增七十万石，其官军差遣者令各卫拨补，并预定空闲仓廒，增置斗斛。"[1]徐州、临清二仓的仓粮大幅增加，意味着各地民运的距离相比永乐十三年的支运法不仅没有缩短，反而大幅度延长。如苏州府原拟运粮至徐州仓即可，而宣德五年（1430）坐派该府"临清粮一百六万一千一百九十二石，徐州粮十五万石"[2]，绝大部分漕粮是运往距离更远的临清仓，从而进一步加剧了江南漕粮的远运格局。远运不仅指运输距离上的遥远，更针对漕运数额及运输费用上的巨大，苏州府"递年远运费用该用船只、脚钱等项费用庞大，北京粮每石用过米四石"[3]。

更为严重的是，远运不仅限于民运，军运亦然。"往时里河运粮，军民相半，军则官为打造浅船，分长、短、中三运，长运于淮安常盈仓，中运于徐州广运仓，短运于临清广积仓支米一尖一平下船；民则自行雇船装运，正粮一石该平米二石，又船钱一石"[4]，与民运恰恰相反，对于运军来说，淮安常盈仓是为长运，徐州广运仓为中运，临清仓为短运。远运带来的后果是"今民力竭于东南，戎武疲于漕运"[5]，军民皆困。

## 三、宣德五年至成化九年：从兑、支相参到改兑法

为了解决远运之困，宣德五年，行在户部有大臣上奏言："各处纳粮人户昔日殷富，今消乏，昔日贫乏，目今殷实，未免不均。今后各无就于附近水次利便去处庵观、寺院空闲房屋，及令粮里纳户暂置仓囤，将所纳税粮收贮，不分存留、起运，俱要年终齐足，如是违限不完，州县提调部粮官吏依律坐罪，粮长、纳户一年之上。就发附近卫分兑军，每石不过加一、加二、加三，多者坐赃论罪。"行在户部给出的答复是："备仰会通所属官吏博访民情，计议照旧运纳、今定事例，何者为便，计议停当，委堂上官一员，驰驿赴京回话，如是别有长

〔1〕《明宣宗实录》卷55"宣德四年六月庚子"条，第1320—1321页。
〔2〕（明）况钟：《明况太守治苏集》卷7《请减秋粮奏》，乾隆二十九年刻本，第5页。
〔3〕（明）况钟：《明况太守治苏集》卷7《请减秋粮奏》，第5页。
〔4〕（明）张萱：《西园闻见录》卷33《户部二·赋役后》，第40页。
〔5〕（明）王鏊：《夏原吉传录》，（明）陈九德辑：《皇明名臣经济录》卷2《保治》，《四库禁毁书丛刊》史部第9册，第22页。

法,宜从陈奏。"〔1〕这份奏议保留在况钟的《遵旨会议奏》中,过往被学界所忽略。根据材料可知,至少在宣德五年,在政府内部已经出现了于州县水次置立粮仓收贮税粮,并且就便兑与附近卫所,给军加耗的方案。地方州县究竟是选择照旧运纳,还是采取新定事例,行在户部的态度是"何者为便,计议停当……如是别有长法,宜从陈奏"〔2〕,这表明针对运法的改革,还处于逐步摸索的过程中。深受"远运"困扰的苏州府知府况钟率先回应,主张远运仓粮"于本府并附近苏州、太仓、镇海及淮安等卫仓交纳……于顺便水次听候浙江都司并苏州等卫所运粮官军初运船只经过领运一次,赴北京仓库交收,另行造册,将运过粮数官军姓名送部查理"〔3〕。换言之,况钟既不同意于州县水次置立粮仓,也不认可就便兑军及兑军加耗的提议,而是试图将远运任务让运军独立承受,达到其"民力得苏,农务不失"的目的。显然,这是对于运军过于苛刻的不平等"条约"。最终,况钟的计划未获准。

南直隶巡抚周忱敏锐地观察到,必须要付足够的运费,每石量加耗米以补偿运军,才能使运军心甘情愿地加入漕运体系中来。他于宣德六年提议:"时漕运军民相半,军船给之官,民则傭舟,加以杂耗,率三石致一石,往复经年失农业。忱与平江伯陈瑄议民运至淮安或瓜洲水次竟兑漕军运抵通州,淮安石加五斗,瓜洲又益五升,其附近并南京军未过江者即仓交兑,加与过江米二斗,衬垫芦席与折米五合兑军。或后期阻风则令州县支赢米,设廒于瓜洲水次,迁米贮之,量支余米给守者。"〔4〕新的运法是将民运仓口由分散在临清、徐州、淮安到集中于较近的淮安和瓜洲;同时,为补偿官军远运之劳,以仓口远近为标准加给运军耗米,如此军民之间针对运役有了可计算的兑换关系,"民之所以得宴然于境内而使军自至者,非能役之也,实增加耗之米雇之也,军之所以不得不至者,实厚受其雇而为之役也"〔5〕。

果然,此议一出,立刻得到军方的积极响应。宣德六年六月,陈瑄上奏将之扩大到湖广、江西、浙江等有漕省份:"江南之民,运粮赴临清、淮安、徐州上仓,往返将近一年,有误生理。而湖广、江西、浙江及苏、松、安庆等官军,每岁以船至淮安载粮,若令江南民粮对拨附近卫所官军运载至京,仍令部运官会计

〔1〕 (明)况钟:《明况太守治苏集》卷7《遵旨会议奏》,第6页。
〔2〕 (明)况钟:《明况太守治苏集》卷7《遵旨会议奏》,第6页。
〔3〕 (明)况钟:《明况太守治苏集》卷7《遵旨会议奏》,第7页。
〔4〕 《周文襄公年谱·列传》,光绪十五年校补集印本,第3页。
〔5〕 (明)归有光:《遗王都御史书》,《震川集》,上海古籍出版社1993年,第105页。

给与路费耗米,则军民两便。"〔1〕

经过侍郎王佐再议和群臣集议,皇帝以为兑运法可行,并推广到其他有漕州县。同年十月,位于北京的行在户部正式颁布兑军民粮加耗则例:"每石湖广八斗,江西、浙江七斗,南直隶六斗,北直隶五斗,民有运至淮安兑与军运者止加四斗。如有兑运不尽,令民运赴原定官仓交纳,不愿兑者听自运。"〔2〕运价核算完毕之后,宣德七年(1432)正式推行兑运:"令官军各于附近府、州、县水次交兑,及令江南府、州、县民运粮于瓜洲、淮安二处水次,俱限年里到,兑与江北凤阳、扬州等卫所领运,量地远近,加与耗米。"〔3〕

从宣德五年到宣德六年,经过多方筹算,特别是运军与州县在加耗核算上的诸多博弈,兑运法终获确立,这在一定程度上解决了支运"民有往复之劳,军无脚耗之利,诸仓既收,支放经费无益"〔4〕等弊端,明代漕运进入了"兑运、支运相参"〔5〕阶段。此法规定官军在瓜、淮等交兑地点支粮后直接送达京师,而非节节转般,则是对永乐十三年支运法的彻底颠覆。对粮户来说,相比自运上仓,兑运的成本更低,是以兑运日多,而支运益少;而运军于瓜淮水次兑运,虽然仍在形式上维持了民运至瓜淮水次的军民联运,但已经不是支运法下军民各自独立承担运输任务的格局。

运军至州县附近水次交兑,并不意味着江南地区没有民运了,《通漕类编》载:"南京、江北府州县粮于瓜洲、淮安交兑;其淮、徐、临、德四仓仍支运十分之四;浙江、苏、松等船各于本地方领兑,不尽者仍赴瓜、淮交兑。"〔6〕这表明兑运法并没有将所有运输方式整齐划一,而是继续维持支运、民运与兑运共存,纳户既可以自由选择兑运或者是民运至淮安兑运,也可以运至原有水次仓口由运军支运,抑或自运至北京、通州。

正统年间,兑运的规模继续扩大。正统二年(1437),"运粮四百五十万石,内兑运二百八十万一千七百三十五石,淮安仓支运五十五万二百六十五石,徐州仓支运三十四万八千石,临清仓支运三十万石,德州仓支运五十万石"〔7〕。

---

〔1〕《明宣宗实录》卷80"宣德六年六月乙卯"条,第1861页。

〔2〕《明宣宗实录》卷84"宣德六年十月丙子"条,第1949页。

〔3〕(明)王琼:《漕河图志》卷8《运粮加耗则例》,第678页。

〔4〕(明)杨宏、(明)谢纯:《漕运通志》卷8《漕例略》,《四库全书存目丛书》史部第275册,第85页。

〔5〕(清)嵇璜:《续通志》卷155《食货略·漕运》,文渊阁《四库全书》本,第394册,台湾商务印书馆1986年,第442页。

〔6〕(明)王在晋《通漕类编》卷2《漕运·皇明》,第281页。

〔7〕《明英宗实录》卷22"正统元年九月甲午"条,第422页。

正统九年(1444),"令各处民粮每岁该起运京师之数,先尽本都司卫所兑运,其有不尽者,布政司坐拨各府县轮流运送于淮安、徐州、临清、德州等仓交收"[1]。到成化前期,各仓支运米仅有70万石。兑运逐渐取代支运,表明漕运方式日趋单一,运河沿线大型水次仓的功能也开始弱化。

在以上趋势之下,成化九年,户部覆奏漕运巡抚事,"递年民运赴淮安、徐州、临清、德州仓粮官军领运,原无加耗,然民苦远运之劳,军乏盘剥之助,今宜免民远运,就同本处兑军粮运赴水次与官军领运,仍作支运之数。每石加耗,湖广、浙江、江西四斗,应天并江南直隶诸府三斗,江北直隶诸府二斗五升,徐州二斗,山东河一斗五升。如兑支不尽仍令民运赴各仓上纳,其各该官军原兑粮每石仍加七升不例。……如议"[2]。这就是《明史·食货志》所总结的长运法。具体操作办法是将民运至淮安、徐州、临清、德州运河沿河大型水次仓,给予官军领运的支运粮,纳户不必再行远运,而是通过支付更丰厚的兑军加耗,令官军在州县水次领运。次年,总督漕运左副都御史李裕奏,"山东原派兑运粮并河南、凤阳、苏、松改兑兑粮"[3]。上奏中首次出现"改兑"二字,因此后来的文献常将成化九年的改革称为"改兑法"。为示区别,又将之前的兑运称为正兑,漕粮形成"正兑米-改兑米"的结构。在会计层面,改兑粮70万石[4],依然属支运粮。改兑兑军加耗的形成,表明运军支运无耗米的局面得以改变。大部分漕粮陆续实现由运军采取直达法长途运输,一年三运或一年四运的运输方式逐渐淡出漕运系统。对于瓜、淮以北的漕运而言,改兑法的意义不仅仅在于长运的产生,更为重要的是,运军领兑地点的改变以及运军支运耗米的出现,使得原有的军民联运格局被进一步分解,支运法的痕迹被改兑法所掩盖。至此,正兑与改兑已不表现为漕粮运输方式的差别,而是兑军加耗则例的差别。

## 结　论

明洪武时期,以南京为京师,京师供应依靠粮长制度,主要通过民运完成漕粮的运纳。在永乐定都北京的过程中,试图继承宋元时代的漕运遗产,建立

---

[1] (明)杨宏、(明)谢纯:《漕运通志》卷8《漕例略》,第88页。
[2] 《明宪宗实录》卷120"成化九年九月乙巳"条,第2315页。
[3] 《明宪宗实录》卷124"成化十年正月己酉"条,第2378页。
[4] (明)刘斯洁:《太仓考》卷3之三《岁入》,北京图书馆古籍出版编辑组编:《北京图书馆古籍珍本丛刊》第56册,书目文献出版社2002年,第742页。

起一套以"三运之法"为特征的南粮北调系统。以往学界受《明史·食货志》影响存在一个误区，认为永乐十三年才是支运法之始。实际上，实施于永乐初年的卫河转运已蕴含"民运加转般"的支运原则。无论是卫河转运还是德州仓运抑或是海运，均显示出军民联运的鲜明特征。对于纳粮户和运军来说，从事漕运任务均是无偿的劳役，相应地，军运和民运也是两个各自独立的漕运环节。永乐十三年，彻底停罢海运，改从会通河攒运，实际不过将卫河转运事例移植入新的里河运输体制中。无论如何均谈不上是一次重大变革，即便勉强称是，也只是对运道的改变，实行的还是支运法。

永乐末年至宣德初年，大量运军被遣作他用，军民联运的漕运体制面临严峻挑战，民运和军运皆饱受"远运"之困。南直隶巡抚周忱和漕运总兵官陈瑄等积极推动由纳户向运军支付运费的诸项举措，有效地提升了运军运粮的积极性，原本由纳粮户承担的运役通过经济支付手段改由运军承担，自此明代漕运进入了"兑运、支运相参"阶段。在这一全新的机制下，官军在瓜、淮等交兑地点支粮后直接送达京师，而非节节转般，乃是对支运法下军民各自独立承担运输任务格局较为彻底的颠覆。

成化九年，改兑政策得到进一步深化。此后，任何有漕州县在原则上都被允许支付更加丰厚的兑军加耗，将民运至淮安、徐州、临清、德州的支运粮改至州县水次，直接兑与运军。然而，上有政策，下有对策，除了江南地区以外，江西、湖广、山东、河南等有漕省份均因种种原因，从未将这一"善政"落实到位，民运的比例始终居高不下。尽管如此，"改兑法"仍然从制度本身的层面使明代"漕运运法"的改革进程告一段落。至此，兑运与支运已不再表现为漕粮运输方式的差别，而是更多地体现出兑军加耗则例的差异。从这个意义上说，所谓的"改兑法"并非将民运彻底逐出漕运舞台，运军成为漕粮运输的主体才是"运法三变"之实质。

本文原载《史学集刊》2023 年第 4 期。

作者简介：张春芳，女，1990 年生，江西吉安人，历史学博士。2016 年入中山大学历史学系，师从吴滔教授，2023 年毕业，获历史学博士学位。现为井冈山大学人文学院讲师，主要研究方向为中国社会经济史、漕运史、运河史。

# "碳"索绿色城市圈：环太湖城市圈协同减碳路径探究

## ——基于环太湖五市的碳足迹调查

张晓芳

## 一、绪　　论

### （一）研究背景

中国计划到 2030 年实现碳达峰，到 2060 年实现碳中和，这是国家层面的重要决策。为达到这个目标，研究减污降碳协同效应的特征和机制对于制定绿色转型政策具有重要意义。

本次研究的环太湖城市圈包括江苏的苏州、无锡、常州和浙江的嘉兴、湖州。这个区域是长三角地区人均 GDP 最高的地区，占地约 7.65％的长三角国土面积，集聚了 14.63％的人口，贡献约 20.12％的经济产出。这个地区的优势产业明显，呈集群化布局，尤其在电子、化工、装备等领域区位熵比重大。

环太湖区域是长三角地区的经济、产业、生态和社会发展核心区域，具备独特的经济、区位和生态优势，对实现"双碳"目标起到关键作用。在实地调研的基础上，本文通过核算能源足迹，利用 LMDI 模型分析环太湖城市圈能源足迹的压力、强度及其变化影响因子，提出针对性的能源减排路径和政策建议。

### （二）研究方法

1. 研究方法

本研究采用了文献查阅、实地勘察、走访座谈、问卷调查、定量分析、空间分析等方法。

### 2. 使用模型

(1) 能源消费碳排放计算模型

该方法将能源消费碳排放定义为：能源消耗所产生 $CO_2$ 排放量等同于能源燃烧消耗量以及 $CO_2$ 排放系数的乘积。该方法已被多位学者所引用[1]，研究结果也证明了计算方法的可靠性。

该方法的计算公式为[2]：

$$CEFC = \sum\nolimits_{i=1}^{n} FC_i \times CEF_i \qquad (1)$$

其中，$CEFC$ 表示能源消费 $CO_2$ 排放量($tCO_2$)，$FC_i$ 代表第 i 类化石能源消费量($t$,$10^4\ Nm^3$)，$CEF_i$ 代表第 i 类能源的 $CO_2$ 排放系数($tCO_2/t$,$tCO_2/10^4\ Nm^3$)。

第 i 类能源的 $CO_2$ 碳排放系数的计算公式为：

$$CEF_i = CC_i \times OF_i \times NCV_i \times \frac{44}{12} \qquad (2)$$

其中，$CC_i$ 表示第 i 类能源的碳排放因子，又称为单位热值含碳量，$OF_i$ 表示第 i 类化石能源的碳氧化率，$NCV_i$ 表示第 i 类化石能源的平均低位发热值，$\frac{44}{12}$ 为 $CO_2$ 的碳质量转化因子。

(2) NPP 法能源足迹计算模型

NPP 模型在认同碳汇法能源足迹计算原理的两个基本假设的前提下，还认可土地的综合碳吸收能力。NPP 法将能源足迹定义为用于吸收能源燃烧产生的 $CO_2$ 的区域性土地面积。该方法的计算分为 3 个步骤。其中，第二步计算能源碳排放已提前使用碳排放系数法计算得出。

计算区域 NPP，公式为：

$$NPP = \frac{\sum\limits_{i=1}^{m} A_i \cdot NPP_i}{A} = \sum\limits_{i=1'}^{m} \omega_i \cdot NPP_i \qquad (3)$$

［1］ 王长建、汪菲、张虹鸥：《新疆能源消费碳排放过程及其影响因素——基于扩展的 Kaya 恒等式》,《生态学报》2016 年第 8 期。

［2］ 袁路、潘家华：《Kaya 恒等式的碳排放驱动因素分解及其政策含义的局限性》,《气候变化研究进展》2013 年第 3 期。

其中，NPP 为区域净初级生产力（tC/hm²）；i 表示不同的土地利用类型；$A_i$ 为区域内第 i 类土地利用类型的面积（hm²）；$NPP_i$ 为区域内第 i 类土地类型的全球净初级生产力（tC/hm²）的平均值[1]；A 为区域土地总面积（hm²），$\omega_i$ 为区域内第 i 类土地的面积与区域总面积的比值，即土地利用占比。

① 计算能源消费碳排放，见公式（2）

② 综合区域净初级生产力的核算与碳排放的核算结果，对区域内能源消费的能源足迹进行核算，具体计算方法如下：

$$EEF = \sum_{j=1}^{n} \frac{CE_j}{NPP} = \sum_{j=1}^{n} \frac{Q_j \cdot CEE_j}{NPP} = \sum_{j=1}^{n} \frac{Q_j \cdot NCV_j \cdot CC_j \cdot O_j}{NPP} \quad (4)$$

其中，EEF 为区域能源足迹（hm²）；NPP 为区域净初级生产力（tC/hm²）；$CE_j$ 为第 j 类能源的碳排放量。

（3）能源足迹压力测算模型

参照 Chen[2] 等对国家层面能源足迹压力的测算方法，本文基于中国城市碳排放和碳汇数据，构建能源足迹压力指数，以期真实反映观测期内各城市落实"双碳"目标的压力水平，测算公式如下：

$$cfp_{it} = ce_{it} / cs_{it} \quad (5)$$

$ce_{it}$ 和 $cs_{it}$ 分别表示城市 i 在 t 年的碳排放和碳汇；$cfp_{it}$ 表示城市 i 在 t 年的能源足迹压力，与城市减排增汇的压力成正比。

（4）能源足迹压力变化强度测算模型

能源足迹压力变化强度反映一段时间内人类活动对区域碳循环系统影响的变化强度，其计算模型如下：

$$\delta_i = \frac{CBI_e - CBI_s}{CBI_s} \times 100\% \quad (6)$$

式中，$\delta_i$ 表示第 i 个城市的能源足迹压力指数变化强度；$CBI_e$ 表示第 i 个城市在截至今年的能源足迹压力指数；$CBI_s$ 表示第 i 个城市在初始年的能

〔1〕 Venetoulis J., Talberth J., "Refining the Ecological Footprint", *Environment，Development and Sustainability*, 2008, 10(4).

〔2〕 Chen J., GAOM, CHENGS, et al. "County Level CO₂ Emission Sands Equestration in China during 1997-2017", *Scientific Data*, 2020, 7.

源足迹压力指数。

(5) 能源足迹空间分布动态特征分析模型-核密度估计

核密度估计是一种非参数估计方法,通过离散采样点内插连续平滑的密度曲线,代替直方图描述随机变量分布的位置、形态和延展性。该方法对模型依赖度低,稳健性强,常用于空间非均衡分析。本文选用高斯核函数进行核密度计算,其公式如下:

$$f(x) = (1/nh) \sum_{i=1}^{n} k[(cfp_i - \mu)/h] \tag{7}$$

$$K(x) = (1/\sqrt{2\pi}) \exp(-x^2) \tag{8}$$

其中,$cfp_i$ 表示城市 i 的能源足迹压力;f(x) 表示核密度;n 表示城市个数;$\mu$ 表示城市能源足迹压力的均值;h 表示区域直径;k(x) 表示高斯核函数。

(6) 能源足迹影响因素分解分析模型

基于 LMDI 因素分解分析思路,基于能源足迹影响机理的现有研究以及能源足迹的核算方法,并结合环太湖五市能源消费的实际情况,构建能源足迹影响机理的 LMDI 分解分析模型,其具体模型如下:

$$EEF = \sum_i \frac{CE_i}{NPP} = \sum_i \frac{CE_i}{E_i} \times \frac{E_i}{E} \times \frac{E}{GDP} \times \frac{GDP}{P} \times P \times \frac{1}{NPP}$$
$$= EC \times ES \times EI \times G \times P \times S \tag{9}$$

其中,EEF 表示能源足迹;$CE_i$ 表示第 i 类能源的碳排放量;NPP 表示区域净初级生产力;$E_i$ 表示第 i 类能源的消费量;E 表示能源消费总量;GDP 表示地区生产总值;P 表示人口规模;EC 表示碳排放因子;ES 表示能源消费结构;EI 表示能源消费强度;G 表示经济发展水平;S 表示土地固碳能力。

运用 LMDI 分解模型,可以将能源足迹的变化值分解为以下 6 个指标,分解公式如下所示:

$$\Delta EEF = EEF^t - EEF^0 = \Delta EC + \Delta ES + \Delta EI + \Delta G + \Delta P + \Delta S \tag{10}$$

式中,$\Delta EEF$ 表示能源足迹基准年和第 t 年之间的变化值,即能源足迹变化的综合效应;

$EEF^t$ 表示目标年的能源足迹;$EEF^0$ 表示基准年的能源足迹;$\Delta EC$、

ΔES、ΔEI、ΔG、ΔP、ΔS 分别表示能源碳排放因子、能源消费结构、能源消费强度、经济发展水平、人口规模、土地固碳能力的变化值；研究假设各种能源的碳排放因子基本保持不变，即能源碳排放因子的贡献 ΔEC＝0，因此本文在影响机理分解分析中不考虑能源碳排放因子的影响关系；将公式(6)改写为：

$$\Delta EEF = \Delta ES + \Delta EI + \Delta G + \Delta P + S \tag{11}$$

根据 LMDI 分解分析方法，各驱动因素的绝对变化之和等于能源足迹的总变化各因素的分解效应分别如公式所示：

$$\Delta ES = \sum_i \frac{EEF_i^t - EEF_i^0}{\ln EEF_i^t - \ln EEF_i^0} \times \ln \frac{ES_i^t}{ES_i^0} \tag{12}$$

$$\Delta EI = \sum_i \frac{EEF_i^t - EEF_i^0}{\ln EEF_i^t - \ln EEF_i^0} \times \ln \frac{EI_i^t}{EI_i^0} \tag{13}$$

$$\Delta G = \sum_i \frac{EEF_i^t - EEF_i^0}{\ln EEF_i^t - \ln EEF_i^0} \times \ln \frac{G^t}{G^0} \tag{14}$$

$$\Delta P = \sum_i \frac{EEF_i^t - EEF_i^0}{\ln EEF_i^t - \ln EEF_i^0} \times \ln \frac{P^t}{P^0} \tag{15}$$

其中：$EEF^t$ 为第 t 年的第 i 类能源足迹；$EEF^0$ 为基期的第 i 类能源足迹；$ES_i^0$、$EI_i^0$、$G_i^0$、$P_i^0$ 分别为基期的能源消费结构、能源消费强度、经济发展水平、人口规模。各驱动因素贡献率即各因素变化量与总变化量之比，能够更直接地显示出各驱动因素对环太湖五市能源足迹的作用方向和大小，为了进一步反映出各驱动因素的作用，对各驱动因素对能源足迹变动的贡献率进行计算。

### (三) 数据来源

(1) 能源与标准煤换算公式来源于中华人民共和国工业和信息化部发布的各种能源折标准煤参考系数；(2) 土地利用数据来源于武汉大学发布的 30 米(1985—2020 年)CLCD 土地利用数据；(3) 2000 年、2005 年、2010 年、2015 年、2020 年各城市能源消费量、地区生产总值、人口总量数据来源于各城市统计局发布的 5 个年份的统计年鉴，电力来自全社会用电量，其余能源均为规上企业耗能量；(4) 对策部分吸收了问卷调查获取的数据。

## （四）研究思路

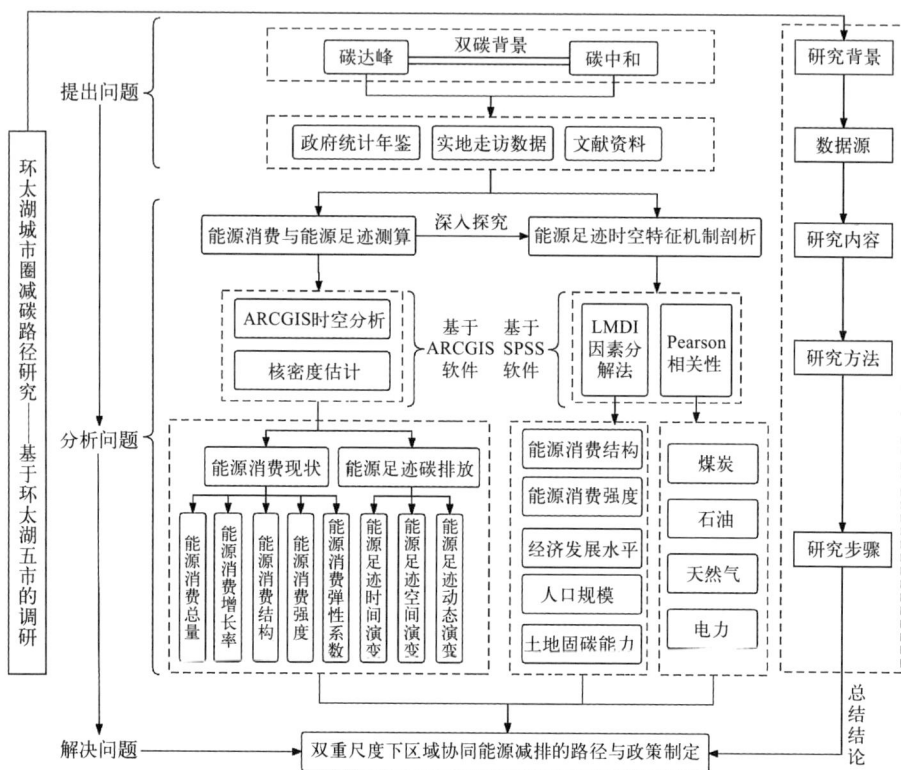

**图 1　本研究技术路线**

# 二、环太湖城市圈能源消费状况

## （一）能源消费总量变化分析

### 1. 能源消费总量

2000—2020 年,环太湖城市圈能源消费增长显著,由 0.28 亿吨标准煤当量增至 1.75 亿吨,累计增长 1.47 亿吨。苏州能源消费总量领先,增长最多,为 7 381 万吨标准煤当量;湖州增长最少,为 696 万吨。苏州经济迅速发展,城市化和工业化快速,高能耗产业占比大,导致化石能源消费量大。

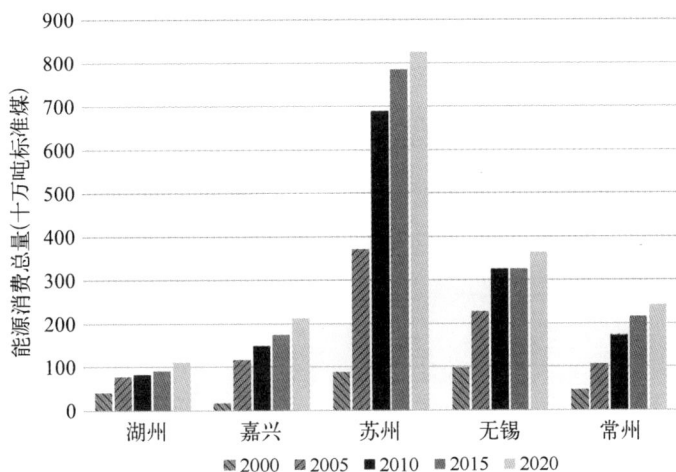

**图2　环太湖五市能源消费总量**

### 2. 能源消费增长率

2000—2020年，环太湖城市圈能源消费增长了519.24%。其中，2000—2005年增速最快，反映了当时的快速城镇化。但2005—2010年，受政府能源和环保政策影响，增长率大幅下降。至2015—2020年，仅有两个城市增长率略有回升。

在空间上，苏州的消费增长持续下降，2015—2020年增长率最低。无锡的消费增长率波动较大，2005—2010年降至最低后反弹。常州能源消费增长率也持续下降，但降幅小于苏州。嘉兴的降幅最大，从2000—2005年的首位降至最低，2015—2020年略有反弹。

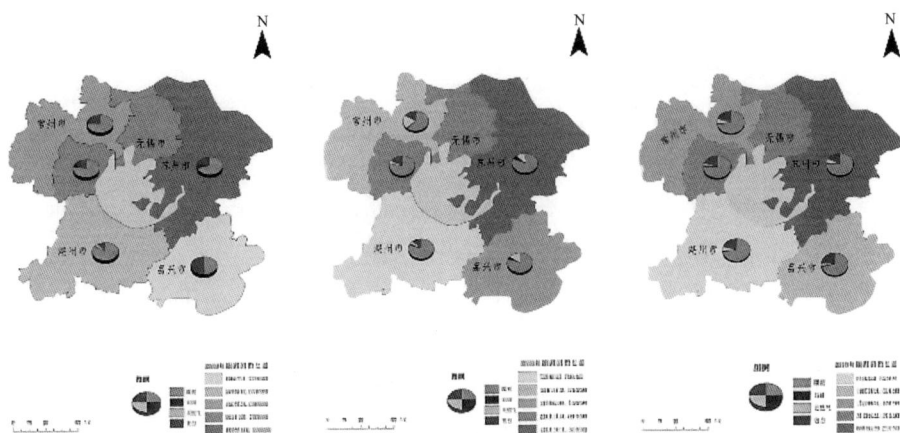

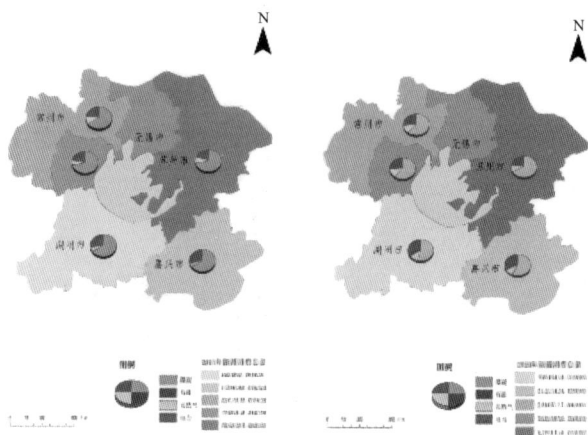

图3　环太湖五市能源消费总量空间分布

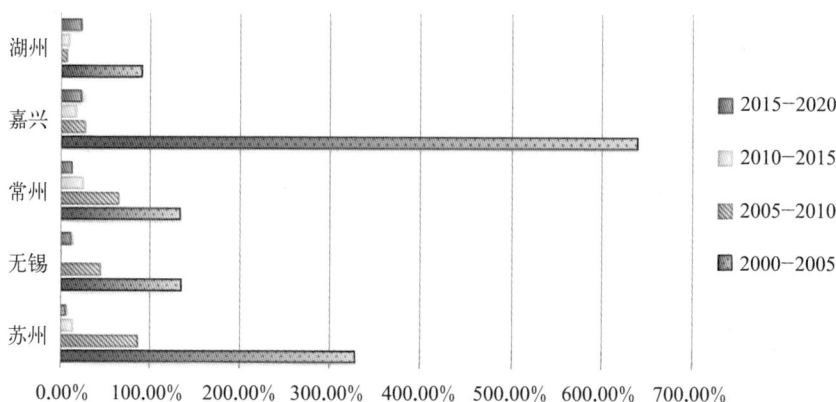

图4　四个时段环太湖五市能源消费增长率

## (二) 能源消费结构变化分析

### 1. 能源消费结构总体情况

2000—2020年,煤炭消费在环太湖五市能源消费中占主导地位,其他能源占比较小,依次为石油、电力、天然气。环太湖五市煤炭消费占比均有下降,天然气消费量及占比增长显著,增速最快的是嘉兴市,二十年增长11%。2010—2015年,无锡市率先优化能源结构,原煤消费量下降15%。苏州市与常州市较晚调整能源结构,2015—2020年期间原煤消费量下降。湖州市和嘉兴市调整能源消费结构,虽未实现煤炭消费量下降,但增速逐步减缓。

2. 非化石能源消费占比变化

依据国家统计口径，煤品、油品、天然气定义为化石能源，一次电力与其他能源消费定义为非化石能源。本文的统计以电力能源代表非化石能源消费。由图2—图4可知，环太湖城市圈非化石能源消费占比呈现不断增长的态势，从2000年14%左右增长到2020年25.67%，超过能源消费总量的1/4，呈现出能源消费结构向清洁型、低碳型、多元型转变的特点。

### （三）能源利用效率变化分析

1. 能源消费强度

能源强度可以代表区域的能源综合利用率，也反映了研究区域对能源资源的依赖性[1]。

能源强度低，则说明该区域能源消耗所产生的经济效益越高。2000—2005年环太湖城市圈能源消费强度值增加，2005年达到峰值；2005年之后能源消费强度呈明显下降趋势，至2020年，环太湖五市的能源消费强度已经下降至$0.172×10^3$吨标准煤当量/亿元（见图5）。究其原因，主要是环太湖城市圈经济发展与科技水平提高，能源综合利用效率得到显著提升。

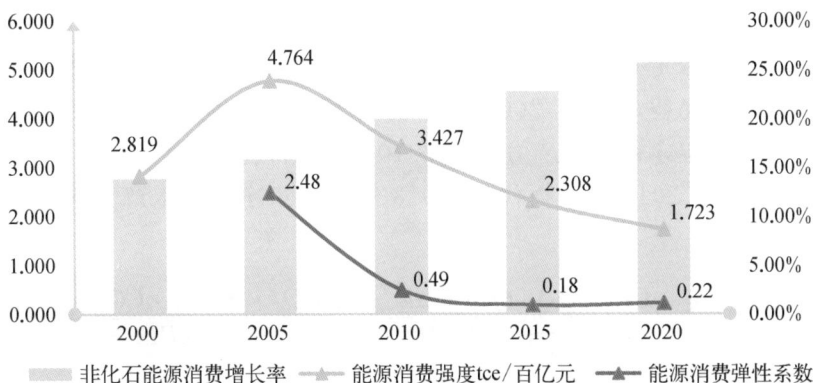

**图5　环太湖五市能源现状**

2. 能源消费弹性系数

能源消费弹性系数即能源消费量年平均增长速度和国民经济年平均增长

---

〔1〕　王婷、邱栎桦：《实现城市环境可持续发展的制度探析——以治理生活垃圾污染为例》，《云南财经大学学报（社会科学版）》2011年第1期。

速度之间的比值[1],表征能源利用效率随着经济发展的变化。环太湖城市圈在2000—2005年间能源消费弹性系数大于1,随后在2005—2020年间均小于1,总体呈下降趋势。与此同时,单位GDP能耗下降幅度较大。这表明科技进步提升了环太湖城市圈的能源利用效率。

## 三、环太湖城市圈能源足迹的时空特征

### (一) 能源足迹计算过程及其结果

利用(1)计算2000—2020年期间环太湖五市各类型能源碳排放量。

$$CEFC = \sum_{i=1}^{n} FC_i \times CEF_i$$

利用公式(3)计算2000—2020年期间环太湖五市五个时间节点的区域净初级生产力。

$$NPP = \frac{\sum_{i=1}^{m} A_i \cdot NPP_i}{A} = \sum_{i=1'}^{m} \omega_i \cdot NPP_i$$

基于上述计算结果,利用能源足迹计算公式(4)对2000—2020年环太湖五市能源足迹进行测算(其中2000—2002年净初级生产力采用2000年数据代替,2003—2007年净初级生产力采用2005年数据代替,2008—2012年净初级生产力采用2010年数据代替,2013—2017年净初级生产力采用2015年数据代替,2018—2020年净初级生产力采用2020年数据代替)。

$$EEF = \sum_{j=1}^{n} \frac{CE_j}{NPP} = \sum_{j=1}^{n} \frac{Q_j \cdot CEE_j}{NPP} = \sum_{j=1}^{n} \frac{Q_j \cdot NCV_j \cdot CC_j \cdot O_j}{NPP}$$

### (二) 能源足迹的时间变化特征

2000—2020年环太湖五市能源足迹的变化趋势,总体呈现上升态势,其间经历了不同的增长阶段。2000—2004年,能源足迹保持小幅增长,未超过4 000万公顷。2005年出现显著增长,达到约6 000万公顷,之后至2011年保

---

[1] 彭文生、谢超:《碳中和的经济影响与实现路径》,《金融时报》2021年9月6日。

持相对稳定。然而，2012—2015 年出现波动，2016 年下降，2017—2019 年短暂稳定增长，2020 年因疫情再次小幅回落（见图 6）。

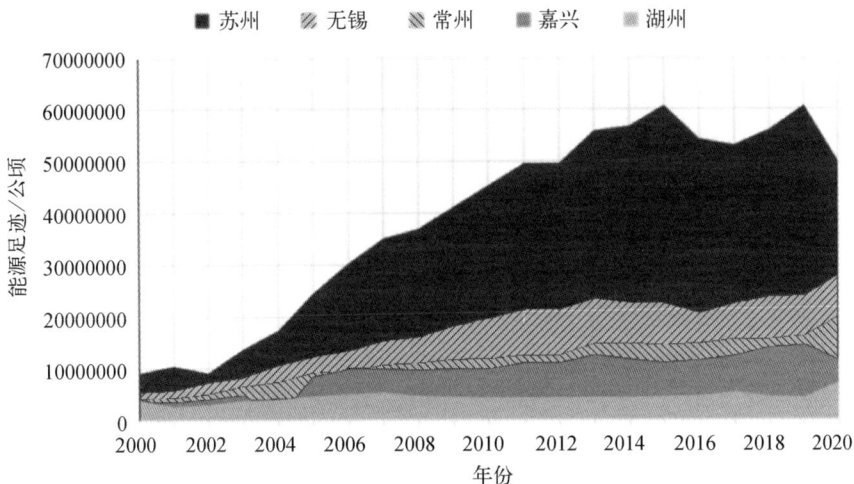

**图 6　环太湖五市能源足迹时间变化**

### （三）能源足迹的空间分布特征

#### 1. 不同城市的变化存在明显差异

各地区能源足迹数据来看，环太湖五市之间的能源足迹存在明显的差异。（1）苏州能源足迹总量最大，增长最快。自 2000—2002 年平稳发展后，2002—2015 年苏州能源足迹迅速增长，由 90 多万公顷增至 600 多万公顷，远大于其他四市。2016—2020 年进入波动期。总量上，苏州能源足迹从 2000 年的 $9.173 \times 10^6$ hm² 增至 2020 年的 $4.998 \times 10^7$ hm²，对环太湖地区贡献率超过 40%。（2）无锡能源足迹总量仅次于苏州，自 2000 年起平稳增长，量级增长与苏州相似但速度较慢。变化曲线与苏州相近，2013 年早于苏州进入波动阶段。2020 年达到最大值 $2.802 \times 10^7$ hm²，对环太湖城市圈贡献度约为 25%。（3）常州呈缓慢上升趋势，2020 年达到最大值 $1.989 \times 10^7$ hm²，对太湖城市圈贡献度约 15%。（4）嘉兴能源足迹呈上升趋势，2020 年达到 $1.149 \times 10^7$ hm²，对环太湖城市圈贡献度约 10%。与无锡相同，2013 年后进入波动阶段。（5）湖州市能源足迹平稳且低水平。总量最小，变化平缓，2008—2016 年几乎没有变化，仅减少 4 743.64 公顷，2019 年后略有上升。2000—2020 年变化数值保持在 400 万至 450 万之间，对环太湖城市圈贡献约 6%。

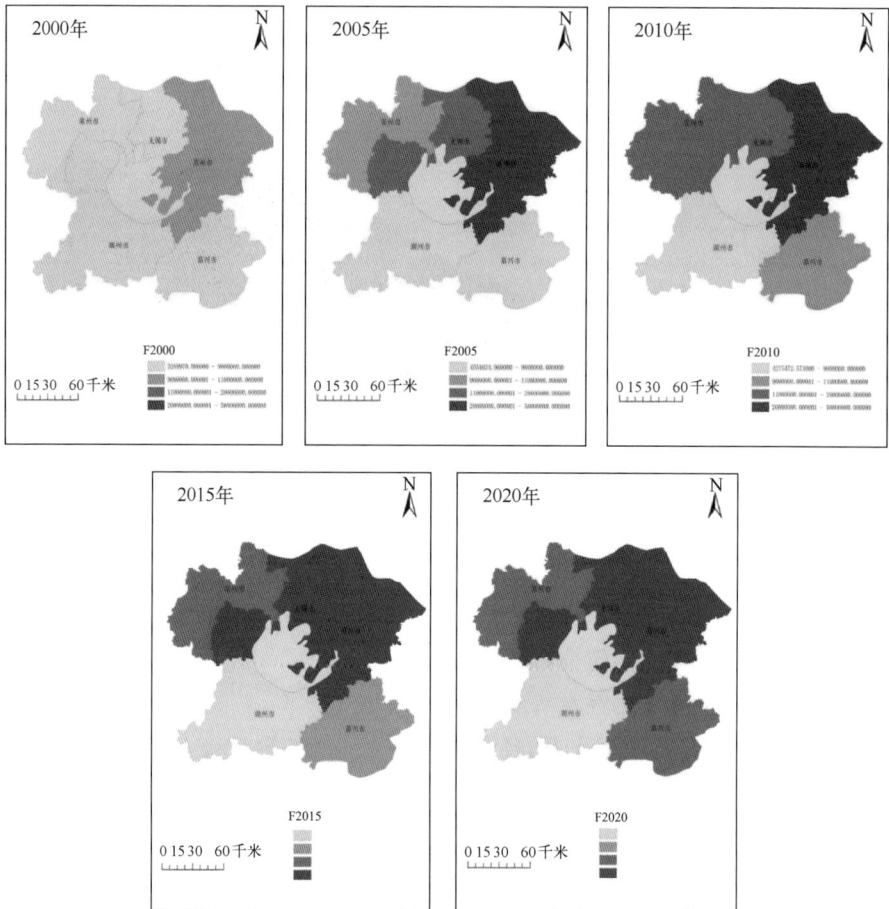

**图 7 环太湖五市能源足迹空间分布**

**表 1 环太湖五市能源足迹年变化率**

| 年 份 | 苏 州 | 常 州 | 无 锡 | 湖 州 | 嘉 兴 |
|---|---|---|---|---|---|
| 2000—2005 | 167.14% | 121.38% | 125.73% | 12.78% | 154.26% |
| 2005—2010 | 85.10% | 28.77% | 60.01% | −6.13% | 17.52% |
| 2010—2015 | 33.61% | 22.04% | 14.52% | 5.62% | 12.25% |

### 2. 空间分布动态特征较为明显

基于 2000—2020 年五市的能源足迹测算结果，借助 MATLAB 进行核密度估计的图形可视化，核密度估计作为一种非参数估计方法，避免了人为主观因素的影响，能够在最大程度上对能源足迹的测算结果进行精确模拟，用以分析环太湖五市能源足迹时空变化过程中的动态差异。环太湖城市圈的能源足迹空间分布动态特征较为明显（见图 8）。

（1）**主峰形态**：观测期内，环太湖城市圈主峰高度显著降低，显示主峰下城市数量减少，城市能源足迹离散度增加。这可能是由于不同城市在观测期内能源足迹增速不同，部分增速较大的城市逐渐远离主峰区域。

（2）**延展性**：环太湖城市圈在观测期内分布曲线存在明显的右拖尾现象，说明城市间能源足迹差异大，部分城市远高于平均水平。这与城市圈能源足迹压力"梯度递增"的分布格局相符。苏州作为全球第一大工业城市，减排增汇压力大于其他城市。不同经济发展水平的城市减排增汇压力差异明显。

（3）**波峰数量**：从环太湖城市圈整体来看，观测期内分布曲线存在多峰现象，表明环太湖城市圈能源足迹呈现多级分化特征。此外，部分波峰位置右移趋势明显，表明一些城市能源足迹水平不断增加，生态压力不断提高。

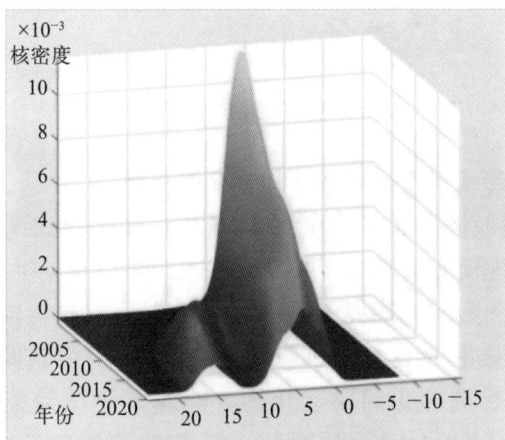

**图 8　能源足迹空间分布动态特征**

# 四、环太湖城市圈能源足迹影响机制分析

## (一) 基于 LMDI 因素分解的能源足迹影响机制分析

### 1. 计算过程及结果

本文将能源足迹分解为五个驱动因素,包括能源消费结构、能源消费强度、经济发展水平、人口规模和土地固碳能力。这些因素相互关联、相互影响,共同决定了能源足迹的大小和变化趋势。通过对比分析环太湖五市的能源足迹及其驱动因素,我们可以发现,优化能源消费结构、降低能源消费强度、实现经济可持续发展、提高人口素质和改善生活方式、增强土地固碳能力等措施,都可以有效地降低能源足迹,减轻对环境的压力。通过对能源足迹的分解分析,我们可以更全面地了解各个驱动因素对能源消耗和环境影响的贡献程度,从而为制定有效的能源政策和环境政策提供了科学依据。

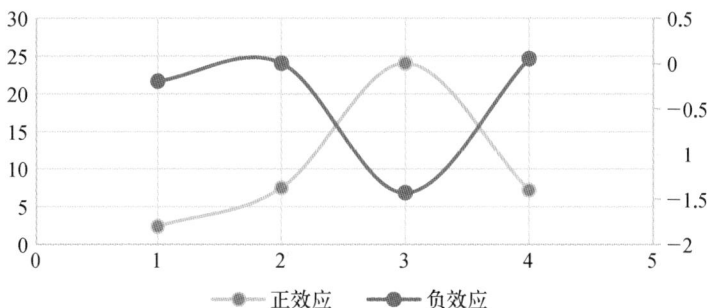

**图 9　环太湖五市能源足迹正负效应对比**

### 2. 能源足迹影响因素的 LMDI 因素分解分析

(1) **苏州市**:经济发展水平和土地固碳能力持续为正,推动苏州市能源足迹增长。人口规模影响因素经历正负变化,反映人口年龄结构、生育率、预期寿命等非线性影响。能源消费强度先抑制后促进再抑制,2005—2010年苏州经济快速发展,能源消费强度快速提升,政府强调低碳发展后,有效控制了其对能源足迹的正向驱动作用。能源消费结构整体贡献为负,焦炭与天然气起正向驱动作用,原煤、汽油、柴油和燃料油则抑制能源足迹增长。

(2) **无锡市**:经济发展、人口规模和土地固碳能力推动能源足迹增长,但

能源消费强度则阻碍其增长。原煤、焦炭、天然气和汽油与能源足迹增长呈正相关，而精洗煤、柴油、燃料油和液化石油气则呈负相关。2010 年后，原煤影响由正转负，焦炭和汽油则由负转正。

（3）**常州市**：2000—2020 年，常州市经济、人口和土地固碳能力推动能源足迹增长，能源消费强度降低则抑制其增长。能源消费结构贡献值不确定，但改革有效抑制了能源足迹增长。

（4）**嘉兴市**：计算结果显示，能源足迹增加受原煤、天然气等能源消费、人口增长、经济发展及土地固碳能力驱动。其中，经济发展为主要驱动力，其次是能源消费。然而，嘉兴的能源消费强度抑制了其能源足迹增长，显示当地经济依赖高能耗，生产效率低，能源利用不足，需改革能源消费结构。

（5）**湖州市**：2000—2020 年，湖州能源足迹增长的主要驱动因素包括能源消费强度、经济发展水平、人口规模变化和土地固碳能力，其中能源消费强度贡献最大，人口规模次之。相反，能源消费结构整体贡献为负，原煤、焦炭、燃料油抑制增长，而天然气、汽油、柴油则促进增长。

2000—2020 年环太湖五市能源足迹变化受各效应影响的贡献值。总体看，经济发展、土地固碳能力和人口规模促进了能源足迹增长，而能源消费结构和强度则抑制其增长。其中，能源消费强度降低是减缓能源足迹增长的主要因素，占 99.89%；而经济发展水平提高是促进其增长的主要因素，占 90.2%。各因素对能源足迹的影响程度依次为：经济发展＞能源消费强度＞土地固碳能力＞人口规模＞能源消费结构。经济增长的正效应大于能源强度的负效应，导致总体呈增长趋势。

**（二）基于 Pearson 的能源消费与能源足迹相关性分析**

为调整能源结构并评估不同能源消费对能源足迹变化的影响，本研究采用 Pearson 相关系数分析法。自变量包括环太湖五市 2000—2022 年的煤炭、石油、天然气和电力能源足迹对总量的贡献度，因变量为能源足迹的年变率。

1. 整体分析

环太湖五市煤炭足迹的贡献度与能源足迹变化率呈 0.599 正相关，石油呈 0.768 显著正相关，天然气呈 −0.620 显著负相关，电力呈 −0.546 负相关。2000—2022 年，环太湖五市天然气消费可增长空间较大，若增加天然气能源消费、降低石油煤炭消费，则能有效减缓能源足迹的增长。

2. 空间分析

环太湖五市由于能源消费结构等差异,不同能源消费产生的能源足迹对能源足迹整体变化带来的影响差异也较为明显。

(1) **苏州市**:煤炭、石油、天然气和电力足迹与能源足迹变化率的相关性分别为 0.983、0.951、−0.988 和−0.976。苏州市 2000—2022 年天然气和电力消费可增长空间大,增加天然气和电力消费、减少煤炭和石油消费,可有效减缓能源足迹增长。

(2) **无锡市**:煤炭、石油、天然气和电力等能源的消费与足迹变化有密切关系。煤炭足迹的贡献度与能源足迹变化率呈 0.847 显著正相关,石油也呈 0.959 显著正相关。相反,天然气和电力与能源足迹变化率分别呈−0.766 和−0.973 2 显著负相关。为减缓能源足迹增长,应增加天然气和电力消费,同时降低石油和煤炭消费。

(3) **常州市**:煤炭足迹与能源足迹变化率正相关,相关系数为 0.564;石油与能源足迹变化率显著正相关,相关系数为 0.845;天然气与能源足迹变化率显著负相关,相关系数为−0.926;电力的贡献度与能源足迹变化率相关性低于 0.30。2000—2022 年,常州市天然气消费可增长空间较大,增加天然气消费、降低石油消费可有效减缓能源足迹增长。

(4) **嘉兴市**:嘉兴与湖州煤炭足迹与能源足迹变化率趋势不同。嘉兴市的煤炭、石油与能源足迹呈显著正相关,天然气、电力则为负相关。2000—2022 年,嘉兴市电力消费增长空间大。增加电力消费,减少石油、煤炭消费,可减缓能源足迹增长。

(5) **湖州市**:煤炭与能源足迹呈显著负相关,石油为负相关,天然气、电力则为正相关。2000—2022 年,湖州市煤炭消费增长空间大。增加煤炭消费,减少天然气消费,可减缓能源足迹增长。

# 五、环太湖城市圈协同减排实施路径及政策建议

## (一) 协同减排实施路径

1 发挥关键节点城市影响力

增强苏州、无锡及常州在能源领域的低碳辐射效能,进一步深化其空间合作与互动机制,以促进协同减排目标的顺利实现。苏州、无锡、常州在环太湖城市圈中占据核心主导地位,与区域内其他城市在碳排放方面存在较高的关

联度。特别值得一提的是，苏州作为城市圈中的首位城市，在协同减排过程中具备桥梁与中介的关键作用，能够有效推动区域间的协调合作，共同迈向低碳发展的目标。

2. 实施城市圈内差异化减排

在制定减排政策时，务必全面考量城市圈内部各城市当前所具备的自身特性。基于各城市的实际情况，应因地制宜地设定碳减排目标，并推行区域差异化的发展战略。通过打出减碳组合拳，充分发挥各城市的独特优势，加强城市间的联动协作效应，以实现区域协同减排的目标。

3. 推进环太湖城市生态一体化

建议加快实施环太湖城市圈生态一体化战略，以太湖生态绿心为重中之重，聚合各方生态力量。着力凸显太湖在生态体系中的核心地位，确保太湖生态系统服务功能与环湖城市圈生态系统服务功能紧密相连、协同发挥，将太湖打造成为生态系统服务功能顺畅流通的关键节点。此举旨在切实推动生态一体化进程，拓展生态空间格局，提升有效碳汇能力，为减碳工作奠定坚实基础。

4. 构建三级协同减排体系

建议统筹建立太湖"生态系统服务功能区＋地级市＋区县"的三级协同减排制度体系，设立实体协同减排机构，从制度上为城市圈协同减排提供保障。在保障经济相对落后的城市能够得到经济增长的同时，促进与标杆城市苏州的碳排放水平的趋同性。同时，完善生态补偿响应机制，真正做到"你守护绿水青山，我给你金山银山"。

5. 建立碳汇生态补偿机制

湖州市经济发展对于能源的需求量较低，碳排放量较少，且湖州境内大面积的林地、草地等生产性土地发挥了固碳的作用，生态承载力水平更高[1]，湖州能源足迹最少，碳赤字盈余，其能源足迹压力最小，对区域碳循环影响也最小。在协同减碳的过程中，鉴于湖州承担了更为繁重的减排责任，理应获得相应的经济补偿，以促进城市圈内的协同和可持续发展。中国作为全球人工林面积最广阔的国家，其人工林对于增加森林生态系统的碳储量发挥了举足轻重的作用，展现出了巨大的碳汇增长潜力。因此，湖州与嘉兴两地可进一步拓展人工林的种植面积，提升其质量水平，努力打造碳吸收高地，以有效平衡能源利用过程中的碳排放，共同推动绿色低碳发展。

---

〔1〕 张松岩：《基于绿色溢价假设的碳中和路径研究》，《当代石油石化》2021 年第 7 期。

### 6. 发挥创新载体引领作用

针对创新载体的不足,强化载体建设,提升各类载体科技力量[1],发挥其引领技术方向的作用,实现其在环太湖城市圈碳达峰碳中和目标中的使命担当。重点实验室的作用是攻关战略性、关键性重大科技成果;江苏省沙钢钢铁研究院等科研机构要加快突破关键核心技术;长三角的上海交通大学、复旦大学、南京大学等高水平研究型大学,加强基础前沿探索[2],同时为实现碳中和培养更多科技人才;苏州的龙头企业沙钢等要充分发挥示范引领作用,积极推广低碳零碳、负碳技术[3]。苏州成立国网城市能源研究院,苏州科技大学成立长三角碳中和研究院,清华大学、南京大学、苏州科技大学等共建"长江流域碳中和联盟",吸纳其他行业乃至其他国家的专家,将它建设成为中国乃至全球一流的研究机构。

### (二)协同减排政策建议

#### 1. 苏州:打造低碳技术创新策源地

苏州是环太湖城市圈的碳排放"大户",能源足迹贡献率超过40%;近年来加快推动优化能源消费结构,取得显著成效,目前消费结构的贡献为负值;天然气和电力消费增长空间大,可有效减缓能源足迹增长。作为经济大市、用能大市,率先探路碳达峰碳中和,是苏州肩负的重大责任。苏州工业基础雄厚、科教资源丰富、产业链和产业集群较为完善,实体经济占比重,且部分领域事关国家产业安全,因此,苏州打造低碳技术创新策源地,实现高水平科技自立自强,对推动环太湖城市圈实现碳达峰碳中和有着重要意义。苏州应利用区位优势和科研基础,依托在苏的众多苏高校和科研院所,建设"双碳"高水平创新平台,发挥科技创新的支撑引领作用,强化技术创新能力建设,强化自主创新,切实打通从科技强到企业强、产业强、经济强的通道,为整个环太湖城市圈的绿色低碳科技创新攻关和推广应用贡献力量。

#### 2. 无锡:打造低碳产业的策源地

无锡是中国民族工商业的摇篮和勃兴之地,创造了著名的"苏南模式",形

---

[1] 黄凯、范丽佳:《建筑领域全产业链协同减碳路径探析》,《施工企业管理》2023年第2期。

[2] 张全斌、周琼芳:《"双碳"目标下中国能源$CO_2$减排路径研究》,《中国国土资源经济》2022年第4期。

[3] 何慧娟、王辉:《武山厚植乡村生态振兴绿色底蕴》,《天水日报》2023年7月27日;郑慧娟:《基于碳汇法与NPP法的能源足迹影响因素研究》,合肥工业大学硕士学位论文,2021年;王明全、王金达、刘景双:《两种生态足迹方法的应用及其结果的差异分析:以吉林省乾安县为例》,《资源科学》2008年第12期。

成了全国最大的乡镇工业集群。计算发现，无锡对于整个城市圈的贡献率约占1/4，排名仅次于苏州；2010年后，原煤影响由正转负，天然气和电力与能源足迹变化率呈现显著负相关，在能源结构的调整方面亟须提升。无锡绿色低碳产业基础扎实、实力雄厚，节能环保、新材料、新能源、汽车及零部件（含新能源汽车）等绿色低碳产业是无锡市聚焦的产业，氢能和储能也是无锡市加快培育的未来产业，其开展"零碳、低碳"技术研发应用、成果转化和产业集聚，争取打造成为环太湖城市圈乃至全国知名的零碳产业示范区、低碳产业的策源地。

3. 常州：打造新能源产业的策源地

研究显示，常州市对环太湖城市圈的能源足迹贡献度约为15%，能源消费强度对常州市的能源足迹增长显示出明显的负效应。作为中国的新能源产业之都，常州要发挥其在新能源产业方面的优势，进一步提升新能源产业的集聚效应，积极辐射环太湖城市圈，共同打造环太湖新能源产业链，成为该区域新能源产业的引领者。通过全域层面的统筹推进，常州应积极向环太湖城市圈进行新能源技术转移和产业帮扶，以实现环太湖城市圈新能源产业的共同繁荣与发展。

4. 嘉兴：打造减污降碳协同创新高地

近年来，嘉兴能源足迹呈上升趋势，计算显示当地经济依赖高能耗，能源利用不足，亟须改革能源消费结构。作为全国率先发布重点排放单位（发电企业）碳排放报告质量达标管理办法和"煤样一链管"数字化管理城市，嘉兴出台首个减污降碳协同创新城市建设实施方案，在省内率先制订地市级减污降碳协同指数。嘉兴应整合现有政策措施，创新多部门协同模式，最大限度发挥部门及制度效应，实现多领域协同示范，形成低碳城市发展"嘉兴经验"，为环太湖城市圈提供样本。

5. 湖州：打造林草碳汇高地

湖州市能源足迹平稳且低水平，总量小且多年来对环太湖城市圈的贡献最小。同时，"作为'绿水青山就是金山银山'理念诞生地，湖州最大的价值在生态，最大的责任在生态，最大的潜力在生态"。湖州应加强森林、草原等生态系统的保护和修复，提高林草碳汇规模和质量，提升生态系统稳定性和服务功能；聚力推进构建GEP核算应用体系、打造生态资源转化共同体、创建区域性绿色交易中心、探索流域生态补偿机制、建立"碳惠湖州"调节机制、打造"长三角氧吧"生态体验地等多项重点改革项目，实施严厉的环境保护制度，建设成环太湖城市圈乃至全国的绿色低碳先行标杆。

# 近代通商口岸与区域国别问题研究

## ——以汕头为中心

谢　湜　欧阳琳浩

　　"区域"和"国别"是较常用的研究手段和分析框架,两者虽然具有不同的内涵,但也存在一些重叠之处。作为人文地理单位,"区域"由人的活动构成,同时也因人的活动而发生变化。因此,如何看待"区域",自然要视人的活动和认知而定。随着近代以来民族国家的形成,国别的分野开始在人的活动中产生重要影响。在不同的人看来,区域和国别可能具有不同的意涵。对于当代研究者而言,按国别分类是常用的研究方法或视角。从研究者的身份出发,区域既有属于民族国家范畴之内的区域,也有属于民族国家范畴之外的区域。在国别方面,既有以美国为主导的区域研究范式,也有以中国为本位的"区域与国别研究"的指涉[1]。研究者有自身的身份认同自然无可厚非,中国的区域研究强调从中国的视角出发更是现实所需。然而,在研究过程中,研究对象的活动以及他们对区域和国别的认知同样值得我们重视。程美宝指出:"长期以来,从华人的视角出发,'华南-南洋'自成一体,闽粤人群活跃此间,不会时常感受到现实的异邦或己国的存在,自身亦会借着文字、礼仪和宗教在所属社群中建立对'中华'的认同。"[2]

　　从地域社会传统角度考察人群长期形成的区域国别认知,并不意味着淡化历时性的变化,譬如闽粤华人有关"区域"的这种认识,在近代随着中国通商口岸的开放也产生了变化。中国东南沿海地区因条约而开放的通商口岸,成为沟通海内外网络的重要节点,通过这些节点,中国沿海地区与海外各地在人员、物资、信息等方面的联系变得极为密切。更重要的是,闽粤华人直接介入了通商口岸近代都市化的建设历程,他们的区域国别认知在其

〔1〕　吴小安:《区域与国别之间》,科学出版社 2021 年,第 2 页。
〔2〕　程美宝:《国别思维与区域视角》,《史学理论研究》2022 年第 2 期。

参与城市空间再生产的过程中既发挥作用,又受到影响。就 19 世纪末至 20 世纪上半叶生活在闽粤地区的人群而言,他们很容易感受到自己生活在一个与海外世界紧密联系的网络之中[1]。可以说,近代通商口岸的发展,以一种具体历史进程的方式,将"区域"和"国别"两个学理性范畴很自然地联结起来。近代闽粤人群对于区域的认知,超越了国别的界限,这种特别的国别区域认知如何在近代以来通商口岸的历史中呈现,通商口岸的社会文化又如何受到这种区域国别认知的影响,值得我们进一步探讨。基于跨地域人群这种特别的区域国别认知,本文试图以汕头为中心,探讨近代时期亚洲区域网络内通商口岸城市的作用和意义,以及区域网络及其中的人群活动如何对城市的发展和演变产生影响。

## 一、海外贸易传统与跨地域人群的国别区域认知

明清时期,中国东南沿海地区与东南亚各地延续了早已存在的贸易往来。闽粤海商集团的崛起,推动了 15 世纪初海外华商经贸网络的初步形成[2]。与此同时,由于明王朝的海禁政策而滞留在东南亚新兴贸易港口的中国商人群体,成为当地港口城市发展不可或缺的力量,他们的经贸活动也增进了中国与东南亚各地的联系。

16 世纪中期以后,明王朝放宽海禁政策,允许海商从福建漳州海澄出洋到东南亚各地,这些海商以海澄、澳门、马尼拉、长崎等中继港为据点,足迹遍及菲律宾群岛、文莱、苏碌、摩鹿加以及中南半岛、马来半岛、苏门答腊、爪哇等地,将贸易圈扩大至东海、南海全域[3]。

17 世纪中期,清廷采取"坚壁清野"的迁海战略,以求断绝沿海民众和郑氏政权之间的联系。到了 17 世纪 80 年代,由于货币金属的需求、人民生计的考虑以及财政上的理由,康熙皇帝下令开放海禁,至鸦片战争爆发前,清王朝的对外贸易基本形成了西洋来市、东洋往市与南洋互市的特征,尤其是其中的南洋互市,大量中国式帆船穿梭于南海各地,中国商人几乎成为这片海域的主

---

〔1〕 陈春声:《地方故事与国家历史:韩江中下游地域的社会变迁》,生活·读书·新知三联书店 2021 年,第 384 页。

〔2〕 参见庄国土、刘文正:《东亚华人社会的形成和发展:华商网络、移民与一体化趋势》,厦门大学出版社 2009 年。

〔3〕 〔日〕羽田政编,小岛毅监修,张雅婷译:《从海洋看历史》,广场出版社 2017 年,第 131—132 页。

导人群〔1〕。通过频繁的海上贸易活动,中国商人得以建立较为完整的贸易网络。大部分来自闽粤地区的中国人,不少聚居在西方人掌握的港口城市,如西班牙掌管下的马尼拉和荷兰人建立的巴达维亚。

17 至 18 世纪,中国的海外移民对东南亚的农业开发起到了积极作用。例如,爪哇岛较早地出现了中国人管理的甘蔗田,在此之后,爪哇东北部发展出由中国人经营的糖业〔2〕。1740 至 1840 年,中国南方商人、矿工、工匠、农民等有力地开拓了东南亚的经济边疆,这一百年的东南亚如今也标志为“华人的世纪”〔3〕。然而,这些居留海外的中国人,并没有得到官方的认可。相反地,明清时期官方并不同意自己的子民移居海外,未随船返航而居留异邦者往往被视为天朝弃民。居留在海外的中国人,虽然能接待中国来访的商人,但他们却不能轻易回国,更得不到来自官方的支持〔4〕。可以说,明清时期中国人在东南亚的经济活动,本身是跨越“国家”界限的,他们所认知的区域也随着他们的商贸网络的延伸而得以扩展。

值得注意的是,那个年代人们对“国外”的认识与今天相去甚远,如当时居住于中国沿海港口城市的闽南人,他们以方言为纽带构建合作网络,他们所关注的是某个地方能否做大生意,而并不太在意那个地方在国家疆界的内与外〔5〕。明清时期的海外贸易传统、迁移文化以及由此形成的商业贸易网络,为近代以来广东、福建两地的百姓向海外移民及其社会网络的发展奠定了很好的基础。

同其他移民活动一样,中国东南沿海向外移民也受到包括移出地推力和移居地拉力在内等多种因素的影响,而既有移民网络的存在则提供了便利的基础。19 世纪中叶以后,广东、福建地区经由香港、厦门、汕头的海外移民数量呈现出爆炸式的增长,很大程度上是由于该地区具有长期移民和与外国人交流的传统,以及由此建立起来的联系和网络,这些联系和网络使他们能够利用不断变动的太平洋经济所带来的机遇,并形成了应对经济变动的经验

〔1〕 陈国栋:《东亚海域一千年:历史上的海洋中国与对外贸易》,山东画报出版社 2006 年,第
　　　189—207 页。
〔2〕 [日]岛田龙登编,游韵馨译:《1683 年:近世世界的变貌》,台湾商务印书馆 2022 年,第 68—69 页。
〔3〕 [澳]安东尼·瑞德著,韩翔中译:《东南亚史:多元而独特,关键的十字路口》,八旗文化出版
　　　2022 年,第 284 页。
〔4〕 陈国栋:《东亚海域一千年:历史上的海洋中国与对外贸易》,第 26—27 页。
〔5〕 [美]孔飞力著,李明欢译:《他者中的华人:中国近现代移民史》,江苏人民出版社 2018 年,第
　　　30 页。

和手段[1]。中国传统的海外移民模式，依赖于前人构建的商贸模式，一些商贸网点在移民网络中发挥着重要的作用。这些移民网络一般由具有共同方言、共同血缘宗亲及同乡地缘的关系构成。这种模式随后受到了洋行的挑战，后者建立了由他们直接主宰的移民网络，他们直接进入中国招募、运载和雇佣华工[2]。19 世纪下半叶，中国海外移民从厦门出发前往南洋各地的有 137 万人，从汕头出发的有 150 万余人[3]。这些移民大量涌入东南亚各地，使海外华人社会进一步扩大和复杂，且出现多元的分化。

值得注意的是，这种变化在某些方面仍延续着明清时期的传统。中国人的群体意识是按照一套基于亲族、籍贯、方言、宗教信仰之类的标准建立起来的[4]。这些标准也成为海外华人构建社会组织的基础。早期的海外华人由于在侨居地受到各种限制，他们往往组织地缘性的会馆、血缘性的宗亲会、业缘性的行会，这些组织都有着浓厚的地域性色彩[5]。如英属马来亚早期华人社会历史发展的典型特征和动力之一，便是以方言和"帮"相互依托的华人秘密社会与其他社会经济组织[6]。这种特征也影响了后续海外华人社会的发展和演变。当 19 世纪下半叶大量移民涌入之后，东南亚各地原先已经"克里奥尔化"的华人社会未能将其完全吸纳，这些新移民构成了与原乡维持紧密联系的社会群体，这不仅强化了他们的侨居心态，也促使他们更趋向于保持自身的文化[7]。在这个意义上，这些新旧移民基于原乡文化认同和社会联系构成的空间样态，也是一种"国别区域"的表现形式。

与此同时，新兴轮船航运业的发展，一方面使得人员和信息的流动更为方便和迅速，另一方面使得新移民寄回家乡的汇款及其与家人的通信更加安全和便捷。这些人员和信息的流动，以及汇款的流通，也明显地受到地缘性、血缘性、业缘性等地域性组织的影响。有趣的是，正是在这些地域性因素的影响之下，跨地域、跨国界之间的交流得以更好地实现。随着各方面交流的日趋密切，其范围和网络进一步强化和扩大，这不仅重构了海外华人社会，同时也使

[1] Adam Mckeown, "Conceptualizing Chinese Diasporas, 1842 to 1949", *The Journal of Asian Studies*, 1999, 58(2), pp. 306-337.
[2] [美]孔飞力著，李明欢译：《他者中的华人：中国近现代移民史》，第 105—106 页。
[3] 庄国土、刘文正：《东亚华人社会形成与发展：华商网络、移民与一体化趋势》，第 43 页。
[4] 金耀基：《中国社会与文化》，牛津大学出版社 2013 年，第 84 页。
[5] 颜清湟：《海外华人的社会变革与商业成长》，厦门大学出版社 2005 年，第 4 页。
[6] 吴小安：《区域与国别之间》，第 143 页。
[7] [美]孔飞力著，李明欢译：《他者中的华人：中国近现代移民史》，第 171 页。

移民移出地的闽粤地区形成了侨乡社会。

作为经营华侨汇款的主要金融机构,侨批局在东南亚地区的华人聚居地和国内侨乡地区大量出现。例如,据 1946 年的调查统计,潮帮侨批局在海外有 451 家,分布于泰国、新加坡、马来西亚、印尼等地,在潮汕地区则有 131 家,遍及各县及其下属乡村〔1〕。由此可见侨批业空间分布之广及覆盖面之全。侨批局的营业范围具有显著的地方性特征。不管是东南亚的侨批局,还是中国国内的侨批局,皆按国内的地域特征分为潮州帮、梅属帮、琼州帮以及福建帮几大帮别,各大帮之下又按国内的县份划分为若干小帮,各帮侨批局的业务范围皆以本县本乡为主〔2〕。这些以特定区域为营业范围的侨批局,带动了资金和信息在国内外之间的迅速流通,使分处国内外两端的海外华侨华人与家乡亲属得以紧密相连。这便是陈春声和戴一峰等学者在讨论侨批局时所说的"乡族纽带"和"地域性"〔3〕,而这种建立在乡族纽带基础上的地域性商业特征,又恰恰是以跨地域的空间特征作为表现形式的。

在这种情况下,移居海外的移民可以说是家庭乃至家族在空间上的延伸,他们仍通过多种方式参与国内的家族和家庭事务,而在海外出生的华侨华人在国内家乡亦有继嗣之权〔4〕。此外,"两头家"的习俗在一定程度上也折射出海外移民家庭的跨国性意义,他们深知自己的生活横跨国内外两地,他们在两地所组建的家庭,不仅是其国内家庭在国外空间的延伸,也可以是其国外家庭在国内的重叠,他们在国外出生的儿女,也有不少回到国内生活并接受教育。以上这些情形,无疑反映了海外移民的家族和家庭在日常生活中所进行的跨越区域国别的实践。

除了家庭和家族事务,许多海外移民还广泛参与侨乡社会的地方事务,他们在侨乡的交通运输、市政建设、新式教育等公共事业的现代化中发挥了重要的作用,促进了侨乡社会的国际化和地方化〔5〕。这在广东、福建两省的通商口岸和市镇表现得尤为明显。例如,晚清民国时期汕头大峰祖师信仰的普及以及存心善堂的运作,不仅呈现了海外移民与原乡地域社会的互动,更体现了具有

〔1〕 饶宗颐主编:《潮州志·实业志·商业》,潮州修志馆 1949 年,第 75—76 页。

〔2〕 姚曾荫:《广东省的华侨汇款》,商务印书馆 1943 年,第 18 页。

〔3〕 陈春声:《近代华侨汇款与侨批业的经营——以潮汕地区的研究为中心》,《中国社会经济史研究》2000 年第 4 期;戴一峰:《网络化企业与嵌入性:近代侨批局的制度建构(1850s—1940s)》,《中国社会经济史研究》2003 年第 1 期。

〔4〕 参见陈春声:《地方故事与国家历史:韩江中下游地域的社会变迁》,第 346—386 页。

〔5〕 郑振满:《国际化与地方化:近代闽南侨乡的社会文化变迁》,《近代史研究》2013 年第 2 期。

跨国活动性质的华侨和商人在侨乡的社会事务和公共管理中扮演着重要的角色,以及他们在地方社会权力格局中具有的重要地位[1]。可以说,通商口岸作为区域网络中的重要节点,是海外移民出洋和归国的必经之地,既为他们提供了移民的必要条件,也成为他们投资、消费、参与公共事务等多项跨国实践的重要场所。在此过程中,近代通商口岸在区域国别中的地位和意义也得到进一步彰显。

## 二、近代通商口岸经贸活动的区域国别特征

明清时期的海外贸易虽然使广东、福建两省的华商活动范围以及地方百姓的认知范围扩展至南海各地,并促使航行于南海各贸易据点的中国式帆船织就了华商的网络,然而,彼时的商贸往来和人员流动,仍受限于季风的交替,其规模还较为有限。跨越区域国别的活动和认知,基本局限在与商贸活动相关的人群当中,其影响并不广泛。

19世纪以后,西方各国加大对东南亚殖民地的开发。由于当时西方各国禁止黑奴贸易,殖民地开发者转而向中国寻找劳动力。他们最初只是在沿海地区劫掠人口或非法招工,后来借由战争使其在中国招募劳工合法化。清政府在两次鸦片战争中由于战败被迫割让香港岛和开放厦门、汕头等通商口岸,深刻影响了近代中国大规模的海外移民运动。大量移民经由香港和厦门、汕头前往海外各地和往返国内外之间,一方面促进了这些港口城市的发展,另一方面也加深了原先的区域国别之间的关系,拓展了移民流动空间的区域范围。

中国香港作为"自由港",对近代通商口岸的发展具有重要意义。香港在开埠初期发展有限,仅是作为规模不大的货物转口港,尚未发挥出洋港口的作用。淘金热开始之后,香港一跃成为重要的旅客转口港,逐渐成为全球移民中心,涉及移民、金融、汇兑、信贷等方面的制度和机构逐步建立并完善[2]。此后,香港成为重要的移民、贸易的中途站乃至亚洲金融中心,其经济动向与中国内地,尤其是华南地区密切相关[3]。冼玉仪通过对香港历史的研究,提出了"中介之地"的概念,用以概括包括香港在内的这类出洋港口、中转站,以及

---

[1] 陈春声:《地方故事与国家历史:韩江中下游地域的社会变迁》,第329—345页。
[2] 参见冼玉仪:《穿梭太平洋:金山梦、华人出洋与香港的形成》,中华书局(香港)有限公司2019年,第56—116页。
[3] 参见[日]滨下武志著,马宋芝译:《香港大视野》,商务印书馆(香港)有限公司1997年,第43—70、95—120页。

移民工作和居住之地,因为它们是人和资金、货物、资讯等往来流动的枢纽,各类具有跨国性质的社会网络在此并存、重叠,在移民过程中发挥了左右大局的作用。这里的社会组织不仅为移民提供各种服务,如住宿、职业机会、财政援助、宗教活动等,往往还决定了航运路线、汇款渠道、货物和文化产品的市场、资金来源,以及投资地等[1]。

汕头虽不是香港那样的自由港,然而,汕头的开埠促进了韩江流域地区与国内外各地形成广域的贸易关系。汕头成为区域内货物、资金的枢纽,同时也是移民移出的原乡与移居地之间的中转站,且与中国香港、新加坡这样的全球移民中心紧密相连,为移民提供包括住宿、就业、贷款等多种服务,也为移民及其家属提供汇款的服务。

汕头开埠以后,其商圈范围得到扩大,除了韩江流域地区以外,如国内江西的南昌、瑞金、赣州,福建的连城、建宁,湖南的长沙,几乎都在汕头的商圈范围之内。在贸易方面,汕头的进出口市场范围在国内主要包括北方的牛庄、天津、烟台,长江中下游的上海、汉口、镇江,东南沿海的宁波、厦门、福州、广州、琼州以及香港、台湾各港,在境外则主要有新加坡、马来亚、泰国和越南,以及英美等国[2],在这些范围中,输入地以香港为主,新加坡次之,越南、泰国等国又次之,输出地以新加坡最多,香港和西贡次之。与国内各地的贸易,输入地以上海、烟台、牛庄最多,天津、厦门、福州次之,输出地以上海占最大部分,厦门、福州、宁波、天津等地次之[3]。汕头与这些地方的联系,显示了汕头作为网络节点的重要作用,而对于韩江流域而言,汕头促进了该地区小区域内的城乡在空间上的连接,并使它们通过汕头与海外产生联系。相比于货物的流转,韩江流域地区的海外移民更体现了汕头在区域国别中的重要意义。

经由汕头出洋的海外移民主要来自其腹地的潮汕和梅州地区,主要包括潮安、潮阳、澄海、揭阳、饶平、惠来、普宁、丰顺、陆丰、海丰、兴宁、蕉岭、梅县、诏安、大埔、永定等县[4]。这些地方的移民出洋主要包括由客头招募、由洋行招募以及自行移民几种方式。一些与移民相关的机构和行业也纷纷在汕头设立,如汽船公司、船头行、客栈、客头等。

汽船公司经营轮船航运,其代理店大多数是在汕头的洋行。船头行是汽

---

[1] 冼玉仪:《穿梭太平洋:金山梦、华人出洋与香港的形成》,第392—393页。
[2] 范毅军:《对外贸易与韩江流域的经济变迁》,台湾师范大学硕士学位论文,1981年。
[3] 萧冠英:《六十年来之岭东纪略》,中华工学会1925年,第1页。
[4] 萧冠英:《六十年来之岭东纪略》,第96页。

船公司与旅客和货物之间的中间商,其经营者大多数是汽船公司及其代理店的买办。船头行主要出售船票,通常在汽船公司及其代理店收取船费的百分之五再额外加价一至二元出售船票,或包下船舱、旅客数以发行船票,有时直接将船票售予移民或转交客头代向客栈推销。客栈和客头在整个移民过程扮演着重要的角色,客头与客栈关系甚为密切。一般而言,每一个客栈有固定关系的客头,多至数十名,少至二三名;客头通常在其故乡招募为谋生而准备开始迁往海外的移民,引导这些移民前往东南亚各地,并为他们代筹旅费、垫付安家费或寻找工作;客栈则通过与客头的密切联络为移民提供住宿,收取住宿费,有时也先从船头行处购得船票再加价三至四元卖给客头,而移民的住宿费和零用钱有时也由客栈垫付,或由客栈借款给客头,每四个月和客头进行结算并收取一定利息;客栈中有和客头共同投资分担客头业务者,也有客栈兼营客头业务者;在融资经营客头业时,客栈背后往往有船头行的支持,包括包船费和长期借贷,等等;客头在汕头有八百多人,客栈在汕头有六十多家,主要为嘉应州、大埔、丰顺等地的移民提供住宿,汕头的客栈经营者多为客家人[1]。这些移民机构和行业的存在,使汕头成为这一时期韩江流域地区向海外移民的重要节点,它们之间的协作和联系,一方面扩大了移民的规模并改变了移民的性质和方式,另一方面也促进了汕头通商口岸的发展。

如上文所述,19世纪中期以后的新移民,与家乡保持着密切的联系,甚至有的还频繁往返海内外从事商业活动。更重要的是,他们将在侨居地赚得的钱寄回给留居国内的眷属,与他们互通音讯。经营这些汇款和家书的是与移民密切相关的侨批业,其发展进一步加强了汕头在区域国别中的地位和作用。从南洋寄回国内韩江中下游地区的侨批,包含批款(汇款)和批信(家书),在批信通过近代邮政系统寄往国内的同时,批款则通过比较复杂、曲折的寄送途径,经过不止一次的外汇兑换和结算,其间还可能转换为贸易资金、金融资金、投资等多种可被利用的形式,其后再到达汕头的侨批局,最后由负责派送的批局将侨批送到移民在国内的家属手上[2]。在此过程中,香港往往起着关键性的作用。香港是南中国的汇兑中心,经由香港处理汇款可以获取较大利益,不少侨批局委托香港的客栈、银号、南北行代为办理汇兑,一些大的批信局更

〔1〕 杨建成主编:《侨汇流通之研究》,中华学术院南洋研究所1981年,第7—8、25—39页。
〔2〕 陈春声:《地方故事与国家历史:韩江中下游地域的社会变迁》,第349页;[日]滨下武志著,朱荫贵、欧阳菲译:《近代中国的国际契机》,中国社会科学出版社1999年,第240页。

在香港设立处理汇款的中间店[1]。

这种汇款方式既与侨批业本身的经营方式有关,也跟汕头与海外的贸易和汇兑网络有关。经营侨批业的商号,大抵兼营其他的生意,甚至有时侨批业只是其附带的业务。一些商号除了经营侨批业之外,还贩卖农产品、经营棉布类产品、批发化妆品和杂货等,他们有的以中国为据点,在南洋各地设立分店或代理店,也有以南洋为据点而在中国各地设分店和代理店的[2]。在各类商号的经营下,货物的流转与资金流转及汇兑关系密切相关。汕头的进口货品大多数购自上海和香港,而出口的土产多运销南洋各地,同时南洋各地的产品亦以香港为销售综汇之地,汕头、香港和南洋各地的汇兑则因此形成了反方向的三角关系,即南洋各埠将资金汇还给汕头的商人时,常支付香港的汇票以清账,而香港的汇票也多由运销南洋各地的出口商转售给银庄,再由银庄出售给进口商[3]。作为韩江流域地区枢纽港的通商口岸汕头,是该地区与香港和南洋各地贸易的重要节点,它在贸易和汇兑网络中起到了关键性的作用。

从19世纪后期到20世纪初期,世界各国的轮船公司纷纷在汕头、香港之间开辟往来航线,这一航线带来的商业利益巨大,也引起了中外各航运公司在货运、客运上的经营竞争。例如20世纪20年代初期,在复杂的国内外环境共同作用下,汕香航线的客票价格曾出现较大波动。对于汕香航线兴起的机缘及客运价格竞争的成因,黄晓玲进行了较为集中的讨论。她认为,自欧战结束,英美德等航运强国的轮船从战场上强势"回归",积极发展造船业,战后欧美经济的反动,使得欧美各国内商品需求下降,造成货运上供过于求,客运的经营反而势头向好,客运业遂成为各国航运业争夺之重点。在广东省内,潮汕地区政局动荡,战火四起,当时陈炯明有意经营与港英的关系,汕头地区反而与香港联系更密切。19世纪末东南亚等地的排华行动,向世界更大范围扩展,导致了国外新移民法令的实施,特别是对护照使用的新规定,限制了潮汕地区华工的直接输出,香港的中介地位由此更加凸显,其在招募华工出洋、回国方面的便利性被拔高。多方因素的作用共同推动了汕香间航运客票的连续波动[4]。

---

[1] 杨建成主编:《侨汇流通之研究》,第91—92页。
[2] 杨建成主编:《侨汇流通之研究》,第85页。
[3] 杨起鹏:《汕头银业史略及其组织(下)》,《银行周报》1929年第15期。
[4] 黄晓玲:《20世纪20年代汕香间航运客票价格的波动及其成因初探》,《学术研究》2019年第9期。

通商口岸经贸活动的区域国别特征,还体现在口岸与腹地的人群迁徙及资本、信息的流动中。汕头与其韩江流域腹地各县的买卖的双方,既通过汕头输入国外货物,也经由汕头将各县的土产销往国内外各地。汕头腹地各县的海外移民,既通过汕头搭乘轮船前往海外各地,也经由汕头返回家乡,其寄出的汇款和家书也经由汕头送达家乡的亲属。腹地的人口、资源和文化也随着这种交互过程被牵引到通商口岸的城市营建和社会构建中,贸易网络、移民网络、金融网络在汕头重叠与交织。货物、人员和资金的不断流动,也加强了区域国别中的交流与联系,甚至进一步扩大了区域网络。流域空间多重网络中货物、人员和资金的流动,也随着时间的推移将不同的要素沉淀在汕头这一通商口岸的发展中,可以说,流域空间的区域国别特征,进一步塑造了汕头的都市化景观。

## 三、通商口岸都市化营建中的区域国别景观塑造

如上所述,近代通商口岸本身具有不断变动的区域属性,它可以是腹地流域内的一个港口城市,在近代城市化进程中成为城乡移民迁移的终点站;它也可以是一个与世界连接的通商口岸,成为腹地海外移民通往外部世界的起点,也是他们回国的第一站;它还是一个桥梁,将其腹地的区域与海外更广阔的地域联系起来,它既连接着区域与国别,也处在区域国别之间。这种区域国别特征,随着不同人群在通商口岸城市中的活动而逐渐沉淀下来,并反映在城市内部空间之中,包括城市的街区构成、人群分布、建筑景观,乃至城市中的权力结构、社会样貌乃至人居环境。

汕头开放通商以后,西方各国的势力相继进入。英国、美国、德国等各国商人开始在此开办洋行、经营船务、进行贸易以及招募移民等。这些洋商的国家政府,如英、美、法、德、日、挪威等十几个国家亦先后在汕头埠及其旁边的礐碌和对岸的礐石等地相继设立领事馆。早已在潮汕地区传教以及筹划开辟传教领地的传教士们,也在汕头及其周边开展传教活动,并建立教堂、创建医院。如美北浸信会传教士耶士摩,19世纪60年代末便在汕头觅地兴建教堂,其后又将兴建教堂之外的用地转为自己的地产,并经营地产事业[1]。

---

[1] 可参见李期耀:《差传教会与中西互动——美北浸礼会华南差传教会研究(1858—1903)》,山东大学博士学位论文,2014年。

　　在西方势力不断扩张的同时,中国本土商人也在汕头与他们展开角逐。在汕头开埠前夕成立的漳潮会馆,某种程度上反映了漳州商民和潮州商民在此地平分秋色的区域贸易局面。此后,随着漳州商人在汕头逐渐式微,由潮汕商人组成的万年丰会馆成为此地最有势力的商业组织。万年丰会馆主要分为两个部分,其中一部分以海阳、澄海、饶平为代表,另一部分以潮阳、普宁、揭阳为代表[1]。与潮汕商民一样,韩江中游地区的客家人也开始在汕头发展势力。1882 年前后,韩江中游的客家人在汕头设立八属会馆,该会馆属于广东的嘉应、兴宁、长乐、平远、镇平、大埔、丰顺和福建的永定八个地区的商人、居民和回国移民,建造会馆的资金也由回国移民和在汕头的客家店主捐赠[2]。除此之外,汕头还有广州地区商民建立的广州会馆,后来会馆附近还建有广州旅汕学校和广州旅汕女学两所学校。

　　这些洋行、教会教堂、会馆的存在,以及他们在汕头的分布,一定程度上体现了汕头的区域特征、区域空间关系及其地方权力格局。1893 年潮海关的汕头口地图呈现了当时汕头埠内部的空间关系,其中较重要的是绘出当时汕头埠南北两边分别分布着洋人屋宇和华人屋宇的信息(如图 1 所示)[3]。图中标示为洋人屋宇的大多是各国商人设立在汕头的洋行及货栈,他们占据着汕头埠南岸靠近深水港之地,在沿岸建造码头和货栈,几乎垄断了汕头港通往国外各地的轮船航运;标示为华人屋宇的主要位于汕头埠中部和北部,靠近与汕头通往腹地的内河航运,大多是本土商人的店铺。

　　漳潮会馆原本地处汕头深水港临岸,汕头开埠后洋行、传教士、本土商人相继填海造地,潮汕商人在新填地上建造万年丰新会馆,邻近内河出海口及深水港航道。19 世纪 80 年代才开始发展势力的客家人,在当时并未占有汕头埠核心地区邻近海岸的土地,而是选择接近碛礁的地方建造会馆。不过,不少客家人选择靠近各洋行码头的地段经营客栈,这是因为客栈与移民出洋业务密切相关,而客家八属地区与汕头相距较远,通常不能当天往返,出洋旅客往往需要在汕头等待船期。由此看来,汕头开埠之后,由于对外贸易和轮船航运

〔1〕 China Imperial Maritime Customs, *Decennial Reports* (1882 - 91), China Imperial Maritime Customs. I Statistical Series: No. 6, Shanghai: The Statistical Department of the Inspectorate General of Customs, 1893, p. 537.

〔2〕 中国海关学会汕头海关小组、汕头市地方志编纂委员会办公室编:《潮海关史料汇编》,1988 年,第 27 页。

〔3〕 谢湜等主编:《近代汕头城市地图集》,科学出版社 2020 年,第 22 页。

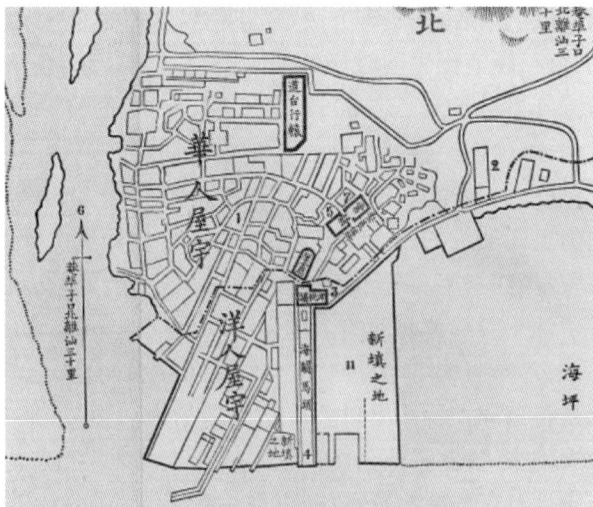

**图 1　汕头口地图**

资料来源：China Imperial Maritime Customs, *Decennial Reports* (1882–1891), China Imperial Maritime Customs. I Statistical Series: No. 6, Shanghai: The Statistical Department of the Inspectorate General Customs，1893.

迅速发展的关系，能否获得临海地段对于活跃于此的中外商人至关重要。洋人凭借条约之便，占据了汕头口岸临海的有利位置，潮汕商人也利用靠近汕头的地理优势在此地发展势力，开发西南面临海的核心地段，客家人需取道汕头与海外联系，但又深处韩江中游，未能占有汕头早期开发的先机。可以说，汕头口岸内部这种空间分布情况，一定程度上体现了汕头与西方各国、腹地潮汕和梅州的区域空间关系。

　　虽然外国商人占有先机，但他们在汕头的发展较为有限。随着货物、人员、信息的流转，以及汕头在跨区域跨国界中的地位日益凸显，韩江中下游地区潮汕人、客家人以及他们前往海外的移民，将汕头作为他们生活和谋求发展之地。在他们的努力之下，汕头的城市功能日趋完善，逐步向近代城市转变。更重要的是，这些来自韩江中下游的人群本身便具有某种区域国别属性，他们的各类活动在城市空间的发展过程中逐渐形成各种要素，从而塑造了汕头城市的区域国别特征。

　　如上文所述，由潮汕人组成的万年丰会馆在汕头有较大势力，直至 19 世纪中后期已控制了汕头港贸易的一切细枝末节，甚至包括与"市政"相关的公共事务[1]。20 世纪以后,随着官方政策的改变,汕头的商业组织逐渐完成从会馆到商会的过渡,晚清到民国时期的汕头商会,仍与万年会馆相似,以海澄饶和潮普揭两派互争雄长[2]。1906—1946 年,汕头商会的领导人基本由这两派商人轮流担任,他们经营的行业主要是汇兑庄和轮船行。汇兑庄是近代汕头资本最为雄厚的行业,运销业次之[3]。此外,运销业还与侨批业、出口商、抽纱行,同为近代汕头的四大行业[4]。这些由潮汕人主导的行业都与区域贸易和跨国贸易有关,主要分布于汕头"四永—升平"及其以北地段,它们的发展深刻影响了汕头西部和北部的街区样貌以及业态分布。如 20 世纪初,汕头出口商组织开发土地,建造大批货栈,发展到分为南商、暹商等公所[5]。其中南商指的是将潮汕土特产出口到南洋各地的出口商,后来专营出口泰国的商号从中独立出来,成立暹商公所。这不仅意味着汕头出口行业的扩大,也意味着汕头与腹地及海外在物资、资金方面关系交流的加深,以及区域空间关系的变动。

在潮汕人掌握汕头商业话语权的同时,客家商人也参与到汕头的地方事务中,尤其体现在现代化建设方面。如修建于 1906 年的潮汕铁路,从倡议兴建到投资建设,主其事的张煜南和张鸿南兄弟,便是嘉应州的著名侨商;其次如福建永定县的著名侨领胡文虎,在汕头投资建有虎标永安堂制药坊及其营业部、《星华日报》报馆、虎豹印务公司,他还捐建了汕头医院、市立一中图书馆等一些早期现代化的市政设施[6]。

虽然这些商人有潮汕地区和客家地区的地域之分,此外也还有广府地区的商人,不过他们的竞争、协作促进了汕头的迅速发展,他们的各类活动和资金加强,为后续汕头的大规模建设奠定了基础。

1925 年以后,汕头为解决各银庄滥发纸币的问题,推行币制改革,实施保证纸币办法,其中要求发行纸币的银庄须有不动产做保证。这对于经营银庄

---

[1] 钟佳华:《清末潮汕地区商业组织初探》,《汕头大学学报(人文科学版)》1998 年第 3 期。
[2] 陈海忠:《近代商会与地方金融——以汕头为中心的研究》,广东人民出版社 2011 年,第 121 页。
[3] 饶宗颐主编:《潮州志·实业·商业》,第 80 页。
[4] 饶宗颐主编:《潮州志·实业·商业》,第 72 页。
[5] 汕头市地方志办公室编:《汕头市区房地产志》,1992 年未刊稿,第 3 页。原稿"发展到分为南商、暹商、南郊、和益等公所"可能有误,其中南商亦称南郊,于光绪年间组织南商公所。见饶宗颐主编:《潮州志·实业·商业》,第 80 页。
[6] 陈春声:《近代汕头城市发展与韩江流域客家族群的关系》,《潮学研究》2011 年第 3 期。

并发行货币的潮汕商人来说影响甚巨,他们由此竞相投资汕头的地产事业。值得注意的是,这些潮汕商人具有密切的海外关系,不少银庄都有海外的分号或联号。因此,不少海外移民也趁机将资金投资于汕头的房地产[1]。

与此同时,1926年以后,由于汕头市政当局城市改造计划的实施,以及潮汕和梅州两地农村治安不佳的缘故,大量潮汕人和客家人迁往汕头安家。其中不少殷富之人更是在汕头竞购土地,广建屋宇,作为安居之所和投资之用[2]。当时汕头腹地的经济大多仰赖海外侨汇,这些殷富之人应该有不少是华侨家庭。除此之外,20世纪20年代末由于国际银价下跌,南洋华侨受金贵银贱风波的影响,也被迫将资本转移到国内,投资于房地产以便保值[3]。韩江中下游地区旅居南洋的华侨,也利用已有的社会经济网络将资本转移至国内投资地产,以便规避风险。有趣的是,当汕头地方货币制度出现问题和时局不稳定的时候,韩江中下游地区的移民及其家眷多将资金转移至海外寻求保障。

随着城市规划的实施及地产市场的繁荣,汕头的房地产空间分布进一步表现出明显的区域国别特征。在汕头核心区的"四永一升平"街区内,地产业主大部分来自澄海、潮阳、潮安等地,与海外业务密切相关的汇兑庄、侨批局也大量聚集于此。这种情形一方面源于潮汕等地人士在汕头的商业活动和地产投资,另一方面也基于汇兑庄和侨批局之间的内在联系。此外,侨批局的空间分布也与华侨地产存在部分的相关性,尤其是经营泰国侨汇的侨批局,其周边分布着大量泰国华侨的地产[4]。值得进一步指出的是,海外移民投资于汕头的房地产遍布汕头整个核心区,在空间上呈现总体分散、部分集中的特征。这些房地产的业主大多来自中国香港、印尼、泰国、马来西亚、新加坡等地的华侨、归侨、侨眷,其中以中国香港、印尼、泰国占大多数,此外,还有少数业主来自越南、毛里求斯、英国、美国、加拿大、南非、澳洲等地[5]。这些房地产的空间分布特征,呈现了不同区域、国家的人群在汕头城市内部投资经营的状况,

〔1〕 参见谢雪影编:《潮梅现象》,汕头时事通讯社1935年,第63页。

〔2〕 杨起鹏:《十七年汕头市商业颓败的几个原因》,《潮梅商会联合会半月刊》1925年第7、8期合刊。

〔3〕 赵津:《中国城市房地产业史论(1840—1949)》,南开大学出版社1994年,第105页。

〔4〕 谢湜、欧阳琳浩:《民国时期汕头城市商业地理的初步分析——以侨批业为中心》,《近代史研究》2019年第3期。

〔5〕 欧阳琳浩、谢湜:《海外移民与近代汕头城市的发展及空间转变——基于HGIS的考察》,《广东社会科学》2023年第3期。

而这些人群投资经营活动,也体现了通商口岸与海外之间的区域国别问题。

对于活跃于此的人群而言,区域国别具有两层含义。首先,区域国别有时候是生产、投资、营业的网络上的意义,比如与国内外不同地区的贸易、行情交换以及资金转移,这反映的是区域国别之间的物资、信息和资金的交流。其次,对于部分人群而言,他们本身,乃至其家族,具有跨越区域国别的属性,他们处在不同的区域国别之间,获得了不同的身份,而他们也利用跨越不同国别的身份,在不同的区域范围内以及在不同的国家间游刃有余,一方面理解和适应他们所处的不同社会和环境,另一方面去生活、经营和拓展自己的事业。可以说,正是通过这些人群的经营活动,通商口岸才凸显了其特有的区域国别意义。

# 结　语

长期以来,华南地区与东南亚各地一直有着频繁的贸易往来。对于活跃在南海的闽粤人群而言,华南和南洋自成一域。近代以后,随着中国被迫开放,东南沿海的通商口岸和香港成为沟通海内外的重要枢纽。贸易的发展和出洋人数的迅速增长,不仅扩展了原先的区域网络,同时也使南中国与东南亚各地进一步地形成了紧密的移民、商业、金融等多重跨越国别的网络,南中国历史上长期形成的海外贸易传统以及跨地域人群的国别区域认知,造就了通商口岸时代特质化的"国际贸易"形态。通商口岸和南海周边地区各港埠的新旧移民社会,基于原乡文化认同,以及基于血缘、地缘和业缘交织而成的空间关系,塑造了各个区域的跨地域、跨国别社会形态。

闽粤侨批业及相关的金融汇兑业的经营方式,促使货物和资本在区域和国别中的流动呈现出双向乃至多向、交互并且叠合的空间特征,并催生出香港作为活跃的亚洲金融汇兑中心的兴起。这是近代中国东南通商口岸历史变迁中的一个重要面相,也是近代通商口岸经贸活动的区域国别特征的集中体现。

近代通商口岸既是其腹地的货物、人员流动的枢纽,具有连接腹地各地的区域特征,也是其腹地与海外产生联系的门户和中介之地,具有连接海外各地的跨区域特征。不同的商业网络、贸易网络、金融网络、移民网络,以及货物、人员、信息在此汇集和分散,使近代通商口岸折射出不同尺度的空间关系。这些空间关系并非一成不变,随着这些通商口岸在不同时期的变化,以此为中心所形成的区域以及扩展的区域在不断变动,其空间关系亦随之而变。

通商口岸不仅是腹地土货输出的集中地,也是国内外进口商品的汇集地;不仅是移民出洋的起点,也是移民归国的第一站;不仅是海外侨汇和信息的集散中心,也是华侨的投资和消费场所。活跃于这些通商口岸的人群,他们的经营和投资活动与海外世界密切相关。对于他们来说,区域国别可以是生产、经营意义上的区域国别,也可以是他们本身,乃至家庭和家族不同成员跨区域和跨国实践上的区域国别,而近代的通商口岸,正是他们为适应不同区域国别中的社会经济环境和政治文化环境而开展投资经营活动和跨国实践的重要场所。正因如此,近代通商口岸既凸显了其区域国别的意义,其空间内部也形成了独特的区域国别特征。

在近代通商口岸的都市化历程中,大量新式建筑、新的商业街区的营造,在视觉上最具冲击性,这批建筑有不少延续至今,为我们追溯都市景观变迁提供了重要的空间坐标。以骑楼兴建为例,在近代中国城市发展进程中,骑楼为南方地区许多城市开展市政建设时所采纳,并广泛运用于城市规划及道路建设。这些骑楼及骑楼街,大多分布于与华侨有关的城市和市镇。这一方面源于华侨为地方建设提供了直接性和间接性的资金,另一方面也由于华侨为民间带来了东南亚城市的思想观念和生活理念,一些骑楼的修建也在此影响下形成中西合璧的风格。

骑楼和新式马路的修造,是一种全新的城市地方感创造的空间过程,华侨及侨眷在其积极参与投资和建设的城市中生活、经营、消遣,赋予城市街区以新的商业意义、社会意义和文化意义,强化了侨乡都市的地方感。当我们在区域空间观察人群流动的动向,由人群动向分析区域国别的交错,从区域国别的交错理解生活世界,就可以理解经历半个世纪变迁之后,通商口岸城市所呈现的貌似无地方性又具有时代性的都市现代化景观。

*本文原载《清华大学学报(哲学社会科学版)》2024 年第 3 期。*

*作者简介:欧阳琳浩,男,1989 年生,广东澄海人,历史学博士。2013 年入中山大学历史学系,师从谢湜教授,2018 年毕业,获历史学博士学位。现为广东省社会科学院历史与孙中山研究所(海洋史研究中心)助理研究员,主要研究方向为历史地理学、城市史、海洋史。*

# 灾害、环境与慈善的相反相成

## ——以乾隆朝直隶乡村社会保障建设为中心

王大学

    灾害史与环境史、慈善史在实际研究过程中虽有交叉,但环境史和慈善史研究更多是分途发展。极为有趣的是,在清代直隶乡村社会保障体系建设的原因和过程中,灾害、环境与慈善这三种因素,以相反相成的形式交织在一起。与清代江南地区善堂林立不同,直隶地区的民间善堂数量极少。但是,直隶有独一无二的留养局系统。直隶义仓体系建设始于乾隆十一年(1746),但义仓与留养局系统建设几乎都从乾隆十三年(1748)正式拉开序幕,且均与方观承直接相关。建设时间上的连续性且出自一人之手是个有趣的现象,背后原因值得深挖。

    现有成果大多仅关注义仓、留养局系统规条,对义仓建设原因讨论不深入。村松祐次扼要分析直隶义仓规条和乡村义仓体系渗透情况[1]。马秀娟等人对方观承义仓建设进行了简要探讨[2]。郑微微认为方观承领导的直隶义仓体系具备相当完整的储粮备荒系统,将防御灾害能力提高到新水平[3]。李明珠分析了 1743—1744 年救荒模式以及乾隆朝义仓建设简况[4]。魏丕信以 1743—1744 年直隶灾荒为实例,系统论述国家救荒制度、措施、成效及其相关社会问题。由于关注点差异,方观承主持建立的直隶义仓体系被一笔带过[5]。郝

[1] [日]村松祐次:《清代的义仓》,《一桥大学研究年报(人文科学研究)》第 11 号。

[2] 马秀娟、张建英、赵江燕:《论直隶总督方观承与辖区义仓建设》,《安徽农业科学》2011 年第 7 期。

[3] 郑微微:《清代方观承在治理义仓建设规划与实践》,《历史地理》第 21 辑,上海人民出版社 2006 年,第 301—307 页。

[4] [美]李明珠著,石涛、李军、马国英译:《华北的饥荒:国家、市场与环境退化(1690—1949)》,人民出版社 2016 年,第 238—241 页。

[5] [法]魏丕信著,徐建青译:《十八世纪中国的官僚制度与荒政》,江苏人民出版社 2003 年,第 167 页;Will, Pierre-Etienne and R. Bin Wong: *Nourish the People: The State Civilian Granary System in China*, *1650-1850*, University of Michigan, 1991。

红暖认为留养局系统设立原因是方观承早年徒步塞外寻找家人的背景以及担任浙江巡抚时可能了解浙江慈善组织运作机制[1]，这远远不能解释直隶义仓、留养局系统先后开建的原因。邓海伦认为乾隆十三年"留养资送"制度废除对国家控制农民有利，也有利于增强劳工流动性。当年乾隆面对的挑战包括：米价腾贵引起社会动荡；第一次金川战争浩大费用以及十一到十三年轮流实施的普免天下田赋恩举带来的财政问题。这种情况下，朝廷编造借口把一个福利救济政策根本地除掉并不算意外[2]。已有留养资送制度研究无出其右[3]。

在现有研究成果基础上，本文深入探究以下问题：第一，直隶义仓、留养局系统建设的真正原因何在，与乾隆前期"养民"政策实施效果及乾隆十三年前后皇帝统治政策变化有无直接影响？第二，乾隆废除"留养资送"制度的同时，为何任凭直隶建设严密留养局系统？第三，义仓、留养局系统空间分布特征及其自然、人为因素何在？

## 一、义仓、留养局系统的空间特征

本文对《畿辅义仓图》中义仓1 005个数据、《养局案记》中留养局538个数据、《赈纪》中粥厂120个数据进行了数据库建设。根据粥厂与义仓极高重合度可以看出，当年救灾粥厂设置经验为直隶义仓体系建设提供了便利。义仓设置"就其幅员之广狭，度其道里之均齐，于四乡酌设仓座自三四区以至十八区。其地必择烟户稠密、形势高阜处，使四面村庄相为附丽。近在十五里内者三十三县，在二十里者七十三州县，在二十里及二十余里者三十三州县卫，在三十里内者三州县，在四十里内者二县，期于往返各便，赒救易通"[4]，兼顾偏远山村和两县交界处。"又一州县中，村庄有多至七八百者。其僻壤孤乡，在犬牙两界之地，各员分头查勘，甚或遗漏未到，亦未可定，不可

〔1〕郝红暖：《清代民国河北地区慈善组织的历史演变与空间运作(1644—1937)》，暨南大学博士学位论文，2010年；郝红暖、吴宏岐：《乾隆前期直隶留养局的空间分布特点及原因分析》，《中国历史地理论丛》2010年第2期。

〔2〕[澳]邓海伦：《试论留养资送制度在乾隆朝的一时废除》，李文海、夏明方主编：《天有凶年：清代灾荒与中国社会》，生活·读书·新知三联书店2007年，第112—113页。

〔3〕张凤鸣：《赈济与控制：清代乾隆朝"留养资送"制度研究》，浙江大学硕士学位论文，2008年；李雅倩：《乾隆初年的留养资送制度及其废除》，中国人民大学硕士学位论文，2009年。

〔4〕(清)方观承：《奏为经理义仓告成绘刻全图恭呈圣鉴事》，乾隆《畿辅义仓图》。

不加详慎。"〔1〕口外三厅为塞外游牧之地,地广人稀,多为内地人佃种,他们与本地人多有冲突,不设义仓〔2〕。

由于义仓设置是按县境大小、聚落多少规划,留养局数量与义仓数量不匹配说明留养局设置自有特殊原因和要求。留养局主要设置地点有三类:第一,几乎各州县治所、城关区、县城周围交通孔道上集镇和政区边界都设置。第二,交通便利的集镇〔3〕或村落〔4〕。第三,河流交汇处。留养局设置地点选择由其设立目的和留养对象决定。留养局主要"收养道路贫病无依之人及本地孤贫之不在额者"〔5〕,城关一般是贫民和流民集中区域,县城仓储和养济院吸引着这些人;集镇一般交通发达,流民往来较多且方便本籍贫民就地留养〔6〕。沿河与交界地方作为设置留养局重点,是因"沿河及交界地方,多有刁民赁住破屋,携带家口,指称种地,分趋数县,皆得领赈。须详查来历姓名,系某州县某村人,给与印票,令回本地,禀官验票补赈,以杜重冒"〔7〕。部分府州留养局的设置与河流水系导致的灾害频仍有关系,广平府深受滏阳河、漳河水系的影响,深州、赵州和冀州等地则是滹沱河水患时常泛滥的区域。大名府是河南进入直隶的孔道,加上东明、长垣等县为身处黄河下游滩地的大县,留养局数量较多(见图1)。

部分府州留养局数量较多,与其处于交通孔道密切相关。直隶四大留养局"安肃之慈航寺、良乡之永保堂、内丘之圆津庵"〔8〕永清县留养局,除永清县留养局是处于永定河边因水灾频仍而设外,其余三个地方均处于奔向京师要道。广平府、正定府和宣化府均处于直隶和山西交界处,广平府永年县临洺镇处七省通衢,其留养局规模比县城的大。留养局系统要收容的流民有部分从直隶向外省流动,直隶和陕西季节性劳动力有流向晋北大同的。乾隆五十

〔1〕 (清)吴元炜:《赈略》卷下"谕委员摘赈续赈",李文海、夏明方主编:《中国荒政全书》第2辑第1卷,北京古籍出版社2004年,第708页。

〔2〕 "热河道属之热河、喀喇河屯、八沟、塔子沟四旗五厅,口北道属之多伦诺尔、张家口、独石口三厅系内地农民出口佃种,与土著有间,无庸建仓。"(清)方观承:《义仓图凡例》,乾隆《畿辅义仓图》。

〔3〕 《留养局案记·条规》,民国《柏乡县志》卷4《赈恤志》。

〔4〕 (清)黄可润:《宣化留养局碑记》,乾隆《宣化府志》卷36《艺文志二》。

〔5〕 光绪《永平府志》卷53《名宦志五》。

〔6〕 郝红暖、吴宏岐:《乾隆前期直隶留养局的空间分布特点及原因分析》,《中国历史地理论丛》2010年第2期。

〔7〕 (清)吴元炜:《赈略》卷下"禀陈条规(霸州知州朱一蜚禀陈办赈事宜)",第700—701页。

〔8〕 (清)汪师韩:《曹河慈航寺留养局碑记》,《上湖文编补钞》卷下。

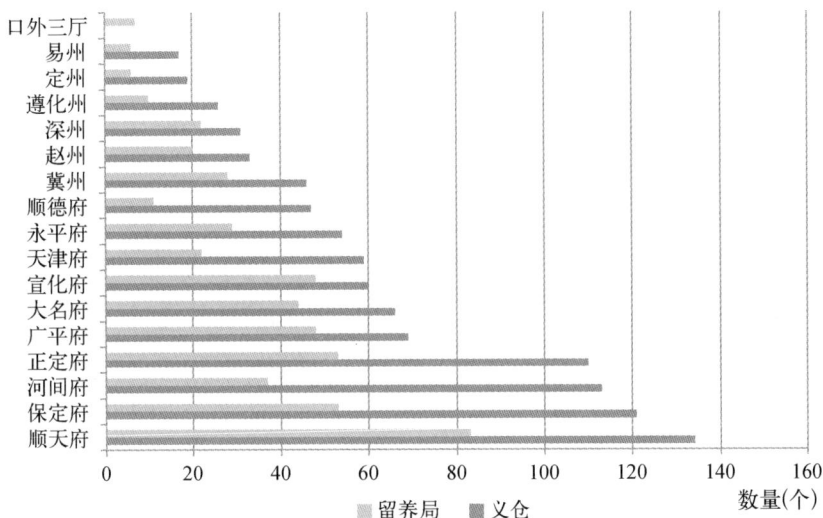

图 1 方观承所建义仓、留养局统计图

二年(1787),汪志伊称进入大同的季节性劳动力和当地人几乎一样多,由于此地旱灾他们失去工作,聚众闹事[1]。虽然此乃乾隆晚年事,但直隶境内靠近晋省的民众季节性向晋北流动的现象早已发生。这也正是上述三个邻近山西的府州留养局较多的原因。河间府、天津府等地留养局更多是应对季节性流民。清代华北尤其河间、献县等地农民季节性流动早成习惯。居民秋收后堵闭门户,携带家小奔赴京城佣工或省内随地打工觅食,明春麦熟方归。地方官往往不刻意阻拦[2]。山东东昌府、武定府等处也是流民奔赴京师的主要源头。

从义仓和留养局分布图可以看出,流民入京师路线与留养局空间分布直接相关(见图 2)。流民赴京路线,东路多由沧州、天津、武清、通州,西路多由新城、涿州、良乡,隆冬时分也可以从文安、霸州、固安、永清和东安一带经冻河通过[3]。直隶留养局空间分布上的南密北疏与自然条件密切相关。承德府、宣化府和口北三厅是传统游牧区,地广人稀、经济落后,总量上看留养局数量稀少,但这些地方留养局的设置是安置和帮助口外流民必不可少的措施。

---

[1] [法]魏丕信著,徐建青译:《十八世纪中国的官僚制度与荒政》,第 37、280 页。

[2] (清)方观承:《赈纪》卷 5《安抚流移》"前事移会管汛",李文海、夏明方主编:《中国荒政全书》第 2 辑第 1 卷,第 572—573 页。魏丕信注意到这条材料,并把这种季节性迁移的农民和外出逃荒者做了区分。见[法]魏丕信著,徐建青译:《十八世纪中国的官僚制度与荒政》,第 34 页。

[3] (清)方观承:《赈纪》卷 5《安抚流移》"流民分别留养资遣院檄",第 578—579 页。

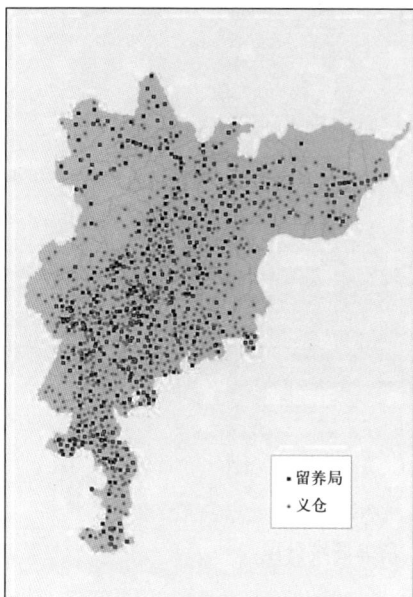

**图 2 乾隆朝直隶义仓、留养局分布**

（底图：中国历史地理信息系统 1820 年数据）

流向古北口的流民主要来自直隶河间府、天津府以及山东东昌府、武定府等处，多因本地秋成无望，出外佣工，投亲靠友，或本有家业而为逃荒携家外出。他们主要通过北京出口外，留在京师的约十之二三。对这些外来贫民，主要在饭厂附近为其搭盖席棚住宿，或收拾空闲庙宇来供其投宿。情愿回籍的则由大兴、宛平两县加以资送，每口每程给银六分。已经到口外的流民，到八九月间或在口外难以谋生，必然返回内地，不适合让他们到京师聚集，也不便让他们到他处流徙，令直隶总督转饬沿边州县照例资送回籍[1]。河南、山东、直隶、山西存在着劳动市场。在直隶以北以及东北部边界地区，比如热河及奉天，当土地开垦后，许多直隶农民季节性迁移或永久性定居在那里，证明了更远地方对于劳动力的需求。这种长距离转移，与长城以北的蒙古边缘山区放垦关系密切。

留养局"有购地新建者、有就官房改设者、有依寺庙租赁者"[2]。由官房改建的情况很少，仅赤城县留养局"改县城南门外官房为之"。留养局多利用民房设置，赈济救灾、安置流民时利用民房的现象早在宋代已出现。宋代富弼处理从河北到山东的灾民时，在城乡寻找房屋安顿[3]。利用庙宇寺观建设留养局，既有历史渊源又有现实考虑。汉唐以来传统慈善组织与寺庙关系密切，明代以来寺庙作为公共活动空间社会功能日益多样化[4]。一方面可迅

---

〔1〕 （清）方观承：《赈纪》卷5《安抚流移》"廷议抚恤事宜二条"，第567—568页。
〔2〕 （清）方观承：《养局规条原文》，(清)方受畴：《留养局续记》，道光元年刻本，第5页。
〔3〕 （清）陆曾禹：《钦定康济录》卷42，《摘要备观》"富公安流法"，《中国荒政全书》第2辑第1卷，第424—425页。
〔4〕 梁其姿：《施善与教化——明清的慈善组织》，河北教育出版社2001年，第12—92页。[日]夫马进著，伍跃、杨文信、张学锋译：《中国善会善堂史研究》，商务印书馆2005年，第30—175页。

速安顿并管理流民[1]，另一方面可加强治安、消灭乱源。地方一出现灾情，不但贫穷困苦之辈会人心浮动，往日匪类还可能会伺机而动，需整修栅栏，轮值支更员役巡夜[2]。

## 二、畿辅义仓体系建立原因

畿辅义仓体系的建立源于乾隆十一年（1746）十月上谕："义仓一事乃急公慕义之人当米谷有余输之于仓以备缓急，目下正值丰收之际，宜饬地方官善为鼓舞劝导，以足仓储。盖米谷为民食攸关，乘此丰年，当广为储蓄之计。可一并寄谕那苏图，凡有益积贮之事，令其悉心筹画，兹已交冬，当急为经理，毋致后时。"[3]直隶总督那苏图与布政使方观承着手直隶义仓建设。次年，方观承署理山东巡抚时推行义仓建设，乾隆谕令山西、陕西和河南等省份是否可仿照直隶、山东建设义仓，除山西响应外，豫、陕两省以有社仓而婉拒[4]。越明年，方观承改任浙江巡抚。乾隆十四年七月，他接替病逝的那苏图任直隶总督，大规模建设义仓[5]。次年二月，直隶义仓体系基本建成。

义仓选择乡村建址是由其目标和性质所决定，且富有传统。一般认为古代仓储分为常平仓、社仓和义仓。常平仓主要集中在城市，官方建仓、购粮并专管。义仓主要设立于乡村，民捐购粮并自行管理，减少吏役直接侵渔的可能性。宋代刘行简已认识到义仓四散城乡，寄存寺观或富有人家的重要性[6]。元明两代也多次有建立社仓或义仓的尝试[7]。清代义仓政策系统出台于平定三藩的康熙十八年（1679），明确常平仓供州县备赈、社仓和义仓供村镇备赈。康熙四十二年上谕要求直隶试行社仓但成效不大[8]。雍正虽对仓储问题进行整饬，但效果不理想[9]。雍正十三年（1735）九月，初登大宝的乾隆希

〔1〕（清）魏禧：《救荒策》"当事之策"，《中国荒政全书》第2辑第1卷，第17页。
〔2〕（清）万维翰编：《荒政琐言》"镇抚"，《中国荒政全书》第2辑第1卷，第477—478页。
〔3〕（清）方观承：《奏为详酌义仓规条恭请圣训事》，乾隆《畿辅义仓图》，第7页。
〔4〕郝红暖：《清代名臣方观承的惠政及其为官从政特点》，《安徽史学》2016年第5期。王璋对于乾隆朝山西义仓的制度设置、仓储规模和社会功效等进行了初步研究。王璋：《乾隆朝山西义仓初探》，《历史教学》2012年第3期。
〔5〕（清）方观承：《奏为经理义仓告成绘刻全图恭呈圣鉴事》，乾隆《畿辅义仓图》，第5页。
〔6〕（清）俞森：《义仓考》，《中国荒政全书》第2辑第1卷，第71页。
〔7〕（清）陆曾禹：《钦定康济录》卷2《先事之政》，第273—274页。
〔8〕（清）张廷玉等撰：《皇朝文献通考》卷34《市籴考三》。
〔9〕《清高宗实录》卷304"乾隆十二年十二月戊辰"条。

望通过养民与教民来达到"三代之治必可复,尧舜之道必可行"的美好想法[1]。乾隆希望通过解决民众的衣食问题来安定天下,具体四部曲为爱民、养民、足民和教民[2]。

乾隆初年,政府成倍增加仓储和扩大赈恤力度,这在灾害救济中发挥了巨大的作用,特别是在乾隆六年到八年的两江赈灾中尤为明显。但是,这带来很大的政治和社会问题,尤其是米价日益昂贵。皇帝认识到这一点,乾隆八年四月上谕提到米价上扬的最主要因素是各省添补仓储"争先籴买之所致"[3]。不过,乾隆只是采取一些权宜之计处理该问题,紧随其后的直隶旱灾赈济还需要采买大量外省粮食[4],事关京师安危的直隶救灾活动使得仓储问题暂时显得没有那么严重了。自然灾害与天人感应关系密切,乾隆十年六月二十日,皇帝就水旱灾害频仍表态说是上天示警应尽人事补救。次日,因言官赫泰劝谏不要过多恩蠲,皇帝痛批他无知,这与乾隆"养民"思路相悖[5]。尽管这次直隶的旱灾救济很成功,但乾隆必须面对今后常态救灾的问题。

乾隆十二年之前,直隶社仓体系并未真正建立,百分之八九十附设于常平仓[6]。社仓并未真正为乡村百姓服务,常平仓主要建在城市,日常辐射区域是县城及其周边,乡民需走几十里甚至上百里才能借谷或领赈。乾隆朝设义仓的目的是想在常平仓与社仓外另组民捐民管及民用的地方仓储系统,是针对社仓制度名存实亡所做的补救,试图利用义仓之名再次推动乡里之间的民间积储方法[7]。实践证明,乾隆登基以来的"粮政"和种种努力受到了挫折,效果与其预期相差甚远。这种由依靠官仓向民仓转变的行为,是乾隆统治政策整体"收敛"并由"养民"向"教民"转变大背景下的一种体现[8]。

早在乾隆十二年五月,针对近年来民气渐骄,乾隆认为民众肆意妄为是因以往多加恩惠而忽视教化,谕令各级地方官多加教化民众[9]。八月御史

〔1〕《清高宗实录》卷3"雍正十三年九月壬戌"条。
〔2〕《清高宗实录》卷16"乾隆元年四月丙寅"条。
〔3〕 高王凌:《乾隆十三年》,经济科学出版社2012年,第141页。
〔4〕 [法]魏丕信著,徐建青译:《十八世纪中国的官僚制度与荒政》;[美]李明珠著,石涛、李军、马国英译:《华北的饥荒:国家、市场与环境退化(1690—1949)》。
〔5〕《乾隆朝上谕档》第2册,档案出版社1986年,第49—50页。
〔6〕《清高宗实录》卷283"乾隆十二年正月庚申"条。
〔7〕 李汾阳:《清代仓储制度研究》,文海出版社2006年,第199页。
〔8〕 高王凌:《乾隆十三年》,第139—158页。
〔9〕《乾隆朝上谕档》第2册,第180页。

欧堪善提出粮价日贵的问题，年底皇帝趁机发动一场针对粮政和粮食问题的大讨论[1]。这场讨论持续到次年七月，最终得出的结论是以往官仓采买过多造成米价上扬，谕令各省常平仓谷悉照康熙、雍正年间旧额[2]。常平仓谷采买数量大幅度降低后，山东巡抚上折请求兴办义仓，但乾隆十四年八月上谕山东省停止常平仓采买仓谷后也不要再兴办义仓[3]。

　　与此形成鲜明对比的是，直隶义仓体系的大规模建设也从这个时间开始。畿辅义仓系统建设开始于方观承任布政使的乾隆十一年，但真正大规模建设要待方观承从浙江转任直隶总督后的乾隆十四年，这说明方观承在直隶义仓系统建设中的重要作用。乾隆对直隶和山东建设义仓的态度迥然不同的背后还有更深原因。乾隆不会忘记此前直隶旱灾救济中所动用人力、财力和物力的难度，三年前他谕令那苏图、方观承建立义仓体系应该有双重目的：一方面是为民众日常赈济服务，另一方面是有利于把民众稳定在乡村而防止盲目外出[4]。可以说，畿辅义仓体系很好实现了赈济和管制的完美结合，落实了皇帝"教民"谕令。这正是在全国仓储政策大调整背景下，乾隆拒绝山东建立义仓而同意畿辅义仓体系建设的真实原因所在，直隶地区社会稳定无疑在皇帝心中举足轻重。

　　该义仓体系以及管理规条，成为后来清代直隶督抚义仓建设与管理范本。嘉庆和道光朝分别担任过总督的那彦成，曾两度努力恢复直隶义仓体系。同、光年间，总督李鸿章也进行了兴办义仓的努力。但是，具体操作方式均没有超出方观承所建设的义仓体系。

## 三、留养局系统设置的原因与过程

　　留养局普遍建立仅出现于直隶。延庆州早在乾隆七年就设立了留养局[5]。乾隆十三年，时任布政使的方观承奏请直隶全境设立留养局，但其旋被改派浙江巡抚，当年只有保定府周边的阜平、望都和高邑等县率先设立。留养局建设的系统铺开，尚待乾隆十四年下半年方观承升任直隶总督后。乾隆

---

〔1〕《清高宗实录》卷313"乾隆十三年四月己卯"条。
〔2〕《清高宗实录》卷319"乾隆十三年七月辛丑"条。
〔3〕《乾隆朝上谕档》第2册，第344页。
〔4〕（清）方观承：乾隆《畿辅义仓图》，第4页。
〔5〕乾隆《宣化府志》卷9《公署》，第212页。

二十四年,方观承辑成《留养局案记》并上呈皇帝,标志着该系统完全建成。

留养局的重要目的是处理流民对社会的影响。流民是历史上一个老问题,给社会治理带来诸多不便:背井离乡不利于流出地农业生产恢复,连带使更多民众望风而逃,外出流民越来越多且形成习惯性流民;流亡途中生灵涂炭、死者过半;流徙途中以及在安扎地因闹事等带来管理困难;留养资送增加政府负担。流民安置向来是政府的一项重要工作。西汉开始,政府建寓所或借助寺庙、闲置房屋安置流民。隋唐安置灾民的机构有悲田养病坊和普救病坊等。宋代灾民救济措施更完善,留养和资送均出现,富弼选择公私房屋安置流民的做法对后世影响深远。明代钟化民在河南赈济时广设粥厂安置流民,资送愿意归家的流民。安置流民方法主要是"一得食;二有居;三可归"[1],留养资送涵盖了上述三个方面。

清代京师接收和处理流民压力非常大。康熙四十三年(1704),很多山东、直隶流民流入京城。皇帝认为设粥厂救济流民不如令其早回籍,否则将耽误农时并荒废农业,谕令直隶总督派人到京城将各自属地流民领回,然后捐给籽粒耕种田亩。这样既可安顿流民回乡又不耽误农业生产,一举两得。雍正元年(1723),很多直隶、山东、河南流民在京师就食而不能回籍。雍正命令五城御史勘察人数并发给盘费送回本籍,"每口每程给银六分,其间有老病不能行走者,每口每程加给三分,以为脚力之费"。与康熙不同的是,雍正直接委派官员护送流民回乡,命令各地方官逐程发给文书以便灾民返回原籍,途中生病者随时由所在地的地方官留养医治,痊愈后转送回乡。雍正九年谕更明确提出,留养资送可以动用的主要是常平仓、存留公项和截留漕粮[2]。此举的大背景是,雍正八年十二月,面对直隶、山东、江苏、河南与安徽等省的水灾,谕旨:如果灾民所到的邻封州县当局不从事赈恤,必然导致灾民流离失所,春耕时候不返回故土必将导致田地荒芜,农业受损[3]。

乾隆登基后,对留养资送非常关注。乾隆四年河南、江南灾民前往江西九江而被地方官吏禁止渡江,谕令河南、安徽巡抚悉心体察安辑流民,不要让他们外出逃荒,已经到其他州县的流民则由所在地政府设法安置,待春暖之时资送回籍[4]。但是,这种留养资送制度出现副作用。昔日"病在恩之过少",今

〔1〕 (清)陆曾禹:《钦定康济录》卷3《临事之政》"安流民以免颠沛",第337页。
〔2〕 《大清会典则例》卷55《户部》"反流亡使民生聚"条。
〔3〕 (清)姚碧:《荒政辑要》卷5"安顿流民",《中国荒政全书》第2辑第1卷,第803页。
〔4〕 《大清会典则例》卷55《户部》"反流亡使民生聚"条。

之"病在恩之过多",遍地皆赈,流民"生游惰之志"[1]。乾隆五年,湖广资送山东流民经过两江时,数日内竟然有三千多人,"恃众逞刁,有司受其需索,商民畏其纠扰"[2]。六月,户部新规:务必按照人数陆续资送流民回原籍,每起五十名,仍将籍贯人数启程日期等预先告知前面要交接的州县,逐程转报,递送至原籍地方官接收并加意安插。新方案并未立竿见影。十二月,湖广总督发现山东、江南流入湖北饥民五十多户,但去年来自两省的流民已安顿完毕,本年两省无灾,绝大部分民众因为湖北留养饥民政策而在无灾时候也到该省流浪。次年(1741)四月,官方决定:只把自愿回籍的立即命令各回本籍,愿留在湖北省内营生者在烟户册后附编畸零户进行管理[3]。

留养资送制度根本变化与乾隆八年直隶灾荒有直接关系。当年北方大旱,河间中路流民很多,天津东路更多,大约一两万不止。舒赫德建议拦阻和遮留资送奔赴京师的难民,监察御史李清芳反对,并辩解说一般农民不到绝望时刻不会背井离乡,强行把他们送回原籍不仅不仁且不会有效果,在家乡没有吃食的他们仍会外出流浪。李清芳还说自己京城寓所附近均为饥民聚集的棚屋,已经赈济三个月了,受赈饥民并未闹事而是对皇恩感恩戴德[4]。李清芳的说法不无皮相之嫌,京城内流民安定不代表京城外流民的实际情况,要知道帝都治安与粥厂救济都是其他地方不能比的。朝廷决定在通州及京城西南的良乡分设粥厂二处,搭盖棚屋让后续赶来准备赴京的流民在近郊的这两个地方过冬,待明春二月资送回家。至于已经在北京栖息的流民,除愿意接受资送路费立刻返乡者,情愿在通州或良乡栖身之人也发放路费到上述地方[5]。在通州抚恤流民无疑是为了防止其涌入京城[6]。

去京师道路四通八达,很难完全阻止流民,京东的通州和京西的良乡县分设饭厂,搭盖席棚窝舍让流民栖息,待明春二月照例资送。已经到京师的流民,愿意回籍的陆续资送,其他的给发路费遣往通州、良乡饭厂,此后流民均到此两地就食[7]。另外,在流民北来必由之路的文安、霸州、永清、东安和武清

〔1〕 (清)袁枚:《上两江制府请停资送流民书》,《小仓山房文集》卷 15。
〔2〕 (清)李元度辑:《国朝先正事略》卷 15《名臣》"徐两峰抚军事略"。
〔3〕 (清)姚碧:《荒政辑要》卷 5"安顿流民",第 804 页。
〔4〕 转引自[澳]邓海伦:《试论留养资送制度在乾隆朝的一时废除》,第 118 页。
〔5〕 《清高宗实录》卷 205"乾隆八年十一月己酉"条。
〔6〕 (清)方观承:《赈纪》卷 5《安抚流移》"院覆台臣条奏安抚流民折"。
〔7〕 (清)方观承:《赈纪》卷 5《安抚流移》"大学士议覆资送流民分设饭厂折"。

五州县也陆续设粥厂安顿北上京师的流民〔1〕。

官方加大审核奔赴京师的灾民是否在本籍已被赈或本不应被赈。皇帝命直隶总督、山东巡抚派人稽查实情并设法禁止北上京师。京师附近州县酌派佐杂官员分录巡察,"遮留资送"〔2〕。同时,减少资送费用:"乾隆元年例载,流民一口,日给银六分。五年改定制钱二十文、小口半之。是年八月准台臣奏,照元年例行。夫国家施布恩泽,以恤民瘼,更在明立限制,以定民志。若流移所至较本籍所得食赢数倍,于是不成灾之地亦皆伪为携负,相率而路,风声所树,何异悬赏格以为招哉? 嗣于十月停止,是令转徙顿息。"〔3〕此举说明皇帝对留养资送制度态度转变。资送流民按照谕旨由督抚随意安插而不必拘泥原有规定。资送仍按每程六分计算,"流民自京师资送者名曰大票,外县资送者名曰小票。大票一家数口,按口按程给银六分。日行一二程,所获数倍于赈粮。有甫经资送到家,又复潜出者"〔4〕。

乾隆九年春,谕令废除留养资送制度,流民不必资送回籍。但流民问题仍没有得到有效解决,进退两难之时,仍行资送。五月谕令:"今既雨泽沾足,究不若归而谋食之为是,亦应树之风声。凡流民有愿回籍耕种者,著地方官即行善为资送,亦不必强民之所不欲也。"〔5〕乾隆十二年十月初四日,通州的留养资送开始,搭盖席棚窝舍供流民住宿并施粥,截至次年三月初共收养外来难民3 420人,除在粥厂病故和情愿在外谋生而不愿回家的196人外,共资送3 224人。资送路费按照惯例由公帑支出,资送需要的棉衣以及运输老人、儿童的车辆和驴头等物品均是直隶各级地方官捐俸供应〔6〕。潘思榘奏请把资送人数从五十名减少到三十名且不许沿途逗留,以防聚集流民过多而资送途中生事〔7〕。

乾隆十三年四月,皇帝对留养资送政策进行反思。以往资送流民的措施是针对轻灾就离乡出走的愚民,以防他们抛弃田庐、荒芜田亩。但重灾情况下出走逃荒之人往往是为活命,他们的家乡米粮乏绝,如果把这些嗷嗷待哺之人资送回乡,他们只能赴死或重新逃亡他乡。活生生的例子加上以往朝臣中也

〔1〕 (清)方观承:《赈纪》卷5《安抚流移》"院奏覆安辑流民事宜折"。
〔2〕 (清)方观承:《赈纪》卷5《安抚流移》"部覆都察院奏筹收养流民折"。
〔3〕 (清)方观承:《赈纪》卷5《安抚流移》"院奏安抚外出流民折"。
〔4〕 (清)方观承:《赈纪》卷5《安抚流移》"部覆流民路费例案",第576—578页。
〔5〕 《清高宗实录》卷217"乾隆九年五月丙申"条。
〔6〕 转自[澳]邓海伦:《试论留养资送制度在乾隆朝的一时废除》,第116页。
〔7〕 (清)潘思榘:《请调剂灾地事宜疏》,《皇清奏议》卷45。

提到过这一现象,使皇帝决定此后对于重灾外出流民,有关督抚应该设法善为安辑,流民投亲靠友或者"佣工种田"均可[1]。五月初六日谕斥留养资送各种弊端。上月谕旨明确表示听任重灾区流民在外寻求亲友帮助或自谋生路,但署理江苏巡抚安宁仍以资送为处理外来流民主要手段,这被皇帝认为未能深刻领会要旨。乾隆批评留养资送制度弊端,该制度实行后,有部分省份刁民于秋收后将粮食器具寄存亲族家中,合家外出并冒称流民,纯属欺骗谋取赈济。谕令除受灾严重、无法维持生活的穷民以及老幼废疾的逃荒之人要临时斟酌留养资送外,一般流民听任其自行谋生,好让他们知道外出并不能得到什么好处而不能轻去其乡、抛弃故业[2]。八月,皇帝赞扬广西处理水旱灾害后处理流民的措施。广西查明除实系老幼妇女废疾和非赈不能存活者按赈例酌情收养外,中年强壮可自行觅食及有亲戚族人依靠者均不留养。待春融应遣返时把上述收养各类人等,按路途远近发给口粮,各回原籍[3]。

乾隆十八年十月,安徽巡抚卫哲治奏请饥民所至州县照例留养并待来年春暖之时资送回籍。乾隆认为穷民外出可能有亲朋可投靠或邻近州县有佣工户口机会,一味官方介入就阻碍他们谋生手段,且有奸民会趁留养之机冒混其中,这是愚民"轻去其乡"的原因[4]。同年,淮徐大水,御史魏涵晖奏请江南邻省照旧例留养资送。十一月,上谕驳回,强调灾民应原地静候赈济[5]。

乾隆二十七年直隶靠近京师的低洼之地遭受水灾,谕令截漕 50 万石、户部拨银 80 万两赈济,省内常平仓投入救灾。御史永安奏请派京堂科道查察直隶赈务,乾隆相信方观承能妥善处理[6]。次年初,御史顾光旭奏请资送京师流民,这些流民虽已赴厂领赈但小民生计全赖东作,应该资送无力回籍者返乡,原籍全无依靠者可以归入大兴、宛平县加赈。该折被户部驳回,乾隆重申以往所强调的废除留养资送制度的原因,强调灾害发生地政府应加强查户与赈灾,安定民心,使其不轻易流移他乡[7]。

〔1〕 (清) 姚碧辑:《荒政辑要》卷 5"安顿流民",第 805 页。

〔2〕 《清高宗实录》卷 314"乾隆十三年五月己丑"条。

〔3〕 (清) 姚碧:《荒政辑要》卷 5"安顿流民",第 807 页。

〔4〕 《清高宗实录》卷 449"乾隆十八年十月辛丑条"。

〔5〕 《大清会典则例》卷 55《户部》"反流亡使民生聚"条。

〔6〕 (清) 姚碧:《荒政辑要》卷 1"灾赈章程",第 765 页

〔7〕 (清) 姚碧:《荒政辑要》卷 5"安顿流民",第 806—807 页。

## 四、结　语

直隶义仓和留养局系统的设计和建立几乎同时进行,深刻反映了乾隆前期朝廷社会福利和社会保障制度建设的困境。乾隆因"粮政"受到了挫折而要求建立义仓系统,就是对此前常平仓、社仓体系不满,试图利用义仓之名再次推动乡里民间积储方法。这种由依靠官仓向民仓转变的行为,是乾隆统治政策整体收敛并由"养民"向"教民"转变的一种体现。乾隆初直隶大旱救灾粥厂设置经验,为义仓体系建设提供了借鉴。畿辅义仓体系很好实现了赈济和管制的完美结合,这正是在全国仓储政策大调整背景下,乾隆拒绝山东建立义仓而同意畿辅义仓体系建设的真实原因,直隶稳定超越一切。留养局建立与留养资送制度废除密切相关。此前留养资送政策屡次变更,从给优厚待遇让其回乡而导致流民更多,到废除留养资送制度迫使他们回乡,但流民问题仍无法有效解决,从四面八方奔赴京师的流民源源不断。在全国废除留养资送制度的大背景下,唯有通过留养局体系,才能最大可能减少流民对京师的压力。

总之,乾隆前期直隶大旱的救灾活动虽然成效显著,但义仓系统的建立是对此地常平仓、社仓系统的反动。留养局系统的设立是乾隆对现实的一种无奈妥协和让步,留养局的空间分布特征受交通、自然环境因素的影响。自然环境对留养局设立的影响,表现在:大名府境内黄河造成的灾难促使长垣等地留养局数目特别多,滹沱河、滏阳河和漳河水系致患地区设置亦多,部分州县为对付因环境影响而出现的季节性流民而设立留养局等。在乾隆十三年(1748)统治政策转变这一历史大背景下来看,直隶义仓、留养局系统的建立中,灾害、环境与慈善这三方面的因素以相反相成的形式交织在一起。

本文原载《历史地理研究》2020 年第 1 期,收录时有删改。

# 19世纪危机：清代中后期江南市场整合的动态变化及其解释

## ——基于多变量 DCC-GARCH 模型的分析

陆长玮

## 一、导　言

工业革命为何没有首先发生在传统文明长期领先的中国，特别是传统经济相对发达的江南地区？是什么因素阻滞了清代中后期江南地区的发展？这些都是研究 18 世纪以来中国和世界历史涉及的重要问题[1]。很多学者对此展开研究，尤其是对江南地区和西欧或英国的历史比较研究[2]更为回答开篇的问题提供了直接的线索，凸显了清代中后期江南经济变迁的特点。由于市场拓展[3]能够节约交易成本，更好地利用劳动分工和专业化的收益，其本身也成为现代工业经济的一个有机组成。那么，代表着明清时期最高生产

〔1〕 C. H. Shiue, W. Keller, "Markets in China and Europe on the Eve of the Industrial Revolution", *American Economic Review*, 2007, 97(4), pp. 1189-1216.

〔2〕 P. C. Huang, "Development or Involution in Eighteenth-Century Britain and China", *The Journal of Asian Studies*, 2002, 61(2), pp. 501-538; R. B. Wong, "The Search for European Differences and Domination in the Early Modern World: A View from Asia", *American Historical Review*, 2002, 107(2), pp. 447-469; C. H. Shiue, W. Keller, "Markets in China and Europe on the Eve of the Industrial Revolution", *American Economic Review*, 2007, 97(4), pp. 1189-1216; R. C. Allen, J. Bassino, D. Ma, C. Mollmurata, J. L. Van Zanden, "Wages, Prices, and Living Standards in China, 1738-1925: in Comparison with Europe, Japan, and India", *The Economic History Review*, 2011, 64, pp. 8-38.

〔3〕 市场拓展可以从两个维度进行，一是市场覆盖地域范围引起的市场扩大，二是在一定地理范围内由市场一体化水平的提高带来的市场拓展。本文所述的市场拓展主要是在第二个维度上。

力水平的江南地区[1],其市场整合程度和一体化水平在 18 和 19 世纪得到怎样的发展,其变迁又体现出什么特点?背后的原因又是什么?为回应上述问题,本文用动态条件相关 GARCH（dynamic conditional correlation generalized autoregressive conditional heteroskedasticity）模型来考察江南地区粮食市场整合水平的演变,并以此探究清代中后期经济社会的发展特点。

粮食价格的变化是农本社会经济最为重要的经济指标之一,也为理解农业经济和农本社会提供极为要紧的门径。全汉昇、王业键较早利用江南粮食价格变动切入江南经济社会和市场研究[2]。王业键和黄莹珏则利用粮价数据考察了清代气候的冷暖变迁、自然灾害、粮食生产与粮价变动的关系[3]。除了上述全面考察全国粮食变动的宏观视角外,特定区域的粮价变动也引起了清史学者和经济史学者们的广泛关注[4]。此外,吴承明、朱琳等对利用清代粮价数据研究市场整合进行了较为系统的总结[5],余开亮[6]利用空间统

〔1〕 Wang Yeh-Chien, "Secular Trends of Rice Prices in the Yangzi Delta, 1638-1935", in T. G. Rawski, L. M. Li, eds, *Chinese History in Economic Perspective*, 1992, Los Angeles: University of California Press;彭慕兰:《大分流:欧洲、中国及现代世界经济的发展》,江苏人民出版社 2010 年;李伯重:《"江南经济奇迹"的历史基础——新视野中的近代早期江南经济》,《清华大学学报(哲学社会科学版)》2011 年第 2 期;R. C. Allen, J. Bassino, D. Ma, C. Mollmurata, J. L. Van Zanden, "Wages, Prices, and Living Standards in China, 1738-1925: in Comparison with Europe, Japan, and India", *The Economic History Review*, 2011, 64, pp. 8-38.

〔2〕 全汉昇:《清康熙年间(1662—1722)江南及附近地区的米价》,《香港中文大学中国文化研究所学报》1979 年第 10 期;Y. C. Wang, "Secular Trends of Rice Prices in the Yangzi Delta, 1638-1935", in T. G. Rawski, L. M. Li, eds, *Chinese History in Economic Perspective*, Los Angeles: University of California Press, 1992.

〔3〕 王业键、黄莹珏:《清代中国气候变迁、自然灾害与粮价的初步考察》,《中国经济史研究》1999 年第 1 期。

〔4〕 王业键、陈春声:《十八世纪福建的粮食供需与粮价分析》,《中国社会经济史研究》1987 年第 2 期;陈支平:《清代前期福建的非正常米价》,《中国社会经济史研究》1988 年第 3 期;陈春声:《论清代中叶广东米粮的季节差价》,《中山大学学报(社会科学版)》1989 年第 1 期;王国斌、濮德培、徐建清:《18 世纪湖南的粮食市场与粮食供给》,《求索》1990 年第 3 期;谢美娥:《自然灾害、生产收成与清代台湾米价的变动(1738—1850)》,《中国经济史研究》2010 年第 4 期;王玉茹、罗畅:《清代粮价数据质量研究——以长江流域为中心》,《清史研究》2013 年第 1 期;罗畅、杨建庭、马建华:《清乾隆朝中期(1754—1777)长江流域粮价波动研究》,《中国社会经济史研究》2018 年第 2 期;马国英:《1736—1911 年间山西粮价变动趋势研究——以货币为中心的考察》,《中国经济史研究》2015 年第 3 期等。

〔5〕 吴承明:《利用粮价变动研究清代的市场整合》,《中国经济史研究》1996 年第 6 期;朱琳:《数理统计方法在清代粮价研究中的应用与发展》,《中国经济史研究》2015 年第 1 期。

〔6〕 余开亮:《清代粮价的空间溢出效应及其演变研究(1738—1820)》,《中国经济史研究》2017 年第 5 期。

计方法分析清代粮价的空间溢出特征，也有些学者对清代粮价数据的质量和性质进行分析[1]。上述文献涉及市场整合的研究除使用定性史料外，主要依靠相关系数、标准差等统计方法来度量粮食市场的整合。

而经济学界更多利用时间序列分析、谱分析和回归模型等经济学方法分析清代粮价数据[2]，但基本都只是度量一个时间段内的市场整合水平，并未反映地区市场整合的动态变化特征，缺少对市场整合的历时性比较。不同于以往研究的是，本文采用动态条件相关 GARCH 模型来估计江南各地区间的粮价动态相关关系，聚焦粮食市场整合水平的历时性变化特征，测度江南从 1738 年 1 月到 1910 年 12 月的粮食市场整合水平变动，并探究清代中后期江南粮食市场整合水平演化的主要特征及相关问题。

## 二、动态条件相关 DCC‑GARCH 模型

本文沿用 Engle 的多变量 DCC‑GARCH 模型[3]来刻画江南各地区市场之间的时变条件相关系数。由于该模型可以估计出时变特征的条件相关系数，相比于静态相关系数更加稳健，因此被广泛应用于时间序列的动态相关分析。

DCC‑GARCH 模型一般由条件均值和条件方差两个基本方程来描述，其中的条件均值方程服从一阶自相关移动平均 ARMA(1,1)过程：

$$x_t = \mu + \theta_1 x_{t-1} + \varphi_1 \varepsilon_{t-1} + \varepsilon_t, \ \varepsilon_t \mid \Omega_{t-1} \in N(0, \ H_t) \tag{1}$$

$$\varepsilon_t = H_t^{1/2} u_t, \ u_t \in N(0, \ I) \tag{2}$$

其中，$x_t$ 是 n 个多元变量组成的向量，$\mu$ 是常数向量，$\theta_1$ 和 $\varphi_1$ 分别表示

[1] 罗畅：《两套清代粮价数据资料的比较与使用》，《近代史研究》2012 年第 5 期；胡鹏、李军：《两套清代粮价数据资料综合使用之可行性论证与方法探讨——基于文献学和统计学方法的分析》，《中国社会经济史研究》2016 年第 2 期；吕长全、王玉茹：《清代粮价奏报流程及其数据性质再探讨》，《近代史研究》2017 年第 1 期；余丏亮：《清代粮价数据质量及其制度性因素探析》，《上海经济研究》2018 年第 9 期。

[2] 卢锋、彭凯翔：《我国长期米价研究(1644—2000)》，《经济学(季刊)》2005 年第 2 期；彭凯翔：《清代以来的粮价：历史学的解释与再解释》，上海人民出版社 2006 年；C. H. Shiue, W. Keller, "Markets in China and Europe on the Eve of the Industrial Revolution", *American Economic Review*, 2007, 97(4), pp. 1189‑1216；颜色、刘丛：《18 世纪中国南方市场整合程度的比较——利用清代粮价数据的研究》，《经济研究》2011 年第 12 期；罗畅、李启航、方意：《清乾隆至宣统年间的经济周期——以开封、太原粮价数据为中心》，《经济学(季刊)》2016 年第 2 期。

[3] R. Engle, "Dynamic Conditional Correlation: A Simple Class of Multivariate GARCH Models", *Journal of Business and Economic Statistics*, 2002, 20, pp. 339‑350.

变量自身的一阶自相关系数和扰动项的一阶移动平均系数，$\Omega_{t-1}$ 表示第 t 期前的信息集合。$H_t$ 是条件方差矩阵，对应的条件方差方程如下：

$$h_t = \omega + a_1 h_{t-1} + b_1 \varepsilon_{t-1}^2 \tag{3}$$

其中的 $\omega$ 是常数项，$a_1$ 和 $b_1$ 分别是滞后一期的条件方差 $h_{t-1}$ 和扰动项 $\varepsilon_{t-1}$ 的影响系数。

动态条件相关(DCC)方差矩阵可以表示如下：

$$H_t = D_t R_t D_t \tag{4}$$

其中 $D_t = diag(h_{11,t}^{1/2}, \cdots h_{mn,t}^{1/2})$ 是对角矩阵，对角线元素是单个变量 GARCH 模型中的条件标准差 $h_{mn,t}^{1/2}$。$R_t$ 是变量的动态相关系数矩阵，并具备如下性质：

$$R_t = Q_t^* Q_t Q_t^* \tag{5}$$

上式中的 $Q_t^* = diag(Q_t^{-1/2})$，$Q_t$ 是一个加权平均产生的正定矩阵：

$$Q_t = (1 - \alpha - \beta)\bar{Q} + \alpha \varepsilon_{t-1} \varepsilon_{t-1}' + \beta Q_{t-1} \tag{6}$$

其中的 $\bar{Q}$ 是标准化残差项的无条件方差($\bar{Q} = u_{t-1} u_{t-1}'$)，而 $\alpha$ 和 $\beta$ 是非负的参数，且满足 $\alpha + \beta < 1$。

那么，两个地区市场间的动态条件相关系数则可以表示如下：

$$\rho_{ij,t} = \rho_{ji,t} = \frac{q_{ij,t}}{\sqrt{q_{ii,t} q_{jj,t}}} \tag{7}$$

上式的 $\rho_{ij,t}$ 是矩阵 $Q_t$ 中的元素。

给定多元变量符合 Gaussian 分布，DCC-GARCH 模型的参数可以通过最大化如下的对数似然方程估计得到：

$$L = \frac{1}{2} \sum_{t=1}^{T} (n\log(2\pi) + 2\log|D_t| + \log|R_t| + u_t R_t^{-1} u_t') \tag{8}$$

## 三、数据来源与说明

### (一) 江南的地理范围

江南地区是一个动态的区域地理概念，在不同的历史阶段包括不同的地域范围,有时是指文化区,有时指经济区或自然地理区域[1],既有"苏松常三府说"或"苏松常杭嘉湖六府说""苏松常镇宁杭嘉湖八府说""苏松常杭嘉湖镇宁太九府说"等,有时也包括浙东的宁波、绍兴或皖南的部分地区[2]。

本文的江南指包含八府一州的地理范围(苏州府、松江府、常州府、杭州府、嘉兴府、湖州府、江宁府、镇江府和太仓州 9 个府州)。其原因主要考虑如下:首先是在明清时期,由于这些地区空间相邻、交通相连[3]、文化相近、财政地位相似[4],时人多以这九个府州指涉江南,而且经常并称对举[5];其次是因为这九个府州总体上从属于一个相对完整的自然地理单元,其辖境主要分布在环太湖流域,处在太湖水系,气候水文条件相近[6],与现代的长江三角洲地区范围近似;最后,在明清史研究中,江南地区大多指由苏州府、松江府、常州府、杭州府、嘉兴府、湖州府、江宁府、镇江府和太仓州组成的地理范围或者其中的部分府州,这样便于和以往的有关研究进行比较[7]。

### (二) 数据来源

江南九个府州的米价数据来自王业键先生收集的《清代粮价资料库》。虽然清代的粮价数据存在缺失、误报等问题,但具有空间覆盖广和时间延续长等优点,且包括大米、小麦等主要粮食作物,成为研究清代经济的基础数据来源。"清代粮食价格数据可说是二十世纪以前中国历史上最为丰富可靠且时间连续最长的经济数据,具有高度的学术研究价值。"[8]

由于江南各地的月度米价数据有部分缺失,在初始数据中缺失的占比为

〔1〕 周振鹤:《释江南》,《随无涯之旅》,生活·读书·新知三联书店 1996 年。
〔2〕 李伯重:《简论"江南地区"的界定》,《中国社会经济史研究》1991 年第 1 期。
〔3〕 "其丹徒、丹阳一带运河,系杭、嘉、湖、苏、松、常、镇、太八府州之运道。"(《清世宗宪皇帝实录》卷 69)
〔4〕 "苏、松、常、镇、杭、嘉、湖,东南财赋七府"[(明) 陈全之:《蓬窗日录》卷 1]。
〔5〕 "(永乐)十三年罢海运粮,令浙江嘉、湖、杭与直隶苏、松、常、镇等府秋粮""嘉靖九年,令直隶苏、松、常、镇,浙江杭、嘉、湖等府田地科则只照旧行"[(明) 赵用贤:《大明会典》卷 17];"所需工费银两归抓、嘉、湖、苏、松、常、太八府州属,按照漕额均融派解"[(清) 杨锡:《漕运则例纂》卷 12];"杭、嘉、湖、苏、松、常、镇、太八府州"(乾隆《江南通志》卷 60)。
〔6〕 "(洪武八年)十二月,苏、松、常、宁、太及嘉、湖、杭八府水。"(《明史》卷 38)
〔7〕 李伯重:《简论"江南地区"的界定》,《中国社会经济史研究》1991 年第 1 期;范金民:《明清江南进士数量、地域分布及其特色分析》,《南京大学学报(哲学人文社会科学版)》1997 年第 2 期;方行:《清代江南经济:自然环境作用的一个典型》,《中国经济史研究》2006 年第 1 期。
〔8〕 "清代粮价数据库"简介。

17.1%。本文运用线性插值法对缺失的数据进行了估计和补充,并选取了九个府州完整覆盖的从 1738 年 1 月到 1910 年 12 月的数据,构造江南地区九个府州的平衡面板数据。

## 四、实 证 结 果

### (一) 描述统计

表 1 给出了清代江南地区九个府州米价的描述统计量。表 1 的第 7 列给出了单位根 KPSS 检验的结果,各变量都拒绝了变量为平稳的原假设,说明九个府州的米价时间序列都是不平稳的单位根过程;第 8 列给出对米价时间序列进行 Ljung-Box 变量自相关检验结果,各个变量都拒绝了不存在自相关的原假设,说明江南各地的米价存在序列自相关,因此,要对变量进行 ARMA (1,1)自相关移动平均回归。表 1 第 9 列报告了对变量进行 ARMA(1,1)回归后的残差再进行 ARCH(12)检验的结果,统计量显著拒绝了原假设,表明米价时间序列存在显著自回归条件异方差。

**表 1　清代江南各地米价的描述统计量**　　　　　（单位：两/石）

| 地区 | 均值 | 方差 | 中位数 | 最小值 | 最大值 | KPSS | L-B (12) | ARCH (12) | 样本量 |
|---|---|---|---|---|---|---|---|---|---|
| 苏州 | 2.26 | 0.62 | 2.17 | 1.22 | 4.84 | 5.17 | 19 746 | 195.8 | 2 076 |
| 松江 | 2.36 | 0.69 | 2.3 | 1.3 | 5.16 | 8.93 | 21 132 | 310.4 | 2 076 |
| 常州 | 2.18 | 0.65 | 2.03 | 1.25 | 4.99 | 6.21 | 19 986 | 301.2 | 2 076 |
| 杭州 | 2.34 | 0.55 | 2.25 | 1.36 | 4.49 | 5.89 | 19 278 | 505.9 | 2 076 |
| 嘉兴 | 2.19 | 0.51 | 2.12 | 1.23 | 4.13 | 3.7 | 19 117 | 343.1 | 2 076 |
| 湖州 | 2.26 | 0.65 | 2.05 | 1.25 | 4.63 | 3.03 | 21 106 | 352.8 | 2 076 |
| 江宁 | 2.13 | 0.61 | 1.99 | 1.15 | 4.51 | 3.68 | 20 515 | 315.9 | 2 076 |
| 镇江 | 2.14 | 0.62 | 2 | 1.15 | 4.67 | 4.17 | 19 523 | 327.7 | 2 076 |
| 太仓 | 2.49 | 0.61 | 2.4 | 1.42 | 4.93 | 7.58 | 19 574 | 310.7 | 2 076 |

　　表2汇报了江南各地米价之间的静态相关系数，整体平均相关系数达到0.88，说明江南米市具有较高的整体相关程度。不过，静态相关系数只反映了变量在整个样本阶段的相关程度，未能捕捉到变量间相关关系的时变特征以及变量间的条件依存关系，而动态条件相关模型就可以估计出变量间相关关系的演化情况和条件依存性质。

表2　江南各地米价的静态相关系数(1738—1910)

|  | 苏州 | 松江 | 常州 | 杭州 | 嘉兴 | 湖州 | 江宁 | 镇江 | 太仓 |
|---|---|---|---|---|---|---|---|---|---|
| 苏州 | 1.000 | 0.916 | 0.947 | 0.870 | 0.838 | 0.791 | 0.894 | 0.947 | 0.927 |
| 松江 | 0.916 | 1.000 | 0.925 | 0.860 | 0.782 | 0.809 | 0.819 | 0.877 | 0.939 |
| 常州 | 0.947 | 0.925 | 1.000 | 0.851 | 0.800 | 0.764 | 0.894 | 0.958 | 0.926 |
| 杭州 | 0.870 | 0.860 | 0.851 | 1.000 | 0.931 | 0.901 | 0.826 | 0.842 | 0.873 |
| 嘉兴 | 0.838 | 0.782 | 0.800 | 0.931 | 1.000 | 0.901 | 0.849 | 0.820 | 0.819 |
| 湖州 | 0.791 | 0.809 | 0.764 | 0.901 | 0.901 | 1.000 | 0.797 | 0.773 | 0.824 |
| 江宁 | 0.894 | 0.819 | 0.894 | 0.826 | 0.849 | 0.797 | 1.000 | 0.898 | 0.853 |
| 镇江 | 0.947 | 0.877 | 0.958 | 0.842 | 0.820 | 0.773 | 0.898 | 1.000 | 0.897 |
| 太仓 | 0.927 | 0.939 | 0.926 | 0.873 | 0.819 | 0.824 | 0.853 | 0.897 | 1.000 |
| 均值 | 0.903 | 0.881 | 0.896 | 0.884 | 0.860 | 0.840 | 0.870 | 0.890 | 0.895 |

### （二）DCC-GARCH 模型的估计结果

　　根据前文介绍的 DCC-GARCH 模型和粮价数据，我们对江南九个府州间的动态时变相关系数进行了估计，并在表3汇报了估计结果。表3的上半部分报告了对江南九个府州进行单变量的 GARCH 模型的估计结果，无论是条件均值方程（ARMA(1,1)）的一阶相关系数和一阶移动平均系数，还是条件方差方程（GARCH(1,1)）的系数都是显著的，江南九个府州的粮价都表现出明显的 ARMA 性质和 GARCH 特征。表3的下半部分则汇报了 DCC-GARCH 模型的估计结果，模型的系数 $\alpha$ 和 $\beta$ 都是显著的，而且 $\alpha + \beta < 1$，符

**表 3　DCC-GARCH 模型的估计结果**

Panel A: 单变量 GARCH 模型的估计结果

Conditional mean equation-ARMA(1,1)

| 地区 | 苏州 | 松江 | 常州 | 杭州 | 嘉兴 | 湖州 | 江宁 | 镇江 | 大仓 |
|---|---|---|---|---|---|---|---|---|---|
| 常数项 $\mu$ | 1.258*** (0.019) | 1.302*** (0.011) | 1.27*** (0.055) | 1.358*** (0.007) | 1.318*** (0.002) | 1.333*** (0.005) | 1.145*** (0.012) | 1.268*** (0.014) | 1.408*** (0.011) |
| 一阶自相关系数 $\theta_1$ | 0.999*** (0.001) | 1.000*** (0.002) | 0.999*** (0.003) | 1.000*** (0.0C4) | 1.000*** (0.001) | 1.000*** (0.001) | 1.000*** (0.004) | 1.000*** (0.002) | 0.998*** (0.002) |
| 一阶移动相关系数 $\varphi_1$ | 0.437*** (0.027) | 0.439*** (0.026) | 0.494*** (0.023) | 0.449*** (0.038) | 0.362*** (0.053) | 0.471*** (0.032) | 0.5*** (0.041) | 0.471*** (0.029) | 0.425*** (0.025) |

Conditional variance equation-GARCH(1,1)

| 地区 | 苏州 | 松江 | 常州 | 杭州 | 嘉兴 | 湖州 | 江宁 | 镇江 | 大仓 |
|---|---|---|---|---|---|---|---|---|---|
| 常数项 $\omega$ | 0.000 (0.000) | 0.000* (0.000) | 0.000 (0.000) | 0.000 (0.000) | 0.000*** (0.000) | 0.000 (0.000) | 0.000 (0.000) | 0.000 (0.000) | 0.000 · (0.000) |
| $a_1$ | 0.281*** (0.063) | 0.249* (0.074) | 0.214*** (0.038) | 0.2127 (0.0) | 0.676*** (0.217) | 0.369* (0.128) | 0.131*** (0.014) | 0.209*** (0.031) | 0.580*** (0.099) |
| $b_1$ | 0.718*** (0.186) | 0.75*** (0.081) | 0.785*** (0.054) | 0.872*** (0.15) | 0.323** (0.185) | 0.63*** (0.157) | 0.868*** (0.022) | 0.79*** (0.04) | 0.419** (0.103) |

Panel B: 多变量 DCC-GARCH 模型估计结果

| | 估计系数 | 标准差 | t 统计量 | p-vale |
|---|---|---|---|---|
| $\alpha$ | 0.007*** | 0.001 | 5.616 | 0.000 |
| $\beta$ | 0.989*** | 0.002 | 396.228 | 0.000 |

*** p<0.001，** p<0.05，* p<0.1，括号中的是标准差。

合上文模型的要求,这也表明动态条件相关系数是均值回归的。以上说明,DCC-ARMA(1,1)-GARCH(1,1)模型很好地刻画了江南地区粮价的动态变动规律。

表4报告了江南各地粮食市场间动态条件相关系数的均值,相比表2的静态相关系数可以看出,动态条件相关系数显著小于静态相关系数,说明江南各地的粮食市场存在显著的条件依存关系。表4的动态条件相关系数仍未体现出各地市场间动态相关系数的时变特点,因此下一部分将着重分析各地市场动态条件相关系数随时间变化的特征。

表4 江南各地粮食市场的动态条件相关系数(1738—1910)

|  | 苏州 | 松江 | 常州 | 杭州 | 嘉兴 | 湖州 | 江宁 | 镇江 | 太仓 |
|---|---|---|---|---|---|---|---|---|---|
| 苏州 | 1.000 | 0.490 | 0.473 | 0.265 | 0.258 | 0.246 | 0.307 | 0.466 | 0.471 |
| 松江 | 0.490 | 1.000 | 0.436 | 0.221 | 0.244 | 0.285 | 0.276 | 0.448 | 0.465 |
| 常州 | 0.473 | 0.436 | 1.000 | 0.284 | 0.264 | 0.264 | 0.391 | 0.518 | 0.410 |
| 杭州 | 0.265 | 0.221 | 0.284 | 1.000 | 0.490 | 0.504 | 0.210 | 0.288 | 0.251 |
| 嘉兴 | 0.258 | 0.244 | 0.264 | 0.490 | 1.000 | 0.521 | 0.194 | 0.246 | 0.233 |
| 湖州 | 0.246 | 0.285 | 0.264 | 0.504 | 0.521 | 1.000 | 0.196 | 0.273 | 0.249 |
| 江宁 | 0.307 | 0.276 | 0.391 | 0.210 | 0.194 | 0.196 | 1.000 | 0.429 | 0.287 |
| 镇江 | 0.466 | 0.448 | 0.518 | 0.288 | 0.246 | 0.273 | 0.429 | 1.000 | 0.426 |
| 太仓 | 0.471 | 0.465 | 0.410 | 0.251 | 0.233 | 0.249 | 0.287 | 0.426 | 1.000 |
| 均值 | 0.442 | 0.430 | 0.449 | 0.390 | 0.272 | 0.282 | 0.254 | 0.344 | 0.310 |

### (三) 19世纪危机:市场整合的动态变化和周期特点

为揭示清代江南粮食市场一体化水平和整合程度的演变规律,我们将江南九个府州的时变动态条件相关系数进行平均,得到江南地区的总体条件动态相关系数,并以此作为衡量清代江南地区粮食市场整合水平的指数:

$$\rho_t = \sum_{ij} \rho_{ij,t} / N \tag{9}$$

图 1 描述了清代江南粮食市场的一体化水平和整合程度。从图上可以看出,清代江南粮食市场的整合水平以 1815 年左右为界发生了显著变化,出现了市场整合的 19 世纪危机：1815 年以前的市场整合程度尽管也存在波动和下降,但总体呈上升趋势；而 19 世纪以后,尽管也有上升的时段,但市场整合水平总体进入下行区间。这在一定程度上说明,以 1815 年为拐点,清代江南地区的市场整合水平在 19 世纪后进入显著的下行区间,而且出现了长时间的市场整合危机。

**图 1　江南地区粮食市场整合程度的演变(1738—1910)**

为排除短期扰动因素的影响,更好地探究清代江南粮食市场一体化水平变化的长期趋势,进一步验证江南市场整合的 19 世纪危机,我们对江南粮食市场的整合水平进行了 HP 滤波分解[1],解析出市场整合水平的长期趋势。

HP 滤波法可以通过最小化目标函数来分解出变量变动的长期趋势。换言之,江南地区市场整合的长期趋势项 $c_t$ 需要满足下式：

$$\min\left(\sum_{t=1}^{T}(\rho_t - c_t)^2 + \gamma\sum_{t=2}^{T-1}\left[(\rho_{t+1} - c_t) - (c_t - c_{t-1})\right]^2\right) \tag{10}$$

其中,$\rho_t$ 是江南地区在第 t 年的市场整合水平指数,是江南各地区动态相关系数的均值,$\gamma$ 是控制趋势项平滑程度的参数,$\gamma$ 越大,估计出的趋势项 $c_t$ 越平滑。

[1]　Hodrick R. J., Prescott E. C., "Postwar US Business Cycles: an Empirical Investigation", *Journal of Money, Credit, and Banking*, 1997, 29, pp. 1-16.

图 2 绘制出江南市场整合水平长期趋势的演化路径。从图上可以更加明显地看出清代江南粮食市场一体化水平的阶段性特征,1815 年前后的市场整合趋势与图 1 的基本结论一致:江南粮食市场整合水平的长期变化趋势也在 19 世纪进入显著的下行区间;江南市场整合水平在 19 世纪初确实出现了显著的拐点,市场整合水平在 19 世纪显著下降。

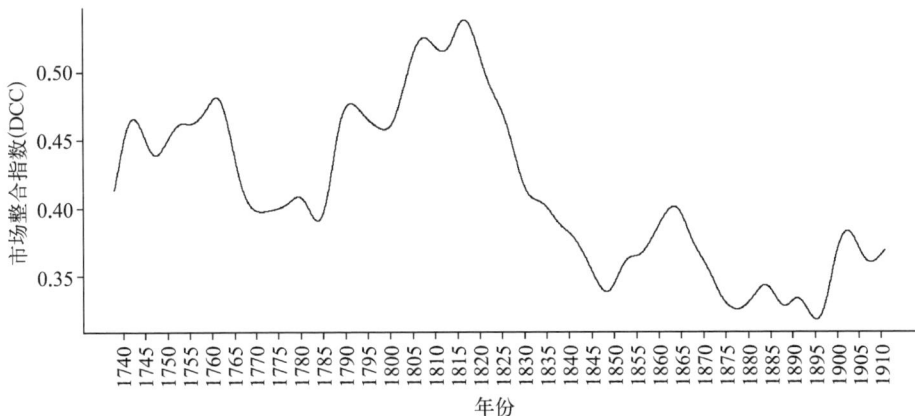

**图 2　江南粮食市场整合水平的长期变化趋势(HP 滤波)**

在 19 世纪江南粮食市场整合水平整体下行的大背景下,1850—1865 年的市场整合上升阶段和 1865—1875 年前后的市场整合下行阶段尤值得注意。1850—1865 年整体上处在太平天国运动占领江南时期,太平天国运动在江南引起的战乱、交通阻隔和社会失序等造成市场交易成本的上升,本不利于江南市场整合,但图 2 的结果却表明这一时期江南市场整合水平处在上行区间;而在 1865 年前后,江南地区进入太平天国运动后的战后恢复阶段,但图 2 却显示江南地区的市场整合水平在 1865 年前后开始了下行阶段。对此,我们可以从战乱严重且持续地冲击和支配市场运行、压制地方市场特质性因素的角度予以一定的解释。作为严重、持续且大范围的市场外生冲击,太平天国运动及有关战乱对江南九个府州的粮食市场起到了压倒性的支配作用,原先影响各府州市场运行且使各地市场变动产生地域性特点的地方特质因素都被太平天国运动这一强大且持续的外生冲击所压制,使这一时期江南九个府州的粮价变动同时被太平天国运动及战时所特有的粮食供给和消费逻辑等因素所统一支配(比如战乱引起的严重粮食歉收、大量军事性粮食消费、农业劳动力减少、地区间粮食运输和调节阻断、粮价飙升和奏报口径变动等)。因此,这一时期江南各地粮价变动的地方性特点大幅减弱,导致九个府州的粮价联动性有所提高,使江南粮食市场整合在 19 世纪整体下行的趋势下出现了阶段性上行。

不过,随着太平天国运动的结束,压制性地施加在江南各地粮食市场上的外生冲击消失,战时粮食供给和消费等因素对各地粮价变化的统一支配效应也逐渐消弭,江南各地粮食市场所特有的地方性影响因素又开始显著作用于本地粮价变化,使得江南各府州的粮价变动更加显著地体现出本地特点,粮价的联动性也停止上升,而且开始延续 19 世纪整体下行的变动趋势。这一变化在一定程度上解释了 1865 年前后江南粮食市场整合水平的下降以及 1865—1875 年的市场整合下行阶段。

根据美国 NBER 的周期定义标准[1],我们进一步对江南市场整合水平的长期趋势进行周期分解和识别(见图 3,图中的阴影部分表示市场整合的收缩期,白色部分表示市场整合的扩张期)。在 1738—1910 年的时段里,江南粮食市场的整合水平经历了 11 个完整的变化周期,对应 11 次市场收缩和 11 次市场扩张,其中市场收缩期的时长显著高于扩张期(均值分别为 101 个月和 87.3 个月)。

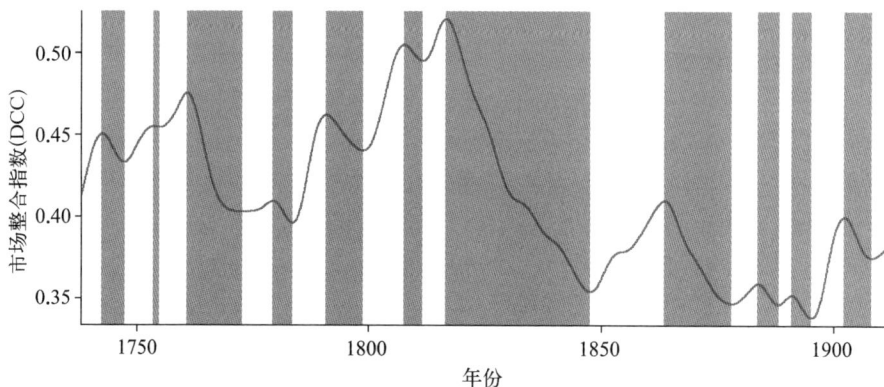

**图 3　江南粮食市场整合水平长期趋势的周期划分(1738—1910)**

市场整合的周期变化特点在 1815 年前后两个阶段也有明显区别:第二阶段市场收缩期延续的时间更长,占比为 62.5%,显著高于第一阶段的 50%;

---

〔1〕　D. Harding, A. Pagan, "Dissecting the Cycle: A Methodological Investigation", *Journal of Monetary Economics*, 2002, 49(2), pp. 365-381.

第二阶段有 5 次市场收缩期，低于第一阶段的 6 次收缩期，但单次收缩的时长也基本大于第一阶段，第二阶段市场收缩期平均持续时间是 144 个月，而第一阶段是 65 个月，其中第二阶段最长的一个收缩期是 1815—1848 年，持续了 380 个月。周期分解的结果也支持了上文关于江南市场整合在 19 世纪显著下降、出现了 19 世纪危机的结论。

## 五、道光萧条、市场整合和气候变化

第四部分说明江南地区粮食市场在 1815 年出现拐点，进入了 19 世纪的市场整合危机。而这场市场整合危机也在一定程度上呼应了当时宏观经济社会情势的下行变化。在康乾盛世后，清代经济在 19 世纪上半叶出现了严重的衰退现象和"道光萧条"[1]。

那么"道光萧条"在市场一体化和整合程度方面会有怎样的表现？为此，我们观察江南粮食市场整合的周期变化，其中最长的市场收缩期就处在 1815—1848 年之间，这与"道光萧条"的时间基本重合。这一时期江南的市场整合经历了长时间的严重收缩，而且此次收缩基本决定了清代江南粮食市场的一体化水平长期处在低位的趋势，尽管此次收缩后江南粮食市场的整合程度有过小幅的上升和震荡，但基本都在较低的市场一体化水平上徘徊，没有回到此次收缩前的水平。

道光萧条的形成有复杂原因，气候变化是基础性驱动因素[2]。气候变化是否会影响粮食市场的整合水平？气象史学者的研究发现，总体而言，1700—1820 年中国东部地区相对处于暖期，而 1820—1890 年则处在冷期，1900 年后开始回暖[3]。将气候分期与江南粮食市场整合程度的阶段性变化作对比，可以看出二者存在共变规律：即在气候暖期，江南粮食市场整合程度处在上升期，市场一体化水平上升；而气候冷期时，粮食市场一体化水平下降，

---

[1] 吴承明：《中国的现代化：市场与社会》，生活·读书·新知三联书店 2001 年。

[2] Y. C. Wang, "Secular Trends of Rice Prices in the Yangzi Delta, 1638-1935", in T. G. Rawski, L. M. Li, eds, *Chinese History in Economic Perspective*；王业键、黄莹珏：《清代中国气候变迁、自然灾害与粮价的初步考察》，《中国经济史研究》1999 年第 1 期；李伯重：《"道光萧条"与"癸未大水"——经济衰退、气候剧变及 19 世纪的危机在松江》，《社会科学》2007 年第 6 期。

[3] 葛全胜、郑景云、方修琦、满志敏、张雪芹、张丕远、王维强：《过去 2000 年中国东部冬半年温度变化》，《第四纪研究》2002 年第 2 期。

处在市场整合的收缩期。由于重建的我国东区冬季距平温度只精确到十年尺度,因此我们在前文基础上构造了 18 世纪 40 年代、50 年代……20 世纪 10 年代每十年江南地区平均市场整合指数,并与相应年代的冬季距平温度进行比较,两者的相关系数为 0.23,说明冬季气温和市场整合程度成正比,气温越高,江南地区间的市场整合程度越高。对二者传导机制的可能解释是:

气候变化→农业生产→粮食市场整合

从气候变化到农业生产的传导机制相对直接[1],但从农业生产到粮食市场整合的传导机制更为复杂和间接,其中既有市场供需关系的结构变化,也有地方政府博弈的影响。简而言之,气候暖期的农业生产收成较高,市场上的粮食供给相对充分,粮食流通顺畅,各地粮食市场间的分割程度下降,市场整合程度上升;反之,气候冷期,农业生产的收成较低,粮食供给相对匮乏,粮食的供需预期发生变化,避险和储藏的需求被放大,这也进一步加剧供需紧张,使得地区间粮食市场的分割加剧,地区间的粮食流通减少,市场整合程度下降。气候冷期的农业生产大幅下降还可能引起社会动乱甚至战争[2],打乱社会秩序,提高交易成本和运输费用,抑制粮食流通,间接阻碍粮食市场的整合。

除气候原因外,宏观金融环境的变化也是引起 19 世纪危机和江南市场整合水平下降的重要因素。在银钱并用复本位货币体系下[3],宏观金融环境的剧烈变动和现代货币管理制度的缺乏对 19 世纪危机有重要影响。一方面,由于中外战争、不平等贸易和战争赔款等的作用,又因缺乏有效的货币管理制度,19 世纪的中国直接地暴露在国际贸易和白银流动的外生冲击下,国内银钱比价的变化也更加仰赖国际银价和中外关系变动;而另一方面,19 世纪的

---

[1] 葛全胜、王维强:《人口压力、气候变化与太平天国运动》,《地理研究》1995 年第 4 期;赵红军:《气候变化是否影响了我国过去两千年间的农业社会稳定? ——一个基于气候变化重建数据及经济发展历史数据的实证研究》,《经济学(季刊)》2012 年第 2 期;葛全胜、郑景云、郝志新、张学珍、方修琦、王欢、闫军辉:《过去 2000 年中国气候变化研究的新进展》,《地理学报》2014 年第 9 期。

[2] Y. C. Wang, "Secular Trends of Rice Prices in the Yangzi Delta, 1638–1935", in T. G. Rawski, L. M. Li, eds, *Chinese History in Economic Perspective*;葛全胜、王维强:《人口压力、气候变化与太平天国运动》,《地理研究》1995 年第 4 期。

[3] 彭泽益:《鸦片战后十年间银贵钱贱波动下的中国经济与阶级关系》,《历史研究》1961 年第 6 期;郑友揆:《十九世纪后期银价、钱价的变动与我国物价及对外贸易的关系》,《中国经济史研究》1986 年第 2 期;林满红:《银线:19 世纪的世界与中国》,江苏人民出版社 2011 年。

国际银价和中外关系又经历了显著的剧烈变动，由此便导致中国的银钱比价被动地随之发生剧烈波动，这既严重扰乱了价格信号的传递和市场运行，损害农业和手工业生产，也引发商业和信用危机，加剧政府财政危机和社会矛盾[1]。19 世纪的中国不仅面临频繁而剧烈的外部冲击，而且也未能及时改革调整货币制度以适应新变化，无论是 19 世纪上半叶因鸦片贸易以及巨额战争赔款等所引起的白银大幅外流和银贵钱贱[2]，还是 19 世纪 60—70 年代起，由于主要资本主义国家放弃金银复本位而采用金本位等因素所造成的国际银价大跌和白银大额流入及其引发的银贱钱贵[3]，都严重地冲击了国内市场运行和生产消费。这也在一定程度上说明，宏观金融环境的剧烈波动，既是影响 19 世纪危机的重要因素，也是 19 世纪危机的有机组成部分。

## 六、市场整合的地区差异：地理距离与省界效应

### （一）市场整合的地区差异

从图 4 可以看出九个府州的市场整合程度不仅表现出一些共同的时变特征，而且还有着自身特点。同一时间里九个府州的市场整合水平各有不同，为此图 4 给出了九个府州市场整合水平之间的标准差，从中可以看出江南粮食市场整合水平的区内差异很明显，而且这种差异还随时间变化发生显著的波动。

从表 4 各地区全时段平均动态条件相关系数来看，九个府州两两之间的市场整合水平表现出了较大的差异，湖州和嘉兴两地之间的市场整合水平最高，江宁和嘉兴两地间的市场整合水平最低，二者相差将近两倍。

---

〔1〕 彭泽益：《鸦片战后十年间银贵钱贱波动下的中国经济与阶级关系》，《历史研究》1961 年第 6 期。

〔2〕 彭泽益：《鸦片战后十年间银贵钱贱波动下的中国经济与阶级关系》，《历史研究》1961 年第 6 期；郑友揆：《十九世纪后期银价、钱价的变动与我国物价及对外贸易的关系》，《中国经济史研究》1986 年第 2 期；林满红：《银线：19 世纪的世界与中国》，江苏人民出版社 2011 年。李伯祥、蔡永贵、鲍正廷：《关于十九世纪三十年代鸦片进口和白银外流的数量》，《历史研究》1980 年第 5 期；吴承明：《中国的现代化：市场与社会》，生活·读书·新知三联书店 2001 年；汪敬虞：《关于鸦片战后 10 年间银贵钱贱影响下中国对外贸易问题的商榷》，《中国经济史研究》2006 年第 1 期。

〔3〕 郑友揆：《十九世纪后期银价、钱价的变动与我国物价及对外贸易的关系》，《中国经济史研究》1986 年第 2 期。

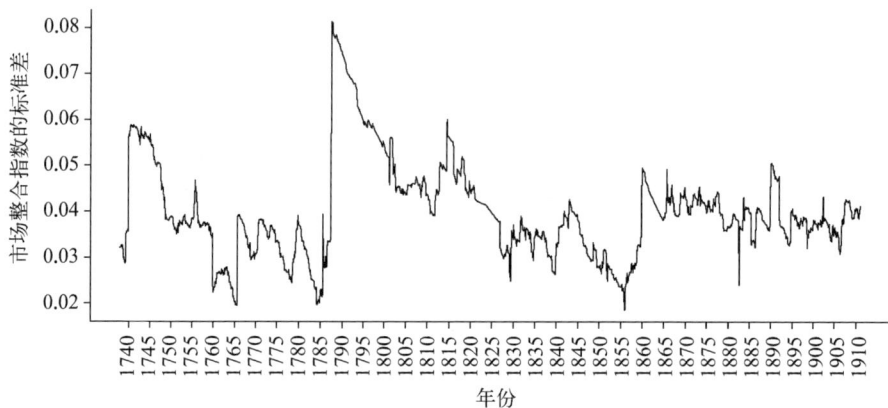

图 4　江南粮食市场整合水平的地区差异(1738—1910)

　　如何解释江南地区市场整合水平的内部地区差异？市场交易受到交易成本和运输距离的影响,价格套利模型告诉我们,地区间的价格差别主要是由地区间交易成本决定的,地区间的交易成本越大,价格差也越大,地理距离接近的地区,价格变动更加倾向趋同,市场整合水平也可能越高。因此,地理距离是影响两个地区市场整合程度的关键因素。此外,市场交易还会受到行政区划的影响,同一政区下的两个市场往往更容易整合。具体到本文的粮食市场,江南九个府州中,苏州、松江、常州、江宁、镇江和太仓隶属江苏省管辖,杭州、嘉兴和湖州归浙江省管辖,江南九个府州的粮食市场互动存在省界效应。

### (二) 地理距离和省界效应

　　为解释江南粮食市场内部的市场整合水平差别,验证地理距离和省界效应的作用,构造如下回归方程：

$$\rho_{ij} = \beta_1 dist_{ij} + \beta_2 border + \beta_0 + \eta, \ \eta \in N(0, 1) \tag{11}$$

　　式中的 $\rho_{ij} = \sum \rho_{ij,\,t}/T$ 是江南两个府(州)$i$ 和 $j$ 之间各个时期市场整合指数的均值,由两个府(州)的动态条件相关系数 $\rho_{ij,\,t}$ 简单平均计算而得,$dist_{ij}$ 表示两个府(州)间的地理距离。$border$ 是二元哑变量,表示两个府(州)间是否存在省界。

　　表5报告了对回归方程(11)的估计结果。第二列汇报了只控制地理距离的模型估计结果,地理距离的回归系数显著为负数,表明地理距离对江南各府(州)间市场整合存在显著的抑制作用,地理距离越近的地区间市场整合程度

越高。第三列报告了包含地理距离以及省界变量 *border* 的模型估计结果,地理距离的回归系数依旧是显著负数,这表明在控制省界变量后,地理距离对江南各府(州)间市场整合的抑制作用仍然显著,尽管其影响程度有所下降;省界变量的系数显著为负数,这说明省级边界的存在对江南各府(州)间市场整合有重要的阻滞作用,隶属于同一省份的两个府(州)间市场整合水平更高。粮食市场整合省界效应的存在,呼应了国际贸易实证研究中关于国家间边界效应的研究[1]。

表 5　江南市场整合地区差异的解释：地理距离和省界效应

|  | 模型 1 | 模型 2 |
|---|---|---|
| 地理距离 $dist_{ij}$ | $-0.000\,8(0.000\,3)^{**}$ | $-0.000\,6\,(0.000\,1)^{***}$ |
| 省界效应 $border$ |  | $-0.174\,2\,(0.015\,1)^{***}$ |
| 常数项 | $0.444\,9(0.038\,3)^{***}$ | $0.328\,7(0.020\,0)^{***}$ |
| $R^2$ | 0.209 2 | 0.843 5 |
| Adj. $R^2$ | 0.186 0 | 0.834 1 |
| 样本量 | 36 | 36 |

$^{***}$ $p<0.001$, $^{**}$ $p<0.01$, $^{*}$ $p<0.05$, $^{·}$ $p<0.1$

为更直观理解省界效应对江南市场和贸易的影响,借鉴国际贸易研究中的做法,将省界效应转换为地理距离来解释。在模型 2 中,一千米的地理距离会引起江南各府(州)间的市场整合程度下降 0.000 6,那么省界效应相当于多少公里的地理距离呢?只需要将省界效应系数除以地理距离的系数 $(\beta_2/\beta_1)$,这里得到 290.3 千米。换言之,在其他条件不变的情况下,跨省各府(州)间的市场整合显著低于省内各府(州)间的市场整合,相比于省内各府(州),跨省各府(州)间的市场整合相当于多增加 290.3 公里地理距离所造成的影响。

需要说明的是,清代粮价数据一般是以府为单位统计,但是以省为单位进

〔1〕 J. E. Anderson, E. V. Wincoop, "Gravity with Gravitas: A Solution to the Border Puzzle", *The American Economic Review*, 2001, 93(1), pp. 170-192.

行奏报的,这可能会导致同属一省的各府州粮价数据存在奏报口径上的相对一致,从而使表 5 估计的省界效应中包含粮价奏报口径对粮价变动和市场整合指数计算的影响,可能会在一定程度上高估省界效应对市场整合水平的影响。

# 七、结　语

　　市场一体化是经济发展的重要表征。清代中后期江南粮食市场的整合水平和一体化程度经历了动态变化。多变量 DCC-GARCH 模型很好地刻画了1738—1910 年江南粮食市场整合水平的阶段性特点。结果发现,江南粮食市场的整合水平以 1815 年为拐点发生了重大变化:江南粮食市场的一体化水平在 1815 年以前总体上保持上升的趋势,但在 1815 年后整体大幅下降,江南地区出现了 19 世纪市场整合危机。

　　江南粮食市场的整合水平存在周期波动特征,经历了 11 个变化周期,但市场收缩期的时长显著高于市场扩张期;而且市场整合的周期变化也在以1815 年为界的两个阶段存在明显差异。第二阶段市场整合的收缩期占比明显高于第一阶段,单个市场收缩期的时长也大于第一阶段,这也验证了江南地区在 19 世纪出现市场整合危机的结论。

　　江南"19 世纪市场整合危机",特别是 1815—1848 年长达 380 个月的市场整合大收缩验证了"道光萧条"的存在。而且,清代江南粮食市场整合的变化与我国东部地区气候变化也是密切呼应的。气候变化对粮食市场整合的传导是由农业生产引起粮食供需结构变化完成的,还会通过农业歉收→社会动乱→加大交易费用→加剧粮食市场分割的间接机制传导。

　　本文还分析了江南地区市场整合水平的地区差异及其影响因素。结果表明,地理距离对江南各府(州)间的市场整合有显著的抑制作用;省界效应也是影响江南各府(州)间市场整合的重要因素,省界效应的量化估计相当于290.3 公里的地理距离。

　　　　　　　　　　本文原载《上海经济研究》2021 年第 4 期,收录时有删节。

# 明清以来赋税史料中"算位"问题研究

郭永钦

明清赋役制度改革后，史料文本中呈现了大量历史数据，这些数据是我们研究经济史的重要财富。不过由于数据零散和古人记载方式较为烦琐，数据的细节问题往往受到忽略，因此现有财政、赋税类文献中对此类较长数位存在的必要性较少讨论，多认为这是胥吏从中舞弊、欺侵冒领的重要手段。另外，不少学者在引用具体数据时，往往转写为错误的阿拉伯数字，从而进行误算。本文试图厘清这些数据在使用过程中的一些常见误解，深入探讨这些小数单位的地域性差异与转换问题，并整理出各省银两尾数的算位表，以供学者参考利用。

## 一、"算位"与尾数省略

梁方仲曾提及古人在记录钱粮尾数时，往往有多至十余位，单位也非常混乱：

> 各府不同，各县不同，有时一县之中因年分之先后亦各自不同。今姑以清河南数府易知由单所载为例，如卫辉府新乡县银数，两以下为钱、分、厘、毛、丝、忽、微、纤(有时亦写作"先"字)、沙、尘、埃、渺、漠。同府辉县，两以下为钱、分、厘、毛、丝、忽、微、纤、埃、渺、漠。南阳府镇平县，两以下为钱、分、厘、丝、忽(有时同一单中亦作"乎")、未(亦作"微")、先(亦作"纤")、沙、臣(亦作"尘")。盖虽同一单中，字体亦有正写简写之别，可谓紊乱复杂极矣。[1]

---

〔1〕 梁方仲：《钱粮尾数》，《梁方仲读书札记》，中华书局 2008 年，第 673 页。此外，梁氏搜集了一些方志中散见的混乱的尾数单位。参见《康熙初年赋役全书与易由知单》，《梁方仲读书札记》，第 368—373 页。

梁氏指出的该问题,古人亦多有提及,如明末陈继儒《白石樵真稿》中所言,米数分为升、合、勺、抄、撮、圭、粟、颗、粒;银数分为厘、毫、丝、忽、微、纤、沙、尘、埃。在实际使用中,银的尾数至厘为止,米的尾数至合为止,之后的都应该抹去,不然易被奸人利用。梁氏认同陈继儒等人的看法,认为册籍尾数不得不详其实只是吏书防细弊,并认为古人并不明白数目过于琐细,反会使吏胥因缘为奸。

黄仁宇亦引用了该材料,并得出结论:"税收体制的缺陷在于税收明细表的复杂性,税率可以多达小数点以后的12—14位数字,这是很荒唐的,在明代以前从来没有出现过这样的事情。"[1]不过这样的观点也受到了学者的质疑。李龙潜核对原文后指出,"陈继儒说钱谷混淆自琐碎尾数始,并不是说明代始有、前代所无的情形。这种钱粮尾数之繁细,不知起自何时,但是宋代已有之",并举例《宋会要辑稿》中亦出现过因为钱粮尾数过长受官府政令禁止的文献,但事实上这些禁令难有成效,因此这套计算方法仍流传延续下来,至明清尚存[2]。

上述"钱粮尾数"之类的概念,古人称之为"算位",而前辈学者几乎较少提及并明确界定。赋役改革直接促进了征收项目和力役一并折银,于是算手需要经常处理较长尾数的钱粮数据。代表这些数据中的不同数位时,常用一长串的汉字指称各数字占位。清初靳辅的一份奏疏曾详细阐述了这一概念:

> 抑臣更有请者,钱粮之难于核算者,以尾数太繁也。查银自一分以上方可称其重轻,米自一升以上方可量其多寡。若银止于厘则难称,米止于合则难量矣。又或银止丝、毫,更止于忽,则不过微末之间。米止于勺、抄,更止于撮,则不过颗粒之间。夫银止于微末,米止于颗粒,数亦可以止矣。乃银之尾数自忽之下,尚有微、纤、沙、尘、埃、渺、漠、逡、巡、灰等算位。米之尾数自撮之下,尚有圭、粟、颗、粒、黍、稷、禾、糠、秕、粞等算位。不惟无益,而适足以滋奸胥之驳窦。盖尾数多,则清算难;清算难,则可藏奸逞弊。若一目了然,人人可核之数,则部胥从何弄权耶?臣请嗣后钱粮尾数,算至忽位为止。如一忽之外尚有余零,竟作二忽科算。米麦尾数,算至撮位为止。如二撮之外尚有余零,竟作三撮

---

[1] 黄仁宇:《十六世纪明代中国之财政与税收》,生活·读书·新知三联书店2015年,第128页。

[2] 李龙潜:《也评〈十六世纪明代中国之财政与税收〉》,朱诚如、王天有主编:《明清论丛》第9辑,紫禁城出版社2009年,第20页。

科算。余俱仿此。裁无益之算位,以剔无穷之弊端,其于国计民生实均有裨益也。[1]

由此可见,如果以银能够称量的"分"为个位单位,则"两""钱"分别代表百位、十位。而其下的"厘""毫""丝""忽"等则对应于十分位、百分位、千分位、万分位等,以此类推。算位的过长使用,确实会造成诸多弊端。如早在元代时,处理钱粮长尾数字在官方文件中已有明确界定。对尾数按某位以下省去的"四舍五入"概念已经存在:

> (大德十一年正月,江浙行省)至有分以下厘、毛(毫)、系(丝)、忽、微、尘,不惟紊繁,实是虚文而已。拟自今后,凡有收支物折中统宝钞,积算到总数。若至五厘,收作一分,五厘以下削去……今检校各处申呈一应收除钱粮卷宗内,往往纽折物价,于厘、毫之下,复有丝、忽、微、尘、撮、圭、粒等数,不惟虚繁数目,抑且文繁……(至大三年三月,江西行省)今次报到钱粮文字,往往不行去其零数,致使文繁,妨碍类总。……议得,今后至元钞并以厘为止,五毫以上收作一厘,五毛(毫)以下削而不用。至大银钞并以毫为止,五系(丝)以上收作一毛(毫),五系(丝)以下削去。[2]

时至明代赋役征收制度改革,一条鞭法施行之后,在地方上征收钱粮时,较长的小数尾数在实际征收过程中可能并不实用。收头组织征税活动,部分地区实行自封投柜。官给印信簿后,明注某人钱粮若干。里长或花户照砝码秤兑足数,收头随即登记印簿勾销赤历。遇应解之时,官收取原给印簿、赤历,核对后注明某柜解银若干,并由里长轮流管解。最后令收头与里长一起拆封,自倾成锭,印贴锭底,给批起解。在此过程中,册载征收的问题主要在收兑钱粮之时,小民一般并不计较额征长尾数字:

> 议清查派额银数之暗加也,在丝、忽、尘、渺之间,分之无几,合之实多。一户银数载入几丝、几忽、几渺、几尘,此丝、忽、尘、渺之细,岂法马可兑,官等可秤即一厘。交之尚不足也,小民零星交银,多以分计。一次一厘,十次则一分矣。一户一分,合之通县则计两,计百,计

---

[1] 靳辅:《苛驳宜禁疏》,来新夏主编:《清代经世文全编》第5集,学苑出版社2010年,第452—453页。

[2] 陈高华等点校:《元典章》第2册《户部》卷7"钱粮数目以零就整",天津古籍出版社2011年,第769—770页。括号内不是原文所有,为点校本注释内容。

千矣。此惟总书知之,而官之耳目不及清算,民视毫忽不在念,亦不与之算,此暗加之法也……乡市愚民不晓算法,不入衙门,不知今年额派若干,某项地每亩应派银若干,某则丁每丁应派银若干,惟听户书与之,由票照票尚纳此由票计几万张,谁一一对之? 其间有贿者减无贿者,加以所加抵所减,又于原额不失此明加之法也。……自后钱粮算法至厘毫而止,不许添入"丝、忽、渺、尘、沙、漠"等字,彼云算盘不凑总,勿之。[1]

上述删减无用算位的思想,其实在清代的钱粮征收时也同前代一样,在地方实际操作时不断简化,如将易知由单的奇零尾数归减:

查本部覆奏删减银米等项零星尾数,原折内开凡银数统以厘为断,其不及一厘之零数,应请折中归减,在五毫以上者作为一厘归并造报,不及五毫者悉行删除。查各州、县、卫经征钱粮向例每户每岁各给易知由单,单内前列细款,后开总数,便民输纳,嗣后应征钱粮统令于由单总数之下,遇有奇零遵照归减,其单内前列细款仍存其旧,以符《赋役全书》、鱼鳞册籍之款,至如征解关税等项条目,虽多琐碎,不免有零星撒数,但每款各有成总,原不难删繁就简。[2]

可见,"零星尾数"类长算位的删繁就简是一大趋势,而《赋役全书》、鱼鳞册上记载的各类款目数据,起到了范本的作用,这也为我们梳理具体尾数问题提供了思路。

靳辅所在的康熙年间,清廷不断推行尾数缩减政策。康熙二十四年(1685)议修《赋役全书》及给由单删去"丝""勺"以下算位,归"丝"于"毫",归"抄"于"勺"。由于"丝"以下,并无法实际度量。后于乾隆三十一年(1766)又改为以"厘"为断,次年又将银数改为以"毫"为断,米数以"勺"为止。这些过程也早已广为学者所认识,但事实上,我们并不清楚这些政策实质上何时广泛应用于赋役册书。往往古人处理尾数的记录中,可能并不严格按此规则,彻底删减丝、毫尾数算位的方案并未得以大规模执行过。仅笔者目及,直至清末,地方志、《赋役全书》等仍有大部分数据的细节款项,大多存在着丝、毫以下的小数算位。也有零星记录记载称,旧的赋役册籍流传太广,而地方上仍采用原来

[1] 《两院发刻司道酌议钱粮征解事宜》卷1,明万历四十四年(1616)刻本,第13—15页。
[2] 梁廷枏纂,袁钟仁校注:《粤海关志》,广东人民出版社2002年,第163页。

旧的《赋役全书》。

> 升斗小数为合、勺、抄、撮、圭、粟、颗、粒、黍、稷、禾、糠、秕、粃,以十递减。法码小数为厘、毫、丝、忽、微、纤、沙、尘、埃、渺、漠、逡、巡、溟、清、须、净,以十递减。又有糢、糊等,长短小数寸、分、厘、毫以下同。其立名多不通,夫小数惟参差互求,则愈析愈多。[1]

从该材料可见,这些十进制的数位,根据体积、重量、长短尾数名称不同,其中长短与记银尾数在"毫"以下均相同,并且各个地方名目不一。伴随着小数计算,这些尾数位数会不断增多,非常复杂和烦琐。可见与中央政令删减尾数"算位"的记录不同,地方史料记录仍有烦琐的算位存在。据笔者所览之钱粮尾数,大致如前述学者所述,若以两开始,往下十余位(大部分为14位以内),但也偶见更长尾数的,如誊抄自《赋役全书》的《震泽县志》[2]与《直隶赋役全书》[3]等。尽管文本上记载复杂,但百姓对于记录规则是比较明了的,例如实际征收地丁税款时,以银1厘纳1文,"钱""厘"等文字并不会与算位中"钱""厘"混淆:

> 小户钱粮数在一两以下住地窎远者,准照小户畸零米麦凑数附纳之例,交与数多之户附带投纳,于纳户印票内注明"某户附带"字样,即令附纳之户领回交本户收执。如在一两以上及为数虽少,情愿自赴交纳者仍验自封投柜。

> 花户钱粮并尾欠折欠短封银两数在一钱以下者,俱准以钱抵纳。每银一厘纳钱一文,顾完银仍验所收钱文,经征官报名,该管道、府易银起解。[4]

赋税数目如果按照原来文本中汉字算位记载方案,若尾数较长,则非常烦琐。一般"两"之后继以钱、分、厘、毫、丝、忽、微,而"微"以后则出现了地域差异。笔者根据搜集的各省《赋役全书》中记载的银两尾数算位,整理后以表1呈现,便于读者将之转写为规范的阿拉伯数字小数尾数。文献中出现的"一两

〔1〕 俞正燮:《癸巳存稿》卷10,《俞正燮全集》第2卷,黄山书社2005年,第412页。
〔2〕 乾隆《震泽县志》卷10《赋役一》。文中明言取材自《赋役全书》。
〔3〕 《畿辅条鞭赋役全书》,国家图书馆编:《明清赋役全书》第1集,国家图书馆出版社2010年,第486—487页。
〔4〕 《盘验州县交代·田赋》,《国家图书馆藏清代税收税务档案史料汇编》第32册,全国图书馆文献缩微复制中心2008年,第15466页。

一钱一分一厘一毫一丝一忽一微一纤一沙",如果在直隶、福建等省可转写为
1.111 111 111 两,而在浙江则为 1.111 111 100 001 1 两,在湖南则为
1.111 111 101 001 两,在陕西为 1.111 111 110 001 两,各不相同。

表1 各省《赋役全书》所载银两"微"以下算位简表

| 省别 | "微"以下算位 | 省别 | "微"以下算位 | 省别 | "微"以下算位 |
|---|---|---|---|---|---|
| 直隶 | 纤沙尘埃渺漠湖虚澄清净逡巡 | 福建 | 纤沙尘埃渺漠 | 江苏 | 纤沙尘渺漠埃逡巡须臾 |
| 山东 | 纤沙尘渺漠埃溟 | 浙江 | 尘渺漠埃纤沙 | 广东 | 金(纤)沙尘埃渺漠末逡巡 |
| 山西 | 纤沙尘渺埃漠 | 湖南 | 尘纤渺茫沙漂灰影锱铢 | 江西 | 纤沙尘埃渺 |
| 河南 | 纤沙尘埃渺漠灰 | 陕西 | 纤尘渺漠沙洙涯洒 | 云南 | 纤尘渺漠 |
| 安徽 | 纤沙尘埃渺漠逡巡溟清须 | 四川 | 尘纤沙渺漠埃 | 贵州 | 尘纤渺 |

资料来源:依据各省和高校图书馆古籍部所藏《赋役全书》以及各地已刊《赋役全书》相关内容整理。

## 二、"算位"的错误理解例释

前述前辈学者对于赋税数字尾数"删繁就简"的认识,直接影响了后世学者对古人统计数据的信任度,他们不仅直观地认为这些长尾数并无实际使用价值,使胥吏从中舞弊,还认为古人未形成确切的会计算法,以致经济数据多不可用。以下将列举几类比较有代表性的问题。

前引黄仁宇对于明代税率"荒唐"的长达12—14位尾数的批评,而事实上除了李龙潜所指这种计数方法实有历史渊源外,笔者曾专门论述过,对于税率,算盘计算时需要批量操作大数乘、除法,"流法"应用将会极大简化运算过程,这说明长尾数税率在明清时期是必要而且必须的,而非"荒唐"作法[1]。

---

[1] 详见拙文《明清赋税核算技术变革与赋税折亩数字的制造》,《清华大学学报(哲学社会科学版)》2019年第4期。

赖建诚在《边镇粮饷：明代中后期的边防经费与国家财政危机，1531—1602》一书中，基于《万历会计录》的统计数目，认为数据本身存在五大问题，即"缺卷缺页""单位太过杂细""验算不合""笔误""政区重叠"。但其仅以罗列、整理文献为主，未多作推断[1]。笔者发现，赖著对古人数据的问题过分夸大，是因为并未认清田赋尾数的两个重要特点：

第一个特点是财政文书中的数据一般并不特别对数位上为零的数字单独写出，而是直接省略，这可能是一种普遍的书写习惯[2]。如我们现在写作"三百零五两"，古人写为"三百五两"，零以下的小数算位也同理如此，如"一两一钱一分一厘一毫一丝一忽"，若毫、丝两位为零，则直接写为"一两一钱一分一厘一忽"。

如此可见，赖氏认为《万历会计录》中存在如下问题："丝绵折绢 34 962 匹 18 丈 3.82 尺。税丝折绢 4 420 匹 3 丈 9.99 尺。人丁丝折绢 40 576 匹 10 丈 7.71 尺。农桑丝折绢 99 140 匹 55 丈 5.38 尺，又绢 22 989 匹 7.74 尺。以上四项绢共 202 051 匹 96 丈 3.3 尺。以上共计五项而非四项；五项总合是 202 087 匹，而非 202 051。"实则赖氏未注意古代传统记数省略"零"算位问题。误将原《会计录》中所载"农桑丝折绢九万九千一百四匹"记作"99 140 匹"，当然验算不合，正确数字是"99 104 匹"，按此则可验算古人统计皆准确无误。而《会计录》所谓"四项绢之和"也表述正确，因"农桑丝折绢……又绢……"，同一项目因后来重复统计，从而合并成"农桑丝折绢"一项计算的[3]。

我们重新回顾梁方仲所提河南省赋税尾数问题，也并非各府、县不同。实

---

[1] 该著的诸多问题，高寿仙曾撰文商榷过。详见高寿仙：《整理解读明代财政数据应注意的几个问题——以赖建诚〈边镇粮饷：明代中后期的边防经费与国家财政危机，1531—1602〉为例》，《史学月刊》2015 年第 2 期。经笔者验算后，发现赖氏的指责基本都有误。如"笔误"部分：顺天府部分夏税小麦，前后两处数字并不相同（赖氏认为是笔误的原因是其后紧接的"人丁丝折绢、农桑丝折绢"两处数值相同）。一则是此二处"折绢"仅代表额度，全《会计录》中夏税小麦的具体数值并无一处是由这两项数目加总而得，各统计类簿册均沿袭不变。二则是前处是指《会计录》所统计数字，而对于后面顺天府夏税小麦数，原文前页即明言为弘治年间《会典》数。参见赖建诚：《边镇粮饷：明代中后期的边防经费与国家财政危机，1531—1602》，浙江大学出版社 2010 年，第 404—405 页。

[2] 不过在账簿等民间文书中，如果用数码字来表示数字"零"时，则"零"往往占位。此点承蒙审稿人指出，谨致谢忱。

[3] 以上参见赖建诚：《边镇粮饷：明代中后期的边防经费与国家财政危机，1531—1602》，第 404 页。

际上,尾数单位一般按各省惯例顺序一致,遵循算位"序位相同"原则[1]。如前述河南省"两"以下尾数算位顺序为"钱、分、厘、毛(毫)、丝、忽(乎)、微(未)、纤(先)、沙、尘(臣)、埃、渺、漠、灰"(见表1),因各地尾数算位自"微"以后就有所差异,梁氏所举辉县个别数字省略了"沙、尘"两位,镇平县省略了"埃、渺、漠",原因是在这几个算位上数字都是零,仅从外观上看,容易误认为是采取了杂乱无章的算位。

著名珠算史学家华印椿在《中国珠算史稿》中引用康熙年间浙江著名算手沈士桂的《新纂简捷易明算法》算例,用以说明《赋役全书》具体由省及府确定额征银数目之计算办法[2]。该算书由于主要介绍珠算口诀及拨盘技术,并未受到赋役史学者重视,而该书最后附录一章为《纂全书法》,专言《赋役全书》以省的额征税如何分配到各府。笔者以此为线索,校对沈士桂原书后[3],遗憾地发现,由于华氏对"算位"概念的理解偏差,无法复原出沈士桂所载"流法"来快速计算赋税数字的乘除法。他将总额征银"三百六十九万一千二百二十三两二钱二分六厘一毫六丝八忽九微七尘八渺八漠一埃八纤七沙"、杭州府征银"四十三万六千二百四十八两六分七厘九毫一丝七忽九微六尘八漠三埃九纤七沙"、嘉兴府征银"四十一万三千七百四十五两七钱三分九厘九毫八微四尘二渺六漠八埃五纤九沙"分别转写为阿拉伯数字 3 691 122. 226 168 978 818 7 两(实际应为 3 691 223. 226 168 978 818 7 两)、436 248. 067 917 968 839 7 两(实际应为 436 248. 067 917 960 839 7 两)、413 745. 759 984 268 59 两(实际应为 413 745. 739 900 842 685 9 两)。这三个误录除了第一个是数字抄错外,后两处错误原因均是华氏未意识到赋税数字中"算位"存在零位占位的问题。即"九毫八微"在"毫"与"微"之间隔了"丝""忽"两位未写,实则这两位应为"0""0"。若以华氏抄录的数据,导致后续对"流法"的所有验算推论都不符,而如果换作上述括号中按算位正确转写的数据计算后,发现古人所载以"流法"来

〔1〕 此处笔者在 2018 年中山大学"经济史研究青年学者高峰论坛"报告时,承申斌提示,指出省内尾数统一的原因很可能是明嘉靖以降的地方赋役正式核算(体现为册籍编纂)都是以省(或若干直隶府)为单位,由巡抚、巡按主导进行的,所以省内的尾数是统一的。而清代赋役全书是户部颁布格式,由各省各自编纂,然后送户部审查。因此明代以来各省省内统一的尾数算位也就被延续了下来。详情参见申斌:《赋役全书的形成——明清中央集权财政体制的预算基础》,北京大学博士学位论文,2018 年;申斌:《清初田赋科则中本色米复归的新解释——兼论明清赋役全书性质的转变》,《中国经济史研究》2019 年第 1 期。

〔2〕 华印椿:《中国珠算史稿》,中国财政经济出版社 1987 年,第 324 页。

〔3〕 沈士桂:《简明易捷算法》卷 4,康熙刊本,第 26—28 页。

折算赋税分配额征地丁税则准确无误,且较为快速。

古人计数第二个特点是尾数算位在实质上只是表示数字的占位单位,并不能理解为字面意思"抄""撮""颗""粒""纤""尘"等。如赖建诚认为万历《会计录》的数据问题之一是"单位太杂过细":"竟然连 11 斤 13 两 5 钱的红花也算是个项目、1 匹币帛绢也另成一项……广西太平府都结州的夏税米'二斗伍升'"〔1〕,实则这些都是物料按分配原则转换之后的分数形式数据,如同我们现在的带小数点数据的十分位、百分位、千分位等。

此类误读亦较为常见,如尚春霞指出:"《赋役全书》看起来更像是一本会计账簿,而对所征赋税的数目更是细至一尘一埃,令人叹为观止。"〔2〕这里尚氏误认为"尘""埃"为计数单位,实为谬之千里。显然这里的"尘""埃"与其字面意义不同,也只是表示小数算位而已。

这些除不尽的小数占位单位,可以选用任意的汉字来进行表述,只要地方上的统计规则一致即可。这种地区差异沈士桂也曾明确提到:"浙省银数,各省尾数不同:两、钱、分、厘、毫、丝、忽、微、尘、渺、漠、埃、纤、沙(江南省尾数用微、纤、沙、尘、埃、渺、漠)。"〔3〕可见,对于浙江、江南省〔4〕而言,同样的纤、沙、埃、渺、漠汉字对应的却是不同的小数数位。

为验证参与过编纂康熙《浙江赋役全书》的沈士桂的这段话,笔者查阅复旦大学藏康熙《浙江赋役全书》中各县赋税,发现因需要和外省数据对接时,由于地方上算位写法不同而出现过格式统一问题。浙江省的长兴、仁和、归安、乌程等县均需编制"修河米折银"数额,因涉及需起解汇集河工银到中央,编纂者认识到了这些数字上在尾数算位上的差异,如在乌程县项下大字数目"四百九十两七钱三分八厘八毫七丝二忽五微四尘"后小字注明:

> 查直省《全书》额征钱粮稍尾,微后继之以纤,惟浙省《全书》钱粮稍尾微后递之以尘。历年各属起解俱照本省《全书》数目,以致互异。今于本款下填明河工银四百九十两七钱三分八厘七丝二忽五微四纤,照此填批起解。合应注明每两路费四厘,该银一两九钱六分二厘九毫五丝五忽四微九尘一漠六埃。〔5〕

---

〔1〕 赖建诚:《边镇粮饷:明代中后期的边防经费与国家财政危机,1531—1602》,第 402—403 页。
〔2〕 尚春霞:《清代赋税法律制度研究:1644—1840 年》,光明日报出版社 2011 年,第 54 页。
〔3〕 沈士桂:《新纂简捷易明算法》卷 1,第 11 页。"渺"为异体字。
〔4〕 江南省为安徽、江苏两省在康熙年间分省之前的旧称。
〔5〕 康熙《浙江赋役全书》,复旦大学图书馆藏。

这里存在着三组数据,因为"微"之后的算位因直隶和浙江省不同,可能存在着数种组合模式,根据表1算位表,转化为阿拉伯数字列于表2:

表 2　《浙江赋役全书》乌程县载银两尾数算位转写对照表　　　　单位：两

| 原　　文 | 直隶算位转写 | 浙江省算位转写 |
|---|---|---|
| 四百九十两七钱三分八厘八毫七丝二忽五微四尘 | 490.738 872 500 4 | 490.738 872 54 |
| 四百九十两七钱三分八厘七丝二忽五微四纤 | 490.738 072 54 | 490.738 072 500 004 |
| 一两九钱六分二厘九毫五丝五忽四微九尘一漠六埃 | —— | 1.962 955 490 16 |

资料来源：康熙《浙江赋役全书》,复旦大学图书馆藏。
注：在直隶算位"纤沙尘埃渺漠"中,"埃"在"漠"前,因此此处数据不可能是直隶计数。

从表2可见,根据文中路费银每两4厘进行复核：1.962 955 490 16÷0.004＝490.738 872 54。我们发现起解尾数都是以《浙江赋役全书》为标准,将原小字中错误的数据"490.738 072 54"修正为"490.738 872 54"。而这一修正过程,就先按照直隶的算位标准数字转写为浙江省算位标准数字,将"微"后的"纤"改为"尘"。

### 三、赋税史中"算位"的研究意义

采用长尾数的算位,多有实际用途,然而在税赋征收中显然不可能用到如此精密的尾数。而《赋役全书》因其有预算性质,呈现了一种"中间过程",便于核查和订立一种标准。这种传统亦可在早期古算书中找到渊源,如南宋的秦九韶《数书九章》中第五章"赋役类"和第六章"钱谷类"所列实用例题就是如此。计算九则田地,根据不同的亩率进行均分、纳税本折、水脚轻赍耗羡计算等原有题目中[1],皆不出现长尾数,而在"草"这一部分则多用长尾数表示,这些算例反映的问题在明清赋税征收过程中都经常出现。曾美芳曾指出,明

--------

〔1〕 参见秦九韶著,王守义释,李俨校：《数书九章新释》,安徽科学技术出版社1992年,第309、354、369、373、380、388页。

末崇祯年间,随兵马饷粮简明册造报规则确立后,钱粮定期奏报的磨勘、开销与逐渐形成的驳查制度,对钱粮奏报数据书写的统一格式提出了要求,而这些钱粮册为后世奏销册之雏形[1]。因此有理由认为《赋役全书》展现的各类数据很可能是为了记录数据产生、制作的"中间过程",即把预算部分视作实征之"精确标准",主要是利于文本上的复核或大数的重复性乘除计算。

古代赋税文本上数据的查核,涉及了比率与所征项目的乘除法计算,这在算盘时代,操作技术将非常烦琐。另一方面,算盘真正盛行是在明代以降,随日益增长的商业和赋税计算的需求而广泛应用。认识到这一特点有利于我们由数字文本本身反推、回溯赋税数字的产生、制作过程,可以更明确数据传抄的源流问题,进而加深我们对"一条鞭法""摊丁入亩"等重大事件的认识。

此外,算位计数法原则应用也不仅限于赋税数据问题。笔者认为,分数、小数类实物也多按此表记,体现出古人可能是将之视为"折算单位",而非一定归于"赋税单位"或"真实单位"两端。例如,在赋税文本中,清代表示人的单位"丁",学界一般都认为是赋税单位而非户数或纳税的成年男子数[2],其主要原因是有分数、小数形式的"丁"存在。不过最近的研究中,也有学者指出,"丁"是否一定为折算赋税额并无定例,而是依当地情况而定[3]。笔者认为,人丁数并非一定指赋税额,人丁数、赋税额的尾数相似,但概念不尽相同,人丁尾数与粮载丁或以田起丁的计算方法有关,未必一定都要转为赋税[4]。出现分数、小数人丁情况,只是古人用算位标记的一种方法,视情况既可以表示为按比例分配后的数据,也可表示真实数据。

申斌指出在明代赋役文本中,"征收与会计项目已经分离,仅表示应征银额的会计过程,与实际征收并无直接关系"[5]。这个折算可以和赋税额挂钩,也可以不和赋税额挂钩。前辈学者之所以将人丁作为赋税单位而非实际人数,大致受何炳棣先行研究中"人丁问题"之影响所致,人丁为分数的诡异现

[1] 曾美芳:《定期奏报制度与崇祯初年的财政管理》,《中山大学学报(社会科学版)》2018年第1期。

[2] 何炳棣著,葛剑雄译:《明初以降人口及其相关问题1368—1953》,生活·读书·新知三联书店2000年,第28—41页。

[3] 焦培民:《人丁"赋税单位说"质疑——清初人丁尾数问题辨析》,《河南财政税务高等专科学校学报》2009年第2期。该文亦指出了曹树基《中国人口史》第5卷(复旦大学出版社2005年,第64页)所指出的"分、厘、毫、丝"为丁银单位,实则应为一般计数单位。

[4] 薛理禹:《清代人丁研究》,社会科学文献出版社2014年,第115页。

[5] 申斌:《明朝嘉靖隆庆时期山东均徭经费初探》,陈春声、刘志伟主编:《遗大投艰集:纪念梁方仲教授诞辰一百周年》,广东人民出版社2012年,第569—570页。

象比较容易被捕捉到,但如果我们将视野扩大到一切赋税类统计项目来看,这种统计表述其实具有一般性。除赋税、人口外,征收物料(如弓、箭、狐狸皮、牛角等)的分数、小数形式也带有"分、厘、毫"等算位,其并非赋税单位,而是按原有单位下的"折算单位",用以记录"文本"上的分数。

比如康熙《河南赋役全书》的"起运"部分,对本折物料的记载为牛角"四副六分八厘六毫五丝五忽一微五纤"、狐皮"一张二分七厘八毫一丝"等,按河南省算位(见表1)转写成阿拉伯数字为:弓11折牛角11副,每副折银4两,共24两,除荒实征牛角4.686 551 5副,除荒实征银18.746 206两。狐皮3张,每张额银0.5两,铺垫银0.24两,共银2.22两,除荒实征狐皮1.278 1张,除荒实征银0.945 794两。麂皮原额10张,每张价银0.6两,铺垫银0.24两,奉文改折共银8.4两,除荒实征麂皮4.260 5张,除荒实征银3.578 82两[1]。这些都是经过"除荒"折算后,将原有整数物料改为分数形式表述。因此我们不能一概而论,断言无前后文背景的牛角的"副"与狐皮、麂皮的"张"是否为真实数目或者赋税单位。

表示人的"丁"也是同理。存留分配的官署衙门中出现的门子、皂隶人数虽多为整数,但也可能出现分数,如《山东益都县赋役全书》存留部分[2],"药材医兽"的人员都是"半名",显然这并不等同于人丁统计中的"余丁"或"半丁"[3],但在折算性质上,这些例子和人丁概念没有什么区别。可见这在明清人们理解的概念中为一常识,如果将这个"折算单位"和折银率相乘加总,即赋税总额就是"赋税单位"(如弓、牛角、狐皮、麂皮等,乘除荒折银率),但是也有一些情况是不需要和折银率相乘,而可以作为文本上的真实存在,如"除荒"折算前的整数物料,如牛角、狐皮、麂皮以及人丁统计等。正如栾成显所说:"明后期官方的人口统计数字,不过是混合各种类型人口统计的产物,尚不能一概称之为纳税单位。"[4]因此,笔者也认为以往将此类单位命名为"赋税单位"比较笼统,不够准确。事实上,"丁"的表记方法可依记载环境不同,分为"实际数"和"折算单位"两种情况。如在保甲册中,可代表真实人丁数[5],而

〔1〕 康熙《河南赋役全书》,光山县"起运"项下,复旦大学图书馆藏。
〔2〕 光绪《山东益都县赋役全书》,"存留"项下,清华大学图书馆藏。
〔3〕 "余丁""半丁"相关部分,可参见薛理禹:《清代人丁研究》,第30—31页。
〔4〕 栾成显:《明代黄册研究》,中国社会科学出版社1998年,第334页。
〔5〕 详见拙文《明清保甲制下的基层编制、户籍管理和聚落地理——〈江西新城县保甲图册〉的古地图信息GIS分析》,《历史地理》第29辑,上海人民出版社2014年,第255页。

在《赋役全书》、地方志类册籍数字中,则有可能代表"折算单位"。

综上所述,本文梳理了明清时期赋税数位书写习惯中"算位"的使用问题,并指出了其中一些常见的误读问题。利用银两算位表(表1),我们可以较为方便地转写为阿拉伯数字。此外,延伸到财政制度史的问题上看,我们对按照较长尾数算位记载赋税数额为"伪造的精确"这种理解可能正误参半。也就是说,我们的确可以从很多时人记载中找到胥吏因缘为奸的证据,但也可能夸大了其中的问题。从功能上说,长尾数赋税数字对定额化财政来说不仅需要,而且必要,这也是其事实上并未笼统"删繁就简",而长期保留下来的原因。由于算盘核算技术上的特点,地方田赋数字尾数的混乱对古人来说,并不成为一个问题,相反却体现了相对精确性的原则,这些"中间过程"在以后校对总、撒数目时非常有用。特别是每亩地折丁、粮、银的数目,因为其中一些是折算后的"人造比率",并不在实征中完全用到。但在各类赋役册的统计款项中保留这些比率,主要是方便核算时用算盘处理大数乘、除法时,可能用到"流法",以使运算快捷,并使结果在官定小数位数之内准确无误,否则对于以省为定额的总派征物料本色摊算到府、州、县上之类的数目核算将无从谈起。

本文原载《中国经济史研究》2020年第4期。

# 清代前期山西吕梁山区的荒地问题
# 与社会结构变动

## ——以石楼县为例

张　力

　　动态来看，荒地问题一般表现在三个方面：其一，土地由熟转荒；其二，荒地无法开垦而持续存在；其三，土地由荒转熟。这三个方面可看作是土地荒熟变动的一个周期，每一阶段对地方社会产生不同影响。荒地问题的最终解决在于荒地垦复，并被重新纳入赋役体系。这也是明清赋役原额主义下国家与地方政府对待荒地的一般态度。因此，以往关于荒地的研究也主要围绕上述荒地问题的第三个方面，即垦荒政策、过程及其影响展开[1]。在一些社会经济史和灾荒史研究中，也注意到土地荒熟变动引起的土地兼并与分散，或租佃雇佣关系的变化等问题[2]。然而，土地的荒熟变动并非一蹴而就。在前后相继的周期变动中，新旧荒地经常交替出现，而国家与地方社会在应对荒地问题上也有很强的滞后性。由此，荒地问题具有明显的层累性和持续性特征。在土地荒熟变动频繁地区，荒地问题的出现及相应调整对区域社会产生很大影响。那么荒地问题如何形成并演化，对区域社会产生何种影响？ 这需要我们在动态中进行把握。

〔1〕　彭雨新：《清代土地开垦史》，农业出版社1990年；郭松义：《清初封建国家垦荒政策分析》，《清史论丛》第2辑，中华书局1980年；陈锋：《清代财政政策与货币政策研究》（第2版），武汉大学出版社2008年等。

〔2〕　章有义：《太平天国失败后徽州租佃关系的一个缩影——黟县佚名地主租簿剖析》，《明清徽州土地关系研究》，中国社会科学出版社1984年；章有义：《太平天国失败后地租剥削情况的考察》，《明清及近代农业史论集》，中国农业出版社1997年；夏明方：《民国时期自然灾害与乡村社会》第四章《民国时期的自然灾害与乡村经济（之二）》，中华书局2000年；江太新：《清代地权分配研究》，中国社会科学出版社2016年；郑磊：《民国时期关中地区生态环境与社会经济结构变迁(1928—1949)》，《中国经济史研究》2001年第3期；胡英泽：《清代关中土地问题初探》，《中国经济史研究》2014年第2期等。

对于清代前期的北方地区来说,清初战乱与频繁的灾害是荒地产生的基础,其规模、形成机制与明代后期及江南地区有很大不同[1]。尤其在土地相对贫瘠的地区,大规模的荒地出现及其后垦荒进程中形成的一系列问题,对区域社会产生了深远影响。山西吕梁山区在清初以后的恢复就经历了漫长的过程,农户逃亡异乡与充当佃佣是当地农业发展的普遍特征[2]。因此,清代前期这些地区的社会重建主要面临的是荒地无人承种、本户与佃户县际互换而形成"世佃"等问题。因而改革的重点也围绕世佃入籍与里甲合理摊派进行[3]。以上皆表明了清代前期北方贫瘠地区的社会结构及其变动特征。本文以山西吕梁山区石楼县为例,对其清代前期荒地问题的形成与地方社会的应对进行分析,以此考察其间产生的区域社会结构变动过程。

## 一、清初的荒地除豁与里甲归并

经过明末清初的战乱,山西地区产生了大量荒地。荒地的出现造成了原额的损失,但为满足军费支出,稳定财政来源,顺治初年山西虽有除豁荒地钱粮之请,但未能获准,仍主要采取荒熟并征的田赋征收政策。荒熟并征造成的结果是荒地钱粮实际上成为空额,"熟者犹完,荒者仍欠,拥此纸上之金钱无裨实济,徒滋吏胥之索求,反为混淆,是荒者不能完,而熟者又为荒累矣"[4]。尤其是政局不稳定的情况下,荒熟并征也极易造成"穷民莫支,转而为盗、为寇,党羽辈未必不由饥困所迫而附合之也"[5]。据此,顺治四年(1647),巡抚祝世昌到任后,着手对全省荒地进行整理[6]。石楼县的荒地除豁即在此过

---

[1] [日]滨岛敦俊:《土地开发与客商活动——明代中期江南地主之投资活动》,《"中央研究院"第二届国际汉学会议论文集(明清与近代史组)》,"中央研究院"1989年;[日]滨岛敦俊:《农村社会——研究笔记》,森正夫等编:《明清时代史的基本问题》,商务印书馆2013年;谢湜:《十五、十六世纪江南赋役改革与荒地问题》,《"中央研究院"历史语言研究所集刊》,第83本第2分,2012年;安介生:《自然灾害、制度缺失与传统农业社会中的"田地陷阱"——基于明代山西地区灾害与人口变动状况的探讨》,《陕西师范大学学报(哲学社会科学版)》2007年第3期;李大海:《山地垦荒与社会变迁:清代黄龙山区地方开发史的再考察》,《中国社会经济史研究》2010年第2期等。

[2] 钮仲勋:《历史时期山西西部的农牧开发》,《地理集刊》1964年第7号。

[3] 韩磊《知县的努力:雍正时期袁学谟的石楼治理》一文(山西大学硕士学位论文,2013年)对相关过程有所描述,但主要在知县地方治理的框架下进行讨论。

[4] (清)祝世昌:《蠲荒疏》,雍正《平阳府志》卷36《艺文》。

[5] (清)祝世昌:《蠲荒疏》,雍正《平阳府志》卷36《艺文》。

[6] (清)祝世昌:《蠲荒疏》,雍正《平阳府志》卷36《艺文》。

程中形成。

石楼县地处山西西部吕梁山区,与陕西省清涧县隔黄河相望。该县地势不平、旱涝频发,并且地处高寒,时令较迟。这些自然地理条件决定了石楼县是山西最为贫苦的地区之一。此外,地处黄河沿岸与陕西省交界的区位条件也对石楼县造成影响。例如,明末曾在此设守备把总,以防"水贼乘间窃发"[1]。崇祯五年(1632),李自成从石楼县东渡黄河,据城四十日,造成了人逃地荒的残破景象[2]。因此,明代末年起,石楼县就面临着"一遇歉岁,不南走于秦豫,即北窜于边疆。丁粮无着多,至现丁代亡丁,熟地代荒地,包赔累户,俱不堪问"[3]。顺治二年(1645),石楼县曾"奉文踏勘"荒地,但未能准豁[4]。在顺治四年山西全省性的荒地除豁中,石楼县最终除豁无主荒地1 944.595顷。石楼县原额民田共地2 759.915顷,除豁以后仅有实在熟地815.32顷,除豁荒地额占土地原额70.5%[5]。

荒地的大量除豁促成了里甲赋役体系的变动。里甲体系的形成主要由编审户口而来,但其运行则需依靠土地和人口的结合。清初的人亡地荒造成了里甲的残破,"人丁既少,地土自荒,地土既荒,均徭自缺"[6]。因此,清初大规模豁免荒地亡丁之后,山西多数地区进行了里甲归并[7]。早在崇祯九年(1636),面对丁逃地荒的局面,石楼知县熊时泰就曾将十二里并为三里。顺治四年除豁荒地亡丁之后,石楼县延续崇祯间的合并里甲原则,将原六坊十二里合并为一坊三里。具体的方法是"并坊为里,并里为甲",即将原齐礼坊、在庆坊、镇西坊、问津坊、朝阳坊等坊裁并,仅存崇文坊作为里首。然后将荒地亡丁最为严重的石羊里、谭庄里、东庄里、曹村里、交口里、西吴里、崇德里、上辛里、义牒里和留村里十里合并为一,称为十攒里,各里分别为十攒里内的甲。最终形成四大里,即崇文坊、君子里、上吴里和十攒里[8]。此后荒地的垦复及其产生的问题便是在此基础上形成。

〔1〕 雍正《石楼县志》卷1《山川》。
〔2〕 (清)袁学谟:《详谭庄西吴钱粮立案文》,雍正《石楼县志》卷6《艺文·详文》。
〔3〕 雍正《石楼县志》卷2《户口》。
〔4〕 (清)周士章:《上伊按台条议四款》,雍正《石楼县志》卷5《艺文·申详》。
〔5〕 雍正《石楼县志》卷2《赋役》。
〔6〕 (清)白如梅:《题为晋省荒亡有据钱粮追征无由再恳睿慈敕部酌议急施调剂之术以援残黎之厄事》,《抚晋奏议》卷6。
〔7〕 黄壮钊:《清代至民国山西里甲赋役制度研究》,中山大学硕士学位论文,2010年。
〔8〕 雍正《石楼县志》卷2《里甲》。

## 二、垦荒进程与世佃问题

清初鼓励垦荒的政策下,石楼县的荒地报垦始于顺治九年(1652),到顺治十八年共开垦民田下等荒山地 386.586 8 顷。此后,康熙元年(1662)至三年,又开垦原蠲免无主民田额内下等荒山地 121.72 顷。康熙十六年,清出隐漏无主旧荒额内民田下等山地 100.795 顷。经过以上几次报垦,到雍正时期,石楼县共开垦荒地 609.101 8 顷,实在熟地 1 424.421 8 顷,但此时仍有原蠲未垦荒地 1 335.493 2 余顷,荒地复垦额仅及顺治四年蠲免荒地额的三分之一[1]。

垦荒面临的首要问题是劳动力的缺乏。在明末清初的战乱中,石楼县因地处山陕交界的军事要地,"石之父子相吊,莫不轻去其乡,以此地为畏途"[2]。山区恶劣的自然环境也缺乏对垦民的吸引力,尤其是一些原额土地实际上根本不堪耕种。清代土地原额基本以万历清丈为依据。石楼县在万历清丈中将许多实际上不可开垦的土地清丈入册,造成清初除豁的荒地中有很大一部分是明季捏报的老荒地[3]。而一些土地的开垦受到自然环境变动的影响,有很大的偶然性。例如,县西三十里的团圆山附近本无水源,顺治九年五月间,山半坡涌出清泉,刘家舍窠、米家岭和白家山等地借此以灌溉,因而"三庄荒地俱熟,粮无赔累,里人记异"[4]。

由此可见荒地复垦之不易。因此在垦荒政策的压力下,石楼县出现了捏报开垦的情况。顺治十二年,由于当时地方胥吏谎称地亩九熟一荒,知县杨某不得不勒报开荒地亩共计 367.481 5 顷。对荒地实际未垦地区来说,捏报势必造成熟地的赔累。因此勒报开垦造成了恐慌,"各里愚民互相传说,惊诧难支,人人思逃,不复安土"[5]。

顺治十三年到十五年,知县周士章对此进行了调整[6]。在对以上问题的调查中,垦复荒地折银与熟地存在很大差别的问题凸显出来,即所谓"熟地

---

〔1〕 (清)袁学谟:《详垦新荒以补无着赔粮文》,雍正《石楼县志》卷 6《艺文·详文》;雍正《石楼县志》卷 2《赋役》。

〔2〕 (清)周士章:《石楼营五花新垒碑记》,雍正《石楼县志》卷 4《营记》。

〔3〕 (清)袁学谟:《详垦新荒以补无着赔粮文》,雍正《石楼县志》卷 6《艺文·详文》。

〔4〕 雍正《石楼县志》卷 3《祥异》。

〔5〕 (清)周士章:《申请宪示安地方文》,雍正《石楼县志》卷 5《艺文·申详》。

〔6〕 (清)周士章:《申请宪示安地方文》,雍正《石楼县志》卷 5《艺文·申详》。

粮多而银少,荒地粮少而银多"〔1〕。按照易知由单,熟地仅折银每石六钱多,而顺治九年、十年、十一年开报的四十余顷荒坡地每石折银竟至一两六分。由于里书的飞洒摊派,开垦荒地钱粮比熟地负担更重,这便阻碍了此后荒地的进一步开垦。因此周士章感叹"将来荒地尚有何人开垦"〔2〕。

周士章关于招集流亡的论述,表明了当时招垦的主要来源与面临的问题:

> 石邑自经残破,流亡半未归土。递年以来,土著之民规避差徭、逃遁他邑者比比皆是。节奉招劝力行开垦等事,又妨豪规避差徭,邻封互查复业等事,责成甚严,立法极善。卑职凛遵实力奉行,非不加意招劝,而开垦者寥寥,非不履行关逃,而归土者,亦仅一二,不转瞬而来,归者复逃矣。邻封之关逃亦屡屡见告,或半途而遂他匿,或回籍而又远翔。在本地曰逃亡,叠遍其差;在他邑曰流寓,难征其役。奸民避重就轻,荒芜地亩贻累里间,诚非浅鲜。〔3〕

垦荒的主要来源是对流亡的招抚。对于缺乏吸引力的土地贫瘠地区,招抚的目标主要是逃往相邻地区规避差徭的逃户。但既已成逃户,虽力行招劝仍是归土者寥寥,且不稳定性极高,很容易产生复逃现象。由此民户"轻去其乡"是石楼这样的吕梁山地的重要社会特征。周士章以石楼县为本位对本地地主逃亡、流寓、寄庄等现象进行了描述,据此提出严查保甲之法,希望全省通盘考虑。从"邻封互查复业等事"可以看出,民户逃亡并非单向度的发生。相反的动向也出现在相邻地区,即其他地方逃避差徭赋役的民户也在石楼县定居,形成寄庄、流寓。这些民户租种土地成为佃户,相沿数代后形成世佃,又称"迷失人氏"。雍正时期世佃已成钱粮征收一大问题。

> 查议得石邑之向有迷失人氏者,皆系外郡州县流寓于斯,即逃户之佃户也。盖其积祖承佃,世代遁传,坟茔叠葬,瓜葛联姻。只耕耘是赖,未经承粮,不许入籍考试,遂不肯读书上进,群呼为迷失人氏。但每年还租粒于地主,地主变租完粮。此石邑常例,总缘地薄租轻,粮重民贫,以致地主逢荒必逃。〔4〕

---

〔1〕 (清)周士章:《申拿积蠹飞洒钱粮文》,雍正《石楼县志》卷5《艺文·申详》。
〔2〕 (清)周士章:《申拿积蠹飞洒钱粮文》,雍正《石楼县志》卷5《艺文·申详》。
〔3〕 (清)周士章:《上伊按台条议四款》,雍正《石楼县志》卷5《艺文·申详》。
〔4〕 (清)袁学谟:《议复世佃入籍文》,雍正《石楼县志》卷6《艺文·详文》。

　　根据时任知县袁学谟的调查，当时"各佃承种地亩，相传数世，结亲葬坟，均有四五辈不等"[1]。由此推算，雍正时大量世佃在清初垦荒过程中迁入。其中以崇文、上吴、西吴、曹村四里世佃居多。还有一些佃户自明代末年已经迁入，相沿十世。从来源上看，石楼县世佃多来自邻近州县，尤以隰州最多[2]。而逃亡则远者"不南走于秦豫，即北窜于边疆"[3]，近者主要迁往邻近州县，如大宁、汾阳、孝义等地[4]。

　　通过周士章和袁学谟对逃户和世佃描述的对比，可以发现清代前期石楼县土地垦种的完整图景。除去明末已经形成的佃种方式，在招抚流亡进行垦种过程中，地主或由于差徭负担或受灾害影响极易形成"归者复逃"，由此"佃户出租，地主纳粮"可能成为一种主要的荒地开垦模式。被称为"迷失人氏"的佃户放弃了合法占有土地和参加科考等权利，在石楼县定居。而石楼县的地主也以相同的过程在其他地方成为"迷失人氏"。借助这种方式，地主得以逃脱差徭，佃户则只纳地租。逃亡地主的钱粮一般由同里之人代管，这样虽可以租抵粮，但"同里代管逃户之粮，即代收逃户之租，其中全不致侵蚀入己，然亦不无预支挪垫之弊"[5]。可见，这种地主与佃户的分离，造成了复垦荒地极易成为赋役摊派的对象，形成了上述荒地负担较熟地为重等问题。由此循环，又可能产生佃户逃亡、土地复荒的情况，使里甲体系的恢复更加困难。

## 三、康雍时期的调整与社会结构变动

　　康熙年间，石楼县又面临新一轮的荒地问题。康熙十一年(1672)、十二年与康熙五十九、六十、六十一年吕梁山区分别出现的两次大灾，造成了新的人逃地荒。

　　康熙十一、十二年间，因灾歉造成土地荒芜后，为解决荒地钱粮征收问题，石楼知县任玥将十攒里六甲(原西吴里)的无着荒地钱粮100余两拨于崇文、曹村、上辛、义牒四殷实之里分帮垫赔。为了维持里甲体系，按当时"里倒归里"成例，仅将无着钱粮分派四里，而因灾形成的荒地仍归西吴里管业，以此为

〔1〕　(清)袁学谟：《详佃户入籍文》，雍正《石楼县志》卷6《艺文·详文》。
〔2〕　(清)袁学谟：《详世佃承丁文》，雍正《石楼县志》卷6《艺文·详文》。
〔3〕　雍正《石楼县志》卷2《户口》。
〔4〕　(清)袁学谟：《详世佃承丁文》，雍正《石楼县志》卷6《艺文·详文》。
〔5〕　(清)袁学谟：《议覆世佃入籍文》，雍正《石楼县志》卷6《艺文·详文》。

权宜之计。此后，西吴里得以复业后，分帮钱粮理应拨回由西吴里继续承担，但"历任因循，该里蹉跎"，代赔钱粮仍由其他四里赔纳，造成"彼盈我缩，偏苦不均"[1]。康熙末年的灾害使康熙十一年、十二年后形成的里甲摊派格局发生了新的变化。灾后曾代赔西吴荒地钱粮的上辛、义牒等地也有荒粮不能完纳。据此，上辛、义牒等里要求将分帮荒地钱粮拨回西吴里承办。到雍正时，袁学谟初定将西吴里有余租100两补上辛里30两，剩下70两抵补全县逃亡无着之项。但是，此时西吴里虽已复业，如果将100两全部拨还西吴里，又可能造成西吴里的地荒人逃。因此，经过袁学谟调剂，由上辛里拨还24两，义牒拨还16两，崇文坊拨还8两，曹村拨还2两，也就是说，仅将其中50两拨还西吴，以减轻西吴里的负担[2]。

康熙末年大灾之后的荒地问题处理有所不同。针对灾后荒地钱粮无着问题，知县梁在韩及后任麦士伟为顾及考成，将无着钱粮垫解完公。麦士伟采取的一项措施是，其他地方童生代完荒粮30两即可入籍石楼参加考试。此例一开，有24名外县童生以此方式入籍石楼应试入学，共获捐银700余两。但当时石楼县仅有八名之定额，且外县以此方式入籍者"俱系能文之手"，因此捐银之例对本地士子科考形成很大影响，可能造成本地士子的逃亡[3]。通过各种挪垫，最终钱粮得以完解。但垫解完公造成的影响之一是长余民欠的产生。所谓长余民欠系"晋省康熙五十八、九、六十等年年岁欠收，州县钱粮征比不前。恐碍奏考，挪垫以足分数。后有升迁事，故民欠未及征完，致有此长余"[4]。后由于有所恢复，麦士伟又对稍有复业者进行征收，以补实在无着钱粮。这些措施实际上是在里甲难支的情况下"移新完旧，勉强赔补"[5]，由此形成钱粮"垫而征、征而赔"的弊病，到雍正初年已经无法完解[6]。

雍正五年（1727）以后，石楼县钱粮已是"积欠累累，不下万有三千"[7]。为解决长期积欠问题，知县袁学谟采取养廉银抵赔、同里甲中有力者借助、本

---

〔1〕（清）袁学谟：《上辛里为累粮控西吴》，雍正《石楼县志》卷7《艺文·看语》。

〔2〕（清）袁学谟：《详谭庄西吴钱粮立案文》，雍正《石楼县志》卷6《艺文·详文》。

〔3〕（清）袁学谟：《为请停入籍考试之例乞定均分府学之额以鼓文风以广宪德事》，雍正《石楼县志》卷6《艺文·详文》。

〔4〕（清）觉罗石麟：《山西巡抚石麟奏报檄饬各府州严查长余民欠已未完解确数折》（雍正六年二月初二日），《雍正朝汉文朱批奏折汇编》第11册，江苏古籍出版社1991年，第558页。

〔5〕（清）袁学谟：《详垦新荒以补无着赔粮文》，雍正《石楼县志》卷6《艺文·详文》。

〔6〕（清）袁学谟：《详豁免长余民欠文》，雍正《石楼县志》卷6《艺文·详文》。

〔7〕（清）袁学谟：《为积逋澄清等事》，雍正《石楼县志》卷5《艺文·申详》。

户之租户编为官租银等一系列措施进行补足[1],最终将雍正五年到雍正八年的新旧钱粮全数征解。其中,将清出租银编为官租的方式反映了在劝谕抵补积欠钱粮的过程中,租户、佃户实际上已经成为承担无着钱粮的重要来源。这一定程度上解决了本户和佃户分离带来的钱粮无着问题,同时也反映了佃户仅完地租而不纳钱粮的弊病在康熙末年灾害后的凸显。

> 康熙五十九、六十、六十一等年大荒,石邑土著地主逃亡十去八九。同里之人,其率而存者,不得不为代管,所以积逋累累,皆逃户之贻害也。其各甲佃户止完租而不管粮,相继数辈在乡,属乡业为恒产,恋恋不舍者,以无粮赔累。深冀逃户归来,将地仍归原主,不忍占据之本心,即不愿承管钱粮之故,智此世佃之名由是来也。现今子姓繁衍,班班可考,与土著之民又何异耶?平日以租抵粮,虽属不敷尚有济于国课。惟是同里代管逃户之粮,即代收逃户之租,其中全不致侵蚕入己,然亦不无预支挪垫之弊。[2]

可见,世佃对地方社会造成了不小的影响。其"人众则霸占多方,户富则择买肥产",久踞石楼却不承担相应丁差地粮,"胆敢狡诈多端,勾引棍徒,相冒合户,托言隰州现有丁差,故意脱漏石邑户口"[3]。相反,石楼本地逃户在他地已经承丁,而在石楼丁银仍由本地土著包赔[4]。由此形成了世佃与土著之间的赋役差别,"一值年荒赋缺,其寄籍者数世子孙居然无恙,而土著之子遗辗转流离,利则归己,害则贻人"[5]。因此,在雍正七年四月,袁学谟着手进行世佃入籍的改革。具体方法是,"将前项绝户所遗地亩劝谕各佃承粮,请照开垦例印给执照,准其永远管业。所有各佃子孙一体考试,从此佃有恒产,野无旷土"[6],同时将佃户编审承丁[7]。

与将租户编为官租不同,世佃入籍更进一步确立了佃户对土地的占有权与参加本地考试的权力,与土著一样纳粮承丁。但到雍正八年,世佃入籍

---

〔1〕 (清) 严遂成:《临邑令奉本府监拆石楼粮柜备陈地方情形申文》,雍正《石楼县志》卷5《艺文·申详》;(清) 袁学谟:《劝谕佃户》,雍正《石楼县志》卷7《艺文·示谕》;(清) 袁学谟:《开垦地亩详文》,雍正《石楼县志》卷6《艺文·详文》。

〔2〕 (清) 袁学谟:《议覆世佃入籍文》,雍正《石楼县志》卷6《艺文·详文》。

〔3〕 (清) 袁学谟:《详世佃承丁文》,雍正《石楼县志》卷6《艺文·详文》。

〔4〕 (清) 袁学谟:《详世佃承丁文》,雍正《石楼县志》卷6《艺文·详文》。

〔5〕 (清) 袁学谟:《详世佃承丁文》,雍正《石楼县志》卷6《艺文·详文》。

〔6〕 (清) 袁学谟:《详佃户入籍文》,雍正《石楼县志》卷6《艺文·详文》。

〔7〕 (清) 袁学谟:《详世佃承丁文》,雍正《石楼县志》卷6《艺文·详文》。

仍未完成,其原因是"世佃因见旧粮未完,诚恐累及于身,未免逡巡观望"〔1〕。对此,袁学谟进一步晓谕各佃户旧粮已清。对于"投具亲供者数十余家",按照佃户"所种之亩分,定其应完之粮数,或逃亡一户之土地,尽属世佃一家之版图,肥瘠均予照粮定额,丝毫不得增减,便成恒产而不出价"。同时颁发印信执照,将逃户之名擦除,以佃户之名顶补,以防原地主与世佃之间的纠纷〔2〕。

世佃入籍承丁是对明末清初以来形成的佃垦模式较为彻底的改革,这从制度上将垦荒中形成的佃户纳入石楼县,为里甲体系的恢复提供了基础。为了进一步稳定佃户,防止土著逃脱,袁学谟还分别采取了禁止地主混争佃户开垦成熟地〔3〕,停止冒籍入试等措施〔4〕。

从康熙年间到雍正时期的调整,可以发现地方政府在处理荒地问题上的务实化倾向。最终袁学谟的措施基本解决了石楼县的钱粮积欠问题,但此时仍有大量荒地未能开垦。一方面是清初除豁荒地的复垦有限,原额无法恢复;另一方面是灾害造成的新荒地。雍正初年,全国范围内进行报垦清查隐漏,而当时石楼县面临的荒地情形是,"其东南与隰州、孝义交界处所,虽系土山层叠,远近尚有村墟,约计熟多于荒;其西北以及沿河一带,土坡荆棘,居民鲜少,约计荒多于熟矣;至若团圆山、漫塘坪、白家岭、黄云山,有五六七十里之长,一二十里之阔,崇山峻岭,人踪杳无,是仅有荒而无熟也"〔5〕。在报垦压力下,袁学谟申明原蠲荒地中的未垦荒地大多捏报于明朝,俱系不堪垦种者,而无隐垦地亩,并奏请仍照顺治四年除豁之例进行免除〔6〕。

此后,问题便集中到康熙末年灾害形成的新荒地上。康熙五十九、六十、六十一年三年灾害后,石楼县因灾歉形成新荒地计419余顷,经垦复后仍有280余顷未垦。到雍正年间,新荒地每年赔纳徭银400余两,粮银1700余两,形成"以荒地而纳熟地之粮,以熟地而包荒地之课"〔7〕。袁学谟认为,若将新荒地钱粮抛弃,地亩荒芜最终势必仍造成赔累,而将其钱粮按照此前方法进行摊派则会造成民户苦累。

---

〔1〕 (清)袁学谟:《议覆世佃入籍文》,雍正《石楼县志》卷6《艺文·详文》。
〔2〕 (清)袁学谟:《议覆世佃入籍文》,雍正《石楼县志》卷6《艺文·详文》。
〔3〕 (清)袁学谟:《禁地主混争佃户开垦成熟地示》,雍正《石楼县志》卷7《艺文·示谕》。
〔4〕 (清)许令誉:《邑侯袁公请停冒籍碑记》,雍正《石楼县志》卷7《艺文·碑记》。
〔5〕 (清)袁学谟:《详无隐垦地亩文》,雍正《石楼县志》卷6《艺文·详文》。
〔6〕 (清)袁学谟:《详垦新荒以补无着赔粮文》,雍正《石楼县志》卷6《艺文·详文》。
〔7〕 (清)袁学谟:《复详欺隐》,雍正《石楼县志》卷6《艺文·详文》。

因此根本的办法仍是进行招垦,袁学谟组织了对新荒地的查勘。调查发现,除崇文坊、君子里两地人口稠密,很快便垦复新荒地七十余顷"稍济无着"外,其他新荒地仍主要集中在清初荒地较多的十攒里。这些新荒地未被开垦的原因与其所处区位有关,即较之已垦复者离村庄较远。但这些荒地"究属内境",与不可开垦的老荒地情况不同,"尚有旧窑可修,新穴可开,附近居民可以分栖,可以管摄"〔1〕。

招垦的具体措施是,按照原蠲老荒开垦之例,借公银以做开垦之资,将未垦新荒地分为三股:以雍正九年开垦 111.47 顷为一股,雍正十年 50 顷为一股,雍正十一年 50 顷为一股。先拨 1 600 两借予九年开垦,于该年秋收后还726.8 两,以此作为十年各户开垦之资。余下 873.2 两由其垦户在十年秋收后全数归还。在其归还银中拨 720.4 两作为十一年各户开垦之资,余下152.8 两起解。而十年所借公银在该年秋后先交一半,剩下一半在十年全数交齐,十一年开垦所借公银在该秋后交一半,余下在次年交还〔2〕。与此配合,招垦之地将作为永业颁发印信给佃种各户,并严禁原主待荒地开垦成熟之后混争复业〔3〕。根据袁学谟的上报,雍正九年春"履庄计亩,亲加督劝,约开新荒地一百余顷"〔4〕。

但部分新荒地的复垦仍面临很大问题。例如,十攒里二甲即原谭庄里,皆山坡陡地,"阖邑穷苦逃亡,未有如谭庄之甚也"。谭庄原各甲绝户土地因无子孙或子孙逃亡,无人代管钱粮。从袁学谟的呈文来看,当时应有以生监代管钱粮。但生监未逃者只有一甲、二甲、五甲和十甲,其他六、七、九三甲无人代管〔5〕。因此,虽拨给籽粒进行招垦,但仍有"地荒粮重,每年不能清新粮,积年不能完旧欠者"〔6〕。上文提到,袁学谟曾用养廉银代为赔垫积欠钱粮,但此非长久之计,以生监代管也非善全之策。对此,袁学谟将谭庄荒地直接分给其他里甲,以其经管耕种,抵补赔粮。

雍正十年三月,袁学谟召集全县各里到城隍庙,将谭庄各甲荒地钱粮以抓阄的方式分给其他各里。崇文坊拈得谭庄四甲粮 49 余两,君子里拈得谭庄二

---

〔1〕 (清)袁学谟:《详垦新荒以补无着赔粮文》,雍正《石楼县志》卷6《艺文·详文》。
〔2〕 (清)袁学谟:《详垦新荒以补无着赔粮文》,雍正《石楼县志》卷6《艺文·详文》。
〔3〕 (清)袁学谟:《禁地主混争佃户开垦成熟地示》,雍正《石楼县志》卷7《艺文·示谕》。
〔4〕 (清)袁学谟:《详世佃承丁文》,雍正《石楼县志》卷6《艺文·详文》。
〔5〕 (清)袁学谟:《详谭庄西吴钱粮立案文》,雍正《石楼县志》卷6《艺文·详文》。
〔6〕 (清)袁学谟:《详谭庄西吴钱粮立案文》,雍正《石楼县志》卷6《艺文·详文》。

甲粮 38 余两,上吴里拈得谭庄三甲粮 61 余两,十攒里一甲原名石羊,拈得谭庄一甲粮 71 余两,十攒里四甲原名曹村,拈得谭庄五甲粮 34 余两,十攒里六甲原名西吴,拈得谭庄七甲粮 50 余两,十攒里七甲原名崇德,拈得谭庄十甲粮 61 余两,十攒里八甲原名上辛,拈得谭庄六甲粮 43 余两,十攒里九甲原名义牒,拈得谭庄九甲粮 42 余两[1]。其地粮九里照户均分到殷实甲户名下,地价照户照亩均认,每粮一两出价一两卖予各里作为永业,以达到"众姓承粮,则粮担可轻"的目的[2]。所得地价用以偿还此前新荒地开垦中借予谭庄的牛种银[3]。

通过这一方式,谭庄里无力垦种的荒地得以有人专责开垦,荒地钱粮固定到特定甲户。如果说康熙十二年西吴村荒地粮拨给其他四里分帮时,仍秉持"里不出里"的成例,土地仍留本里,雍正年间的谭庄分派名义上是荒地卖为永业,实际上打破了"甲不出甲,户不出户"的成例[4],直接将荒地及其钱粮分给其他里甲进行开垦承粮。与直接摊派相比,拈阄的方式一方面确立了不同里甲之间的摊派差别,而非不分等则进行硬派,另一方面以荒地卖予摊赔里甲的方式将荒地与摊赔里甲直接联系在一起,形成摊派者开垦荒地的压力。因资料欠缺,具体的实施效果无从得知,但可以想见的是,其他里甲拈阄所得荒地若距离较远,必不能自己耕种,若无人承佃,实际上便是对谭庄荒地钱粮的赔垫,不同之处是这些荒地卖予拈得里甲为永业。

在康雍时期的垦荒与熟而复荒的变动中,石楼县清初以来的荒地问题不仅未能解决,反而日趋严重。地方官员为考成起见进行的赔垫、摊派等措施多是权宜之计,经过长期积累,到雍正时期,赔垫、摊派等方式已经再无法解决荒地带来的钱粮无着问题。袁学谟以养廉银和民户征集进行抵补赔垫,完清旧粮以后,逐渐抓住了垦荒进程中本户和佃户县际之间互换这一问题,从而进行了世佃入籍的调整,并对新荒地继续进行招垦,进一步明晰新荒地的责任者。在这一过程中,垦荒佃户通过纳粮承丁进入赋役体系,无人耕种的荒地也被确定到具体民户下进行管业。由此,在制度和事实上形成了新的土地和人口的结合。

---

[1] (清)袁学谟:《详谭庄西吴钱粮立案文》,雍正《石楼县志》卷 6《艺文·详文》。
[2] (清)袁学谟:《复详谭庄地亩文》,雍正《石楼县志》卷 6《艺文·详文》。
[3] (清)袁学谟:《复详谭庄地亩文》,雍正《石楼县志》卷 6《艺文·详文》。
[4] (清)袁学谟:《复详谭庄地亩文》,雍正《石楼县志》卷 6《艺文·详文》。

## 四、结　语

清代前期的社会重建一定程度上是在垦荒进程中得以完成。然而，垦荒进程并非线性的发展。在战乱、灾害与赋役负担下，土地熟而复荒、荒而复熟以及部分荒地的持续存在是土地贫瘠地区的常态。荒地问题也在此情况下具有层累性和持续性的特征。在清代前期鼓励垦荒的政策下，石楼县的荒地问题未能得到解决，反而由于灾害和赋役负担的影响愈演愈烈。由此，民户"轻去其乡"成为石楼县这样的山区社会的显著特征。不过"轻去其乡"似乎只是问题的表面。由于区域内不同地方存在相似问题，在政府垦荒压力下，本户和佃户进行的县际互换成为一种重要的土地垦种模式。在这种策略性的退出机制下，地主借此得以逃脱差役钱粮负担，而佃户则只需完租，在地方社会中也放弃了合法占有土地与入籍考试等权利，被称为"迷失人氏"。由此相沿数代，形成世佃问题。本户与佃户互换的垦种模式造成了荒地复垦进程缓慢、荒熟钱粮不均及无着钱粮扩大等问题。同时，在灾害的影响下，这种脆弱的人口和土地的结合极易被打破，又形成新的荒地问题。这些积弊最终在雍正时期集中爆发，使钱粮征收面临巨大困难。石楼知县袁学谟围绕世佃入籍、新荒地招垦以及里甲之间合理摊派进行了一系列调整，使清初以来的荒地问题及其带来的钱粮积弊最终得以解决。在这一过程中，长期聚居石楼县的垦荒佃户被重新纳入版籍，得以纳粮承丁，并给予参加科考的权利。里甲之间的荒地赔粮摊派也在不断调整中趋于合理，进一步稳固了里甲体系。这些措施最终在制度和事实上形成了石楼县人口与土地的重新结合。

刘志伟的研究指出，"由于合法占有土地和参加科举考试，是传统中国社会流动机制下两个最重要的上升途径，而这两种资格都必须以户籍为根据，所以户籍成为把'编户齐民'与'无籍之徒''化外之民'之间社会身份区分固定下来的制度性因素"[1]。以往关于土地开发的研究中，土地基本上作为一种稀缺资源进行讨论。在此基础上，合法占垦入籍似乎是人们的一种天然诉求。例如，在珠江三角洲的沙田开发和黄河滩地开发等相关讨论中，人们围绕

---

〔1〕 刘志伟：《地域社会与文化的结构过程——珠江三角洲研究的历史学与人类学对话》，《历史研究》2003年第1期。

土地资源进行了各种纷争、权利划分以及文化建构[1]。谢湜对清代前期南中国的研究,也揭示了地方政府务实化的管理趋势与民间占垦合法化策略相互作用形成的社会结构过程[2]。但问题的关键是,民间土地占有的合法化诉求在多大程度上存在?吕梁山区的例子表明,一些地区土地本身的贫瘠状况造成了人们以土地为累的策略性退出,例如,石楼县的"迷失人氏"显然同时放弃了合法占有土地和参加科举考试的权利。这种情况下,社会重建缺乏动力,以致地方政府因循旧有国家制度框架,以国家力量的介入作为解决问题的最终途径。

大致同时,康熙时期广东、福建等地的"粮户归宗"改革触发了社会结构的变动[3]。而在吕梁山区,与里甲内部户族结合的趋势不同,民户"轻去其乡"的社会特征形成了一种社会离散的趋势。荒地问题造成的代管和代赔等问题,使户族和里甲内部结合困难,更多的是逃绝而形成的户族和里甲的分散。户族内"子孙俱靡有孑遗,无人经管",同里甲代管之人"因粮累逃走,忽往忽来",这是户族和里甲内部面对荒地问题的常态[4]。而县际之间地主和佃户的互换,以及里甲之间的摊赔,使人口与土地极易分离,进一步加剧了社会的脆弱性。地方政府对此进行调整的主要目标是稳固旧有里甲体系,重新确立人口和土地的结合,使里甲人户承担相应的钱粮差役。即使久踞本地的世佃在出现蒙混合户的倾向想要逃避赋役时,也被世佃入籍的改革切断,以纳粮承丁的方式被重新整合到区域社会当中[5]。

本文原载《清史研究》2019 年第 4 期,收录时有删减。

---

[1] 刘志伟:《地域空间中的国家秩序——珠江三角洲"沙田—民田"格局的形成》,《清史研究》1992年第 2 期;胡英泽:《流动的土地——明清以来黄河小北干流区域社会研究》,北京大学出版社2012 年。

[2] 谢湜:《清代前期南中国乡村社会的再结构》,《北京大学学报(哲学社会科学版)》2018 年第5 期。

[3] 刘志伟:《在国家与社会之间——明清广东地区里甲赋役制度与乡村社会》,中国人民大学出版社 2010 年,第 204—215 页;郑振满:《明清福建的家族组织与社会变迁》,中国人民大学出版社2009 年,144—147 页;刘永华、郑榕:《清初中国东南地区的粮户归宗改革——来自闽南的例证》,《中国经济史研究》2008 年第 4 期。

[4] (清)袁学谟:《详谭庄西吴钱粮立案文》,雍正《石楼县志》卷 6《艺文·详文》。

[5] (清)袁学谟:《详世佃承丁文》,雍正《石楼县志》卷 6《艺文·详文》。

# 马车铁路：在政府规制与市场选择之间

## ——晚清铁路交通近代化的一个片断

黄　磊

18 世纪 60 年代肇始于英国的工业革命，以蒸汽机的发明与应用为标志，迅速推动西方由此进入工业社会。鸦片战争后，随着对外通商口岸的开设，传统中国封闭的、自给自足的农业社会，在商品贸易全球化浪潮的不断冲击下，也开始逐步瓦解。人们对于新技术的认知和接受，也经历了一个传统与现代的交互迭代过程。而铁路作为长距离运输的高效交通工具，在近代中外社会均经历了由马力牵引向蒸汽机车驱动的转变。其中，与西方主要国家在铁路初兴之时仅在社会舆论层面争议不同，近代中国不仅在舆论上，同时也在政府内部多次形成铁路兴办与否的激烈争论，并由此对铁路发展形成相应的规制。晚清时期出现的马车铁路，则是在此种规制政策下的暂时妥协。

## 一、马车铁路在西方

当世界第一条同时也是英国第一条蒸汽铁路于 1825 年在达灵顿和斯托克顿之间初现之时，英国铁路的反对者们曾发出各种煞有介事的警告，认定铁路为害甚大，譬如，铁路噪声会导致奶牛停止产奶；在时速超过 50 千米的火车上，乘客会无法呼吸，凡此等等，不一而足。由于民间对于铁路存在疑虑，再加上蒸汽机车的性能尚不够稳定，维修次数频繁，因此，英国第一条铁路的运行，大多数时间内仍只能依靠马力，实质上仍只是一条相对高效的马车道。

随着蒸汽机车技术性能的快速完善，不久后兴建的利物浦—曼彻斯特铁路在 1829 年投入运营时，蒸汽机车不仅已成为铁路运输当仁不让的牵引动力，而且创造了每小时 85 千米的世界纪录。

英国铁路的成功，很快引起美、法、德等国的效仿。

在畜力运输时代，马匹作为年代久远的运输工具得到广泛的使用。因此，各国在同时代的铁路史上，由于思维的"路径依赖"，初期试图以马匹为铁路运输提供动力的，并不止英国一家。美国等国在开始兴办铁路时，也曾考虑使用马匹作为铁路运输的动力。

美国第一条铁路——巴尔的摩—俄亥俄铁路，在最初对于该采用马匹还是蒸汽机车作为火车的牵引动力也是摇摆不定。为此，铁路的机车制造师不得不在一小段完工的铁路上与马匹进行竞赛，以此打消投资人的顾虑。竞赛的结果，让人们看到蒸汽火车对于交通运输效率的提升所具有的划时代意义[1]。

当然，在电气时代全面到来之前，因为清洁和低噪声的特点，迟至 19 世纪末，马车铁路作为城市内部载人交通工具仍有迹可循，这类似于如今的城市内部的"轻轨"交通；但作为长距离、高载荷的运输工具，铁路究竟是依靠蒸汽还是马匹作为牵引工具，在商业贸易较为活跃的英美等国家，市场很快做出了明智的选择——蒸汽机车成为铁路运营的"标配"。

## 二、从"断不能允"到"自行仿办"——以李鸿章为代表的洋务派，在铁路主权问题上的渐进认知

作为高效的运输工具，蒸汽火车在世界各国得到较快普及，甚至作为西方殖民地的古巴和印度，为便于殖民者盘剥当地资源，也分别于 1837 年和 1853 年修筑了铁路。

在这一时代大背景下，国门洞开的清政府，也同样面对西方列强提出在中国修建铁路的要求。出于维护国家权利和社会稳定的考虑，在很长一段时间内，清政府采取了抵制的措施。19 世纪 60 年代，清廷在三次关于是否兴修铁路的讨论中，均持消极态度。

但面对列强的外部压力，以及随着对铁路运输效率和潜在利益认识的逐步深化，在统治阶层内部，对是否兴办铁路也呈现出逐步分化与松动的迹象。其中，尤以李鸿章的态度转变具有代表性。

---

〔1〕 克里斯蒂安·沃尔玛尔著，陈帅译：《钢铁之路：技术、资本、战略的 200 年铁路史》，中信出版社 2017 年，第 24—42 页。

在 1865 年的第一次讨论中，时任江苏巡抚的李鸿章表示"铁路费烦事巨，变易山川"，中国"断不能允"[1]。及至 1867 年的第三次讨论时，已经转任湖广总督的李鸿章，一方面认为，电线和铁路"此两事大利于彼，有大害于我，而铁路比铜线尤甚"，在指出筑路资金筹划困难——"但公家无此财力，华商无此巨资"——的同时，也委婉认为，"一时难断成议，或待承平数十年以后"，并进一步转圜道："与其任洋人在内地开设铁路电线，又不若中国自行仿办，权自我操，彼亦无可置喙耳。"[2]他主要从维护清朝统治者权力的角度，提出了兴办铁路的可能性。

虽然此时李鸿章的心态矛盾，但从"断不能允"到"自行仿办"，以李鸿章为代表的洋务派对铁路的认知，显然已从通过对铁路的消极否定而保有主权，进入尝试积极介入以维护国家主权的阶段。

## 三、对铁路潜在利益认识的深化

尽管与 19 世纪 60 年代初的官僚阶层相似，认为铁路"费烦事巨，变易山川"，中国"断不能允"，但进入 19 世纪 70 年代，李鸿章对铁路的看法更为积极，并在 1871 年底给同僚的信函中，针对列强环伺的环境，从军事角度指出铁路的价值："但自开煤铁矿与火车路，则万国蹜伏，三军必踊跃。"[3]此后，在 1874 年冬天谒晤恭亲王奕䜣时，李鸿章"极陈铁路利益"。虽然得到恭亲王的赞同，却终因被告知"两宫亦不能定此大计"，只能"从此遂绝口不谈矣"[4]。

铁路计划进展虽然不顺利，但李鸿章对于煤铁矿开采的鼓吹，却不曾销声匿迹。他认为煤铁矿不仅可以为轮船和器械的制造与运行提供资源便利，杜绝从国外采购带来的财务负担，而且可资征税，对国家财政的改善大有裨益。尽管并不明确李鸿章在私下游说恭亲王时如何"极陈铁路利益"，但在给朝廷

[1] 《海防档·电线》(一)，转引自宓汝成编：《中国近代铁路史资料(1863—1911)》第 1 册，中华书局 1963 年，第 8 页。

[2] 《李鸿章奏议复修约事宜折》(同治六年十二月初六日)，《筹办夷务始末(同治朝)》(六)第 55 卷，中华书局 2008 年，第 2260—2261 页。

[3] 《复丁雨生中丞》(同治十年九月十一日)，《李文忠公全集·朋僚函稿》卷 12，第 26 页；《李鸿章全集》第 5 册，海南出版社 1997 年，第 2618 页。

[4] 《复郭筠仙星使》(光绪三年六月初一日)，《李文忠公全集·朋僚函稿》卷 17，第 13 页；《李鸿章全集》第 5 册，第 2710 页。

上奏的《筹议海防折》中,他详细陈明了煤铁矿可征税、练兵的利益所在:"近世学者鉴于明季之失,以开矿为弊政,不知弊在用人,非矿之不可开也。……刻下东西洋无不开矿之国,何以独无此病,且皆以此致富强耶? 若南省滨江近海等处,皆能设法开办,船械制造所用煤铁,无庸向外洋购运,榷其余利,并可养船练兵,此军国之大利也。"[1]

对煤铁矿利益的认识,潜移默化地影响李鸿章对于铁路的看法。

进入光绪朝后,李鸿章由煤铁开采之利,进一步延及铁路。他对于铁路的认知,已经超越了其在同治朝末期对于铁路仅限"军情瞬息变更……有内地火车铁路,屯兵于旁,闻警驰援,可以一日千里数百里,则统帅当不至于误事"[2]的国防认知;光绪二年,也就是1876年,在写给四川总督丁宝桢的信中,李鸿章明确地从财政的角度,提出兴办包括建筑铁路在内各类"洋务"的必要性,"惟中国积弱由于患贫,西洋方千里、数百里之国,岁入财赋动以数万万计,无非取资于煤铁、五金之矿,铁路、电报、信局、丁口等税。酌度时势,若不早图变计,择其至要者逐渐仿行,以贫交富、以弱敌强,未有不终受其弊者"[3],认为铁路、电线"互为表里",具备多重功能,"无事时运货便商,有事时调兵通信,功用最大"[4]。

至此,李鸿章对于铁路的认识,由军事国防,到财赋征税乃至运货便商,臻于完善。

## 四、从"铁路"到"马路":政府规制下的短暂妥协

1876年,李鸿章治下的轮船招商局因轮船的运行需要大量的煤炭作为燃料,因此,作为李鸿章的下属——轮船招商局的总办唐廷枢,派人在开平一带觅得煤矿。同年,在写给李鸿章的报告中,唐廷枢对上海市场销售的各地煤炭价格做了考察后指出,以每吨价格计,英国煤售价银八两、新南煤六两、台湾煤

---

〔1〕《筹议海防折(附议复各条清单)》(同治十三年十一月初二日),《李文忠公全集·奏稿》卷24,第21页;《李鸿章全集》第2册,第830页。

〔2〕《筹议海防折》(同治十三年十一月初二日),《李文忠公全集·奏稿》第24卷;《李鸿章全集》第5册,第831页。

〔3〕《复丁稚璜宫保》(光绪二年八月二十六日),《李文忠公全集·朋僚函稿》卷16,第25—26页;《李鸿章全集》第5册,第2695页。

〔4〕《光绪三年二月二十四日总理衙门奕䜣等奏》,中国史学会主编:《洋务运动(二)》,上海人民出版社1961年,第355页。

四两五钱至五两；而采用传统人力方式开采和运输的开平煤炭，在上海的售价为六两四钱，显然缺乏竞争力。而采用机械开采和铁路运输后，开平煤炭的售价可以低至四两，由此提出"开煤必须筑铁路，筑铁路必须采铁。煤与铁互为表里，自应一起举办"的铁路修筑计划[1]。这与其说是唐廷枢的个人之见，不如说是在进行市场分析和测算后，为企业在市场竞争中获得优势地位，按照商业的逻辑所做出的符合市场要求的选择。

然而，尽管唐廷枢做了修建铁路的规划，却由于修路经过满族的旗地（清代八旗成员占有的田地）较多，颇为棘手，"商办却非容易"；再加上修路财力有限，最终"舍陆而取河运"，针对矿区至胥各庄约七英里的崎岖路程，拟订修筑一段小铁路；再拓宽胥各庄至芦台的一条小河，取名"煤河"，在芦台与蓟运河相连，最终通至北塘海口，实现煤炭的海运输出[2]。

从具体所处的环境看，在铁路便捷性与水路运输的经济性方面达成平衡，是当时资本短缺窘境下民族工业的一种理性选择。

但唐廷枢筹划的这样一条短小铁路，却也经历了几多波折。

在这条小铁路规划之前，为了禁止铁路的开办，1877年，清政府通过赎买的方式，购回英国商人私自建造的吴淞铁路，之后将这条中国第一条商业运营的铁路拆除。这一事件表明，即便在沿海的通商口岸等地修筑铁路，仍存在来自官府和民间的巨大阻力。此后，台湾巡抚丁日昌从国防角度提出需建铁路，在李鸿章和总理衙门等的斡旋下，以"台湾海岛孤悬，迥非内地可比"[3]为由，将吴淞铁路设备拆运至台湾。

就当时的社会整体氛围而言，如李鸿章者尚属少数。李鸿章对此不得不在私下感慨，"内地果若议及，必至群起相攻""文人学士动以崇尚异端、光怪陆离见责"[4]。

在这样的背景下，作为李鸿章的下属、在1876年尚直言"开煤必须筑铁路"的唐廷枢，在1877年谈及开平煤矿的铁路筹建时，就不得不依葫芦画瓢，

[1]《唐廷枢察勘开平煤铁矿务并条陈情形节略》（光绪二年九月二十九日）；开平矿物编：《开滦煤矿档案史料集（1876—1912）》，河北教育出版社2012年，第182页。
[2]《唐廷枢呈李鸿章筹议运煤河道节略》（光绪四年九月二十八日）；开平矿物编：《开滦煤矿档案史料集（1876—1912）》，第169页。
[3]《光绪三年二月二十四日总理衙门奕䜣等奏》，中国史学会主编：《洋务运动（二）》，第358页。
[4]《复郭筠仙星使》（光绪三年六月初一日），《李文忠公全集·朋僚函稿》卷17，第13页；《李鸿章全集》第5册，第2710页。

小心翼翼地提出"仿照台北做用马拖车小铁路一条"[1]。到了 1880 年,唐廷枢因顾虑"朝议禁驶机车"[2],甚至不提"铁路"一词,在规划矿区煤场与胥各庄之间的运输时,只是含糊地描述为"由该庄之东北筑一快车路一条,直抵煤厂"[3]。

唐廷枢的担忧后来得到了应验。1880 年末,李鸿章同乡兼旧部刘铭传向清廷上《筹造铁路折》。这一奏折遭到廷臣的激烈反对,最后清朝统治者以"廷臣陈奏,佥以铁路断不宜开,不为无见。刘铭传所奏,著无庸议"的上谕做出裁断,否决了刘铭传的建议。[4]

随着外部环境的改变,可能担心"快车路"也会招致杯葛,于是唐廷枢在1881 年 3 月,又将这条路改称为"硬路"。

李鸿章在这一年 5 月给清廷呈报开平矿务局的奏折中,将唐廷枢所说的这条语义理解上尚有一定模糊空间的"硬路"[5],直称为"马路",从而完全掩盖了其"铁路"的本意[6]。李鸿章的"马路"之说,可能是受到五年前斡旋处理英国人以开建"马路"为名,取得购买民地的权利,暗中筑成吴淞铁路的启发;并且又可在含糊之间与唐廷枢所言的"用马拖车小铁路"自圆其说,可谓煞费苦心。

这一段铁路的建成,一方面得益于唐廷枢和李鸿章等人的执着,另一方面也得益于清廷上层部分开明者的支持。醇亲王奕谭在廷臣"佥以铁路断不宜开"、铁路建设陷于困顿之际,在写给李鸿章的信函中表示,铁路可以"试行于煤铁之矿、开垦之地,以及屯军设防之一二口岸,俾见闻习熟,渐推渐广",提示从产业发展带来的利益和加强国防建设的需要出发,逐步改变传统社会及其

〔1〕《唐廷枢开采开平煤铁并兴办铁路禀》(光绪三年八月初三日),转引自宓汝成编:《中国近代铁路史资料(1863—1911)》第 1 册,第 123 页。

〔2〕《交通史·路政编》第 1 册,第 11 页,转引自宓汝成编:《中国近代铁路史资料(1863—1911)》第 1 册,第 121 页。

〔3〕《开平矿务章程案据汇编》,第 57 页,转引自宓汝成编:《中国近代铁路史资料(1863—1911)》第 1 册,第 124 页。

〔4〕《清德宗实录》卷 126,第 13 页,转引自宓汝成编:《中国近代铁路史资料(1863—1911)》第 1 册,第 103 页。

〔5〕《禀开平煤矿情形恳乞奏请援照台湾之例减轻出口税由》(光绪七年二月三十日),转引自孙毓棠:《中国近代铁路史资料》第 1 辑下册,科学出版社 1957 年,第 643 页。

〔6〕李鸿章在《直隶开办矿务折》中陈奏:"由芦台镇东起至胥各庄止,挑河一道,约计七十里,为运煤之路;又由河头接筑马路十五里,直抵矿所,共需银十数万两。"(《李文忠公全集·奏稿》卷40)

上层保守派的僵化思维。正是有了这样被李鸿章称为"权衡至当，深协机宜"[1]的支持，这段从矿区至胥各庄十余里长、后来被称为"唐胥铁路"的线路，才得以于1881年6月9日开始修建，并在半年后告竣[2]。

虽然有学者对民国时期交通铁道部所编的《交通史·路政编》中记载的"声明以驴马拖载"后，地处唐山的开平煤矿才"终得邀准"[3]运行铁路这一具体细节表示否定，认为并无直接证据显示清廷禁止唐胥铁路运行蒸汽机车，"马车铁路"只是出于模仿台北的运煤方式。但历史资料披露的台湾这条从矿井到海边的输煤铁路，仅长2 346码（2千米余），因为井口"高过海面140呎"，所以煤车"可以从井口滑行到海岸"；也就是说，在卸煤后的空车厢回程上行时，方采用马匹拖行。亲莅台湾考察煤矿建设和这一段铁路的唐廷枢，对此不会不心知肚明，而他在1877年提出"仿照台北做用马拖车小铁路一条"时，针对的是"开平离芦台一百二十里"这一距离所作的规划。从这一事实看，两者具体情况迥异，只能说是在当时的舆论环境下，为了能获准在内地自主开办第一条铁路，不得不将"台北成例"作为一种折中的策略。

此外，从上述唐廷枢和李鸿章对于唐胥铁路的称谓，在时间线上的衍变看——从1876年言之凿凿"开煤必须筑铁路"；至1877年援引台北成例"做用马拖车小铁路一条"；再到1880年避谈"铁路"，而以"快车路"代之；及至1881年的"硬路"和最终的"马路"——随着政策面的逐步收紧，这一谈及铁路时纸面术语的不断变化，简明又传神地勾勒出当时舆论和清廷消极的政策规制，对铁路承办者和支持者所传递的压力；而不断更迭的纸面术语，也能看出铁路承办者和支持者努力在铁路建设与政府规制间寻求平衡和妥协。

## 五、市场的选择：蒸汽机车终于上路

马车铁路确实运行了一段时间。

1882年的《英领事商务报告》，对开平矿区至胥各庄的这一段短小铁路修

---

[1] 《复醇邸论铁路》（光绪七年正月初四日），《李文忠公全书·译署函稿》第12卷，第4页；《李鸿章全集》第6册，第3192页。

[2] 《交通史·路政编》载："七年五月十三日兴工，六月五日为首创我国标准轨距铁路敷设之期，由总工程司薄内氏之妻在唐山钉第一枚道钉。十一月工程告竣。"（《交通史·路政编》第1册，第11—12页）

[3] 《交通史·路政编》第1册，第11页。

建时谨小慎微的心态,有着具体的描述,"这条小铁路建造时很谨慎,倡议者一点点试着进行"〔1〕。

光绪七年十二月(1882年1月)清廷发布的一道谕旨称:"昨据祁世长奏,迁安等处开采煤铁,陵寝重地,相距匪远,恐非所宜等语。该处开采矿厂,于陵寝附近山川脉络有无妨碍?著李鸿章详查具奏,慎重办理。原折著摘抄给与阅看。将此谕令知之。"〔2〕祁世长所奏的"迁安",地处今唐山市,紧邻开平。这无论如何对李鸿章都是一个警示。虽然李鸿章早在同治年间即奏准获批开办煤铁矿,却在此时因煤矿矿区靠近"陵寝重地"而被廷臣参奏,由此可以推知,不久前被朝廷议否的铁路,在当时公开运行的压力自然更是不可小觑。1882年的《英领事商务报告》中称,这条铁路的运营,"目前拟先用马在轨上拉车"〔3〕,而这也颇符合李鸿章此前的"马路"之说。

尽管如此,市场还是对铁路的运行给予了良好的预期。1882年3月24日出版的《申报》,不仅对开平煤矿的兴旺景象做了翔实的报道,同时指出铁路运输对于煤矿的发展大有裨益:"自开平开矿之后,其每日所出之煤运至津沽,以供轮船之载运烧用者,其数甚巨;若再有铁路转运,则一日所出大有可观,前者日报所载其言实不诬也。近日又开河道一条以资济运。往来既便,出煤愈易,而其他煤苗之可开者犹觉不少。中国之于煤矿大有蒸蒸日上之势。股分票每百两涨至二百八十两,人人皆踊跃购买,欲思藉此以发财。"〔4〕开平矿务局此前发行的股票,其市场价格在矿区生意日益兴隆和铁路建设良好预期的"双重利好"加持之下,也因此出现了大幅度的上涨。

市场热烈期待"铁路转运"进一步提振矿区经营,这为铁路的运营提供了良好的外部环境。

与《申报》这篇名为《矿务传闻说》的关于开平煤矿报道相比邻的一则《美国近闻》,则援引外国已有事例,从贸易和国防等出发,对铁路建设的功效进行积极论证——"墨西哥国现建有铁路,通至美国,盖为贸易起见。俾得四通八

---

〔1〕《英领事商务报告》,1882年第3篇,转引自宓汝成编:《中国近代铁路史资料(1863—1911)》第1册,第125页。

〔2〕《清德宗实录》卷140,光绪七年十二月壬戌。

〔3〕《英领事商务报告》,1880年,第129页,转引自宓汝成编:《中国近代铁路史资料(1863—1911)》第1册,第124页。对于这份注明为"1880年"的《英领事商务报告》,潘向明在考证分析后,认为时间有误,当在1881年或其后所写。

〔4〕《矿务传闻说》,《申报》1882年3月24日,转引自王天根编著:《开平煤矿珍稀史料研究》,安徽大学出版社2017年,第156页。

达,按欧洲利益多资于铁路,□国足民,具赖于此,固不独边境有事便于征调军兵也。"

据上述 1882 年《英领事商务报告》的记录,唐胥铁路建成后,当时开平煤矿的工程师英国人金达(Kinder)利用开矿所用的废旧锅炉,建造了一台小蒸汽机车运行,起初看起来一切顺遂,"行驶了几个星期,没有引起烦言",但"不久便被命令停驶,停了几个星期"[1]。至于命令来自何处、为何停驶,当时披露这一消息的《英领事商务报告》并未详细报道;而《交通史·路政编》则指明是因为蒸汽机车行驶"震动东陵,且喷出黑烟,有伤禾苗稼"[2]。在这台小机车被勒令停驶的几个星期内,依靠传统畜力在轨路上运煤,效果显然远不及蒸汽机车所提供的牵引动力,因此恢复行驶也是企业依据运输效率做出的合乎逻辑的判断。《交通史·路政编》以"唐廷枢力谋营救",概述了在"停"与"驶"之间,煤矿的主事者幕后的折冲樽俎。

从唐胥铁路这一段并不算长的开办历程中可以看到,即使面对重重阻碍,铁路最终还是为晚清社会和统治者所接受,这与西方蒸汽机车初现时从被舆论怀疑,到逐步普及,有着相似之处。两者的不同之处在于,西方社会最初对蒸汽机车的"舆情",是其作为新事物被发明甫毕后出现的;而铁路作为近代化交通工具传入中国时,在技术等各方面已然成熟。从时间上看,出版于 19 世纪 40 年代《四洲志》《海国图志》和《瀛寰志略》等清季著作即已对火车做了介绍,可以说,中国人对火车和铁路的知晓,相去其在西方的发轫并不甚远[3]。而从 19 世纪 60 年代初期清政府议及铁路,到唐胥铁路的兴建,也历时近二十年,远长于西方社会对铁路的接受时间,从中也可以想见外来新技术在近代以农业社会为主体的传统中国传播之艰难。在起步之初,因舆论影响进而受到清政府的政策规制和禁止,其间的困顿更有甚之。但即便如此,有识之士的睿见以及企业和市场从效率出发所作的选择,最终还是打破了政府规制的壁垒。

---

[1] 《英领事商务报告》,1882 年第 3 篇,转引自宓汝成编:《中国近代铁路史资料(1863—1911)》第 1 册,第 125 页。

[2] 《交通史·路政编》第 1 册,第 11—12 页,转引自宓汝成编:《中国近代铁路史资料(1863—1911)》第 1 册,第 121 页。

[3] 宓汝成:《帝国主义与中国铁路(1847—1949)》,经济管理出版社 2007 年,第 14 页。

## 六、尾声：马车铁路的回光返照

无独有偶，在唐胥铁路建成的十七年后，经营汉阳铁厂的盛宣怀，于1898年决定在江西萍乡开采煤矿，以为铁厂供应煤焦等燃料。

在煤矿兴办之初，为了解决煤矿的运输问题，盛宣怀即考虑修建一条从萍乡至株洲的铁路，但由于"萍乡僻处偏隅，素仇洋务之区，陡创矿路，尤较他处倍难"，因此盛宣怀为了"不致骇听闻"，甚至打算"购地铺路，先用马车拖煤"[1]。而盛宣怀所雇的德国矿师此前即在萍乡当地也做了认真的测算，估算出这段路程"全路需马一百八十匹"[2]。

值得欣慰的是，萍乡煤矿的铁路建设，虽然在初期遇到当地人的抵制，"萍人初甚哗噪"，但在"晓以有益地方"后得以顺利建成，盛宣怀拟想中的"马车铁路"计划没有实施[3]。与唐胥铁路一样，铁路建成后预期带来的市场经济利益，在这里起到了关键作用，很快化解了闭塞乡间中的偏见。

见微知著。"马车铁路"的出现，作为晚清铁路交通近代化进程中的一个片断，折射出铁路作为高效率的运载工具，在当时中国传统社会中所遭遇的尴尬境地；同时反映了这样的一种技术与经济社会的进步趋势，即在追求效率和利益的市场理性选择面前，任何违背经济规律与扭曲资源配置效率的保守舆论乃至政府规制，其效果只能是暂时的，从长期看则是无效的。

是所谓："青山遮不住，毕竟东流去。"

本文原载《文汇报》2023年7月9日。

---

[1] 《致湖南抚台函》(1898年6月26日，光绪二十四年五月初八日)，北京大学历史系近代史教研室编：《盛宣怀未刊信稿》，中华书局1960年，第75页。

[2] 《赖伦致盛宣怀函》(1897年9月15日)；陈旭麓、顾廷龙、汪熙主编，朱子恩、武曦、朱金元编：《汉冶萍公司(一)》，上海人民出版社1984年，第659页。

[3] 《湘潭张绍甄来电》(1898年3月10日，光绪二十四年二月十八日)，陈旭麓、顾廷龙、汪熙主编，朱子恩、武曦、朱金元编：《汉冶萍公司(二)》，上海人民出版社1986年，第683页。

# 1935 年汉江水灾灾情数据考

杨　文

何炳棣先生所著之《明初以降人口及其相关问题》成书于 20 世纪 50 年代,原著为英文,后经葛剑雄教授翻译并最早由生活·读书·新知三联书店于 2000 年出版,2017 年由中华书局再版,是人口史、经济史和历史人文地理的重要专著之一,影响非常广泛。何炳棣先生治学严谨,此著作的研究方法、史料深度、陈述方式,在大半个世纪后读来仍然让人敬佩并受益良多,其中的许多研究成果,比如对明清以降不同年代人口的统计背景、统计机制、综合因素等皆有细致论证,为后辈历史地理学者进一步研究人口史奠定了基础。

在精读这本著作时,笔者关注到一段内容,书中下卷第 10 章《天灾人祸的后果》中提到:"关于清代期间的大水有很多相当具体的资料,但都是描述性的,而不是计量化的。对近代的三次大水,即长江 1931 年、1938 年和黄河 1938 年至 1946 年间的大水有专门委员会的报告及专题论文。虽然没有哪一种统计数是十分精确的,但比起非数量化的资料来,这些近代式的报告对灾害的幅度和严重程度毕竟有了较好的说明。表 37 就是国民党政府水灾救济委员会对近代最严重的水灾之一的 1931 年长江洪水造成的损失所作的估计。每一农户平均损失 509.80 元。如以每户五口计,受洪水影响的总人口超过 1 200 万人。四年后,同一委员会对 1935 年的洪水所作的估计是约 7 300 万亩农田被淹,1 400 万人无家可归。对实际生命损失没有详细报告,但湖北汉川县对洪水毫无戒备,29 万人中有 22 万人葬身波涛。"[1]

读经此处,笔者对文中"湖北汉川县对洪水毫无戒备,29 万人中有 22 万人葬身波涛"产生了好奇,进而形成了疑问。笔者籍贯为湖北汉川县,自幼生活在汉川县的汉江边,在当地经历过几次有印象的水灾,特别是 1998 年的水

---

〔1〕 〔美〕何炳棣著,葛剑雄译:《明初以降人口及其相关问题 1368—1953》,中华书局 2017 年,第 276 页。

灾,直观体验是此地汛情频仍、易发洪涝,但并未有听到过骇人听闻的死亡数字,也未听长辈说起过旧社会有全县大部分人丁被淹死的历史。就书中的这一引用,疑问有:这一数据引用的来源是否有问题?1935 年的湖北水灾数据,是否仅有这一数据来源,人口损失的实际数据,特别是汉川县的数据是怎样的?1935 年洪灾的原因是什么?从上述几个问题出发,笔者查阅研究了相关资料,考证如下。

## 一、何著的数据来源

何著的数据来源于钟歆《扬子江水利考》,这部著作出版于 1936 年,即在 1935 年湖北水灾之后,作者钟歆在书中署名是扬子江水利委员会的成员,从常理出发,作为官方背景的考据书籍,应该是能够拿到当时水灾及时真切的数据,但事实可能并非完全如此。

扬子江水利委员会前身是扬子江水道讨论会,由北洋政府成立于 1921 年 12 月,会长是时任内务部长高凌尉,著名实业家张謇等人为副会长。1928 年 5 月,改组扬子江水道讨论会为扬子江水道整理委员会,隶属于交通部;1935 年 4 月,合并改组扬子江水道整理委员会、太湖流域水利委员会、湘鄂湖江水文站为扬子江水利委员会;1947 年 6 月,扬子江水利委员会改名为长江水利工程总局;1949 年 12 月,改组建长江水利工程总局;1950 年 2 月,长江水利委员会成立;1956 年,以长江水利委员会为基础,成立长江流域规划办公室;1989 年,长江流域办公室更名为长江水利委员会(副部级单位)[1]。

从上述历史沿革来看,扬子江水利委员会在民国政府时期是重要的水利管理机构,也是现今重要水利管理部门的前身,其工作职能有继承和发展。钟歆以官方身份写作的这本《扬子江水利考》,内容丰富全面,五个大篇章包括:江流概略及水灾统计、各省水利情形、历来修疏工程、前代水利讨论、最近之设施与计议。从内容来看,此书应该是当时对扬子江水利的历史与现状研究的大成之作,并期望对水利施政产生直接影响。

作者钟歆在序言中说:"近数十年来,疏导或缺,形势略变,致江患频仍,溃溢时闻,而民国二十年及二十四年之大水,遍及中下游各省,损失甚巨,是不得不有根本计划,以谋治理而澹沉灾,惟计划之先,对于江流之往昔情形及前儒

---

[1] 中华人民共和国水利部长江委员会官方网站。

之水利论著,似应有相当之明了与研究,以定今后治理之方针也。"[1]从此言可见,1931 年与 1935 年的严重水灾,是作者写作《扬子江水利考》的重要原因。

对于 1931 年扬子江水灾的损失统计,如本文第二段所述,《扬子江水利考》书中四十页的统计表格被何先生引用并借此推理了受灾人口数,在《扬子江水利考》中,注明了数据来源为《扬子江防汛专刊》[2],此专刊是扬子江水利委员会编辑发行的官方刊物,数据应有统计权威性。

而对于 1935 年的数据,何先生书中引述为"四年后,同一委员会对 1935 年的洪水所作的估计是约 7 300 万亩农田被淹,1 400 万人无家可归。对实际生命损失没有详细报告,但湖北汉川县对洪水毫无戒备,29 万人中有 22 万人藏身波涛",这一数据来自《扬子江水利考》的表格(见表 1)。

表 1　《扬子江水利考》各省人口财产损失表

| 省名 | 受灾地面(亩计) | 人命损失 | 难民人数 | 财产损失 |
|---|---|---|---|---|
| 湖北 | 66 000 000 | 汉川于 29 万人中仅 7 万人得救 | 7 100 000 | 200 000 000 元 |
| 湖南 | 5 000 000 | 不知确数 | 4 100 000 | 20 000 000 元 |
| 江西 | 2 800 000 | 同上 | 1 800 000 | 10 000 000 元(永修一县计) |
| 安徽 | 400 000 | 同上 | 300 000 | 6 000 000 元 |

作者钟歆同时指出,"据此表,可知扬子江四省,约有 7 300 万亩为水淹没,不能耕种。难民有 1 400 万人待赈。而人民损失,则无确切统计。财产损失,约计三万万元",并在注释中说明"本节参照密勒评论 1935 年 10 月 12 号孟长泳文"[3]。

《密勒评论》(*Millard's Review*)于 1917 年在上海创刊,创办人是美国《纽约先驱论坛报》记者汤姆·密勒(T. F. Millard),是当时有影响力的英文

[1]　钟歆:《扬子江水利考》,商务印书馆 1936 年,第 1 页。
[2]　钟歆:《扬子江水利考》,第 40 页。
[3]　钟歆:《扬子江水利考》,第 41—42 页。

周报,以报道、评论中国和远东的政治经济事实为主。读者既有在华外侨,也有众多的海外读者群[1]。

笔者从期刊数据库[2]中查阅了这篇"1935 年 10 月 12 号孟长泳文"的原文,原文名为"Flood of 1935 in China Covers Huge Area",记者孟长泳的英文署名为 Meng，C. Y. W.。

钟歆全面引用了这篇文章的内容,包括关于 1935 年水灾受灾具体地区和受灾情况的信息,上述的"各省人口财产损失列表"即是援引了孟长泳文中表格内容,这一部分内容原文如图 1。

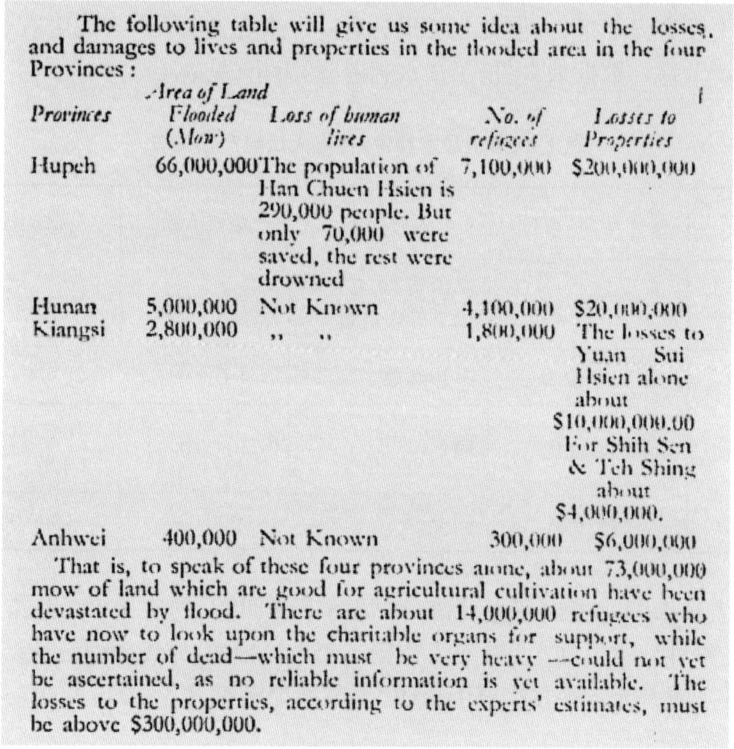

The following table will give us some idea about the losses and damages to lives and properties in the flooded area in the four Provinces :

| Provinces | Area of Land Flooded (Mow) | Loss of human lives | No. of refugees | Losses to Properties |
|---|---|---|---|---|
| Hupeh | 66,000,000 | The population of Han Chuen Hsien is 290,000 people. But only 70,000 were saved, the rest were drowned | 7,100,000 | $200,000,000 |
| Hunan | 5,000,000 | Not Known | 4,100,000 | $20,000,000 |
| Kiangsi | 2,800,000 | „  „ | 1,800,000 | The losses to Yuan Sui Hsien alone about $10,000,000.00 For Shih Sen & Teh Shing about $4,000,000. |
| Anhwei | 400,000 | Not Known | 300,000 | $6,000,000 |

That is, to speak of these four provinces alone, about 73,000,000 mow of land which are good for agricultural cultivation have been devastated by flood. There are about 14,000,000 refugees who have now to look upon the charitable organs for support, while the number of dead—which must be very heavy —could not yet be ascertained, as no reliable information is yet available. The losses to the properties, according to the experts' estimates, must be above $300,000,000.

图 1　孟长泳原文影印件[3]

〔1〕 郑保国:《〈密勒氏评论报〉:美国在华专业报人与报格(1917—1953)》,北京大学出版社 2018 年。
〔2〕 近现代中国英文报纸(1832—1953)数据库。
〔3〕 Meng，C. Y. W.，"Flood of 1935 in China Covers Huge Area", *The China Weekly Review*, Oct 12, 1935.

英文原文表格中第三列第二行："The population of Han Chuen Hsien is 290 000 people. But only 70 000 were saved, the rest were drowned." 钟歆在"各省人口财产损失列表"中翻译为："汉川于 29 万人中仅 7 万人得救"。但问题是,为什么《扬子江水利考》对 1931 年的水灾数据是引用自己的官方刊物,而 1935 年的数据却是来自一份英文刊物呢? 这篇文章的数据是否符合事实呢? 同时代有没有其他更详细、准确的调查呢?

从笔者了解的资料来看,就湖北省而言,1935 年水灾后的受灾数据确有质量很高的调研报告,只是权威杂志的记者孟长泳没有能获得这个材料,而且错误地使用了不明来源的数据信息。遗憾的是,这一错误信息,又被有官方背景的作者钟歆未作比对而仓促全部引用,进而后来被何先生引用。

笔者认为,作者钟歆的疏漏,或许是因为当时《密勒评论》的媒体权威性让他没有产生怀疑,或许是因为在当时战乱纷繁的时期,官方数据不能及时统计和整理,或许是因为其文章急于交稿付印,具体原因已不可考。

## 二、关于 1935 年湖北水灾情况的调查

1935 年的湖北汉江流域特大水灾,引起了国内外的广泛关注,南京国民政府和湖北地方政府不得不尽力予以施救。1935 年 7 月 24 日,由湖北省内外各界人士组成的"襄河水灾视察团"从武昌出发,历时 21 天,分别考察了汉阳、汉川、天门、沔阳、京山、荆门、钟祥、宜城、襄阳、谷城 10 县灾情。[1]

当年与此时间相隔不久,国立武汉大学张克明、夏道平两位经济学者,与工学院邢维堂教授、土木工程学系 3 名学生,一共六人组成了"湖北江河堤工灾情调查团",于 8 月 13 日乘船从武昌出发,沿汉江而上经蔡甸、新沟、汉川、沔阳、天门、潜江、京山、荆门,"原拟续向钟祥前进,伺以上游水浅,航驶艰难,遂于 19 日起跸东下,计往返费时 8 日,20 日下午 4 时返校。休息周余,并整理所得资料,复于 8 月 29 日晨换乘保泰轮出发长江上游"[2]。考察团在第二程的长江沿线中察经沔阳、武昌、嘉鱼、监理、石首、江陵、沙市后,不得不因为战事原因折返,"计往返费时 11 日,调查任务,予以告终"[3]。

张克明、夏道平两位学者将调研所得撰成《湖北江河流域灾情调查报告

〔1〕 徐希凯、黄长义:《1935 年的汉江特大洪灾及其善后》
〔2〕 张克明、夏道平:《湖北江河流域灾情调查报告书》,国立武汉大学刊 1935 年,第 1 页。
〔3〕 张克明、夏道平:《湖北江河流域灾情调查报告书》,第 2 页。

书》,在前言中称:"本报告之编制,系依河流方向,由上而下,顺次排列,以明水势缓急,灾情轻重。惟沿途停泊之地,多非县治所在,因而对于该县整个数字不可多得,只以文字陈述其概略,虽不免遗挂漏之议,然读者亦可以概见矣。材料均由各地政府机关或地方法团负责人所面告,或根据所赠之图表,其精确度如何,虽非吾人所敢断言,然于各种数字中,当可得其梗概。讹漏之处,在所不免,诸希阅者谅之。"〔1〕由此可见,在当时的政治社会背景下,虽然他们的信息来源已经足够一手和权威,但对于其准确性依然保持了谨慎态度。

从笔者查阅的有关民国水灾的当代专业文献来看,《湖北江河流域灾情调查报告书》被引用的次数很多,其中的许多数据被作为重要的依据。研读原书,读到其中论及湖北省汉川县一节,关键内容如下:

> 汉川与沔阳古来同称泽国,境内高峻之山无多,而水则滔滔荡荡,农田庐舍,专赖堤防以资捍卫,盖楚中涸敝之邑也。本年度襄河各县灾情固以天门为最惨,但以灾区言,则以汉川为最大。为患于天门者仅襄水之泛溢,为患于汉川者为江汉之交流,此甚大较也〔2〕。

> 自钟祥之十一日工白口等处与京山之多宝湾及县属之洋池口,县城之毛家、义文等堤相继溃决后,北岸尽成汪洋,俗称"西水"。襄河南岸大小垸落约七十余座,七月八日滨襄之索子垸溃决,十三日南屏大垸由被沌口上泛指江水漫溃,于是襄河腹背受敌,江河两水,同时浸溢〔3〕。

> 全县共分六区,面积一万二千六百方里,被淹者已及百分之九十五。所仅存者,惟第二区之一部分,第三区太安垸白鱼垸宁家垸,及第五区虎山至垌冢一线地。其余均已陆沉〔4〕。

> 全县人口三十九万九千二百七十六人,被灾者约三十六万余口,淹毙人数,据县长周郁文君报告,以前估计五千人,现经调查,实际仅二千人之谱。盖因"西水"侵入县境时,已经过天门,来势较缓,且太平湖渔船甚多,人民得借以逃命故也〔5〕。

从以上内容可以得知,汉川县在 1935 年水灾中的受灾情况十分严重,原

〔1〕 张克明、夏道平:《湖北江河流域灾情调查报告书》,第 2 页。
〔2〕 张克明、夏道平:《湖北江河流域灾情调查报告书》,第 21 页。
〔3〕 张克明、夏道平:《湖北江河流域灾情调查报告书》,第 21—22 页。
〔4〕 张克明、夏道平:《湖北江河流域灾情调查报告书》,第 22 页。
〔5〕 张克明、夏道平:《湖北江河流域灾情调查报告书》,第 22 页。

因是由于汉川县境内的汉江是下游靠近长江的位置,长江与汉江同时泛滥,淹没面积巨大。但又是因为此次汉江洪灾的决口主要在中上游的钟祥县等地,漫溢过来时洪水已无冲杀力,老百姓可以有时间逃命。死亡人数估计为 5 000 多人,作者调查实际仅约 2 000 人。

对于汉川县人口比较集中的汉川县城,书中调查到:"汉川县城濒于襄河之西北岸。7 月 8 日因襄河水势暴涨,分水嘴淹没后,洪水即入县城东门。东门为商业中心地,规模较大之商店均集中于此。因之商业损失,亦以该区域为最重,约计不下十四万元。至于人民方面因县府及各法团之尽力救护,城外之仙女山可资逃避,故死亡者仅数人而已。"[1]

综上所述,汉川县在此处水灾中,承受的经济损失巨大,而人口损失相对较轻。

《湖北江河流域灾情调查报告书》中对考察过的区域的相关统计数据,整理为表 2。

从上述材料当中,已经可判断钟歆《扬子江水利考》中关于 1935 年湖北水灾中汉川县的死亡人口数字为谬误,其引用的《密勒评论》文章没有反映正确的信息,两位作者都没有参与实地调查或者获得确实的实地调查资料。

为进一步印证,笔者查阅了相关官方志书。

《湖北省志·水利》:"1935 年 7 月,湖北又发生特大水灾。襄河流域上自陕南、豫南,下至襄阳地区,大雨倾盆,长江三峡地区和清江、沮漳河及湖南澧水一带 7 月 3 日至 8 日暴雨强度尤盛,其中五峰、兴山分别降雨 1 281.1 毫米和 1 084 毫米,为历史所罕见。汉江丹江口出现 50 000 立方米/秒的历史最大流量纪录。均县、光化、襄阳、宜城沿河一带尽成泽国,钟祥境河在三、四工和十一工溃决,口门达 8 余里,天门、潜江、汉川、京山、应城一带汪洋一片。荆江大堤在德胜寺及堆金台一带溃决,江陵、监利受灾严重。此次水灾,江汉干堤共决口 29 处,全省受灾县份达 66 县,受灾面积 4.8 万平方公里,受灾农田 1 230 万市亩,受灾人口 695 万余人,因灾死亡人数共 9.6 万余人。"[2]

《汉川水利志》:"1935 年 7 月,中游碾盘山洪峰流量达 5 万立方米每秒以上,北岸钟祥遥堤三、四工溃口,口门长约 4 公里,洪水经天门、汉川至汉口张公堤,再由谌家矶入长江,所经之地,田地房屋荡然无存。汉川城隍、彭公、香

〔1〕 张克明、夏道平:《湖北江河流域灾情调查报告书》,第 24 页。
〔2〕 湖北省地方志编纂委员会编:《湖北省志·水利》,湖北人民出版社 1995 年,第 36 页。

表 2　襄河流域(沙河以下)水灾损失统计

| 调查区域 | | 荆门县第九区 | 京山县第五区 | 潜江县第五区 | 天门县 | 沔阳县第九区 | 汉川县 | 汉阳县第五区 | 汉阳县第二区 | 总　计 |
|---|---|---|---|---|---|---|---|---|---|---|
| 面积(方里) | | 600 | 未详 | 900 | 7 200 | 1 800 | 12 600 | 2 700 | 1 200 | 26 900 |
| 被淹面积 | | 300 | 45 | 900 | 6 300 | 未详 | 12 070 | 2 650 | 1 150 | 23 410 |
| 百分比 | | 50% | — | 100% | 88% | — | 95% | 98% | 95% | 87% |
| 人口 | | 55 310 | 100 000 | 75 760 | 未详 | 120 932 | 399 200 | 31 100 | 137 500 | 859 802 |
| 受灾人口 | | 27 700 | 90 000 | 75 760 | 未详 | 31 237 | 360 000 | 29 856 | 124 100 | 738 653 |
| 死亡 | | 无 | 2 000 | 82 | 1 200 | 未详 | 2 000 | 200 | 400 | 6 008 |
| 受灾人口与人口总数之百分比 | | 50% | 90% | 100% | — | 24% | 90% | 96% | 90% | 86% |
| 损失估计(单位:元) | 房产 | 无 | 200 000 | 267 000 | 9 000 000 | 1 205 000 | 12 000 000 | 100 000 | 200 000 | 22 972 000 |
| | 农业 | 116 000 | 1 040 000 | 2 000 000 | 13 000 000 | 2 600 000 | 14 000 000 | 310 000 | 8 910 000 | 41 976 000 |
| | 商业 | 45 000 | | | | | 140 000 | 100 000 | 150 000 | 435 000 |
| | 牲畜 | 无 | 600 000 | 23 000 | 2 000 000 | 42 320 | 642 000 | 25 000 | 450 000 | 3 204 320 |
| | 其他 | 无 | | | 800 000 | 186 270 | 64 000 | 10 000 | 880 000 | 1 940 270 |
| | 总计 | 159 000 | 1 840 000 | 2 300 000 | 25 300 000 | 4 073 390 | 16 268 000 | 1 045 000 | 10 590 000 | 51 575 390 |

花等垸均溃,汉江以北 200 余垸尽成泽国,汉南南屏垸一片汪洋。全县受灾 36 万人,死亡 5 000 多人,受灾面积 1 435 平方公里。"〔1〕

由上述两处志书可以看到,1935 年全省因 7 月特大水灾死亡的人数为 9.6 万余人,汉川县死亡人数 5 000 多人。作为新中国的官方志书,对于民国时期的灾害统计,应该是追求客观的,不会有缩小数字的意愿。笔者由此可以进一步确认:何先生书中"湖北汉川县对洪水毫无戒备,29 万人中有 22 万人藏身波涛"这一数据信息,是一个被层层误导的引用,可见的错误源头是《密勒评论》的记者文章。

## 三、1935 年湖北汉江洪灾的原因

何先生书中谈道:"虽然将天灾和战争、叛乱一类的人祸作为人口学的因素进行统计分析是不可能的,但对主要灾难的研究有助于我们理解,历史上不利于人口增长的因素不时发生作用。现存资料虽大都是描述性而不是计量性的,仍然显示了天灾人祸造成人口衰减的大致幅度。"〔2〕

1935 年水灾毫无疑问是近代主要的天灾之一,对湖北省的人口变化产生了影响,所以在人口史学者看来,是一个重要的事件。

湖北省的洪水危害,居各种自然灾害的首位,具有发生频繁,分布面广,历时较长,损失严重的特点。全省的洪灾分布,比较集中在江汉平原,为害甚烈。江汉平原的大洪灾,不仅影响全省的财政经济,甚至影响整个国民经济的发展速度。江汉平原洪灾的严重性,是由洪水的特性,地区经济的发展,人口的稠密,地势的平坦、低洼等因素决定的。由于整个平原普遍低于当地最高洪水位,加上洪水来源广,过境洪水量大,汛期时间长,发生洪灾后淹没时间也长。

据不完全统计,湖北省自秦代至 1949 年发生洪灾分别为:公元前 221 年—公元 618 年的 839 年中,洪灾 51 次;公元 618—907 年的 289 年中,洪灾 14 次;公元 907—1279 年的 372 年中,洪灾 25 次,公元 1338—1644 年的 276 年中,洪灾 61 次;公元 1644—1911 年的 276 年中,洪灾 115 次;公元 1911—1949 年的 38 年中,洪灾 22 次,总计 338 次,这些洪灾,部分是汉江与长江同年发生,也有部分是单独发生的。可以看出,洪灾发生的频率与日俱增,清代

---

〔1〕 汉川水利志编纂委员会编:《汉川水利志》,长江出版社 2013 年,第 9 页。
〔2〕 何炳棣:《明初以降人口及其相关问题 1368—1953》,中华书局 2017 年,第 272 页。

与民国时期洪灾则接近两年 1 次[1]。

1935 年洪水,由长江中下游集中性暴雨所形成。雨区主要分布在中游,包括汉江上中游。暴雨覆盖了汉江中上游,特别是丹江口以上地区。丹江口 7 月 6 日的洪峰流量约达 50 000 立方米/秒,并与丹、碾区间支流洪水发生遭遇,推算碾盘山站的洪峰流量约 45 000—53 000 立方米/秒,中游河谷圩垸几乎全部淹没。下游左岸在钟祥县稍下的狮子口干堤(即三、四工)溃口,汉北平原尽成泽国。汉江这次洪水主要来自上游和中游支流,并发生遭遇,其频率约 100 年一遇[2]。汉江亦称汉水,襄樊市以下又称襄河,《水经》中还称沔水,是长江北岸最大支流;源出于陕西南部宁强县,东南流经陕西省南部、湖北省西北部和中部,在武汉市集家嘴注入长江;汉江长 1 577 千米,流域面积 1959 年前为 17.43 万平方千米,1959 年后,减少至 15.9 万平方千米。

汉川县接近汉江最下游位置,在湖北省汉川县的境内,汉江主干自沙洋向东南流,至天门市之芦林口后,流于汉川市与仙桃市之间,成为汉、仙界河。汉江流经汉川境内长 93.1 千米,两岸堤线长 161.06 千米。汉江汉川河段为单一弯曲型河段,距流入长江口约 54 千米,上受上游来水高压威胁,下受长江高水位顶托,是一个受双重影响十分敏感的河段。每临汛期,洪水汹涌而来,一般年景有 3—5 次洪峰,最多达 17 次,持续时间 100 天左右,年平均过境流量 1 320 立方米每秒。汉江历史上灾害频仍,洪水横溢,经常酿成大灾,致使数十万亩良田沉于水底,数十万人家破人亡,流离失所[3]。

据历史记载:从 1822—1955 年的 134 年间,干支堤有 68 年溃口,其中 1931—1955 年的 25 年中,有 15 年溃口,达到三年两溃。1956 年,在杜家台兴建了分洪闸,遭遇特大洪水时,可开闸分洪减轻汉川的防汛压力;1968 年,建成了丹江口水库,可有效控制下泄洪峰流量;同时在汉江中游确定约 200 平方千米分洪民垸,如遇大洪峰可调蓄削峰。加上逐年对河道进行整治,堤防得以加高培厚,使汉江汉川河段抗洪能力不断提高,汉江洪水逐步得到控制。如再现 1935 年型洪水,可以避免人喂鱼鳖、流离失所的现象[4]。

综上可见,1935 年湖北水灾的主要成因在于湖北独特的地理特点,随着新中国水利建设的不断加强,洪水灾害虽然仍是影响汉江流域经济和人口的

[1] 湖北省地方志编纂委员会编:《湖北省志·水利》,第 211—212 页。
[2] 湖北省地方志编纂委员会编:《湖北省志·水利》,第 211—212 页。
[3] 汉川水利志编纂委员会编:《汉川水利志》,第 8—9 页。
[4] 汉川水利志编纂委员会编:《汉川水利志》,第 8—9 页。

因素,但已经不断降低频率和得到实质缓解。

　　笔者的考证工作,是基于偶然的发现,而这一数据问题,对于何炳棣先生的扛鼎之作,也只是微瑕,丝毫不会掩瑜。笔者在论证过程中也有很多收获,对于何先生所谈及的灾害是影响人口的因素有了更深的理解,同时也对灾害史、水利史有一定涉猎。葛剑雄教授也对笔者进行了指导,鼓励笔者去大胆质疑、仔细求证,去发掘值得研究的问题。笔者学力浅薄,希望以后有机会能更多沉淀,继续从这个研究角度去研究人口史、灾害史以及二者的关系。

# 摇摆在政区与非政区之间：清代云南直隶盐课提举司研究

张　宁

## 一、引　言

　　行政区划是古代中国在统一的中央集权下进行分地域与分层级行政管理的产物，对于行政区划的研究是我们理解古代中国如何进行疆域和人口管理的重要途径。特殊政区则是中国古代行政区划体系的重要组成部分，是完善国家治理的必要手段，它产生于国家特殊的政治利益考量，是历史政区地理研究的一个重要方向。

　　早期关于特殊政区的研究，多关注宏观的特殊地方行政制度。先是周振鹤先生对于中国历代军管型的特殊地方行政制度和少数民族地区的特殊地方行政制度进行了整体性的概述，再是相关学者对各代特殊地方行政制度的专门研究，例如顾诚、郭红对都司卫所的研究[1]，龚荫对西南地区土司制度的研究[2]。

　　近些年，周振鹤先生不断倡导政区沿革研究向历史政治地理学研究转变[3]，特殊政区研究关注点也发生变化，开始转向对某些基层政区形成的历史过程研究，例如李晓杰、田雁等人对五代"军"的产生和设置进行研究[4]；

---

〔1〕 顾诚：《隐匿的疆土：卫所制度与明帝国》，光明日报出版社 2012 年；郭红：《明代都司卫所建置研究》，复旦大学博士学位论文，2001 年。

〔2〕 龚印：《中国土司制度》，云南民族出版社 1992 年。

〔3〕 周振鹤：《建构中国历史地理学的设想》，《历史地理》第 15 辑，上海人民出版社 1999 年；《行政区划史研究的基本概念与学识用语刍议》，《复旦学报(社会科学版)》2001 年第 3 期；《范式的转换：沿革地理-政区地理-政治地理的进程》，《华中师范大学学报(人文社会科学版)》2013 年第 1 期。

〔4〕 田雁：《五代县级军》，湖北省社会科学院硕士学位论文，2002 年；李晓杰：《中国行政区划通史·五代十国卷》，复旦大学出版社 2014 年。

傅林祥、胡恒等人对清代佐杂官员分防地方问题的研究[1]。

这些新方向的研究，其核心内容是某一特殊行政机构向政区演变的政治过程，但相对于这种单向变化，性质的前后波动所反映的政治过程更为复杂，对于分析政区形成与变化的内在动因更具代表意义，清代云南所辖的三个直隶盐课提举司正是这样一个案例。

清代云南省辖有三处直隶盐课提举司，根据《清会典》和《盐法志》等制度性文献，盐课提举司仅是一种盐务管理机构，但清代地志文献却出现不同的记载，在雍正至道光间修撰的各种一统志、省通志、地方志等涉及云南的地志资料中，将云南的盐课提举司都作为一种政区看待，这主要体现"疆域"与"沿革"等内容中与州县并列叙述的形式；其他时间段内大部分地志资料则将盐课提举司仅作为一种盐务管理机构看待。今天相关研究中，新近傅林祥等所著的《中国行政区划通史·清代卷》将三个直隶盐课提举司列为正式政区，而更早出版的林涓的《清代行政区划变迁研究》和牛平汉的《清代地理沿革综表》则未收录三个直隶盐课提举司，可见，学界对于其性质的认识存在不同意见。

清代云南省所辖的三个盐课提举司涉及政区与非政区间相互转化的复杂政治运作过程，为我们在历史政治地理视角下分析政区演变的政治动因提供了绝佳的个案。本文通过分析清代云南三盐课提举司在井地管理中的实际职能行政运作及其前后变化，来考察其性质变化的内在驱动力因素。

## 二、盐课、盐政与盐课提举司所辖盐业生产区的政区化

食盐是人类生存的必需品，盐课又是国家重要财税收入来源，因此食盐成为古代国家政权重点控制的经济资源。云南大部分地区所依赖的是本地的井盐[2]，因此控制盐井是历代中原王朝维持其在云南地区统治的重要手段。

云南的盐课提举司始设于明代，共有四处，分别位于云南食盐的四个主产区——黑盐井、白盐井、安宁井与云龙五井。明万历四十二年裁五井盐课提举

---

[1] 傅林祥：《清代抚民厅制度形成过程初探》，《中国历史地理论丛》2007年第1期；席会东：《清代厅制初探》，《中国历史学会史学集刊》第43期，2011年；胡恒：《厅制起源及其在清代的演变》，《文史》2013年第2期；胡恒：《皇权不下县？清代县辖政区与基层社会治理》，北京师范大学出版社2015年；傅林祥：《清代地方行政制度专题研究》，复旦大学博士学位论文，2010年。

[2] 以云南地域来说，清代大部分时间内，只有滇东北昭通、东川二府销售川盐，东南部交界广西的广南府和开化府销售粤盐，以及西部和西南部沿边部分傣族土司区域销售缅甸海盐。

司。天启三年,安宁井盐课提举司移驻琅盐井,改称琅盐井盐课提举司。清代沿袭明末建置,设黑盐井、白盐井、琅盐井三处盐课提举司。同治十三年,琅盐井卤源枯竭,盐课提举司移驻普洱府石膏井,改称石膏井盐课提举司。

明制,盐课提举司,设提举一人,从五品;同提举一人,从六品;副提举无定员,从七品。属员,吏目一人,库大使、副使一人。所辖,各盐仓大使、副使,各场、各井盐课司大使、副使,并一人[1]。明万历以后,盐课提举司机构精简,同提举、副提举、库大使、盐仓大使等职一并裁撤,仅留提举一员,吏目或有或无,各井区盐课司大使若干[2]。清朝沿袭明末以来的机构设置。

明代盐课提举司"职掌同于转运使司",掌管"盐监"事务[3]。云南的盐课提举司在明代仅作为一种盐务管理机构存在,尽管明代的制度性文献中对此没有具体的表述,但我们可以从盐课提举司具体管理实践中归纳。以万历食盐运销制度改革为节点,盐课提举司的具体管理职能在前后两个阶段有所不同。

明初至成化间,云南与全国大部分地区相同,施行"开中法",盐商向规定地区缴纳盐课粮后领取盐引,然后凭盐引到盐井支盐。弘治以后,盐课折银,盐商只需向云南布政使司缴纳盐课银,即可领取盐引,到井支盐[4]。这一制度下,盐课提举司的职能可以概括为"生产""缉私"。生产即组织灶户进行盐业生产,职能最为复杂,盐课提举司除了向灶户发放工本与督促他们完成食盐生产任务并回收食盐外,还涉及编查保甲、防止灶户私煎等事务[5]。这一阶段盐课提举司为一事务繁杂的盐务管理机构。

明万历后期,全国盐法改革,实行"专商卖引",云南也在实施之列[6]。这一制度的特点在于,灶户和专卖商人交易,商人运销指定销岸,政府不再参与从生产到销售的任何环节,只需向灶户收取盐课[7]。这一制度下,盐课提举司的生产职能消失,井地的缉私任务也仅限于防止灶户向专商之外的私贩

[1] 《明史》卷75《职官志四》,中华书局1974年,第1847页。
[2] 天启《滇志》卷5《建设志第三·秩官》,第184页、187页、195页、203页。
[3] 《明史》卷75《职官志四》,第1847页。
[4] 刘隽:《清代云南的盐务》,《中国近代经济史研究集刊》1933年第1期。
[5] 这些职能散见于康熙《黑盐井志》,云南大学出版社2003年,第77—78页;刘隽:《清代云南的盐务》,《中国近代经济史研究集刊》1933年第1期。
[6] 未有专门研究提及明代云南实行"专商卖引",康熙《黑盐井志》第78页、82页等处,明万历后期盐政资料显示云南盐课征收方式具有"专商卖引"的特征。
[7] 李明明、吴慧:《中国盐法史》,文津出版社1997年,第253页。

卖盐，向灶户征收盐课成为盐课提举司的主要职能。盐课提举司成为一事务极简的盐课征榷机构。

明末以至清初，云南政局长期动荡不安，盐政混乱不堪[1]。清初为了尽快恢复盐课征收，云南采用简单的"包商制度"或"票盐"，政府招徕商人，商人缴纳盐课后领取相应数量的盐票，盐商凭票买盐，运销相应销岸。包商制度是一种商民自行运销的制度，包商条陈食盐的加煎或减煎，商人通过支付灶户盐价的方式付给灶户工本，整个制度的运转实际上是由包商掌控食盐的煎制和运销[2]。

包商制度是清初云南特殊社会经济背景下的一种权宜之策，由于相关制度建设的不完善以及井地管理的松散，造成私盐泛滥，盐商破产，盐课征收困难。私盐有井私和官私两种，一是明代后期以来井地缉私管理松散，加之清初盐价骤增[3]，井地商、民在巨大利益驱使下冒险贩私；二是制度建设不完善导致官员插手食盐生产和运销，上至总督巡抚，下至盐道衙门，派遣私商到井加煎，囤积销售食盐获利[4]。井地贩私造成私盐泛滥，冲击包商正课盐，盐商破产；官私盐价收入全部由官员中饱，侵夺了国家盐课收入。

康熙二十年平定三藩之乱后，经过几年的政治、经济重建，云南开始了盐政改革[5]，改革一直持续到雍正初期鄂尔泰整顿云南盐政。盐政改革主要针对以上"包商制度"所导致的两个问题，改革的方向是对食盐生产和运销环节的全面管控。改革使得盐课提举司对盐井地方的管理方式发生重大变化，而这一变化直接导致盐课提举司所辖盐业生产区的政区化。

其一，是因食盐缉私而出现的盐井辖区和边界。

盐政改革首先是完善井地缉私制度，其方法是加强对外运食盐的盘查。云南的盐井多处群山环抱的河谷之中，因此，云南地方政府因地制宜，在进出河谷的关口设卡，盘查进出货物是否夹带私盐。地方志中这样描述白盐井缉私形势："四面环山，形如釜底，向无城垣……其间小路错杂，私盐最易偷

---

〔1〕 （清）倪蜕辑，李埏校点：《滇云历年传》，云南大学出版社1992年，第553—554页。

〔2〕 黄培林、钟长永主编：《滇盐史论》，四川人民出版社1997年，第157页。

〔3〕 《滇云历年传》载：清初盐价"明立课额，置提举官督之，亦任商贩买卖行销，价亦止于八厘、六厘，至轻也；孙可望伪官增价至一分四五厘，后平定云南，吴逆即以伪官卖数为课，遂增额四倍有余。"

〔4〕 雍正《大清会典》卷50《户部二十八》，《近代中国史料丛刊三编》，文海出版社1989年，第2984页；《清盐法志·云南》，黑盐井走私造成巨额亏空案件。

〔5〕 康熙二十六年开始在黑盐井试行"官运官销"的制度。

越……井地修建关隘,原期巡防有赖,守望可资……"〔1〕白盐井对外交通的关口多达 17 处,大多设有卡房或盘盐所〔2〕。黑盐井、琅盐井地理形势类同,缉私方式与白盐井相同。

在关口盘验由井区外运的食盐,这样就以山谷周围的山脊以及关口为界限,形成了一条区分井区内外的缉私边界,私盐被严禁带出界外。雍正《白盐井志》中描述白盐井提举司辖区"不出九关之内",根据同书中的盐井图以及"关梁"一卷内容,九关正是盐井所处河谷对外交通的关口〔3〕。

盐井的缉私区域及边界成于康熙三十一年,是云贵总督巡查地方时亲自划定的〔4〕。在划界之初,盐课提举司在这一区域内权力仅限组织生产、缉私及处理盐务纠纷等权力。随着盐政改革中盐课提举司的行政管理权的逐渐增多,缉私区域与边界的性质发生了变化。

先是康熙四十五年,盐课提举司具备了井界内盐务之外的部分琐碎民事的管辖权,"查缉逃盗及平常争斗轻生一切细故,乡保就近投报井司提举径申径覆"〔5〕。进入雍正初年,盐课提举司更进一步获得了盐井地方完整的民事管理权〔6〕。这样,缉私边界逐渐过渡为一种政区边界。

其二,是由食盐生产和运销制度改革而引出的井地居民管理权问题。

针对官员到井私煎问题,云南地方采用"官为煎办"和"官运官销"等新的生产与运销制度〔7〕,盐课提举司向灶户发放薪本,组织灶户进行生产,然后各州县雇人到井,将定额食盐运回本地,由官方定价销售。新制度的特点是,政府掌控食盐的生产和运销,食盐的产量与销售收入是公开与可控的,减少了外部势力的介入,最大限度上避免了官员参与的走私活动,保证了盐课收入的稳定。

在新制度下,盐课提举司组织生产的职能被强化,盐课提举司必须按时定

---

〔1〕 乾隆《白盐井志》卷 1《建置》,《故宫珍本丛刊》,海南出版社 2001 年,第 99 页。

〔2〕 乾隆《白盐井志》卷 1《建置》,第 96—97 页。

〔3〕 雍正《白盐井志》卷 2《地理志》及卷 3《建置志》,《中国方志丛书》,成文出版社 1967 年,第 34—35 页,47—48 页。

〔4〕 雍正《白盐井志》卷 7《艺文志上》,第 136 页。

〔5〕 康熙《琅盐井志》卷 3《艺文志上》,民国间抄本。

〔6〕 下一节专门讨论盐课提举司对井地完整民事管理权的获得。

〔7〕 《清盐法志·云南》卷 277《运销门一》,《稀见明清经济史料丛刊·第二辑》第 13 册,国家图书馆出版社 2012 年。

量地向规定的州县交盐,其考成以食盐生产的数量来衡量[1]。灶户是食盐生产任务的直接承担者,井官为了完成考成,会竭力防止外界对于灶户生产的干扰。但盐课提举司仅对井地盐务有管理权,"诚如该提举等所称,井产某处,就井驻扎,惟督灶丁煎办已耳。况督煎督催,处分亦止盐课"[2],其他事务则属州县,"凡井上逃盗命案,一听地方官稽查承审,其捐输一项,年将所收谷石运至州县仓贮,听候该府盘查"[3]。州县官员在井地钱粮词讼权力的行使必然会影响到食盐的正常生产,例如灶户牵涉司法案件之中,会被附近州县官员差提到州县衙门关押审问,这严重影响到灶户食盐生产任务的完成,即所谓"一丁受害,即亏一丁之课"。在这种的情况下,盐课提举司会极力阻止州县插手井地事务,这就引出了井地灶户或居民的管理权问题。

前文已经述及盐井产区缉私边界逐渐向政区边界的演变,这使得盐课提举司逐渐具有了自己的辖区,假若同时出现的井地灶户或居民的管理权再赋予盐课提举司,那么盐课提举司就具备了构成政区所需的全部三个必要条件[4]:一个专辖区域,一定数量的专辖人口,一套行政机构[5]。

由于涉及清代法定制度,并触及州县官员在盐井地方的职权利益,灶户管理权归属问题经历了一个盐课提举司、州县以及云南省级政府三方博弈的过程才得以解决,最终盐课提举司获得了对井界内灶户或居民完整的行政管理权,完成了政区化的最后一步,下一节将专门讨论这一政治过程。

总之,康雍间的盐政改革导致了盐课提举司所辖盐业生产区的政区化。这一政区化的结果很快被当时地志资料所接受。雍正《云南通志》首次将盐课提举司作为政区,在"沿革"与"疆域"两卷中,与其他一般州县并列叙述。后任盐课提举回顾雍正间的状况,这样评价盐课提举司的性质的变化:"至是白井不属姚安府,黑、琅井不属楚雄府,与直隶厅州等矣。"[6]可见,雍正间云南官方已经普遍认可盐课提举司的政区性质。

---

[1] 《清盐法志·云南》卷281《征榷门一》,《稀见明清经济史料丛刊·第二辑》第14册。
[2] 雍正《白盐井志》卷7《艺文志上》,第132页。
[3] 雍正《白盐井志》卷7《艺文志上》,第133页。
[4] 有关政区的界定问题,周振鹤的《行政区划史研究的基本概念与学识用语刍议》、傅林祥的《清代抚民厅制度形成过程初探》两篇文章对判定政区的条件做了归纳,两人所归纳的必要条件相同:一定的专辖区域,一定数量的人口,一个行政机构。本文采用以上三项为判定政区的必要条件。
[5] 清代的盐课提举司设:提举一员,吏目若干,以及各井区盐课司大使若干。
[6] 光绪《续修白盐井志》卷9《艺文志中》,光绪三十三年刻本。

### 三、政区化过程中州县官员与井官的矛盾及
### 云南省级政府的利益选择

盐课提举司由地方盐务管理机构转变为一种政区，这实际上是一个不断侵夺附近州县官员的辖区和权力的过程，在这一过程中，州县官员是如何与井官斗争的？而且州县官员对于井地居民除盐务之外的民事管辖权是有制度根据的法定权力，又是何以被赋予井官所有？

井地事务的分辖制度是争端发生的原始起点。盐井地方事务在明代分属两种机构。盐课提举司管理涉及盐务的相关事务，"户部请于陕西大小盐池设盐课提举司及捞盐夫，专事煎办，从之"〔1〕，"市盐充饷必设专官乃有责成，查广西设有盐课提举司提举官二员专司其事"〔2〕；州县管理盐务之外的各种民事，例如明代黑盐井，"住井棍徒，往往以钱债斗殴，小事捏词，赴府县耸告。差人拘提到井，三五成群，将灶丁锁禁，歇家敲打"〔3〕。清初仍遵循这一制度，"诚如该提举等所称，井产某处，就井驻扎，惟督灶丁煎办已耳……凡井上逃盗命案，一听地方官稽查承审，其捐输一项，年将所收谷石运至州县仓贮，听候该府盘查"〔4〕。

如上节所述，康雍间云南的盐政改革使得井地盐务之外的民事管理权成为井官必争之权力，但从州县的利益考量来说，以上事务又属于州县的法定责任，尤其是盗命等重大钦部案件更涉及州县官员的考成〔5〕，因此对盐井地方居民的民事管理权也是州县官员势在必争的。在这种背景下，井官与州县官员发生了直接的利益冲突，而且是由制度造成的不可调和的矛盾。我们通过康熙四十三年和雍正初年的有关两者利益冲突的个案，来展现云南地方的利益选择的过程。

首先是康熙四十三年发生的盐课提举司"直隶案"。

起始时，州县官员在与盐课提举司的职权争端中是占优势地位的，它不仅有制度上的支持，另外也有长期的实践惯例支持。明代后期以来，云南各井提

---

〔1〕 （明）黄光昇：《昭代典则》卷 6《太祖》，江苏广陵古籍刻印社 1987 年。
〔2〕 （明）陈子龙：《明经世文编》卷 419，中华书局 1962 年，第 4557 页。
〔3〕 （清）沈懋价纂订，李希林主点校：康熙《黑盐井志》卷 5《黑井盐政》，第 82 页。
〔4〕 雍正《白盐井志》卷 7《艺文志上》，第 133 页。
〔5〕 嘉庆《大清会典事例》卷 62《吏部·处分例》，《近代中国史料丛刊三编》，第 2857—2912 页。

举常由通判兼任[1]，通判为府之佐贰官，知府依据成例将提举作为属官看待，知府又代表州县官员的利益，自然在职权争端中支持州县官员。这样，灶户管理权问题被盐课提举司上诉到省级政府。

三盐课提举司向云南督抚两院、藩臬二司和盐法道申请"恢复直隶"，声称"二府（笔者案：姚安府与楚雄府）既无与于考成，三井自不应隶彼所辖，合无请复直隶盐井之制"，并且要求一并将州县官员所辖的井地"捐输命盗逃案等事"划归盐课提举司"径奉径申藩、臬二宪"[2]。"直隶"可以摆脱知府的掣肘，但主要目的还在于争取"捐输命盗逃案等事"。

云南藩司认为盐课提举司作为一种盐务管理机构，职能仅涉盐务，与州县系统为平行关系，直隶布政使是合理的，"应如所请，改复直隶"，但在钱粮词讼之权的归属问题上，根据制度规定仍然支持州县系统官员，"提举原无地方钱粮之责，自无命盗仓库可任……凡井上逃盗命案，一听地方官稽查承审，其捐输一项，年将所收谷石运至州县仓贮，听候该府盘查"[3]。

省级政府的批示明显支持州县系统官员对于井地民事的管理权，姚安府得到批示之后对辖区内的白盐井盐课提举司开始了近似报复性的行动[4]，盐课提举向盐道的陈情报告中提到"（姚安知府）谕令白井绅士约保灶丁住户人等：'嗣后人命、逃盗、户婚、田土、斗殴、争讼、火甲门差以及新进生员迎送谒庙，一切巨细事理，概行呈报姚州稽查审理，毋得借称井地混报'……随有姚州差吏目王宜到井另编保甲，朔望逼勒乡保赴州点卯，差拘票唤，扰害无休"，结果造成井地"人人各思逃亡，以避府州虐焰"[5]。

盐道获知此事之后，情绪相当激愤，在对藩司的咨文中一针见血地道出了问题的关键所在，命盗案件涉及州县系统官员的考成，确实应该归州县承审，但是盐井也有盐课考成，州县官员这样无端滋扰，灶户牵涉其中，将来误煎误课，谁任其咎？[6]

藩司接到盐道咨文后，认识到问题的严重性，开始向盐务系统妥协，在制度允许的范围内赋予盐课提举司就地解决部分琐碎事务的权力："凡井地界内

---

[1] 康熙《黑盐井志》卷5《黑井盐政》所载明代后期的提举司案牍资料中多处记述以府通判署盐课提举司。

[2] 雍正《白盐井志》卷7《艺文志上》，第130页。

[3] 康熙《琅盐井志》卷3《艺文志上》。

[4] 白盐井产区位于姚安府所属姚州境内。

[5] 康熙《琅盐井志》卷3《艺文志上》。

[6] 康熙《琅盐井志》卷3《艺文志上》。

遇有真命大盗案件,听井官称解州县承审,若查缉逃盗及平常争斗轻生一切细故,乡保就近投报井司提举径申径覆。"〔1〕

"直隶案"就此结束,尽管云南省级政府自始至终"按照制度办事",并未将井地民社事务完全划归盐课提举司所有,但可以看出云南省级政府开始顾及"误课"的风险,在部分职能归属上迁就盐课提举司;同时盐课提举司虽未完全避免州县对井界内事务干涉的可能,但仍然通过"直隶"和已出现的井界展现了自身的独立性。云南省级政府在遵守制度与维护本省财政的两难选择中的犹豫态度及盐课提举司已获得的部分特权,会进一步激励井官去争取井界内完整的独立行政权。

其次是雍正初年,盐课提举司与州县系统再次爆发职权冲突。

当时白盐井地方发生了一起与灶户相关的民事纠纷案件,浙江商人陆天麟与白盐井灶户夏耳绪、张捷元发生纠纷,浙江商人率先将两人状告到姚安府,但是白盐井提举却以涉及灶民为由,亲自受理此案件。姚安府知府接到状告后,四次差人到白盐井提取案件当事人,但白盐井提举拒绝发人。姚安府知府极为恼怒,将白盐井提举上告,请求与白盐井彻底划界而治,但云贵总督却严厉训斥了姚安知府,并对其秉文中的种种错误认识进行了纠正:

> 提举虽从五品,乃盐道所辖,并非知府属员,是以称云南某提举,不加某府字样,该府何得称为旧辖?虽盐井系府属地方,而钱粮讼词仍系知府之事,提举并未越职滥行,惟商民具告灶户,提举自审发落。今该府详请分地管理,殊属妄诞。〔2〕

云贵总督的批词中,钱粮词讼是知府的法定权力,但白盐井提举对此案件的审理是合法的,这一看似矛盾的批词准确表达了总督的真实意思,牵涉灶户的纠纷,井官能够自行解决的,地方府州县尽量不要插手。康熙间,一切盗命案件归附近州县受理,当时的语境下,"一切盗命"案件显然包括与灶户相关的盗命案件,否则盐道衙门也不会因为"误课"而激愤,而此时云贵总督判定与灶户相关的司法案件可以由盐课提举"自审发落",这是态度上的重大转变。关于职权纠纷的这一判决意义重大,云贵总督开始肯定盐课提举司对灶户的管理权。

---

〔1〕　康熙《琅盐井志》卷3《艺文志上》。
〔2〕　雍正《白盐井志》卷7《艺文志上》,第143页。

在制度上属于州县管辖范围内的事务，划归盐课提举司所有，这一过程中并未改变制度规定[1]，而是通过云南省级官员的庇护完成的，职权争端事件中云南省级官员曾给予盐课提举司这样的保证，"倘府州再差官役擅行到井借端滋扰，许井官立即具报拿究"[2]。可想而知，在获得省级政府的真实态度后，盐课提举司一定会对盐井地方各种事务大包大揽，不再允许州县对井界内任何事务进行干涉，这样盐课提举司在事实上获得了井界内完整的民事管理权，盐课提举司就由一种盐务管理机构彻底转变为一种政区管理机构，其所辖盐业生产区则成为一种政区。

云南省的直隶盐课提举司在康雍年间转变为一种特殊政区，是云南省地方政府根据行政管理的实际需要，对井官所追求的各种民事管理权予以肯定和支持的结果，它不涉及成文的制度性的改革，而是一种临时性的地方行政措施。因此，我们又可以将其看作一种准政区，它代表了清代地方行政制度在实践中的另一种灵活性。

本节案例可以看到，以上转变实现的关键是云南省级政府在井地民事管理权归属上的态度。云南省级政府处理这一职权争端，经历了从"按制度办事"并支持州县官员，到打破制度而支持盐课提举司的转变过程，那么促使云南省级官员态度转变的原因何在？这与盐课在云南省的政治经济秩序中的地位变化有关，清初以来云南财政收支结构的变化促成了盐课地位的变化。

从财政收入来说，明代云南地方主要财政收入是田赋和丁银。以万历前期为例，收入组成为田赋 50 余万石，丁银 11.4 余万两，盐课正额收入 3.8 余万两，以及数量不等的杂税收入[3]。进入清代，清初至康熙二十年平定三藩之乱，长期战乱导致田赋难以征收，云南地方通过加增盐课弥补部分财政缺额，这一时期盐课加增至 14.6 万两，在财政收入中的重要地位逐渐确立。康熙二十年后，先是云南军屯归并州县，军屯税率大减[4]，后康熙五十一年，盛世滋丁永不加赋，固定了丁银收入，这些举措进一步加固了盐课在财政收入中

[1] 例如乾隆《大清会典则例》中对盐井提举职能的表述："（乾隆）十六年覆准滇省管井提举、大使等官既专司督煎，其行销盐责成各属，与井官无涉，嗣后盐课奏销，管井等官督征职名免其开列。"

[2] 雍正《白盐井志》卷 7《艺文志上》，第 141 页。

[3] （明）刘文征撰，古永继校点：天启《滇志》卷 6《赋役志第四》，云南教育出版社 1991 年，第 212—214 页。

[4] 康熙《云南通志》卷 3《沿革大事考》，《北京图书馆古籍珍本丛刊 44·史部·地理类》，书目文献出版社 2003 年，第 85 页。

的重要性。到雍正年间,云南盐课的重要性进一步增加,当时雍正皇帝利用李卫、鄂尔泰等信臣整顿云南的社会经济,长期以来被官员占有的盐井地方的溢额收入被纳入盐课正额,这一措施使得云南盐课收入增加一倍,由清初的每年14.6万两增至30万—32万两[1]。盐课收入因此成为清代云南财政最大收入来源[2]。

从财政支出来说,云南作为边疆省份,军事支出是财政支出的主要部分,明代云南日常军费开支主要由军屯供给[3]。进入清代,以外来绿营兵为基础建立的云南军事系统[4],此时军费完全依靠政府财政支持,在云南逐渐确立首要地位的盐课成为保证云南军费支出的重要支柱,也成为维持清朝在云南统治的主要保障。

云南财政常年犹入不敷出[5],维持盐课收入的稳定对于云南的官员来说具有特殊重要的意义,而稳定的食盐生产供应是盐课征收的根本所在。在康雍盐政改革中,盐课提举司对于井地民事的完整的行政管理权是盐业稳定生产的重要保障,因此云南省级政府从维持云南财政收入的角度出发,支持盐课提举司职权诉求是其必然的选择。随着盐课地位的逐渐上升,这种支持也愈加坚定。

随着云南省级政府对盐课提举司这种支持或者庇护行为持续,州县官员的权力或利益不断遭到侵夺。在上文争端解决后不久,云南省级政府又应盐课提举司的要求将盐课提举司与知府间的行文改用"牒",以表示互补隶属关系[6]。延至乾隆年间,直隶盐课提举司所辖井学更是获得了独立考察生员的权力。

明代盐井地方开社学,以供灶籍子弟科举应试,但不设学官,附邻近州、县学考试。雍正二年,三盐井提举司请求设井学和教职,得到云贵总督的批准,三井儒学各设儒学训导一员。井学的设立使得盐课提举司地方官制与地方州

---

〔1〕《朱批鄂太保奏折》第 1 册,全国图书馆文献缩微复制中心 2005 年,第 501—509 页。

〔2〕雍正十年,云南最主要的几项财政收入:盐课 32 万两,条丁银 19.8 万余两,厂课 8 万余两,公件银 7 万余两,田赋与条丁收入以后长期维持在这一水平。

〔3〕肖立军:《明代省镇营兵制谕地方秩序》,天津古籍出版社 2010 年,第 343 页。

〔4〕秦树才:《清代云南绿营兵研究》,云南教育出版社 2004 年,161—165 页。

〔5〕清道光间,云南地方学者师范所著《滇南经略》一文中,记述云南在承平年代需要外省协济银 20 万—30 万两。文中同样记述承平年间,云南财政总收入在 87 万两左右,其中盐课 32 万两,为最大一项,其次是条丁银 20 万两左右。

〔6〕雍正《白盐井志》卷 7《艺文志上》,第 145—147 页。

县愈发类似，不过当时白盐井学额附入姚安府，黑盐井和琅盐井学额附入楚雄府，文武童生还需府试才能转送学院。乾隆五十八年，白盐井提举会同黑、琅二盐井提举请求，三盐井井学文武童生"照直隶厅州径送学院例免府试"，得到云南督抚的肯定[1]。乾隆年间，井学独立考察生员的制度，是在云南省级政府的庇护下，州县系统彻底与井地居民管理权脱离关系，盐课提举司获得完整行政区划要素的标志。

## 四、嘉庆间盐政改革与盐课提举司辖区的去政区化

到嘉庆初年，康熙间创立的食盐生产与运销制度已经弊端丛生，难以为继。由于官方控制食盐生产量，生产量无法反映市场的需求，在随后的制度施行中，官方为了增加财政收入，会要求盐井地方在正额以外加煎、加销食盐，这导致供过于求，食盐大量积压；而且加煎造成灶户煎盐工本不敷或煎盐任务超限，食盐掺沙以抵盐斤的情况普遍，食盐销售更加困难。当时销售食盐以回收盐课是州县官员的法定责任，然而劣质食盐大量积压造成州县官员难以完成考成，于是州县官员在辖区内就按户压派食盐，民户无力购买，衙役就日日逼催[2]。到嘉庆初年，矛盾积累到无法挽回，数十州县人民揭竿而起，这就是嘉庆初年云南地方著名的"压盐致变"事件。

嘉庆五年，云南被迫进行盐政改革，实行新的食盐生产与运销制度——灶煎灶卖、民运民销。这一制度将食盐的生产与运销完全放开，灶户自主煎盐、自主定价，卖给盐商，盐商则领票赴井买盐，然后转运各地贩卖，盐课由井官在井征收[3]。

在新的生产和运销制度下，盐课提举司的主要职能由组织盐业生产变为盐课征收，其考成标准由食盐生产量转变为盐课征收量[4]。此时食盐运销的成本削减，盐价大降，食盐销售大旺，加上乾嘉以来云南人口爆炸式增长[5]，在销售大旺的情况下，完成征课任务已经不再是一件难事，盐课提举

---

〔1〕 光绪《续修白盐井志》卷9《艺文志中》。
〔2〕 《清盐法志·云南》卷278《运销门二》载云贵总督富纲关于云南盐政改革事由奏折。
〔3〕 《清盐法志·云南》卷278《运销门二》，《稀见明清经济史料丛刊·第二辑》第13册。
〔4〕 《清盐法志·云南》卷278《运销门二》，《稀见明清经济史料丛刊·第二辑》第13册。
〔5〕 根据李中清的研究，云南在册人口，1742年近91余万，至1800年达到444余万(见李中清：《中国西南边疆的社会经济：1250—1850》，人民出版社2012年，第150页)。

司成为一事务极简的盐课征收机构。在这种情况下,盐课提举司已获得的井地民事管理权没有存在的必要。一方面,盐课提举司本身对井地内各种民事管理权不再热心,另一方面,云南省级政府也不再干涉井地民事管理权的问题,而持一种放任的态度。

道光二十七年,盐课提举司对发生在白盐井与姚州交界地方一次回、汉冲突事件的处理正好反映了这一问题。当时汉族灶户与回族发生冲突,灶户赴盐井提举处报案,由于白盐井提举没有主动及时处理冲突,造成回汉两方重大人员伤亡,事后时任云贵总督的林则徐对白盐井提举的评语是"平时不理民事"〔1〕。盐课提举司对于处理井界内民社事务的这种消极态度已经影响到了当地的社会秩序,附近州县的不法之徒多混迹盐井地方,道光间任职广通县知县的何绍祺曾向云贵总督建议增加盐课提举司的"轻刑"之权,以协助加强地方社会治安〔2〕。

以上情况说明,嘉庆盐政改革后盐课提举司逐渐失去井界内的独立行政权,甚至连井界内一般的治安案件都不再参与。这样,盐课提举司逐渐由政区管理机构恢复为一种盐务管理机构,其辖区也变回一种盐业生产区。

同时期的地志资料记述方式则表现出明显的滞后性,道光二十二年修撰完成的嘉庆《大清一统志》以及道光《云南通志》仍然沿用此前的体例,将三盐课提举司作为政区,在疆域、沿革等卷中,与一般州县并列叙述。

文献与现实回归一致要到云南咸同回乱之后,此一阶段的地志资料,除了光绪《云南通志》完全抄录道光志外,光绪《云南地志》、光绪《续云南通志稿》、《全滇纪要》、光绪《姚州志》等志书将盐课提举司作为定远、广通县、姚州等州县境内的盐务机构对待。民国初年修撰的《清史稿》《新纂云南通志》《盐丰县志》也无一例外地都否认清代云南三直隶盐课提举司的政区性质。

地方文献记载在咸同回乱以后的彻底变化,原因有二。

一是客观原因,长达18年的云南咸同回民战争对于盐业生产影响巨大。战争期间盐政完全垮塌,不仅是部分盐井受灾停产,而且在产的盐井被军队把持,盐课无从征收。战后云南人口凋敝,社会经济长期难以恢复,盐课征收自然难以完成原额,"逆匪蹂躏,元气大伤,中兴以来,重办升课,审定田赋减原额十分之三,而盐课、矿产皆逊于往昔"〔3〕。从战争开始到战后很长的时间内,

---

〔1〕《甄别盐提举州县各员折》,《林文忠公政书》卷2《云贵奏稿》,世界书局1936年,第219页。

〔2〕 (清)何绍祺:《滇牍偶存》,《西南史地文献》第23卷,兰州大学出版社2003年,第53—54页。

〔3〕 云南课史馆:《全滇纪要》,《西南史地文献》第15卷,第455页。

云南财政收入主要来源于厘金及外省协济[1]，盐课的地位不复从前。因此，在战后云南政权重建过程中，三盐课提举司缺少了云南省级政府的庇护，仅按照制度重建。

二是主观原因，由于战后人口凋敝，食盐销售为难，盐课长期未能恢复原额。光绪十四年，云贵总督岑毓英奏请改变井官考核制度，要求盐课实征数目按时间先后，后一年只准加增，不准短缩，这一制度导致盐政大坏。为了免受处分，井官不断腾挪虚报，一任压一任，数任之后，盐课堕销竟至数百万斤，曾发生新任提举入职后发现亏空巨大而服毒自杀的案件[2]。各盐井地方在销售艰难的情况下，每年"加增"的任务根本不可能完成，盐井提举司失去了对井地民事进行管理的内在动力。在上述主客观原因下，由于经历回民战争长期的破坏，对战前实际制度实践缺少认识，云南地方在新修方志中将三直隶盐课提举司仅看作一种盐务机构。

由以上可以看到，嘉庆五年云南食盐生产和运销制度改革之后，盐课提举司对于井地的管理方式又一次发生重大变化，原有的生产和缉私职能弱化，盐课征收成为主要职能。这样的条件下，盐课提举司转变为一种事务极简的征榷机构，其对井地民事的全面管理权已经失去存在的必要性，最后逐渐丧失，盐课提举司辖区不再是一种政区。经历云南咸同回民战争以后，地方志文献的记载也完成了认知上的转变，将三处盐课提举司看作一种盐务机构。

## 五、结　　论

有清一代，云南的直隶盐业提举司在康雍时期的盐政改革中逐步发展为政区管理机构，而后又在嘉庆年间的盐政改革后，逐步恢复为单纯的盐业管理机构。与此同时，其辖区则经历了从单纯生产区到政区，然后再到生产区的变化。学界关于云南盐课提举司性质的分歧，正是源于对盐课提举司性质的波动认识不足。

在这种变化过程中，盐业在地方管理与财政中的重要性，使其在地方行政

---

[1] 康春华：《晚清厘金与云南财政变革》，《云南社会科学》2014年第2期；周育民：《晚清厘金历年全国总收入的再估计》，《清史研究》2011年第3期。周育民估计同治间云南厘金在20万两左右，光绪二十四至二十八年厘金收入55万两，光绪二十九至三十四年更增至70万两，云南厘金收入已经远超盐课，成为云南主要财政收入来源。

[2] 《清盐法志·云南》卷279《运销门三》，《稀见明清经济史料丛刊·第二辑》第13册。

结构中获得了特殊的地位,盐业管理方式的改变使提举司控制其辖区及人口成为必要,促使其辖区逐步具备了政区的特征,并得到了正式的承认。

这种由专业管理机构演变而来的政区,其职能责任不可避免与原有地方政区有重叠之处,从而导致了与原有地方政区的矛盾,并造成管理方面的问题。当其存在对于地方足够重要乃至不可缺少时,这种重要性就压倒了其带来的问题,而维持其为正式的政区;当其重要性不复存在时,其作为政区的基础即不复存在,其亦就逐步褪变为单纯的行业管理机构。可见,财政需求等特殊的管理需要,常常是产生特殊政区的主要驱动力。当这种驱动力趋弱时,日常管理的统一性与便利性之间的巨大弹性,又会驱使地方行政体制恢复到正常状态。

云南盐课提举司所辖盐业生产区在清代的这一政区化与去政区化的过程及其动因,为认识历史时期特殊基层政区演变的驱动机制,提供了一个典型的案例,促使我们在讨论这类政区时,不仅要分析其是否满足政区的特征,更重要的是尽可能地去揭示其变化后面的复杂动因,这样才更能反映历史的真实。

本文原载《历史地理》第 35 辑,复旦大学出版社 2017 年。

政治史与军事史研究

# 民主革命时期中共党内巡视制度的
# 历史考察

胡云生

历史分期是民主革命时期中共党内巡视制度研究的一个重要问题。目前学术界对此关注较少,既有研究成果大多将其划分为三个发展阶段,大致有三种观点:(1) 建立与发展(1921—1927)、开始形成制度(土地革命战争初期)和逐渐完善(党的六大以后)[1];(2) 酝酿和初步形成(1921—1926)、正式确立和广泛推行(1927—1928)、发展和成熟(1929—1936)[2];(3) 渊源与起步(1921—1927)、确立与开展(1927—1937)、调整(1937—1949)[3]。还有观点认为,全面抗战开始后停滞或停止[4]。导致这种现象出现的原因有二:一则将其简单等同于中国革命的历史分期,二则没有充分占有史料。本文拟以各地《革命历史文件汇集》为基础史料,通过对其历史主线和发展逻辑的考察粗线条勾列出其基本历史规律。

## 一、巡行特派与党内巡视制度发端

1921 年至 1927 年,党内巡视制度作为一种指导和领导方式开始登上历史舞台。在理念取向上,主要传达贯彻党的路线政策和政治主张,领导组建基层组织和革命运动;在构建主体上,由中央主导、分批派出,地方被动接受;在目标导向上,以中共革命和国民革命交错融合的复线式历史叙事构建。

---

[1] 李三星等:《民主革命时期中国共产党的巡视制度》,《上海党史与党建》2003 年第 5 期。
[2] 刘峰:《安徽地区中共巡视制度与工作研究(1923—1935)》,苏州大学硕士学位论文,2010 年。
[3] 陈燕:《中国共产党巡视工作历史考察》,中共中央党校博士学位论文,2016 年。
[4] 何益忠:《民主革命时期党内巡视制度的回顾与反思》,《理论学刊》2010 年第 3 期。

1. 党内巡行特派制度的实行

党内巡视制度一开始是以围绕群众型政党的建党目标、扩大革命党的建设任务和集中统一的建党理念进行顶层设计。党的二大提出实行特派员制度："中央执行委员会得随时派员到各处召集各种形式的临时会议。"[1]党的三大重申上述规定,并进一步强调中央执行委员会9人中4人作为中央特派员分派各地[2]。1926年,中央制定《组织问题决议案》将该制度推广至地方组织。与特派员制度名异体同的是巡行特派制度。党的四大提出："随时特派巡行员。"[3]1925年10月,中央又提出："应当增加中央特派巡行的指导员。"[4]1926年9月22日的第18号中央通告提出,次年1月中央将派员巡行检查本年度各地应当完成的十六项工作[5]。尽管特派巡行的提法与特派员制度称呼不一,但其实质均是一种体现中央对地方的指导与领导关系的制度。

2. 工人运动巡行特派制度的实行

党对工人运动指导、领导的主要组织方式是特派制度和巡行特派制度。1921年8月,党在上海建立中国劳动组合书记部,该部章程规定："本部斟酌地方情形,得派遣某地特派员,无定额。"[6]共产国际档案中保存的《中国共产党1923年支出预算》列出当年特派员人数共17人[7]。特派员主要任务是,在工人中间传播革命思想,建立工厂小组、工人俱乐部和产业党支部,指导领导工人罢工,其实质上是党对如何正确处理党与工会、党与群众关系的一种初步探索。1924年5月,中央明确要求实行特派巡行制度,以巡行指导员制替代特派员制。1925年1月,党的四大要求铁路总工会"应不时派人巡行各

---

[1]《中国共产党章程》(1922年7月),《中国共产党组织史资料》第8卷,中共党史出版社2000年,第16页。

[2]《中国共产党中央执行委员会组织法》(1923年6月),《中国共产党组织史料》第8卷,第20页。

[3]《对于职工运动之议决案》(1925年1月),《中共中央文件选集》第1册,中共中央党校出版社1989年,第356页。

[4]《组织问题议决案》(1925年10月),《中共中央文件选集》第1册,第473—474页。

[5]《中央对于长江局的任务决议案》(1927年10月1日),《中国共产党组织史资料》第8卷,第143页。

[6]《最近组织问题的重要任务决议案》(1927年11月),《中国共产党组织史资料》第8卷,第147页。

[7]《中央通告第四十七号——关于在白色恐怖下党组织的整顿、发展和秘密工作》(1928年5月18日),《中国共产党组织史资料》第8卷,第179页。

路并随时指导其工作"〔1〕。1926 年 7 月,中央要求,"今后铁总除派遣巡行员指导和考察各地铁路工作外,并不派遣驻在各路各站之经常特派员"〔2〕。8月 9 日,中央提出:"完全取消从前由铁总派赴各路经常特派员的制度。"〔3〕这种巡行指导方式改变了早期特派制党组织与非党组织模糊的职责分工和组织界限,巡行指导员不再直接深入工厂小组和工会开展工作。

3. 农民运动巡行特派制度的实行

针对如何指导农民运动,党主要采取设立农民运动讲习所、派遣中央特派员等模式。但由于属于初创和探索阶段,该制度不可避免地出现诸如特派员经常包揽工作、上级党组织过分倚重特派员等问题,导致党群组织不分和群众组织党化问题出现。中共在 1926 年对这些问题解释得很清楚〔4〕,并于 1927 年10 月 28 日制定《关于农民运动工作大纲》予以纠正〔5〕。共产国际也于 1926 年11 月提醒并指示中共:"为做乡村的工作起见,巡行组织员也须特别造就。"〔6〕

可以说,巡行特派制度是介于特派员制度和巡视制度之间,是党为了加强上下联系、指导党群组织工作的一种过渡性的临时选择性制度。其主要特点是:一是强集中弱民主。特派员和巡行特派员的权力过于集中,实际上成为特派和巡行地方党的工作最高指挥者。这种强集中弱民主的制度设计,有利于党在早期力量薄弱、内部组织结构松散的状态下能够迅速积聚有限的人才资源,加强中央对地方党组织的有效控制,但不利于发挥地方主动性和积极性。二是重指导轻监督。特派制度和巡行特派制度的一个最大效用是发挥指导功能。按照制度设计逻辑,巡行特派制度的监督功能远没有得以充分体现。三是实重点虚全面。在实践过程中,"组织采取集中发展的原则,所以偏僻县份便放弃,集中力量来整顿几个地方"〔7〕。这种重视重点而相对忽视全面的

〔1〕《中共福建临时省委紧急代表会议文件》(1928 年 10 月),《福建革命历史文件汇集(省委文件,1928 年下)》,内部资料 1984 年,第 269 页。

〔2〕《最近组织问题的重要任务议决案》(1927 年 11 月 14 日),《中共中央文件选集》第 3 册,第 471 页。

〔3〕《中央通告第十六号——中央临时政治局扩大会议的内容与意义》(1927 年 11 月 18 日),《中共中央文件选集》第 3 册,第 532 页。

〔4〕《中央通告第四十七号——关于在白色恐怖下党组织的整顿、发展和秘密工作》(1928 年 5 月 18日),《中国共产党组织史资料》第 8 卷,第 179 页。

〔5〕《中央通告第四号——关于宣传鼓动工作》(1928 年 10 月 1 日),《中共中央文件选集》第 4 册,第 617 页。

〔6〕《中央关于湖南工作决议案》(1928 年 10 月 4 日),《中共中央文件选集》第 4 册,第 629 页。

〔7〕《河南省委关于组织工作的报告》(1927 年 9 月),《河南革命历史文件汇集(省委文件,1925—1927)》,内部资料 1984 年,第 125 页。

制度设计,有利于党在短时间内很快集中有限力量,加快组织建设和革命动员,起到以点带面的实际效果,但其弊端也是显而易见的。

## 二、条例颁布与党内巡视全面实行

1927 年底至 1931 年底,面对严峻、急剧逆转的新革命形势,中央提出一种新的加强党内领导和上下联系办法,即在巡行特派制度基础上实行巡视制度,展现出以武装暴动反对国民党政治势力的历史特征和武装割据下局部执政的政治行为。这是一种对领导方式的现实选择。

1. 秘密状态下开始形成制度

1927 年大革命失败后,如何收拾被动局面、解危救困,成为党亟待解决的根本性问题。巡视制度即在此背景下应运而生,主要围绕三个方面任务而展开。其一,针对大革命失败后组织软弱涣散问题,重建党的组织领导系统和重新凝聚队伍力量。"八七会议"后,中央先后建立北方局、长江局、南方局等派出机构,要求其负责人例行巡行指导各地工作[1]。1927 年 11 月 14 日,中央重申类似决定[2]。在随后不到一月的时间内,中央又相继发布 3 个通告,要求中央至地方实行巡视制度,其目的是派遣巡视员奔赴地方寻找党的线索、恢复整顿党员组织关系、传达党的指示精神,整顿改造基层党组织,重塑党组织的凝聚力和战斗力。其二,解决处于秘密、地下状态下党内联系问题和组织安全工作。大革命失败后,从中央到县委、区委都需要在最短时间内改造成适应秘密环境的工作方式。特别是中央政治局常委罗亦农 1928 年在沪被捕并惨遭杀害,中央认识到巡视对于秘密状态下开展工作意义重大:"可以加强对各地的实际指导,同时又可以避免全部被破获之危险。"[3]随后,中央又多次要求地方党组织开展巡视。可以说,巡视制度是大革命失败后党应对严峻困局而作出的现实选择。其三,围绕指导领导革命运动的重要任务。中央 1927 年召开"八七会议",提出实行巡视制度,具体指导领导农运农暴工作和土地革

---

[1] 《中央对于长江局的任务决议案》(1927 年 10 月 1 日),《中国共产党组织史资料》第 8 卷,第 143 页。

[2] 《最近组织问题的重要任务决议案》(1927 年 11 月),《中国共产党组织史资料》第 8 卷,第 147 页。

[3] 《中央通告第四十七号——关于在白色恐怖下党组织的整顿、发展和秘密工作》(1928 年 5 月 18 日),《中国共产党组织史资料》第 8 卷,第 179 页。

命。1927 年 11 月的《最近组织问题的重要任务议决案》和 12 月 10 日的中央通告再次提出了全面建立巡视制度。党的六大及时清算和纠正右倾机会主义和"左"倾盲动主义,巡视主要任务随之确立:传达六大决议,帮助地方组织"规定今后工作方针"和"解决组织问题"〔1〕。正是基于推动革命运动重要任务的执行,党通过巡视,收到立竿见影的效果。

2. 第一个中央巡视条例出台

随着巡视形成制度,以第一个中央巡视条例颁布为标志,巡视制度普遍推广使用,形成多点开花局面,具体呈现出三个特征。一是明确和规范巡视制度基本内容,并以巡视条例的形式确立下来。"八七会议"后,中央不断从制度顶层设计方面作出具体规定。如,中央 1927 年 11 月 14 日提出,各级党部巡视指导员成分"必须大多数是工人同志或贫农同志"〔2〕,11 月 18 日第 16 号中央通告对该要求又强调重申〔3〕。1928 年 5 月 18 日,中央再次强调:"县(省)执委委员必须轮流到所属县区党部巡视工作。"〔4〕10 月 1 日,中央又提出:"上级党部的巡视员特别注意于政策理论的指导等。"〔5〕10 月 4 日中央要求注意"找出新的积极的工人同志担任巡视工作"〔6〕。1928 年 10 月 8 日,中央制定《巡视条例》,从巡视目的、机构设置和巡视员任职条件、职责权限、方式方法、工作要求等方面予以规定〔7〕。作为一个全党的指导性文件,该条例首次以党内法规方式将巡视制度固化下来,标志着巡视制度提升到一个新的阶段。二是明确和强调巡视制度的重要作用,并以指示信等形式不断督促地方党组织贯彻执行。对于巡视制度的重要作用,中央在不同场合多次予以强调。中央一方面通过工作报告等方式及时掌握巡视制度实行情况;另一方面通过指

〔1〕《中共福建临时省委紧急代表会议文件》(1928 年 10 月),《福建革命历史文件汇集(省委文件,1928 年下)》,内部资料 1984 年版,第 269 页。

〔2〕《最近组织问题的重要任务议决案》(1927 年 11 月 14 日),《中共中央文件选集》第 3 册,第 471 页。

〔3〕《中央通告第十六号——中央临时政治局扩大会议的内容与意义》(1927 年 11 月 18 日),《中共中央文件选集》第 3 册,第 532 页。

〔4〕《中央通告第四十七号——关于在白色恐怖下党组织的整顿、发展和秘密工作》(1928 年 5 月 18日),《中国共产党组织史资料》第 8 卷,第 179 页。

〔5〕《中央通告第四号——关于宣传鼓动工作》(1928 年 10 月 1 日),《中共中央文件选集》第 4 册,第 617 页。

〔6〕《中央关于湖南工作决议案》(1928 年 10 月 4 日),《中共中央文件选集》第 4 册,第 629 页。

〔7〕《中央通告第五号——巡视条例》(1928 年 10 月),《中国共产党组织史资料》第 8 卷,第 226—228 页。

示信等形式,将巡视目的、程序、要求等基本标准传导给地方党组织。三是监督与检查巡视制度建立与实行情况,构建地方党组织的责任主体。1928年11月28日,中央在共产国际报告:中共中央首先开展对顺直和广东巡视,正在对上海巡视,对重要省份的指导尽可能地通过巡视来实现[1]。同时,中央要求地方党组织将开展巡视工作情况纳入报告范围。如,1928年10月17日,中央要求必须报告巡视条例执行情形[2],1930年7月22日的《目前政治形势与党的组织任务》和9月28日的《组织问题决议案》亦均作出类似规定。

3. 第二个中央巡视条例出台

1931年5月1日,中央制定的第二个巡视条例,内容更为具体、程序更为明晰、方法更为规范,进一步明确和规范了基本内容,明确巡视制度是密切上下级关系的重要方式。该条例的颁布,标志着中共党内巡视制度日趋成熟。随后,中央多次要求地方组织认真贯彻落实。如,1931年6月6日,中央要求设立固定巡视员、开展经常性巡视检查[3];11月1日,中央苏区重申必须建立巡视制度[4]。各地还制定了实施意见。如,团中央于1930年3月24日制定《巡视员工作条例》,上海团市委1929年制定《上海巡视工作大纲》;中华全国总工会1930年2月7日和1933年先后制定下发《中华全国总工会条例》《中华全国总工会巡视员、特派员工作条例》;中央军委1930年2月24日制定下发《军事工作巡视员条例》;铅山县委1933年2月25日制定下发《支部巡视工作临时条例》。在该条例影响下,从中央、省委、中心县委到县委、区委建立了巡视制度,形成了纵横交错的巡视网络。

巡视制度的确立和两个条例的颁布,标志着党内巡视制度全面得以实施,并呈现出阶段特征。一是领导方式仍是首要功能。作为革命党秘密状态下的制度发展演变,巡视制度在最大限度上依然发挥着传达党内精神、统一意志、加强联系的作用,其实质是加强党的领导和全面领导、落实民主集中制得到集中体现。二是群众路线思想初步显现。随着革命形势的新发展和党的正确解决政党和群众关系问题的需要,党的革命动员和社会整合功能逐渐被摆上重要位

---

[1]《中共中央政治局向国际的报告》(1928年11月28日),《中共中央文件选集》第4册,第721—722页。

[2]《中央通告第七号——规定各种报告大纲》(1928年10月17日),《中国共产党组织史资料》第8卷,第237页。

[3]《中央通知第228号——党的机关与工作方式的转变》(1931年6月6日),《中国共产党组织史资料》第8卷,第408页。

[4]《党的建设问题决议案》(1931年11月1日—5日),《中共中央文件选集》第7册,第473页。

置。三是实事求是原则蕴含其中。即党的政策根据客观形势和党的路线方针变化以及不同地区实际情况而有所侧重,是正确处理政党与社会关系的基本逻辑。

## 三、"活的领导"与巡视制度党外延伸

六届四中全会以后,党内巡视主要围绕三个方面新问题展开:一是如何正确贯彻民主集中制;二是局部执政的新形势对党内巡视提出了全新的内容和要求;三是如何设计与规定党和群团组织之间的相互关系。为解决这些问题,党再次经历了一个崭新的探索与建设过程。

1. "活的领导"原则的提出

为改变以往巡视员"各自为政的英雄式去包办代替下级党部的工作和官僚主义、命令主义、事务主义的作风"[1],1932 年 1 月 22 日,中央提出,巡视员不是上级与下级之间的"交通"和"中间组织",而是"活的指导"[2];"活的领导"作为一种原则,开始在巡视制度设计与运行中得以贯彻落实。一是变领导为指导。"活的领导"原则的提出,是从制度设计上变领导为指导,改变过去巡视员包办被巡视党组织工作的弊端。1930 年 9 月 28 日,中央要求指导机关必须通过巡视这一"活的领导"来实现"直接的实际的了解和指导"[3]。1934 年以后,中央要求县委不必设巡视员和巡视团,可参照中央关于支部工作检查条例开展相应工作[4]。这种制度功能上的变化,实质是党内权力在上级党组织、巡视员与下级党组织之间的重新配置。二是强调方法灵活。"活的领导"具体操作程序是,巡视员"不只是听报告看文件,而是要亲自到下级党部与支部中去,要广泛发动群众的积极性与创造性,巡视过程中及巡视后应向派出他的党部作详细的报告,提出具体意见,党的委员会必须迅速地讨论他的报告给下级以指示"[5],其实质是中央将巡视员工作方式与方法重新更具体

〔1〕《四川省委关于全川工作的决议》(1934 年 2 月 3 日),《四川革命历史文件汇集(省委文件,1934 年)》,内部资料 1986 年,第 112 页。
〔2〕《中央给湘鄂西党中央分局和省委的信——关于湘鄂西党目前组织任务》(1932 年 1 月 22 日),《中国共产党组织史资料》第 8 卷,第 423 页。
〔3〕《组织问题决议案》(1930 年 9 月 28 日扩大的三中全会通过),《中共中央文件选集》第 6 册,第 314 页。
〔4〕《四川省委给中江县委的信——关于形势的分析和今后工作的指示》(1934 年 1 月 20 日),《四川革命历史文件汇集(省委文件,1934 年)》,内部资料 1986 年,第 54 页。
〔5〕《中央给湘鄂西党中央分局和省委的信——关于湘鄂西党目前组织任务》(1932 年 1 月 22 日),《中共中央文件选集》第 8 册,第 81、423 页。

地规定出来,是克服脱离群众和下级党组织的官僚主义问题、落实"从群众中来、到群众中去"的群众路线的集中体现。三是注重监督检查。早期巡视制度功能更多地侧重于领导方式,尽管其中有监督的成分,也是局限于党的纪律范围内。1930 年 8 月中央提出,"派遣党的委员会的巡视员和代表到地方去"是两种检查工作方法之一[1]。1932 年 1 月 22 日再作指示:"制定各种检查工作大纲作巡视员检查工作的根据。"[2]

2. 巡视制度在苏区的运用

为加强上下级党组织之间的联系和指导,苏区延续并完善自建党以来逐渐形成的巡视制度,并将其扩大到政府系统各个部门中去。1931 年 11 月,中央苏区强调,要经常性地开展巡视指导检查[3],省县区市苏维埃政府均设有指导员。随后,指导员改成巡视员,主要设在省和县两级。1932 年后,苏区地方各级苏维埃巡视制度普遍建立。一是强调党的绝对领导。苏区巡视核心构图是强调集体领导和党对苏维埃政权的绝对领导,但又不过分纠结局限于其中,以工作帮助指导的角色定位严格党政分开,展现出与前期巡视制度功能不同的新变化。二是强调党风政风监督。巡视制度功能在苏区的运用发挥,显现的是党内监督和苏区行政监督,为苏区各项工作向正确方向发展提供坚强保障。苏区巡视制度这种强调党风政风监督的设计理念,深层次蕴含着群众路线的工作方法,有利于融洽党群关系并推动苏区的政治动员。三是强调战时体制现实需要。动员民众、扩大红军、支援前线、开展土地革命、镇压反革命分子反抗等是苏区政权最首要、最基本的任务,这也决定苏区巡视实际上就是以战时需要为中心并为这个中心服务的。

3. 巡视制度的党外延伸

工会、反帝拥苏大同盟、互济会、妇女生活改善委员会等群团组织的巡视工作与党内和政府系统的巡视工作相得益彰,共同构成巡视制度发展历程中的壮丽篇章。(1)工会巡视。早在 1929 年 6 月,中央明确提出:"按期地派巡视员到铁总海总及重要工业区域考查及实际帮助该地工作。"[4]1933 年 2 月

---

[1]《中国共产党的最近组织任务——共产国际东方部议决案》(1930 年 8 月),《中共中央文件选集》第 6 册,第 602 页。

[2]《中央给湘鄂西党中央分局和省委的信——关于湘鄂西党目前组织任务》(1932 年 1 月 22 日),《中共中央文件选集》第 8 册,第 81、423 页。

[3]《党的建设问题决议案》(1931 年 11 月 1 日—5 日),《中共中央文件选集》第 7 册,第 472—473 页。

[4]《职工运动决议案》(1929 年 6 月),《中共中央文件选集》第 5 册,第 312 页。

15日,中央对建立产业支部巡视员和工作要求同样做相关规定[1]。8月19日,中央组织局指示:"要经常有巡视城市工作和所属国有企业干部的专门的巡视员。"[2]11月23日,中央就工厂巡视制度和产业巡视工作予以补充要求[3]。1934年11月26日,中央局再次对此予以重申[4]。(2)共青团巡视工作。1932年2月15日,中央决定:"为建立活的与具体的领导,必须建立经常的巡视制度。"[5]1932年6月15日,中央苏区第一次团大会提出:"建立强健的巡视制度。"[6]各个革命根据地相应建立共青团巡视制度,团省委设置1—2个巡视团、每团3个巡视员,团县委配备1—2名巡视员。(3)妇委会巡视。湘赣省委妇委会规定,区妇委会委员共3—5人必须有2人,县委妇运委员会委员共5—7人必须有6人参加巡视。福建省妇委会巡视指导帮助被巡视地方开展妇女运动、建立发展妇女群众组织,如闽西各县区妇委相继在巡视员指导下得以建立[7]。(4)兵运工作巡视。1931年3月14日,中央政治局提出,江苏省委"应派出巡视员2人专门巡视全省兵运工作"[8]。1934年8月12日,中央局军委指示华北各级党部:"在前线已有组织与工作的部队,必须立即派遣得力的巡视员与特派员。"[9]通过群团巡视和兵运工作巡视工作,既促使原本分散的青少年和妇女等群体集合到制度性的组织结构中,又通过巡视加强武装革命的军事工作,服务于武装革命这一中心。

巡视制度的党外延伸是基于制度本身的适应性调整。一是反应性适应。在巡视制度建设目标上将"发展党"与"巩固党"的任务融合起来,从加强党的绝

[1] 《中央关于产业支部的现状与目前党的任务的决议》(1933年2月15日),《中共中央文件选集》第9册,第79—92页。

[2] 《中央组织局给苏区各级党部的指示信——关于健全地方支部生活的问题》(1933年8月19日),《中共中央文件选集》第9册,第298页。

[3] 《中央关于检查江苏党工作的决议》(1933年11月23日),《中共中央文件选集》第9册,第426—432页。

[4] 《中共中央局为加强党对工会的组织领导给各级党部的信》(1934年11月26日),《中共中央文件选集》第10册,中共中央党校出版社1991年,第416—418页。

[5] 《中央关于青年团工作的决议》(1932年2月15日),《中共中央文件选集》第8册,第132—135页。

[6] 《苏区第一次团大会决议问答纲要》(1932年6月15日),《江西革命历史文件汇集(1932年)》一,内部资料1992年,第270页。

[7] 《张怀万巡视赣西南报告》(1930年4月5日),《中央革命根据地史料选编》上册,江西人民出版社1982年,第202—203页。

[8] 《对于目前兵运工作的决议》(1931年3月14日),《中共中央文件选集》第7册,第193页。

[9] 《中央局军委为开展士兵群众反日运动给华北各级党部的一封秘密信》(1934年8月12日),《中共中央文件选集》第10册,第383页。

对领导和健全党的建设的党内巡视延伸到群团组织和兵运工作巡视,强化政党与群众组织及武装斗争之间的紧密联系,巩固和强化党的执政基础。二是效能性适应。强调党的领导作用发挥,把党的领导机关责任提到保证党的政策、策略原则实现的地位,利用巡视深入基层和群众,加强对群团组织具体工作指导,建立并发展党对政府和群众团体的正确关系。三是功能性适应。利用巡视制度使党的基层组织深入群众和群团组织,以政党为中心实现对各种社会组织整合,既强化党的绝对领导,又保证群团组织各司其职、相互作用,形成一个严密整体。

## 四、转向调整与专项巡视兴起

1937 年全面抗战爆发以后,由于外部政治生态环境变化,以及因中共局部合法"革命执政"和民族民主战争所赋予的特殊性任务而形成的内部环境状况,党在继承已构建巡视制度体系"内核"基础上进行调适调整。而与此同时,在新的政治生态环境中还有一些崭新的内容则不断涌现。

1. 党内巡视制度的及时调适

一是限制和减弱党内巡视职权。随着各级党组织的建立健全和部分职能部门的功能增设,两个巡视条例所赋予早期巡视员的"对各地党部考查和指导工作的全权代表"的较大权力模式已不适合新的形势要求。1938 年 10 月 15日,六届六中全会对巡视员的权力予以削弱,即只有建议权而没有决定权[1]。11 月 6 日,中央再次予以重申规定[2]。二是缩小或取消党内巡视方式。1941 年 6 月,晋察冀边区明确规定巡视作为领导方式的一种辅助形式[3]。1945 年 5 月中共七大再次要求,必须慎重实行巡视制度。一些地方党组织采用上调下级党组织负责人约谈方式取代巡视。三是转换和调整党内巡视功能。1937 年后,巡视由领导方式调整为监督检查的一种重要方式。1941 年12 月 12 日,中央提出:"派人及组织巡视团,到各地检查工作搜集资料"[4]。

---

〔1〕 洛甫:《关于抗日民族统一战线的与党的组织问题》(1938 年 10 月 15 日),《中共中央文件选集》第 11 册,第 714 页。
〔2〕《中共扩大的六中全会关于各级党部工作规则与纪律的决定》(1938 年 11 月 6 日),《中共中央文件选集》第 11 册,第 769 页。
〔3〕 彭真:《晋察冀边区各项具体政策及党的建设经验》(1941 年 6 月 4 日—8 月 21 日),《彭真文选(1941—1990 年)》,人民出版社 1991 年,第 31 页。
〔4〕《关于敌后各根据地领导方法的指示》(1941 年 12 月 12 日),《中共中央文件选集》第 13 册,第524 页。

巡视只是党内工作中的帮助和辅助方式而不再是领导方式,不是每个单位都适应实行巡视制度,巡视员主要任务是对下级党组织工作进行监督检查,且必须在同级党组织集体领导下工作,巡视制度不再作为日常工作全面展开。

2. 专项巡视应运而生

主要是以巡视团方式进行。(1)党建领域。针对执政区域检查工作,1934 年有巡视团形式出现。1940 年 1 月 20 日,北方局指示:"派得力干部或巡视团到苏鲁区,整理苏鲁区党的工作。"[1] 1944 年 2 月 10 日,琼崖特委就巡视团任务予以规定[2]。针对党的宣传工作,中宣部决定实行宣传工作巡视考察制度和组建巡视团指导下级制度。1940 年 10 月 17 日,中央宣传部又决定实行抗日根据地党支部巡回教育制度[3]。针对整风工作,中央总学习委员会 1942 年 6 月 2 日成立总学委巡视团,负责对各区的整风学习情况巡视监督。(2)政府系统。针对土地改革,中央 1942 年 1 月 28 日提出,抗日根据地应当分团巡视土改情况。针对边区政权下级机构权力运行,实行行政专员督察制度。如西北办事处 1937 年 8 月就行政专员公署规定:专员之下,设处员三人,奉专员之命,巡视督察各县工作。1938 年 2 月 15 日,陕甘宁边区政府发出第三号命令,确定边区政府巡视团编制 6 人。1939 年,陕甘宁边区参议会详细规定了区政府巡视团权责。1941 年,边区政府委员会财政厅下设巡视团,并制定巡视团章程。(3)军事领域。1939 年 5 月"皖南事变"后,中央针对国民党反动势力不断制造摩擦事件背景提出在军事工作方面实行巡视制度[4]。1942 年 9 月,琼崖特委要求部队组织巡视团,事实上,西路、乐万等各县(定安除外)都有巡视团前往指导工作[5]。中央军委和总政治部 1939 年 6

〔1〕《中共北方局对山东工作的意见》(1940 年 1 月 20 日),《山东革命历史档案资料选编》第 4 辑,山东人民出版社 1982 年,第 126 页。

〔2〕《中共琼崖特委常委会会议记录》(1944 年 2 月 10 日),《广东革命历史文件汇集(中共琼崖特委文件,1937—1945 年)》,内部资料 1987 年,第 378 页。

〔3〕《中央宣传部关于各抗日根据地内党支部教育的指示》(1940 年 10 月 17 日),《中共中央文件选集》第 12 册,第 515 页。

〔4〕《中央关于敌占区中党与非党的组织及工作方式的指示》(1939 年 5 月 15 日),《中共中央文件选集》第 12 册,第 68 页。

〔5〕《中共琼崖特委第九次扩大会议记录——形势与任务、部队政治工作、民运工作、组织工作、宣传工作等报告及讨论情况》(1942 年 9 月),《广东革命历史文件汇集(琼崖特委文件,1937—1945 年)》,第 276、286 页。

月指示,建立并实行巡视团制度[1],开展对部队党建和整训工作的巡视。

3. 群团组织巡视的广泛推行

针对群众工作,1937 年 8 月 31 日蒲城县委规定实行巡视制度[2]。针对职工运动,1940 年山东各级工会领导机关巡视检查制度开始建立[3]。针对青年运动,山东采取巡视团形式指导检查各地青年运动工作[4]。针对教育领域,1940 年中央指示在开展抗日民主地区实行督学巡视制度[5]。针对妇女工作,1942 年 2 月 6 日中央书记处的《关于根据地各级妇委组织工作条例》规定了妇委巡视员制度[6]。

## 五、结语：历史规律与基本经验

民主革命时期党内巡视制度是特定时空语境下的产物,其发展脉络为:1921—1927 年属于基本制度发轫阶段,1927—1931 年为中共党内巡视制度正式确立和"规制立法"阶段,1931—1937 年为党内巡视制度的强化与深度规范阶段,1937 年以后为党内巡视制度全面调适并在党外广泛领域推广阶段。

1. 基本历史规律

一是有马克思主义政党学说的理论基石。民主革命时期党内巡视制度的创建和发展过程实质上是马克思主义中国化的过程,民主集中制、群众路线、实事求是成为其理论溯源,联共(布)和共产国际的借鉴因素构成其中的苏联元素,建党价值导向有力推动、内部组织结构直接催化、中共革命实践生存客观需要是其具体实践的生成动力。二是有内在三重关系互动的运作机制。民

---

〔1〕《中央军委、总政治部关于整理与巩固新部队的训令》(1939 年 6 月),《中共中央文件选集》第 12 册,第 136 页。

〔2〕《巡视蒲城县工作报告——党的工作与群众工作》(1937 年 8 月 31 日),《陕西革命历史文件汇集》甲 8,内部资料 1994 年,第 343 页。

〔3〕《山东职工运动的总结——1940 年 8 月 11 日霍士廉在联合大会上的报告》,《山东革命历史档案资料选编》第 5 辑,山东人民出版社 1982 年,第 140 页。

〔4〕《抗战以来山东青年运动的总结及其发展的新方向——1940 年 8 月 13 日刘居英在联合大会上的报告》,《山东革命历史档案资料选编》第 5 辑,第 179 页。

〔5〕《中央关于开展抗日民主地区的国民教育的指示》(1940 年 3 月 18 日),《中共中央文件选集》第 12 册,第 330—331 页。

〔6〕《关于根据地各级妇委组织工作条例》(1942 年 2 月 6 日),《中共中央文件选集》第 13 册,第 311 页。

主集中制是一条主线,有力地加强党的领导和建设,合理规范党内关系秩序,并坚持群众路线和革命动员,促使工农大众成为推动中共革命前进的坚实力量。三是有制度顶层设计运行的调适过程。在制度功能设计方面,不断地由初创时期的领导方式和工作方法转向党内监督检查;在巡视任务方面,不断地由组建发展和整顿改造地方党组织、整合社会资源和革命动员、指导领导革命运动等而逐渐转向对职能部门履职尽责情况的专项检查;在巡视员选拔任用上,由初期的过分强调工农成分转向注重政治素质和业务能力;在巡视职责权限方面,由最初权力过大和权威过高逐渐转向注重权力上下制衡。四是有革命传播和社会动员的任务重心。建党初期,始终围绕领导工农运动和发展基层组织建设,以巡行特派指导方式开展;土地革命时期,坚持围绕武装暴动和土地革命,重心下移,加强党的领导,有力地促进革命斗争进程;抗日战争时期,转而围绕民族革命各项中心工作,不断开展巡视动员,整合社会资源,最大限度地动员一切能够动员的社会力量,为赢得抗日战争最终胜利而厚植坚实基础;解放战争时期,则是围绕民主革命胜利、解放全中国,促使由局部执政转向全面执政最终实现。

2. 基本历史局限

在革命战争形态和思想认识局限的历史环境下,民主革命时期党内巡视制度建设还不够成熟理想,内容还不够具体细致。一是顶层设计的革命性。表现在领导方式的功能定位上,具有高度集权、执行简便、决策统一和反应快速的特点,但这种权力向上集中的顶层设计不可避免地带来两个问题:(1)强集中弱民主,不利于党内民主养成。(2)巡视员权力过大,不可避免地存在放大上级决策失误的可能性。土地革命时期,地方巡视实践中出现的冒险主义和盲动主义等错误倾向与此亦不无关联。二是实践操作的选择性。由于受到战争环境的影响,客观条件下的因素制约,党内巡视制度在实践过程中暴露出诸多问题,诸如安全隐患、经费短缺、巡视员的能力和水平不高、巡视员数量不足等,无疑影响到巡视工作。同时,过分依赖巡视员,会产生集体领导弱化或者其他问题,影响到集体领导。三是具体效果的战时性。制度设计、规范、保障跟进不足,在一些地方没有得到很好执行和落实,经常性、可持续性明显不足。战时性特征决定了民主革命时期中共巡视制度实际效果的历史局限。

3. 基本历史经验

认真总结梳理党内巡视制度的基本经验,具有深远的理论价值和现实意义。一是必须因时因地制宜。整个民主革命时期党内巡视制度的发展变化，正是结合中国革命实际不断进行调适而形成和发展的。实践证明，巡视制度只有根据形势变化特点不断进行自我调适完善、自我创新发展，才会最终拥有未来。二是必须坚持围绕中心、服务大局。实践证明，整个民主革命时期党内巡视制度之所以能够赓续延绵不断，一个最重要的原因就是能够始终坚持党的工作中心而开展，从而不断彰显出制度坚强旺盛的生命力。三是必须加强规范化、制度化建设。整个民主革命时期中共巡视制度发展过程，实际上也是一个制度化、规范化的过程。实践证明，巡视工作的质量和水平若想得以提升、持续健康深入发展，就必须有科学严密、运作高效的制度体系作坚强保证。四是必须坚持实事求是和群众路线。整个民主革命时期党内巡视制度的发展过程，实质上也是密切联系实际、坚持走群众路线的过程。实践证明，只有坚持实事求是和巡视为民原则，坚定走群众路线，深入开展巡视动员，巡视工作才能永葆青春、永放光芒。五是必须加强干部队伍建设。实践证明，建设一支政治忠实坚定、业务素质优良、作风品质严谨、适应能力强的巡视干部队伍，是巡视工作持续深入发展的有力组织保证。

本文原载《史学月刊》2021 年第 7 期。

# 1944 年"豫西民变"考析

郑发展

1944 年,侵华日军经过周密准备,发动了"一号作战"(中方称为"豫湘桂会战"),其中在河南地区的战斗,史称"豫中会战",或称"中原会战"。豫中会战从 1944 年 4 月 18 日日军自郑州强渡黄河开始,至 5 月 25 日洛阳陷落,历时 38 天。国民党军队惨败,丢失郑州、许昌、洛阳等 37 座城镇。在豫中会战后期,发生了豫西民众袭击国民党败军的事件,被称为"豫西民变"。几十年来,各种抗战史著述对此均有一定程度的涉及,而且对"豫西民变"的表述随着时代的变迁而变化。

## 一、"豫西民变"相关记载所引发的三个问题

最早报道豫中会战期间军民冲突的,是美国记者白修德。1946 年,白修德出版了《中国的惊雷》一书,其中记述了豫西民众对国民党败军扰民的反抗:"农民等候这个时机已经等了很久。他们身受很久的灾荒以及无情的军方勒索之苦,已经受得太够了。现在他们回过头来,把猎枪、小刀和铁耙武装了自己。他们开始解除个别士兵的武装,后来把整连整连的人缴械。"[1]

1986 年出版的《剑桥中华民国史》有如下记载:"当中国士兵从日军的'一号作战'攻势中败下阵来时,农民猛烈地攻击他们。用农具、刀子、火铳武装起来的农民,将自己的 5 万士兵缴了械,并杀死了一些人——有的甚至被活埋。"[2]

豫中会战结束后,1944 年秋,八路军挺进豫西。时任八路军豫西抗日先遣支队司令员皮定均后来的回忆被广泛引用:"国民党军队逃跑时,豫西人民

〔1〕 白修德、贾安娜著,端纳译:《中国的惊雷》,新华出版社 1988 年,第 199 页。
〔2〕 费正清主编,章建刚等译:《剑桥中华民国史》第 2 部,上海人民出版社 1992 年,第 661 页。

群起而攻之。他们说：'你们没种打老日子（指日寇），我们自己来打'，他们从国民党军队手中夺获的枪械，少说也在十万支以上。"〔1〕

　　以上三种叙述，诸如整连整连的缴械、收缴 5 万士兵枪械、夺枪 10 万支等说法互相印证，构成了关于豫中会战期间国民党军队与豫西民众之间冲突的所谓的"权威"叙述，并成为后来各种著作引用的主要来源。1985 年河南人民出版社出版的《河南抗战史略》以"河南民变"为题单独一章述及此事，更多著述则以"豫西民变"冠之。民变之说由此而来。

　　20 世纪 80 年代以后，抗日战争正面战场的研究渐成学界热点，新史料也不断被发现和披露。目前与"豫西民变"有关的资料大致分为三种：一是档案资料，包括各档案馆的馆藏档案和公开出版的各种档案史料汇编；二是回忆录和回忆文章，撰写者主要是国民党参战将领、八路军豫西抗日先遣支队指战员和豫西当地士绅；三是各地方志和文史资料。

　　对回忆录的使用，应持谨慎态度。参加豫中会战的国民党将领在撰写回忆录和相关文章时侧重点各不相同，大致可分为三种情形。第一种情形是解放战争时期被俘或起义的国民党将领的回忆，多侧重反映国民党军队作战不力、怯敌扰民，以及民众奋起反抗的事例，如豫中会战时任第一战区副司令长官部参谋长刘子奇和指挥所负责人宋涛、第四集团军总司令孙蔚如、第三十六集团军参谋长张仲雷、第八十五军军长吴绍周、汤恩伯秘书诸葛容、第三十一集团军驻渝办事处处长葛天，以及第十三军第八十九师第二六六团团长方耀等。第二种情形是 1949 年后到台湾的国民党将领的回忆，多侧重记述作战经过，或为失败推诿自己应当承担的责任，如第一战区司令长官蒋鼎文、第三十一集团军总司令王仲廉、第十四集团军总司令刘茂恩、第十三军军长石觉，以及许多中下层军官。第三种情形是虽未参加豫中会战但负有重要责任的国民党将领的回忆，这些回忆多侧重对豫中会战失败原因的总结，如接替蒋鼎文担任第一战区司令长官的陈诚。

　　对相关史料和各方关于"豫西民变"的记载进行分析，不难发现其中有许多不一致甚至自相矛盾之处。这就使研究这个问题既有可能，也十分必要。本文试图通过对各种新旧史料的解读，重点解决三个问题：一是豫西民众袭击国民党军队的规模；二是国民党一直指责中国共产党在"豫西民变"中起着重要作用，事实是否如此？ 三是究竟什么人袭击了国民党军队？

---

〔1〕 皮定均：《中岳狂飙》，《河南（豫西）抗日根据地》，河南人民出版社 1988 年，第 111 页。

## 二、国民党败军被袭扰的规模

对相关史料和各方关于"豫西民变"的记载进行分析,可以客观地呈现出当年国民党军队被袭扰的规模。

### (一) 国民政府关于豫中会战失败原因的相关资料

豫中会战结束后不到一个月,即 1944 年 6 月,国民党第一战区司令长官蒋鼎文向国防部呈交的《蒋鼎文关于中原会战溃败原因之检讨报告》中,首次谈到豫西民众截击国民党军队:"此次会战期间,所意想不到之特殊现象,即豫西山地民众到处截击军队,无论枪支弹药,在所必取,虽高射炮、无线电台等,亦均予截留。甚至围击我部队,枪杀我官兵,亦时有所闻。……各部队于转进时,所受民众截击之损失,殆较重于作战之损失,言之殊为痛心。"[1]可以看出,蒋鼎文将战争失败的主要责任推诿于豫西民众,认为"民众截击之损失,殆较重于作战之损失",这和白修德在《中国的惊雷》中记载的内容似乎可以相互印证。

豫中会战后,蒋鼎文引咎辞职,汤恩伯撤职留任。1944 年 7 月 14 日,陈诚接替蒋鼎文就任第一战区司令长官,但他对豫中会战失败原因的总结却与蒋鼎文的检讨报告迥异:"河南民间早就有'宁愿敌军烧杀,不愿国军驻扎'的口号,虽不免过甚其词,但军队纪律的败坏,实在也是无容为讳的事实。汤副长官不能以身作则,又个性太强,上行下效,往往相率蒙蔽,不敢举发。伊川、嵩县、登封遭八十五军洗劫极惨。十三军之于密县、禹城,预八师之于卢氏,四十军之于木洞沟亦复如是。长官部特务团随长官部行动,亦到处鸡犬不留。军民之间俨如仇敌,战事进行中,军队不能获得民众协助,自属当然。而各地身任乡镇保甲长或自卫队长等之土劣恶霸,且有乘机劫杀零星部队及予以缴械之事。"[2]陈诚明确指出国民党军队"军纪废弛已极",袭击军队者是"各地身任乡镇保甲长或自卫队长等土劣恶霸",规模也仅为"乘机劫杀零星部队及予以缴械",与白修德所述显然大相径庭。

后来陆续公布的史料,也比较充分地证实了陈诚报告内容的客观性。豫

---

[1] 中国第二历史档案馆编:《中华民国史档案资料汇编·第五辑第二编(军事)(四)》,江苏古籍出版社 1998 年,第 98 页。

[2] 陈诚:《陈诚回忆录——抗日战争》,东方出版社 2009 年,第 94 页。

中会战后,汤恩伯在检讨会议上也谈到了军民关系和武器问题:"我们的部队这次在河南各地征用的牛车很多……绝大部分都是输送眷属的,你们想想,这样地方民间会有多大的损失,老百姓怎么会不恨我们,我们的军誉怎么会不坏! 这都是事实,我们问心有愧,我们对不起河南的老百姓,老百姓骂我们是应该的。"〔1〕"这次作战下来,各部队的炊具干粮袋,差不多丢了一半,廿九军的枪支也丢了不少,这些武器公物都到哪里去了? 都是被敌人缴了? 都在阵地打毁了? 我不相信!"〔2〕

与此同时,国民党军风纪第二巡察团、中统局、军委会调统局以及河南省临时参议会等单位分别向蒋介石提交了对豫中会战各部队作战情况的调查报告,反映了军队军纪废弛、军民关系恶化的问题:

1. 军风纪第二巡察团委员陈积善呈给蒋介石的电报:"此次豫战,我军士气沮丧,纪律废弛,惰将骄兵,闻敌即逃。指挥官毫无部署……"

2. 中统局调查到的第12军和第13军恶行:"(一)十三军在襄城、嵩县,大肆劫掠,并强奸河南大学女生数人,至卢氏,将农民银行基金现洋及大车,全部劫去。(二)十二军在南召、鲁山附近,劫掠衣物,并以刺刀刺伤人民,私卖枪支,临行时,并将枪支抢回。"

3. 军委会调统局调查到溃兵占山为匪:"十三军溃兵一营,经卢氏以南之双槐树、五里川等地,沿途抢劫,盘踞深山,卢氏绅士潘世亭等,集合人枪千余,围攻该营,企图解除其武装。"

4. 河南省临时参议会弹劾汤恩伯:"汤逃避战场,致军失主将,闻风溃抢,鲁山李青店间最惨,汤犹毫无觉悟,诿过民众。"〔3〕

对此,蒋介石十分清楚:"将领怯馁无能,一至于此! 平时漫不经心,临战手足无措,汤之勇而无谋,又为走私货物所害,不能专一于军事。"〔4〕他痛骂汤恩伯,"此种将领恐为有史以来所未闻也"〔5〕,感叹"军纪之坏已极,非严惩不能抗战矣"〔6〕。对军民冲突的原因,他也有比较清醒的认识:"军队营

〔1〕 汤恩伯:《认清缺点,痛切改正——中原会战的检讨(二)》,《汤恩伯史料专辑》(武义文史资料第6辑),中国文联出版社2000年,第246页。

〔2〕 汤恩伯:《认清缺点,痛切改正——中原会战的检讨(二)》,《汤恩伯史料专辑》(武义文史资料第6辑),第247页。

〔3〕 陈诚:《陈诚回忆录——抗日战争》,第549—550页。

〔4〕 《蒋介石日记》,斯坦福大学图书馆藏。

〔5〕 《蒋介石日记》,斯坦福大学图书馆藏。

〔6〕 《蒋介石日记》,斯坦福大学图书馆藏。

商图利,借副食费不足之名剥削地方,以致军纪荡然,民心离叛之第二原因也。"〔1〕

### (二)国民党参战将领的回忆资料

参加过豫中会战的一些国民党将领后来通过撰写回忆录或发表文章的方式,回忆了战争经过,部分资料也涉及国民党部队当时被袭扰的规模或军民冲突的相关内容。

1. 第一战区司令长官蒋鼎文的回忆

1964 年前后,蒋鼎文在台湾接受口述历史编委会访谈。此时他对军民冲突的回忆,与 20 年前的报告截然不同:"在第一战区最令我痛心疾首的事,便是中原大会战中,地方民众仇恨我们的国军。……汤恩伯部的十三军(军长石觉)军纪太坏,沿途扰民。河南民性强悍,老百姓差不多都有自卫武器,他们组织起来,对于零星或小股国军施行突击。"〔2〕这个回忆与 1944 年夏陈诚所做出的结论相吻合。这就证明蒋鼎文当年会战检讨中"所受民众截击之损失,殆较重于作战之损失"之说,纯系推卸会战失败的责任。

2. 第一战区副司令长官部人员的回忆

时任第一战区副司令长官部参谋长的刘子奇承认在向伏牛山区撤退时:"不时遭到豫西地方山地民众武力袭击,小队官兵多被围劫,人马武器、通信器材以及行李辎重损失不少。"〔3〕在这里,他用"小队官兵"一词来形容被围劫的规模,与汤恩伯秘书诸葛容的叙述基本一致:豫西民众对国民党军"进行自发性报复,尤其对汤的基本部队十三军最为痛恨,十三军零星败兵被当地人民缴械或狙击事件经常发生"〔4〕。

撤退途中,汤恩伯及其随从曾被地方团队收缴随身携带的电台,成为当时一重大事件。宋涛时任第一战区副司令长官部总参议,会战期间负责副长官部指挥所,一度失去了与汤恩伯的联系:"我所带的五十瓦电台(副长官部枢纽台),几天之内叫不通各台,和汤恩伯所带的电台也联络不上。事后才知道,他

〔1〕《蒋介石日记》,斯坦福大学图书馆藏。
〔2〕李毓澍访问,周道瞻纪录:《蒋鼎文先生访问纪录》,"中研院"近代史研究所《口述历史》编辑委员会编:《口述历史》1999 年第 9 期,第 60 页。
〔3〕刘子奇:《中原战役概况》,《中原抗战:原国民党将领抗日战争亲历记》,中国文史出版社 1995 年,第 267 页。
〔4〕诸葛容:《我所知道的汤恩伯》,《浙江文史资料选辑》第 16 辑,浙江人民出版社 1980 年,第 197 页。

在从洛阳奔洛宁的途中,曾被地方团队劫去电台,经当地县长交涉才予发还。"〔1〕第八十五军军长吴绍周也确认汤恩伯"连身边所带的一部电台,也在洛宁附近被地方团队缴去,事后军中曾传为笑话"〔2〕。

3. 汤恩伯嫡系部队人员的回忆

在参加豫中会战的汤恩伯兵团中,第三十一集团军的第十三军和第二十八集团军的第八十五军是其嫡系部队,但官兵对遇袭规模的回忆也不尽相同。其中第十三军军长石觉、第十三军八十九师二六六团团长方耀、第八十五军野炮营一连通信观测排排长黄润生的回忆颇具代表性。

石觉否认民众拦截袭击了国民党军队,他说:"这是荒唐不过的话,慢说是两个集团军,即使是一个战斗的班,也根本吃不动,拦不住。我曾见在远方担任警戒的班,暴民四五十人逼近,意图夺械,班长警告后,发射两枚枪榴弹,该等暴民即行鸟兽散。"同时他也承认,"对离散的官兵有杀人夺械的不少报道,尤其敌军猛攻之下或空袭之时,暴民对离散人马趁火打劫的行为,层出不穷而已";而"在豫西作战是五个集团军及若干独立师旅,是日寇动员了大量兵力击退的,你们只会剪径的小毛贼,没有这个能力"〔3〕。

方耀则认为袭击的规模很大,第十三军于"(5月)八日天亮前三小时开始突围""在郏县与临汝县之间约二三十里长的突围线上,所有村庄到处打枪,有的民众还叫'缴械',封锁线上的日军坦克摆成一条长龙,既没有开照明灯,也没有打炮,令人迷惑不解。据说在突围部队经过的地段,到处都是汤军抛弃的步枪、轻重机枪、弹药、骡马、装具、车辆、通讯器材、迫击炮,还有大炮,次日各村老百姓清扫战场"〔4〕。

黄润生所在野炮营曾在伊川县境内遭遇当地武装的拦截,经过劝说得以通过。"我们转进到伊川白杨镇西高地,山上有一寨,寨墙上及寨外聚集很多持枪的人,挡住去路,声称'把枪缴来'。"黄润生等人同这伙人谈判,游说他们不要阻挠部队前进。"正说着,恰巧有一二十个持枪的弟兄也来到,他们才乖

〔1〕 宋涛:《第一战区副司令长官部成立与撤退》,《中原抗战:原国民党将领抗日战争亲历记》,第272页。

〔2〕 吴绍周:《关于汤恩伯》,《河南文史资料》第3辑,1985年,第54页。

〔3〕 陈存恭、张力访问,张力纪录:《石觉先生访问纪录》,"中央研究院"近代史研究所1986年,第182页。

〔4〕 方耀:《参加中原会战的第十三军》,《中原抗战:原国民党将领抗日战争亲历记》,第327、328页。

乖地让我们通过。"〔1〕

三人的回忆中,方耀的叙述违背常理。在正常情况下,突围时间选择在"天亮前三小时",目的是趁敌未发觉,悄悄通过封锁线。村民打枪而未引起日军注意和追击,于理不通。仅仅因为村民打枪而丢失大量武器,更是不可思议。石觉和黄润生对军民冲突过程的回忆,符合逻辑,对军民冲突的记述比较客观。

4. 其他集团军人员的回忆

第三十六集团军战前在洛阳一带驻防,总司令部设在新安县,负责渑池、孟津、新安县一带的防务。第三十六集团军参谋长张仲雷回忆:5 月 13 日早上,"在我们从赵峪出发后,即闻我在河上沟的部分行李被当地人抢劫",河上沟有该部"先遣的辎重、行李及非战斗人员驻在那里"。新八军也遭遇地方团队围困,张仲雷在"过城村,会晤新编第八军军长胡伯翰时,才知道他在渑池被包围及为当地人所困事"〔2〕。

第十四集团军的士兵大部分是河南人,在豫西有一定的群众基础。即便如此,总司令刘茂恩本人也遭遇过地方团队的哄抢。该集团军第十五军军需处上校刘亚仙回忆,5 月中旬的一天,他们和刘茂恩一起向西行进,"夜间行至洛宁以西的故县镇一带,突然有一群人手执长枪拦住去路,群起向我们抢东西,人越来越多,把我们的面粉、电话机、办公用品及私人行李等,尽行抢走。刘茂恩亲自向其劝说不听……这群人进而向刘茂恩的特务营士兵手中硬夺枪支,刘茂恩屡次下令,不准开枪。这群人愈闹愈凶,刘的部下也不听刘的指挥了,用轻机枪向空射击,这群人才退去,可是我们所有的公私物品已被抢光"〔3〕。

与蒋鼎文、汤恩伯等人一再强调民众袭击国民党军队、推卸会战失败责任形成鲜明对照,国民党第四集团军一些参战部队将领对在会战期间军民合作、同仇敌忾的情形进行了记述。譬如,第四集团军第九十六军新编第十四师师长陈志坚所部在坚守登(封)汜(水)主阵地期间,"地方行政机关和人民团体及农民百姓也都同仇敌忾,踊跃帮助军队运输给养、弹药、伤员,并维护通讯,鼓励了官兵杀敌的勇气"〔4〕。时任第四集团军总司令孙蔚如对蒋鼎文、汤恩伯

〔1〕 黄润生:《抗日中原会战参战见闻录》,《河南文史资料》第 63 辑,1997 年,第 85 页。
〔2〕 张仲雷:《豫西撤退及李家钰的牺牲》,《中原抗战:原国民党将领抗日战争亲历记》,第 387、388 页。
〔3〕 刘亚仙:《洛阳战役回忆》,《中原抗战:原国民党将领抗日战争亲历记》,第 372 页。
〔4〕 陈志坚:《中原会战回忆》,《中原抗战:原国民党将领抗日战争亲历记》,第 349 页。

等人的不实之词进行了反驳:"豫西战后,各军昌言,此次豫西之败,地方人民袭扰军队,影响甚大。河南参议会曾发一通电说,人民袭扰各军,何以不袭扰第四集团军,且帮助之。"[1]

除上述国民党参战将领的回忆资料外,豫西地方士绅也有一些回忆,主要是揭露国民党军队的反动和畏敌怯战。其中影响比较大的是洛宁县士绅贺澍三的回忆,被很多著作引用。贺澍三在豫中会战后曾组织宜阳、洛宁、陕县、渑池4县联防,保卫家乡,后参加革命。他回忆"(4月)十七日敌人就到了河底镇",在日军的追击之下,"漫山遍野尽是蒋家的溃退军,到处抢劫。被激怒的豫西老百姓,为了保全性命,不得已起而攻打蒋军。……群众高呼缴枪,蒋军成营成团都乖乖地缴了枪。有的自己丢掉枪支,徒手逃命"[2]。但必须指出的是,贺澍三的回忆明显存在失实之处,因为豫中会战是从4月18日开始的,日军不可能在4月17日就已进入豫西,他更不可能在4月17日在洛宁看到国民党败军。

通过对上述材料分析,不难看出:豫中会战期间,国民党军队军纪败坏,对地方民众的抢劫和袭扰,远远大于民众对军队的袭击。在向西溃退的过程中,国民党败军抢劫的地方,有伊川、嵩县、登封、密县、禹县、卢氏、襄城、南召和鲁山,多达9县。涉及部队有第八十五军、第十三军、预八师、第四十军、第十二军和长官部特务团,影响恶劣,激起民愤,零星溃兵或小股部队被豫西民众缴械或袭击。豫西地方团队确有哄抢国民党败军物资与武器现象,但未使用武器,一旦军队示警,即行撤去,并未与国民党败军发生战斗。《剑桥中华民国史》所载豫西民众在豫中会战中"将自己的5万士兵缴了械"和皮定均《中岳狂飙》所言"从国民党军队手中夺获的枪械,少说也在十万支以上",均与事实不符。

## 三、国民党军队遇袭与中共豫西党组织并无关联

豫中会战后,国民党军队主要将领均将部队遭袭击的责任归咎于中国共产党。

首先是汤恩伯。豫中会战结束后,汤恩伯给时任第31集团军驻渝办事处

---

[1] 孙蔚如:《豫西战役》,《中原抗战:原国民党将领抗日战争亲历记》,第338页。
[2] 贺澍三:《豫西宜、洛、陕、渑四县联防抗日的回忆》,《河南文史资料》第4辑,1987年,第93页。

处长葛天打电报,要求葛天"告诉国民政府军委会有关人员,把惨败罪责推到共产党和河南民众身上"。于是葛天在重庆四处活动,称"共产党煽动河南民众尤其是组织农民起来反对汤恩伯,向汤军开枪攻击并缴汤军的枪,乃是这次中原会战汤军失败的根本原因"[1]。其次是陈诚。1944 年 5 月 12 日,陈诚赴第一战区考察,21 日向蒋介石汇报"异党在豫活跃,以打击蒋汤胡为目标,刻军民已成对立之势"。6 月 2 日,陈诚又给蒋介石发电报称"共党在豫西各地活跃,如不动员党政军全力防止,势将蔓延,后患堪虞"[2]。第十三军军长石觉在 1965 年回忆这段历史时,也否认其部军纪不良,认为对第十三军的负面评价是中共"专对本军做有组织有计划的破坏活动"[3]。

然而事实并非如此。抗战时期中共在河南的党组织,基本上是 1937 年以后才重新发展起来的。"从前的组织,在十年内战的白色恐怖时期完全破坏了。"[4]1937 年至 1939 年间,中共河南党组织有较快发展。但在 1939 年春国民党颁布《限制异党活动办法》后,形势又逐渐恶化。1939 年 11 月,国民党顽固派制造了震惊全国的"竹沟惨案",杀害新四军战士和无辜群众 200 余人。1940 年下半年至 1941 年初,中共豫西地区党组织遭到严重破坏。"洛阳邮局、铁路、电报局、汽车站和卢氏、嵩县、南召、新安、宜阳赵堡中学等基层党组织先后遭到破坏。"[5]1941 年 2 月,"中央截获国民党一个情报,情报上有河南党组织的一些情况和部分省委领导人名单"[6]。面对严峻形势,时任中共中央组织部部长陈云认为,极有可能是河南党组织内部出了问题。为防止发生意外,陈云决定河南省的党组织停止活动,紧急撤退,将骨干党员撤出河南,并亲自指挥撤干工作。

郭晓棠时任中共河南省委宣传部部长,并负责豫西地区党组织的工作。他回忆了中央对河南党组织撤退的具体指示:"他(指传达人苗树棠——笔者注)传达中央组织部部长陈云同志的指示,其要点大体如下:区级以上干部,一律撤退(豫西、豫中、豫西南等地撤往延安,豫南和豫西南部分可撤往鄂中),地方党组织停止活动;党员疏散,各找社会职业隐蔽起来,不要乱发生横的关

---

〔1〕 葛天:《我所知道的汤恩伯》,《文史资料选辑》第 144 辑,中国文史出版社 2001 年,第 183、183—184 页。

〔2〕 陈诚:《陈诚回忆录——抗日战争》,第 370、372 页。

〔3〕 陈存恭、张力访问,张力纪录:《石觉先生访问纪录》,第 177 页。

〔4〕 刘子久:《刘子久关于河南工作报告》,《刘子久纪念文集》,河南人民出版社 1992 年,第 134 页。

〔5〕 《抗日战争时期的中共河南省委》,《抗战时期的河南省委》,河南人民出版社 1986 年,第 12 页。

〔6〕 王志杰:《抗日战争时期河南地下党活动情况回忆片断》,《抗战时期的河南省委》,第 277 页。

系;撤退干部不要通过'洛办',等等。"郭晓棠当时认为情况没有那么严重,他"提出向中央请示一下,是否可以灵活处理,即不一定全部撤退,应撤者撤退,能留者留下,坚持工作,等待时机",并将自己的意见拟成电报稿,"送交'洛办'电台发给中央组织部,很快就接到回电,大意是坚决执行指示,不要犹豫。这样我才下了决心,立即布置撤退干部的工作"〔1〕。

中共河南省委坚决执行了中央的决定。"到 1940 年春,全省的党组织通过整顿和巩固工作,中共河南省委下辖的党组织有 9 个地委、32 个县委、4 个县工委、130 个区委。610 个支部,全省共有党员 8 805 人。"〔2〕省委逐县派通讯员传达中央指示,布置撤干工作。区级以上干部撤退之后,省委"对留下的党员做了继续隐蔽的安排,指示他们不要发生横的关系,不要找上级,要等待时机"〔3〕。直至豫中会战后,八路军豫西抗日先遣支队来到豫西,该地区的党组织才重新恢复活动,"由一九四一年夏撤退到一九四四年夏恢复,中间经过了三年"〔4〕。因此,豫中会战期间,中共党组织在豫西没有开展活动。

八路军豫西抗日先遣支队到达豫西后的汇报也证明当时中共党组织停止了活动。1944 年 9 月 6 日,八路军豫西抗日先遣支队(司令员皮定均,政委徐子荣,故又称皮徐支队——笔者注)从豫北林县出发前往豫西,到达豫西后,用"半个多月(十月二日至二十五日),专为打场面,了解情况,扩大政治影响,寻找地方党及同情分子"。1944 年 12 月 10 日,"皮徐支队"向八路军总部汇报了豫西地下党的情况:"地方党:过去各县均有县委,三九年与四零年,两次受破坏,一部分清出,或逃亡,留在地方的多数(知识分子几乎全部)都曾被捕,很多入过国民党劳动营受训、自首过,有些是叛变的,只伊川五区张思贤领导下的保存一部分。现找到党员有伊川六十多人,洛阳四十人,登封四十人,巩县八人,汜水十一人,荥阳二十七人,新郑三人,广武一人,另外,宜阳县委及三个区委,卢氏一个区委,共二百多人,但多数人弄不清。不少人声明自首过。"〔5〕

时任豫西地委组织部部长史向生的回忆也印证了"皮徐支队"的报告:"这

〔1〕 郭晓棠:《党在河南的部分活动情况》,《抗战时期的河南省委》,第 311 页。
〔2〕《中国共产党河南省组织史资料》(第 1 卷),中共党史出版社 1996 年,第 159 页。
〔3〕 秦艳春:《中共陕县县委的建立及活动》,《砥柱中流》,河南人民出版社 1990 年,第 70 页。
〔4〕 郭晓棠:《党在河南的部分活动情况》,《抗战时期的河南省委》,第 317 页。
〔5〕《皮定均、徐子荣豫西敌、伪、顽情况和工作部署向集总的报告》,《河南(豫西)抗日根据地》,第 51、50—51 页。

次我们开辟豫西时,许多县的党组织都是我们到那里后重新发展和建立起来的,保存比较好的是洛阳、伊川两县。……伊川主要基础在江左、吕店区……洛阳的党和群众很多,特别是洛河南的龙门和李村、诸葛等三角地带,党的基础很好,很有力量。"[1]

综上所述,中共河南省党组织在抗战全面爆发后才开始恢复,虽然在接下的两年中有较快发展,但在 1939 年国民党掀起反共高潮后,再次受到严重破坏。1941 年 2 月,中共中央紧急决定撤退区级以上骨干党员,中共河南党组织就停止了活动,直至 1944 年秋八路军豫西抗日先遣支队到达豫西后,才得以恢复和发展。因此,在豫中会战期间,豫西基本没有中共党组织的存在,更不可能"煽动河南民众尤其是组织农民起来反对汤恩伯",开展所谓的"有组织有计划的破坏活动"。陈诚、汤恩伯以及石觉等人所言纯属无稽之谈,无非是要嫁祸中共河南党组织,制造舆论假象,推卸会战失败的责任。

## 四、袭击国民党军队的主要是豫西土匪

既然国民党军队遇袭与中共豫西党组织并无关联,那么那些"成群结伙""持有枪支"对国民党败军进行袭扰的究竟是何许人呢? 20 世纪 80 年代以来,豫西各县陆续出版的地方志和文史资料回答了这一问题:豫中会战期间,有组织地袭扰国民党军队的是豫西土匪,抗战全面爆发后,这一地区的土匪活动不仅没有销声匿迹,反而在豫中会战后更加猖獗。

### (一) 豫中会战前豫西土匪的消长

豫西地区山高林密,民国初年战事频繁,张敬尧、吴佩孚、胡景翼、憨玉琨等军阀多次在此混战。战后"遗留在豫西的枪支很多"[2],几支枪就可以拉起一个杆子。20 世纪 20 年代至 30 年代初,豫西匪患愈演愈烈。"土匪是河南全省普遍的现象,而豫西是他们的发祥地""民风特别强悍,几乎遍地都是土匪"[3]。1930—1935 年间,国民党政府对豫西土匪进行了剿抚,大股杆匪如宝丰县的李万林、临汝县的范龙章、伊阳县的王凌云、宜阳县的王殿阁、灵宝一

---

〔1〕 史向生:《皮徐支队在豫西》,《河南(豫西)抗日根据地》,第 203 页。

〔2〕 王凌云:《豫西旧社会军匪横行的概况》,《洛阳文史资料》第 9 辑《豫西绿林》(上),1991 年,第 13 页。

〔3〕 冯和法编:《中国农村经济资料续编》(上),黎明书局 1935 年,第 176 页。

带的李万如、伊川县的赵冠英等杆伙被收编[1]，大股杆匪张锡明、魏得胜、郭世法、张贯成、杨作风、张举娃、王有、马锡有、刘桂堂、萧古、全秉智等被肃清[2]。

应该说，国民党政府抚剿并用的策略收到了一定成效，豫西大股杆匪或被剿灭，或被打散。抗战全面爆发前，豫西土匪已经没有20世纪20年代嚣张的气焰。但几十人、上百人的小股土匪仍然存在，譬如，郏县、临汝、宝丰、鲁山"杆股有王振、张得胜……等40多杆，人逾万"[3]。抗战全面爆发后，这些土匪纷纷打出抗日旗帜，"时而为匪，时而被收编为地方杂牌队伍"[4]。洛宁县土匪崔二旦杆伙、李元周杆伙等在1937年秋、冬十分活跃[5]；伊川县土匪朱全福以道教为幌子于1938年5月成立"大汉自治定国军"，后又改名为"济世救国会"[6]；郏县、临汝、宝丰、鲁山、宜阳、灵宝等县土匪"仍有10余股杆活动，他们以抗日为名，残害百姓"[7]。

### （二）豫中会战期间土匪对军民大肆劫掠

豫中会战期间，国民党军队向豫西山区败退，而军队受袭扰最为严重的地方恰恰是土匪活动最为猖獗的地区。"豫西一带自清末至民国十六、七年间，土匪猖獗，全境20来县几无一片干净土，尤以洛宁为甚，重点就在西五镇，而崇阳街又为五镇之核心。"[8]所谓"西五镇"指的是洛宁县西部的五个镇落，即故县、下峪、崇阳、董寺、孙洪峪，当时统称为"洛宁西五镇"，汤恩伯随身携带的电台被抢、刘茂恩一行被哄抢都发生在"洛宁西五镇"区域。

豫中会战期间，豫西土匪趁势而起，混迹于地方武装之中，致使国民党军队兵匪难辨。从而让土匪杆伙有了可乘之机，他们不仅袭扰国民党败军，而且还趁机洗劫地方，通过劫掠枪支和财物，扩充武装。对此，国民党参战将士回

〔1〕 根据王凌云《豫西旧社会军匪横行的概况》文中内容综述。《洛阳文史资料》第9辑《豫西绿林》（上），第10—13页。
〔2〕 根据《河南省政府五年来施政统计·保安》文中内容综述。《河南省政府五年来施政统计·保安》，河南省政府秘书处统计室1935年，第24—27页。
〔3〕《平顶山市志》，河南人民出版社1994年，第318页。
〔4〕《禹州市志》，中州古籍出版社1989年，第244页。
〔5〕《洛宁县志》，生活·读书·新知三联书店1991年，第427页。
〔6〕《伊川县志》，河南人民出版社1991年，第655页。
〔7〕《平顶山市志》，第318页。
〔8〕 苗培萌：《清末民初洛宁的几名绿林人物》，《洛阳文史资料》第9辑《豫西绿林》（上），第70页。

忆材料中多有述及。譬如,灵宝县孟昭成土匪杆伙不仅抢劫了第一战区司令长官部溃退官兵,还强奸了随军家属。"民国三十三年五月,日寇大举进犯灵宝。国民党第一战区司令部由卢氏向西撤退,一部分官兵和家属行至胡坡村时,孟昭成竟率人截夺该部枪支弹药等军用物资,还奸污了随军的军官太太。"[1]这一行径激怒了第一战区司令长官部,日军退出豫西后,该部派兵剿灭了孟昭成杆伙。

宜阳县西北地区由土匪乔志荣所控制。豫中会战期间,"日寇进犯豫西后,国民党军队望风西逃,兵不成列,将无斗志,乔收缴了国民党溃兵的枪支,扩充势力""乔志荣的侄子乔三杰在国民党西溃时带人去劫枪,被国民党的师长枪毙了"。乔志荣本来就兵强马壮,收缴败军枪支后,地盘也扩大了许多,控制着"柳泉、韩城、盐镇、高村、西石村一带,方圆五十多平方公里,400 多个村庄"[2]。

豫西土匪在袭扰国民党败军的同时,还趁乱洗劫地方民众:"民国三十三年 6 月 12 日,趁日军攻陷渑池之机,宜阳县土匪杆众,突至上下马岭、延里、南北鱼池头村,抢掳财物一空,拉走牲口 100 余头。当日晚,匪众又抢劫至高村。13 日,又抢劫至下马头、董村,拉走牲口数十头。6 月 14 日,宜阳李万如(李老幺)、王绍光杆众侵犯渑池,将城关附近各村抢劫一空。"[3]如此等等,此类事件不胜枚举。

## 五、结　语

通过对以上史料的梳理和分析,基本厘清了豫中会战期间军民冲突的事实真相。首先,关于豫中会战期间豫西民众对国民党军队大规模的袭击,最早出现在美国记者白修德的著作中,他在叙述豫西民众对国民党的袭击时夸大了事态,而白修德的叙述又被《剑桥中华民国史》所引用,以致以讹传讹。其次,新中国成立后,皮定均等一些革命将领在撰写回忆录时,为了突出国民党军队的反动而过分渲染,所述"事实"违背了逻辑和常理,从而与白修德《中国的惊雷》所述、《剑桥中华民国史》所载遥相呼应,形成所谓的"相互印证",给人以假象。后来陆续出版的一些地方志和回忆文章,出于种种考虑,将豫西发生

〔1〕 贾生民:《孟昭成其人其事》,《三门峡文史资料》第 18 辑,2008 年,第 117 页。
〔2〕 赵巨杰、卢明亮:《宜阳县匪霸乔志荣》,《洛阳文史资料》第 10 辑《豫西绿林》(下),第 157 页。
〔3〕 杜建成:《民国期间渑池的土匪活动情况》,《三门峡文史资料》第 18 辑,第 29 页。

的军民冲突与中共地下党组织联系起来，也与史实严重不符，亟待纠正。

历史研究必须坚持以事实为依据。只有通过对上述纷繁复杂的史料进行严格甄别，才能还原所谓"豫西民变"的真相。所谓"豫西民变"，并非豫西民众对国民党败军进行有组织或者大规模袭击，而是国民党败军在向西溃退的过程中大肆抢劫地方的行为激起了民愤，民众被迫自卫还击，且大多只是对其零星溃兵或小股部队缴械或袭击，与国民党败军根本没有发生任何正面的大规模冲突和战斗，更不可能出现"将自己的5万士兵缴了械""从国民党军队手中夺获的枪械，少说也在十万支以上"。因此，"民变"一说并不成立。豫中会战期间，中共豫西党组织基本没有开展工作，也不可能部署针对国民党军队的袭击，国民党败军在经过中共党组织尚存的伊川、洛阳两县时并没有和当地民众发生冲突。而国民党参战人员回忆资料中所列举的遇袭地区，恰恰是豫西土匪活动最为猖獗的地区，他们通过这些地区时遭到有组织的袭扰恰恰是土匪所为。至于蒋鼎文、陈诚、汤恩伯、石觉等人出于不可告人的政治目的和推卸会战失败的责任，嫁祸中共河南党组织和豫西普通民众之言，纯属无稽之谈，在此无需再辩。

本文原载《历史研究》2015年第4期。

# 西汉归德、中阳、西都地望考

## ——以张家山汉简《秩律》为中心

马孟龙

湖北省荆州市张家山二四七号汉墓出土的《二年律令·秩律》(以下简称《秩律》)完整记录了吕后初年朝廷直辖280余县道地名,是了解汉初政区建制的重要资料,对秦汉政区地理研究意义重大。自简文公布以来,引起学界热烈讨论。然而,以往《秩律》政区研究,更多关注汉初郡县隶属关系的复原,以及部分郡国辖域变迁,对于《秩律》所蕴含县道地理定位的线索,并未给予足够重视。显然,很多学者认为,仅仅排列地名的《秩律》,并不具有县邑定位的价值,而实际情况并非如此。本文尝试发掘《秩律》相关地理信息,对汉代归德、中阳、西都三县地理方位进行检讨。希望通过这一实证研究,揭示《秩律》在秦汉县邑定位上的特殊价值。

## 一、归　德

《汉书·地理志》(以下简称《汉志》)北地郡归德县自注:"洛水出北蛮夷中,入河。有堵苑、白马苑。"[1]据此,归德县位于洛水源头。洛水,即今陕北洛河,发源于定边县、吴起县之白于山,汉代归德县当在附近。

关于归德县地理方位记载,最早见于唐代文献。《通典·州郡典》庆州洛源县自注:"汉归德县地。后汉岑彭所封也。隋置。洛水所出。"[2]《元和郡县志》载之尤详:(庆州洛源县)"本汉归德县地,属北地郡。后汉更始二年封岑彭为归德侯,谓此地也。后汉迄晋,无复郡县。后魏文帝大统元年,复置归

---

〔1〕《汉书》卷28《地理志》,中华书局1962年,第1616页。
〔2〕(唐)杜佑:《通典》卷173《州郡三》,中华书局1988年,第4521页。

德县。隋大业元年,改为洛源县,因洛水所出为名。皇朝因之。"[1]同卷庆州华池县曰:"本汉归德县地也。按汉归德县,今洛源县是。"[2]可见,汉代归德县与隋唐洛源县关系紧密,应首先明确隋唐洛源县所在。

"洛水所出"是判定隋唐洛源县方位的重要参照。《中国历史地图集》(以下简称《图集》)的洛源县定位释文曰:"今定边县东南,洛水所出。"[3]《图集》把隋唐洛源县标绘于洛水源头支流头道川、乱石头川之间,约在今定边县东南杨井镇。受隋唐洛源县定位的影响,《图集》把汉代归德县亦定位于隋唐洛源县附近,作不定点处理,约在今定边县杨井镇、新安边镇一带(参见图1)。

《图集》对隋唐洛源县的地理定位尚有疑点。《元和郡县志》洛源县至庆州里程为"东南至州二百七十五里"。这里的"东南"并不准确,因洛水发源之白于山以及洛水上游均在庆州东北,故此处之"东南"应为"西南"之讹误。如《太平寰宇记》载洛源废县里程为"在州东北二百七十里",可证洛源县在庆州东北[4]。此后,历代地志载录洛源故城方位皆沿袭《太平寰宇记》。《图集》所定隋唐洛源县方位虽然大致符合270里的里数,却位于庆州的正北方,与文献所载洛源县在庆州东北的相对位置不符。

如果说《图集》对隋唐洛源县定位仅是方位略有偏差,那么再看洛源县与白于山的相对里程。《元和郡县志》载庆州洛源县"洛水源出白于山,一名女郎山,在县北三十里"[5]。《太平寰宇记》所载亦同。而定边县杨井镇却在白于山以西,其方位、里程都与传世文献不符。另外,《元和郡县志》载庆州华池县亦称"本汉归德县地也",可证唐代华池县、洛源县相距不远。唐代华池县在今甘肃省华池县林镇乡东华池村[6],距离陕西省定边县杨井镇的直线距离约为270余里,跨越今吴起县,很难想象唐代两个邻县会相距如此遥远。而汉代归德县有如此辽阔的辖域,也匪夷所思。《图集》应把隋唐洛源县方位搞错了,根据错误的隋唐洛源县方位所推定的汉代归德县方位自然也靠不住。若以"庆州东北二百七十里""白于山南三十里"两条里程为参照,隋唐洛源县应地

[1] (唐)李吉甫:《元和郡县图志》卷3《关内道三》,中华书局1983年,第69页。

[2] (唐)李吉甫:《元和郡县图志》卷3《关内道三》,第68页。

[3] 《中国历史地图集释文》,复旦大学历史地理研究中心资料室藏。

[4] (宋)乐史:《太平寰宇记》卷33《关西道九》,中华书局2007年,第710页。

[5] (唐)李吉甫:《元和郡县图志》卷3《关内道三》,第69页。

[6] 张多勇、庞家伟:《宋代华池县境内部分御夏堡寨遗址考察研究》,《西夏研究》2012年第3期。

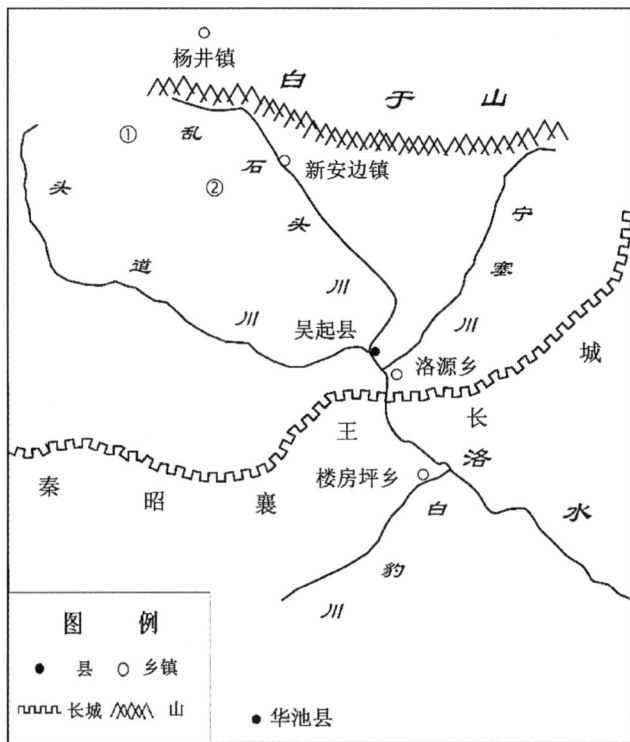

**图 1  洛河上游乡镇分布简图**

说明：图中①为《中国历史地图集》隋唐洛源县标绘方位；图中②为《中国历史地图集》汉代归德县标绘方位。

资料来源：本地图以腾讯地图(http//map.qq.com/)为底图绘制。秦昭襄王长城走向根据国家文物局编《中国文物地图集·陕西分册·吴起县》(西安地图出版社1998年，第302—303页)标绘。

处今吴起县城区附近。查吴起县地名录，县城东南有洛源乡(今为吴起县洛源街道)，地处洛水、宁塞川交汇处，而宁塞川正发源于白于山。此洛源乡与《元和郡县志》《太平寰宇记》所记洛源县道路里程相符，而且与隋唐华池县邻近，应即隋唐洛源县所在。

《元和郡县志》载"后魏文帝大统元年，复置归德县。隋大业元年，改为洛源县"。按照这样的叙述，汉代的归德县在北魏时期重新设置，后更名为洛源县，似乎汉代归德县就是隋唐洛源县。然而这样的理解并不符合历史事实。《隋书·地理志》的弘化郡同时载有归德县、洛源县，不仅表明两者并非简单的更名关系，同时也揭示两县并不在一地。鉴于古代地理文献常将两县并省关系混同于县名更改[1]。实际情况应是隋代大业元年将归德县撤销,并入洛源县。而《通典》和《元和郡县志》仅称隋唐洛源县属汉代归德县地域,并未明言洛源县即归德县,也可以从侧面验证笔者的判断。

总之,基于传世文献的记载,汉代归德县在隋唐洛源县境内,即今陕西省吴起县白于山南麓的洛河沿岸,如此方能与《汉志》洛水出归德县的记载相对应,同时亦符合唐代文献有关"洛源县、华池县皆为汉代归德县地"的记述。通过对传世文献的梳理,汉代归德县可限定在今陕西省吴起县洛河沿岸。而《秩律》的公布,为进一步限定归德县地理方位提供了重要线索。

要想明确《秩律》在归德县定位上的价值,需要了解秦汉之际西北边境的基本态势。秦始皇三十三年(前214),蒙恬率军北击匈奴,夺取河南地,从而将河套地区纳入版图。然而好景不长,随着七年后秦帝国的崩溃,匈奴卷土而来,重夺河南地。直至西汉初年,汉朝西北边疆只能维持于战国时期修建的秦昭襄王长城一线。冒顿单于"悉复收秦所使蒙恬所夺匈奴地者,与汉关故河南塞,至朝那、肤施"[2],"故河南塞"即秦昭襄王长城。这一局面要到汉武帝元朔二年才发生变化。

《秩律》简451记录有"归德"[3],结合上述历史背景,归德县显然在秦昭襄王长城以内。根据文物调查,秦昭襄王长城从甘肃省环县延伸入陕西吴起县境,沿着洛河的两条支流三道川、杨青沟南岸修建,延伸至陕西省靖边县(见图1)[4]。汉代归德县应在今陕西省吴起县三道川、杨青沟以下的洛河沿岸。今吴起县东南洛水、白豹川交汇处之楼房坪乡分布有大片汉代文化遗存,是吴起县境内汉文化分布最为密集的地区。而白豹川谷地历史上是沟通庆阳与洛水流域的交通要道[5]。秦汉时期的北地郡当即借助白豹川谷地与洛水上游的归德县沟通。而由洛水流域溯白豹川谷地翻越子午岭,即进入柔远川谷地,隋唐华池县正在附近。这也可以与《元和郡县志》洛源县、华池县皆为汉代归德县地的记载相对应。另外值得注意的是,吴起县楼房坪乡洛水、白豹川交汇处存在马营沟、马营、后马营等一系列地名,表明历史上这里曾存在较为发达

〔1〕 马孟龙:《西汉桂阳郡阳山、阴山侯国考辨》,《文史》2017年第3辑。

〔2〕《史记》卷110《匈奴列传》,中华书局1959年,第2890页。

〔3〕 张家山二四七号汉墓竹简整理小组:《张家山汉墓竹简[二四七号墓]》,文物出版社2001年,第196页。

〔4〕 国家文物局主编:《中国文物地图集·陕西分册》上册,西安地图出版社1998年,第303页。

〔5〕 史念海:《陕西北部的地理特点和在历史上的军事价值》,《河山集》四集,陕西师范大学出版社2015年,第75—144页。

的养马业,与《汉志》归德县"有堵苑、白马苑"的表述相符。综合以上几点,把汉代归德县定位于今吴起县楼房坪乡,是较为合理的结论。

## 二、中　阳

《汉志》西河郡有中阳县。《水经·河水注》:"(河水)又南过中阳县西。"[1]其地即今山西省柳林县三交镇之"吴王城"[2]。又《水经·文水注》曰:"文湖水迳中阳县故城东。按《晋书地道记》《太康地记》西河有中阳城旧县也"[3],其地即今山西省孝义市[4]。面对《水经注》的分歧,唐人多采信"孝义说"。如《括地志》曰:"中阳故城在汾州隰城县南十里,汉中阳县也。"[5]今按,唐人之说不足据,《清一统志》辨之:

> 中阳故城,在宁乡县西。……后汉末废。曹魏改置于兹氏县界,在今孝义县西北。《水经·河水》"又南过中阳县西",此盖汉以前中阳故城也。又《水经注》"文湖水迳中阳县故城东",《括地志》"中阳故城在隰城县南",《元和志》"孝义县本汉兹氏县地,曹魏移西河郡中阳县于今县治。晋永嘉后,省入隰城"。……汉末寇乱,故郡荒芜。曹魏时始移郡东土,县亦随之。《元和志》云"曹魏移中阳县于兹氏县界"是已。郦注所云是反以魏所移之城为两汉故县。误。[6]

《清一统志》考证今孝义市之中阳故城为曹魏以后侨置中阳县,今柳林县境内之中阳故城为汉代中阳县。包括《图集》在内的各类工具书均采信《清一统志》的看法,将汉代中阳县定位于今山西省柳林县、中阳县一带。《秩律》的公布,完全颠覆了这一认知。

《秩律》简452载录"中阳"[7]。《秩律》县名存在"同郡属县集中排列"的

---

〔1〕 杨守敬、熊会贞疏,段熙仲点校,陈桥驿复校:《水经注疏》卷3,江苏古籍出版社1989年,第263页。

〔2〕 黄学超:《〈水经〉文本研究与地理考释》,复旦大学出版社2021年,第214—215页。

〔3〕 杨守敬、熊会贞疏,段熙仲点校,陈桥驿复校:《水经注疏》卷6,第597页。

〔4〕 李晓杰、黄学超、杨长玉、吕朋:《〈水经注〉汾水流域诸篇校笺及水道与政区复原》,《历史地理》第26辑,上海人民出版社2012年。

〔5〕 《史记》卷43《赵世家》,第1817页。

〔6〕 穆彰阿、潘锡恩等:《大清一统志》第四册,上海古籍出版社2008年,第630页。

〔7〕 张家山二四七号汉墓竹简整理小组:《张家山汉墓竹简[二四七号墓]》,第196页。

规律,排列在简 452"中阳"前后的地名,均为汉初上郡属县,故"中阳"亦属上郡[1]。汉初上郡位于黄河以西,如果汉初中阳县在黄河以东,就与《秩律》产生矛盾。周振鹤率先注意到这一问题:

> 平周与中阳二县《中国历史地图集》皆定点于河水以东,似可商榷。因为汉初除河东郡以外,河以东地皆代国所有,此时又无西河郡,此二县只能属上郡,而不能属代国。故疑此二县有在河以西的可能。[2]

周先生意识到《秩律》简 452 中阳、平周二县,汉初皆为上郡属县,应地处黄河以西,而非以往认为的黄河以东。他的这一判断很快便得到部分验证。以往学界认为汉代西河郡平周县在今山西省介休市。1978 年,陕西省米脂县官庄一座东汉墓葬墓室立柱刻铭葬地为西河郡平周县寿贵里,下葬时间为永和四年(139 年)。吴镇烽指出,此墓葬题铭表明西汉至东汉永和四年以前的平周县地处陕西省米脂县境,今山西省介休市的"平周故城"是永和五年为躲避匈奴叛乱而内迁的侨县[3]。这一研究结论完全验证了周先生之前的判断。若以"平周"反观"中阳",今山西省柳林县境内的"中阳故城"也应当是东汉永和五年以后的侨县,而战国至永和四年的中阳县当在黄河以西寻之。

有学者受吴镇烽研究启发,重新把战国至东汉中期的中阳县定位于黄河以西。石春平、艾冲根据内蒙古自治区杭锦旗阿门其日格公社发现的一件带有"中阳"字样的铜漏,将中阳县定位于附近胜利乡"古城梁古城"[4]。今核对文物资料出处得知,"中阳"铜漏为当地村民在沙丘地表采集[5],考虑到铜漏为可移动文物,因此仅根据铜漏采集地来确定中阳县方位的做法并不严谨。而且"中阳"见于《秩律》,乃位于秦昭襄王长城以内,地处秦昭襄王长城以外的古城梁古城绝不会是秦汉中阳县。

其实,黄河以西的中阳县方位并非毫无线索可寻。《说文》曰:"湑水出西

---

[1] 拙文:《张家山汉简〈秩律〉与吕后元年汉朝政区复原》,《出土文献》2021 年第 3 期。

[2] 周振鹤:《〈二年律令·秩律〉的历史地理意义》,《学术月刊》2003 年第 1 期。

[3] 吴镇烽:《秦晋两省东汉画像石题记集释——兼论汉代圜阳、平周等县的地理位置》,《考古与文物》2006 年第 1 期。

[4] 石春平:《西汉时期西河郡河东属县治城位置再考证》,《阴山学刊》2014 年第 6 期;艾冲:《鄂尔多斯高原西汉时期西河郡属县治城位置新考》,《西夏研究》2016 年第 2 期。

[5] 伊克昭盟文物工作站:《内蒙古伊克昭盟发现西汉铜漏》,《考古》1978 年第 5 期。

河中阳北沙,南入河。"〔1〕由于在今山西省柳林县并没有一条发源于沙漠,且向南注入黄河的河流,所以前人并未注意此条记载。今按,许慎之子许冲进献《说文》在汉安帝建光元年(121)〔2〕,早于永和五年西河郡内迁。《说文》关于滱水的描述不仅没有错误,反而为我们保留了战国至东汉永和年间中阳县地理方位的宝贵信息。《说文》描述的滱水发源于中阳县北沙,向南流入黄河。与今陕西省神木县、榆林市榆阳区境内的秃尾河和窟野河正相吻合。根据笔者研究,今秃尾河应为秦汉湳水,故滱水应为今窟野河,中阳县应在今神木县境内。

如果秦汉中阳县在今神木县境内,可以与史籍所记战国史事相对应。秦昭襄王二十二年(前285),秦国夺取赵国中阳、西都〔3〕。而赵国尖足布币铸造的地名也出现过中阳〔4〕。秦惠文王十年(前328),秦国从魏国夺取上郡后,与赵国基本以圈水(今无定河)为界〔5〕。中阳本为赵地,必在圈水以北。今窟野河在无定河以北,因此将滱水对应为窟野河,将中阳县限定在今神木县境内,应该是非常合理的结论。中阳见于《秩律》,必位于秦昭襄王长城以内。今神木县境内的昭襄王长城大约沿窟野河上游支流特牛川西岸修建,至神木县城附近转向西南,延伸至高家堡镇进入佳县境内(参见图2)〔6〕。秦汉中阳县应在今神木县神木镇、高家堡镇以南地区。

根据《中国文物地图集》,今神木县秦昭襄王长城内的地区,只有一座战国至汉代的古城,即高家堡镇喇嘛河村的喇嘛河古城〔7〕。然而这座古城遗址位于秃尾河沿岸,前面提到今秃尾河应为秦汉湳水。若将此城定为秦汉中阳县,难以与《说文》"滱水出西河中阳北沙"的记载相对应。最近榆林市文物保

〔1〕 (汉)许慎:《说文解字》,中华书局1963年,第228页。

〔2〕 (汉)许慎:《说文解字》,第319—320页。

〔3〕 中华书局点校本《史记·秦本纪》作"伐取赵中都、西阳"(《史记》卷5,第207页),《史记·赵世家》作"(武灵王)十年,秦取我中都及西阳"(《史记》卷43,第1804页)。梁玉绳考证《秦本纪》应为"中阳、西都"(《史记志疑》卷4,中华书局1981年,第145页)。中华书局点校本据《秦本纪》将《赵世家》改为"中都、西阳"属误改。另据平势隆郎研究,《秦本纪》惠文王后元九年纪事应为穰侯相秦九年之事,故秦国攻取赵国中阳、西都应在秦昭襄王二十二年(转引自李晓杰:《中国行政区划通史·先秦卷》,复旦大学出版社2009年,第535页)。本文认为平势隆郎的说法较为合理,故予以采信。

〔4〕 吴良宝:《尖足布币铸造地及其相关问题研究》,《史学集刊》2016年第2期。

〔5〕 以往学界误认为圈水是今秃尾河,其实应为无定河。见吴镇烽:《秦晋两省东汉画像石题记集释——兼论汉代圈阳、平周等县的地理位置》,《考古与文物》2006年第1期。

〔6〕 戴应新、孙嘉祥:《木县出土匈奴文物》,《文物》1983年第12期。

〔7〕 白茚骏:《陕北榆林地区汉代城址研究》,西北大学硕士学位论文,2010年。

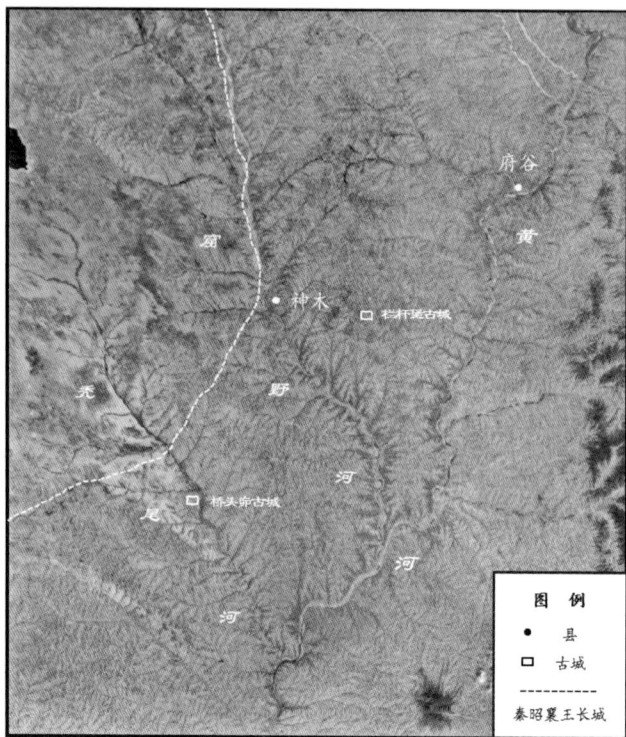

**图 2　神木县、府谷县汉代古城分布图**

资料来源：本地图以天地图（http//map. tianditu. gov. cn/）为底图绘制。秦昭襄王长城走向根据国家文物局编《中国文物地图集·陕西分册》（西安地图出版社 1998 年，第 70—71 页）标绘。

护研究所披露，神木县栏杆堡镇东侧有一座宋代堡寨"阑干堡"，地表散布大量战国至汉代的瓦片、陶片，周边还有战汉古墓葬分布，曾出土战国、汉代的青铜器、玉器和陶器，表明宋代阑干堡叠压着一处高等级战国至汉代聚落遗址。更为可贵的是，阑干堡周边古墓葬出土秦汉陶罐带有"中阳"戳印，故文物工作者推测阑干堡就是战国至汉代的中阳县[1]。

　　仅依据遗址周边出土陶器戳印，判断遗址性质尚显薄弱，应综合考虑各种因素进行判断。根据前面结合《秩律》《说文》所作分析，秦汉中阳县应位于今神木县境内的秦昭襄王长城以南地区。而栏杆堡镇古城遗址恰在这一地域范

---

〔1〕 榆林市文物保护研究所：《榆林市榆阳区桥头峁城址调查——兼考西都、中阳、平周故城考》，《文博》2019 年第 6 期。

围内,并且距离窟野河,也就是秦汉滮水不远。综合这些因素,可以进一步论定栏杆堡镇古城确实是战国至东汉中期的中阳县。

## 三、西 都

《汉志》西河郡有西都县。关于西都县的地理方位,传世文献没有留下任何记载。而《秩律》的公布,以及相关出土文物的发现,有助于限定西都县所处的大致地理范围。

西都见于《秩律》简 452,该简地名全部为汉初上郡属县,因此可以判定西都县位于黄河以西。另外,《史记》记载秦昭襄王夺取赵国之中阳、西都两县,陕北曾出土铸造有地名"西都"的赵国尖足布币,表明"西都"本为赵国城邑。前面分析中阳县地理方位时曾提及,战国时期赵国在今陕北地区的城邑皆在无定河以北,再加上《秩律》抄写的吕后时期尚无秦昭襄王长城以外之领土。故综合上述几点,西都县必在黄河以西、无定河以北、秦昭襄王长城以东的地域范围内。艾冲曾根据"西都"字面含义,推测西都县位于西河郡西部,将其推定为今内蒙古伊金霍洛旗车家渠古城〔1〕。此城位于秦昭襄王长城以外,与《秩律》所见西都县方位特征不符,显然不能成立。石春平结合《汉志》西都县"莽曰五原亭",指出西都县应在黄河以东的五原郡、西河郡交界地区〔2〕。他把西都县限定于黄河以东的今山西省境内,显然忽视了《秩律》所载西都县属上郡,位于黄河以西的方位特征。

最近榆林市文物保护研究所进行调查走访,在榆林市榆阳区大河塔镇桥头峁村发现一座古城遗址。该古城遗址位于秃尾河西岸的四座山梁和山前台地之间,平面近似梯形,呈西北-东南分布,东西长约 1 100 米,南北宽约 800 米,古城周边分布密集的古墓葬。古城遗址内分布有大量古陶片和瓦片,在古城西墙、北墙附近共采集到 4 片带有"西都"戳印的板瓦残片。板瓦时代为战国秦至秦代,戳印文字为秦文字。榆林市文物保护研究所结合"西都"戳印,认为桥头峁古城即战国秦汉的西都县。

白茆骏曾对榆林地区的战国秦汉古城形制进行综合研究,他将该区域内的古城划分为三个等级(第一等级:古城周长 3 000—5 000 米;第二等级:古

---

〔1〕 艾冲:《鄂尔多斯高原西汉时期西河郡属县治城位置新考》,《西夏研究》2016 年第 2 期。
〔2〕 石春平:《西汉时期西河郡河东属县治城位置再考证》,《阴山学刊》2014 年第 6 期。

城周长 1 000—3 000 米;第三等级：古城周长 1 000 米以下),指出第一等级的古城达到郡治城市的规模,第二等级的古城达到县级城市的规模,而第三等级的古城是长城沿岸的鄣城和交通要道的军事堡垒[1]。桥头峁古城周长 3 800 米,处于第一等级与第二等级之间,无疑是县级城址的规模,但是依据"西都"戳印将其判定为秦汉西都县仍有不确定性,还需要补充其他历史信息。

前面结合《秩律》指出,汉初西都县为上郡属县,地处无定河以北、黄河以西、秦昭襄王长城以东的地域范围内。桥头峁古城正在这一地域范围内。总体而言,桥头峁古城与《秩律》所见西都县地理信息基本相符。另外,《史记·秦本纪》《史记·赵世家》记载,秦昭襄王二十二年,秦国同时夺取了赵国的西都、中阳。而《秩律》简 452 之西都与中阳相邻排列。这些迹象表明,西都、中阳相距不远,甚至就是邻县[2]。前面已经指出,秦汉中阳县即神木县栏杆堡镇古城遗址,而桥头峁古城至栏杆堡镇直线距离 50 千米,两座古城在汉代为邻县的可能性极大。

《汉志》西都县自注"莽曰五原亭"。始建国天凤元年(14 年)四月,王莽要求"郡县以亭为名者三百六十,以应符命文也"[3]。王莽这次普改天下县名为"亭",尚有规律可循。其中一条为：若某县名称与其上属郡名称相同,则在县名后加"亭"字以作区别。即熊会贞所言："凡莽改郡县同名者,其县例有亭字。"[4]王莽把西都县更名为五原亭,说明当时西都县隶属五原郡,故要增"亭"字以作区别,谭其骧先生即持这样的意见[5]。依照这样的看法,西都县应位于西汉末年西河郡、五原郡交界地带。

笔者此前曾考订西汉末年上郡与西河郡的分界,指出两郡大致以今榆林市榆溪河为分界,今榆林市榆阳区牛家梁乡缸房村古城滩古城为西汉末年上郡高望县[6]。由古城滩古城沿秦昭襄王长城向东 50 千米,就是桥头峁古城,也就是西河郡西都县,可见西都县在西汉末年地处上郡、西河郡交界地带。如果新莽时期五原郡辖西都县,那么五原郡几乎涵盖了西河郡黄河以西的全部地区,显然不合理。究竟是新莽时期与郡同名的"亭"并不一定位于同名郡

---

〔1〕 白苏骏:《陕北榆林地区汉代城址研究》,第 8 页。
〔2〕 陕西省神木县曾出土一批赵国尖足布币,布币所铸地名中包括"西都"。见徐亚平:《神木出土的布币》,《陕西金融·钱币研究》1989 年第 1 期。
〔3〕 《汉书》卷 99《王莽传》,第 4136 页。
〔4〕 杨守敬、熊会贞疏,段熙仲点校,陈桥驿复校:《水经注疏》卷 3,第 220 页。
〔5〕 谭其骧:《新莽职方考》,《长水集》上册,人民出版社 1987 年,第 78 页。
〔6〕 拙文:《秦汉上郡肤施县、高望县地望考辨》,《文史》2020 年第 2 辑。

之内,还是今本《汉志》西都县"莽曰五原亭"注文存在错乱,这是今后值得继续思考的问题。

## 余　论

> 历史好比演剧,地理就是舞台;如果找不到舞台,哪里看得到戏剧!
>
> ——谭其骧《禹贡》半月刊发刊词

历史事件的发生均有特定的地域空间。要想深入了解历史原貌,地理空间的复原是讨论前提。因此对于传统的"沿革地理"来说,古地名地望考证是非常重要的内容。

中国历史文献保留了丰富的古代地名方位信息,是学界进行古地名定位的主要依据。然而受到文献资料保存现状的限制,年代越早的地名,地理定位的难度越大。具体到秦汉地名,明确载录地名方位的秦汉文献几乎没有,只能依赖唐宋以后的晚出文献。而受年代隔阂的局限,以及文献传抄过程中导致的文字讹误,唐宋文献对秦汉城邑方位的记述存在诸多问题,甚至存在同一地名对应多条定位信息的混乱情况。再加上唐宋以后,文献流传又不断衍生新的讹误,因此造成秦汉地名定位困难重重。

20世纪以来,大量秦汉简帛的发现给秦汉史研究带来"史料革命"。这些秦汉时期的原始文献,所蕴含的史料价值远远超出魏晋以后的晚出文献。新史料的运用,极大地推进了秦汉历史研究各个领域的发展,秦汉地名定位也不例外。出土秦汉简帛资料中,不乏蕴含城邑定位的宝贵资料。在对秦汉城邑进行地理定位时,学界广泛使用了古地图、道里簿、质日三类出土文献,取得了丰硕的研究成果。

不过,面对丰富的秦汉简帛文献,学界的利用十分有限。其实在各类秦汉出土文献中,都蕴含着丰富的城邑定位信息。只不过这类信息并非明确的道路里程或方位标识,而且对于这类信息的使用,要结合相关史事、地理环境才能显现出其独特的学术价值。以往学界并未意识到《秩律》具有城邑定位的作用。而本文通过几个实证研究,意在指出:倘若使用得当,类似《秩律》这类仅仅载录地名的出土文献,同样可以"提炼"出秦汉城邑地理定位的重要价值。

大量秦汉简帛文献的出土,为学界深化秦汉城邑定位研究提供了前所未有的机遇。然而当大家期待新的"古地图""道里簿""质日"类文献"现身"的同时,是否意识到已有出土文献的发掘仍有欠缺? 倘若变换思路与视角,综合传世文献、地理环境,一些看似与城邑定位毫无关系的出土文献,其实可以"闪射"出独特的学术价值,这正是笔者写作此文过后,得出的一点儿启示。

附记:本文原载《陕西师范大学学报(哲学社会科学版)》2020年第2期。当时榆林地区秦汉古城遗址资料公布有限,故本文虽然大致推定了中阳、西都两县所处地域范围,但难以作出精确定位,所建立关联的古城遗址,存在较大不确定性。2019年,榆林市文物保护研究所新公布了一批秦汉古城遗址,其中部分古城出土的文字文物,对于判定中阳、西都地理方位具有重要价值。故借《成蹊集(二)》编辑之际,对旧文作以修订。

# 明代军事组织的哨与分哨

位书海

　　明代中后期与明初的军事制度在军役军徭的征发、军队的组织编制以及军队的统辖调度等方面发生了较大的变化。从军队组织编制形式来讲，明初以卫所制为主，中后期全国开始普遍采用营制（或称营哨制）[1]。

　　肖立军认为这种是为了应对战乱、维持秩序，因而在卫所体系之外，逐渐建立起的一套"镇守总兵、分守参将及守备的上下体系"[2]，即省镇营兵制。于志嘉爬梳方志中相关史料，对江西十三府的兵制变迁进行了梳理，清晰地展现了嘉靖朝以后营哨制度建立的时空进程[3]。李爱军以明代广东布政使司为研究区域，考察明中后期军事指挥制度发生的重大变化，考察了总督、巡抚、总兵官、兵备道、参将、守备等一系列战时武职官员，在地方军事行动过程当中划分职责、固定辖区，并逐渐形成区别于"指挥司-卫指挥司-所千户"的新的军事指挥系统[4]。吴滔认为，"若单纯从军制演变的脉络着眼，有明一代的军事组织并非自始至终均保持着以卫所军士为主力的形态，至少在成化之前，已出现非正式编制的兵源逐渐纳入卫所系统之端倪。到了嘉靖朝前后，由卫所军、募兵、民兵等多兵种构成的营兵体制已在某种程度上突破祖制，呈现出某些兵农分离、非世袭化等新迹象。这些遗产直接为清代绿营兵制所继承"[5]。

　　镇戍制，又称营兵制、营伍制、营哨制。明朝北边诸省份施行的是典型的镇戍制度，南方诸省设镇明显少于北方[6]，但明中后期开始已经普遍施行营

---

〔1〕 范中义：《论明朝军制的演变》，《中国史研究》1998 年第 2 期。

〔2〕 肖立军：《明代省镇营兵制与地方秩序》，天津古籍出版社 2010 年，第 281 页。

〔3〕 于志嘉：《明代江西兵制的演变》，《历史语言研究所辑刊》第 66 本第 4 分，1995 年 12 月。本文被收入《卫所、军户与军役——以明清江西地区为中心的研究》，北京大学出版社 2010 年。

〔4〕 李爱军：《明代广东军事地理研究》，世界图书出版广东有限公司 2015 年，第 144 页。

〔5〕 吴滔：《明代中后期兵制与阳山杀手的土著化》，《中山大学学报》2017 年第 6 期。

〔6〕 罗尔纲：《绿营兵志》，商务印书馆 2011 年，第 29 页。

制,因而肖立军统合南北之特点,将其称之为"省镇营兵制"。学者多从营哨束伍的军队编制层面上理解南方的营制[1],李爱军注意到了广东省营制下"派出驻扎"的现象[2]。

要深入探究明代的军事制度,必须从"分哨"上着手。本文拟对"分哨"的原始含义进行探究,并分析文献中各种军事组织下"分哨"的各种类型进行归纳。

## 一、"分哨"的原始含义

"分哨"的原始含义,是指在明代军事制度之下,与军队自身相关的含义。《说文》"哨,口不容也",郑玄注为"不正貌","字借指细小义,侦察、巡逻义"[3]。《说文解字诂林》载:"哨,按方言使犬曰哨,谓使之搜逐禽兽也。因以搜逐寇盗曰哨探,字岂啸字之讹。"[4]郭璞注其音曰"骚"[5]。《正字通》载"吹以示警也,凡屯戍防盗处名曰哨,即哨堡"[6],哨堡即为岗哨。

哨最初的含义即为侦察、巡逻,与武备相关。宋代士大夫群体喜好将"游兵"称之为"哨骑"。而"哨骑"一词为俗语,故而官员并不将此词撰入制诰[7]。王同祖有"哨马纷纷一水间,渡头分戍要防奸"[8]之句,此处之哨马即为游兵所骑之马。"哨马"与"使犬"之意相似,而"哨"字在此有意为"行军"。"哨"亦有"至""到"之意,开庆《四明续志》载,"鞑岁一哨,则事之以宝货,间遣使至新都,延之承天馆,馈遗丰甚"[9]。高丽王朝为躲避蒙古人的侵扰,徙居江华县(即新都)。蒙古人几乎每年都渡海而来,高丽王朝馈赠丰厚的财物以求平安。

---

[1] 王莉:《明代营兵制初探》,《北京师范大学学报》1991 年第 2 期;范中义:《论明朝军制的演变》,《中国史研究》1998 年第 2 期;肖立军:《明代省镇营兵制与地方秩序》。

[2] 李爱军:《明广东军事地理研究》,第 169 页。

[3] 李学勤:《字源》,天津古籍出版社 2012 年,第 93 页。

[4] 丁福保编纂:《说文解字诂林补遗》之《第二上口部》,中华书局 1988 年,第 16318 页。

[5] (汉)扬雄撰,(晋)郭璞注:《方言》卷 7,《丛书集成初编》第 1177 册,中华书局 1985 年,第 66 页。

[6] (明)张自烈撰,(清)廖文英续:《正字通》卷 2《丑集上·口部》,《续修四库全书》第 234 册,上海古籍出版社 2002 年,第 177 页上。

[7] (宋)陈叔方:《颍川语小》卷下,《景印文渊阁四库全书》第 853 册,台湾商务印书馆 1986 年,第 648 页下。该书载:"哨之为义传所不载,有施于代言者殊为不雅。平分风月,传无所出。前辈名公启牍未尝用之,盖曲句也。"

[8] (宋)陈思编,(元)陈世隆补:《两宋名贤小集》卷 304,《景印文渊阁四库全书》第 1364 册,第 433 页。

[9] 开庆《四明续志》卷 8《蠲免抽博倭金》,《续修四库全书》第 705 册,第 345 页。

而"分哨"一词最早亦出现于宋代军事相关文献中,有"分兵行军"之意。南宋淳祐九年十月,李曾伯在奏折中请求朝廷调拨重兵以救被蒙古骚扰的蜀中各地,以防敌对势力"南北相合,上下分哨,腹背受敌,咽喉中梗"[1]。至明代,文献中对于"分哨"的记载开始变得更加普遍。

### (一) 统兵行军的队形组成部分

整体作战下兵力行进方位、组合方式称之为"阵"。《兵法百言》中"阵"字下释文有"大将行军,必置左甄、右翼,借才异域,亦云一哨成之"[2]。《虎钤经》又曰"俟敌阵稍动,则麾我两哨之兵乘之"[3],《汉语大辞典》谓其"泛称战阵的两翼或军队的一支、一队"。可见,哨与阵是部分与整体的关系。《兵录》《战守全书》等兵书中分别记载了相关的陆路分哨行营图[4],《登坛必究》记载了水路分哨行营图[5]。

### (二) 对敌阵形的组成部分

在对敌作战的过程中,根据不同战况而变换阵形。分营对敌,营下分哨。如果大军分为五营对阵敌军,则五营之下各分为五哨。以前营正兵设伏,与敌营相遇之时,"候前正兵将近贼一里,急吹单摆开喇叭,将鼓急点前营正兵,即大鸳鸯阵平平一字列开,以前哨为第一层,后哨为第二层,左哨为左翼,右哨为右翼"。大军左、右二营奇兵,各以"前哨出左路抄贼为正兵,后哨为二层接应,左哨为左翼,右哨为右翼"[6]。如果路径狭窄则用大鸳鸯阵对敌,路宽则随之改为三才阵。各营第一、第二层队伍前后交替接战,擂鼓为号。

〔1〕 (宋)李曾伯:《可斋续稿后》卷3《启调重兵应援奏》,《景印文渊阁四库全书》第1179册,第613页。
〔2〕 (清)揭暄:《兵法百言》之《法篇·阵》,《中国兵书集成》第41册,北京解放军出版社1995年,第95页。
〔3〕 (宋)许洞:《虎钤经》卷5《料敌阵第四十三》,《景印摛藻堂四库全书荟要》第253册,世界书局1988年,第302页。
〔4〕 (明)何汝宾:《兵录》卷2《教练总说》,《四库禁毁书丛刊》子部第9册,北京出版社1997年,第362页。记载了四种左、右、中军、前、后五哨分路行营图:路狭一路行营图、一路变二路行营图、二路变三路行营图、三路变四路行营图。(明)范景文:《战守全书》卷2《战部·入山谷行则为营说》,《四库禁毁书丛刊》子部第36册,第247页下。将一营分为十哨,递次并进。
〔5〕 (明)王鸣鹤:《登坛必究》卷25《水战》,《续修四库全书》第961册第244页。水师在行军过程中,常用编队方式为五营、二营、一营三种战阵:安摆船图,中军居中,前、后、左、右四营按方位护卫,五营各分二哨,雁翅排列;分关二营摆图,前营在前,左营在后,二营各分二哨,雁翅排列;一营摆图,左哨在前,右哨在后,各哨雁翅前行。
〔6〕 (明)戚继光:《纪效新书》卷8《操练营阵旗鼓篇》,《景印文渊阁四库全书》第728册,第542页。

## 二、军队编制意义上的"分哨"

"分哨"既可以指行军、对敌过程中军队的组织部分,亦可以指代军队编制方式之下的一个层级。

### (一)"分哨束伍"的军队编制

《尉缭子》中有《伍制》《束伍》两篇,即以五人为一伍,作为基本单位,对军士进行编制和管理[1]。明代军队中,广泛采用束伍法。无论采用何种编制单位,大多数都会分辖于哨,哨又统辖于营。但"哨的建置似乎不大固定,有时设立,有时不设"[2]。

这种营下的编制方式被称为"分哨束伍"之制,亦可称之为"营哨队伍"之制。《阵纪》载:"三军行止必严队列、慎行伍、谨甲兵、哨远近。如一伍、一队、一哨、一营、一阵之中,或昼或夜,但系火角铳炮齐鸣,即是率然有急。恐令不及下,随听遇警之处队伍营哨之长,以二而三,以六而四,立定阵角,举手便杀"[3]。

### (二)"分哨束伍"的积极意义

将领分定营哨队伍的编制,有利于加强统军练兵。嘉靖三十九年(1560)戚继光在浙江沿海抗倭之时,著作《纪效新书》开篇便为《束伍篇》。戚继光认为:"治众如治寡,分数是也;分数者,治兵之纲也;束伍者,分数之目也。故以束伍为第一,由此而十万一法,百阵一化,咸基于此。"[4]将领如果发现练兵效果不佳,应从下而上进行追责。"士卒不练责队长,队长不练责营哨等官,营哨不练则层累递上。轻者鞭笞,重者逐,又重者题参严治。"[5]

将领分定营哨队伍的编制,有利于灵活变化阵形。"教练之时营哨队伍之制不定,对垒之际分合进止之令不明。"[6]戚继光后于《束伍篇》末详加阐释:

---

〔1〕 (明)尉缭:《尉缭子》卷3《伍制令第十四》、卷4《束伍令第十六》,《中国兵书集成》第1册,第397、398、400页。

〔2〕 肖立军:《明代省镇营兵制与地方秩序》,第298页。

〔3〕 (明)何良臣:《阵纪》卷2《率然》,《景印文渊阁四库全书》第727册,第692页。

〔4〕 (明)戚继光:《纪效新书》卷1《束伍篇》,《景印文渊阁四库全书》第728册,第504页。

〔5〕 (明)姚希孟:《公槐集》卷3《代当事条奏地方利弊》,《四库禁毁书丛刊》第178册,第340页。

〔6〕 (明)杨博:《杨襄毅公本兵疏议》卷12《覆蓟辽总督都御史刘焘申严军令疏》,《续修四库全书》第477册,第405页。

"营阵之法全在编派伍什队哨之际,计算之定若无预于营阵。"〔1〕将领明确分定营哨队伍的编制,有利于在对敌作战的过程中,灵活变化"八阵""九军""七军""十二辰"等各种阵形。

将领分定营哨队伍的编制,是赏功罚过的先决条件。嘉靖四十二年,蓟辽总督刘焘因而题请申严军令,兵部咨命刘焘督促会同本镇巡官胡镇、温景葵严饬各级将领武官严明军令。在某场战役结束后,将领根据胜负战况,查明是具体某哨某队军士一马当先或畏惧撤退,进行重赏或重罚。"如损失一将领,罪坐于该营哨官;如损折一哨官,罪坐于该哨队长;如损折一队长,罪坐于该队众军。俱要查为首先退者,申以军法处治"〔2〕。

将领分定营哨队伍的制度,是明确防区责任的基础。如其各分防之营分之信地内遇警失事,则按照营-哨-队-伍的编制进行追责惩治。将领如不能奋勇作战、调遣得宜、整肃营哨队伍,总督、镇巡官有权对其进行参劾。

营哨队伍各官兵是层层钳制的上下等级隶属关系,须遵循严格的上下礼仪,如此方能振兴纲纪、令行禁止、战胜攻取。广东巡抚熊廷弼为提高军队战斗力,建议议定营哨之下坐营都指挥、名色把总、哨官、哨长、兵士等各级官员以及兵士之间相见之礼仪,以便层层节制〔3〕。

在一般情况下哨则是营之下的设置,哨的长官称"哨官",受营官"把总"或"练总"(总练官)管辖。营官和哨官是上下级的隶属管辖,其辖区也是一种包含嵌套关系,因而其饷银和职责也有不同,营求武职者所费钱财亦有不同。明万历年间,署广东化州知州宋应昇在条陈本州弊政时指出"克扣酿于未得官之先",并提出营官选拔之法〔4〕。宋应昇提出以纪功次数以及有无失事作为简拔升迁的依据,杜绝以钱谋职的路径。如此,官弁升迁有序,克扣兵卒饷银之

〔1〕 (明)戚继光:《纪效新书》卷1《束伍篇》,《景印文渊阁四库全书》第728册,第508页。
〔2〕 (明)杨博:《杨襄毅公本兵疏议》卷12《覆蓟辽总督都御史刘焘申严军令疏》,《续修四库全书》第477册,第405页。
〔3〕 (明)俞大猷:《洗海近事》之上《呈总督军门张》,《四库全书存目丛书》史部第49册,齐鲁书社1997年,第68页。
〔4〕 (明)宋应昇:《署化州条陈书册》,《方玉堂集》之《文移类》,《四库禁毁书丛刊》集部第165册,第298页。该条陈书册载:"军政之罚莫重于扣克,每见有克剥兵卒者,深痛恨之。已而思之,亦未可厚诛也。弁职大者不敢具论,姑就营哨言之。总之得总,大约须费六十金,少亦五十金而后得到营。哨之得哨,大约须费四十金,少亦三十金而后得到哨。如此不于兵卒,将安取偿乎?祛此之弊,似无如严核功过:其散兵之有功次无失事者即升为队长,队长之有功次无失事者即升为哨官,哨官之有功次无失事者即升为分总。而至于大试所得,则改入武科以备守备中军之选,可耳。"

事则可能在程度上有所降低。崇祯年间，苏州府的姚希孟也提出，应对苏松一带克扣月粮的营、哨、队等官层层追责[1]。

分哨束伍制与统兵摆阵、行营之间是一体两面的关系。分哨束伍是排兵布阵、行军征伐的基础，将领在这之上，组织变化出各种行军、作战的阵形。

## 三、军事区划意义上的"分哨"

当军队通过征伐或驻防与具体地理方位产生联系时，就有了军事区划的含义。这些军事地理区划有些是临时的，有些则是固定的。

### （一）分兵征剿区

战乱之时，军队被派往地方围剿，从而形成临时的分路剿匪区，也以哨称。同样，敌军分路进攻亦称"分哨"，如嘉靖三十一年九月"虏分哨攻山西，三闰三日不克，寻遁"[2]。即作为部队统帅之部将所统帅的一支、一队[3]，在具体作战过程中，被分派到某地，成立独立作战区。此种分哨可视为列阵分哨在具体战区中的空间分布。分哨有以地名称者，有以方位称者。

朝廷分兵征剿叛乱势力多以州县为单位，分委各官督剿，成为一哨。成化四年正月，兵部尚书白圭上疏称："臣先奉命往征荆襄，分遣都督鲍政哨守远安，遇寇于沙子岭界山等处，屡报擒斩奋勇之功。政上功次簿于纪功御史孙珂，不允所录。政奏珂止居南漳一哨，与政营隔远八百里，纪功多所缺遗，乞查报升赏"[4]。远安、南漳以县名称哨，应是鲍、孙二人的分辖剿匪区。

万历初年，在平定罗旁瑶乱的过程中，总督凌云分哨罗旁、泷水、岑溪、阳春、新兴、德庆、伏峒、南乡、茂名、信宜十地，各委统督、监督，并以浔梧参将驻广西容县、六云，以为外围[5]。除泷水、伏岗二哨外，其他八哨皆以州县命名。

---

[1] （明）姚希孟：《代当事条奏地方利弊》，《公槐集》卷3，《四库禁毁书丛刊》第178册，第340页上。

[2] 《明世宗实录》卷389"嘉靖三十一年九月乙酉"条。

[3] （明）瞿九思：《万历武功录》卷9《中三边·摆腰把都儿兀慎打儿汉列传》，《四部禁毁书丛刊》史部第36册，第141页。该传载："黄台吉所部曰东哨，大成所部曰西哨，此其二大枝也。"

[4] 《明宪宗实录》卷50"成化四年正月癸未"条。

[5] （明）陈璘：《罗旁善后功绩碑》，道光《东安县志》卷4《艺文志》，《中国地方志集成·广东府县志辑》第48册，上海书店出版社2003年，第603页。

在更详细的史料中，在"哨"下又分"小哨"，划分更加细致的剿匪责任区。嘉靖四十一年（1562），南赣巡抚陆稳督剿潮州饶平、大埔、程乡等处贼寇。在派兵之前，先取各县"画图贴说一张"，相度地形。同时延请向导，获知贼寇啸聚何处、人马多寡等各项情报。在此基础上决定"该分几大哨，每大哨合用两司官一员为监督，用参将或都司一员为统督，各该用兵几何。又酌量每大哨该分几小哨，每小哨合用守备或指挥或千百户一员为哨官，各该用兵几何，何处要害应该把截，合用官兵几何"〔1〕。隆庆四年（1570），地方会兵分七大哨剿灭福州府古田地方叛乱，然而"村巢散处，路径多歧"，因此又在各大哨之下分哨四五小哨。分兵进剿的路线称之为"哨道"，各哨"即所经村分定为哨名"〔2〕。

　　除以地名哨外，还存在着以方位名哨的情况。广东高、廉、雷、肇、连四府一州与广西互界，盗贼流窜，征剿多年而成效不著。成化五年，巡抚陈濂因奏："欲分兵为四哨，新兴、泷水、阳江、新会等为左哨，灵山、永安为右哨，石城、信宜并雷州为前哨，德庆抵连州为后哨，每哨以四千人为率，用都指挥、按察司佥事各一员统之。分为八班，常以一班守廉州一班守高、雷，互相策应。半年以次受代，大抵二班在边，而六班休息。或贼势众则调一班或二班协佐，若大江迤南迤北有警则调六班赴之。如此则劳逸均将士专战胜攻克可以为经久之法。"〔3〕将两广交界区域，按照州县方位，划分为四个区域，每哨皆辖数个州县，以都指挥按察司佥事各一员领哨，每哨配兵力四千。但这只是一种战时区划，有常驻兵力配置的只有高、廉二府，此二府在战时则为前哨剿匪区。

　　正德十二年，秦金在巡抚湖广任内，郴州、桂阳境内瑶族叛乱，遂以参将史春驻扎桂阳县两路口村统兵，安分前、后、左、右四哨（见图 1），每哨委领哨官各一员、监军官一二员（右哨两员，其余三哨设一员），分别于桂东县至东水、临武县至笆篱堡、桂阳县至鱼黄热水、郴州至紫溪等地方，领兵分路进剿〔4〕。

　　领兵督剿之官员称之为哨官，可文亦可武。赣抚王守仁在平宁王之乱的过程中，分委府州县卫所文武正印佐杂各官为领哨、分哨、随哨各官。一般以

〔1〕（明）陆稳：《严责成以完剿贼大计疏》，《明经世文编》卷 314《陆北川奏稿》，《续修四库全书》第 1659 册，第 579 页上。
〔2〕（明）郭应聘：《剿抚古田议》，《郭靖襄公遗集》卷 13，《续修四库全书》第 1349 册，第 308—309 页。
〔3〕《明宪宗实录》卷 73"成化五年十一月甲申"条。
〔4〕（明）王琼：《晋溪本兵敷奏》卷 9《湖广类》，《续修四库全书》第 476 册，第 51—56 页。

**图1　桂阳、郴州分哨平瑶示意图**

资料来源：根据《中国历史地图集》第 8 册《清时期》第 37—38 页"湖南"相关部
分改绘。

府州卫正印官为领哨官，以县正印、州佐杂为分哨官，以州县卫所正印、佐杂为
随哨官。领、分、随哨各官，文多于武[1]。王守仁安排领哨官员进攻、分哨各
官夹攻南昌城各门，在攻克后酌留兵力防守各门兵屯兵驻扎城内外各处地
方[2]（详见表1）。

**表1　正德十四年领、分哨各官进攻、夹攻以及攻克后留守各门、屯兵各处简况表**

| 分哨 | 统 兵 官 | | | 官军兵快 | 进攻城门 | 夹攻城门 | 防守本门 | 屯兵驻扎之处 |
|---|---|---|---|---|---|---|---|---|
| | 领哨 | 分哨 | 姓名 | | | | | |
| 一 | 吉安知府 | | 伍文定 | 4 421 | 广润 | | √ | 布政司、王府门内 |
| 二 | 赣州知府 | | 邢珣 | 3 130 余 | 顺化 | | √ | 镇守府 |

〔1〕（明）王守仁：《开报征藩功次赃仗咨》，《阳明先生道学抄》卷 6《平濠书》，《续修四库全书》第 937
册，第 556—560 页。

〔2〕（明）王守仁：《牌行各哨统兵官进攻屯守》，《阳明先生道学抄》卷 6《平濠书》，第 540—541 页。

续　表

| 分哨 | 统 兵 官 | | | 官军兵快 | 进攻城门 | 夹攻城门 | 防守本门 | 屯兵驻扎之处 |
|---|---|---|---|---|---|---|---|---|
| | 领哨 | 分哨 | 姓名 | | | | | |
| 三 | 袁州知府 | | 徐琏 | 3 530 | 惠民 | | √ | 按察司、察院 |
| 四 | 临江知府 | | 戴德孺 | 3 675 | 永和 | | √ | 都察院、提学分司 |
| 五 | 瑞州通判 | | 胡尧元 | 4 000 | 章江 | | √ | 南昌前卫 |
| | | 瑞州通判 | 童琦 | | | | | |
| 六 | | 泰和知县 | 李楫 | 1 492 | | 广润 | | 王府西门 |
| 七 | | 新淦知县 | 李美 | 2 000 | 德胜 | | √ | 王府东门 |
| 中军 | 赣州卫都指挥 | | 余恩 | 4 670 | 进贤 | | | 都司 |
| 八 | | 宁都知县 | 王天兴 | 1 000 余 | | 进贤 | √ | 钟楼下 |
| 九 | | 吉安通判 | 谈储 | 1 576 | | 德胜 | | 南昌左卫 |
| 十 | | 万安知县 | 王冕 | 1 257 | | 进贤 | √ | 阳春书院 |
| 十一 | | 吉安推官 | 王昈 | 1 000 余 | | 顺化 | | 南新二县儒学 |
| 十二 | | 抚州通判 | 邹琥 | 3 000 余 | | 德胜 | √ | 城外天宁寺 |
| | | 知县 | 傅南乔 | | | | | |

资料来源：(明)王守仁：《阳明先生道学抄》卷 6《平濠书》,《牌行各哨统兵官进攻屯守》并《开报征藩功次赃仗咨》。表中瑞州通判胡尧元在平叛的过程中应被王守仁升署为本府知府。

以州县为领、分哨官领兵平叛地方的情况在广东地区亦较为普遍。万历初,殷正茂在督剿粤东山贼蓝一清、赖元爵在惠、潮二府的残余势力,"以郡守为主将,县令为分哨"[1]。以府县官督兵分剿贼寇的战略部署,取得了实际

---

[1] (明)瞿九思：《万历武功录》卷 3《广东·剿贼赖元爵、蓝一清诸酋列传》,《四部禁毁书丛刊》史部第 35 册,第 517 页。

成效，史家赞曰："岭东事多成自县令、丞尉及太学明经，然后信有文事者必有武备也。"[1]

### （二）卫所分哨区

明代卫所体制之下又有班戍之制，分兵哨守某处，形成固定防区。"班戍者，调他省外卫之兵来助戍守；而本卫之兵又或他戍。凡班戍者更换有定期，调遣有常所。其所戍之地曰哨，其兵曰哨兵，而本卫之留戍诸哨者则曰防兵。"[2]卫所之分哨分为两种，一为班戍他卫，一为本卫分戍。

调戍有卫所之处的班军，以原卫所驻扎地为专名称哨。湖南宝庆、永州、宁远三卫有班戍广西柳州府之责，长沙、衡州、岳州、茶陵四卫所有班戍广西桂林府之责。郭惟贤在《酌议两省班军》论及："宁远、衡州、长沙、岳州等哨，与永州诸哨其情均也，或分两班，或免远拨，则尤朝廷破例之恩，亦粤西诸臣一体之念也。"[3]班军也有一定的分防区[4]，如长沙等四卫所就有轮番巡哨府江之责。班军调戍无卫所之处，则以此地政区名为专名以称该哨。调戍至柳州之宝庆、永州二卫军士，又被调一班至思恩府，其辖区则被称为思恩哨[5]。

卫所分哨则指拨兵一哨防守某地，即将原防区再行划分，成形以总防区统辖分防区的管理层级。雷州府有南哨、石城哨、遂溪堡、横山堡、息安堡，二哨三堡之军士皆为雷州府卫所分拨。隆庆三年，抽调乐民所兵50名并委雷州卫指挥一员，建南哨；成化年间，雷廉兵备道副使陶鲁，抽本卫后所兵400名建石城哨，抽本卫左、右、中、前四所兵40名以及乐民、海安二所兵各25名建遂溪堡，抽本卫四所兵40名以及海康、乐民二所各兵16名建横山堡；嘉靖四十二年抽石城后所、永安所兵40名建息安堡[6]。二哨三堡，是兵备道为解决地方治安问题，在内四所外五所的治安防卫体系之外，将雷州卫防区划分为五个

〔1〕（明）瞿九思：《万历武功录》卷3《广东·剿贼赖元爵、蓝一清诸酋列传》，第520页。

〔2〕道光《贵阳府志》卷48《武备略》，《中国地方志集成·贵州府县志辑》第48册，巴蜀书社2006年，第69页。

〔3〕（明）郭惟贤：《酌议两省班军疏》，《皇明经世文编》卷406《郭中丞三台疏草》，《续修四库全书》第1661册，第270页。

〔4〕彭勇：《明代北边方与体制研究：以边镇班军的演变为线索》，中央民族大学出版社2009年，第98—100页。彭勇指出，各入卫蓟镇之班军皆分区防守。

〔5〕（明）郭惟贤：《酌议两省班军疏》，《皇明经世文编》卷406《酌议两省班军疏》，第270—271页。

〔6〕万历《雷州府志》卷12《兵防志一·哨堡》，《日本藏中国罕见方志丛刊》第1册，书目文献出版社1990年，第350—351页。

分防区〔1〕。

从宣德至弘治年间,云南大多数府州县普遍设哨,多数分卫所兵戍守,少数招募民兵戍守。哨的设置,"可以看作清代汛塘制中塘之先声"〔2〕。军哨,"俱以指挥千百户等官主之"〔3〕,可视之为卫所的派出机构。

贵州卫所之下,亦辖哨,如分守贵宁安平道左参议、分巡安平道威清兵备副使、普安守备治下:程番府16哨,威清卫6哨、平坝卫2哨、普定卫1哨、安庄卫3哨、安南卫8哨〔4〕。卫所辖哨,即为军哨。哨直隶于府,即为"民哨"。程番府处本省普定、安庄、安顺水西、威清、平坝诸卫与广西泗城州间,民族杂居,贼患频仍。知府龙翔霄"议呈允建哨隘,设立旗号,各哨守以民兵,给口粮,仍许以附近荒芜田地开种自食"〔5〕。军哨和民哨的分设,有利于卫所与各府加强对其辖区的控制。

## (三) 盐场缉私区

明代施行食盐专卖制度,后为应对九边军需供给,施行开中法。各镇标盐商因富安、安丰、梁垛、何垛、东台等淮北五场"道里便也""地迩人稠",因而携带巨资赴场领票盐较为安全。淮南二十场地广人稀,盐枭横行,两淮盐商不愿冒险赴场领盐,导致盐斤壅积、私贩盛行。"各镇标商输税几何? 尚有沿途护送,要以通行旅耳。矧淮商岁供百万之课,乃驱之不测之乡以逐蝇头之利,即越场有禁其谁听之。"〔6〕户部尚书李汝华等认为要改变现状,必须由中央与地方政府通力协调〔7〕。

首先,中央给予盐商政策优惠。"议将三十场分别远近,近者照旧数支买盐斤,次远者每引量加商盐十五斤,远者不足以病商而反足以增利。"〔8〕根据道里远近,盐商一定的优惠,驱之以利便能在一定程度上解决淮南二十五场食盐壅积、私贩盛行的问题。

〔1〕 按,史料中不见二哨三堡辖区的记载,这五个次级辖区是否相连亦不可知。

〔2〕 秦树才:《清代云南绿营兵研究——以汛塘为中心》,云南教育出版社2004年,第100页。

〔3〕 正德《云南志》卷2《云南府·哨戍》,中国国家图书馆藏明正德五年(1510)刻本,第18b页。

〔4〕 嘉靖《贵州通志》卷4《兵防》,北京大学图书馆藏明嘉靖三十二年(1553)刻本,第68b—69b页。

〔5〕 嘉靖《贵州通志》卷4《兵防》,第68b页。

〔6〕 (明)袁世振:《盐法议四》,《明经世文编》卷474《两淮盐政梳理成编》,《续修四库全书》第1662册,第368页。

〔7〕 (明)袁世振:《附户部题行十议疏》,《明经世文编》卷474《两淮盐政梳理成编》,第354页。

〔8〕 (明)袁世振:《盐法议四》,《明经世文编》卷474《两淮盐政梳理成编》,第368页。

其次，地方依托于营哨兵力改善治安状况。调集"各场灶勇与水陆营兵、各卫军快哨巡"，使商旅无后顾之忧地携带资本赴盐场。"凡要害地方连营分布以相犄角，每营以三十人为率，择一哨长统之。每营仅隔二三里许，务使声援相及，营卒更番半游奕而半居守。以其游奕之半夹卫商舟以行，而以其居守之半时张应援之势。如有失事，营哨必惩并严督地方捕官贼在必获，则地方永靖，资本无虞。二十五场不必驱之而自赴，五场盐价不必抑之而自轻。"〔1〕除灶勇之外，水陆各营营兵以及卫所军兵也是盐场营哨的主要兵力。

最后，盐场利用灶勇建立起缉私制度。两淮三十处盐场旱涝不定，百姓多沦为盗匪。成百上千的盐枭白昼啸聚，劫掠富户，严重影响了盐场的正常生产与征收盐课。如梁垛场的盐枭王虎子在兵败渡江时被擒获捉拿，但地方有司对其为数上千的余党却不能根除。丁美舍营虽然设有一二百名把截兵丁，而战斗力极弱，遇寇则溃逃。陈仁锡因此建议将驻于扬州城的灶勇营移驻于盐场。而"安丰一场地方冲繁，商灶愿请保障，即以各场灶勇听其操练，分哨别场，巡缉报功"〔2〕。地方商人、灶户请求将各盐场的灶勇，编哨训练，并令其于各盐场内划分防区，巡缉私盐。这是直接掌握在盐场大使手中的治安力量。

### （四）营哨分防区

营兵制之下的固定分防区也称哨。早在成化年间，北边延绥镇总兵张杰上疏，为解决辖区二十五堡东西跨度长造成的呼应不便的情况，要求选精兵9 000，分屯于府谷县、神木县、龙州城、榆林城、高家堡、安边堡六哨。在镇之下、堡之上，划分六哨，"无事则巡历边疆，遇警则彼此应合"〔3〕。哨的辖区过大，致使呼应不灵。"诸边领哨官常以一人兼数十墩台，军多地广，驱率不及，宜限每官一员管墩十座"〔4〕，因而嘉靖间给事中杨僎提议缩小领哨官辖区，使之各辖十墩。

在辽东甚至出现了以参将营兵分哨，再改编卫所的案例。嘉靖四十五年（1566），因边防需要，李辅建议将驻于辽东都司治所的定辽右卫移驻于辽东凤凰城堡，定辽卫右、后两所归并左卫，而"以险上参将营兵及帮丁一万五千名，

---

〔1〕（明）袁世振：《盐法议四》，《明经世文编》卷 474《两淮盐政梳理成编·盐法议四》，第 368 页。
〔2〕（明）陈锡仁：《陈太史无梦园初集》劳集二《两淮盐政》，《续修四库全书》第 1382 册，第 337 页。
〔3〕《明宪宗实录》卷 14"成化元年二月壬辰"条。
〔4〕《明世宗实录》卷 170"嘉靖十三年十二月戊午"条。

仍照该营左、右、中三哨编为定边右卫左、右、中三所",并确定各所户口及辖区[1]。张居正受营兵分哨巡缉的启发,议将沿边各府,不论城市、村堡,不分军籍、编户,以队、司、哨的军队编制方式,组织乡兵[2]。这种治安区划,利于管控边区社会。

海防区域内,划分分防区称之分哨,相邻两分防区定期会合巡缉称之为"会哨"。浙江设置四参(参将)六总(把总),六总又称六哨,分别为:定海、昌国、临观、松海、金盘、海宁。福建沿海自北向南分为五寨:烽火寨辖区分南、北、中(分设于官井、沙埕、罗浮,后于官井洋增设罗江、古镇哨)三哨,小埕寨分南、北、中三哨,南日寨分冲心、莆禧、崇武、文港四哨,浯屿寨分二哨,铜山寨分二哨。沿海洋面各哨与哨连,共同构成了严密的海洋分防区。"浙直福分哨各官互为声援,而不许自分彼已,画地有限,责任相联,此庙谟之所以为善,而海防之所以为固也。"[3]

江南常州府下,设有陆营总练指挥、武进县属内河总巡官以及华渡、南太湖、西滆湖三哨官、无锡县属陆哨哨官、关北内河总巡官、宜兴水陆哨哨官、江阴水陆哨哨官,各官皆有辖区[4]。华渡等三哨官领兵分别为40员、78员、41员,这与营哨束伍法中的分哨领兵数额相差极大,应不是按照束伍法来编制哨兵。

湘西地区,在营之下设堡、哨,将生苗、熟苗管控[5]。各哨具有一定的辖区,如麻阳县境内有1营12哨图说,载明各哨辖区[6]。

李爱军在《明广东军事地理研究》中,以恩阳守备为例,来说明营哨编制与营哨分防的区别。恩阳守备下辖四哨,四哨各有九队,每队各有驻防地,形成了队—哨—营自下而上的三级分防体系。他认为这种分哨驻扎"和新军制下军队的'营哨'编制,不是一个意义上的概念,更多地表现为军队派出驻扎的军事据点。随着战事的发展,各地设置营堡军事据点逐步增多,在一定区域范围

〔1〕《明世宗实录》卷558"嘉靖四十五年五月"条。
〔2〕《明穆宗实录》卷24"隆庆二年九月戊辰"条。
〔3〕(明)胡宗宪:《筹海图编》卷12,《景印文渊阁四库全书》第584册,第353—357页。
〔4〕万历《常州府志》卷12《武备》,《江苏历代方志全书·常州府部》第7册,凤凰出版社2017年,第508—512页。
〔5〕彭春芳:《明清时期湘西"苗疆"边墙研究》,广西师范大学硕士学位论文,2007年;席会东:《明清地图中的"苗疆"与"生苗"》,《中国历史地理论丛》2020年第1期。
〔6〕康熙《麻阳县志》卷10《外纪志》,《哈佛燕京图书馆藏稀见方志丛刊》,国家图书馆出版社2015年,第37页。

内,形成严密的军事部署"[1]。笔者认为队为哨下之军事驻扎点,与清代哨司下的塘汛类似。

不但低级武官的分防区域称哨,高级武官的分防区亦有称哨者。葛麟在《上祁安抚条议》中认为:江南镇江等地地势险要,接秦淮,控松海,"宜设两总兵,各统锐兵数千。副将数员,分哨其地。无事则往来游徼,有事则东西合击"[2]。这里的分哨将两总兵的辖区划分为几个片区,在片区内巡缉捕盗,弭患于无形。一旦发生变乱,则合几哨之兵力,共同剿平。

营哨设置于地方,对地方有守卫防御之责。宋应昇升为高州府同知后发现"营哨但以把税盘盐为能事,不思守御之实着为何? 卫所只图食旧养,安于目前,罔顾设军之初意焉"[3]。营哨、卫所之军士只知私相械斗,甚至与百姓交恶争斗,对地方秩序产生了非常坏的影响。

营下之哨分为在营之哨与分防别驻之哨,分驻哨官的过程实质上是一种在本营防区之下划分次一级防区的过程。江防各营之下各哨官基本都有具体的责任范围——信地,营哨各官所辖之兵船不能擅离职守,否则将会受到严惩。例如南直隶沿江各兵备道所辖船只"分营、分哨、分信,棋布森列,络绎巡逻,犹恐中无统纪。每营设立守备官一员,令其一营之内周巡会哨,仍立哨单、哨簿,填写各哨信地水兵船只每月每日不缺,并无差遣迎送"[4]。各兵备道需将会哨记录按照年月记载清楚,送操江巡抚处核算查验。各营守备官员受江防同知督催会哨,并不许其擅离职守。

剿匪分哨则有可能转化为固定辖区:

> 惠故有伸威署,设兵五哨,备山贼。事平,第轮一哨团练郡中,余悉留长乐,一白弁领之,尺伍实虚莫稽者。而惠属沿海要害缺兵处甚多,公(分守岭东道副使徐时进)留一哨守长乐,分札三哨要害处,莫敢以非故事争。[5]

〔1〕 李爱军:《明广东军事地理研究》,第169页。

〔2〕 (明)葛麟:《上祁安抚条议》,《葛中翰遗集》卷4,《四库未收书辑刊》第7辑第16册,第191页。

〔3〕 (明)宋应昇:《方玉堂续刻四六启稿》之《请汛启》,《明别集丛刊》第5辑第35册,黄山书社2016年,第538页。

〔4〕 (明)丁宾:《查参江防溺职疏》,《丁清惠公遗集》卷1《奏疏》,《明别集丛刊》第3辑第95册,第42页。

〔5〕 (明)戴澳:《明正议大夫资治尹大理寺卿九瀛徐公暨沈氏淑人合葬墓志铭》,《杜曲集》卷11《墓志铭》,《明别集丛刊》第5辑第39册,第756页。

伸威署，即伸威营。嘉靖四十五年，山贼李亚元扰乱河源、河平诸县，总兵官俞大猷督兵分五哨剿之[1]。叛乱平定之后，惠州府城中留一哨，余四哨则驻长乐等处。惠州知府徐时进于万历三十六年升任岭东道副使[2]之后，又将驻守长乐之四哨拨出三哨，分扎三处紧要地方。分扎各处之哨，应有固定的防区。

## 四、结　　语

明代后期为了应对北边边防、沿海海防以及各地叛乱民变之压力，普遍设立镇戍。这一制度有别于都司卫所制度，被称为镇戍制，又被称为营兵制。而营兵制之下，不仅采用哨队编制方式，而且亦多以哨分防。从分兵驻防的角度上来理解，新兵制被称为营哨制更为合理。"哨"作为一营之下的基本治安单位而存在，这是清代绿营分汛制度的起源。

"哨"与"汛"在含义上相近。阵形分哨、剿匪分哨与秦树才总结的汛地含义相同，分别指"两军对阵时军队各部在阵中的位置和范围""委任将官率兵或主动攻击敌境的范围"。云贵地区的卫所分哨多是指"军队负责守护的交通沿线范围"[3]。但也有卫所分哨和营哨分防如同清代绿营分汛一样，有其固定的辖区，即秦树才所谓的"根据敌势边情御敌防守的区域"。阵形分哨应为剿匪分哨、卫所分哨、营哨分防的源头。

---

〔1〕《明宪宗实录》卷561"嘉靖四十五年八月甲申"条。
〔2〕光绪《惠州府志》卷19《职官表上》，《中国地方志集成·广东府县志辑》第15册，第295页。
〔3〕秦树才、李永芳：《"汛地"源流考》，《思想阵线》2019年第5期。

# 唐代容府的设置与岭南五府格局的形成

罗　凯

　　唐代岭南,总管府——都督府长期作为高层政区在地方管理中发挥关键作用,这一点已越来越为学界所重视。数十年前,严耕望《括地志序略都督府管州考》一文,对贞观十三年(639)全国的都督府及其所管州,已有全景式的揭示,其中就包括了岭南的七个都督府[1]。艾冲近年的《论唐代"岭南五府"建制的创置与演替》一文,对有唐一代数百年在岭南的都督府建置,以及唐后期的节度使司,有概括性的阐述[2]。而该文实际上是作者唐代都督府研究系列文章中的一篇,早在《唐代都督府研究》一书中,作者对唐代岭南的总管府和都督府就有所论述[3]。只是艾先生以"述"为主,"论"则不足,且所"述"缺乏严密的考证,有些论点难以令人信服。郭声波在《中国行政区划通史·唐代卷》一书中辟有专章,详细地叙述了岭南的府、州、县等各级政区的沿革[4],用力颇深,惟其所论并非专在都督府(总管府),因而有些结论亦可商榷。

　　事实上,唐初武德年间(618—626)中叶,岭南地区存在着广府、南尹府、南德府等九个总管府,武德七年(624)统一改名为都督府。之后陆续有省废、增置和改置,至唐太宗贞观(627—649)末年,整个岭南道境内还有广、崖、桂、龚、交、骥六个都督府。但是唐初这些总管府或都督府,并非是并列、平等的关系,而是有着严格的统属,即桂府、广府、交府三个府地位较高,分别统辖着循、南康、南尹、南德等地位较低的基层的总管府,或龚、崖、骥都督府。龚、崖、骥等

〔1〕　严耕望:《括地志序略都督府管州考》,1964 年初刊于《史语所集刊》第三十五本,1968 年修订再刊于《唐史研究丛稿》,后又见载于《严耕望史学论文选集》(中华书局 2006 年)和《严耕望史学论文集》(上海古籍出版社 2009 年)等。
〔2〕　艾冲:《论唐代"岭南五府"建制的创置与演替——兼论唐后期岭南地域节度使司建制》,《唐都学刊》2011 年第 6 期。
〔3〕　艾冲:《唐代都督府研究——兼论总管府·都督府·节度司之关系》,西安地图出版社 2005 年。
〔4〕　郭声波:《中国行政区划通史·唐代卷》,复旦大学出版社 2012 年,第 571—748 页。

基层的府再管州,州下面再辖县,这种层层管辖的地方行政体系,是唐高祖、太宗两朝在岭南统治的常态。唐初岭南的这种政治地理格局,我们可以概括为"统府三分"[1]。这是与当时边疆地区形势紧密相关的行之有效的地方管理体系。

那么这种"统府三分格局"在岭南是否长期存在呢? 答案是否定的。如所周知,唐代岭南最著名的是"岭南五府",即广州、桂州、容州、邕州四个都督府和安南都护府。那么,从"统府三分"到"岭南五府",这一变化是何时发生的? 又是如何发生的? 变化的背后,有无深层的原因呢? 这些正是本文要探讨和解决的问题。

## 一、容府和邕府设置的时间

关于邕州都督府,《旧唐志》[2]记载:"邕州下都督府 隋郁林郡之宣化县。武德四年,置南晋州,领宣化一县。贞观六年,改为邕州都督府。"[3]似乎贞观六年就已经有了邕府(治今广西南宁),但此处实有脱误。因为南尹州都督府贞观七年才废,此前尚督邕州。桂州都督府则此后督之,至十三年不变,见《旧唐志》桂州叙"今督"[4]句。而《寰宇记》"邕州"条载:"贞观六年改为邕州[5],近邕溪,因名。乾封二年(667)置都督府。"[6]《寰宇记》此段当因袭《旧唐志》原文。《元和志》亦曰:"乾封二年置都督府。"[7]故邕州都督府始置于高宗中期的乾封二年,无可疑问。这一点艾冲、郭声波等早已指出[8],不必详述。惟其后曾被少数民族所攻陷,府曾移至贵州(治今广

〔1〕 参见罗凯:《从三分到归一:唐朝前中期岭南政治地理格局的变迁》,《中国历史地理论丛》2018年第1辑。
〔2〕 《旧唐书·地理志》的简称。为行文简洁,下文《元和郡县图志》简称《元和志》,《太平寰宇记》简称《寰宇记》,《资治通鉴》简称《通鉴》,《新唐书·地理志》简称《新唐志》。
〔3〕 《旧唐书》卷41《地理志四》,中华书局1975年,第1737页。
〔4〕 参见严耕望《括地志序略都督府管州考》文中关于"今督"的考证和辨析。
〔5〕 改南晋州为邕州,据《旧唐志》桂州叙、《新唐志》,乃贞观八年事。按:贞观八年唐朝对全国州名统一进行了整饬,当是。
〔6〕 (宋)乐史撰,王文楚等点校:《太平寰宇记》卷166《岭南道十》,中华书局2007年,第3171页。
〔7〕 (唐)李吉甫撰,贺次君点校:《元和郡县图志》卷38《岭南道五》,中华书局1983年,第945页。
〔8〕 艾冲:《论唐代"岭南五府"建制的创置与演替》,《唐都学刊》2011年第6期;郭声波:《中国行政区划通史·唐代卷》,第688页。

西贵港)〔1〕。

至于容州都督府的设置,要复杂得多。《旧唐志》"容州叙"的内容可概括为三点:武德四年,平萧铣,置铜州(治今广西容县);贞观元年,改为容州,以容山为名;开元中,升为都督府。然此三个时间点均有误。置铜州,当在武德五年〔2〕。改铜州为容州,据《旧唐志》"桂州叙"、《新唐志》和《寰宇记》等,当在贞观八年。升为都督府,时间更相差数十年,关于此点,需详论。

艾冲依据《大唐赠卫尉卿并州大都督淮阳郡王京兆韦府君墓志铭》,以中宗韦皇后之弟韦洞于如意元年(692)"薨于容府",从而判定容府始置于天授年间(690—692)〔3〕,证据稍显不足。因为年代较晚的墓志铭所追述的地名,并不一定就是死者当时的实际情况,而很可能只是撰铭者所处时代的名称。但武周年间,正史中确实已有"容州都督"的记载。《新唐书·则天纪》载,延载元年(694)十月,"岭南獠寇边,容州都督张玄遇为桂、永等州经略大使"〔4〕。又,《新唐书·宰相表》载:长寿元年(692)八月戊寅,"权检校天官侍郎姚璹、守容州都督检校地官侍郎李元素并同凤阁鸾台平章事"〔5〕,则至迟武周长寿元年已有容府之设。

不过,《唐故朝散大夫容州都督府司马上柱国吕府君(玄福)墓志铭并序》又云:"授朝散大夫、行窦州司马,俄迁容州都督府司马……以调露元年八月十八日,遘疾卒于容州之官第,春秋四十有六。"〔6〕如此,则容府之置,不晚于高宗调露元年(679)。台湾学者廖幼华据《景星寺碑铭》,判定高宗时容州已置都督府,经略使最晚开元初年已存在,其说甚是。然廖先生认为"容州在初唐时并不置府,而是南属安南的交州都督府(治宋平,在今越南河内地区)"〔7〕,其参考文献为严耕望《括地志序略都督府管州考》,但《管州考》一文并无此论。其实唐初容州先后属南尹府、桂府,《旧唐志》等有明确记载,《管州考》桂府所

〔1〕 参见《元和郡县图志》卷38《岭南道五》,第945页。
〔2〕 此点需结合岭南南北的整体局势来判定,比较复杂,与本文主旨不太相关,此略。详情可参见罗凯:《从三分到归一:唐朝前中期岭南政治地理格局的变迁》,《中国历史地理论丛》2018年第1辑。
〔3〕 参见艾冲《论唐代"岭南五府"建制的创置与演替》。
〔4〕 《新唐书》卷4《则天皇后纪》,中华书局1975年,第95页。《册府元龟》卷986、《通鉴》卷205、《弘简录》卷3同。
〔5〕 《新唐书》卷61《宰相表上》,第1656页。
〔6〕 吴钢主编:《全唐文补遗·千唐志斋新藏专辑》,三秦出版社2006年,第47—48页。
〔7〕 廖幼华:《从唐代容州形势看容州经略台的始建年代》,《中国历史地理论丛》1999年第3辑。

管亦包括容州。

事实上，根据卢藏用所撰《景星寺碑铭》，容府之始置时间，可以进一步精确。该铭记载：

> 容州都督府景星寺者，高宗天皇大帝所建也。高宗继文嗣武……增封东岱，有景星乘象，制诸州置寺，仍景星为名……时都督乐处元，以式遏为心，未遑经始；后长史陈善宏，以熏修为念，颇加薙翦。[1]

这段文字说明景星寺始建于高宗乾封年间（666—668），时容州已有都督，但该都督致力于稳定当地秩序，并未在景星寺的建设上花费多少心力。也就是说，至迟唐高宗乾封年间，容州都督府已置[2]。而该府之置，或源于当地的动荡局势，即所谓"时都督乐处元，以式遏为心"，式遏者，镇压、防御也。因此，容府之设，不应晚于乾封二年邕府之置[3]。

## 二、容府设置的背景

都督府地位崇高，在岭南实际政务中十分重要，其设置并非随便之事。武德年间，为了安抚降附的岭南各大首领，所以才广设总管府，后统一改为都督府。而随着各位首领的去世，其所领之府也相继罢废[4]。那么新设的都督府，其背后的动因又是什么呢？

贞观七年，南尹州都督府废，改设龚州都督府。史载："贞观七年，东西玉

---

[1] 参见《全唐文》卷 238，山西教育出版社 2002 年，第 1432—1433 页。

[2] 郭声波据此和《唐刺史考全编》，将容府之始置，定在贞观二十三年，若不考虑周边形势，似无不可。然容府的设置并非独立的个案，背后有深层原因，详见后文。

[3] 此外，容州的辖县和治所也是一大疑案。《旧唐志》云"天宝后，领县五"；《通典·州郡典》《新唐志》均为六县，其中一县不同；但《景星寺碑铭》和《本钱簿》均为十一县，且县名全同；《唐会要·南选》又云宝历二年（826）为七县。可见不同时期容州幅员大异，但开元年间应该是 11 县。至于治所，《州郡典》《旧唐志》均为北流县（治今广西北流市）；《景星寺碑铭》《本钱簿》却皆作普宁县（治今广西容县），《新唐志》云"元和中徙治普宁"，《舆地纪胜》引《元和志》谓"开元中移郭下北流县于西南六十里，又自州移普宁县于郭下"，廖幼华据此认为州治未变，只是附郭县有搬迁，并认为"北流在隋朝初置县时，县治所原在今天的容县"。按：《隋志》普宁县属永平郡，北流县属合浦郡，揆诸舆地，廖氏的判断不确。而《旧唐志》云鬼门关在北流县南三十里，《州郡典》径言州南三十里，显然认为州治在北流，而非普宁。覃正、潘碧清《唐容州徙治容县之考异录》（《广西地方志》2010 年第 6 期）则主张《州郡典》所述非是，实际上贞观八年改铜州为容州之时，州治已从北流徙至普宁，此后一直未变。

[4] 参见罗凯：《隋末唐初岭南政治势力探析》，《中国历史地理论丛》2013 年第 2 辑；《从三分到归一：唐朝前中期岭南政治地理格局的变迁》，《中国历史地理论丛》2018 年第 1 辑。

洞獠反,以石(右)屯卫大将军张士贵为龚州道行军总管平之。"[1]可见之所以废南尹府(治今广西贵港),另于其下游新设龚州[2],并定为都督府,乃因为此地獠反,需要镇压之故。否则,若论地理区位,浔州(治今广西桂平)在郁江与黔江合流处,藤州(治今广西藤县)在北流江与浔江交汇处,无疑更优越。

事实上,容府、邕府的设置背后,也有相应的逻辑。前文已述,不仅邕府置于乾封二年,而且容府的设置,也不晚于乾封二年。而据《新唐志》的记载,在该年前后短短的几年时间内,岭南西部新置有郁林州(治今广西兴业附近)、严州(治今广西来宾东南)、牢州(治今广西玉林)、禺州(治今广西陆川东)四个州,此外,有一个县省并,一个县新置,三个州改名[3],加上邕州以及容州升为都督府,这在和平时期,绝不寻常。

揆诸地图,可以明显看出,禺州、牢州、郁林州(其时尚无平琴州、党州)不但地理位置相近,而且均与容州毗邻,安乐县(治今广西贵港木梓镇[4])本属于郁林州。而严州与象州武仙县(治今广西武宣)又紧邻。郁林州与严州,不过相隔一个贵州而已。概言之,容州附近有三个新州、一个都督府的设置,严州、邕州等也距之不远。

这意味着以上的政区调整,或许存在更深刻的历史背景。《新唐志》云牢州、东峨州,皆是乾封三年[5]由将军王杲奏置。王杲应是府兵将军(永隆二年,即公元 681 年正月突厥寇边时,他曾率兵御之[6]),这说明此时唐朝廷对岭南有一次较大规模的用兵,这次军事行动,导致平蛮獠,置牢州、东峨州的结果。

而这次行动的起因,也许肇始于龙朔三年(663)。该年柳州蛮酋吴君解反

---

〔1〕《新唐书》卷 222 下《南蛮传下·南平獠》,第 6327 页。
〔2〕原治武林,在今广西平南县东;后移治平南,即今广西平南县。
〔3〕参见《新唐书》卷 43 上《地理志七·岭南道》。《旧唐书·地理志》所载郁林州、牢州设置的时间有误。
〔4〕参见郭声波:《试解岩州失踪之谜——唐五代岭南岩州、常乐州地理考》,《中国边疆史地研究》2000 年第 3 期;《唐五代岭南道岩州、常乐州钩沉》,《中南民族学院学报(人文社会科学版)》2001 年第 3 期。
〔5〕该年二月丙寅改元总章。
〔6〕《旧唐书》卷 5《高宗纪下》,第 107 页。另,《册府元龟》卷 358、《通鉴》卷 203 均载,垂拱元年(685)广州都督王果讨反獠,平之。此王果,当即王杲,因形近致传抄讹误。按:王杲又名王世果,乃唐初杜伏威手下大将王雄诞之子。

叛,《通鉴》载以右武卫将军冯士翙偕同冀州长史刘伯英等率岭南兵讨之[1],《新唐书》所载主将则仅有刘伯英一人[2]。史籍虽载该年以岭南兵讨之,结果如何,却未交代。但其影响却是可以找到蛛丝马迹的,一是象州桂林县的省并(乾封元年),二是从柳州析置严州,因为严州乃乾封二年招致生獠置,其辖县来宾、归化同时新置,但更靠南的循德县,却是从柳州割属的。即严州所在地区本是柳州的一部分,所谓的"柳州蛮乱"当指这一地区。

正因为史籍未明载柳州平叛的结局,所以很可能有后续行动。而数年之内,连续往岭南派出几位大将,也不符合唐兴以来一贯的绥靖方针。值得注意的是,麟德二年(665),唐朝析贵州之石南、兴德、郁平置郁州,并从石南析置兴业县[3],乾封元年郁州更名郁林州。这里的时间和空间节点都令人深思:麟德二年恰好处在龙朔三年、乾封二年之间,郁林州又正当严州往牢州、禺州方向的路途上,且无限接近后来设置的牢州地区(参见图1)。

据此,我们可以勾勒出这样一幅图景,龙朔三年,柳州南部蛮乱,唐朝派遣刘伯英、冯士翙讨伐,但可能并不十分顺利,所以继续增派王杲援助;在麟德年间,基本平定了柳州的动乱;于是接着向南方进发,目标是容州以南地区,为了一举功成,在正式发动军事行动之前,于幅员较广的贵州东部析置郁州,以作为进讨的大本营;这次收复失地的工作至少历时两年,因为旷日持久,所以很可能在乾封二年,奏言设置了容州、邕州两个都督府,以分别策应东、西两个方向的战略行动,并起到人员、物资供应等后勤保障的作用。其中容府的设置尤其重要,因为王杲的进军方向是自西向东,而容府都督可从北向南、从东往西,从而形成多方夹击之势。这次行动规模不小,所以在高宗要求全国范围内普遍设置景星寺之时,"时都督乐处元,以式遏为心,未遑经始",但成效是显著的,经过努力,乾封三年在容府南北设置了两个州:牢州和东峨州。而在此前奏请升邕州、容州为都督府的时候,当同时请求新置严州、改粤州为宜州(治今广西宜山);再前一年,郁州改名郁林州的时候,同时有安乐县的新置和桂林县的省并。

---

〔1〕 (宋)司马光编著,胡三省音注,"标点资治通鉴小组"校点:《资治通鉴》卷201《唐纪十七》,中华书局1956年,第6335页。
〔2〕《新唐书》卷3《高宗纪》,第63页。
〔3〕《新唐书》卷43上《地理志七》,第1110页。《寰宇记》云麟德三年分贵、容二州置郁州,但该年正月壬申即改元乾封,时间过短,恐不可能;而其时容州西南一带均为蛮獠占据,也不大可能分地。

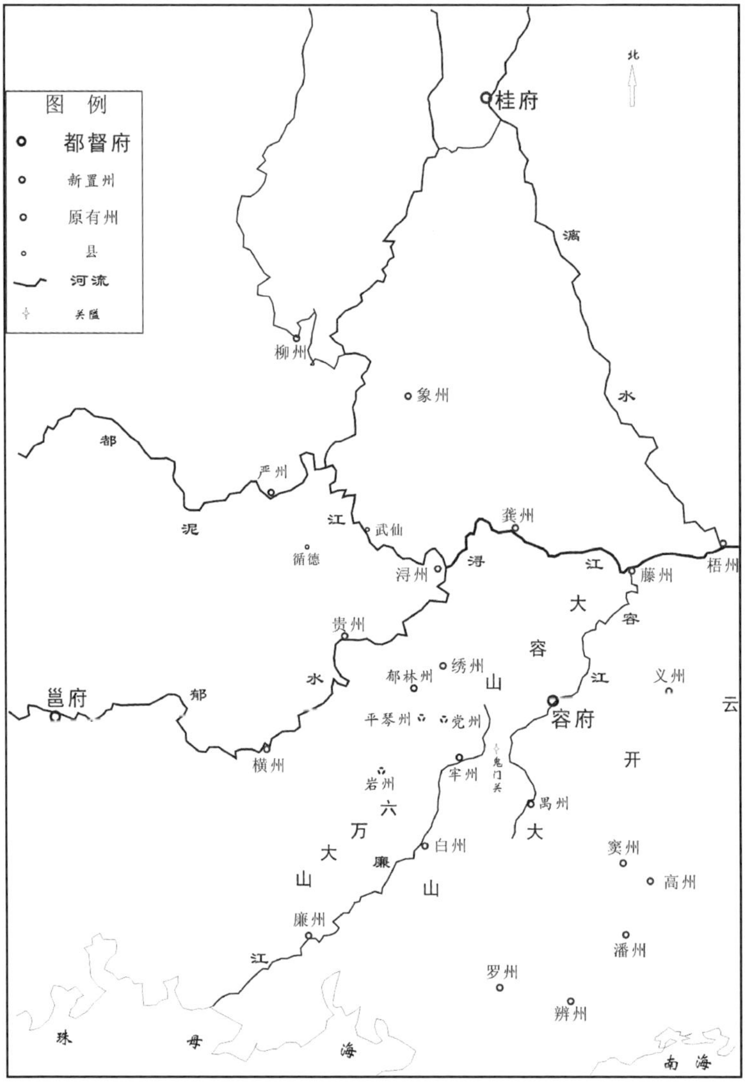

**图1  唐高宗末年容府及周边环境示意图**

(据《中国历史地图集》第五册之"桂州容州附近图"改绘)

## 三、容府设置的深层原因

为何选择容州南边作为进一步行军的目的地呢?

这里有必要交代一下牢州与潘州的情况。两《唐书·地理志》关于牢州的矛盾记载，早就引起学者的关注。《新唐志》"牢州"条与《旧唐志》意思相同，唯言辞有异，其云："本义州，武德二年以巴蜀徼外蛮夷地置，贞观十一年以东北有牢石，因更名，徙治南流，后废。乾封三年，将军王杲平蛮獠，复置"〔1〕。岑仲勉很早就注意到岭南之牢州乃因袭黔中牢州旧文，并指出容州附近之牢州实乃乾封三年新置〔2〕。张伟然在此基础上，结合潘州、禺州志文，描绘出了潘州的迁徙轨迹与牢、禺二州的真正由来〔3〕。张先生指出，《旧唐志》中潘州沿袭了原潘州的名称，而禺州则领有原潘州的两县，从而造成了"潘州"与"禺州"叙述上的雷同现象。张先生认为，贞观十四年，罗、窦诸獠叛，"潘州一定是因这一次獠叛而弃地，从而转徙于高州辖境"〔4〕。

诚如张先生指出的，禺州所在的原潘州（治今广西玉林至陆川一带），与治于茂名的潘州（治今广东高州），是地方不同的两个州。高州附近之潘州永徽元年（650）方置（可称为后潘州）；桂府"今督"之潘州，其地域相当于白州附近的禺州、牢州，乃贞观八年由南宕州改名（可称为前潘州），后废。贞观年间的獠叛，应该是产生前、后两个潘州的重要原因。

《新唐书·南蛮传》载："（贞观）十四年，罗、窦诸獠叛，以广州都督党仁弘为窦州道行军总管，击之，虏男女七千余人。"〔5〕罗、窦诸獠乃概言之，因为二州并不接壤，之间还相隔辩州、前潘州等，故此次獠叛正如张先生所言，"规模颇为不小"。广州都督此役虽然颇有战绩，"虏男女七千余人"，却未能彻底平乱，前潘州即因此而废。

从前潘州被废，到原地另置牢州、东峨州，时间长达 20 多年，可见该地蛮獠势力之强。事实上，武德年间，南扶州（贞观八年改名窦州）就因为獠叛，侨治泷州〔6〕。武德七年，此二州獠乱，南尹州都督李光度击平之〔7〕。

〔1〕 《新唐书》43 上《地理志七》，第 1109 页。另可参见《旧唐志》卷 41《地理志四》，第 1745 页。
〔2〕 岑仲勉：《括地志序略新设》，《史学专刊》1935 年第 1 期。
〔3〕 张伟然：《唐代岭南潘州的迁徙与牢禺二州的由来》，《岭南文史》1996 年第 3 期。
〔4〕 张伟然：《唐代岭南潘州的迁徙与牢禺二州的由来》，《岭南文史》1996 年第 3 期。
〔5〕 《新唐书》卷 222 下《南蛮传下·南平獠》，第 6327 页。另可参见（宋）王钦若等编：《册府元龟》卷 985《外臣部·征讨第四》，中华书局 1960 年影印本，第 11568 页；《资治通鉴》卷 195《唐纪十一》，第 6154 页。
〔6〕 《旧唐书》卷 41《地理志四》，第 1723 页；《新唐书》43 上《地理志七》，第 1110 页。
〔7〕 《册府元龟》卷 985《外臣部·征讨第四》，第 11564 页；《资治通鉴》卷 191《唐纪七》，第 5984 页。

贞观元年和五年，南扶州、南义州均曾短暂罢废，无疑还是因为獠叛[1]。永徽二年，窦州、义州蛮又寇边[2]。这两州均在容州东边，也均与前潘州接壤。

总而言之，唐初，北起义州(治今广西岑溪附近)，东至泷州(治今广东罗定附近)，南极罗州(治今广东廉江北)，包括窦州(治今广东信宜南)在内的广大地区，蛮獠遍布，"反叛"不断。因为这一带，东边是云开大山，西边是六万大山和大容山(参见图1)，山岭纵横，地形复杂，适合蛮獠生存，可谓初唐岭南核心地带最大的蛮獠巢穴。

如果仅仅是蛮獠盘踞，在岭南不过是正常现象，但正如廖幼华等先生所指出的，六万大山与云开大山之间的容江走廊，又是中古时期联系岭南南北地区最重要的通道。"这条路线的起点，是由郁、容两江交汇口藤县起，溯容江上行二百三十五里到容县，再向西南溯江七十三里抵北流县，下舟换行车马，翻越鬼门关所在的水山，到玉林(即唐代郁林)再登船循廉江而下，到合浦出海。由于这条通道前半段全借容江而行，故一般多以'容江道'称呼……当中除了容、廉江间有一段二十余里的陆路外，大体而言，全程交通尚称方便；远比绕行雷州半岛的海路近捷，还可避免风涛没顶危险。宋朝以后与北流江平行的陆路虽然出现，却不及水路有安全、价廉及载货量大优点，一般南来商贾行旅，仍多弃陆路、循水而行。这是秦汉以下，中原王朝南出海南及安南，皆相率追蹑容江水道的主要原因。"[3]

蛮獠长期占据前潘州地区，严重阻碍了这条南北交通线，十分不利于唐朝在岭南的统治。但自从贞观七年因龚州獠叛，唐朝在岭南有过一次较大规模的军事行动之外，此后数十年内不曾往岭南派过兵。因为贞观十三年以后，唐朝军事行动的目标主要集中于西北和东北。相继灭高昌，败薛延陀，击高丽，平西域，破西突厥，亡百济。显庆五年(660)，李唐在北方刚刚灭掉百济国，国威鼎盛。正值此时，柳州蛮作乱，经年不平，朝廷遂决意出兵，调派原来东讨百济的刘伯英、冯士翙[4]等南征，趁机进行有计划的战略行军，不但再次打通了这一重要的陆上交通要道，而且为了有效地镇抚，乃于最冲要之地，设立了容州都督府。

---

[1] 参见《旧唐书》卷41《地理志四》"义州""窦州"条，第1723页。

[2] 《新唐书》卷3《高宗纪》，第53页；《资治通鉴》卷199《唐纪十五》，第6276页。

[3] 廖幼华：《从唐代容州形势看容州经略台的始建年代》，《中国历史地理论丛》1999年第3辑。

[4] 按：刘永徽初曾任桂州都督，冯则岭南本地人。《册府元龟》卷986载，显庆五年，二人皆从苏定方伐百济。《新唐书·东夷·百济传》误将冯士翙作"冯士贵"。

容府设置后,作用是明显的。东边,向来多乱的窦州、义州此后趋于安定,与此前的动荡截然不同[1]。西边,调露二年,于贵州、横州、郁林州、牢州、白州毗连地区析置岩州[2]。永淳元年(682),开古党洞置党州(治今广西玉林西北);二年,又析党州置平琴州[3]。此三州均在容州附近。党州是开"党洞"而置,"党洞"无疑是蛮獠盘踞之地,党州的设置反映出容府向周边"蛮獠之地"开拓的努力。平琴州更在党州之西,当是相继推进的结果,该州垂拱三年(687)废,直至神龙三年(707)才复置[4],正说明其初置时确是开生獠之地,而当地蛮獠的势力则是根深蒂固的。

容府的辖区,能为以上的推论提供很好的佐证。《唐六典》记容府所管州为:容、藤、义、窦、禺、白、廉、绣、党、牢、岩、郁林、平琴13州[5]。《中国历史地图集》在13州之后加有"山州",但山州实则位于爱州与驩州之间,应该属安南都护府[6]。《本钱簿》[7]较之《唐六典》,唯多一陆州,然《元和志》与《唐六典》一样,陆州属安南管内。综观之,唐玄宗开元后期和天宝年间,容府所管当以《唐六典》所记之13个州为常。按诸舆地,这13个州覆盖了唐初獠乱最为厉害的义州、窦州等地,也包括了附近新置的郁林、牢、禺、岩、党、平琴全部6州,而容江通道所经的藤、容、牢、白、廉5州也全在管内。

但《景星寺碑铭》所载却只有11个州,相比上述13州,少绣州和廉州二州,从舆图来看,应非漏载,而是容府在开元初年确实不管此二州。因为绣州偏在西北,不在容江通道必经之路上;廉州则在当时容管所有州的南边,虽是容江通道的最南端,但却离容州过远。并且,相对来说,这两个州都比较安定,与唐初义州、窦州和牢州、禺州等地獠乱频频的情况不同,故在容府初设之时,

---

[1] 这种转变,一定程度上也跟显庆三年罗、窦生獠首领多胡桑率众内附有关。但考察其他地区和其他时期的情况可知,一时的内附并不能完全解决问题,因而多胡桑率众内附的作用也不应过分夸大。

[2] 参见《新唐书》卷43上《地理志七》,第1104页;以及郭声波:《试解岩州失踪之谜——唐五代岭南岩州、常乐州地理考》《唐五代岭南道岩州、常乐州钩沉》。

[3] 《新唐书》卷43上《地理志七》,第1110页。

[4] 《新唐书》卷43上《地理志七》,第1110页。

[5] (唐)李林甫等撰,陈仲夫点校:《唐六典》,中华书局1992年,第71页。

[6] 参见罗凯:《唐代山州地望与性质考——兼论岭南附贡州的建置》,《历史地理》第26辑。

[7] 参见吴震:《敦煌石室写本唐天宝初年〈郡县公廨本钱簿〉校注并跋》,《文史》第14辑,第77—84页。

不属容管。而后来容府之所以会加管绣州,是因为绣州毗邻容州[1];加管廉州,则是为了进一步确保容江通道全程的畅通。

## 四、岭南五府格局的形成

如果说容府的设置主要是为了保障"容江通道"的安全和畅通,那么置邕府则是为了更广地拓边。容州毕竟位于岭南的腹地,而邕州则是完全的边州,处在原南尹府或桂府的最西南,其开发程度本就不高。因而该府的定位与容府是不同的。该州最大的优势在于地理区位,它离左江和右江的交汇处不远,正当郁江航道的起点,通过该州,可以最大限度地掌控桂西的羁縻府州。其与北边的桂府,南边的交府一起,消极而言,可以构筑一道稳固的防线,将西原诸蛮阻挡在该线以西;从积极的方面说,若有效联动,则能逐步推进,将越来越多的化外之地纳入李唐的郡县体系中来。正因为邕府处在岭南的最边缘,所以即便在唐前期,该府也并不稳定,《元和志》就记载:"乾封二年置都督府,后为夷獠所陷,移府于贵州。景云二年(711),州界平定,复于邕州置都督府。"[2]

因此,容、邕二府虽然同在边远区的岭南,但却代表了唐代都督府的两种不同类型,一种是边疆都督府,另一种是要冲都督府,即所谓边府(边州)和要府(要州)。如果说容府是"稳压器"或"镇河塔",重在保障战略后方;那么邕府则是"助推器"或"桥头堡",重在开拓前沿疆土。

盛唐时期岭南政治地理最显著的格局是"岭南五府",五府格局意味着只有五个都府,不多也不少。那么高宗初年原有的另外几个都督府又是如何消失的呢?

史籍未载龚州、崖州、骧州三个都督府罢废于何时。但是,因为龚府原管龚、蒙、浔、宾、澄等州,其中浔、宾、澄三州后来则是邕府的辖区,二者有重叠之处,根据邕府的设置,可知龚府之废,不晚于乾封二年,否则邕府的设立就缺乏逻辑。参照南尹府与龚府的交替,最可能的情况,就是在乾封二年邕府设立之

---

[1] 之前所以不属容管,笔者推测与景云二年之前邕州都督府一度迁至贵州有关,绣州不但与容州相邻,其西边也与贵州接壤,且绣州西北方的浔州《唐六典》中尚属邕府,其时自然更属"贵州都督府"所管,因而绣州开元初期(713—721)西属邕府。

[2] 《元和郡县图志》卷38《岭南道五》,第945页。

时,龚府被废。艾冲推测该府天授中被容府取代[1],时间过晚,且未注意到
龚府与容府的辖境其实没有交集[2]。郭声波认为废于贞观十五年前后[3],
又未免过早,其论据是《李道素墓志》所载李弘节"桂州都督廿七州诸军事",以
为龚府废后,其所管州改隶桂府,桂府才有可能都督廿七州。殊不知严耕望早
就指出,"廿"乃"十"之伪[4],所谓"廿七州"实则《旧唐志》桂州叙"今督"之
十七州。否则,即便此时龚府所管 6 州[5]全部改隶桂府,也凑不足"廿七"
之数。

　　至于崖府罢废的时间,亦在乾封之前。艾冲以为该都督府贞观元年至贞
元五年(789)一直存在,但《唐六典·尚书户部》和敦煌石室写本唐天宝初年
《郡县公廨本钱簿》均无崖府,故其所论显然欠妥。《册府》云:"贞元五年,(李)
复奏收复琼州,表曰:'琼州本隶广府管内,乾封中,山洞草贼翻叛,都督李孝逸
抚驭失所,遂致沦陷,已经一百余年。'"[6]据《新唐书·高宗纪》,乾封二年
"岭南洞獠陷琼州"[7]。琼州之陷,缘于主管的广府都督李孝逸措置失当,而
非更接近琼州的崖府都督,可知崖府至迟此时已被罢废无疑,但具体时间难以
确知。郭声波将该府之废定于贞观二十三年,理由是"《旧唐志》广州条谓贞观
中崖州都督府与南康州都督府并废隶广府"[8],显属误读。因为《旧唐志》原
文是"以南康州及崖州都督,并隶广州"[9],此为贞观元年之事[10],崖州都督
府该年始置,怎可能就"废隶广府"? 盖因崖府级别较低,故如之前的南康、高、
循等府一样,需隶属地位更高的广府,这是唐初边远地区都督府的常态,是层
层统辖体制的反映。若废崖府,当是崖州和其所管州全都改隶广州,而非"崖
州都督"。至于《旧唐志》此处之南康州,不可与"崖州"等量齐观。崖州原即是

〔1〕 参见艾冲《论唐代"岭南五府"建制的创置与演替》。
〔2〕 当然,艾先生径改《旧唐志》等史籍的原文,使得龚府辖州面目全非,自然就有交集了。实则容
　　　府所管诸州,尽管藤州和后来的绣州与龚府相邻,却刚好不在龚府辖境。龚府辖区反而是与较
　　　远的邕府有共同之处,因为二者有水路直通之便。
〔3〕 郭声波:《中国行政区划通史·唐代卷》,第 748 页。
〔4〕 参见严耕望:《括地志序略都督府管州考》,《严耕望史学论文选集》,中华书局 2006 年,第 148 页。
〔5〕 据《元和志》等史籍记载,浔州贞观十二年(638)废,长寿元年(692)才重置。
〔6〕 《册府元龟》卷 359《将帅部·立功第十二》,第 4261 页。另,《全唐文》卷 620 李复《收复琼州
　　　表》、《唐会要》卷 71《州县置设下》略同,唯"李孝逸"皆作"李逸"。
〔7〕 《新唐书》卷 3《高宗纪》,第 66 页。
〔8〕 郭声波:《中国行政区划通史·唐代卷》,第 619 页。
〔9〕 《旧唐书》卷 41《地理志四》,第 1711 页。
〔10〕 《旧唐志》"贞观改中都督府……"一句,脱"元年"或"初"字。因为"以南康州及崖州都督,并隶
　　　广州",后文紧接着就书"二年,省循州都督"。

州,该年新置都督府,然由广府督辖。但南康州前一年(武德九年)与南康府同时罢废,贞观元年复置南康州,并未复置南康府,该年隶属广州都督府的只是"南康州"而已,而非"南康州都督府"。

艾冲主张贞观十六年撤销驩府[1]。然《大唐故银青光禄大夫守司刑太常伯李公(爽)墓志铭(并序)》曰:"显庆之初,言归京洛。……蒙授朝请大夫、守思州刺史。丹帷未驾,紫泥复及。授中大夫、使持节、守都督交峰爱三州驩州都督府等诸军事、交州刺史。"[2]则至迟显庆时,驩州都督府尚在[3]。又据《旧唐志》福禄州条,龙朔三年,尚有智州刺史,则该年智州尚存[4]。智州等驩府所辖州的存废,当直接关系驩府的存在与否。故龙朔三年驩府当仍存,距离乾封二年不过四年时间,彼时是否罢废颇有疑问。但可以确认的是,在永隆二年交州都督府改为安南都护府之时[5],驩府必定已废[6],且罢废已有一段时间,否则以北部诸都护府的惯例,安南都护府应该设置于国境的最边缘,即都护府不必再管正州,而只管羁縻府州即可。若当时驩州仍是都督府,则安南都护府大可由国境最南的驩府改置,而不该由交府所改。

因此,唐高宗时期,岭南政治地理格局的最大变化,就是地位较低的崖府、龚府、驩府的罢废,和地位较高的容府、邕府的设置,从而由新的平级的五府格局,取代了原来的"统府三分"的格局[7]。

相对于岭南道东部的广管地区,西部原桂管之地,整体上开发程度更低。唐高宗撤销位置尴尬、层次较低的龚州都督府,增设与桂府平级的邕府、容府,

[1] 参见艾冲:《论唐代"岭南五府"建制的创置与演替》。

[2] (唐)崔行功撰:《大唐故银青光禄大夫守司刑太常伯李公(爽)墓志铭(并序)》。墓志拓本照片载于陕西省文物管理委员会:《西安羊头镇唐李爽墓的发掘》,《文物》1959年第3期。志文参见陕西省古籍整理办公室编、吴钢主编:《全唐文补遗》第一辑,三秦出版社1994年,第46—48页;陈尊祥、郭盼生:《唐李爽墓志铭补考》,《考古与文物》1995年第5期。

[3] 艾冲《论唐代"岭南五府"建制的创置与演替》以为驩府废于贞观十六年,显然欠妥。

[4] 《新唐志》云总章二年(669),实乃合《旧唐志》前后文而书之,意在总章二年福禄州之置。属删削过甚,不取。

[5] 《旧唐志》云:"调露元年,改交州都督府为安南都护府。"《新唐志》《会要》《寰宇记》亦皆曰调露元年(679)改交府为安南府,却可能不实。据《旧唐书·高宗纪》,应该是永隆二年(681)八月辛卯(二十五日)。宋人李上交所撰《近事会元》卷4"安南都护府"条亦载:"唐高宗永隆二年八月,改交州为安南都护府。"《元和志》则云:"武德四年又改为交州总管府,永徽二年改为安南都督(护)府,至德二年改为镇南都护府,兼置节度,大历三年罢节度使置经略使,仍改镇南为安南都护府,贞元六年又加招讨处置使。"此"永徽二年,改为安南都督府"之"永徽",亦可能为"永隆"。

[6] 郭声波以为驩府即罢废于该年,笔者认为应该至少要早上数年。

[7] 参见罗凯:《从三分到归一:唐朝前中期岭南政治地理格局的变迁》,《中国历史地理论丛》2018年第1辑。

从而使得桂、邕、容三足鼎立、互为犄角，形成进可攻、退可守的新格局，有效加强了对岭南西部的控制。容府、邕府设立之后，虽然也曾被攻陷，短暂侨治于其他州，但这新的五府（广、桂、容、邕、交〔1〕）格局基本上维持到李唐灭亡，存在了近两个半世纪之久（667—907），可见这一政治地理格局的调整是相当成功的。

本文原载《中国边疆史地研究》2015 年第 2 期，收录时有改动。

作者简介：罗凯，男 1983 年生，湖南衡阳人。2006 年入复旦大学历史地理研究中心，师从安介生教授，2012 年毕业，获历史学博士学位。现为四川大学历史文化学院副教授，主要研究方向为历史政治地理、中国古代史、政治制度史。

---

〔1〕 后改名为安南都护府，期间又曾短时期改为镇南都护府，然实质不变。又，关于镇南都护府复名安南的时间，《元和志》《寰宇记》与《新唐志》等均为"大历三年"（768）。然据《旧唐书·代宗纪》《新唐书·方镇表》，则当为"永泰二年"（766）二月壬辰。

边疆史与民族史研究

# 谭其骧先生与中国边疆史地研究

孙宏年

  谭其骧先生是著名的历史地理学家,是我国现代历史地理学主要奠基人之一,早年与顾颉刚先生等主编《禹贡》杂志,初步奠定我国现代历史地理学基础;20世纪50年代起,他倾注数十载心血主持编纂《中国历史地图集》,又将论文编成《长水集》(上、下、续编),对于国内外学界都产生重大的影响。对于中国边疆史地研究——即以历史时期中国边疆的历史地理为研究对象的领域,谭先生作出巨大的贡献,他的论著和理论、学风对于今天乃至后世的中国边疆史地研究产生深远的影响。

  作为中国历史地理研究所的毕业生,笔者多年从事中国边疆史地研究,不仅在研究中从谭先生的成果、学风中受益良多,而且深感目前学术界对谭先生在边疆史地研究及相关领域的学术贡献、学术思想及影响的研究仍需进一步深化[1]。

---

[1] 就笔者有限的见闻,国内有关谭先生在中国边疆史地研究领域的学术贡献、思想等研究的论著,目前主要有三种,一是葛剑雄著《悠悠长水——谭其骧前传》《悠悠长水——谭其骧后传》(华东师范大学出版社1997年、2000年),较为全面地介绍谭先生的生平、学术状况,其中有不少内容涉及谭先生关于中国边疆史地研究的著述、思想;二是马大正、刘逖著《二十世纪的中国边疆研究——一门发展中的边缘学科的演进历程》(黑龙江教育出版社1998年),对于谭先生参与的禹贡学会和他在中国疆域方面的认识作了介绍,并给予充分肯定;三是华林甫著《中国历史地理学·概述》(山东教育出版社2009年),书中在论述历史政治地理等方面的学术成果时介绍了谭先生的论著及影响。专门的论文目前仍不多见,相关论文主要有邹逸麟的《一丝不苟 精益求精——学习季龙师的工作态度和治学精神》,载《历史地理》第九辑(《庆贺谭其骧先生八十寿辰专辑》,上海人民出版社1990年);史念海的《超迈乾嘉诸家的谭季龙先生》、曾昭璇的《谭其骧教授对中国历史地理学的贡献》、陈桥驿的《回忆谭季龙老师》、邹逸麟的《追念恩师谭季龙教授》,均载于《历史地理》第十二辑(上海人民出版社1995年);巴兆祥、沈红亮的《谭其骧与方志学》,载《历史地理》第十六辑(上海人民出版社2000年);安介生的《探赜索隐 融会贯通——谭其骧民族史学论著解析》,载《面向新世纪的中国历史地理学》(齐鲁书社2001年)。此外,朱永嘉、史为乐、邢玉林、陈清泉、王文楚、景爱、汝令等也有相关的论文。这些论文,或概述谭先生总体的学术成就、思想等,或专题探讨谭先生在方志学、民族史学、中国历史地图绘制等领域的贡献等,可见于复旦大学中国历史地理研究所编《长水永泽:谭其骧先生百年诞辰纪念册》(复旦大学出版社2011年)。近年也有一些报道,特别是围绕纪念谭先生百年诞辰进行的报道,在"禹贡网·纪念谭先生百年诞辰"中可以查到。

笔者学识有限，仅从中国边疆史地研究的角度，谈一点粗浅的认识，恳请方家指正。

## 一、谭先生有关中国边疆史地研究的著述

谭先生的著述涉及历史地理学的诸多领域，如果从中国边疆史地研究的视角来分类，相关的成果有三种类型：一是关于中国历代疆域、政区沿革、人口迁移、民族分布、方志等领域的论著中部分地涉及边疆史地问题；二是对东北疆理、塞北建置、金门、马祖以至南海史地进行的专门论述；三是他主编的《中国历史地图集》中的历代全国疆域图和部分边疆地区地图[1]。总体看来，这些成果超越了乾嘉时代的考据之学，开阔了中国边疆史地研究的视野。

第一类成果，谭先生关于中国历代疆域、政区沿革、人口迁移、民族分布、方志等领域的论著很多，其中部分地涉及边疆史地问题的又包含以下几方面。

1. 论述中国总体的疆域、政区沿革问题时，部分内容涉及历史上中国边疆地区及其行政建置。这方面的成果在 1949 年以前主要反映在秦汉和辽代疆域、政区方面，如《秦郡新考》《秦郡界址考》论述秦代郡县时涉及桂林、象郡等边疆地区的政区；谭先生与顾颉刚先生讨论两汉州制时的书信，《西汉地理杂考》《新莽职方考》在论述两汉和新莽时期的政区变迁时都涉及边疆地区的州郡和属国；《〈辽史·地理志〉补正》涉及边疆地区的某些州、县。1949 年后的成果，主要是 20 世纪 80 年代的《金代路制考》（完成于 1964 年，发表于《中国历史地理论丛》第 1 辑，陕西人民出版社 1981 年版），20 世纪 90 年代的《中国历代政区概述》和《历史上的中国和中国历代疆域》（《中国边疆史地研究》1991 年第 1 期），后两篇有机地把史实与理论结合起来，较为宏观地概述了中国历史疆域的变迁、行政区划的变动，其中涉及了边疆地区。

2. 评述学界同仁成果时涉及边疆地区，如《评〈中国疆域沿革略〉》一文，本是针对童书业著《中国疆域沿革略》的书评，谭先生在肯定该书优点的同时，又按朝代顺序指出了该书的不足，大多内容涉及秦汉至明清时期边疆所含区域的变迁、政区的沿革，如汉代的东北、海南的行政建置，清代台湾、新疆、东北地区的建省等。

---

[1] 前两类成果大多收入了《长水集》（上、下、续编，人民出版社 1987 年、1994 年）。未收入的著述可以参考《谭其骧先生著作目录》，《历史地理》第九辑（《庆贺谭其骧先生八十寿辰专辑》），上海人民出版社 1990 年，第 2—6 页。

3. 研究民族史时论及边疆民族,如《羯考》《记五胡元魏时之丁零》,比较清晰地论述了羯、丁零源流、变迁;《辽代"东蒙"、"南满"境内之民族杂处——满蒙民族史之一页》,通过扎实的考证,清晰地论述了这一时期中国北部和东北边疆地区的民族关系;《播州杨保考》以整个西南边疆地区的民族情况为背景,对贵州遵义地区的少数民族历史进行了研究。

第二类成果涉及东北疆理、塞北建置、海疆(金门、马祖、南海史地)等方面。东北方面是《〈清史稿·地理志〉校正(奉天)》(《禹贡半月刊》第1卷第9期,1934年7月)、《清代东三省疆理志》(《史学年报》第3卷第1期,1940年;《史学年报》3卷1期,1940年)。塞北建置方面主要是《唐北陲二都护府建置沿革与治所迁移——编绘〈中国历史地图集〉札记》(《长水集》下册,人民出版社1987年)、《辽后期迁都中京纪实》(《中华文史论丛》1980年第2期)、《元代的水达达路和开元路》(《历史地理》创刊号,上海人民出版社1981年)。海疆方面,主要有《历史上的金门与马祖》(《文汇报》1958年9月27日)、《七洲洋考》(《中国史研究动态》1979年第6期)、《宋端宗到过的"七洲洋"考》(《中国史研究动态》1980年第3期)、《自汉至唐海南岛历史政治地理》(《历史研究》1988年第5期)、《再论海南岛建置沿革》(《历史研究》1989年第6期)。这些论文都在该领域具有重要的学术价值,也成为后来研究者必读的学术文献。

至于第三类,即《中国历史地图集》中的历代全国疆域图和部分边疆地区地图,其价值重大,这里不再赘论。

## 二、谭先生有关中国边疆史地研究的理论

谭先生有关中国边疆史地研究的理论,笔者认为,主要体现两个方面:一是在中国疆域理论方面的见解独到,尤其是《历史上的中国和中国历代疆域》持论谨严,今天已经为史学界大多数所认同,与《中国历史地图集》一道,明确了中国边疆史地研究的"疆界",奠定了中国边疆史地研究理论的基石。

中国边疆史地在空间上、地理上研究的对象是历史上中国的边疆地区,现在论及某些边疆地区历史上就是中国领土的一部分时,有关的说法总是讲"某地自古就是中国的一部分"。可是,如何确定历史上的中国和中国历史上的疆域?如果不能确定什么是历史上的中国和中国历史上的疆域,中国边疆史地研究就成了找不到舞台的戏剧。这正如谭先生所说:"历史好比演剧,地理就是舞台;如果找不到舞台,哪里看得到戏剧!"对于中国疆域的概念,清代道光、

咸丰以来的史地学者就从不同角度研究了我国疆域的变迁,据马大正、华林甫等人统计,1919 年以前,祁韵士、徐松、丁谦等 10 多位学者都有过论述,1920—1949 年又有多部著作问世(主要有葛绥成的《中国边疆沿革考》《中国近代边疆沿革考》,顾颉刚、史念海合著的《中国疆域沿革史》,夏威的《中国疆域拓展史》,蒋君章的《中国边疆史》,童书业的《中国疆域沿革略》等),但是直到 20 世纪 50 年代,中国学术界关于疆域的定义都并不十分确切,关于中国疆域的概念仍然非常模糊,学术界也展开了学术讨论。谭先生在主持编绘《中国历史地图集》过程中,对此进行了长期的思考,最后形成了《历史上的中国和中国历代疆域》(《中国边疆史地研究》1991 年第 1 期)。他在文中提出,"王朝跟中国不能等同起来,应该分开,整个历史时期只有清朝等于全中国""我们拿清朝完成统一以后,帝国主义侵入中国以前的清朝版图,具体说,就是从 18 世纪50 年代到 19 世纪 40 年代鸦片战争以前这个时期的中国版图作为我们历史时期的中国的范围。所谓历史时期的中国,就以此为范围。不管几百年也好,几千年也好,在这个范围之内活动的民族,我们都认为是中国史上的民族;在这个范围之内所建立的政权,我们都认为是中国历史上的政权"[1]。这一观点提出后,尽管直至今天仍然有人提出不同意见,这一问题争论仍在继续,但是正如马大正、刘逖在《二十世纪的中国边疆研究——一门发展中的边缘学科的演进历程》所说,"这一认识实际上已为史学界大多数所接受"[2]。这表明我国学术界普遍反对"汉族中心论"和把汉族建立的王朝的版图作为历史上中国疆域的范围的"王朝史观",形成了"中国是统一多民族国家、各族人民共同创造中国历史"和中国历史疆域是各民族缔造的"共同家园"的共识。

值得注意的是,经过几代学人的讨论和学术普及,谭先生等前辈推动形成的"学术性共识"受到国家和社会各界重视,并逐步转化为"社会性共识"。2019 年 9 月 27 日,习近平同志在全国民族团结进步表彰大会发表重要讲话,指出"一部中国史,就是一部各民族交融汇聚成多元一体中华民族的历史,就是各民族共同缔造、发展、巩固统一的伟大祖国的历史",强调"我们辽阔的疆域是各民族共同开拓的""我们悠久的历史是各民族共同书写的""我们灿烂的

---

[1] 谭其骧:《历史上的中国和中国历代疆域》,《中国边疆史地研究》1991 年第 1 期;华林甫:《中国历史地理学·概述》,山东教育出版社 2009 年,第 214—219 页。

[2] 马大正、刘逖:《二十世纪的中国边疆研究——一门发展中的边缘学科的演进历程》,黑龙江教育出版社 1998 年,第 178—185 页。

文化是各民族共同创造的""我们伟大的精神是各民族共同培育的"〔1〕。这些重要指示精神无疑为历史研究——包括中国历史地理学、中国边疆历史研究——提供了根本遵循,同时其核心精神重视并吸收谭其骧、费孝通等专家学者的学术观点,说明学术界的共识逐步被社会各界接纳、吸收,也从一个角度反映出《历史上的中国和中国历代疆域》等成果的社会影响力。

二是他关于中国历史地理学研究方法、文献使用等方面的理论对中国边疆史地研究也有指导意义。在这方面,他发表在《史学月刊》1982 年第 11 期的《在历史地理研究中如何正确对待历史文献资料》,可以说是代表作之一,文中全面论述历史资料的重要性、搜集和鉴别等问题。此外,他关于方志的认识也是典型例证,边疆地区的历代方志尽管在数量明显地少于内地,但对于边疆史地研究依然是重要的资料来源。如何运用这些方志才能真正发挥方志在研究中作用,又尽可能不因为方志本身的缺憾影响学术成果的科学性? 他在1981 年发表的《地方史志不可偏废 旧志资料不可轻信》,就此进行较为全面的论述:旧方志仍然有其价值,但许多方志记载的内容也会不可靠,主要有抄录不审慎、良材错用,疏于考证、误信传闻,不谙典章、漫下结论,夸耀乡里,乱拉名人等弊病。因此,他强调对于"经过方志作者之手的记叙,那我们就必须对每一条都进行审慎的考核,决不能轻易置信"〔2〕。

上述认识非常中肯,对于边疆地区的方志同样适用,比如内蒙古地区不少地方有"昭君墓"的传说,青藏高原上也有文成公主进藏经过留下某某遗迹的故事,云南、四川等地也有会诸葛亮南征的事故,这些在各地的方志中有不同程度的反映,尤其是汉族文人所修的边疆地区地方志就会把这些传说当成史迹,甚至四川康定的旧地名"打箭炉"本来是康巴语(藏语分支)的"打折多"的音译,结果在后世汉族文人手中也编出了某汉族将军在此打箭得名了。当然,如果从民俗学、其他史事的反映等角度看,这些记述有其自身的价值,但如果照搬旧志中的记载,就会出现和内地史地研究一样的讹误。此外,旧志中还会因为汉族文人不懂民族语言,把一个地方、人物的不同译名当成两个、三个乃至更多的地方、人物,如果轻信这些记述,就会延续错误,以讹传讹。比如,清代史志中对冈底斯山极为重视,所述颇多,且称此山为佛经所言阿耨达山,为

〔1〕 习近平:《在全国民族团结进步表彰大会上的讲话》,《人民日报》2019 年 9 月 28 日。

〔2〕 谭其骧:《地方史志不可偏废 旧志资料不可轻信》,《长水集》(续编),人民出版社 1994 年,第256—268 页;巴兆祥、沈红亮:《谭其骧与方志学》,《历史地理》第十六辑,上海人民出版社 2000年,第 248—253 页。

四大水源出之地，这与康熙帝的谕旨有很大关系。如《卫藏通志》卷3《山川》之前记录了康熙帝在康熙六十年二月关于西藏山川的上谕，其中主要涉及雅鲁藏布江、冈底斯山，称冈底斯山"即大雪山地，阿哩地方之东北，周一百四十余里，峰峦陡绝，积雪如悬崖，山顶百泉聚流，至麓即伏，实诸山之祖脉，梵书所谓阿耨达山也"（《西藏志·卫藏通志》合刊本，第199—203页）。嘉庆《重修大清一统志》卷547《西藏》也引述了"康熙四十九谕大学士九卿等"的上谕。这份圣谕与康熙五十六年（1717）遣喇嘛楚儿沁藏布兰木占巴和理藩院主事胜住等绘制西海、西藏舆图有关，他们测量了青藏高原地形，以冈底斯山"为天下之脊，众山之脉由此而起"。康熙五十九年，圣祖谕大学士、九卿等，称佛经中"阿耨达山"即冈底斯山。

事实上，这些源自《卫藏通志》卷3《山川》、嘉庆《重修大清一统志》卷547的记载有值得推敲之处：

1. 经与《清圣祖实录》核对，这两处所称康熙六十年、四十九年的上谕的内容都与《清圣祖实录》卷290中的康熙五十九年十一月辛巳条内容相同，这两个年份又未见同样内容的上谕，因此这两处所标称的上谕发布年份都有错误，都应更正为"康熙五十九年"。

2. 冈底斯山为内陆山系与印度洋水系的分水岭，对于西藏乃至中国西部、亚洲中部的自然地理固然有重大影响，但是否就是佛经所言阿耨达山仍待探讨，称其为"诸山之祖脉"更有可商榷之处，但是在清代中期以后此说颇盛又有其原因，即当时对佛经解释的关注和对清朝威德、君主"圣言"的推崇，正如嘉庆《重修大清一统志》卷547《西藏》所称自从佛经提及"阿耨达山"，我国古代地理经典中的郦道元《水经注》、萧德言《括地志》都把昆仑山视为阿耨达山，但因"地远莫考，转相附会，荒怪不经"，而"圣祖威德广被，海内外莫不臣服，西南徼外穷荒不毛之土尽隶版图"，而康熙帝在四十九年的圣谕一出，更是"圣言煌煌，始知宇内众山水皆导源于冈底斯山，自是而载籍所传或有或无，皆可按图以辨"。

## 三、谭先生是边疆史地研究的主要组织者、推动者之一

当今，一个学科、研究领域的崛起和发展离不开德高望重、学识渊博的领袖人物和充满活力的学术机构、学术刊物。在20世纪的中国边疆史地研究中，谭先生是主要组织者、推动者之一，他曾经创建、组织过国内实力最雄厚的

研究团队，也创办过著名的刊物。

中国边疆史地研究最早的资料积累、理论源头虽然可以追溯至先秦时代的典籍，但边疆史地研究第一次高潮出现在19世纪中叶以后（主要是清代嘉庆、道光、咸丰时期），祁韵士、张穆、徐松、姚莹等的著述使边疆史地成为当时的"显学"。到20世纪三四十年代，边疆史地研究出现第二次高潮，谭先生与顾颉刚先生发起禹贡学会，创办《禹贡》杂志，初步奠定我国现代历史地理学基础，也成为推动边疆史地研究的重要学术机构和学术阵地，使中国边疆史地研究从嘉庆、道光、咸丰时期的以考据为主向以现代科学为基础的新兴交叉学科迈进。20世纪50年代起，谭先生主持编绘《中国历史地图集》，在绘制历代疆域总图和边疆各地区地图过程中，中国科学院（1978年前内设哲学社会科学学部，后改为中国社会科学院）、南京大学、云南大学、中央民族大学等的王忠、邓锐龄、方国瑜等知名专家承担了边疆地区历史地图的考证、绘制等工作，形成了一个高水平的学术团队。到1988年《中国历史地图集》八册全部出齐，同时也培养一支边疆史地研究的骨干力量，为改革开放后边疆史地研究再次发展创造了条件。而且，他从20世纪30年代起就发表文章，对东北疆理、塞北建置、金门、马祖至南海史地进行了专门论述，并与学术界同行就海南岛建置、七洲洋问题进行讨论，直接推动了国内外学界边疆史地研究的深化和发展。

## 四、谭先生求真求是的学风是宝贵的精神财富

谭先生主张求真、求是，治学严谨，长期坚持以科学研究的成果服务国家、造福社会，既对维护国家统一、促进边疆地区稳定和发展产生了深远的影响，也为今天乃至后世的中国边疆史地研究留下了宝贵的精神财富。

谭先生说过："求是师求真，要求是求真，必先辨是非真假。要明辨是非真假，关键首在能虚衷体察，弃绝成见，才能舍各宗各派之非之假，集各宗各派之是之真。学术之趋向可变，求是之精神不可变。"由于中国边疆的特殊地位，这种精神尤其重要。

中国边疆史地研究不可避免地与邻国关系紧密相连，边疆史地研究中的历史问题不可避免地与现实问题有或多或少的关联，这一领域的学术研究在某种情况下可能成为中外关注的政治问题，能否在中国边疆史地研究过程中明确政治与学术、历史与现实的界限，使学术问题回归于学术，历史问题的研究尽可能不受或少受现实中的国家关系等非学术问题的影响，从20世纪30

年代起就一直是困扰中国学术界的问题，也是今天仍然困扰中国和不少邻国学术界的问题。学者如何从自身做起，尽可能地把政治与学术分开、历史与现实分离，以最接近历史真实的客观的学术成果为自己的国家利益服务？笔者认为，谭先生是我们的榜样，他在自己的学术研究中坚持求真求是，与师长、学界朋友通过讨论探求学术真知，早期就和顾先生讨论过两汉州制，后来又同学界同仁探讨海南岛行政建置、七洲洋等问题；而在主持《中国历史地图集》过程时时刻刻面对这一问题时，也在最大限度上做到了这一点。在主持这一工作中，他既要与参与这一工作的部分专家就学术问题进行讨论，又要为学术性的结论能尽可能少地受所谓的"政治需要"的干扰同相关方面争论。后者尤其艰难，特别是涉及中国与越南、苏联、朝鲜等邻国的陆地边界等问题时，涉及中国边疆地区的历史地图时，这一问题就更难解决。尽管如此，谭先生顶住压力，与专家、主管部门之间往复协调，最终坚持了求真求是的精神[1]。

谭先生当时的努力对于今天产生了重大的影响，一方面是为今天和以后的学者们留下了光辉的榜样，为包括边疆史地研究在内的学术研究留下值得世代发扬的精神，另一方面他这种求真求是精神之下所产生的学术成果，将对中国边疆史地研究产生越来越大的影响，从而反过来让这一领域的研究者更加坚定只有坚持求真求是，才能真正为国家统一、边疆地区稳定和发展服务，才能促进中国与邻国世代友好，使中国与周边邻国共同发展。其中，西藏地区历史地图就是一个典型例证，葛剑雄师在《悠悠长水——谭其骧后传》（第151—153页）中对此有详细的记述。在修订《中国历史地图集》的过程中，谭先生坚持在唐代地图中画一幅元和十五年（820）吐蕃极盛时的疆域地图，有同事担忧这幅地图可能被支持"藏独"和其他别有用心的人利用，大家有过争论，最后请了中央政治局委员、中国社会科学院院长胡乔木，胡批示，"我认为谭其骧老教授的意见是客观的和公正的"，同意了他的意见。今天看来，这些地图不仅没有成为"藏独"势力分裂中国的所谓证据，恰恰相反，中外学术界可以把这吐蕃极盛时的疆域图与唐、宋、元、明、清历代的西藏地区行政建置图对比，让更多的人明白所谓的"大藏区"事实上没有任何历史依据。葛剑雄师近年去比利时布鲁塞尔演讲，有人还提起西藏的历史版图问题，他就拿出了谭先生主编的《中国历史地图集》，向大家展示讲解了唐代吐蕃极盛时疆域地图与

---

[1] 葛剑雄：《悠悠长水——谭其骧后传》，第75—176页；葛剑雄：《从谭其骧先生问学记》，原载《史学史研究》1990年第3期，又见复旦大学中国历史地理研究所编：《长水永泽：谭其骧先生百年诞辰纪念册》，第112—119页。

沿革等，证明西藏是中国的一部分由来已久，效果很好。葛剑雄师说："先生当年实事求是，坚持画出藏族历史疆域地图，为今天谈及各种历史问题，提供了有力的史证。"〔1〕2011 年 3 月底，笔者作为中国藏学家代表团成员访问拉脱维亚，在里加市的斯特拉京什大学孔子中心做讲座时，该国学者也问到了西藏与中国的关系问题，我就依据历史地图，用事实说明"大藏区"没有历史依据。今后，这一问题仍有可能被一些欧美人士问到，我们回答的重要依据之一仍然是反映了谭先生和他的同事们心血和智慧的《中国历史地图集》，从而更显示出当年他坚持求真求是精神的难能可贵和深远影响。

谭先生的未刊稿《科学地研究中国边疆史地》也反映了他坚持真理、求真求是的科学精神。这篇文稿定稿的最后日期为 1991 年 2 月 27 日（恰在先生81 岁生日后两天，一年半后的 1992 年 8 月 28 日先生仙逝）。这篇文稿用"中国大地图集历史地图编辑部"稿纸抄写，共 3 页零 8 行，每页稿纸 20 行，每行25 字，全文共 1 700 字。

此文是应《中国边疆史地研究》约请撰写的，《中国边疆史地研究》1991 年第 1 期设有"加强中国边疆史地研究笔谈""学者论坛"两个专栏，"笔谈"专栏刊登了纪大椿、周伟洲、戴可来等 9 位学者的笔谈；"学者论坛"有七篇文章，谭先生的《历史上的中国和中国历代疆域》是其中之一。1991—1992 年，《中国边疆史地研究》的其他 5 期也有类似的笔谈专栏，谭先生的《科学地研究中国边疆史地》都不在其中，直至 2000 年笔者见到这份文稿时仍未刊发，原因不明。

2000 年，我到中国边疆史地研究中心工作，马大正研究员郑重地把这份手稿交给我，我把原件寄给了业师葛剑雄教授，并把复印件留在身边时刻警示自己。昨天（2011 年 5 月 28 日），我专门请教了邹逸麟先生，他说："看字迹就知道这份复印件的原件是谭先生自己亲笔所写的手稿，而其中的内容是谭先生在世时向史地所的学者讲过的。"这些内容反映了谭先生对改革开放以前边疆史地研究的反思，并呼吁以后要吸取教训、开展科学的研究和讨论。他强调："想使我们的边疆史地研究走健康发展的道路，得出一个个过硬的站得住脚的结论，即必须科学地对待它，只问真不真，不问利不利。首先必须放弃为政治服务的主观愿望，搞研究就是为了求真，不是做政治工作，在研究工作中头脑一离开求真而去考虑利不利，那就不可能搞清楚事实真相，不可能有利于

---

〔1〕 彭德倩、梁建刚：《师者谭其骧》，解放日报网站，2011 年 2 月 25 日。

国家、民族、人民、事业。反之，不问利不利，只问真不真，一意求真，真相一明，自然可以应顺历史的发展与趋向，做出有利于当前和今后局势的对策。"[1]

## 余论：先生之风，高山仰止，长水悠悠，泽惠后学

谭先生对中国边疆史地研究作出巨大贡献，论著和理论、学风都对今天乃至后世的中国边疆史地研究产生深远的影响，为中国边疆史地研究留下了宝贵的精神财富。2024 年 2 月 7 日，在谭先生诞辰 113 周年前夕，笔者与七位博士研究生——胡霆、邹培杨、陈飞艳、刘建超、任稔、吴俊宏、朱炬宇——以"谭其骧先生与中国边疆史地研究"为主题，学习谭先生的治学与研究经历，研讨中国边疆学的治学方法，我们深感谭先生是我们后学做人、做事、做学问的楷模，先生留给我们宝贵的精神财富：一是学术研究于根植于"家国情怀"，饱含爱国深情。谭先生曾说："其骧十五以前浑浑噩噩，十六七献身革命，十八而志于学，从今而后，矢志不移。"谭先生的一生经历了"新旧"中国交替的历史洪波，在这一辈学人心中，国家、民族、人民和革命是生命的主旋律，学术的追求和维护国家利益的信仰相结合，是谭先生从事研究的持续动力。

二是求真、求是的治学精神。谭先生恪守求真、求实作风，不论是工作、治学，还是教导学生，求真、求是始终是先生的底线。在编纂《中国历史地图集》的过程中，先生力求以事实为准，尊重历史，才使得《中国历史地图集》成为一代佳作。对于学生二三十万字的博士论文，谭先生会逐字逐句审阅，一篇博士论文要看一两个星期。谭先生给助手、学生留下的题字，多是"实事求是"四字。

三是学术的生命，在于不断创新，超越前人。"文章千古事，没有独到的见解，不能发前人所未发，写这种文章干什么？"这是谭先生的治学原则。谭先生一辈子都在思考如何创新。早在谭先生求学时，他就与老师顾颉刚先生就西汉十三部的问题展开学术讨论，师生来往多封信件，辨明真理。业师葛剑雄教授说："先生（谭其骧）一直说，我应该超越清朝那些做历史地理的学者，比如钱大昕、王国维。而你们应该超过我，否则学术怎么进步呢？"谭先生倡导并身体力行的学术创新、追求真理精神，激励着后学薪火相传、接续努力、持续促进学

[1] 谭其骧：《科学地研究中国边疆史地》，1991 年 2 月 27 日，未刊稿，现藏复旦大学中国历史地理研究中心。

术创新进步、文化传承弘扬。

四是锲而不舍，终身以之。谭先生为编绘《中国历史地图集》，花费了近30年的心血，编绘过程中几经变动，编绘工作极其艰辛，不仅绘图经费和人手短缺，就连工作地点都一再变动。谭先生同事王文楚教授回忆说："不论是在河滨大楼和校内，其骧师勤于所事，乐之不倦，每天都来工作室编图，成了常规，这在全校著名教授中，是独一无二的。"除了白天工作外，他还经常加夜班，甚至有时一天三班以室为家。谭先生"锲而不舍"的作风、学风，为后世学界——包括从事中国边疆历史与现状研究的学者们——树立了光辉的榜样！

本文原题《谭其骧先生与中国边疆史地研究浅论》，载复旦大学历史地理研究中心主编《谭其骧先生百年诞辰纪念文集》(上海人民出版社 2012 年)，收入本书时有修改。

# 近三十年来宁夏古史研究的
# 新材料与新问题

杨　蕤

　　1993 年，宁夏人民出版社出版了陈育宁先生主编的《宁夏通史》，该书分古代和近代两卷，勾勒出宁夏这块土地从史前时期到 1949 年几千年的历史脉络和壮阔画卷，搭建起宁夏区域史研究的历史骨架，是西北地区最早出版的分省通史[1]，也是在全国范围较早出版的分省通史。因此，《宁夏通史》在宁夏地方史以及西北区域史研究领域具有里程碑的意义，也为其他省份通史的撰写提供了参考。2008 年《宁夏通史》再版，主要增加不少图片，但对文字内容鲜有扩充和改动。从《宁夏通史》组织撰写到今天已有三十余年的时间，其间在宁夏大地上有不少极具史学研究价值的出土文物和考古发现，不仅是宁夏区域史书写的"源头活水"，而且通过新材料的整理与解读，为我们认识宁夏区域历史文化提供了新参照。2019 年，在陈育宁先生的组织带领下，启动了修订《宁夏通史》的工作。利用这一机缘，笔者将近三十年来宁夏古史研究中（唐代以前）的重要新材料略作梳理，并就相关问题进行讨论，以就教于学界同仁。

## 一、远古时期的新材料

　　灵武水洞沟和青铜峡鸽子山两处遗址是这一时期最重要的考古工作和发现。近三十年来，无论是田野考古的发掘还是在研究的深度方面频现"亮点"，极大地丰富和充实了《宁夏通史》中远古时期的内容。

　　自 1923 年水洞沟遗址被发现之后，在 1959 年、1963 年、1980 年以及进入

---

[1]　郭琦、史念海、张岂之主编：《陕西通史》，陕西师范大学出版社 1997 年；崔永红、张得祖、杜常顺主编：《青海通史》，青海人民出版社 1999 年；刘光华主编：《甘肃通史》，甘肃人民出版社 2009 年；田卫疆、伊第利斯·阿不都热苏勒主编：《中国新疆通史》，新疆美术摄影出版社 2010 年。

21 世纪以来，先后对水洞沟遗址进行了多次调查和发掘，已发现当时人类制造工具的材料和工具达数万件之多。水洞沟遗址文化遗存之丰富，为我国其他旧石器时代晚期文化遗址所少见[1]。尤其是随着 21 世纪以来水洞沟遗址考古工作的深入，对水洞沟遗址文化内涵的认识也进一步深入。

### （一）推进了水洞沟遗址文化遗存范围的确定

新的考古调查表明，水洞沟遗址不限于由原先发现的第 1—5 个地点构成的狭小区域，而是一处由多个地点构成的大型露天遗址群，已知地点已扩大到沿边沟延伸大约 22 千米的范围，遗物遗迹分布广泛，对周边广大区域发生过辐射影响。同时，考古调查还发现在今灵武市边沟河流域及相邻区域，甚至在远离水洞沟的中卫市黄河支流两岸，以及宁夏南部的彭阳县茹河两岸均发现同时期的石制品，使得学界对宁夏旧石器文化的探讨扩大到水洞沟以外的银南地区，为探索水洞沟遗址的文化脉络提供了极其重要的线索。高星等学者在边沟流域的新发现，说明水洞沟遗址是一处范围广大、内涵丰富、科学研究价值重大的大型考古遗址[2]。

### （二）建立了水洞沟遗址的年代序列

在德日进等人早期考古报告中，把水洞沟遗址的时代大致确定为晚更新世。1980 年，考古工作者对水洞沟遗址样品进行了碳-14 和铀系法测定，大致确定了水洞沟遗址处于距今 40 000—15 000 年的范围内[3]。21 世纪以来的研究表明，水洞沟遗址旧石器文化遗物主要埋藏于边沟河Ⅱ级阶地的河湖相地层中，并有过多次活动，延续时间长，文化时代在距今 3.5 万—2 万年之间，属于旧石器时代晚期早段文化，比早期研究对古人类活动年代的认识有所

---

〔1〕 具体考古发掘及调查情况可参见：〔法〕布勒、布日耶、桑志华、德日进著，李英华、邢路达译：《中国的旧石器时代》，科学出版社 2013 年；贾兰坡等：《水洞沟旧石器时代遗址的新材料》，《古脊椎动物与古人类》1964 年第 1 期；宁夏博物馆：《1980 年水洞沟遗址发掘报告》，《考古学报》1987 年第 4 期；宁夏文物考古研究所编著：《水洞沟——1980 年发掘报告》，科学出版社 2003 年；宁夏文物考古研究所、中国科学院古脊椎动物与古人类研究所：《水洞沟：2003—2007 年度考古发掘与研究报告》，科学出版社 2013 年；王惠民、裴树文、马晓玲等：《水洞沟遗址第 3、4、5 地点发掘简报》，《人类学报》2007 年第 3 期；陈福友、李锋、王惠民：《宁夏水洞沟遗址第 2 地点发掘报告》，《人类学报》2012 年第 4 期等。

〔2〕 高星、裴树文、王惠民、钟侃：《宁夏旧石器考古调查报告》，《人类学报》2004 年第 4 期。

〔3〕 宁夏博物馆、宁夏地质局区域调查队：《1980 年水洞沟遗址发掘报告》，《考古学报》1987 年第 4 期。

扩展和延伸[1]。今天对外宣传时往往称水洞沟遗址是距今 3 万年左右的古人类活动遗址,基本处于考古测定的区间。

### (三) 出土和发现了丰富的文物、遗迹

经过历次考古发掘,尤其是 21 世纪以来田野考古工作的深入,水洞沟遗址共出土了 3 万多件石器、古动物化石等文物,随着考古发掘面积的扩大,更多有价值的遗迹被揭露出来,蕴含着十分重要的文化信息。如在水洞沟遗址采集或发掘出大量的鸵鸟蛋皮串珠,体现了该地区的远古人类已经具有了较高的生产力水平和审美能力;又如在水洞沟第 2 地点发现了 11 处用火迹象,并存有大量的烧土和烧石。有学者借此推测"水洞沟 2 号地点为晚期智人居住的开放式大本营,居民以火塘为中心进行复杂的生存活动"[2]。在别的地点也有用火痕迹,如在 12 地点发现一些石块在经历高温热烧后被浸入水中崩解破碎的,它们是生活在遗址的先民用来烧水和烹煮液体食物的"烧石",是首次被确认和论证的旧石器时代先民复杂、间接用火的考古证据[3]。

### (四) 提供了远古时期银川盆地东部边缘的环境学资料

水洞沟遗址处于毛乌素沙地、黄土高原北缘界线以及银川盆地三大地理单元的交接地带。先前的考古工作并未特别关注水洞沟遗址的环境状况,随着中国环境考古学的兴起,考古工作中更加注重孢粉等环境史资料的收集,部分复原了晚更新世到全新世的植被及气候状况:距今 4.7 万年以来,水洞沟一带气候比较干旱,呈现出半干旱-荒漠草原的植被景观,距今 1.1 万年开始,气候相对暖湿,附近尚生长着沼生植物和榆、栎、桦等温带落叶阔叶乔木,为稀树荒漠草原环境[4]。

### (五) 欧亚大陆早期人类迁徙的讨论

在水洞沟遗址性质和文化内涵的讨论中,最令人激动的就是与欧洲旧石

---

[1] 刘德成、王旭龙、高星等:《水洞沟遗址地层划分与年代测定新进展》,《科学通报》2009 年第 19 期。

[2] 关莹、高星、王惠民等:《水洞沟旧石器时代晚期遗址结构的空间利用分析》,《科学通报》2011 年第 33 期。

[3] 高星、王惠民、王德成:《水洞沟第 12 地点古人类用火研究》,《人类学报》2009 年第 4 期。

[4] 刘德成、陈福友等:《水洞沟 12 号地点的古环境研究》,《人类学学报》2008 年第 4 期。

器文化的关系问题,因为在水洞沟遗址出土的部分石制品具有明显的勒瓦娄哇[1]遗风和初始阶段的石叶技术风格。学界由此推测水洞沟遗址与欧洲旧石器晚期遗址以及西伯利亚阿尔泰地区的同类遗址之间存在着某种联系,甚至有学者提出历史时期东西方文化交流中"丝绸之路"的前身应为史前时期即已存在的"石器之路"的假说[2],并由此引发了欧亚大陆人群迁徙的推测和讨论。当然,随着水洞沟遗址考古工作的推进和新材料的不断发现,对水洞沟遗址文化内涵的认识也会愈加清晰。

鸽子山遗址位于青铜峡市西北约 20 千米的贺兰山山前盆地,是晚更新世末期(距今 1 万年左右)的一处重要史前遗址,遗址的意义就在于帮助人们更清晰地认识人类如何从旧石器时代过渡到新石器时代,或者说人类如何从攫取型经济过渡到生产型经济。

鸽子山遗址发现于 20 世纪 90 年代,并于 2006 年被列入全国重点文物保护单位,2016 年入选"全国十大考古发现"。从 20 世纪 90 年代开始,宁夏文物考古研究所、中美联合调查队、中国科学院古脊椎与古人类研究所等单位或学术组织先后在鸽子山遗址开展考古调查和发掘工作。调查结果表明,距今 12 000—10 000 年间风沙沉积形成当时地表土壤[3],这一时期的狩猎、采集经济发生了重要的转化。变化的具体原因主要来自气候方面,由于夏季风变弱引起寒冷,人类为适应环境、气候,其生存方式也有深刻的转变,主要表现在获取食物方式的进步促使食物量的增长。一些学者曾引述欧洲、近东、美洲新大陆的发现借以说明这种变化的世界性。鸽子山石器已显现出由原来大型石器、石片向着小型、细化方向发展的趋势,此后的石器便进入一个以细石器工业为主的时代。鸽子山遗址发现的直径不足 2 毫米的鸵鸟蛋皮装饰品是同时代发现的最小的同类遗物,革新了考古界对万年前人类运用复杂技术能力的认识。考古工作者通过植物考古的方法提取到植物种子,意味着大约从 1.1 万年开始,鸽子山先民们就利用植物。鸽子山的先民们减少了迁徙次数,有定居生活的趋向。在石器制作方面,仍然包含有旧石器时代晚期打制石器的某

---

〔1〕 勒瓦娄哇技术是旧石器时代的一种石器制作技术,最初发现于法国巴黎近郊的勒瓦卢瓦-佩雷地区。勒瓦娄哇技术的主要特征,是在打下石片之前对用来打石片的石核进行精心的修理,所以也称为修理石核技术。

〔2〕 侯亚梅:《水洞沟:东西方文化交流的风向标?——兼论华北小石器文化和"石器之路"的假说》,《第四纪研究》2005 年第 6 期。

〔3〕 王惠民等:《青铜峡鸽子山遗址调查》,载宁夏文物考古研究所编:《宁夏考古文集》,宁夏人民出版社 1996 年。

些特征，但有一些新的因素出现，尤其是发现的磨食器（millingstone）值得重视，它主要用于加工种粒和其他食物的工具。磨食器与原始农业有密切关联，为探讨原始农业的发生提供了实物资料[1]。

鸽子山遗址是近三十年来宁夏史前时期最令人心动的考古发现，这不仅因为旧石器时代向新石器时代的过渡及转变过程是世界性的考古学难题，有关这一性质的考古遗存也极为有限，在国内仅有河北徐水南庄头、阳原园家沟，河南新密李家沟，山西吉县柿子滩等几处遗址。鸽子山遗址是西北地区首次发掘的旧石器时代向新石器时代过渡的遗址，并在西北沙漠边缘地区建立了距今约 1.2 万年至 5 000 年的文化序列；考古发现的结构性火塘、临时建筑、石磨盘、石磨棒、贺兰尖状器以及世界范围内发现的用鸵鸟蛋皮制成的最小装饰品[2]，不仅反映了古人类在获取食物资源和生存方式方面的变化，同时也展现了先民们居住环境、驯化动物、审美认知方面的图景，为探讨原始农业起源、环境适应、生活模式等重大问题提供了新素材。

## 二、姚河塬遗址的新发现

2017 年 4 月，宁夏文物考古所组织 8 家单位在宁夏南部的彭阳县开展红河流域区域系统考古调查，发现了姚河塬遗址，随后进行了为期两个年度的考古发掘，并被评为 2017 年度"全国十大考古新发现"之一。

姚河塬西周遗址是宁夏乃至西北地区首次发现的一处重要的诸侯国都邑城址，年代从西周早期延续到西周晚期。经考古调查、勘探、发掘，发现该城址有内外城之分。内城分布有墓葬区、铸铜作坊区、宫殿建筑基址等重要遗迹。墓葬区处于内城东北角，是一处诸侯级高等级家族墓地，总计 50 座，发掘了墓葬、马坑、车马坑、祭祀遗坑等遗迹，其中以两座带墓道的甲字形墓葬最为重要。

姚河塬遗址中的墓地有较多特殊迹象，诸如甲字形墓道东西两侧及墓室西侧有过道连通另外 3 座中型墓葬，刀把形马坑加墓葬的形制，殉牲很普遍、人殉常见、祭祀坑直筒井状、腰坑殉狗、甲字形墓葬 4 个脚坑加腰坑的形制等

〔1〕 中美联合考古队：《宁夏鸽子山盆地考古报告——中国北方旧石器时代向新石器时代过渡的内涵及解释》，宁夏文物考古研究所：《旧石器时代论集——纪念水洞沟遗址发现八十周年》，文物出版社 2006 年。
〔2〕 郭家龙、王惠民、乔倩：《宁夏鸽子山考古遗址新发现》，《西夏研究》2017 年第 2 期。

体现出该墓地的特别之处,且部分迹象目前在西周考古中仅见于该墓地。

在该遗址的城址区,经勘探发现有墙体、壕沟、制陶作坊、池渠系统、路网等遗迹,业已发掘了铸铜作坊、墙体、道路、房址等遗迹。其中外城处于内城的西侧,面积约32万平方米。经勘探确认内城有制陶作坊区、村落、道路、渠池、陶窑等遗迹。内城区面积约30万平方米,南北两侧临水断崖,西侧筑有城墙,北侧、西侧有护城壕沟呈曲尺形。经过勘探、发掘,确认内城有墓地、铸铜作坊、制陶作坊、宫殿基址、道路、渠池系统等遗迹[1]。姚河塬遗址出土了陶、玉、石、象牙、铜、瓷器、甲骨文、大量陶范等遗物,同时还出土了卜骨三件,其中一件卜骨上有刻辞35字。卜骨刻辞内容大致是卜问派遣两人,分别率30人巡查于夜、宕等五地,有无灾祸,共涉及2个人名和5个地名[2]。这是目前商周时期发现甲骨文最西的一处发现地,也是宁夏地区首次发现这一时期的甲骨。

姚河塬遗址发现和发掘,是近年来西周考古的重大发现之一。该遗址对研究探讨先周文化的起源和形成,西周王朝建立后对西部边缘地区的控制管理模式,认识西周时期的西北边陲文化面貌和社会变迁具有非常重要的价值。姚河塬西周遗址是目前所知中国西周考古分布范围最西北的一处诸侯级国都邑城址,不仅清楚地表明了西周文化的传播路线,而且在某种意义上颠覆了周人活动范围尚未翻越陇山东麓的传统史学观点,对于重新认识西周时期"中原"这一地缘概念提供了新材料。

## 三、城址定位与确考的新动向

城址不仅是考古学研究中不可缺少的内容,同时也是区域史的一个重要观察点,通过城址的考订可以明晰行政区划、经济状况、交通道路、人口分布、环境演变等诸多内容,有助于搭建区域史的脉络骨架。近三十年来,一些城址资料不仅可充实宁夏区域史的书写,甚至可以弥补一些"断线"的历史环节。但是在田野资料与文献记载的互证上还存在不少问题:一是"实不符名",即田野发现的古城遗址难以找到文献中对应的州郡地名;二是"名不符实",一些重要的州郡驻地不能找到对应的田野城址,这似乎是历史学者与考古工作者

---

〔1〕 马强:《周王朝西北边疆的新发现 宁夏彭阳姚河塬西周遗址》,《大众考古》2020年第2期。
〔2〕 《宁夏彭阳姚河塬商周遗址出土甲骨文》,《光明日报》2018年1月15日。

的"博弈",张家场古城和灵州故址就是两个突出的例子。

张家场古城是目前宁夏乃至河套地区的规模最大、保存较好、出土文物最为丰富的一处秦汉时期的古城遗址。古城北发现得较早,并在城内零星出土了大量秦汉时期的货币、汉代印章、残砖断瓦,以及铜齿轮等文物[1]。1984年,在距离张家场古城一千米的地方发现了汉墓群,抢救性清理了8座墓葬,不仅出土了具有游牧民族特点的陶制扁壶,而且在其中的一座墓葬中发现了盛有糜谷的陶仓,反映了西汉时期这一地区的居民结构及经济状况[2]。2009年,经过宁夏文物考古研究所耿志强等人的调查和发掘,基本廓清了张家场古城的形制概貌:古城平面呈长方形,东西长约1 200米、南北宽约800米,总面积为960 000平方米。城墙为黄土夯筑,残存高度为1—6米,基宽8米,夯层厚0.15—0.20米。城内有东、西向街道遗迹,已发现东向城门,城的中部有建筑遗迹,面积约250平方米[3]。发现了带有文字的封泥、印章、铭文砖等重要文物,出现有"大富昌子宜孙乐未央""大富""宜子孙""王何""肤施丞印""龟兹丞印""龟兹令印""丞□""承烈令印"等文字,为城址时代及性质的判定提供了极为珍贵的信息。

对于这一规模宏大古代城址的性质,学界尚有不同意见,主要有三种观点:一是昫衍说,此为目前流传最广影响最大的观点。如许成先生认为张家场古城是秦汉时期的昫衍县古城[4];谭其骧先生主编的《中国历史地图册》也认定昫衍县在宁夏盐池县一带,龟兹县在陕北榆林市北部[5];宁夏鲁人勇、吴忠礼、徐庄等先生也持有此观点[6];二是龟兹说,是近年提出的新观点。马孟龙先生重新梳理相关传世文献、出土文献后,推定张家场古城应为两汉上郡龟兹县,而秦汉昫衍县约在今甘肃省正宁县境内[7]。三是郡址说。陈永中先生认为昫衍之地大致在今甘肃环县、陕西定边和宁夏同心、盐池一带,从这座古城的规模和丰富的汉代文物看,似不是一个县址所能囊括,这座

〔1〕 许成、陈永中:《昫衍县故址考》,《固原师专学报》1984年第2期。
〔2〕 宁夏文物考古研究所、宁夏盐池县文体科:《宁夏盐池县张家场汉墓》,《文物》1988年第9期。
〔3〕 耿志强:《盐池张家场古城址调查》,《中国国家博物馆馆刊》2013年第4期。
〔4〕 许成、陈永中:《昫衍县故址考》,《固原师专学报》1984年第2期。
〔5〕 谭其骧主编:《中国历史地图集》(第二册),地图出版社1982年,第17—18页。
〔6〕 鲁人勇、吴忠礼、徐庄:《宁夏历史地理考》,宁夏人民出版社1993年,第24页。
〔7〕 马孟龙:《昫衍抑或龟兹——宁夏盐池县张家场古城考辨》,《中国边疆史地研究》2019年第4期。

古城遗址也很可能是郡一级的建置〔1〕。西汉时期,今宁夏中北部地区为北地郡所管辖,下设昫衍县、灵武县、富平县、廉县等县级行政区,但处于银川平原的几个县址都难以确定,甚至找不到些许的考古学证据,这可能与黄河的摆动及沉积有关。史念海先生曾指出,青铜峡北,一片平原,黄河在这里不时左右摆动,幅度有时还不算是很小,这里是黄河中游有名的富庶地区,以前曾经设立过不少的县治,遗址早都湮没。现在的灵武县是几经迁徙,始得保存下来的,显然都是由于黄河摆动的缘故〔2〕。虽然学界尚未开展历史时期银川平原沉积速率的基本研究,但其显然是影响古代遗址保存状况的重要因素。因此,张家场古城就成为观察秦汉时期宁夏中北部地区行政建置状况珍贵的"活态标本",虽然目前对其行政归属认定尚有争议,但丝毫不影响其在宁夏区域史书写中的地位和价值。

灵州故址是另一种情况,即难以找到现存的城址甚至准确的方位。从 20 世纪六七十年代开始,无论宁夏考古界还是历史学界都努力寻找这座塞上名城的确切位置,但由于没有过硬实的支撑材料,至多判定大致的方位,至今仍然不能确定明代迁治灵武之前的灵州城所在。2003 年,宁夏文物考古研究所在吴忠西郊发掘一批唐代墓葬,在其中一座墓葬中出土了一方《大唐故东平郡吕氏夫人墓志铭并序》墓志铭,墓志为红砂岩质地,刻工算不上精致,但记载的信息特别重要,其中讲到墓主人吕夫人"以太和四年七月六日终于灵州私第,享年五十有七。亲族臻赴,恟惜同词。其年十月十四日殡于回乐县东原,礼也"〔3〕。"灵州私第""回乐县东原"两处地名基本点出了灵州城址的方位和所在。回乐县初为北魏所置,隋朝为灵武郡治所,唐朝则为灵州的治所。由墓志铭所载可知,吕夫人墓葬所在的今吴忠市利通区古城镇东金星村"绿地园"就是唐代灵州城的"东原",由此可知,唐代灵州城址应在墓葬的周边区域,甚至可将墓葬西部作为重点考察的区域。这是三十年来有关唐代灵州城址地望最硬核的证据。

宁夏境内存留较多的城址,大到具有区域影响的州郡驻地,小到把守一方的关隘城防,或保存完整,或断壁残垣,应是研究区域及地方史的一笔丰厚资源。一些在区域史甚至在中国通史中经常"露脸"的州郡地望尚不能找到准确

---

〔1〕 陈永忠:《昫衍、盐州、花马池考》,《宁夏大学学报(社会科学版)》1984 年第 1 期。
〔2〕 史念海:《黄河在中游的下切》,《陕西师大学报(哲学社会科学版)》1977 年第 3 期。
〔3〕 宁夏文物考古研究所、吴忠市文物管理所:《吴忠西郊唐墓》,文物出版社 2006 年,第 324—325 页。

的地望所在，如秦汉时期在宁夏平原设置的诸县县址多不可考，著名的盐州城址亦不知何在，与宁夏毗邻的六胡州城址争议颇多等。因此，如何将田野城址资料与文献记载相互对应、相互印证，是一个亟待努力的方向[1]。

## 四、东西交流的新证据

近三十年来宁夏不断涌现出丝绸之路的新材料，业已成为学术界关注的一个热点区域，主要集中在以固原为中心的南部和以六胡州为核心的北部地区。1983年发掘的李贤夫妇墓是宁夏地区北朝考古的一次重大发现，此墓虽经严重盗扰，但仍出土了金、银、铜、铁、陶、玉等各种质地的随葬品300余件，其中一批来自中亚、西亚的遗物，如镶蓝宝石金戒指、凸钉装饰玻璃碗、中亚式环首刀和鎏金银壶等，引起中外学术界的广泛关注。尤其是出土的玻璃碗、金戒指和鎏金银壶等文物成为丝路文物中的珍品。这件玻璃碗是我国已发现的玻璃碗中最完整的一件。鎏金银壶是典型的波斯萨珊王朝时期的手工艺制品，是中国境内发现的最好的一件[2]。唯一遗憾的是，至今未能见到李贤墓的田野发掘报告。1996年，中日联合考古队发掘的北周大将田弘墓出土了5枚东罗马金币[3]。2010年，考古工作者在宁夏彭阳县海子塬发掘了一批北魏、隋代墓葬，出土了2枚萨珊卑路斯银币[4]。上述珍贵文物是当时中国与西域、中亚友好往来的极好物证，再次证实了北朝时期从高平（今宁夏固原）到平城（今山西大同）这条丝绸之路的存在与繁盛。

今固原地区发现许多粟特人通过这条"丝绸之路"带来的文物，有萨珊银币，萨珊金币仿制品，东罗马金币仿制品，异域风格的金花饰、黄金覆面等[5]。如2004年，宁夏文物考古研究所在固原九龙山发掘了四座隋唐墓葬，出土了两枚罗马金币和以日月、神鸟、联珠纹装饰的金冠饰，具有鲜明的祆

〔1〕 湖北张家山汉墓出土汉简《二年律令》中载有不少宁夏及周边地区的州县，如彭阳、乌氏、朝那、眴衍、眴衍道、义渠道、灵州、方渠除道等，是了解汉代这一区域行政区划及地望状况的新材料。参见彭浩、陈伟、工藤元男主编：《二年律令与奏谳书：张家山二四七号汉墓出土法律文献释读》，上海古籍出版社2007年，第264—270页。
〔2〕 宁夏回族自治区博物馆、宁夏固原博物馆：《宁夏固原北周李贤夫妇墓发掘简报》，《文物》1985年第11期；《浅谈固原北周李贤墓的学术价值》，《宁夏文物》1980年第1期（试刊号）。
〔3〕 原州联合考古队：《北周田弘墓》，文物出版社2009年。
〔4〕 西北大学文化遗产学院、宁夏文物考古研究所、彭阳县文物管理所：《宁夏彭阳海子塬北魏、隋墓清理简报》，《考古与文物》2015年第3期。
〔5〕 罗丰：《固原南郊隋唐墓地》，文物出版社1996年，第146—166页。

教色彩。经鉴定,墓葬的人骨架为欧罗巴人种[1],显然是与丝绸之路密切相关的重要发现。当然,宁夏还是国内粟特人家族墓地较为集中分布区域,如固原南郊的史氏家族墓地,是目前国内唯一一处有计划发掘、研究的大型粟特人家族墓地。墓葬虽多次被盗,但仍出土一些有价值的遗物[2]。相关资料学界已有梳理[3],兹不赘述。

此外,民族交融的新材料也值得关注和解读。如战国后期,中原地区进行激烈的兼并统一战争,匈奴遂乘机南下,入居河套以南地区,即今后套平原以及宁夏北部一带。中国境内发现不少秦汉时期的匈奴墓葬,包括在宁夏地区发现的同心县李家套子[4]和倒墩子匈奴墓[5],是国内发现少有的南匈奴墓葬,从中可看出匈奴与中原王朝南北相邻的地缘政治关系以及民族融合的状况。1991年,在青铜峡唐墓中出土的《唐皋兰州都督浑公夫人墓志》显示出铁勒契苾部和浑部内附的状况[6]。2002年,在固原市古雁岭的唐墓中出土《大唐故公士念府君墓志》反映出鲜卑后裔在原州的居留史实[7]。

## 五、新材料反映的新问题

通过上述梳理,基本廓清了近三十年来能够进入宁夏通史视野的重要发现和材料,丰富了宁夏区域史的内容。当然,在梳理和解读新材料的过程中,也不断地加深着我们对宁夏区域历史的认识,兹有三点值得关注。

### (一) 重新认识和进一步阐发宁夏在史前时期的联结纽带作用

宁夏是中国史前考古的发祥地之一,在中国考古学史上具有一定地位。早期对水洞沟等遗址内涵的讨论基本局限于东亚或中国文化的范围内,也取

---

[1] 宁夏文物考古研究所:《固原九龙山汉唐墓葬》,科学出版社2012年,第139页。
[2] 罗丰:《20世纪宁夏考古的回顾与思考》,《考古》2002年第8期。
[3] 姚蔚玲:《宁夏考古70年综述》,《宁夏师范学院学报》2019年第12期;王正儒:《唐代宁夏地区的粟特胡人与丝绸之路——考古石刻材料与文献的互证》,《中国边疆史地研究》2017年第4期。
[4] 宁夏文物考古研究所、同心县文管所:《宁夏同心县李家套子匈奴墓清理简报》,《考古与文物》1988年第3期。
[5] 宁夏文物考古研究所等:《宁夏同心倒墩子匈奴墓地》,《考古学报》1988年第3期。
[6] 余军、卫忠:《唐皋兰州都督浑公夫人墓志考释》,《宁夏考古文集》,宁夏人民出版社1994年。
[7] 马海东:《唐公士念公夫妇墓及墓志考释》,《考古与文物》2010年第1期。

得了突出的成绩。如 20 世纪初期，国外传教士在无定河流域、陇东以及宁夏水洞沟等地发现旧石器时代遗址，甚至古人类化石，打破了"中国无旧石器文化"的误解；随着田野考古工作的深入，学者们意识到水洞沟遗址的文化内涵和以萨拉乌苏遗址中心的"河套文化"有着不同的传统和脉络，应该将水洞沟遗址从河套文化中剥离出去〔1〕。现在，"水洞沟文化""河套文化""萨拉乌苏文化"已有相对固定的含义。学者们还将水洞沟文化与汾河流域以及关中地区的旧石器时代文化进行对比，以期寻找到某种渊源关系。进入 20 世纪 90年代，最引人注目的恐怕就是水洞沟文化与异域文化的关系问题，如围绕石器加工技术引发文化渊源的思考，水洞沟遗址是否与欧洲旧石器文化有着直接或间接的关联？这一问题的解读犹如人类起源、环太平洋人面像岩画一样，存在"一源"与"多源"、独立发展与文化传播的争议，不过目前学者们基本上都能肯定水洞沟遗址与欧洲旧石器之间存在某种关系。在此基础可以进一步探讨人群的迁徙，"水洞沟人"是来自欧洲还是其他地区？有的学者指出，水洞沟遗址第 1 地点的文化面貌，极有可能是阿尔泰地区的居民向西南迁徙，途经蒙古或者新疆进入鄂尔多斯台地西南边缘而留下的遗存〔2〕。围绕这些未解的讨论，可以引申出我们对宁夏史前时期文化纽带作用的认识。在世界文化版图中，包括水洞沟、鸽子山遗址在内的宁夏北部地区，处于欧亚草原与东亚农耕地区的联结地带。从早期岩画、陶器、丝绸、小麦以及家畜的传播看，以欧亚草原为通道的东西文明接触碰撞并非是孤立的事件，尤其是史前时期在欧亚大陆的地理背景之下，宁夏地区应该是东西方物质文化交流进程中的重要一环，是否发挥着犹如历史时期丝绸之路一样的"枢纽"功能，需要特别关注。

## （二）重新认识宁夏在中华文明坐标体系的作用与地位

宁夏是中华文明的重要发祥地之一，这一文化内涵有哪些具体的文化表征？"中原与边疆"就是一个重要的考察点。历史上的"中原"一词不仅是一个地理范围概念，也是政治文化概念。西周时期中原的准确地理范围指何？现在恐怕还难以确定。正因为如此，谭其骧先生在绘制《中国历史地图集》时，用

---

〔1〕　在早期研究阶段，学界往往把水洞沟遗址纳入河套文化的范畴。如贾兰坡先生曾经认为，在河套区域里，关于"河套文化期"的遗址，共发现两处：一在水洞沟，一在萨拉乌苏河。见贾兰坡：《河套人》，龙门联合书局 1951 年，第 28 页。
〔2〕　赵潮：《旧石器时代亚欧大陆高纬度地区人群的扩散及其对中国旧石器文化格局的影响》，《南方文物》2014 年第 2 期。

文字标注出宗周及相关诸侯国的位置所在,并未显示出西周王朝的疆界。在周人的观念里,当时的中原地区应该是指以宗周为中心的区域,大致与青铜器何尊铭文里面的"中国"相当。此后,"中原"一词的范围也略有变化,但陇山是一条始终未能突破"中原界限"的地理边界,以致其成为反映不同文化面貌的文学意向。翻检唐诗,只要在诗中提到陇山、陇头、陇水、陇坻、陇坂等意象,诗歌中总是有着浓浓的愁绪。如沈佺期《陇头水》"陇山飞落叶,陇雁度寒天"、李白《胡无人》"空余陇头水,呜咽向人悲"[1]、杜牧《河湟》"牧羊驱马虽戎服,白发丹心尽汉臣"等。也有学者认为在中原中心的汉语命名规则中,除了以"河"为坐标的西部名称,还有以山为坐标的西部名称。此山就是位于甘肃、陕西交界地方的大山"陇",今人视为六盘山的南段,古时又称陇坂、陇坻。北魏郦道元《水经注·斤江水》"陇山、终南山、惇物山在扶风武功县西南也",张衡《西京赋》"右有陇坻之隘,隔阂华戎",就把天水的陇山一带看成华夏族与西戎族的种族分界线了[2]。古代文献中的"陇山"不仅包括今宁夏南部的六盘山区,还包括今平凉南部、宝鸡西部的六盘山南段及南沿山地,即今自然地理学上的陇山。这一条南北走向的山脉成为中国古代一条重要文化分界线,姚河塬遗址就位于六盘山的东麓地带。有一点需要注意,虽然陇山是一条南北走向的山脉,但今天千山横亘渭北高原西部,实与六盘山南段山地连成一体。在古人及今人的观念里,"中原"的范畴也未逾越这一东西向的地理屏障。姚河塬遗址出现在千山以北,似乎清楚地表明今宁夏彭阳县一带已在西周的实际控制之下,属于分封建制的"王土"之列,不仅大大提前了宁夏地区纳入中原王朝版图的时间,更是引发了对"何为中原"这一论题的更多思考,成为宁夏在中华文明坐标体系中的一个重要支撑点。

### (三) 重新认识宁夏关涉民族遗存在铸牢中华民族共同体意识研究中的价值

地处农牧交错地带这一地理特征,决定了宁夏地区发现的许多遗存均与少数民族密切相关,其基本内涵就是反映各民族之间交往、交流、交融的历史。例如,从秦汉时期开始,史籍明确记载不断有北方游牧民族南迁至今宁夏地区

〔1〕 田峰:《唐代文学中西北边疆的"塞"及其夷夏之辨》,《海南大学学报(人文社会科学版)》2015年第1期。
〔2〕 叶舒宪:《中原文明建构"西部"观念的文化分析》,《中国社会科学院研究生院学报》2008年第5期。

定居,各民族和平共处,相互依存,共同开发了这一区域。一方面中央政权设立属国,安置南下的匈奴民众,另一方面从他处迁移汉人到宁夏地区。根据业师葛剑雄先生统计,自汉武帝开始,对西北边区的移民遍及朔方、五原、西河、上郡、北地、安定、陇西、天水、金城、武威、张掖、酒泉、敦煌诸郡,而以朔方、五原、金城及河西四郡最为集中。数量可考的迁入西北的内地民众有 80 余万之多,加上其他零星小批移民和罪犯,西北地区的内地移民及其后裔至少有 150 万之众[1]。此后基本延续蕃汉杂居共处的格局,同心倒墩子墓葬大致就是这一状况的直接考古学反映。唐时有大批铁勒人内迁至宁夏北部地区:"太宗至灵州,其铁勒诸部相继至数千人,仍请列为州县,北荒悉平。"[2]青铜峡吕氏夫人墓志即是这一文献记载的实物反映。历史时期宁夏地区少数民族与外来民族互动频繁,一些关涉少数民族遗存的发现极大地丰富了我们对这些民族的认识。这些遗存背后均能找到一个共同的主题,就是各个民族在宁夏这块土地上共同生活创造的画卷,得益于地理环境、人口迁徙、边疆政策、文化交融等共同作用的结果,民族和谐融洽已成为宁夏区域文化的历史基因[3],借此可为铸牢中华民族共同体意识研究提供丰富养料和历史素材。

本文原载《宁夏社会科学》2021 年第 2 期。

---

[1] 葛剑雄:《中国移民史》第 2 卷,福建人民出版社 1997 年,第 153—154 页。
[2] 《旧唐书》卷 38《北狄传》,中华书局 1975 年,第 5347 页。
[3] 杨蕤、周禹:《宁夏民族和谐融洽的历史思考》,《共产党人》2014 年第 13 期。

# 明清时期边疆民族地区县域治理方式的多元化演进

## ——以广西宜山县为中心

郑维宽

就中国边疆民族地区而言,随着明清王朝统治的逐渐深入和权力的不断下行,县级政区在王朝管控边疆民族中发挥着越来越大的作用。但是边疆民族地区情况的复杂性,又使得县域治理面临多重挑战,为此王朝统治者根据不同时期的具体情况和发展趋势,不断探索有效的治理方式,明清时期广西庆远府宜山县就是县域治理的一个典型。宜山县虽然只是一个县级政区,但是其在桂西北的地位却十分重要。宋代以来,宜山县就长期作为桂西北地区的军政中心而存在。宜山县作为宜州(后改庆远府)的附郭县,宋人祝穆称其"为岭南要害之地,控扼夷蛮"[1]。元代庆远府继续保持其在桂西北的重镇地位,先后更名为庆远安抚司、庆远路总管府、庆远南丹溪洞等处军民安抚司。明清时期的宜山县作为庆远府治,无疑是王朝管控和治理的重点,但是却面临"民变—镇压—民变"的困境。如何有效施治,成为明清统治者急需破解的难题。施铁靖[2]、韦美兵[3]等曾对明代宜州的土司政区地理和清代宜山永定土司的"改土归流"做过一些研究,但是缺少从县域治理视角对有关问题的系统审视,更谈不上对县域治理经验的总结。在当前强调国家治理现代化的背景下,有关历史上边疆民族地区县域治理方面的研究还较为缺乏。有鉴于此,笔者试做初步探讨,以求教于方家。

---

〔1〕 (宋)祝穆撰,施和金点校:《方舆胜览》,中华书局 2003 年,第 743 页。

〔2〕 施铁靖:《明代宜州土司政区地理研究》,《河池学院学报》2011 年第 4 期。

〔3〕 韦美兵、施铁靖:《清代宜山"改土归流"简论——以宜山永定土司为例》,《中国民族博览》2017年第 10 期。

# 一、明代宜山县域治理的困境与流、土分治的两种实践

## (一) 明代宜山县域治理的困境

明前期庆远府管辖宜山县、河池县[1]、思恩县、荔波县、天河县、忻城县等流官政区和南丹土州、东兰土州、那地土州等土司政区,其中流官政区发挥着制衡土司政区的作用。宜山县作为庆远府治所在地,是明王朝经略桂西北地区的重要据点。从有关史料的记载来看,明初洪武年间宜山县的社会秩序较为安定,很少发生非汉族群的反抗事件。但是随着洪武后期在庆远府采取的一次重大军事部署,以及对宜山县的军屯开发和民户控制,逐渐使境内瑶、僮等非汉族群面临着生存压力和经济负担,加上官府抚绥不当,最终产生民变。洪武二十八年(1395),明朝在庆远府境内设置南丹、庆远二卫和河池守御千户所[2],其中庆远卫驻扎于宜山县境内,河池守御千户所原本设置于河池县,永乐七年(1409)移驻宜山县德胜镇,并隶属庆远卫管辖[3]。增设卫所意味着粮饷需求的增加,为了解决军粮供给问题,朱元璋下令在驻地屯田耕种[4]。据统计,明初庆远卫旗军6 747人分布于宜山县雏东里、上青里、中里、新安里、雏目里、上里戍守屯田[5]。

明政府增设卫所的本意是加强对宜山县等地的控制,但是却产生了相反的效果,永乐年间宜山境内的土酋不断发动反抗斗争。永乐二年(1404),"忻城、宜山二县峒蛮陈公宣等出没为寇"[6];永乐五年(1407),"宜山述昆等乡贼首韦公本等作乱,都督韩观等率兵讨平之"[7];永乐十九年(1421),"宜山峒贼韦万皇、韦钱望等叛,僭称王侯、元帅,纠马平三、五等都贼,攻劫州县,杀巡按御史诸璞,夺其印"[8]。虽然明朝调集大军予以剿平,但是单纯的武力

---

〔1〕 据《明孝宗实录》卷212记载,弘治十七年(1504),河池县升格为河池州。
〔2〕 (清) 张廷玉:《明史》,中华书局1974年,第8208页。
〔3〕 李国祥主编:《明实录类纂·广西史料卷》,广西师范大学出版社1990年,第522页。
〔4〕 (清) 张廷玉:《明史》,第8208页。
〔5〕 道光《庆远府志》,广西河池市地方志编纂委员会办公室点校,广西人民出版社2009年,第196—197页。
〔6〕 (清) 张廷玉:《明史》,第8208页。
〔7〕 道光《庆远府志》,第327页。
〔8〕 道光《庆远府志》,第327页。

镇压并不能从根本上解决瑶、僮族群的反抗问题。一直延续到宣德、正统年间,宜山县境瑶、僮民仍不时起事,比如宣德八年(1433),宜山县莫往、吉利等峒土酋韦公秾、黄公怅等率5 000余人劫掠乡村,引起朝廷震动[1]。

为什么洪武年间的"顺民"在明朝加强军政管控的情况下却变成了"刁民"?笔者认为,洪武二十八年以前官府对宜山边缘地区的瑶、僮族群尚未实行有效管辖,既没有派驻卫所军士屯田,大量瑶、僮人口也没有纳入户籍,不用承担赋役,因此官府与瑶、僮族群相安无事。洪武二十八年在宜山境内增设卫所并开展屯田,以及逐渐将瑶、僮族群纳入户籍管辖,不仅挤占了瑶、僮族群的耕地资源,而且增加了他们的赋役负担,加上地方官抚绥不力,最终导致瑶、僮"民变",乃至陷入了"民变—镇压—民变"的恶性循环。

### (二) 岑瑛代管宜山县南部瑶、僮聚居区的实践

岑瑛是明中期思恩府的土官,他忠于朝廷,善于治理,保持了思恩地方社会的安定。思恩土府与宜山县南部毗邻,宜山南部瑶、僮民频繁起事与思恩土府的安宁形成了鲜明对照,既为岑瑛借机扩充地盘提供了契机,也为明王朝调整对瑶、僮民的治理策略提供了新思路,即由土官代管流官政区边缘地带的瑶、僮民。岑瑛深通明朝官场政治,明人苏濬说:"瑛有谋略,善治兵,而尤当上官意,前后镇守大帅,皆优异之。"[2]同时也要看到,岑瑛是一个很有心计的土官,他既想扩充地盘,又不直接向明廷索取,而是授意地方头人发动、经由广西地方官奏请来达到自己的目的。

正统六年(1441),宜山县土著老人黄祖记在岑瑛的授意下,打着借助岑瑛平定土民反抗的旗号,鼓动宜山知县朱斌备奏请朝廷,将土民反抗较为激烈的宜山县归善、洛三诸乡峒划给思恩府管辖,得到明廷的批准[3]。据正统年间庆远府知府杨禧在今宜州北山镇怀道村大八仙山八仙洞口的题诗,可知明廷已将宜山县南部瑶、僮之区拨归岑瑛管辖,杨禧在题诗中说:"予守庆远,幸遇总戎(即柳溥)剿寇凯旋,将各峒奏准拨与思恩军民府太守岑公(即岑瑛)管束,抚治得宜,夷民悦服,边境无虑。"[4]另据万历《广西通志》卷3《疆域》所载,此次拨给岑瑛代管的宜山八仙诸峒有660户。

〔1〕 李国祥主编:《明实录类纂·广西史料卷》,第581页。
〔2〕 万历《广西通志》,广西人民出版社2013年,第67页。
〔3〕 万历《广西通志》,第616页。
〔4〕 韦丽忠、韦茂明主编:《宜州历代石刻集》,漓江出版社2017年,第95页。

### （三）宜山县南部土民的"复地"斗争与分设长官司

岑瑛代管宜山县南部瑶、僮聚居区的实践并未取得预想的效果。正统七年（1442），宜山县南部僮人首领韦万秀等以"复地"为名，发起反抗斗争，明廷下令岑瑛进行抚治，但是效果有限。比如正统十年（1445），"宜山述昆等乡首贼韦万秀等作乱，寇河池所驿镇"；正统十四年（1449），"都亮贼纠白土、南乡蛮众肆行杀掳，保定伯梁瑶征平之"；景泰三年（1452），"宜山贼韦万秀等流劫不息"；天顺三年（1459），"述昆乡贼为乱"[1]；天顺五年（1461），广西总兵官过兴率军征剿宜山县清潭等地的土酋韦召海以及古河、毛峒的土民[2]；成化二十二年（1486），"覃召管等复乱，屡征不靖"；直到弘治六年（1493），覃召管等仍在召集述昆等乡土民进行反抗[3]。

明孝宗继位后，鉴于宜山县南部瑶、僮屡征不靖，由思恩府土官代管也成效不彰，决定采取招抚策略。而当地瑶、僮首领也希望从思恩府收回原地，"别立长官司以治"，于是弘治六年（1493），两广总督闵珪[4]奏请朝廷，在宜山县瑶、僮聚居区分设永定、永顺两个长官司，开启了流、土分治的又一种实践。长官司设立的具体情况是：以宜山西南124村之地设立永顺长官司，以宜山东南184村之地设立永定长官司，永顺长官司的第一任正长官是邓文茂、副长官为彭访，永定长官司的第一任正长官为韦槐、副长官为韦朝和[5]。随后又在宜山县东北部思农里16村之地设置永顺副长官司，以彭访为副长官兼土巡检[6]。三个长官司分别位于宜山县东南部、西南部和东北部，其中永定长官司辖境最大，其次为永顺长官司，永顺副长官司最小。这样原宜山县境就一分为四，形成了"一县三土司"的格局，并一直延续到清代。

在流官政区内分设土司，从表面上看不符合明王朝加强边疆管控、"用夏变夷"的大趋势，但是从边疆民族地区的实际情况看，却是以退为进、跳出"民变—镇压—民变"恶性循环的一种有益尝试。相对于由思恩府土官代管的模式，这种措施更为大胆，既是对中国历代"以夷治夷"思想的继承，又是在流官

---

〔1〕 道光《庆远府志》，第327—328页。
〔2〕 李国祥主编：《明实录类纂·广西史料卷》，第596页。
〔3〕 道光《庆远府志》，第327—328页。
〔4〕 《明史》，万历《广西通志》、道光《庆远府志》等记载弘治六年奏请在宜山境内分设长官司的两广总督是邓廷瓒，实际上应为闵珪，因为闵珪于弘治五年任两广总督，邓廷瓒于弘治九年才任两广总督。
〔5〕 万历《广西通志》，第616—617页。
〔6〕 道光《庆远府志》，第80页。

控制下推行民族区域自治的生动实践。但是这种"变夏为夷""改流复土"的做法也遭到一些明朝官员的批评,明人苏濬评论道:"我国家用夏变夷,穷发之地举为编户。乃承平以来,宜州广轮日朘月削,此何以故? 则计失于恌怯,而祸成于陵夷也。……述昆、莫往诸乡,距郡城数十里而近,乃不能固其圉,而举三百余村之内地界之长官司,弃腹心以资敌,而纵虎狼于堂庑,非熟计也。"[1]苏濬之论诚然有一定道理,但是中央王朝对边疆民族地区的治理重在成效,采用"改土归流"还是"改流复土",都只是在不同时期采取的不同方式而已。客观地分析宜山县分设长官司的成效,可知基本上达到了明王朝分治的目标:一方面,当地瑶、僮民的反抗斗争基本趋于平息;另一方面,三地土官频繁率领土兵随明军出征或戍守,成为维护明朝统治的一支力量。

## 二、清代宜山县域的流官分治与局部"改土归流"

明弘治年间分设三个长官司之后,宜山县的疆域已经大为缩小,但是中央王朝对宜山的治理并未丝毫放松,因为这是关系控制桂西北一带和保障黔桂交通的枢纽地域。从明朝开始派遣庆远府同知驻扎宜山西部的德胜镇,到清雍正年间对永定长官司局部归流设置宜山理苗分县,再到乾隆初期削夺永顺长官司辖境增设流官巡检司,体现了中央王朝对宜山县域治理的不断深化,以及治理手段的针对性和多元性。

### (一) 庆远府同知分驻德胜镇与宜山西部治理的强化

德胜镇位于宜山县西北部,明清时期毗邻河池、思恩,不仅地处黔桂交通的枢纽位置,而且是防范宜山西部瑶、僮的重镇,其地位仅次于宜山县城。正因如此,明朝不仅将庆远府同知派驻德胜镇,而且于永乐七年(1409)将河池守御千户所从河池县城移驻德胜镇,使德胜镇成为管控宜山西部的军政中心。为了使德胜镇的建设匹配其军政地位,明朝政府在德胜镇修筑城池,兴建城隍庙、千户所儒学、书院等,完善其政治、军事和文化职能。清承明制,仍将庆远府同知移驻德胜镇,加强对宜山西部的治理。庆远府同知具有较大的行政、司法、军事管理权,行政上征收钱粮赋税,管理屯田和粮仓;司法上负责审理辖区内的民事和刑事案件;军事上节制德胜、龙门等巡检司以及从南丹、那地、东兰

---

征调来的驻防土兵。雍正年间,庆远府知府王琠记载了德胜镇的重要地位,他说:"德胜为庆远巨镇,当楚粤通衢,控界龙门三巢,接壤土司。瑶僮窟穴其中,挺弩刃而出没剽掠者,月无虚牍。制抚重忧其地,策群议,经画既定,具疏请以庆远同知移驻,增设龙门巡检司,添设弓兵,并拨南丹、东兰、那地三土州土兵各一百名,分汛要隘,而联络指臂之势成。"[1]

清代庆远府同知在德胜主持了一系列的修建工程,比如倡修城隍庙和德胜书院等。乾隆五十年(1785),庆远府同知周世沄倡修德胜镇城隍庙,得到庆远府知府林虎榜、宜山县知县葛洪范、德胜镇巡检郑峤、宜山县典史李浚的响应,纷纷捐资兴修,共捐银五十九两五钱[2]。几十年后,庆远府三任同知张堉春、石肇泰、李琴川继续重修城隍庙[3]。庆远府同知还倡修德胜的书院,使德胜镇成为宜山西部的文教中心,改变了宜山县文教长期偏重于府县城的局面。乾隆十三年(1748),庆远府同知马德生、德胜镇巡检蒋垣在德胜镇兴建屏峰书院[4]。道光二十年(1840),署理庆远府同知萧柳溪主持修建德胜书院,并聘请岭南名儒、象州人郑献甫担任山长[5]。

### (二) 分设宜山理苗分县,加强对宜山东南部的治理

雍正年间,为了加强对宜山县东南部非汉族群聚居区的控制,清政府设立宜山理苗分县,将宜山县丞派驻清潭里楞村。其目的在于:一是将永定长官司的部分辖境"改土归流",重新纳入王朝势力的直接控制之下;二是逐渐实现宜山县境控制的均衡化和权力下渗。经过清康熙年间的治理,庆远府的社会秩序逐渐走上正轨,但是土司地区和边缘地带由于民夷错杂,仍然经常出现"焚杀劫掠、仇怨相寻"的情况。雍正五年(1727),徐嘉宾调任庆远府知府,面对"瑶僮横行、案牍山积"的现实,决定加强对附郭宜山县的治理。当时宜山县三岔、雷山沿龙江河一带时有抢掠,与永定长官司内的土民有关,经过两年的谋划和勘定,雍正七年(1729),徐嘉宾决定将永定长官司所辖清潭、南乡二里和忻城土县所辖功德、窑灰二里划拨出来,设立宜山理苗分县,而将宜山县丞派驻清潭里楞村,获得清廷批准。永定长官司、忻城土县的局部改流,不仅扩

---

[1] 道光《庆远府志》,第 198 页。
[2] 韦丽忠、韦茂明主编:《宜州历代石刻集》,第 211 页。
[3] 韦丽忠、韦茂明主编:《宜州历代石刻集》,第 420—421 页。
[4] 道光《庆远府志》,第 184 页。
[5] 韦丽忠、韦茂明主编:《宜州历代石刻集》,第 259 页。

大了宜山县的直辖地盘，而且削弱了土司的势力，反映出雍正年间，在西南民族地区"改土归流"的大背景下，宜山县流官势力的扩张和对基层控制的加强。

按照清朝的体制，宜山理苗分县属于次县级政区，能够履行县级衙门的绝大多数职能，包括编造户口、征收钱粮、缉拿逃盗、审理户婚和田土等一般民事案件[1]。对于命盗等重大案件，仍然交由宜山知县审理，而且宜山理苗分县没有单独的学额[2]，反映出宜山理苗分县职能的局限性。但在乡村治理上则能充分行使其职权，包括调解乡村纠纷、维护地方秩序等。嘉庆四年（1799），宜山理苗分县厉姓县丞接到清潭里保长和各位村老的举报，为了严禁清潭街上的妇女偷剪土民的稻谷和盗挖芋头，特意竖立《清潭街乡规民约公示碑》。碑文说："本里墟村有等不务农业之妇女，三五成群，擅入人之田畲，偷剪谷线，盗挖芋头，一经业主遇见赶拿，而此等妇女反肆放恣，业主不便捉解，白受盗剪。……此等妇女实因家长失教所至，甚属可恶。除即进行出示晓谕墟村居民及阖里绅士人等知悉，自示之后，尔等务宜家传户晓，训约妻女子弟不得进入田畲假称逻禾为由，倘被业主拿解到案，定行照白日行窃律从重治罪。"[3]光绪十六年（1890），宜山理苗分县何姓县丞审理南乡里塘峒村民关于是否可以在覃林芳畲地内开挖水沟、以便将水引进村内公共水塘一案，随后竖立《新兴塘告示碑》以公布审理结果[4]。此外，宜山理苗县丞还积极革除当地游手好闲之徒包娼、聚赌、窝窃、行拐、女盗男偷、欺凌孤寡、不尊敬父母等陋习，维护正常的社会秩序，保障百姓安居乐业。

### （三）增设龙门、白土巡检司，加强对宜山西南部的治理

#### 1. 改龙门土舍为龙门巡检司

宜山县西南部的龙门一带，原由永顺长官司的一个土舍管辖，但是雍正年间，土舍邓印绶懦弱，不能缉捕盗贼，导致龙门一带治安恶劣。雍正七年（1729），庆远府知府徐嘉宾在给广西巡抚金𬭚的文书中说："龙门司地方与三巢、永顺土司接界，亦系宜山县管辖。白牙、马栏、古东、古栗、枫木、十字等村苗僮恃险负固，盘踞作奸，勾结为非，不可胜指。"请求将土舍邓印绶改为一般土目，而添设流官巡检一员，带领弓兵四十名维持治安，兼带征收钱粮，另外任

---

〔1〕 道光《庆远府志》，第 332 页。
〔2〕 道光《庆远府志》，第 180 页。
〔3〕 韦丽忠、韦茂明主编：《宜州历代石刻集》，第 239 页。
〔4〕 韦丽忠、韦茂明主编：《宜州历代石刻集》，第 307 页。

命一名外委千总带兵二十名,协同龙门司巡检驻防该地〔1〕。徐嘉宾的请求得到了两广总督和广西巡抚的支持,并获得清廷批准。从徐嘉宾的呈文看,龙门巡检司的职责包括维持地方治安、征收钱粮,但是捕获的盗贼需要解送宜山县衙审理,可见巡检只有缉捕之责而无审理之权。清代龙门司巡检持有礼部铸造的印信,级别比照南丹、那地两个土州的州同、州判,成为宜山县派驻西南部瑶僮聚居区的官府代表,不仅具有弹压力量,而且负责辖区内钱粮征收、盗贼缉捕,改变了以前由土官、土舍管理的局面,标志着王朝势力在宜山西南部的延伸。

### 2. 增设白土巡检司

乾隆初,永顺长官司所属白土、邱索等十八村寨土民不服从土官管束,恃险行凶,劫掠商民和牛马,而且绑架勒索,抗拒官兵缉捕。乾隆四年(1739),庆远府下令龙门司巡检杨师游前往晓谕,居然遭到羞辱逐杀,于是乾隆五年(1740),两广总督马尔赛、广西巡抚安图、广西提督谭行义奏请征剿。他们在奏疏中说:"如庆远府宜山一县,环列十八村寨,崇山密箐,悉属土蛮,虽系永顺土司管辖,向有盗窃等案,仅以获犯追赃,随便完结,不予深求,乃致渐积。不服管束,抗不输粮,且肆行骚扰,抢掳焚劫,不一而足。内白土、邱索二村土蛮凶为尤甚。"〔2〕据上述奏疏可知,白土、邱索等18村寨本属永顺长官司管辖,由于土官懦弱,加上附近龙门巡检司的力量较为单弱,无力管控白土、邱索等村寨的土民,导致该处土民不仅不纳粮当差,而且抢掳焚劫,抗拒官兵缉捕,最后清廷调集大军才予以剿灭。

为了加强对白土、邱索等18村寨的管控,彻底根除该地治理的隐患,乾隆五年(1740),署理庆远府知府屠用中向两广总督马尔赛、广西巡抚安图提出四条善后措施:一是将白土、邱索等村寨从永顺长官司改隶宜山县;二是添设白土巡检司,参照龙门巡检司之例,设立皂隶二名、马夫一名、弓兵四十名,早晚巡查地方;三是在白土设立千总一员,带领100名士兵驻扎,与白土巡检司一同巡防地方,而在邱索设立把总一员,带领50名士兵驻扎;四是在村寨头人中选择年轻力壮、素有胆略者为堡目,选募乡勇50名,协同清军巡防缉捕〔3〕。屠用中的建议得到两广总督马尔赛的肯定,并获得朝廷批准。乾隆六年

---

〔1〕 道光《庆远府志》,第333页。
〔2〕 道光《庆远府志》,第335页。
〔3〕 道光《庆远府志》,第337—338页。

(1741)增设的白土巡检司,填补了清廷在宜山县西部龙门巡检司与德胜巡检司之间的治理空白地带,进一步完善了宜山县管控地方的空间布局。白土巡检司的职责,参照宜山理苗县丞之例,主要包括:一是征收钱粮、征发差役;二是不时巡查所辖村寨,宣讲上谕,解明律条,使土民咸知礼法,淳化风俗;三是审理各村寨斗殴、拐逃以及户婚、田土纠纷等一般民事案件,只有命盗大案才呈报宜山县知县勘验审理。可见白土巡检司具有准县级政区的职能。为了增强弹压力量,清廷还派遣千总一员带兵 70 名驻防白土,外委一员带兵 30 名驻防邱索,并准许添设堡目和乡勇 30 名,归白土巡检司管束[1]。

## 三、结　　语

明清时期宜山县作为庆远府的附郭首县,既是桂西北的军政、文教和交通中心所在地,也是民族分布复杂、治理难度较大的区域。为此明清王朝对宜山县域的治理方式和治理空间布局经历了较大程度的变迁,反映出中央王朝对边疆民族地区治理的复杂性和多元性,以及顺应形势变化不断调整治理方式的必要性,为我们剖析中国封建社会后期县域治理的经验提供了绝佳的范例。

明朝从宜山县域分设三个长官司,基本解决了宜山东南部、西南部瑶僮聚居区"民变"频发的问题。通过向德胜镇派驻庆远府同知,同时将河池守御千户所从河池移驻德胜镇,增强了对宜山西北部瑶僮聚居的"三巢"地方的管控。清朝进一步加强对宜山县域的治理,一是延续明朝加强对德胜镇军政治理的做法,继续派驻庆远府同知,设置德胜镇巡检司,并从东兰、南丹、那地三州征调 300 名土兵驻防;二是加强对宜山县东南部的治理,对永定长官司、忻城土县所辖部分区域进行改流,在此基础上设立宜山理苗分县,将宜山县丞派驻清潭里楞村,实施次县级政区的管理;三是对宜山西南部和西部实行直接管控,明弘治六年(1493)以来,该区域隶属永顺长官司管辖,但是至清代,永顺长官司土官懦弱无力,不能对辖区实行有效管治,于是清廷先后设置龙门巡检司和白土巡检司,并派遣绿营兵协同驻防。通过压缩永顺长官司的管辖范围,将王朝势力直接延伸到宜山西部边缘地带,加强了对该地瑶僮聚居区的直接管控。总之,清朝通过推行分府制、分县制、巡检司制等一系列措施,全面强化了对宜山县域的治理,并实现了有效管治在地理空间上的均衡分布和治权下渗,可以

---

〔1〕 道光《庆远府志》,第 338 页。

说达到了封建王朝治理桂西北民族地区的最高水平,对后世边疆民族地区的乡村治理也提供了有益启示。

值得注意的是,尽管明代从宜山县域分设的永定、永顺、永顺副三个长官司隶属庆远府直接管辖,但是即使在300多年后的清朝统治者眼中,三个长官司仍然"属于"宜山县的一部分。嘉庆十五年(1810),嘉庆帝赐给永定长官司长寿老人蓝祥诗歌一首,其序言写道:"赐广西宜山县永定土司境内寿民蓝祥年一百四十二岁。"〔1〕"宜山县永定土司"的提法,生动地诠释了宜山县与永定土司之间的密切关系:一是揭示了永定长官司来自宜山县的历史事实;二是反映了清代永定长官司的司法案件由宜山县承审的现状。此外,永定长官司土官、官族还把参与宜山县的公共事业当成分内之事。乾隆十七年(1752),永定长官司土官及官族积极捐资修建宜山县城的会魁楼马头,其中土官兄弟韦日隆、韦日新、韦日明、韦日升、韦日清共捐银七两,官叔韦廷材、韦廷瑗各捐银一两〔2〕。同时也要看到,将原宜山县域局部"改流复土"分设三个长官司的做法,从表面上看似乎不符合明王朝加强边疆管控、"用夏变夷"的大趋势,但是从当时边疆民族地区的实际情况看,却是跳出"民变—镇压—民变"恶性循环的有益实践。事实证明,相对于此前由思恩府土官代管的模式,这种流官控制下的"民族区域自治"模式,更好地实现了明中后期宜山县边缘地带的安宁稳定。当然,对边疆民族地区的治理方式不可能永恒不变,随着明清鼎革后形势的变化,实行渐进式改土归流和注重对宜山县域的均衡管控,成为清王朝治理宜山县的总体思路。因此,从宜山县域分设的三个长官司最终回归宜山县的管辖,无疑是顺应历史发展的必然趋势。

本文原载《广西民族大学学报(哲学社会科学版)》2022年第2期。

---

〔1〕 韦丽忠、韦茂明主编:《宜州历代石刻集》,第249页。
〔2〕 韦丽忠、韦茂明主编:《宜州历代石刻集》,第211页。

# 汉代"亚藩属体系"下的民族格局研究

## ——以夫馀国为例

李希光

夫馀与挹娄属中国古代东北亚的早期先民,也是较早被中原王朝纳入藩属体系的东北民族,其在"中华民族共同体意识"的历史演进中发挥着重要作用[1]。《三国志》载:"(挹娄)自汉已来,臣属夫馀,夫馀责其租赋重,以黄初中叛之,夫馀数伐之,其人众虽少,所在山险,邻国人畏其弓矢,卒不能服也。"[2]史料中关于汉晋时夫馀与挹娄关系的直接记载仅此寥寥数语。目前诸学者已做过相关研究[3],然因史料匮乏,学者多从"臣属""租赋重"等表层记载去分析双方的关系演变过程。显然,汉晋的时间跨度近600年,夫馀与挹娄"臣属"关系的演变可能远比文献所记述的要复杂。

"臣属"是两个族群间依附关系的一种,李大龙认为:"汉唐王朝宗藩体制内,一些边疆民族政权往往有自己的藩属体系,可称为'亚藩属体系'。两种藩属体制不属于一个层次,后者从属于前者。"[4]挹娄对夫馀的"臣属"可被看

---

〔1〕 费孝通认为:"中华民族成为一体的过程是逐步完成的,各地区分别有它的凝聚中心,而各自形成了初级的统一体。"中国历史上,不同时期、不同区域的边疆民族政权在"中华民族共同体意识"的历史演进中均作出了重要贡献,而本文所述的夫馀、挹娄便是其中之一。参见费孝通:《中华民族多元一体格局(修订本)》,中央民族大学出版社1999年,第35页;马强:《从历史地理学角度看中华民族共同体意识的形成与发展》,《民族学刊》2023年第6期;王禹浪、王俊铮、王天姿:《满族及其先民的发展历程与"中华民族共同体意识"》,《满族研究》2021年第1期。

〔2〕 《三国志》卷30《魏书·挹娄传》,中华书局1982年,第848页。

〔3〕 因此类研究较多,笔者不在此逐一列举,现仅列其代表论著。杨保隆:《肃慎挹娄合考》,中国社会科学出版社1989年;梁玉多:《挹娄与周边地区关系考》,《东北史地》2016年第4期;范恩实:《靺鞨兴嬗史研究——以族群发展、演化为中心》,黑龙江教育出版社2014年;程妮娜:《汉至唐时期肃慎、挹娄、勿吉、靺鞨及其朝贡活动研究》,《中国边疆史地研究》2014年第2期;程妮娜:《夫馀国与汉魏晋王朝的朝贡关系》,《求实学刊》2014年第4期;张芳、刘洪峰:《夫馀对外关系史略》,《黑龙江民族丛刊》2011年第3期。

〔4〕 李大龙:《不同藩属体系的重组与王朝疆域的形成——以西汉时期为中心》,《中国边疆史地研究》2006年第1期。

作这种"亚藩属体系"。笔者认为夫馀与挹娄所构成的"亚藩属体系",是以汉与夫馀的"藩属体系"作为支撑。在汉廷的庇护下,夫馀有实力对周边邻国实行长久的统治。故本文欲从夫馀与挹娄关系切入,从"中华民族多元一体"的格局出发,以期抛开传统以中原王朝为本位的阐释模式,转而以边缘为中心,通过对夫馀与挹娄关系的个案研究,分析中原藩属体系下"亚藩属关系"的演变过程,并勾勒汉晋之际东北亚民族关系变化的一般规律。

## 一、汉代挹娄对夫馀的"臣属"关系

夫馀起源于西流松花江附近[1],较早受到中原文化的影响,于西汉时期立国[2]。夫馀占据优越的自然环境[3],形成了相对完善的经济体制与政治制度,并影响着周边落后的民族。挹娄地处夫馀北部,但因位于"未知其北所极……土地寒"[4]的地理环境中,文明演进受限,政治结构上挹娄还处于"无大君长,邑落各有大人"[5]的部落阶段。从考古发现可知,在今三江平原附近发现了滚兔岭文化与凤林文化,滚兔岭文化的时间为汉代时期[6],凤林文化为魏晋时期[7],二者均属挹娄文化遗存[8]。时序较早的滚兔岭遗址中只

---

[1] 松花江以流向分为东流松花江与西流松花江。另"西流松花江"还有"第二松花江""北流松花江"等称呼,目前"西流松花江"之名多为学界所接受,故本文采用此说。

[2] 《史记·货殖列传》较早对夫馀有所介绍,说明至迟到西汉中期,夫馀已崭露头角(《史记》卷129《货殖列传》,中华书局点校本1982年,第3265页)。再结合现有材料,学界多认为,夫馀于西汉时期已立国。因此类研究较多,笔者不在此逐一列举,现仅列其代表论著。范恩实:《夫馀兴亡史》,社会科学文献出版社2013年;李钟洙:《夫馀文化研究》,吉林大学博士学位论文,2004年;刘翀:《夫馀文化的渊源与夫馀文化分期研究》,南京大学硕士学位论文,2014年。

[3] 《三国志》卷30《魏书·夫馀传》,第841页:"多山陵、广泽,于东夷之域最为平敞。土地宜五谷,不生五果……其国善养牲,出名马、赤玉、貂狖、美珠。"

[4] 《三国志》卷30《魏书·挹娄传》,第847页。

[5] 《三国志》卷30《魏书·挹娄传》,第847页。

[6] 中国社会科学院碳-14实验室对滚兔岭遗址的F1与F7居住面上的木炭标本进行测定,探明其时间为1955±70年和2140±70年,年代为两汉时期,后多数学者均依此时间。参见中国社会科学院考古研究所实验室:《放射性碳素测定年代报告(一三)》,《考古》1986年第7期。

[7] 张伟、田禾、赵永军:《滚兔岭文化与凤林文化关系刍议》,《北方文物》2016年第4期。

[8] 贾伟明、魏国忠认为:"挹娄系统的物质遗存应包括滚兔岭文化、波尔采-蜿蜒河文化。"郭孟秀、胡秀杰认为:"对挹娄文化的讨论也不能仅仅局限于文献所记的两汉三国时代,而是延伸至魏晋时期。因此,在考证挹娄考古文化时也应扩大时间范围,其中主要位于三江平原且已经被命名的两支考古文化——滚兔岭文化与凤林文化当共同纳入研究视野。"参见贾伟明、魏国忠:《论挹娄的考古学文化》,《北方文物》1989年3期;郭孟秀、胡秀杰:《挹娄文化考》,《求实学刊》2019年第4期。

发现了少量铁器[1]，未发现冶铁遗址，《晋书·肃慎传》载"土无盐铁"[2]，说明汉代挹娄不具备先天性的冶铁条件。在农业发展方面，在其遗址内也仅发现了驯化的大麻[3]。相较挹娄，受中原文化影响的夫馀自汉代时已形成了成熟的冶铁技术，铁器的发展也促进了农业的进步。夫馀"于东夷之域最为平敞，土地宜五谷"[4]，目前夫馀文化的遗存中已发现了人工驯化的粟、黍、大豆[5]。

从地缘看，夫馀王都区在今吉林省吉林市龙潭山附近[6]，其疆域范围西到吉林洮儿河，南至浑河与辉发河上游的分水岭，东抵张广才岭，北达东流松花江[7]，而挹娄的大致活动区在牡丹江中下游至黑龙江中下游地区[8]。夫馀与挹娄间河流受山势走向影响，多自南向北流，河流冲积形成的山间河谷便于双方沟通，也为夫馀对挹娄的统治提供了地缘基础。故而经济与社会的落后，加之相近的地缘结构，使得挹娄自东汉时就臣属于夫馀[9]。

挹娄对夫馀的臣属主要表现在纳税与限制朝贡两方面。

一是纳税。汉时"夫馀责其租赋重，以黄初中叛之"，夫馀"出赤玉、貂狖"[10]，所以夫馀征重税的对象应是挹娄的"赤玉、好貂"[11]。征税是一种强

〔1〕 黑龙江省文物考古研究所：《黑龙江省双鸭山市滚兔岭遗址发掘报告》，《北方文物》1997年第2期。

〔2〕 《晋书》卷97《肃慎传》，中华书局1974年，第2534页。

〔3〕 黑龙江省文物考古研究所：《黑龙江省双鸭山市滚兔岭遗址发掘报告》，《北方文物》1997年第2期。

〔4〕 《三国志》卷30《魏书·夫馀传》，第841页。

〔5〕 吉林省文物考古队：《吉林永吉杨屯遗址第三次发掘》，《考古学集刊》第7集，科学出版社1991年，第48页。

〔6〕 李钟洙：《夫馀文化研究》，吉林大学博士学位论文，2004年。

〔7〕 参见《三国志》卷30《魏书·夫馀传》，第841页；李健才：《夫馀的疆域和王城》，《社会科学与战线》1982年第4期。

〔8〕 参见梁玉多：《挹娄与周边地区关系考》，《东北史地》2016年第4期；郭孟秀，胡秀杰：《挹娄文化考》，《求实学刊》2019年第4期。

〔9〕 就挹娄臣属夫馀的大致时间，目前史料与考古发掘均未给出清晰的判定。虽然多数学者推测夫馀于西汉建国，但据夫馀早期文明的发展脉络，西汉时夫馀整体的社会演进水平并不高，故西汉时夫馀是否有强大的国家动员力让挹娄臣属，这一点尚且存疑。但自东汉起，夫馀朝贡汉廷的记录开始频见于史书，同时考古发掘也证明此时铁器已普及于夫馀社会，至东汉时夫馀的社会演进有了飞跃式的进步，国家的动员能力也大大提升。据此推测挹娄臣服于夫馀的时间应在东汉。参见李希光、鲁韦彤：《汉代夫馀国农业新探——以地理环境与生产工具为中心》，《农业考古》2023年第6期。

〔10〕 《三国志》卷30《魏书·夫馀传》，第841页。

〔11〕 《三国志》卷30《魏书·挹娄传》，第848页。

化地方管理的方式,在汉代因财富短缺,对异族的征税多是强制的,即通过剥削来实现对更多财富的占有。从征服异族到责令纳税也是一个漫长的过程,往往伴随着武力。《三国志》载:"(夫馀)以弓矢刀矛为兵,家家自有铠仗……有军事亦祭天……有敌,诸加自战。"〔1〕在榆树老河深二期的墓葬中也发现了大量铁制刀、矛、剑与铠甲片等〔2〕,可知军事活动在夫馀的国家事务中占重要地位,所以面对挹娄的反抗,夫馀理应采用武力镇压。这也与"夫馀责其租赋重,以黄初中叛之,夫馀数伐之"记载相符。

二是限制朝贡。在魏"黄初中叛"前,受夫馀的统治,汉廷对挹娄知之甚少,在《三国志》中,《挹娄传》是《东夷传》中字数最少的,但与夫馀相关的内容却占了较大篇幅,《挹娄传》用对比的手法在体质、语言与气候上对挹娄与夫馀进行区分,而后半段描述了汉魏之际双方的关系,这些信息可能由夫馀提供给中原王朝。随着挹娄"黄初中叛"的胜利,挹娄开始直接向中原朝贡,《三国志》载:"(青龙三年,公元 235 年)肃慎纳贡……(次年)肃慎氏献楛矢。"〔3〕景元三年(公元 262 年),"辽东郡言肃慎国派使重译入贡"〔4〕。而因挹娄"言语不与夫馀同"〔5〕,所以中原王朝不晓得挹娄的语言,才需"重译入贡",这也从侧面反映了汉魏之际在夫馀统治下,中原与挹娄间长期处于隔绝状态。

关于夫馀对挹娄的管理方式,史籍未载。通过对高句丽对沃沮的管理分析,范恩实认为高句丽与夫馀的职官系统与管理方式多有相同之处,据此推测夫馀统治挹娄的大致情况〔6〕,笔者欲在范氏研究的基础上做进一步阐释。《三国志》载:"遂臣属句丽,句丽复置其中大人为使者,使相领主,又使大加统责其租税,貊布、鱼、盐、海中食物,千里担负致之。"〔7〕高句丽会派"大人",即沃沮原有的各部首领帮助管理。船木胜马认为,"大人"是塞外民族对部族首领(长老)的称呼,他们的主要职责就是统摄各个邑落〔8〕,而"使者"是高句丽赐予"大人"的地方官名称。就"大加"与"使者"的关系,《三国志》载:"其官有

〔1〕《三国志》卷 30《魏书·夫馀传》,第 841 页。
〔2〕吉林省文物考古研究所:《榆树老河深》,吉林文物出版社 1987 年,第 74—84 页。
〔3〕《三国志》卷 3《魏书·明帝本纪》,第 107、149 页。
〔4〕《三国志》卷 4《魏书·陈留王纪》,第 149 页。
〔5〕《三国志》卷 30《魏书·挹娄传》,第 847 页。
〔6〕范恩实:《靺鞨兴嬗史研究——以族群发展、演化为中心》,黑龙江教育出版社 2014 年,第 85—86 页。
〔7〕《三国志》卷 30《魏书·高句丽传》,第 846 页。
〔8〕[日]船木胜马著,古清尧译:《关于匈奴、乌桓、鲜卑的"大人"》,《民族译丛》1984 年第 3 期。

相加、古雏加、使者，尊卑各有等级……王之宗族，其大加皆称古雏加……诸大加亦自置使者。"〔1〕《三国志》载："皆以六畜名官，有马加、牛加、猪加、狗加、大使、大使者、使者。……有敌，诸加自战，下户俱担粮饮食之……位居死，诸加共立麻余。"〔2〕由此可知，"加"在夫馀与早期高句丽社会中都有较高地位。在夫馀与高句丽的职官体系中都有"使者"，高句丽的"使者"由"大加"任命，史籍虽未载夫馀的"使者"是否由"大加"所设，但"大加"官阶高于"使者"，故理应有自设"使者"的权力。另外，高句丽还会委派本族的"大加"负责统其租税，并监督沃沮"大人"的行动。据上文分析，夫馀因对挹娄"租赋重"而致其反抗，所以夫馀应派出过与高句丽"大加"类似的官员。另高句丽"诸事，多与夫馀同"〔3〕，由此可知在处理国家事务上，二者多有借鉴之处。

东汉末，"挹娄人喜乘船寇抄，北沃沮畏之，每夏辄臧于岩穴，至冬船道不通，乃下居邑落"〔4〕。北沃沮毗邻挹娄，自东汉时常受挹娄的攻击，说明此时夫馀对挹娄的管控已经削弱，双方关系也在这时发生了微妙的转变。

## 二、魏晋时挹娄反叛夫馀的内在动因

魏黄初年间，因夫馀赋税过重，最终招致挹娄人的反叛，这次反叛也改变了魏晋时双方的关系。究其反叛的根源，要从挹娄社会结构变化来分析。《三国志·魏书·挹娄传》载："无君长，邑落各有大人……法俗最无纲纪也。"《晋书·肃慎传》载："父子世为君长。无文墨，以言语为约。有马不乘，但以为财产而已……相盗窃，无多少皆杀之，故虽野处而不相犯。"〔5〕对比可知，《晋书》所反映的挹娄社会面貌较《三国志》已有明显进步〔6〕。

下面简要讨论《三国志》与《晋书》所反映的时间信息。据范恩实考证，《三国志·魏书·挹娄传》出自魏鱼豢的《魏略》，《魏略》成书时间不晚于魏元帝时

---

〔1〕《三国志》卷30《魏书·高句丽传》，第843页。
〔2〕《三国志》卷30《魏书·夫馀传》，第841页。
〔3〕《三国志》卷30《魏书·高句丽传》，第843页。
〔4〕《后汉书》卷85《东沃沮传》，中华书局1965年，第2816页。
〔5〕《晋书》卷97《肃慎传》，第2534页。
〔6〕关于汉魏时的挹娄与晋时肃慎的关系，范恩实认为汉魏时的挹娄到晋时的肃慎应是民族不断发展与壮大的结果；梁玉多、日野开三郎等也认为肃慎族系实际经历了一个不断扩大与复杂化的过程。笔者赞同以上学者观点，为行文方便以下还用挹娄来指代晋时的肃慎。参见范恩实：《肃鞨兴嬗史研究——以族群发展、演化为中心》，黑龙江教育出版社2014年，第75—100页；梁玉多：《勿吉—靺鞨民族史论》，社会科学文献出版社2017年，第8—12页。

期(260—265)[1]。挹娄于魏明帝黄初年间(220—226)反叛夫馀,后于青龙三年(235)遣使朝贡。前已言及,《挹娄传》前半部分对挹娄社会面貌的描述是汉时挹娄臣属夫馀时的状况,故《三国志·魏书·挹娄传》的时间应截至魏文帝黄初年间。另据池内宏考辨,《晋书·肃慎传》取自晋时所修的《肃慎国记》与《魏略》[2]。两书除个别字句外,多数记述都不同,故其内容应取自不同的材料。《肃慎国记》是肃慎族系入贡中原保留下来的一手材料,信息量较《魏略》更详真[3],所以《肃慎传》在编纂时理应多取《肃慎国记》而非《魏略》,而成书时间《魏略》较《肃慎国记》为早。所以《晋书·肃慎传》应反映魏明帝后挹娄的社会状况。

明确了史料所反映的时间信息后,再来看造成这种反差的原因。汉时挹娄的社会处于"无大君长,邑落各有大人"的部落阶段,至晋时已是"父子世为君长"。"大人"是"邑落"的首领,而在"大人"之上有"君长"统辖,各部落的联合体则可看作是酋邦或部落联盟,汉时挹娄部落分立的状态。上文已述夫馀的"大加"负责监督挹娄各邑落的"大人",夫馀"大人"就被夫馀上层赋予政治权,夫馀在借助"大人"在"邑落"的威望去协助管理挹娄时,也客观提升了"大人"在"邑落"的影响力。而"大加"则充当了各"邑落"间"君长"的角色,这也促进了各部落间的联合,加速了挹娄内部的凝聚与统一。魏晋之际,经过夫馀统治近四百年后,挹娄已跨越至"父子世为君长"的酋邦阶段。较汉代,挹娄也出现了贫富的分化,并形成了相关的条文制度,马作为私有财产出现,保护私有财产的条文制度也得以形成,与汉时"法俗最无纲纪"的社会形成了鲜明对比。以往学界因《三国志》所记的挹娄与《晋书》所记的肃慎在文化面貌上存在较大差异,所以多对二者关系产生异议[4]。但这一分歧的原因在于忽略了在一个长时段的历史演进中,挹娄自身的文化也取得了动态的进步。

除文献外,从考古材料中也能窥探出此时挹娄的社会变化。如前所述,滚兔岭文化与凤林文化均属挹娄文化遗存。关于两个文化的关系,学界多倾向

[1] 范恩实:《鞢鞨兴嬗史研究——以族群发展、演化为中心》,第79—80页。

[2] [日]池内宏:《肃慎考》,见《满鲜史研究》上世第一册,吉川宏文馆1979年,第419—420页。

[3] 傅朗云:《〈肃慎国记〉丛考》,《图书馆学研究》1983年第3期。

[4] 目前就二者的关系,主要有"一部说"与"并存说"两种。支持"一部说"的有丁谦、金毓黻、杨保隆、林树山等,支持"并存说"的有薛虹、孙进己、王禹浪、郭孟秀、程妮娜等。参见王禹浪、王俊铮:《近百年来国内挹娄研究综述》,《黑河学院学报》2015年第3期。

认为是滚兔岭文化在吸收周边文化的基础上形成了凤林文化[1]。从时序看，凤林文化所反映大致情况与《晋书·肃慎传》对应。较滚兔岭文化，凤林文化在社会面貌上已取得明显进步，主要表现为三个方面。

其一，冶铁技术。凤林文化最核心的第七区城址中发现了丰富的铁器[2]，这些铁器不应仅是通过战争或贸易的方式获得。以出土的部分铁器为例：一是在凤林文化中已发现了滚兔岭文化中未曾出现的铁镢[3]，而这种形制的铁镢只在属夫馀文化泡子沿上层中才有发现[4]。二是在凤林城址还出土了身呈三角形，且双刃双翼、短铤扁身，或长铤短身、扁平无脊的铁镞[5]。从样式看，这种铁镞只在夫馀文化老河深中层才有发现[6]。三是平背弧刃的铁刀[7]，与老河深二期的小铁刀形制相同[8]。由此可见，挹娄的冶铁技术直接受到夫馀影响的可能性较大。

其二，农业。依"未知其北所极……土地寒"的条件，滚兔岭阶段的挹娄人很难独立完成对复杂农作物的驯化。上文提及，夫馀文化的遗存中发现了人工驯化的大豆。而凤林城址已发现大量的大豆，炭化大豆尺寸已接近现代水平[9]。较其他作物，大豆栽培对环境的要求更苛刻。夫馀是最早栽培大豆的东北民族，汉代除夫馀外，东北还未有民族完成对大豆的驯化。而且凤林城址中所驯化的农作物，在夫馀文化遗存中均能找到。

其三，筑城技术。《三国志》载："有宫室、仓库、牢狱……作城栅皆员。"[10]在西流松花江沿线的东团山遗址已发现西汉中期所修建的城池，而

〔1〕 参见黑龙江文物考古研究所：《黑龙江友谊县凤林城址 1999 年发掘简报》，《北方文物》2016 年第 11 期；赵永军：《黑龙江东部地区汉魏时期文化遗存研究》，《边疆考古研究》第 3 辑，科学出版社 2005 年。

〔2〕 黑龙江文物考古研究所：《黑龙江友谊县凤林城址 1998 年发掘简报》，《考古》2000 年第 11 期；黑龙江文物考古研究所：《黑龙江友谊县凤林城址 2000 年发掘简报》，《考古学报》2013 年第 11 期。

〔3〕 黑龙江文物考古研究所：《黑龙江友谊县凤林城址 1999 年发掘简报》，《北方文物》2016 年第 11 期。

〔4〕 吉林市博物馆：《吉林市泡子沿前山遗址和墓葬》，《考古》1986 年第 6 期。

〔5〕 黑龙江文物考古研究所：《黑龙江友谊县凤林城址 2000 年发掘简报》，《考古学报》2013 年第 11 期。

〔6〕 吉林省文物考古研究所：《榆树老河深》，文物出版社 1987 年，第 81—82 页。

〔7〕 黑龙江文物考古研究所：《黑龙江友谊县凤林城址 1998 年发掘简报》，《考古》2000 年第 11 期。

〔8〕 吉林省文物考古研究所：《榆树老河深》，第 57—58 页。

〔9〕 赵志军：《汉魏时期三江平原农业生产的考古证据——黑龙江友谊凤林古城遗址出土植物遗存及分析》，《北方文物》2021 年第 1 期。

〔10〕《三国志》卷 30《魏书·夫馀传》，第 841 页。

在其城址南部的高台上还发现了高等级的建筑构件[1]。除东团山外,邻近的龙潭山、帽儿山等地也发现了结构复杂的城池遗址[2]。证明汉代夫馀人已居于城内,并掌握了成熟的筑城技术。在凤林古城所处的三江平原,已发现古城址近 270 处,时间多为魏晋时期[3]。如此密集的城址群,说明其筑城技术已相当娴熟。然汉时挹娄还"常穴居",并未载其城居。从城池修筑形状看,夫馀城池多呈椭圆或圆角长方形[4]。凤林古城中除了第七城区因军事防御而修成方形外,其余多呈圆形或椭圆形,形制与夫馀近似,筑城材料多为土或土石混合。对比同期周边民族,仅高句丽具备建造复杂城池的能力,但筑城材料多为石制,与夫馀、挹娄皆不同。所以三江平原的城池应当受到了夫馀筑城经验的影响。

冶铁技术的进步、农作物的驯化与筑城技术的成熟在早期文明演进中起着至关重要的作用。许永杰认为此时生活在凤林文化的人们已进入了前国家时期[5]。东北的自然环境基本随着纬度地带性均匀分布,除个别地区外,东北民族间的交流较少受到山地的阻隔,所以先进技术的传播大体会呈现等距、均匀的推进。正是基于这样的背景,夫馀先进技术可以对挹娄实现持续的影响。但同时需看到,与夫馀相比,挹娄的生存条件较夫馀要恶劣很多,新技术的接受与普及会受到客观条件的限制,故而这一过程就会变得相对漫长,这也可以解释为何挹娄臣属于夫馀近 400 年后,才会出现有史可查的反叛活动。

综上,通过本节的论述可知,挹娄的社会进步与汉代夫馀的影响是分不开的,而黄初年间挹娄叛乱的内在动因实际就是这一时期挹娄社会生产力的进步与族群意识的凝聚。

### 三、魏晋时挹娄反叛夫馀的外在环境

上节从挹娄内部社会结构的角度分析了魏晋时挹娄与夫馀关系转变的内在动因,而本节将双方的关系放到魏晋时期东北亚民族格局内进行考察。

---

[1] 东北师范大学历史文化学院、吉林省文物考古研究所、吉林市博物馆、吉林市文物保护中心：《吉林省吉林市东团山遗址 2015—2017 年发掘收获》,《北方文物》2022 年第 6 期。
[2] 李钟洙：《夫馀文化研究》,吉林大学博士学位论文,2004 年;金旭东：《西流松花江、鸭绿江流域两汉时期考古学遗存研究》,吉林大学博士学位论文 2011 年。
[3] 参见黑龙江文物考古研究所：《黑龙江友谊县凤林城址 2000 年发掘简报》,《考古学报》2013 年第 11 期;靳维柏、王学良、黄星坤：《黑龙江省友谊县凤林古城调查》,《北方文物》1999 年第 3 期。
[4] 李钟洙：《夫馀文化研究》,吉林大学博士学位论文,2004 年。
[5] 许永杰：《关于探索黑龙江文明起源的几个问题》,《北方文物》2001 年第 2 期。

西汉时夫馀受中原王朝庇护,"其国殷富,自先世以来,未尝破坏"[1]。但夫馀多元且优越的地理环境为其早期的经济与社会发展提供了便利,同时也给夫馀带来了巨大的隐患。东汉末,随着汉廷式微、中原动荡,东北亚原本平衡的民族关系被打破。随着汉廷的朝贡体系的瓦解,夫馀与挹娄所形成的"亚藩属"体系也不复存在。夫馀失去中原王朝的庇护,不得已转投了实力远逊汉廷的公孙度,这也导致夫馀自东汉末起就受到鲜卑、高句丽等势力的侵扰[2]。

鲜卑方面,檀石槐时鲜卑已"东却夫馀"[3],后东部鲜卑的一支慕容鲜卑又于西晋太康六年(285)"率众东伐扶余,扶余王依虑自杀,魇夷其国城,驱万余人而归"[4]。以游牧立国的慕容鲜卑外扩的动因是为了获得更多的草场,"其国善养牲"的夫馀就成其东进的首选目标,而掠夺人口则成为游牧民族常用的手段。高句丽方面,汉时以农业立国的高句丽处于"多大山深谷,无原泽。无良田,虽力田作,不足以实口腹"[5]的环境内。汉魏之际,高句丽则是希望克服地形带来的困境,而夫馀"多山陵、广泽,于东夷之域最为平敞"的土地资源便为其摆脱这种困境提供了可能。据《后汉书》载:"建光元年(121)冬十二月,高句丽、马韩、秽貊围玄菟城,夫馀王遣子与州郡并力讨破之。延光元年(122)春二月夫馀王遣子将兵救玄菟,击高句丽、马韩、秽貊,破之,遂遣使朝贡、秋七月,高句丽降。"[6]由此可知,夫馀曾助汉参与了平定高句丽的战争,至迟到东汉后期,双方的冲突便已开始。史籍未详述魏晋时高句丽北攻夫馀的过程,但高句丽"数寇辽东"[7],显然对夫馀的侵扰也不会少。综上,获得更多优质土地资源成为魏晋时周边民族侵扰夫馀的主要动因,故而挹娄对夫馀的侵扰也应遵循这样的逻辑。

在这里首先需对"黄初中叛"发生的空间范围进行定位。《三国志·夫馀传》载:"夫馀在长城之北……东与挹娄,北有弱水。"[8]又据《挹娄传》载:"挹娄在夫馀东北千余里,滨大海,南与东沃沮接,未知其北所极。"[9]史料已明

〔1〕《三国志》卷30《魏书·夫馀传》,第842页。
〔2〕《三国志》卷30《魏书·夫馀传》"时句丽、鲜卑强,度以夫馀在二虏之间,妻以宗女",第842页。
〔3〕《三国志》卷30《魏书·鲜卑传》裴松之注引《魏书》,第837页。
〔4〕《晋书》卷108《慕容廆传》,第2804页。
〔5〕《三国志》卷30《魏书·高句丽传》,第843页。
〔6〕《后汉书》卷5《孝安帝纪》,第235页。
〔7〕《三国志》卷30《魏书·高句丽传》,第845页。
〔8〕《三国志》卷30《魏书·夫馀传》,第841页。
〔9〕《三国志》卷30《魏书·挹娄传》,第847页。

晰挹娄在夫馀之东,据李健才等人考证,挹娄应处于夫馀东北侧的张广才岭一带[1]。而夫馀的北部则至"弱水",《夫馀传》所记弱水应在今东流松花江西段[2],弱水附近也属挹娄的范围,故而在夫馀正北也与挹娄相接。由此可以明确,挹娄与夫馀的交界大致从东北的张广才岭向西北至东流松花江西段一线。"黄初中叛"发生的地点也应在这个范围内。从行进路线看,挹娄应不会选择越过张广才岭再进攻夫馀,而是会选择从三江平原腹地至东流松花江沿河乘船顺河而下再抵夫馀境内,这与"乘船寇盗,邻国患之"记载相吻合。

从三江平原腹地,至东流松花江,再到夫馀所在西流松花江的这片区域,正好属于传统渔猎区向农耕区的渐变带,但在这片区域内,又存在着不同的自然地理分区。在东流松花江至黑龙江的交汇处,河网密布、气候寒冷、渔猎成为其主要的生计方式;而向南至东流松花江与西流松花江一线,平原与山地相互呼应,这里的气候较三江平原腹地更加温暖、湿润,故而更适合农业经济的发展,同时这里密集的河网也适合渔猎经济的发展。上文已述,挹娄农业化进程加速,而"黄初中叛"的发生也反映此时挹娄人内部已形成了相对严密的组织结构与较强的军事调度能力。在这样的背景下,为克服"未知其北所极……土地寒"的生存空间劣势,向南争取更多适宜农业与渔猎经济发展的土地资源,便成为挹娄向外扩张的主要动力之一。

这一时期挹娄主要外侵的对象是近邻北沃沮与夫馀。北沃沮虽深居大山,但山间有众多适宜发展农业的河谷盆地,加之因其东靠日本海,受到日本暖流的影响,使得这里气候温和,且雨量充沛,于是就有了"宜五谷,善田种"[3]的农业经济。故而这里成为挹娄人侵扰的对象。《沃沮传》载:"挹娄喜乘船寇钞,北沃沮畏之,夏月恒在山岩深穴中为守备,冬月冰冻,船道不通,乃下居村落。"[4]挹娄对沃沮的侵扰应正是基于对更多农耕资源的渴望,而

---

[1] 参见李健才:《夫馀的疆域与王城》,《社会科学战线》1982年第4期;张博泉,《夫馀的地理环境与疆域》,《北方文物》1998年第2期。

[2] 关于"弱水"的记载,《三国志·魏书》中的《夫馀传》与《挹娄传》均有描写。李健才认为《夫馀传》弱水应指东流松花江西段,《挹娄传》所记的弱水则指东流松花江西端至黑龙江。在古人的视域下,长期以来都将东流松花江、黑龙江看作一条河流。古人在记述河流时没有现在地理学将河流划分为上、中、下游的习惯,在没有鸟瞰技术的古代,古人多根据河流大致流向对其进行命名,故而笔者赞同李健才的观点。参见李健才:《夫馀的疆域与王城》,《社会科学战线》1982年第4期。

[3] 《三国志》卷30《魏书·沃沮传》,第846页。

[4] 《三国志》卷30《魏书·沃沮传》,第847页。

乘船进攻也应是挹娄人常用进攻方式。在夫馀方面,"黄初中叛"后"夫馀数伐之,其人众虽少,所在山险,邻国人畏其弓矢,卒不能服也。其国便乘船寇盗,邻国患之"。对于这段的理解可拆分成两段,前一句"夫馀数伐之,其人众虽少,所在山险,邻国人畏其弓矢,卒不能服也",反映了黄初中叛后夫馀数度对挹娄讨伐均以失败告终;而"其国便乘船寇盗,邻国患之",则反映了挹娄人趁势进攻周边邻国,摆脱夫馀控制的挹娄完全有能力顺东流松花江而下进攻夫馀,故而这里的"邻国"应指夫馀与沃沮。而"邻国患之"正好与"二虏之间"记载相呼应。

当一个民族经历由弱变强的过程后,争取更优质的生存空间便成了顺理成章的事。可以看到挹娄社会的进步成为双方关系转变的自变量,而挹娄对更多优质土地的渴望则成为双方关系转变的因变量。与其说黄初中叛是挹娄反叛夫馀压迫的一场抗争活动,不如说是挹娄为争取更大生存空间而采取的必要行动,所谓的"租赋重"只不过是双方冲突的导火索罢了。

## 四、结　语

在一个长时段的叙事框架内,双方关系本身的复杂性远不像史书记载的那样简单。故本文尝试跳出文献本身简单的叙事结构,希望更全面地解构双方关系的变化过程,由此提出以下新的认识:

与夫馀优越生存环境相比,挹娄的生存环境显然就差了许多,地理环境的差异成为夫馀能够长期对挹娄实行统治的关键因素,而统治方式主要表现在征税与限制朝贡两方面。但至魏晋时,受夫馀影响,挹娄开始摆脱了地域环境的限制,在冶铁、农业与筑城方面均取得较大进步,社会组织方式也完成了"无君长"向"父子世为君长"的过渡,这也成为魏晋时挹娄反叛夫馀的根源。

如果将双方的关系放大到当时东北亚民族格局来看,东汉末,随着汉廷式微,原本平衡的东北亚民族关系被打破,而夫馀与挹娄在汉代所形成的"亚藩属关系"也随之瓦解。失去汉廷庇护的夫馀,也成为鲜卑、高句丽等周边民族侵占的对象。在这样的背景下,社会势力渐长的挹娄,为克服自身原有环境的劣势,获得更优越的生存空间,于是便对夫馀等邻国展开进攻。而"黄初中叛"正是汉廷式微后东北民族格局打破与重组的结果。

本文原载《黑龙江民族丛刊》2023 年第 6 期,原标题为《汉晋时期夫余与挹娄关系新探》。

# 明清时期边疆地区的族群治理与区域社会变迁

## ——以永安州莫氏家族为中心的考察

龙小峰

　　永安州为人熟知之处莫过于清末太平天国运动的"永安建制",辖区约为今广西梧州市蒙山县。在明代,其处于西江要道上的重要城市——南宁、广西三司驻地——桂林、两广总督驻地——梧州所构成的三角形区域,属于广义的大藤峡地区,分布着众多的瑶、壮族群[1]。为平定该区"瑶乱",明廷剿抚并举,进行了持续近百年的征伐,引发了区域社会剧烈的波动和族群变化。

　　以往的研究多从瑶或壮的家族史角度来阐释国家治理背景下此区的族群演变[2],而《蒙山莫氏族谱》则为我们从汉人家族史的角度多元阐释该区的族群治理和社会变迁提供了理想的范本。《蒙山莫氏族谱》创修于嘉靖四十三年(1564),分别于康熙、雍正、道光、民国期间和1998年续修,全面记录了该家族在明清时期的发展史。本文拟从家族史视角出发,以莫氏家族为研究个案,揭示明清时期国家治理体系不断向边疆地区推进的背景下,永安区域社会的历史变迁过程。

## 一、成化十三年永安复州与莫氏"献地筑城"

　　永安在宋代称为立山县。据《蒙山莫氏族谱》记载,其开基祖莫纯在宋代淳熙年间定居立山湄江里[3],"好行善事"。现存《金带桥碑文》记载了其于

---

〔1〕 史料中"猺""獞"等带有歧视性的族称,本文皆改为"瑶""僮",特此说明。
〔2〕 参见唐晓涛:《试论"猺"、民、汉的演变——地方和家族历史中的族群标签》,《民族研究》2010年第2期。
〔3〕 莫自立:《创修蒙山莫氏族谱序》,莫负文编:民国《蒙山莫氏族谱》,1927年,不分页。

宋淳熙六年捐资修建州署门前石桥一事[1]，据雍正《广西通志》记载，金带桥"在州治前，水由东关达西关，为旧立山县通衢"[2]。由此看来，金带桥沟通立山县东西，在区域社会中作用显著。如此看来，捐资筑桥与其说是莫纯"好行善事"，毋宁说是新移民试图通过参与区域社会的大型公共事业扩大影响力，进而加快被地方社会认可而所作的努力。据家谱，莫纯正是在金带桥附近获得了置买田地的资格，为蒙山莫氏兴家创业奠定了基础。

至明代，永安仍是瑶、壮等少数民族的聚集区："其地小，谷险阻，僮僮巢穴，频年结聚荔浦、大藤峡诸贼，出入两广地方为寇。"[3]洪武十八年，立山县被"贼首"黄日暖"作耗"攻破，县治被废，时任知县奏请裁撤立山县，仅置古眉巡检司以资控御。

永安作为广义的大藤峡地区，极易受到明廷对大藤峡政策的影响。在成化元年之前，明廷对大藤峡政策主要以招抚为主；从成化元年开始，为了从瑶人手中夺取大藤峡的控制权，以实现控制西江干道这一联络两广商贸活动枢纽的目的，转变为大规模的军事征伐。成化元年，"峡酋侯大狗作乱，修仁、荔浦、平乐、立山诸僮应之"[4]。两广都御史韩雍领兵16万，"先破修仁，追至立山，生擒一千二百余人，斩首七千三百余级"[5]。这次征伐虽得到宪宗嘉奖，但未能平息"瑶乱"。

至成化十二年，府江又生动乱，明廷命朱英总督两广军务，其"下车之初，边务方殷，而平乐府江之警尤急"[6]。有感成化元年之征武力过滥，"自韩雍大征诸蛮以来，将帅喜邀功利，俘掠名为雕剿"[7]，"参将范信往往诬民为贼，英驰信垒即审，纵去不下万人"，而"两广自韩雍大征之后，民僮穷窜"[8]，朱英对瑶、壮改以"招抚"为主。他在给皇帝的奏折中称："广西僮屡服屡叛，无有已时。然彼亦人类，尚可善化，臣与镇守等官会议，将抚治劝诱之方揭榜晓谕，

[1] 蒙山莫氏六次修谱编纂领导小组编：《蒙山莫氏族谱》，1998年，第10页。

[2] 雍正《广西通志》卷18《关梁》，《景印文渊阁四库全书》第565册，台湾商务印书馆1986年，第490页。

[3] 嘉靖《广西通志》卷1《图经上》，《北京图书馆古籍珍本丛刊》第41册，书目文献出版社1990年，第23页。

[4] （清）汪森编：《粤西丛载》卷26《明朝奴蛮》，《景印文渊阁四库全书》第1467册，第732页。

[5] 光绪《平乐县志》卷6《武备志》，《中国地方志集成·广西府县志辑》第39册，凤凰出版社2013年，第121页。

[6] （清）汪森：《粤西文载》卷23《永安州治记》，《景印文渊阁四库全书》第1466册，第29页。

[7] （清）张廷玉：《通鉴纲目三编》卷14，《景印文渊阁四库全书》第340册，第20页。

[8] （清）查继佐：《罪惟录》卷11《列传》，《四部丛刊》（三编本），上海书店1986年，第41页。

有愿去逆效顺者,即定为编户。"[1]宪宗批准了朱英的主张,也透露了对地方官员滥用武力的担忧:"朕惟好生恶死,人之常情,彼傜僮,虽称好弄戈兵,实由官司有失抚御,今尔等乃能开诚布信,设法招抚,朕甚嘉悦。"[2]

朱英首先将那些"一时喜功生事者"撤职[3];其次,招抚瑶壮等民,三年免其徭役,"下令诸将不得闻贼辄进兵,贼出则令驰报督府,下符檄往慰谕……诸峒傜僮,有能去逆效顺,愿为吾民,三年复其徭役"[4]。对于前往招抚的人选,朱英甚为重视,"慎简司府,贤而有为,人所信服者"[5]。时任桂林府推官、后来的首任永安知州闭鲁也被派出招抚瑶壮,"时平乐府傜僮跳梁当道,檄鲁招抚,向化者万余人"[6]。永安地区的瑶壮纷纷就抚,"时则有荔浦县立山乡,贼首李公主令其子扶宝率众四十来诣军门,告称本山乃古蒙州之立山县,请复立为州县,见有众数万,俱愿归顺"[7]。瑶壮族群开始被"编户具籍"[8]。宪宗也对朱英的成绩表示满意,"尔以好生,一念之仁,代血战数万之兵"[9]。

如何治理数以万计招抚而来的瑶壮族群成为地方官府急需面对的议题。成化年间,永安第二任知州彭栗在《原建永安州碑记》中指出,因洪武十八年革县后仅置巡检司治理,政区在地方治理中的缺失所导致的恶性循环,使得"各处傜僮,乐其土地闲旷,自相屯聚,窃弄刀兵,肆行劫掠,居民违远""官府失所倚仗"。当"立山傜老李恭注闻风知感,首遣子扶宝等率众诣军门,纳款为编氓",并"乞复州县,永为保障"之际,明政府决定在此复立州县,从而开始了复立永安州并筑建州城的过程,"举桂林府推官闭鲁为知州,土民李扶宝为吏目""披荆棘,除草莱,筑城凿池,周八百九十步……中建州衙,正衙之旁为幕署"[10]。

复立的永安州城选址在莫氏家族的居住地范围,六氏祖莫启源不仅无偿

---

〔1〕《明宪宗实录》卷158"成化十二年十月庚辰"条。

〔2〕《明宪宗实录》卷158"成化十二年十月庚辰"条。

〔3〕(明)焦竑:《国朝献征录》卷54《都察院一》,明万历四十四年徐象橒曼山馆刻本,第60页。

〔4〕(明)尹守衡:《皇明史窃》卷53《朱英传》,明崇祯刻本,第5页。

〔5〕雍正《广西通志》卷106《艺文》,《景印文渊阁四库全书》第568册,第205页。

〔6〕嘉靖《南宁府志》卷8《人物志》,明嘉靖四十三年刻本,第18页。

〔7〕《明宪宗实录》卷158"成化十二年十月庚辰"条。

〔8〕《明宪宗实录》卷158"成化十二年十月庚辰"条。

〔9〕(明)尹守衡:《皇明史窃》卷53《朱英传》,第5页。

〔10〕雍正《广西通志》卷106《艺文》,《景印文渊阁四库全书》第568册,第204页。

捐献土地,还参与了建筑州城的监督工作,族谱云:"六代祖永长公讳启源,值成化十一年,建置今永安州城于公所居处。十三年丁酉城成,以公土著献地,且相与督筑有功,时知州闭公名鲁具文申报,蒙总督朱公名英奖赏银两,为公卜筑室于州廨东偏为公舍。除建衙署外,所余城内外地,凡为公祖地者,仍属公管业,并给照免公子孙夫役。"〔1〕城竣后,莫启源因献地并参与督筑州城有功,得到了总督朱英的赏赐,除赏银和在州廨附近另筑居室外,还颁给了莫启源印照以免其子孙夫役,成为莫氏家族获得免夫印照之始。

在此基础上,莫氏家族的势力也不断扩大,至第七代莫本裕时,通过累积财富置办了丰厚的家族产业,据其族谱记载,"传至七代祖世盛公,讳本裕,益垦田亩立户口,善理财,家颇裕,遂将城南内地面起造铺户出赁"〔2〕。至第九代时,莫氏家族通过求学兴科举进一步扩大了在地方社会的影响力,即嘉靖年间莫自立成为州邑"庠生",至万历二年知州廖宪以其年高有德,举乡饮。

## 二、万历二十六年永安"瑶乱"与莫氏"招抚蛮瑶"

永安复州之后,开始对境内各族群的编户入籍、编定赋役的过程,"复以各民丁粮,通第高下,编为里甲,以次应役",并开始在地方推广教育,"又择其俊秀子弟入学,延师训迪,文教聿兴,人心知劝",伴随而来的是永安地方社会的巨大变迁,"众口啧啧称叹,谓百年梗化之夷,弗事干戈,一旦入于版图,转殊音,变异服,奔走承顺,与齐民等"〔3〕。

但好景不长,万历二十六年,平乐府昭平县抚壮黄朝田因与把总有隙发生冲突,荔浦、恭城、平乐等县瑶壮族群响应,引发动乱,"荔浦僮韦扶仲,复纠大小两江贼,攻陷下崗土司城。于是平邑之岩头傜,恭城之站面傜,各乘衅倡乱"〔4〕。由此,再次引发了府江地区大规模的社会动荡,明朝廷调用汉土官兵6万余人才将动乱平息。

因永安州群峰里地处崇山巨壑,并与修仁县山泽相连,在韦扶仲"煽惑"下,各冲瑶人纷纷响应,造成区域社会的"动乱"。据成书于万历三十年(1602)

---

〔1〕 (清)莫若琇修:道光《蒙山莫氏族谱》,道光十年版,第21页。
〔2〕 (清)莫若琇修:道光《蒙山莫氏族谱》,第22页。
〔3〕 (清)汪森编:《粤西诗文载》卷23《永安州治记》,《景印文渊阁四库全书》第1466册,第30页。
〔4〕 康熙《平乐县志》卷6《兵防》,《中国地方志集成·广西府县志辑》第38册,第602页。

的《殿粤要纂》所载,"永安当边隅叠嶂中,所在傜僮……惟群峰里、古造、六峒诸夷,与修仁山泽相萦……兹夷素称顽悍"[1]。《蒙山莫氏族谱》也云:"万历二十六年,永福[荔浦]县贼首韦扶仲煽惑群峰里各冲傜蛮,出没肆劫,骚扰地方。"[2]

时任永安知州车鸣时主张剿抚并行,令贤者出示晓谕招抚属内瑶人,而莫氏家族第十代莫战即赴州署领牌以招抚属内"蛮傜","沧溪公,讳战……通文学,有才干,为乡间善士,举乡饮大宾"[3],"知州车公,讳鸣时……出示晓谕,剿抚并行,许有能干人等,向州尊领牌,前往招抚者定行重赏,公时出认行招"[4]。莫氏族谱中收录了当年莫战向州署领取的招抚牌照,对前往晓谕招抚瑶人的事项做了原则性的规定,遂将其抄录如下:

> 莫战招抚牌照
>
> 永安州正堂车,为给牌照招抚事:照得贼风猖獗,骚扰地方,弭盗安民,剿讨宜急。本州群峰里地方,遭永福[荔浦]贼头韦扶仲,招集本里无赖蛮傜,出没肆劫,靡有宁宇。本州详报,请兵进剿,相机堵截,量势扑灭。傜蛮负隅穷谷,险区中有愚顽无知听贼胁从者,本州不得一律概剿,有负上台好生之德,前已晓示,剿抚并行。许有能干人等,前往招抚。今有耆民莫战,出认行招。为此,牌给莫战耆民,前行随处传谕,注明各冲傜人姓名,入册永为良民。事竣之日,申详上台,自有奖赏,不没其劳。尔耆民小心谨慎,用意抚招,不得虚应故事塞责,亦不得借招抚滋扰地方,反为不便。今大兵云集,须速前往可也。须牌。
>
> 右牌给耆民莫战准此。
>
> 万历二十六年五月　日给[5]

从上述招抚牌照来看,官方对永安群峰里瑶人"动乱"并未一概征剿,在实施军事行动前,"许有能干人等前往招抚"。招抚的核心内容就是将各冲瑶人注明姓名,编入户籍系统,使其"入册永为良民"。同时也清晰地表明,官府对于"蛮傜"与"良民"身份有着简单而实用的界定标准,即编入户籍体系者为

---

〔1〕 (明)杨芳编:《殿粤要纂》卷2《永安州图说》,广西民族出版社1993年,第204页。
〔2〕 (清)莫若瑛修:道光《蒙山莫氏族谱》,第23页。
〔3〕 (清)莫若瑛修:道光《蒙山莫氏族谱》,第23页
〔4〕 (清)莫若瑛修:道光《蒙山莫氏族谱》,第24页。
〔5〕 (清)莫若瑛修:道光《蒙山莫氏族谱》,第33页。

"民"，否则为"蛮傜"。

莫战的招抚也取得了效果，"各冲傜蛮输诚悦服，注明姓名入册，事平"[1]。莫战因招抚"蛮傜"有功，且又献上犒兵费，"公具白银三百六十两以献为犒兵费"[2]，莫氏家族再次获得官府颁赐的免夫印照，"祖沧溪公以招抚蛮傜有功，名显家邦，不愿仕进，蒙上宪奏请给冠带，复给照，免公子孙世代夫役"[3]。而官府特别强调在招抚中"不得借招抚滋扰地方"，表明其对成化元年滥用武力，"诬民为贼"进行征伐，给地方社会带来的危害仍记忆犹新。对此，单国钺指出，明代军官与士兵的腐败是广西长期动乱的重要原因。明代军官与士兵以所杀敌人数量为准则的奖励机制，当瑶、壮在内的无辜百姓无法在征伐中幸免，那么成为"贼寇"也就只能成为其不二的选择[4]。而莫战在招抚瑶人时并没有滥用手中的权力，不仅使瑶人免除了军事征伐，而且还使其得以入册永为良民。因此，经此事之后，莫氏家族在永安瑶人群体中凝聚了巨大的社会影响力，"迨后，傜人乐业，感公生前大德，岁以茶、靛、姜、芋，每三斤为报。公屡却，而傜人子孙尤以为常"[5]。

从莫战招抚瑶人事件可以看出，此时的莫氏家族在地方社会的影响力和经济实力已形成巨大的优势。表现在：其一，继第九代莫自立享有"乡饮"的礼遇后，莫战更是享有"举乡饮大宾"的待遇；其二，在招抚瑶人之后，莫战竟能拿出360两白银作为犒赏士兵的费用，说明莫氏家族拥有雄厚的经济实力。据其族谱记载，莫氏很早就选择了不断巩固经济基础的道路，如第七代莫本裕善理财，家颇裕，管理着湄江里十三村良田，至第十代莫战、莫竞时，经济实力继续发展，"公等兄弟情深，克勤克俭，俱能继志，各置有田庄"[6]。

概言之，在官府与边疆非汉族群缺乏有效沟通渠道的情况下，莫氏家族在官府与非汉族群间起到了不可或缺的桥梁作用，为明朝廷将统治能力投射到边疆地区作出了贡献。这也是莫氏家族在明代地方社会治理中的一个显著作用。莫战也因之在当地少数民族中有很高的声誉，直到民国时期，瑶人仍每年

〔1〕（清）莫若琇修：道光《蒙山莫氏族谱》，第24页。

〔2〕（清）莫若琇修：道光《蒙山莫氏族谱》，第24页。

〔3〕（清）莫与衮：《二次续修莫氏族谱序》，（清）莫若琇修：道光《蒙山莫氏族谱》，第11页。

〔4〕 Leo K. Shin, *The Making of the Chinese State*: *Ethnicity and Expansion on the Ming Borderlands*, Cambridge University Press, 2006, pp. 112-113.

〔5〕（清）莫若琇修：道光《蒙山莫氏族谱》，第25页。

〔6〕（清）莫若琇修：道光《蒙山莫氏族谱》，第25页。

向莫氏家族缴纳五角银元，用以祭祀莫战之费[1]。

此后，莫氏家族又于万历三十七年再次献地筑建文庙。文庙对于以科举为业的读书人来说是至关重要的信仰空间，莫氏再次献地修建文庙，是其为走传统中国社会晋升道路所作的努力。由于长期致力于科举，莫氏家族在文教方面有了重大进展。继莫自立于嘉靖年间入州学成为"庠生"后，莫战侄子莫逊仕于万历二十二年中式举人，后任职福州通判，升任辽东都司下辖自在州知州等职，开启了莫氏族人连续科举中式并出仕为宦的道路，为其在明代边疆地方社会成为著族奠定了坚实基础。此后，莫战次子莫逊佐为崇祯十年岁贡，先任北直隶河间府景州州判，再任浙江慈溪县知县等职；长子莫逊侨为天启二年岁贡，曾任州判；三子莫逊巽为崇祯九年岁贡[2]。

## 三、地域社会变迁与"莫氏免夫照"之争

入清之后，莫氏并未因与前朝保持密切的合作关系而受到牵连，相反，莫逊仕之孙莫尔几于康熙四年通过献地建吏目官廨与新政权建立了新的联系[3]。但康熙初年，依附吴三桂反清的广西总兵孙延龄部占据了永安，在长达六年的战争中，永安地方社会遭到了严重的破坏，州城尽毁、人口锐减。康熙十八年平乱后出任知州的丁亮工，在其《永安八咏》中对战乱中受尽创伤的永安进行了深刻的描述："投荒万里典空城，户口仅存八百丁；向与人言堪自笑，笑余日哭费经营。"[4]

莫氏家族在清初战乱中也未能幸免，天启年间所建宗祠在战火中被毁，家族发展也在清初陷入了衰退。从其族谱《名贤录》分析，从顺治到乾隆将近140年的时间里，莫氏从第十二代至第十五代仅有各种形式的贡生5名。在知州丁亮工百废修举的政策鼓励下，永安州迎来了大量的新移民，龙定里大龙村的杨氏等有实力的汉族移民正是在这个时候移居迁入了永安，据县志载："（杨伦）陕西华阴人，官守备。值吴逆乱随剿平乐，率子广奇、孙鹏万悉力捍御

---

[1] 莫负文编：民国《蒙山莫氏族谱》，不分页。

[2] 雍正《平乐府志》卷16《选举·永安州》，《故宫珍本丛刊》第200册，海南出版社2001年，第471—486页。

[3] （清）莫若琇修：道光《蒙山莫氏族谱》，第23页。

[4] 嘉庆《永安州志》卷17《艺文》，《故宫珍本丛刊》第199册，第390页。

有功,乡民咸德之。后,以老辞职,迁家永安,从民望也。"〔1〕随着汉族移民的迁入,永安境内的民村数量日益增多。以龙回里为例,万历时,"猺僮居十之七,为民者吴村、张村、三里寨、杜莫寨四村而已"〔2〕;至雍正时,已有民村 32 村;至嘉庆时,民村增至 49 村〔3〕。

除新移民日益增多外,永安境内的瑶壮族群也呈现日益"向化"的趋势,"永之为邑,编户五里……内有诸猺各堡错杂其间……我国家教养边陲,生息向化,农服田畴,士习诗书,猺童咸知慕义"〔4〕。区域社会的特征也由明代至清初频繁的军事征伐转变为和平时期的赋税徭役管理。康熙年间,永安州经历了由"耕兵"到"编民"的政策转变,将桂西土兵后裔构成的耕兵编入里甲,"今现存耕兵二百二十名,严立簿书,另立一甲,责土舍覃一麟、李上聘等承管",这些被编入里甲的耕兵,与民户一样需承担国家纳税赋役的义务,"若榕峒等堡耕兵,每名六分,应纳银二钱二分三厘有奇"〔5〕。

在新移民不断迁居永安,官方试图将各种人群编入里甲,以恢复税赋徭役的背景下,康熙二十一年,莫氏子孙免夫的特权开始遭到质疑,这一过程恰好保存在道光十年版《蒙山莫氏族谱》之《莫氏免夫照》中,以下据其进行详细的分析。

> 莫氏免夫照
> 特受永安州正堂加五级,随带军功加一级,纪录五次李,为给照事:嘉庆二年十二月十一日,据生员莫静、莫让伟、莫若辉、莫冰、莫涣、莫微、莫大求、莫大文、莫大荣、莫裕、莫怡、莫若祖等呈称情:生祖启源于前明成化十一年,献地建立州城,祖莫战于明万历二十六年,招抚各冲蛮谣等事,历蒙前朝州主给恩,免子孙世代夫役。嗣于康熙间,有梁奉等不知生祖恩免情由,妄行扳役,生祖莫与高等于二十一年具呈缴验,准蒙给换免夫照在案。至乾隆五十九年内,莫让伟等呈控黄老倪要禀莫凡、莫娇抗不当夫等情,生等将祖莫启源、莫战等历免夫役,呈照禀明。蒙前任州主王批莫启源等子孙是否历免夫役,该房查案,并饬乡保确查复夺。嗣该房乡保全禀:莫启源等子孙果未当夫,亦无派拨,各在案。是生祖莫启源至今

〔1〕 嘉庆《永安州志》卷 11《人道部》,《故宫珍本丛刊》第 199 册,第 376 页。
〔2〕 (清)汪森:《粤西文载》卷 24《杜莫寨石城记》,《景印文渊阁四库全书》第 1466 册,第 59 页。
〔3〕 嘉庆《永安州志》卷 5《厢里》,《故宫珍本丛刊》第 199 册,第 356 页。
〔4〕 嘉庆《永安州志》卷首《州志总图》,《故宫珍本丛刊》第 199 册,第 339 页。
〔5〕 光绪《平乐县志》卷 10 下《艺文》,《中国地方志集成·广西府县志辑》第 39 册,第 214 页。

生等的[嫡]派子孙，俱蒙验照免夫无异。兹印照日久霉坏，恳请换给新照等情，并呈缴康熙二十一年原给印照前来随查，缴验到印照历准免夫无异，合经换给。为此，照给莫静等收执，嗣后凡有莫启源等子孙，所有厢居里住，夫一体照旧恩免。如非莫启源的[嫡]派子孙，毋容冒混邀恩，妄希推委，永远遵行，毋违此照。

　　右照给生员莫静、莫让伟等，准此。

　　嘉庆二年二十一十四 日给〔1〕

　　先是康熙间，"有梁奉等不知生祖恩免情由，妄行扳役"。因为清代赋税除正税之外，尚有其他各种杂役，正税按田地则各自缴纳粮税，杂役则由里甲摊派，莫氏一族免夫意味着同里之人可能要承担更多的夫役，且其族在清初因战乱而陷入衰退，因而引发可能代表新移民群体利益，梁奉等人的质疑也在情理之中。康熙二十一年，莫与高向知州丁亮工"具呈缴验"免夫印照。而莫与高的身份也不容忽视，他拥有附生资格〔2〕，也是莫氏家族在康熙年间唯一享有功名者。概言之，在莫氏陷入衰落，以及地域社会人群结构发生变化的背景下，莫氏家族第一次面对被要求求均派夫役的挑战，最终以知州丁亮工"准蒙给换免夫照"告终，清代的地方政府认可了莫氏家族在前朝即已享有的免夫权利。

　　至乾隆五十九年，又有莫凡、莫矫等因不服夫役遭到黄老倪等向官府呈控。黄老倪向官府禀告莫凡、莫矫抗不当夫之事，根源于永安自乾隆年间以来户籍制度的变革和日益繁重的夫役摊派。在里甲日益残缺的背景下，乾隆六年，清政府改用重在控制实际人口的保甲统计人口，各种夫役转由乡保根据烟户册按实在人口摊派，永安区域社会的夫役摊派也日益繁重。据《道光七年知州玉麟禁革滥役民夫碑始末》所追述，乾隆年间，除各级衙门、杂佐用夫等较为固定的摊派外，尚有寻常奏调赴府、赴省，及到任、回籍、会审、会勘、相验、解送军装、请领兵饷、解审重囚等项夫役摊派，夫役派累不已引发民怨，在乾隆三十三年曾经藩宪议准禁革，但却屡禁不止〔3〕。据档案资料统计，莫氏家族在乾隆年间已传至第十五、十六代，两代成年人丁合计 164 户，至嘉庆时期第十七代已繁衍至 316 户之多〔4〕。如此众多的人口如不服夫役，势必会对他人造

〔1〕（清）莫若琇修：道光《蒙山莫氏族谱》，第 31—32 页。
〔2〕嘉庆《永安州志》卷 8《选举·附生》，《故宫珍本丛刊》第 199 册，第 371 页。
〔3〕光绪《永安州志》卷 2《财用第二》，清光绪二十四年续刻本，第 38 页。
〔4〕《蒙山县莫纯一系人数统计表》，1948 年，广西壮族自治区档案馆藏。

成负担,被呈控不服夫役,同样在情理之中。

此事发生后,由莫静、莫让伟等 12 名在科举中获得功名的生员向官府呈控黄老倪,并禀报其祖莫启源、莫战等历免夫役之事。王姓知州指令该房乡保确查,乡保呈禀"莫启源等子孙果未当夫,亦无派拨",最后确定了"莫启源至今生等的[嫡]派子孙,俱蒙验照免夫无异"。因丁亮工所授印照日久霉变,呈请更换新照,知州李沄最终于嘉庆二年重新颁给了印照[1],并认可了莫氏家族子孙免夫的权利,指出"嗣后凡有莫启源等子孙,所有厢居里住,夫一体照旧恩免",但是限定了仅嫡派子孙享有特权,"如非莫启源的[嫡]派子孙,毋庸冒混邀恩,妄希推诿"[2]。莫氏家族凭借 12 名生员的强大实力,维护了其家族自明成化十三年以来的免夫特权,由此也体现了传统中国社会竞争性上升结构中抑制性的特征。

嘉庆二年,虽然重新获得知州李沄颁给的免夫印照,但莫氏与夫役之事并未就此完结。莫氏在永安能成为地方著族,当然不仅仅是凭借免夫体现的特权,也在于在科举事业上的不懈努力,更在于持续参与地方社会重要的公共事务所塑造的影响力。继明万历之后,至嘉庆、道光年间,莫氏家族迎来了最盛时期,"生齿多四五倍于前,加之士奋功名,人增产业,就蒙山一邑而论,谈富贵二字者,咸于我莫氏首屈一指焉"[3]。在科举上取得功名并在官场取得成就者,主要是第十七代的莫若琇(嘉庆年间拨贡副榜,历任梧州、南宁、全州、阳朔、上林、藤县训导)、莫若璟(道光丙申恩科第十五名进士)、莫若玑(道光举人,官至湖北咸宁知县)等人[4]。

莫氏家族极力凭借家族实力维护自成化年间以来的免夫特权的同时,又在地域社会遭遇夫役摊派过繁、过滥之时,积极参与地方社会的公共事务。

经过乾隆三十三年、嘉庆五年两次禁革夫役无果之后,道光七年,莫若琇、莫若璟的父亲莫翰[5]与其他 22 位地方社会中有影响力的人物共同向永安知州玉麟提出禁革夫役一案,指出夫役繁重致合州苦累难堪,因而请求知州禁革滥役民夫[6]。此呈控最终获得批准,并于道光七年十二月刊勒于碑,竖于

---

[1] (清)莫若琇修:道光《蒙山莫氏族谱》,第 24 页。

[2] (清)莫若琇修:道光《蒙山莫氏族谱》,第 31—32 页。

[3] 莫负文编:民国《蒙山莫氏族谱》,不分页。

[4] 光绪《永安州志》卷 4《保举》,第 27—28 页。

[5] (清)莫若琇修:道光《蒙山莫氏族谱》,第 127 页。

[6] 光绪《永安州志》卷 2《财用第二》,第 38 页。

永安五里。由此,莫氏免夫与里甲夫役之争由此画上了圆满的句号,莫氏家族也借机重塑了其在地方社会的影响力。

## 结　　语

莫氏通过"献地筑城"与"招抚蛮瑶",助明廷将统治能力投射到边疆地区,在官方对永安区域社会进行治理的关键节点发挥了特殊作用。作为对莫氏家族功绩的认可,官方分别在成化和万历年间授予莫氏子孙免夫的权利。此后,通过长期致力于走传统科举道路,莫氏从万历后期开始迎来了家族发展的第一个繁盛时期。

清初因战乱陷入衰退,在新移民大量移入,官方试图将各种人群纳入户籍体系,以恢复税赋徭役的背景下,莫氏家族的免夫权利在康熙二十一年受到了以梁奉等人为代表的新群体的质疑。至乾隆五十九年,在里甲日益残破,地方社会夫役过繁、过滥导致合州苦累难堪的背景下,莫氏又因不当夫役而被呈控。莫氏凭借家族实力和在瑶族中的影响力,最终得到官方的支持,并认可了其在前朝即已擅享的免夫权利。

至嘉庆、道光年间,莫氏迎来了家族历史上第二个繁盛时期,莫氏家族利用自身实力极力维持免夫特权之后,又在道光七年通过莫翰等人成功向州署呈控禁革滥用夫役一事,重塑了其在地方社会的影响力。

嘉庆年间,在人口压力背景下,以客家为代表的新移民群体不断迁入永安,围绕土地开垦问题,莫氏又与夏朝村刘氏为核心的客家移民团体屡屡发生争执。咸丰元年,太平军占领了永安,在此地与清军进行了长达半年之久的攻防战,莫氏核心地莫家村距永安州署不足三里,莫氏家族受到太平天国运动的深刻影响。斯时,许多客家移民或参加或协助了太平军,莫若瑢之子莫世熙、莫世楷[1],却率领团练抵抗太平军[2]。然而,通过今天对莫氏族人的追访得知,他们也曾试图在太平天国与清政府之间维持地域优势,但最终无法避免太平天国运动造成的巨大损失,莫氏家族不可避免地陷入了衰落。

本文原载《安徽史学》2021 年第 4 期。

---

〔1〕　光绪《永安州志》卷 4《保举》,第 22、28 页。
〔2〕　广东省文史研究馆编:《广东洪兵起义史料》上册,广东人民出版社 1992 年,第 497 页。

# 明清时期"苗疆"土司与"流官"政区疆界纷争与化解

## ——以黔楚蜀交界地区为例[1]

周　妮

在中国历史政区地理的演变历程中,政区疆界与界限划分之争端极为普遍,因而也构成了一项极其重要的研究内容。然而,以往疆土及政区界限问题研究重点及主要方向集中于正规建制的普通政区(或称"流官"政区)。相比之下,非正规政区(如羁縻府州、土司地方)土地与疆界争端及纠纷研究,出于种种主客观因素(如问题涉及方面较复杂、佐证资料较少等)并没有得到充分重视。

以"苗疆"为例,由于民族构成复杂,且地处偏远,"苗疆"地区的政区建置过程较为曲折,经历了羁縻府州、土司等多种政区建置形式,其中疆界争端及纠纷状况相当复杂,具有很高的研究价值。迄今为止,学术界关于"苗疆"问题的研究成果已相当丰富[2],其中对于州县的行政区研究成果亦相当多,但是从历史地理角度对土司政区的地理范围、土司辖地与普通

---

〔1〕 广义的"苗疆"地域广大,涉及今云南、四川、贵州、湖南、广西、重庆等省、自治区、直辖市的不少地方,文献中有"湘西苗疆""贵州苗疆"等说法,而黔、楚、蜀(即今湘、鄂、渝、黔)交界地区无疑是其核心地带之一。

〔2〕 参见杨胜勇:《清朝经营贵州苗疆研究》,中央民族大学博士学位论文,2003 年;谭必友:《清代湘西苗疆多民族社区的近代重构》,民族出版社 2007 年;张中奎:《改土归流与苗疆再造——清代"新疆六厅"的王化进程及其社会文化变迁》,中国社会科学出版社 2012 年;张振兴:《清朝治理湘西研究(1644—1840)》,中央民族大学博士学位论文,2013 年;陆韧、凌永忠:《元明清西南边疆特殊政区研究》,人民出版社 2013 年;李良品、谭清宣:《近三十年清代苗疆"屯防"研究综述》,《军事历史研究》2009 年第 4 期;文海:《清代开辟苗疆性质研究综述》,《凯里学院学报》2013 年第 5 期等。

政区辖境纷争、土司与土司之间辖境争端等问题进行研究的成果还较为有限[1]。应该看到,面对土司与土司之间的辖境纷争、土司与普通州县之间的辖境纷争,明清中央朝廷有着不同的考量与不同的应对政策。研究这些应对政策,对于理解明清时期中央朝廷与土司政权之间的关系及演变很有益处。

笔者在梳理前人研究成果的基础上,试图从政区疆界纷争与划分的角度,探讨明清时期湘鄂渝黔交界地区土司辖地与"流官"政区之间纷争的起因、过程及其对各级政区边界形成的影响,以期深化明清王朝与土司关系的认识,更深层次地展现"苗疆"地区历史地理变迁的真实过程。

## 一、土司与流官政区间疆界纷争缘起与影响

"苗疆"的辖境纷争,大体包括土司与流官政区之间的辖境纷争以及土司与土司之间的辖境纷争两大类。就目前所掌握的史料而言,这两类辖地纷争,在湘鄂渝黔交界地带的"苗疆"均有存在,而观察两种不同类型的辖地纷争所发生之具体状况,又可知相邻土司及流官政区之间彼此势力强弱,也可从中判断其对外扩张之由来与趋势。其中,以土司辖地与流官政区之间的疆界纷争,尤具特殊意义,不仅影响到统一王朝行政管理体系之维系,更在很大程度上预示了政区演变之趋势。而引发土司与周边地区土地及疆界纷争的主客观因素总体相似,具体直接原因却各不相同。

### (一) 黔江:"三面土司之困"

黔江,即今重庆市黔江区,其在历史时期建县时间很早,可上溯至后汉建安六年(201)丹兴县之设置[2]。后丹兴县废,至隋时期改置石城县,唐时期更名为黔江。《旧唐书·地理志》"黔州"下记载:"黔江,隋分黔阳县置石城县。天宝元年(742),改为黔江。"宋元时期,绍兴府下所置仅有二县,即彭水、黔江。此二县之建置,与其重要的交通地理位置相关。"彭水、黔江二县,在重庆府东南,涪陵江之上,水陆皆通,山高滩险,为楚民及川贩

〔1〕 参见颜丙震:《明后期黔蜀毗邻地区土司纷争研究》,人民日报出版社 2018 年;孟凡松:《赋役制度与政区边界——基于明清湘鄂西的考察》,《中国历史地理论丛》2012 年第 2 期;张万东:《明清王朝对渝东南土司统治研究》,吉林大学博士学位论文,2016 年;刘兴亮:《从湘西地区"蛮民越界"事件看两宋羁縻政策之演变》,《铜仁学院学报》2014 年第 6 期等。

〔2〕 (晋)常璩撰、刘琳校注:《华阳国志校注》卷 1,巴蜀书社 1984 年,第 87 页。

往来捷径。"〔1〕值得特别注意的是,黔江等县自设置之始,即处于羁縻州及土司政区的包围之下。如据《新唐书·地理志》,黔江县所在的黔州都督府下辖有 51 个"诸蛮州"。又据《宋史·地理志》,绍兴府在所辖彭水、黔江二县之外,还辖有 49 个羁縻州(南渡后增为 56 个)。

时至明清时期,黔江县之邻境,除彭水县为流官建制政区外,其东、南、北三面皆为土司地,这种状况下,不同政区间的疆界纷争十分普遍。"又所属黔江、武隆、彭水、忠(州)、涪(州)、建始、奉节、巫山、云阳等州县界,与湖广施州卫所辖散毛、施南、唐崖、中(忠)路等夷司犬牙交错,加之播(州)、酉(阳)、石砫等司,土汉相杂,争斗劫害,无岁无之。"〔2〕明清黔江县地方志又对此进行了总结,如同治《黔江县志》指出:"黔江自汉及今为县,其元(原——引者注,下同)境甚宽,唐、宋后三面环接土司,侵去洞口(今黔江区舟白街道)、中塘(今黔江区中塘乡)、后坝(今黔江区中塘乡、小南海镇一带)、酸枣(今黔江区白石乡、杉岭乡一带)、正谊(今黔江区冯家街道)、五里(今黔江区五里乡)各处地界,境遂狭矣。"〔3〕可以说,黔江县的沿革过程明确包含了与土司的疆界纷争问题,其疆界范围被逐渐削减,也是不争的事实。光绪《黔江县志》也证实:"(黔江县)累代为石砫、忠路、唐崖、酉阳、大旺众土司所侵占。"〔4〕除前面提到的石砫宣抚司、酉阳宣抚司、忠路土司外,与黔江邻近的还有唐崖土司、大旺土司等,都对黔江县辖境有越界侵占之举。

黔江与周边土司之间的辖境纷争涉及较广,其中对黔江疆域变化影响较大的,是酉阳土司与唐崖土司的侵占。酉阳土司在历史上侵占了今黔江县濯水镇及其以南区域。酉阳土司因在元朝末年投降明玉珍而获罪,明初被贬爵,并罚兵米,以协济湖广卫所。"酉人"颇以为苦,所以屡发争端,侵夺邻境之黔江,并最终得到黔江之大堆坝、穿户(重庆市东南地区方言,读为"qian")、高碛口、两河口等地〔5〕。又有清代黔江举人龙辉廷看到其乡崇兴寺前所发现碑

〔1〕《四川重庆总兵任国荣奏陈所属营汛地理情形暨添设塘汛兵丁缘由折》(雍正五年十二月十三日),中国第一历史档案馆编:《雍正朝汉文朱批奏折汇编》第 11 册,江苏古籍出版社 1991 年,第 231 页。

〔2〕雍正《四川通志》卷 18 上,《景印文渊阁四库全书》第 560 册,台湾商务印书馆 1986 年,第 50 页。

〔3〕同治《增修黔江县志》卷 1,转引自黔江土家族苗族自治县县志办公室编:《黔江旧志类编·清光绪以前》,1985 年,第 1 页。

〔4〕光绪《黔江县志》卷 1,《中国地方志集成·四川府县志辑》第 49 册,巴蜀书社 1992 年,第 22 页。

〔5〕(清)冉崇文等纂:《冉氏家谱》,木刻本,现收藏于酉阳县图书馆。同治《增修酉阳直隶州总志》卷末亦有记载。

刻字迹漫灭,因而通过田野考察与访问进行修补,进而得知:"乡旧名镇夷,镇夷者,与夷为邻而镇之也。当是时,酉为土官,设宣慰安抚司,夜郎自大,习于强梁。黔则久隶版图,恪遵国典,酉土官冉某乘乱侵占。凡山川土地犬牙相错之处,如高碛口、冯家坝、濯河坝一带,辄攘夺以去。"[1]这些记载都涉及酉阳土司侵占黔江县地界之史实。

黔江东部边界大片区域则被唐崖土司逐渐侵占。据记载,施南唐崖土司曾于明朝弘治年间侵占黔江峡口等地[2],共占去县境内洞口、峡口、中塘、后坝、酸枣各乡地 59 处,忠路土司亦占去酸枣地 13 处[3]。所占各地均为黔江与土司交界区域,这与当时黔江县至湖广施南所辖唐崖、忠路等土司相距不过几十里关系密切[4]。根据万历《重庆府志》所载《黔江县图》中所绘"峡口堡、中塘堡、后坝堡"位置及光绪《黔江县志》所载《黔江县疆域图》推断,被唐崖土司所占去之洞口、峡口均在今舟白街道境内,中塘在今中塘乡附近,后坝大致在今中塘、小南海镇一带,酸枣乡在今白石乡、杉岭乡一带。又结合前引文献所言,可以推知:自今黔江区所辖最北之黎水镇至中部东南的五里乡,几乎所有靠近湖广施南土司的东部地带皆被当时土司所侵占,使得黔江县东部和南部大部均被侵占,故原本宽敞之县域范围变得极其狭小。

### (二) 容美土司的北拓

容美宣抚司,元至正十一年(1351)立为四川容美峒(洞)军民总管府,明洪武四年(1371)置宣抚司,后废。永乐四年(1406)又复置,隶于施州卫。清沿明制,为容美土司。雍正十三年(1735),改置鹤峰州,属宜昌府[5],治今湖北鹤峰县。"窃查湖广南、北两省界连苗疆,而湖北所属,惟容美司为大"[6],可谓为湖北"苗疆"地域势力最大的土司。其地西为施南宣抚司,南为桑植安抚司,

---

〔1〕 光绪《黔江县志》卷 1,《中国地方志集成·四川府县志辑》第 49 册,第 36 页。卷 1"金石部"记黔江有勒建界址碑,"嘉靖四十五年建,按在县南正谊乡谢家坝尚存",有邑举人龙辉廷记,此处曰其所作记为《勒建界址碑记》。

〔2〕 (明)童昶:《拟奏制夷四款》,引自同治《咸丰县志》卷 19,《中国地方志集成·湖北府县志辑》第 57 册,江苏古籍出版社 2001 年,第 127 页。

〔3〕 同治《增修酉阳直隶州总志》卷 1,《中国地方志集成·四川府县志辑》第 48 册,第 492 页。

〔4〕 雍正《四川通志》卷 3 上,《景印文渊阁四库全书》第 559 册,第 110 页。

〔5〕 嘉庆《重修大清一统志》卷 350,上海古籍出版社 2008 年,第 8 册,第 352 页。

〔6〕 《署湖北巡抚徐鼎奏容美土司、舍把勾结省城胥役作弊情形折》(雍正七年七月二十二日),中国第一历史档案馆编:《雍正朝汉文朱批奏折汇编》第 15 册,第 833 页。笔者注:原文所言"接连苗疆"指接连贵州苗疆,而实质上湖广南、北两省所辖部分政区亦为苗疆。

东南为麻寮所、添平所,北为建始、巴东、长阳三县,因此其与普通州县间的土地及疆界纷争,集中在其北区域,特别是与巴东(今属湖北省恩施土家族苗族自治州)、长阳(今属湖北省宜昌市)两县交界地带。

容美土司与巴东县之间的领地纷争,主要集中在巴东县南与容美土司交界区域。容美土司以其势力强大时常侵略相邻地区,为此巴东县在明代时便设置了防御措施。洪武十七年(1384)己酉,湖广左布政使靳奎称:"归州所辖长阳、巴东二县居大江之南,地连容美诸洞,其蛮人常由石柱、响洞等关至巴东劫掠",并提出:"若于蛮人出没要路,如椒山寨、连天关、石柱、响洞、蹇家园等处选土民为众推服如天富者,授以巡检,俾集乡丁,自为保障,则蛮人不敢窃发矣。"朝廷批复"从之"[1]。但是,此举并未能完全抵御住容美土司的北拓。

明嘉靖间,连天关巡检又上奏言容美土司田九龙有"杀掠边民"之事,至天启之后,连天关、红砂堡均为土司占有[2]。这些地方,即《巴东县志》所记容美土司侵占之"巴(东)属连天关以北、桃符口以南一十三图土地"[3]。至明末,巴东人谭黄等奏请捐复关堡,但是在崇祯十四年(1641)行勘未结,而明朝已经灭亡。直至清朝初年,清廷"甫平诸寇,即于各关堡拨兵防守,而后都之故物复还,土人无敢逾连天关一步者"[4]。这些记载可以证明,容美土司对巴东县南部交界区域之地的占据,实际到明代晚期一直在持续。

容美土司与长阳县之间的辖地纷争,亦集中在长阳县南与容美交界区域。雍正五年(1727)正月十九日,湖北巡抚宪德在《奏报容美土司已将侵占长阳县土地退归折》中称:"荆州府属之长阳县与容美土司界限接壤,自明末兵燹之后,田土荒弃,汉、土淆杂,附近于土司者不无被其侵占。"[5]同时也有地方官员诉苦称:"昔长阳等处之地,为土司所蚕食者,亦多矣!"[6]又如光绪《长乐县志·疆域志》记载,容美土司改土归流后设置长乐县,其所辖之原土司地,便多为旧长阳县地,这些原属长阳县的地界,多经邻近土司侵夺或"买管"所得[7]。

---

〔1〕《明太祖实录》卷159"洪武十七年正月己酉"条。

〔2〕同治《巴东县志》卷1,《中国地方志集成·湖北府县志辑》第56册。

〔3〕康熙《巴东县志》卷4,《故宫博物院编故宫珍本丛刊》第134册,海南出版社2001年,第373页。

〔4〕同治《巴东县志》卷16,第342页。

〔5〕《湖北巡抚宪德奏报容美土司已将侵占长阳县土地退归折》(雍正五年正月十九日),中国第一历史档案馆编:《雍正朝汉文朱批奏折汇编》第8册,第874—875页。

〔6〕光绪《长乐县志》卷2,《中国地方志集成·湖北府县志辑》第54册,第125页。

〔7〕关于容美土司与周边州县的土地纠纷,详见孟凡松:《赋役制度与政区边界——基于明清湘鄂西的考察》(《中国历史地理论丛》2012年第2期)一文中的相关内容。

### （三）辖地纷争对政区边界的影响

本文所谈辖境纷争，对于"苗疆"地区政区边界产生了较为明显的影响，有些影响甚至延续至今。这种影响大致表现在两个方面，一是对省级政区界线的影响，二是对县级政区的影响。

首先，辖境纷争造成有关省级政区界线的变化。如黔江与湖北利川、咸丰交界处政区界线发生变化，意味着历史时期湖北与四川两省界线发生变化。"唐崖土司占去洞口、峡口、中塘、后坝各乡地五十九处，并未归复，今改入咸丰。忠路土司占去酸枣地十三处，亦未归复，今隶利川。"[1] 其中，土司所占地详细信息失于明确记载，但是由此记载可知土司所占据黔江之地，自明弘治时期至清咸丰时期，分别归属于咸丰与利川，使明弘治及以前之政区界线发生了小规模的变化，而据前文考证，其"峡口"部分地仍属今咸丰县，可见历史时期土司领地纷争的结果不仅影响当时及其相近时段的政区边界，对于现代政区边界的形成亦存在影响。

再如西阳占据龚滩（今重庆市西阳县龚滩镇），改变了龚滩的行政归属，即意味着当时所属之贵州与四川两省之间的政区界线在龚滩地方发生了变化。龚滩，明弘治以前属水德江长官司，其后至今皆属西阳[2]。何以龚滩能够长期归属西阳？其原因在于：一方面受当时西阳土司势力强大的影响，另一方面与山川形变也存在不可分割之联系。贵州水德江司、沿河祐溪土司均与龚滩隔江相望，在交通并不发达的古代，位于龚滩同岸的西阳，具有控制龚滩的天然优势。

其次，疆域纷争对于县级政区界线的影响，以西阳土司对黔江领地占据最为显著。在西阳土司的侵迫下，黔江县域大为缩减。如关于黔江的"四至"，据《元一统志》记载：黔江县"南至西阳溪界一百二十里，东北至清江县二百三十里，西北至龙渠县二百九十里"[3]。而时至明代后期，万历《重庆府志》称：其地"东至湖广大田千户所界七十里……南至西阳宣抚司界七十里，北至石砫宣

〔1〕 咸丰《黔江县志》卷1，转引自黔江土家族苗族自治县县志办公室编《黔江旧志类编·清光绪以前》，1985年，第2页。

〔2〕 嘉靖《思南府志》卷1，《中国地方志集成·贵州府县志辑》第43册，巴蜀书社2006年，第496页。万历《贵州通志》卷19，《日本藏罕见中国地方志丛刊》，书目文献出版社1991年，第423页。笔者注：田野考察中，在今废弃的老龚滩古镇可清晰看见乌江对岸山壁张贴的"贵州界""重庆界"界牌。

〔3〕 （元）孛兰肹等撰，赵万里校注：《元一统志》（下册）卷5"绍庆府"下，中华书局1966年，第541页。

抚宣司界二百里"〔1〕。仅就与酉阳土司的南面界限而言,就缩减了五十里之多。又黔江县濯河坝以南区域,曾被酉阳土司逐步蚕食,通过不同时期黔江县区划图的对比分析,如《四川通省山川形势图·黔江图》《四川分县详细图说·黔江县图》《黔江县疆域图》《参谋本部制黔江县地形图》《四川乡镇略图·黔江县图》等图,都可发现,自明至清及至 20 世纪 30 年代,濯河坝以南区域都属于酉阳管辖范围,至 20 世纪 50 年代才又逐步划归黔江管辖。其次是酉阳土司对黔江正谊乡之大堆坝、穿户、高碛口、两河口的占据,自明成化时判属酉阳土司,至清初朝廷派员会勘,才将其地归还黔江,并立碑以示〔2〕。

历史时期周边土司的侵扰与胁迫,甚至引起黔江县治所的迁移。如据《元一统志》记载:"(黔江)县昔为蛮洞侵扰,移治老鹰砦。按县东南七十里,有老鹰关,疑即其地也。"〔3〕后经研究者考证:"老鹰砦山,在彭水县东二里,山形若鹰。宋元丰中,尝屯兵于此,以御蛮寇。"〔4〕

又如容美土司所占据巴东县之连天关以北、桃符口以南的十三图土地,虽然没有对巴东与鹤峰州之间的政区界线产生长期的影响,但是对容美土司的政区形成也产生了微妙的影响。在土司政区微观研究中,这种变化不可忽视。此外,容美土司长期争夺或购买长阳县地,这些地块后多划归长乐县(今五峰土家族自治县)〔5〕,实际上改变了长阳县与长乐县、鹤峰州三地之间的政区界线。

## 二、官方态度及土司与流官政区之间疆界纷争的化解

历史时期西南地区土司之间辖地纷争的解决方式,除极少部分为出资购买外,基本都以武力相拼为主。其结果往往以强者为胜,如在龚滩的争夺上,最终以酉阳土司的胜利而改变了其归属,整个过程没有体现朝廷及地方官府的参与,完全以土司之间力量强弱而决定。但是,土司与普通州县间的疆域纷争,不仅关系朝廷对地方的控制力,也影响到行政区划发展之趋势以及王朝经

〔1〕 万历《重庆府志》卷3,《上海图书馆藏稀见方志丛刊》第 209 册,国家图书馆出版社 2011 年,第 164 页。
〔2〕 参见蓝勇主编:《重庆古旧地图研究》(下),西南师范大学出版社 2013 年。
〔3〕 雍正《四川通志》卷 26,第 452 页。参见《元一统志》(下册)卷 5"绍庆府"下,第 541 页。
〔4〕 乾隆《大清一统志》卷 317,《景印文渊阁四库全书》第 481 册,第 444 页。
〔5〕 光绪《长乐县志》卷 2,第 125 页。

济利益,因此中央朝廷及各级官府再无法袖手旁观。而朝廷如何回应与解决,深刻地反映出不同时期王朝权力与土司势力之间的争执及平衡关系。明清时期在处置"苗疆"地区的疆界与土地纷争中,中央朝廷及各级地方官府的应对举措,有着阶段性的差异与递进。

第一阶段应对:面对土司对流官州县土地的侵占,朝廷明显表现出不同程度的宽容甚至"袒护纵容"态度。如在酉阳土司侵占黔江濯水镇及其以南区域事件上,朝廷委任官员将黔江大堆坝、穿户、高碛口、两河口等地判给酉阳土司。将已属流官州县之地随性判给土司,无疑是中央朝廷对于土司势力的"骄纵",实际上与中央朝廷"大一统"体制相矛盾。然而,这与当时酉阳土司实力之强大以及朝廷对其依赖密切相关,由当时"时势"所决定。在动乱时期,中央朝廷通过对酉阳土兵的征调来平定西南甚至更远地区的叛乱、动乱等,是朝廷控制西南地区强有力的帮手。如景泰六年(1455),调征酉阳土兵参与五开铜鼓苗平叛;弘治十二年(1499),调酉阳土兵协助平息"米鲁之乱";又在万历四十六年(1618)调遣酉阳土兵援辽[1]。又如乾隆《酉阳土家族冉土司家谱》记载,成化元年(1465)时,四川叙州府戎县山都掌各寨蛮人勾引九姓长官管下"土僚"为乱,甚为民患,明廷特命黔蜀会剿,以酉阳土司"素效勤能,多有成绩",于是调遣酉阳土兵助剿。宣抚使冉廷辅以奉调助剿有功,屡受赏赍。成化十一年(1475),第十五代土司冉云又"统领官军深入九甫塘、茅坪、排洞、杨洞、清水江、白崖塘等处劫杀苗寇……身先奋勇,杀败贼众"[2]。显然,明王朝对酉阳第十四代土司冉廷辅在任时的"忠孝之心"十分认可,认为其在服从征调、协助中央处理地方动乱方面作出了不小的贡献。在此基础上,面对酉阳土司领地扩张问题,中央朝廷出于稳定地方,以及借助土司力量镇压地方的现实需要,并没有采取强硬的态度解决此问题,相反,采取妥协让步的态度,作为对酉阳土司的安抚与笼络。自此这一区域在相当长时间内皆属酉阳土司管辖。

同样,对于容美土司所作所为,清朝官府也显示出优容态度。雍正皇帝曾指出:"朕思容美土司自本朝定鼎以来,颇为恭顺,大兵进讨吴逆之时,著有劳绩。"[3]而地方官员对土司往来文书中所显"骄蛮"之气,虽感诧异,但是亦常

---

[1] (清)龙文彬:《明会要》卷59,中华书局1956年,第1143页。
[2] 乾隆《酉阳土家族冉土司家谱·忠孝谱》,重庆市彭水县档案馆藏,第93—96页。
[3] 《湖广总督迈柱奏报容美土司田旻如禀复悔改情由折》(雍正七年七月二十七日),中国第一历史档案馆编:《雍正朝汉文朱批奏折汇编》第15册,第908页。

常显示出优容态度。如雍正七年(1729)七月,湖北巡抚印务布政使徐谨上奏时说:"频年以来,汉土相安。该(容美)土司田旻如未尝不知感戴皇恩,畏服天威,独与各上司文书,往往似有骄抗之处。"但是,他马上为之辩解称:"讵料此等事,半由于舍把、汉奸勾串为之也。"〔1〕有时,中央朝廷为了笼络有功土司,甚至随意改变属境大小,缺乏必要的地域勘测与相关方充分的协商,终埋祸端。如洪武二十五年(1392),以酉阳土兵平定散毛司叛乱有功,遂将大旺土司所辖九灵地(今酉阳县兴隆镇境域)等地划属酉阳〔2〕。这就为后来的领地归属纷争埋下了隐患。

中央朝廷的这种处理方式深刻显现了明清时期中央与地方关系的症结所在。土司侵占"流官"州县土地之举,与中央王朝的疆域观及政区体制相冲突,但是朝廷及地方官府并没有立即采取强硬的措施,夺回普通州县的土地,看似在折损普通州县的利益,实质上体现了朝廷的整体控御原则——在需要土司大力支持时,更多地表现出让步与宽慰的面向。这种让步包括将普通州县土地勘断给土司,也包括对土司相互间侵占之地的默认和调和,希求"苗疆"地区的整体安定。

第二阶段应对:准军事性管控。朝廷对于土司辖境的任意拓展不会熟视无睹,毫无作为,为了遏制土司的越界拓展,地方官府增建关堡,中央朝廷加派官员进行管控。《蜀中广记》引述《经略志》称:"重(庆)、夔(州)二府所辖播(州)、酉(阳)、石砫等土司及黔江、武隆、彭水、忠(州)、涪(州)、建始、奉节、巫山、云(阳)、万(州)十州县,皆称关徼,与湖广施州卫所辖散毛、施南、唐崖、忠路、忠建、忠孝、容美等土司之地,鸡鸣相闻,犬牙交制。弘治元年(1488),于达州设兵备副使,统辖重、黔江等地及湖广瞿塘、施州等卫所。正德间,蓝鄢作乱,调各土司征剿,因而觇知蜀道险易、居民村落,不时出没行劫。施卫官旗贪其子女财帛之遗,相与表里为奸,违例婚媾,故诸夷得逞焉。嘉靖十年(1531),于黔江千户所、散毛宣抚司中界,设立老膺等三关五堡。二十年(1541),川湖会题设九永守备官一员,于施卫驻扎,俾其约束两省徼上夷司,川湖守巡得胥节制之。"〔3〕为了平息事端,从明朝开始,官府特别在纷争多发地区增置关堡等,派驻军队守护。"嘉靖十年,于黔江千户所与散毛宣抚等司交界处,设立老

〔1〕《署湖北巡抚徐鼎奏容美土司、舍把勾结省城胥役作弊情形折》(雍正七年七月二十二日),中国第一历史档案馆编:《雍正朝汉文朱批奏折汇编》第15册,第833页。
〔2〕 光绪《黔江县志》卷1,《中国地方志集成·四川府县志辑》第49册,第23页。
〔3〕 (明)曹学佺:《蜀中广记》卷39,《景印文渊阁四库全书》第591册,第495页。

鹰等三关五堡,就于该所分拨官军防守。"〔1〕又据记载:"枝江守御千户所,防容美洞蛮创筑土城。成化四年,指挥李震、许英筑砖城,周千有余丈,高一丈五尺,为门五,各建有楼池,东临大江,西临峻岭。"〔2〕

第三阶段应对:"改土归流"式的处置。"苗疆"地区土司势力的过分膨胀,尾大不掉,势必引起朝廷的强烈关注。在疆界拓展之外,"苗疆"土司的其他一些不法及不羁的行止,也会让朝廷官员产生警觉。如土司疆界拓展的目的,不仅为了扩大属地面积,更是为了增加户口、征敛赋税,这自然引起了包括最高统治者在内的各级官府的警惕与强烈不满。这些都是促使清中期雍正皇帝等人决意"改土归流"的关键因素。如又据鄂弥达奏称:"四川重庆府所辖之酉阳,并酉阳所属之邑梅、平茶、石耶、地把(坝)等土司,离府十八站,离黔属之思南府仅五站,地界相连。因离川鸾远,以致该土司等匿犯藏奸,横行不法。且地方辽阔,土脉肥沃。每有铜仁等府贫窘百姓,彼处开垦,完纳土司租赋,稍不遂意,百般凌虐。考之《黔志》,思南府属之甫南图地方,久被该土司占去,以致国赋亏缩,似此侵课害民,亟宜铃束清理。"又"其酉阳土司冉元龄因离川省鸾远,夜郎自大,无恶不作,擅敢设立五营,副将五人,守备五人,千总二十人,把总四十人,衙门大旗书'崇文振武'四大字,地分十二里,恣意征派,邻司受其压制,土民被其苛虐。间有赴省控诉者,即遣土弁半路截杀,其余横肆,尤难枚举"〔3〕。又如四川提督黄廷桂奏称:"(容美土司)田旻如勒索土民,科敛丝花。因其地接川省,与建始县所属之粟谷坝等处连界,每年滥遣土目,勒收春花二丝银两,越界滋扰,所差之人有副将、千把之称,滥假名器,任意妄为。臣不敢隐蔽,据实奏闻。"〔4〕

征收赋税,自设官职与公堂,容纳犯法汉民以及掳掠人口等,"苗疆"土司的种种行径直接冒犯与冲击了清朝正统权威与行政管理体制,当然不能被长期容忍。又如湖广总督迈柱指出:"(田旻如)口称改悔,而仍然奸恶,其所恃者,以众土司作羽翼,众土司以田旻如为领袖。从前土司之构怨兴兵,皆听命于容美。现今土、汉之犯法奸民,多潜藏于容美,是以各土司积案累累,终难完

〔1〕 雍正《四川通志》卷18上,《景印文渊阁四库全书》第560册,第50页。
〔2〕 雍正《湖广通志》卷15,《景印文渊阁四库全书》第531册,第485、486页。
〔3〕 《云南总督鄂尔泰奏覆酌议鄂弥达条陈苗疆事务情形折》(雍正八年十一月二十八日),中国第一历史档案馆编:《雍正朝汉文朱批奏折汇编》第19册,第516、517页。
〔4〕 《湖广总督迈柱奏报容美土司田旻如禀复悔改情由折》(雍正七年七月二十七日),中国第一历史档案馆编:《雍正朝汉文朱批奏折汇编》第15册,第908页。

结。田旻如实为土司之罪魁、土民之大害,此官一日不除,众土民一日不得安枕。"[1]其提出将楚北土司一并改土归流。"上谕田旻如议处一案:'朕已降宽免之旨。今迈柱既奏该土司劣迹种种,实为地方之害,难以姑容,自应改土归流。'"[2]雍正皇帝因而降旨迈柱妥善办理,反映出其"改土归流"之决心,正与土司不法行径之猖獗直接相关。虽然容美土司不服"改土"之议,但几经周折,最终以土司田旻如自缢,土民恳请,"改土归流"顺利完成。并派曾于湖南"苗疆"办理土司事务的王柔前往容美处理善后事宜,于雍正十三年(1735)在容美土司地置鹤峰州,属宜昌府,辖归州、长乐、长阳、兴山、巴东等州县[3]。

几乎与此同时,酉阳土司也被惩治外迁。以四川酉阳土司冉元龄父子济恶暴虐不法,朝廷派员踏勘酉阳情形,并设营汛以控御,当地百姓载道欢迎,所属平茶、邑梅、地坝、石耶四土司皆自愿呈请"归流",酉阳土司孤立无援,被迫接受"改土归流"[4]。在其地设酉阳州,又将黔江、彭水二县划属其下,这样土司与流官政区间的疆界纠纷也就不复存在了。

## 三、结　语

中国幅员广袤,民族构成复杂,因此在政区设置上实现绝对的"统一化"与"标准化"都是不现实的,特别是在偏远及边疆地区的政区设置不得不进行调整。如从秦汉时期开始,非汉民族集中的区域就有了道、羁縻府州以及土司等特殊政区,并长期延续。这种状况下,不同性质政区之间如何和谐共处显得极

[1]《湖广总督迈柱奏陈容美土司田旻如劣迹请敕部调京给职并将土司改土归流折》(雍正十一年五月二十二日),中国第一历史档案馆编:《雍正朝汉文朱批奏折汇编》第24册,第563页。
[2]《湖广总督迈柱奏报遵旨妥协办理容美土司改土归流等情折》(雍正十一年八月二十九日),中国第一历史档案馆编:《雍正朝汉文朱批奏折汇编》第25册,第2页。
[3] 参见《湖北夷陵总兵冶大雄奏陈容美土司田旻如抗旨不遵、狂悖不法折》《湖广提督张正兴奏报容美土司田旻如举止回测,密令防范折》《湖北夷陵总兵冶大雄奏报容美土司田旻如负恩谋叛,极请收补并妥善抚恤土民折》《湖北巡抚德龄奏报安抚容美土司逃出土民并密查防备田旻如抗违不法折》《湖北巡抚德龄奏报容美土司田旻如自缢土民恳请归流并委王柔前往料理折》《署湖南巡抚钟保奏报湖北容美土司田旻如自缢身死及土民帖然安静折》等,中国第一历史档案馆编:《雍正朝汉文朱批奏折汇编》第25册。
[4]《四川总督黄廷贵等奏报西阳各地民情欢悦并四土司呈恳归流情形折》(雍正十二年九月初二日),中国第一历史档案馆编:《雍正朝汉文朱批奏折汇编》第25册,第930页。《四川重庆总兵吴正奏报委员踏勘酉阳情形并缴朱批折》(雍正十二年九月十一日),中国第一历史档案馆编:《雍正朝汉文朱批奏折汇编》第25册,第988页。

为重要。

黔、楚、蜀（今湘、鄂、渝、黔四省市）交界地区为明清"苗疆"之主要区域，在清朝实施"改土归流"之前，这一地区广设土司以控御地方，而土司大多能服从官府征调，多次参与平定所谓"苗乱"，成为当时国家治理"苗疆"以及西南地区的重要力量。不过，朝廷与土司之间有合作，也会有冲突。而朝廷对于土司在地方治理上的倚重，又在很大程度上决定了朝廷处理"苗疆"疆界纠纷时的态度与方式。

在这些土司与"流官"政区的疆界纷争中，出于朝廷的袒护，"流官"政区长期处于不利的局面，而土司的地盘及势力却在逐步膨胀，在一段时间内更是恣意妄为，欺小凌弱，任意扩张，侵夺邻境。疆界纷争，不仅使土司与土司之间、土司与"流官"政区之间争执不断，也对当时县级与省级政区之界限产生了不可忽视的影响，有些甚至成为历史遗留问题。

当然，中央朝廷的权威是不容冒犯的，土司最终为自身的"恣意妄为"付出代价。征收赋税，自设官职与公堂，掳掠人口，都将土司推向了危险的"独立王国"境地，"改土归流"成为彻底解决相关问题的最终方案。可以说，土司与"流官"政权疆界纠纷问题的长期存在，不仅是一定历史阶段的产物，也是王朝政权与土司相互妥协与相互利用的结果。然而，这种"妥协"与"利用"不是没有底线的，王朝权威不容冒犯，"统一"大势不可逆转。"改土归流"之举，正代表了历史演化的必然趋势。

本文原载《中国边疆史地研究》2019 年第 3 期。

作者简介：周妮，女，1989 年生，重庆彭水人，历史学博士。2015 年入复旦大学历史地理研究中心，师从安介生教授，2019 年毕业，获历史学博士学位。现为云南大学历史与档案学院副教授，主要研究方向为历史民族地理、历史军事地理、中国边疆学。

文化史研究

# 李希霍芬山西考察的地理学价值刍议

安介生  古  帅

## 引  言

德国著名地理学家费迪南德·冯·李希霍芬(Ferdinand von Richthofen)在西方现代地理学发展史上占有重要地位,被誉为亚历山大·洪堡与李特尔之后的"第一代大师",著述丰富,影响巨大。而其对中国的实地考察与研究成就更是受到世界学术界的瞩目与高度评价,堪称西方地理学大师中关注中国研究的"第一人"。研究者指出:李希霍芬在 1868—1872 年,对于中国进行了七次实地考察,足迹遍及当时清朝的 13 个行省,其中就包括山西省[1]。据《李希霍芬日记》记载,李希霍芬曾经先后两次长时间在山西境内旅行。第一次是1870 年(同治九年)4 月从河南进入山西,到 5 月份离开山西东部后,进入河北境内[2]。第二次是 1871 年(同治十年)11 月从口外蒙古地区进入山西,到1872 年(同治十一年)初离开晋南后,进入陕西境内[3]。

李希霍芬地理考察的内容相当丰富。毋庸讳言,在中国传统地理学实地考察记录相对匮乏的情况下,作为一个高水平的地理学家以及经验丰富的旅行家,李希霍芬在中国境内的地理考察成果是弥足珍贵的,其中,对于山西地区的考察成果同样值得珍视。

目前,中国学术界关于李希霍芬生平及其考察活动的研究成果已相当多,然而,较多的研究成果多限于宏观之评论及称赞,真正有深度的研讨工作尚有待于深入。正如已故著名科学家刘东生院士所云:"现在我们需要的是给公众

---

〔1〕 引自李希霍芬著,李岩、王彦译:《李希霍芬中国旅行日记》(以下简称《旅行日记》),商务印书馆2016 年,译者前言。
〔2〕《旅行日记》上册,第 370—551 页。
〔3〕《旅行日记》下册,第 555—592 页。

一个真实性的李希霍芬。对一位像李希霍芬这样的科学家进行实实在在的分析。"[1]在本文中,笔者沿着李希霍芬考察之足迹,从山西地貌及地理景观、山西商业与交通等方面,结合地方志资料以及笔者以往的研究成果,对《李希霍芬中国旅行日记》所记录的诸多考察内容进行一番梳理与评述,试图管窥其地理学成就与价值,以求就正于大方。

## 一、山西地貌与地理景观

在前后两次的旅行中,李希霍芬对于山西地区的地貌、土壤、水文、矿产资源等诸多方面内容进行了实地考察与思考,其中,对于地貌、环境等状况及问题观察尤为仔细与认真,对于黄土地带的研究成果更是前无古人,驰名世界。另外,李希霍芬特别关注煤铁资源的开发利用情况。虽然李希霍芬当时的地理考察活动与分述内容,较之今天科学勘探成果尚有不少欠缺或粗浅之处,然而,这些实地观察资料与观点却能为我们从一个方面了解当时山西地理环境状况提供可贵的帮助。

1. 黄土地带地貌、景观及成因分析

中国是世界上黄土分布最广、地层最全以及厚度最大的国家,而山西所处地黄土高原又是中国黄土地貌最典型的区域。黄土高原地域广大,南界是秦岭北坡黄土分布之上限线,北界是长城一线[2]。李希霍芬对于黄土高原的研究,很早就得到举世公认,甚至有研究者指出:李希霍芬是第一个为"黄土(loess)"命名并提出成因假说的科学家[3]。

1870 年(清同治九年),李希霍芬起程从汉口前往北京,途经河南、山西等省。在进入河南中部(即黄土高原之南缘)之后,李希霍芬就对黄土地貌发生了浓厚兴趣。李氏一行离开河南府之后,沿途穿过洛河河谷,后抵达孟津后渡过黄河。途中,洛河河谷的黄土层风貌与特殊景观同样激发了李氏探求的兴趣:

> 河边是一处广阔的冲积区……这片冲积层边上就是黄土形成的高
> 墙,那里也看不到房子。但是,当走近这些黄土梁的时候,就会发现秘密

---

[1] 参见刘东生:《李希霍芬与"中亚人与环境"》,《第四纪研究》2005 年第 4 期。
[2] 参见尤联元、杨景春主编:《中国地貌》,科学出版社 2013 年,第 400—406 页。
[3] 参见[美]普雷斯顿·詹姆斯著,李旭旦译:《地理学思想史》,商务印书馆 1982 年,第 205 页。

所在。那里简直就像黄蜂的巢穴一样,无数直接从黄土中掏出的窑洞密密麻麻地排列在一起……黄土坡一层层向高处延伸,每一层上都有这样的窑洞……坡地一层一层抬高,每一层平台都有庄稼地,现在种着棉花和罂粟……黄土没有明显分层,有很多软体动物的壳,多孔,除了人挖出的窑洞,还有些杂草的根从土里伸出来,最底部充满矿物质的凝结。我开始不断地思考,到底是什么原因导致了这种罕见的黄土结构的形成。[1]

作为一位训练有素的地理学家,李希霍希的思考并没有停留在观察所得之表象。李希霍芬在对黄土的特性、结构、沟谷地貌、成因等细致考察之后,即通过科学的分析与合理的推测,尝试提出了黄土风成学说。而这一说法在黄土层研究过程中影响巨大。

当然,在前人基础上推导出新的结论,同样是相当困难的。如在李希霍芬之前,对黄土的形成已有冲积成因、湖积成因、残积成因等不同看法[2]。通过观察,李希霍芬否定了普博理和金斯米尔等学者对黄土成因"水成说"或"冲积说"的解释:"普博理认为黄土是淡水形成物,金斯米尔则认为是海水形成物。至少后者一定是错误的,那些软体动物的壳便可证明。或许两种假设都是错误的,因为找不到任何沉积物的痕迹:没有任何分层,没有水平分布的云母。"在此基础上,李希霍芬提出了自己的假说。李氏认为:

> 黄土可能来自两方面,一是地面因为水量饱和而形成分解,二是散落的岩石因为风化形成细小的颗粒落到了地面上,再加上草原上的无机物共同作用使得地面上升,如此说来黄土的形成过程并没有水的作用。但是那些细沙又是从哪里来的呢?或许是这里曾经经历过沙尘暴,这样一来细沙的来源也可以解释了。上千上万年的作用导致了目前的景象,那些曾经存在的植物起到固定粉尘的作用,天长日久地面渐渐抬升,如果没有它们,风吹来的细沙可能不能留存下来。[3]

李氏的风积成因说的提出,无疑丰富和推进了我们对黄土的认知,同时这也为其接下来对山西黄土的考察作了铺垫。

与河南平原地形的不同之处在于,山西东西两侧为高大山地,中部为多个纵贯南北的北东向盆地,流水侵蚀作用表现明显。在经过晋东南地区时,李希

---

〔1〕《旅行日记》上册,第353—354页。
〔2〕 参见周廷儒:《古地理学》,北京师范大学出版社1982年,第217—218页。
〔3〕《旅行日记》上册,第357页。

霍芬就对这里的黄土地貌进行了仔细的观察,并对黄土的形成展开了进一步的解释:

> 这一奇特的现象使得黄土的形成更加像谜一般了。所有猜测,比如水成说(海水或是淡水)或是滑坡说都不再可靠。看起来似乎是,开始这里的高原就被黄土覆盖,之后水流在其上日积月累地冲出了很多沟壑。再后来这些沟壑又被黄土填埋,到最后水流还是再次形成了沟壑。但是这一过程的前提是必须经历数次地壳变动和气候的变迁。[1]

李希霍芬并不是孤立地看待黄土的形成,而能够结合气候变迁、地壳运动、流水作用、时间等多种因素,综合分析黄土在该区域的分布及成因,这显然较其之前的认识有了很大进步。李氏曾指出:"这样每一个试图把黄土起源解释为水中沉积的说法都失败了,这导致我们产生黄土是从大气中沉积的假想。我在黄土地区第一次考察结束后,就已形成这个观点。"[2]这足以证明其在河南、山西等地考察活动的重大价值。例如平阳府(治今山西临汾市)甚至成为李希霍芬观察黄土高原的一个重要坐标。"从海边向上沿同一条道路到达山西省境内第二个高原的西部边缘时,高度为 1 500—1 800 m,一个令人惊异的地形呈现出来。环顾一个十分平缓的斜坡,其坡度不大于 100 英尺下降 2 英尺,延伸 28 g. M.,一直到位于汾河上的平阳府(今临汾——译者注)。如此平缓的斜坡,使我们的眼睛失去了估计高度的能力……平阳府四周由平坦的盆地环抱,其中央宽阔的土地由湖积黄土沉积而成。"[3]

李希霍芬虽然否认黄土"水成说",但是,通过实地考察,其对黄土沟壑的成因分析中却着重阐发了水流的作用,显示出一个学者严谨求实的态度。关于泽州地区沟壑形成问题,他指出:"每一片区域都有各自的穿越石灰岩山的流出通道。黄土地的高处似乎应该有过很多淡水湖泊,它们的数量和现在山脉的数量相近……每一片覆盖黄土的盆地都有了各自穿过坚硬的石灰岩高山的泄水河道,直到湖泊中的水被完全排出。空气对于黄土的影响并不大,黄土只让路于流动的水。"[4]这种高山湖泊的假设似乎过于主观了,但是,流水对于黄土沟壑地貌的决定性影响却是无法否认的。

---

[1] 《旅行日记》上册,第 384 页。
[2] [德]李希霍芬著,刘东生、张英俊编译:《黄土与中亚环境》,地质出版社 2009 年,第 33 页。
[3] 《黄土与中亚环境》,第 28 页。
[4] 《旅行日记》上册,第 378 页。

时至 1965 年,刘东生等在《中国的黄土堆积》一书中,亦对黄土的成因进行了分析和总结。我们从中得知,在李希霍芬之后,叶良辅、P. 德日进、杨钟健等诸多学者的研究结论也都证实了李氏的黄土风成学说[1]。与此同时,黄土的"水成说"仍然存在,该书在对富田达等人研究成果进行评析的基础上,再次肯定了黄土的风成学说。刘东生等指出:"富田达等人在研究黄土中矿物时,除了简单地把黄土中几个矿物同其附近山地古老基岩对比以外,并没有更进一步的工作借以寻找这些矿物的补给区及其搬运的途径,这就难以令人信服黄土中这些矿物一定是来自当地基岩。事实上,富田达所提到的含有包裹体石英、长石、角闪石、紫苏辉石、透辉石以及其所谓的'示源矿物'等等,不仅只发现于山东、河北、内蒙古和山西等地黄土之中,同样在山西、陕西、甘肃等地的前震旦纪古老岩层缺失或极不发育地区的黄土中也经常有所发现,而且具有较大含量,这证明黄土中的矿物来源是相当复杂的,不可能是那样简单。需要指出的是,富田达在研究与讨论华北各地黄土矿物成分时,有很多是援引柴田秀贤等人的资料。柴田秀贤在研究张家口等地的黄土时没有把黄土和黄土状沉积物分开……这样把风成的黄土与被流水搬运的再沉积的次生黄土(黄土状岩石)不加区分,而讨论其矿物成分及其来源显然是混淆不清的。"[2]无论是在逻辑上,还是在举例论证中,上述反驳黄土"水成说"的观点均较有说服力。在此基础上,该书总结到:"不论就其(黄土)分布、产状、岩性、结构、构造、颗粒、矿物、化学成分等等以及其内、外部特征均具有很大一致性,这就证明本区(华北平原)黄土用风以外的成因来解释是相当困难的。当然,由于区内地形和水系复杂性在不同地区和不同剖面的局部当中有流水作用的影响这是不可避免的,但这种作用对黄土的搬运和沉积来说是次要的。"[3]可以说,我国科学家在黄土研究中作出了巨大的努力,其中刘东生院士的成就最为突出,提出的"新风成说",正是在李希霍芬研究基础上的深入与扩展,而没有推翻李希霍芬的推论[4]。

我们看到,当代学者对于黄土成因的认知,都综合了各种因素并且区分不同时期进行研究。如周廷儒先生指出:"以上几种说法(指各种黄土理论)都是由实际观察作出的结论,各有其道理,但也有可能由于对黄土的概念不一致,

[1] 刘东生等:《中国的黄土堆积》,科学出版社 1965 年,第 53—54 页。
[2] 刘东生等:《中国的黄土堆积》,第 54—55 页。
[3] 刘东生等:《中国的黄土堆积》,第 55 页。
[4] 参见孙继敏:《李希霍芬与黄土的风成学说》,《第四纪研究》2005 年第 4 期。

讲的不是同一种东西;或者处在不同部位的黄土各具有其沉积成因的特性,因而易犯'盲人摸象',抓住一点,否定其他的毛病。如果我们综合这些人的意见,全面来研究黄土的成因,可能会把这一问题认识得更清楚和全面一些。"对于如何研究黄土的成因,周先生的上述看法是较为恰当的。需要注意的是,我们必须对原生黄土与次生黄土的成因加以区分。对于不同时期的次生黄土,其为气候、下覆岩体、流水等多种自然因子相互作用的产物。而对于原生黄土的成因,刘东生和周廷儒两位先生均认为黄土是一种外生沉积物,"这种均匀细致的尘状物质,最初应是被风吹扬起来的粉砂"[1],这似乎同样证明了李希霍芬实地观察的正确性。

总体而言,李希霍芬对于山西地区的黄土沟壑、黄土梁、黄土盆地、黄土洼地等地貌进行了相当细致的考察,增进了学术界对黄土地貌的科学认知[2]。而像李希霍芬这样对黄土地貌的科学描述,显然是晚清时期中国国内知识阶层所不能做到的,这就凸显了李氏对山西黄土考察的意义。

2. 地质岩层与山川形势

李希霍芬被誉为世界"地质学之父"或"地貌学之父",在地质学及地貌学方面造诣极深,出于对山川形势的浓厚兴趣,李希霍芬对其考察沿线所看到的山西地质岩层以及山川形势十分敏感,并进行了细致的观察与科学的分析。在进入山西之后,李氏就对太行山的岩层地貌发生了强烈的兴趣。"如果从地理考察角度来说,我们途经的地区很值得研究。这里的高原有非常规则的岩层序列,大体上说是水平分布的。从山坡到广阔的平坦地带延伸下来的较为坚固的呈水平分布的岩层,除了质地较软的中间地带以外,并没有受到多少侵蚀。""山脉向平地下降处形成的壁垒多是石灰岩质的,侵蚀破坏严重,主要是水流的侵蚀。"[3]接着,李希霍芬对晋东南太行山附近岩层及地貌成因也做了十分客观的解释与分析。李氏写道:

> 我们在这里遇到一个地理学上的问题,但是并不难解释。这里的水平岩层高达 600—900 米,甚至有些还超过了 900 米。这么庞大的岩层分布只是在个别地方出现了褶皱和地势的抬升。那么向南和向东的情况如何呢? 从一开始我们就不能将它看作是断层的一侧,因为果真如此,那

〔1〕 周廷儒:《古地理学》,第 218 页。
〔2〕 参见《旅行日记》上册,第 377、397 页;《旅行日记》下册,第 561 页等。
〔3〕 《旅行日记》上册,第 371 页。

么这种情况还应该继续延伸，直到这两个方向上远处耸起的山脉，甚至可以延伸到河南的嵩山和山东的泰山。但是我们并没有发现延伸的痕迹，那里只有冲积平原，而且平原的地面依然比此处的高原下沉了600—900米，有些地方甚至下沉得更多，继续向东和向南地势更加低沉。那么如何解释这么庞大的一片沉积岩层为什么突然就消失了呢？如果是受到水流的冲蚀，那么至少我们在平原地带还应该可以发现岩层的残存，但是没有。而且水流冲蚀会造成山体四分五裂，但是这里的情况是直线断裂。[1]

如此对地形的观察和分析，不能不令我们叹服，在此基础上，李希霍芬作出总结："因此只能认定，从广阔大平原的北部开始，沿着太行山一线，地势发生了沉降，这也是此处断层出现的最好证据。连续的水平岩层在这里出现了断裂，而沉降下去的那部分岩层消失在了平原的下面。正是由于这种地质现象导致了煤层的出现和怀庆府东北部的丘陵地带。"[2]对太行山附近地貌的科学认知，不仅有助于加深对山西煤层的形成和分布的认识，同时也有助于推进对河流的走向、分布及河流地貌等地理环境的理解，其重要性是不言而喻的。在李希霍芬之后，许多学者都对太行山与华北平原的形成进行了研究，但大都是在李氏基础上对地形隆起和沉降的地质时期进行论证，或者对沉降与隆起的不同步过程展开进一步的研究[3]。李希霍芬的这一发现无疑具有首创性意义。

在经过泽州府附近时，李希霍芬就其山川形势展开了具体的分析，暂且不说李氏在论述过程中的推测是否合理，其结合气候变迁、土壤、流水、岩石等多种因素对该区域山川形势的分析，就不能不让我们感受到流淌于其血液中的那股对自然地理探索的激情。

当然，李希霍芬不仅对局部山川形势进行了仔细的考察与分析，其对山西整体地势的认识同样是非常准确的。他论述道："黄河从群山陡壁中穿行，正好构成了山西西部的天然屏障。山西的南边、东边和西边都是陡峭的边界山，而内部却地势下沉，尽是砂岩层或是我们刚经过的高原……从北到南在海拔

〔1〕《旅行日记》上册，第372页。
〔2〕《旅行日记》上册，第372页。
〔3〕 参见乐光禹：《太行山的构造特征及其反映的运动方式》，《地质评论》1959年第6期；周廷儒：《古地理学》，第155页；吴忱等：《太行山燕山主要隆起于第四纪》，《华北地震科学》1999年第3期。

高度上逐渐下沉,平阳府所处的地方已经比北边盆地要低得多了,而西南角落的那块盆地地势更低。"〔1〕如果说李希霍芬对前述泽州府附近的山川形势分析中的推测成分多一些的话,那么李氏对于太原盆地山川形势的解释的科学性成分则更强了,他论述道:

> 这里曾经是一个内陆湖泊的所在地,就如现在的青海湖一样,被山峦环绕。当山西还处于草原气候的时候,这里被渐渐地填充。但是湖水没有流出的渠道,后来终于出现了契机,湖水沿着山谷流出,并且河道深深地切入地面,甚至都到了煤层。现在发源于这片平地稍北边的汾河从中流过,并且形成了很多支流。这些河流都来自山中,到达平地时河水还十分清澈,并不汹涌,而且更多的是沿着地势的起伏向低处流,并不都进入切入很深的河道。〔2〕

无论是中国古代典籍对太原盆地内昭余祁古湖的记载,还是地理学界对黄河形成过程的研究,都证实了李希霍芬的这一论述〔3〕。至于这一湖泊是什么时候形成的,湖泊流出渠道形成于何时,这还不是李希霍芬所能解决的问题。

此外,李希霍芬对山西其他区域地形地势的认识也是较为准确的。例如在经过五台县附近时,对这里的地形描写道:"我沿西南方向从一个到另一个黄土盆地依次而下。这些盆地很大,基本被石灰岩山环绕,相互之间经低矮的山岭连接,巨大的五台盆地和更大的东冶盆地被一条石灰岩山脉分开。"〔4〕其在五台山附近的考察路线可见图 1。

除此之外,李氏对山西其他地区的山川形势亦有较多类似的精彩描写。当然,我们在看到李希霍芬对山西山川形势的恰当描述的同时,也有其难以辨别之处,这样的情况在平定州境内就遇到了。李希霍芬写道:"尽管我费了很多心思,还是没能搞清楚这一带水系的分布情况。我们所走的这条路时而沿着河流前进,时而又刻意避开河道。有时会沿着某条河向下游走一小段,有时又得沿着某条支流向上游前进,一会儿上山,一会儿下山,让人很是迷糊。有时为了到前面的盆地还得经过一个关口,然后又开始同样地绕来绕去。"〔5〕

---

〔1〕《旅行日记》上册,第 387 页。
〔2〕《旅行日记》上册,第 403 页。
〔3〕参见中国科学院《中国自然地理》编辑委员会编:《中国自然地理·古地理》,科学出版社 1984 年,第 247 页;鲁枢元、陈先德主编:《黄河史》,河南人民出版社 2001 年,第 37—38 页。
〔4〕《旅行日记》下册,第 570 页。
〔5〕《旅行日记》上册,第 415 页。

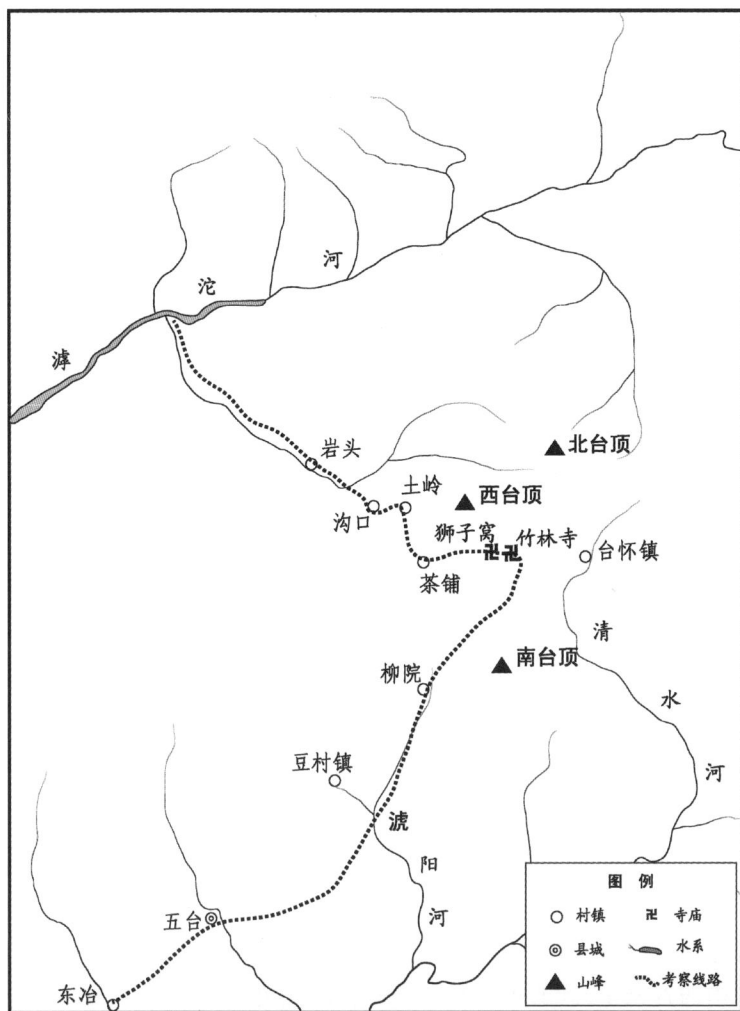

**图 1　李希霍芬五台山附近考察线路示意图**

（说明：此图以山西省地图集编纂委员会编《山西省历史地图集》之《五台山寺庙图》（中国地图出版社 2000 年，第 280 页）为底图，并参考山西省地图集编纂委员会编《山西省地图集》之《五台县图》（山东省地图出版社 2005 年，第 38 页）和（清）王轩等纂修，高可、刘英编：光绪《山西通志》卷 2 之《五台县》图（中华书局 1990 年，第 294 页），同时结合百度地图绘制而成。其中李氏所经沟口，很可能为今旋风口村。）

　　李希霍芬对该区域水系的如此记录，更加证明了这是一场实实在在的科学考察。同时，我们对其考察也应该站在体谅与理解的前提之上，因为考察过程中的困难毕竟是我们难以想象的。其一，通过李希霍芬对纵贯太原盆地的南北主干道的行程日记,我们能够看出,即使在主干道上行路都很艰难,更何况是在崎岖不平的太行山区;其二,李希霍芬对山川形势的考察主要是通过亲临其处肉眼观察,作为地理学家,其在观察过程中的注意力集中程度应是超乎常人的,但不管怎样,其视野一定是受限的,更不用说在局部难以到达的山区了。当然,地图的运用对李希霍芬的考察起到很大帮助,但我们必须注意,李氏所用的地图很可能是清代中国的传统舆图,其精准度是可想而知的[1]。

### 3. 煤、铁资源与开发利用状况

无论是储量,还是产量,山西省的煤炭资源都居于全国各省的首位,地位十分牢固。同时,山西铁矿资源在很早就得到了开发与利用,山西铁器由此驰名全国[2]。但是,在缺乏先进科学勘探手段之前,如何认识山西地区的煤铁资源的分布和储存状况? 煤铁在近代山西社会的开采与利用状况又是怎样的? 传统中国地方志文献往往很少有详细的记载。在这里不得不指出,李希霍芬地理考察的主要目的之一,就是为德国殖民活动服务,故而探明中国资源状况,自然成为其考察活动的主要内容。他本人明确承认:"自从上路以来,煤矿是我的重点考察对象。"[3]而据相关记载,李希霍芬得到上海西商会的资助,其主要的考察任务就是报告中国煤矿资源状况,而且,"他是第一个要人们注意这项巨大资源的人"[4]。甚至有的研究者认为,李希霍分第一次报道了中国的煤田,并绘制了中国煤田图[5]。

当然,作为一个百科全书似的地理学家,李希霍芬对山西煤铁资源的考察活动,无疑在较大程度上推进了当时人们对于山西煤、铁资源及开发利用状况的认知。如在进入山西之前,李希霍芬就敏感地发现晋豫交界附近的清化镇(在今河南博爱县境内)是一处繁忙的煤炭交易中心。"太行山产的煤以及泽州(即今山西晋城市)产的煤和铁几乎都在清化进行交易。"[6]进入晋东南地区之后,李希霍芬在研究岩层的同时,同样找到了煤层的存在,并宣称:"事实上我在此处到过一个煤田,堪称世界最大煤田。就开采的条件而言,这处煤田甚至可以说是最完美和最便利的。"

---

〔1〕 对于地图记载失实的情况,参见《旅行日记》上册,第 398 页;《旅行日记》下册,第 570 页。

〔2〕 参见何青、赵玲玲:《山西铁矿资源的概况与展望》,《山西冶金》2004 年第 4 期。

〔3〕 《旅行日记》上册,第 392 页。

〔4〕 [英]罗伯特·迪金森著,葛以德等译:《近代地理学创建人》,第 90 页。

〔5〕 [美]普雷斯顿·詹姆斯著,李旭旦译:《地理学思想史》,第 205 页。

〔6〕 《旅行日记》上册,第 366 页。

李希霍芬对于铁矿资源也十分关注,为此在考察之前也做了一番准备。"山西自来就是中国产铁的地方。先前隶属于此地的潞安府很早在山西就颇具名气,前面几个朝代就开始从那里开采铁矿用来制造兵器和其他的铁制用具。……无论如何,在制铁业和煤炭业繁荣的时期,这一地区曾经积累起巨大的财富。"

然而,在到泽州府(治今晋城市)后,李希霍芬非常坦率地指出了中国当时煤、铁开发技术的落后状况:"单单从路上遇到的载着无烟煤的无数骡子和苦力来看,还以为这里的煤矿规模一定很大。但其实在中国,无论是挖煤还是炼铁,都和现代工业不靠边:设备极其简陋,规模很小。我听很多人说过这里的煤矿,但真正到了这里,发现规模比我想象的小上百倍,和欧洲炼铁业高耸的熔炉根本没法比。"

根据李希霍芬的实地考察,当时泽州地区的煤铁行业主要集中于两个区域,一个是南村(今泽州县南村镇),一个是太阳村。李希霍芬对南村当地煤炭的开发情况进行了详细的记录,包括该煤窑煤炭的埋藏状况、厚度、开采情况、价格、所有权等。这些记录显然是传统方志所欠缺的内容,具有重要的史料价值。李氏在路过南村时,又考察了附近的一个矿井,其描述道:"一条竖井大概深 100 米,已经进入厚将近 9 米的煤层。通过一台绞车采煤,用一个能装 226磅煤的大筐装煤。每天能采 320 筐或者说 40 吨煤。这一数字应该并无夸张,因为有大概 80 辆牛车正在等待运煤,每辆大概能装 500 磅。采上来的煤直接从筐子里被倒在牛车上。来的路上我遇到了很多这样的拉煤车。这座矿井大概 100 个人干活,每个人每天 100 文,但没有饭。劳动力的价格比其他地方还要便宜些。这里几乎只开采大块儿的煤。"[1]能够看出,这一煤矿无论是在开采规模上,还是在机械化水平上,都大大超过前述私人小煤窑。这为我们了解当时较大规模的煤炭开采提供了最直接可信的资料。

如前所述,对于小煤窑的开发,谁先开采就是谁的,各个煤窑之间的界线并不明确。但是,对于一些煤窑分布较为密集的区域,其界限就较为明确了。对此,李希霍芬记述道:"为了保证当地所有的煤窑都能生存下去,他们约定了各自的挖煤范围的半径,如果有人超越范围,就要受到惩罚。"[2]毫无疑问,这样的记录对研究晚清山西煤炭开发史很有帮助。

---

〔1〕《旅行日记》上册,第 377 页。
〔2〕《旅行日记》上册,第 392 页。

除对沿途煤炭开采状况的详细记录外，李希霍芬对煤炭的类型和分布也有关注，他说道："它（霍山）在山西形成了一道很明显的不同种类煤的分隔带，在它的东边出产的是纯度很高的无烟煤，而西边则只出产烟煤。"[1]"无论从分布范围还是蕴藏量来说，山西东南部的煤矿都占有优势。"[2]从目前来看，这样的论断仍是正确的，这也更证明李希霍芬沿途的观察认真而仔细。

其实，山西地区煤炭分布十分广泛，除晋东南地区外，晋中、阳泉、大同等地区都有极其丰富的储藏[3]。当李希霍芬进入平定州（治今平定县）之后，他甚至宣称他发现了一个大型煤矿（应指今天阳泉矿区）："我发现了一个以盛产高质量的无烟煤而闻名的煤矿。矿井位于此地北边的一条峡谷中，照例只挖出一条矿井，大概深 5 米到 6 米，有时也能到 9 米深。无数的山谷和裂缝将煤系呈现在我们的眼前。……此处的产煤量很大，主要的矿井据说已经运营100 多年了……"[4]李希霍芬还将平定州煤炭产业与美国宾夕法尼亚相比较。"这一地区的无烟煤的质量比其他地方的要好很多。众所周知，宾夕法尼亚以出产无烟煤知名，但是和山西的这一地区相比规模要小很多。从开挖难度上来讲，山西的煤矿也胜出许多，因为宾夕法尼亚州的煤层常有断裂和阻碍。即使不谈煤的质量，单从开挖难度上来讲，世界上没有另外一个地方的煤层比山西更容易开挖了。"除此之外，李希霍芬还提到了未来的发展潜力："如果能够建造一条铁路，那么这里的煤炭宝藏将创造巨大的经济价值。"[5]时至今日，我们确信，李希霍芬的预言早已成为现实。

地处雁门关以北的大同地区是山西重要的煤炭产地，李希霍芬在考察之前竟也有耳闻。"早在到达大同之前，我对这里优质的煤已多有耳闻，说离此不远处采到大量大块的煤，说这些煤运到很远的地方，非常抢手。煤田位于大同山谷西面排成长列的群山之中……"[6]由于客观条件与时间限制，李希霍芬对于大同煤矿的考察并没有留下多少有价值的信息。但是，其对于煤炭储存与地层之间密切相关的观察与记录，对于我们理解山西煤炭资源的地质构造及区域差异具有重要意义。

---

〔1〕《旅行日记》上册，第 399 页。
〔2〕《旅行日记》上册，第 411 页。
〔3〕参见刘凯：《山西煤炭资源开发利用研究》，《山西能源与节能》2001 年第 3 期。
〔4〕《旅行日记》上册，第 411 页。
〔5〕《旅行日记》上册，第 413—414 页。
〔6〕《旅行日记》下册，第 555 页。

## 二、山西交通与商业地理

1. 山西区位价值与交通道路状况

历史时期山西地区的区位价值，已为现代中国学者所高度肯定[1]。而出于对中国历史文化的兴趣，李希霍芬也明确意识到了这个问题。"……山西在历史上一直地位重要，而且山西人历史上爱抱团，所以对于皇帝来说，山西人是反对还是拥护自己并不是全无所谓的。……山西构成了对抗西部暴乱的一座堡垒。其中，山西南部最重要的据点就是平阳府（治今临汾市）。"而这种区位价值在交通运输方面就有突出的体现。"当皇帝在北京建都后，（山西）西南角的盆地就成了进入山西内部的必经之路。因此朝廷就沿着（黄土）高原的东边，经过太原府所在的盆地，然后经平阳府，开凿了一条通往陕西和从那里继续向西，一个方向上可以通往中亚，另一个方向上可以通往西藏的道路。"[2]这条道路就是所谓平阳通往北京的官道，不仅是山西地区南北交通的主干道，同时也是首都北京通往西北及西南地区的主干道。而平阳府正处于这条道路的咽喉。其区位价值也由此凸显出来。

黄河对于山西交通的阻隔作用是非常严重的。这也是当时平阳至北京官道重要性形成的客观地理基础。"奇怪的是，黄河在这里似乎成了一条阻挡人们西去的不可逾越的天堑。我要是问一个中国人去延安府和榆林府的最近的路怎么走，他会告诉我是潼关路，并历数沿途各地的名称；要是我问他有没有一条直达路，他会表现得毛骨悚然。""我问，一个人要是去宁夏做官该怎么走；人说，有两条路；要么经潼关、西安府、兰州府，要么向北绕过黄河河曲，那里可以骆驼代步，经常五六天不见人烟，——更近的路不可能有！"[3]

黄土地带对于耕作可能是一种"福音"，而对于交通而言，则可能形成巨大的困难。"在黄土中前进是件很困难的事情。这里（翼城县）的地形是从东往西倾斜，其间的河流也都是东西流向。虽然攀越那些突出部分并不十分费力，

[1] 参见谭其骧：《山西在国史上的地位》，《晋阳学刊》1981年第5期；安介生：《再论山西在国史上的地位：基于历史时期地域共同体的初步分析》，张有智等主编：《陟彼阿丘：首届晋学与区域文化学术研讨会论文集》，科学出版社2016年等。
[2] 《旅行日记》上册，第387—388页。
[3] 《旅行日记》下册，第577页。

但是长时间的上上下下,而且置身黄土中,很容易迷失方向。"[1]

不同于传统方志对交通的记载,李希霍芬对沿途交通状况的鲜活描写,让我们能够更加近距离地接触与认知当时的交通状况。对于山西来说,由于其东侧为太行山脉,西侧为吕梁山脉,纵贯南北的主干道路的也就极具重要性。但是,是不是纵贯山西中部盆地内的南北大道就畅通无阻呢? 我们能够从李希霍芬的亲身体验中得到答案。当李希霍芬经霍州北上时,对其道路记述道:"从此处开始汾河经过一道很窄的峡谷,两侧是悬崖峭壁,因为道路不可能直接走峭壁顶端,所以只能沿着山壁开凿,蜿蜒前进……这里的地形使得行路艰难得无以复加……因为黄土沟壑变化多端,常常走着走着就找不到路了。……大多数时候,道路就夹在两道黄土梁中,在深达 30 米的地方前进。……有时为了不绕路,道路就直接从一条横亘的黄土沟壑穿过,而这样的沟壑又特别多,所以就出现了道路时上时下的情况,想要走快一点儿根本就不可能。"[2]虽然山西中部大多是盆地地形,但是在盆地与盆地之间的地带则多为山地或峡谷,这些山地与峡谷地带又常常是不可绕越的必经之地,其行驶之艰难可想而知。李希霍芬前述道路就位于汾河灵霍峡谷段,跌宕崎岖的地形给行人带来极大的困难。当走到韩信岭附近时,李希霍芬对当地的路况记录道:"对于车辆来说,这条道路是我在中国走过的最糟糕的一条。"[3]

在李希霍芬沿着灵霍峡谷北行的途中,介休无疑占据至关重要的交通地位,这种重要性显然是由其地理位置所决定的。介休位于山西中部的太原盆地——晋中地区的南缘,地处南北交通干道之上,且与吕梁地区、晋西南(临汾)、晋东南(长治)三个亚区接壤(见图 2),既具有优越的交通咽喉之利,又呈现出非常突出的边缘性特征[4]。

如果说介休所处区位具有突出的边缘性特征,那么义棠镇则处于边缘的边缘;如果说介休是山西的咽喉之地,那么义棠镇则可看作咽喉之咽喉(见图 3)。对于义棠镇,李希霍芬记述道:"最好的一座桥位于义棠镇附近,过了这座桥,道路开始向汾州府前进,也就是沿着峡谷的西侧前进。……义

---

〔1〕《旅行日记》上册,第 386 页。
〔2〕《旅行日记》上册,第 396—397 页。
〔3〕《旅行日记》上册,第 398 页。
〔4〕 安介生、李嘎、姜建国:《介休历史乡土地理研究》,中国社会科学出版社 2016 年,第 80 页。

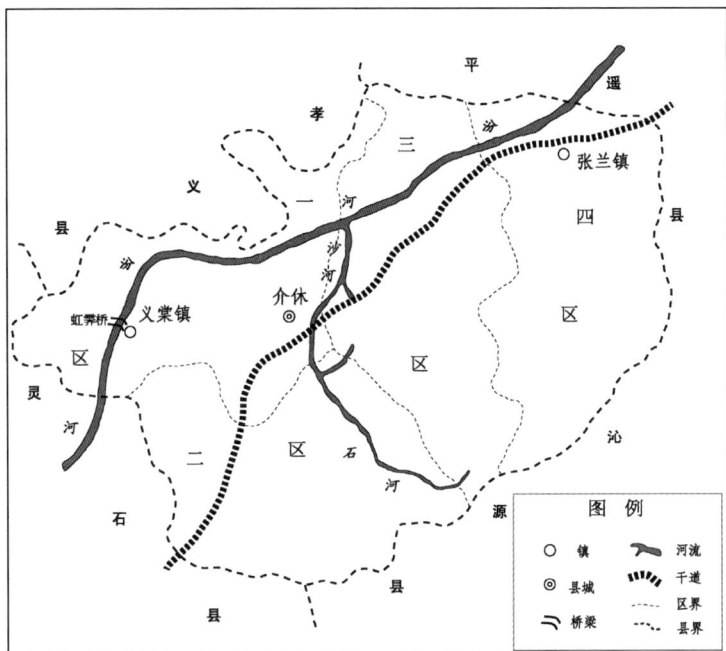

**图 2  民国时期介休县境略图**

（说明：底图采自民国《介休县志·总图》，民国十九年铅印本。）

棠镇位于进入太原府平地之前的最后拐角上。"〔1〕义棠镇是太原府南下至平阳府等地的必经之地，其重要性在于其沟通南北的关键性作用。据记载，义棠镇"与灵石接壤，南依山阜，北临汾水，为通衢锁钥，实一邑藩篱"〔2〕。这也证明了义棠镇的重要交通地位。值得注意的是，前述李希霍芬所提到的"最好的一座桥"又是哪座桥呢？它在传统时代的山西交通上又发挥着怎样的作用呢？

毋庸置疑，这座桥就是义棠镇横跨汾河之上的虹霁桥。对于虹霁桥，传统方志对其多有"通衢""汾州孔道"等记载〔3〕。可以这么说，正是虹霁桥的存在，才使得汾河东西两岸的沟通与交流成为可能，才更加增强与巩固了义棠镇作为南北交通咽喉之地位。另外，虹霁桥之所以坐落于此，除了与义棠镇优越

〔1〕《旅行日记》上册，第403页。
〔2〕 嘉庆《介休县志》卷1《关隘》，嘉庆二十四年刊本。
〔3〕 安介生、李嘎、姜建国：《介休历史乡土地理研究》，第147页。

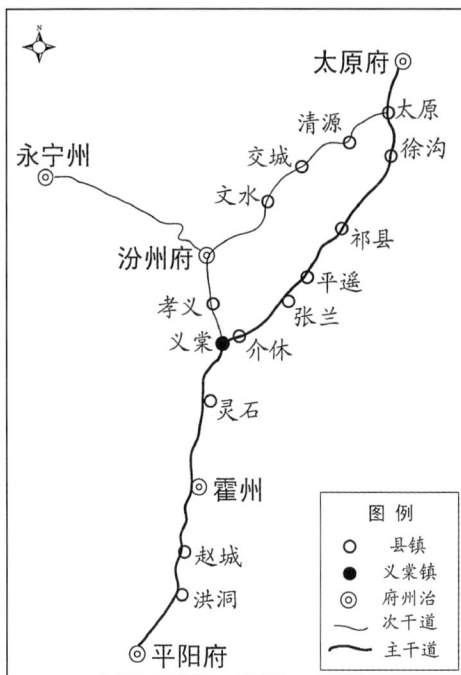

**图3　义棠镇交通区位略图**

（说明：此图以山西省地图集编纂委员会编《山西省历史地图集》之《清代交通图》（中国地图出版社2000年，第209页）为底图。）

的区位条件有关，其优越的自然地理基础亦是不容忽视的。

据记载："吾独美虹霁一桥，盖晋阳土易，汾水善溃，倏忽迁流，桥梁罔功，故斯所经，非舟莫渡。惟此谷连山参差，土劲多石，是以泛滥横肆之势至此，若听约束，而津梁不受冲损。若乃秋水时至，万顷一碧，地势冥迷，泥沙决裂，舟楫不运，深浅难测。彼汾一方嗟限南北，斯桥独以天边一虹，通全省之血脉。"[1]由于夏秋季节降水较为集中，众多支流一起汇入太原盆地内的汾河，致使汾河此段河道泛溢无常，迁徙不定。据记载，"（汾水）每秋水涨溢，汨没渊湃，舟楫不能济"[2]，行船都没有可能，更别说修筑桥梁了。然而，与其北部太原盆地地理状况的不同之处在于，义棠镇虹霁桥所在之地土石坚硬，地基稳固，利于修

建桥梁。当然，虹霁桥所在之处亦有其不利的一面，据记载："（虹霁）桥本宏阔而当怒流，汾出管涔，其源远，欲于中横束，与水势争，恒不胜，故屡坏。"[3]很明显，汾河中游的来水气势恢宏，冲坏虹霁桥的情况时有发生。但相对来说，利大于弊。重修虹霁桥后，义棠镇遂又发挥其沟通南北东西交通之重要作用。

除介休外，忻州附近的石岭亦为一南北交通要道。李希霍芬对此描写道："此岭是山西所有南北交通的中转站。除去狭道，……两边上山的路都颇为平缓。"李氏所说的石岭应在今忻口附近，他对此处道路状况的描写，更加深了我们对传统交通的认知。李希霍芬继续写道："向南望是清一色的黄土，逐渐倾斜成坡。你意料不到那许多深沟，它们既阻碍了交通又促成了交通。"很显然，

---

〔1〕（明）马初登：《重修虹霁桥碑记》，嘉庆《介休县志》卷12《艺文》，嘉庆二十四年刊本。
〔2〕叶汝芝：《重修义棠桥碑记》，嘉庆《介休县志》卷12《艺文》。
〔3〕叶汝芝：《重修义棠桥碑记》。

这已是在辩证地看待黄土沟壑地形与交通之关系。此外,李希霍芬还记录道:"我今天也才知道,当我们想避开路上那许多的车辆时,在没有路的黄土高原上前进有多么难。你刚离开大路,马上就完全迷失。梯地和深沟令人无法前行,最终你不得不原路返回,还回到大路上。"[1]这样的记述也给我们以提示,在人口密度较小、建筑物等参照物稀少的情况下,主干道路不仅仅承担着其在交通上的责任,同时还起着指引方向的重要作用。而这种对方向的指引作用,更突出了主干道路在交通上的关键性地位。

2. 山西各地产业状况与商贸地理

在进入山西之前,李希霍芬对于山西商业发展及商人成就已有相当丰富的知识,从李希霍芬的记述中,我们可以了解到山西商人的世界性影响。"山西商人们最初通过贩卖铁赚钱,完成了资本的原始积累。从那时起,重商的精神就在此地巩固传承下来。山西人非常精明,但是他们的才华并没有像其他行省的人那样被用在读书考取功名上,而是发挥他们擅长计算和经营的能力,要么开钱庄,要么当账房,后者尤其适合他们。和中亚的游牧民族相比,山西人在买卖中占据了绝对的优势,取得了垄断的地位。就算是和中国其他行省的商人相比,山同商人也是出类拔萃的。""因为他们的信用极好,所以生意才能持续地做下去。"[2]又"据说山西有16家人的财产过百万两(白银——笔者注),比西安府附近的还富有"[3]。

时至清末,山西商人在金融领域的巨大成功,同样给李希霍芬十分强烈的印象与冲击。"山西人开的钱庄更是遍布全国,我们到太原的时候,就见过很多大家族的宅子,据说都是开钱庄的。在山西开钱庄的大商人多住在南边,他们的生意从北京到云南,从甘肃到上海甚至广州,蔓延全国。至于他们的生意有多大,可以这么说,他们手中的货币流可以比人口达到其两倍的整个欧洲(除了俄国以外)的全部货币流还要大。"[4]

当然,商业贸易的发展离不开便利的交通。"成千上万的年轻人离开家乡,到直隶和满洲干账房的活儿。他们每五年或者十年回一次家,带回他们的积蓄。""除了国内各地的生意,长城的另一面,从满洲的东部经蒙古部落到伊犁再到西边的哈萨克游牧部落一线的生意,也都落入山西商人手中。这条线

---

〔1〕《旅行日记》下册,第572页。
〔2〕《旅行日记》上册,第405页。
〔3〕《旅行日记》下册,第587页。
〔4〕《旅行日记》上册,第404—405页。

路上的贸易城市中都有他们的据点，但是，他们通常只是短期住在那里，山西依然是他们故乡。他们的家庭也都留在山西。他们的孩子在山西长大，他们老了以后也会回到山西。如果死在外乡，他们的尸体也会被运回山西安葬在祖坟中。"〔1〕李希霍芬所言，与清代学者纪昀在《阅微草堂笔记》中的叙述十分相近〔2〕。

商贸中心城市，是商贸地理格局的关键及重要节点，太原府无疑是山西地区商贸中心之一。"除了四川的成都府以外，恐怕在中国再也找不到一个地方像山西太原这样，城里和村里密密麻麻地遍布造价不菲的房舍。这里很多两层或是三层的小楼，建房子的钱都是主人们做生意赚来的。甚至可以说山西人主要靠脑子赚钱。"〔3〕太原府在北部中国的贸易体系中占有特殊的地位。如对于往来于长城内外的商贸活动而言，"所有的交通的终点，通常都是太原府和张家口。"〔4〕"归化城（今内蒙古呼和浩特市）和张家口是这一地区（晋北——笔者注）商队北行的终点，还有喇嘛庙也是；南行的终点是太原府和获鹿。"〔5〕

山西中部地区同样处于南北交通之枢纽，其地商贸之发达与城镇之富庶，同样让李希霍芬不时发出惊叹。如平遥古城就是南北商贸运输的必经之地。"在山西南部的路上，如果问任何一支运货物的队伍要去哪儿，除了有官兵护送的多去蒙古部落那边外，十有八九都说要去平遥。""从（平遥）西边出城，然后经沁州到赊旗（今河南社旗）并由此将整个南部中国（四川、湖南和广东）和山西北部以及蒙古部落连接起来。"〔6〕相距不远的祁县则是有名的蒙古马交易地。"每年阴历九月，大概阳历10月底都会有马市。河南和湖北的商人都跑到这里来买马。"又如太谷县是当时钱庄、票号等金融机构之结算中心地，也是大商人聚集地。"山西每个城市都有自己的特色物产和特色交易。当然最大的财富集中在太谷县……另外，那里还是那些大钱庄主人的故乡。""这些山西大老板聚集在不同的地方，据说太谷县的银行家遍布全国，因此，那里的人十分富有。"〔7〕

---

〔1〕《旅行日记》上册，第404页。
〔2〕关于明清以来山西地区的重商风尚，参见安介生：《清代山西重商风尚与节孝妇女的出现》，《清史研究》2001年第1期；安介生：《山西票商》，福建人民出版社1997年。
〔3〕《旅行日记》上册，第404页。
〔4〕《旅行日记》下册，第559页。
〔5〕《旅行日记》下册，第561页。
〔6〕《旅行日记》上册，第408页。
〔7〕《旅行日记》下册，第578页。

除金融行业外，山西地区的古董行业已在当时形成巨大的影响。"山西、陕西和与其交界的河南省的一部分地区是中国出古董最多的地域，尤其是青铜器和古币……甚至北京的古董商人都在这里购买。"[1]又"山西是出产古董特别是青铜器的地区。最大的古董商店在太谷县、张兰镇和介休县。北京的商店都从这里进货。太原的商店比之于这几个地方的显得微不足道"。作为一名地质学家，李希霍芬同样尝试从地貌及土壤方面来分析山西地区文明产生的客观基础："在平阳府的黄土谷地中，人们找到了被认为是属于帝尧时代(公元前 2356—公元前 2255 年)的刀状的铜币。在太原府及西安府平原上的一些小城中，有许多商品丰富的店铺……并不是因为那里的古代居民特别富有能够留给后代，而是因为这里是位于发育最好的黄土上的首都，而在陡峭的崩塌面上，文化层的进一步破坏暴露出保存完好的物品。用地质学的研究方法，中国的收藏家能获得许多有价值的信息。"[2]

与介休南部的义棠镇一样，地处今天介休北部的张兰镇，其兴起亦与其优越的交通地理位置是分不开的。无论是从义棠镇经介休至太原府，还是从太原府南下至平阳府等处，张兰镇都是必经之地。据记载："张兰距邑东四十里，为孔道要区。……镇城周五里，屋舍麟次不下万家。盖藏者什之三，商贾复四方辐辏，俨如大邑。"[3]此为经过明季寇乱后的张兰镇，由于地处交通要道之上，其商业之盛况可见一斑。至乾隆时，张兰镇"地当冲要，商贾辐辏，五方杂处，百货云集，素称富庶，为晋省第一大镇。"[4]据嘉庆《介休县志》记载："县东四十里，孔道咽喉，亦县东屏蔽，……乾隆十七年设立巡检，二十二年裁移汾州府同知驻此。"[5]不管是设立巡检，还是裁移汾州府同知驻此，更加证明了张兰作为孔道咽喉、山右巨镇的交通与商贸地位。直到民国时期，张兰镇仍为介休县第四区区政府驻地所在，其地位之重要，可见一斑。李希霍芬先后两次经过张兰镇，他在日记中写道："现在这里成了一座重要的贸易城市，到处都是华丽的商铺。"对于张兰镇，那里的古董生意给李希霍芬留下较为深刻的印象。在第一次经过张兰镇后，他记述道："后来让我感到无比遗憾的是，我错过了当地最独特也最知名的生意——古董生意。张兰镇、交城和太谷县就位于这块

〔1〕《旅行日记》上册，第 407 页。

〔2〕《黄土与中亚环境》，第 76 页。

〔3〕（清）刘尔聪：《修张兰城记》，嘉庆《介休县志》卷 12《艺文》。

〔4〕此处转引自安介生、李嘎、姜建国：《介休历史乡土地理研究》，第 150 页。

〔5〕嘉庆《介休县志》卷 1《关隘》。

平原之上,彼此相邻,距离不到3公里。那里有很多古董商铺。"〔1〕张兰镇古董生意的规模与太谷、介休等晋商重镇并列,其商贸地位之重要亦可见一斑。时至今日,张兰镇仍然是驰名南北的北方地区古玩交易市镇,影响广泛,其商业地位与历史积淀确实不同凡响。

洪洞县作为山西南部的一个货运中心,最重要货物是小麦。"因为麦子是越冬作物,所以被大量地运往北方出售。我们昨天一个半小时里遇到了520头驮着面粉和麦粒的驴子,每头负重100—150斤,平均120斤。一天工作15个小时的话,每天能运大约200吨。今天的运输更频繁。贸易的起点是洪洞县,面粉是那里众多的水磨磨出的。"〔2〕

综观山西的交通地理形势,即使南面有黄河阻隔,东面有太行山的阻挡,其对外贸易出口仍为南、北、东三面。李希霍芬考察所经之河南清化镇与直隶获鹿县就是进出山西贸易的重要中转站。

清化镇地理位置优越,"位于从北京到汉江流域的道路和从中国东部经河南前往西部和中亚通路的十字路口"〔3〕,它"是个人口众多的贸易城市"〔4〕。对于清化镇的繁荣,李希霍芬描述道:"清化大概3公里长,人口非常密,像蚂蚁窝一样。街上做买卖的很多,热闹程度有点像中等大小的德国城市的集市。经常有20辆到30辆的车队经过,我们不得不让路。太行山产的煤以及泽州产的煤和铁几乎都在清化进行交易。我们出西门,沿着去往怀庆府的大道前进,在15分钟之内遇到了62辆装载铸铁、生铁、无烟煤和陶器的推车。"〔5〕清化镇的商业如此繁盛,以至于商人时常成为贼匪劫掠的对象〔6〕。除了与优越的地理位置有关,附近丰富的煤铁资源,无疑也是促进清化镇商贸发展的重要因素。

获鹿位于太行山东侧的山麓地带,由于"从东边来的货物大都通过马车运送,但是再往西却只能通过驴车或是骡车",这就使得获鹿成为东西向商贸的重要转运点。对于获鹿县城繁荣的商贸景象,李希霍芬兴奋地记述道:"在中国,很少能见到像现在的获鹿这样如此繁荣的县城。城里虽然很小,但是城外

---

〔1〕《旅行日记》上册,第407页。
〔2〕《旅行日记》下册,第586页。
〔3〕《旅行日记》上册,第364页。
〔4〕《旅行日记》上册,第362页。
〔5〕《旅行日记》上册,第366页。
〔6〕据《读史方舆纪要》卷49《河南四》记载:"清化镇,在县东北四十里。近时贼在河北者由辉县入清化镇,即此。"

的面积很大,来往交通熙熙攘攘的。在这一天里我遇到了估计得有 10 000 头进出获鹿运货的驴子和骡子。"其商贸繁盛的景象可见一斑。对于山西来说,运往获鹿的商品是"平定州和盂县产的煤、铸铁和熟铁制品",而获鹿"附近地区产的棉花、棉织品、在当地很受欢迎的外国货、盐、糖、粮食、面粉和药材被从东往西运送",但往西运送的货物量不多,"很多车辆都空着返回"〔1〕。

很明显,传统商贸业的发展促进了区域间互通有无,而这在交通上表现为往返运送的货物量的多少和种类上的差异。当李希霍芬经过韩信岭时,他叙说道:"韩信岭犹如一条 8 字形绳索上的节点一样,是重要的交通和货物运输要道。……即使在气候上,韩信岭也是南边和北边的一个重要分隔点。……气候导致交通上的最大不同就是,从南边往北的交通很繁忙,而对向则很稀少。因此我在这条路上很少看到有对向而来的车辆,即使有一些大部分都是空载的。"〔2〕从气候对农作物品种的影响,进而分析商贸货物在交通运输上表现出来的差异,李氏的论述无疑为山西商贸地理的研究打开了新的思路。

不仅如此,对于传统社会的商贸交通方式,我们也应给予重视。因为交通运输方式不同,其载货量、行驶速度等都存在较大差异,进而影响到商贸业的拓展。正如前面所说,若要将获鹿城的货物运入山西境内,必须把马车换成驴车或骡车,这显然是由崎岖不平的入晋道路所决定的。这种情状不仅体现在商贸运输工具上,在旅客所用的马车上亦有所体现。李希霍芬记述道:"在中国很多东西都有统一规格,尤其是载人的车辆,在尺寸上几乎都是一样的。但是在山西却出现了变化,车轴比整个南部行省的要宽出 20 厘米。因此所有从东往西来的车辆在这里都要换车轴。"〔3〕这无疑使传统的交通运输鲜活地呈现在我们面前,有利于深化对传统时代交通的认识。

当然,对于商品贸易这种经济活动,成本最小化、利润最大化是其本质要求。这在一定程度上也影响其对商贸线路的选择。李希霍芬叙说道:"这些商品都是从获鹿县来的,被运往各地,如太原府。它们自获鹿经一条山路越过平山县,之后从五台县的东南面经过。之所以这么穿山越岭地绕行,是因为要逃避一种厘金税;假如走的是经过平定州的大道,就一定要交此税。而像现在这么走就不必交纳任何费用。"〔4〕很明显,在干道征收厘金税的情况下,商贸线

---

〔1〕《旅行日记》上册,第 417 页。
〔2〕《旅行日记》上册,第 402 页。
〔3〕《旅行日记》上册,第 409 页。
〔4〕《旅行日记》下册,第 570 页。

路也就变得更加曲折。李希霍芬的记述对于我们了解当时山西的商贸交通，有着很大的帮助。

## 三、结　束　语

近代自鸦片战争以来，大批外国传教士、探险家、学者来到中国各地，从事旅行及考察活动，留下来的著述数量也非常丰富。虽然这些旅行及考察活动带有"殖民侵略帮凶"的色彩，但是，仍然对于中国科学事业的发展有着一定的推动作用[1]。其中，李希霍芬便是其中成就最为卓越的一位。李希霍芬本人也自豪地将其旅行称之为"科学的旅途"[2]。实地考察，是现代地理学最基本的研究手段，也是每一位研究者的必修课，而时至今日，如何使实地考察活动富于科学意义，仍然是不可回避的难题。李希霍芬在地理学实地考察上是先驱者，不少学者就是在他的引领下走上地理学考察之路，而李希霍芬在野外考察上的能力与成就，很早就得到西方学术界的肯定，他的一部重要著作——《研究旅行指南》(1886，柏林)，被称为"科学探险指南"，其第一部分就是讨论野外观察的技术，用于指导自然地理学及地质学专业人士，足见其在这方面的影响及贡献。[3] 因此，从学习与借鉴地理学方法论的意义上讲，李希霍芬地理考察的成就具有很强的借鉴意义。

同时，发现的"眼睛"与能力，需要高水平的科学素养与扎实的知识储备。科学考察者与普通旅行者之间的最大差别正在于此。李希霍芬被称为"地质学之父"与"地貌学之父"，地质学与地貌学造诣深厚，因此，他在实地考察中对地质及地层构造极其敏感，且如数家珍，得心应手，对黄土地带的研究得力于此，对山西煤、铁资源的考察也得力于此。从这个意义上讲，时至今日，地质学与地理学的过度分离，不啻为现代学术发展中的一大遗憾。

不可否认，李希霍芬考察的态度是十分严谨认真的。"科学旅行总是让人无法分神，特别当像我这样，知道这是我最后的旅行时。我现在如果弄不明白的，将永远弄不明白了，所以我最大限度地刨根问底。做任何工作都是这样，

---

〔1〕 参见邵水清：《中国地质调查在辛亥革命后起程的几个背景》，《中国矿业报》2016 年 10 月 20 日。
〔2〕 《旅行日记》下册，第 588 页。
〔3〕 《近代地理学创建人》，第 93—94 页。

工作愈久，对工作的兴趣也愈浓。"〔1〕这种科学而严谨的态度，应该是有效地提升了其考察活动的"含金量"及贡献。同时，我们也看到，为了考察更多的地区，李希霍芬在考察道路的选择上也颇为用心，尽量不走回头路，努力考察以往没有到过的地方。

应该说，在中国（包括山西在内）的考察活动，对于李希霍芬学术思想发展也发挥了重要作用。在李希霍芬所处的时代，地理学仍处于描述性阶段。李希霍芬在地理学史上的重要地位，取决于他对于现代地理学思想发展的重要贡献，这就是一方面坚持实地考察，一方面致力于区域性研究〔2〕。针对其他学者对地理学的质疑，李希霍芬认为："建筑任何概念结构所必须的基础观察，一定要在具有这些独特现象的特定地区内就地进行。"李希霍芬在山西的考察，实际上就是对这一观点很好的注脚。同时，李希霍芬亦认为："区域地理首先必须是描述性的，但它必须不限于单纯地描述独特现象，也可以寻找现象发生的规律性，拟定解释所观察的特征的假说。"〔3〕山西独特的地理环境也为李希霍芬发现地理规律和拟定或解释地学假说提供了天然的试验场。在山西考察的过程中，无论是对黄土风成说的进一步解释，还是对太行山、古湖泊、河流水系形成等古地理环境的拟定和假设，李希霍芬在地质地理研究上的理论与实践，无疑都得到进一步深化。很显然，李氏的这些假说与推理都具有首创意义，后继的研究也大多接受或验证了这些假说与解释。

不仅仅是在自然地理方面，作为一个近乎百科全书似的地理学家，李氏对山西的煤炭开发、商贸交通、住宅（窑洞）、地方风土人情等详细的记录，亦为我们了解当时的山西社会提供了最直接而鲜活的宝贵资料。当然，这样宝贵的史料，不仅仅有利于深化我们对山西煤炭开发史、交通史地、商贸地理、社会史等方面的研究，对于晚清中国的研究，同样具有重要价值。

当然，"智者千虑，必有一失"，仅凭个人经历及肉眼观察，其考察的局限性是无法避免的。首先，李希霍芬所见所闻，局限于他的路程选择及时间安排。其次，我们可以发现，李希霍芬本人后来发表的一些判断与分析，并没有翔实的数据基础，失当之处在所难免。如研究者均肯定，李希霍芬是第一位全面调查中国煤矿资源的科学家，但是，他的一些结论却让人难以接受，最出名的便

〔1〕《旅行日记》下册，第 557 页。
〔2〕参见〔德〕彭克著，任美锷译：《李希霍芬对地理学之贡献》。
〔3〕参见〔美〕普雷斯顿·詹姆斯著，李旭旦译：《地理学思想史》，第 206 页。

是他对于山西煤炭资源的估量,已成为一种笑谈。他后来曾经提出:"山西是世界上最出色的煤铁产区之一;且从我描述的一些情况看,在目前煤的消费水平上,山西一省的煤矿可供世界几千年的消费。"又"中国矿产之富,甲于全球,仅山西一省之煤炭储量就有18 900亿吨,可供全世界使用1 300年"[1]。然而,我们看到,李希霍芬对于山西煤铁资源的考察与认知,主要集中于煤层的观察以及往来煤炭运输的估算,并没有其他更为翔实的数据及统计资料。在如此情况下就推算出如此惊人的煤炭储量,显然是有失严谨的。

本文原载《中国历史地理论丛》2018年第4期。

作者简介:古帅,男,1987年生,山东鱼台人,历史学博士。2016年入复旦大学历史地理研究中心,师从安介生教授,2019年毕业,获历史学博士学位。现为山东财经大学文学与新闻传播学院讲师,主要研究方向为历史自然地理、区域历史地理与环境变迁、黄运史地、环境史。

---

[1] 引自薛毅:《李希霍芬与中国煤田地质勘探略论》,《河南理工大学学报(社会科学版)》2014年第1期。

# 整体与关联：专题检查在综合性
# 辞书编纂中的重要性

## ——以《辞海》(第六版)为例

张　敏

　　辞书编纂是一个系统工程，这个系统工程由若干个小的系统构成。举《辞海》为例。《辞海》是由大大小小几百个学科构成，每个学科都自成系统，有自己的整体性；而《辞海》本身又是一个更大的系统，是一个有机的整体，而不是各个部分的机械组合或简单相加。各个学科之间是互相关联的，具体表现在条目上面，各个条目不是孤立地存在着，而是处在自己特定的位置之中，起着特定的作用。条目之间相互关联，构成了一个不可分割的整体。就《辞海》与外部的关系而论，它必须是一个封闭的系统，也就是说，它的每一个要素，读者所要查找的每一个信息，都应该在《辞海》中找到答案；而从《辞海》内部而论，它所涉及的每一个学科所构成的整体，又是开放的系统。

　　由于综合性辞书所具有的这种特性，因此，在编纂过程中，既要有整体的观念，又要有关联的思考。而专题检查工作能够很好地诠释整体与关联两个概念在工具书编纂中的呈现。

## 一、专项检查与专题检查的侧重点不同

　　做过《辞海》编辑工作的人都知道，《辞海》发稿之后，进入后期编辑阶段，这一阶段，除了编辑和作者读校样、改校样之外，还要进行各种各样的专项检查，包括地名(包括国名和疆域)、人名、科技名词的规范化、法定计量单位、纪年(包括年号)、引文、外文、汉语拼音、字形、公式、有加减乘除关系的数字、图片、交叉关系、参见系统的落实等。而每一个项目又包括若干环节，例如图片一项，就要检查图注内容与图片本身是否相符，图片位置与释文是否对应恰

当,印出来的图片与原稿是否有出入,图片的大小是否适当,图片排列次序是否正确,如系彩图,还要检查图片色彩是否有失真现象等。

但是,无论哪一种专项检查,针对的都仅是《辞海》条目的细节问题、具体问题,而要从整体上提高《辞海》的质量,还应该考虑得更多、更全面,既要有横向的思考,也要有纵向的把握。《辞海》是大型综合性辞书,从内容上来讲,侧重于百科知识,包括人物、地名、作品名、器物名、事件、组织机构、学校、会议、学派、术语、译名等;从形式上来讲,有引书格式、注音、字形、配图、义项编排等。比如人物,人物条目在《辞海》中占据了很大的比例,《辞海》(第六版)中人物条目有 8 000 多条,这些人物分别由不同的学科收录,由不同的编辑部门和编辑来承担,在体例上并未达到整体的统一。如近现代人物条目中对学历、经历等的表述,自然学科的人物与人文社会科学学科的人物也存在着体例上的差异。器物名也是如此。除了体例上的问题外,还有诸如数据或术语不统一、内容上有矛盾、重复等现象,而专项检查并不一定能完全消灭这些问题,而是要通过专题检查,更好地发现问题、解决问题。

专题检查是将条目按类型或结构分成不同的专题,以专题为对象进行查检。如按类型可分成人物类条目、地名类条目、作品类条目、器物类条目、事件类条目、组织机构类条目、条约或会议类条目、学派类条目、术语类条目等,按结构可分成统一用语、引书格式、注音、字形、配图、义项编排等。检查这些分属不同学科的条目在体例上是否统一,内容上是否重复、矛盾,是否有明暗交叉,术语用法上前后是否一致,以及定性语或概括语是否统一等。专题检查比专项检查在辞书编纂质量上的意义更为凸显,通过专题检查,能够对辞书收词的合理性,词目的定名,释文内容的科学、全面,配图的原则等方面查找出问题,从而进一步提高辞书的质量。

在辞书编纂过程中,专项检查属微观的层面,主要侧重于微观的、细节上的检查。而专题检查属中观的层面(在这两者之上,有一个宏观层面的通读工作),以专题为对象进行检查,注重的是内容上的明暗交叉,术语用法上的前后一致以及体例、定性语或概括语的统一等。对大型综合性辞书来说,做好专题检查工作,可使体例更为统一,结构更为严谨,关联内容也更为紧密。

## 二、专题检查的作用

专题检查在发现问题、解决问题中起着重要的作用。

《辞海》(第六版)是一部大型的综合性工具书,收词数量庞大,涉及学科众多,是一个知识的宝库,几十年来,以其科学性、权威性而受到几代读者的喜爱。"对不对,查《辞海》"已成为人们的一句口头禅。但是,《辞海》也同样会存在着一些问题。而通过专题检查,却可以发现这些问题。

在成组成对的条目中,通过专题检查,可以发现释文方式、释文风格不统一的现象。举一组音乐类的条目为例:

【工】⑧ 乐谱符号。"工尺谱"中的音名之一。⑨

【尺】工尺谱中音名之一。相当于简谱的"2"。参见"工尺谱"。

【凡】⑦ 工尺谱中的音名之一。⑧

【六】③ 工尺谱中音名之一。另见 2855 页 lù。

【上】(17) 工尺谱中的音名之一。(18)

【四】② 工尺谱中音名之一。参见"工尺谱"。

【五】③ 乐谱符号。工尺谱中的 音名之一。

【一】(19) 乐谱符号。工尺谱中的音名之一。参见"工尺谱"。

【乙】③同"一"。工尺谱中的音名之一。④

以上诸条,为【工尺谱】的子条。但是,【工尺谱】条的释文与之也有些微不同。如,释文中有"常见者用上、尺、工、凡、六、五、乙""低八度各音除六、五、乙分别改用合、四、一外",根据这个解释,工尺谱中还有一个"合"的音,而【合】的释文中却没有这个内容。属义项缺失,相关条目释文没有呼应。

【工尺谱】中国传统记谱法之一。……常见者用上、尺、工、凡、六、五、乙,依次记写七声;高八度各音加"亻"旁,以为标记,如仩、伬、仜等;低八度各音除六、五、乙分别改用合、四、一外,余均以最末一画带撇以示区别,如上、尺等。……

再看一组机构类的条目。

【清华大学】中国以工科为主的综合性大学。校址在北京。前身为清华学堂,是 1911 年清政府用美国退还的庚子赔款办的一所留美预备学校。

【北京大学】中国的综合性大学。校址在北京。前身为京师大学堂。

【东南大学】中国以工科为主的综合性大学。校址在江苏南京。前身为始建于 1902 年的三江师范学堂……

【湖南大学】中国的综合性大学。校址在湖南长沙。起源于创建于宋开宝九年(公元 976 年)的岳麓书院。

从这两组条目中可以发现,同类条目在定性语方面存在着差别。对同类条目进行专题检查,可以从整体上对条目的释文进行编辑。

从关联角度来看,通过对同类相关条目进行专题检查,可以弥合相关条目在释义上的矛盾、用语不统一之处,可以发现条目的名异实同现象。如:

【耶律倍】(899—936)辽太祖长子。契丹名图欲。神册元年(公元 916年),立为皇太子,从太祖征乌古、党项、渤海。渤海灭,改名东丹,他被封为人皇王,以渤海旧制兼用汉法治其地。太祖死,其弟德光(太宗)在述律后支持下即位,被迁于东平,遭疑忌。天显五年(930 年)浮海奔后唐。赐姓李,名赞华,拜怀化军节度使等。十一年,后晋石敬瑭来攻,为后唐废帝所杀。辽世宗即其长子,追谥其为让国皇帝。此后除穆宗外,都出自他一系。

【李赞华】(898—936)五代后唐画家。本名耶律倍,契丹人。辽太祖耶律阿保机长子。随父出征渤海,封丹东王(按:应为东丹王)。好汉学,能文善画,知音律。天显二年(公元 927 年)阿保机死,母后称制,弟德光继位。倍愤而渡海,降后唐。长兴二年(931 年)明宗赐姓李,名赞华,授怀化军节度使,瑞、慎等州观察使。工画塞外人马。论者谓:"骨法劲快,不良不弩,自得穷荒步骤之态。"传世作品有《射骑图》。

由两条释文可知,"耶律倍"和"李赞华"为同一人,分别由中国古代史、中国美术两个学科收录,释文角度、侧重有所不同。专题检查不仅能发现名异实同的问题,而且,比较一下可以发现,两人虽为一人,但生年却不相同。并且,与【李赞华】相关的条目【东丹王】【辽太祖】【耶律阿保机】中均有与之不协的内容。

通过专题检查,可以发现释文中用语不统一、观点不统一的问题。如术语类条目中,【流域面积】(中国地理)释文是"指流域分水线所包围的面积"。【流域】(科技):"由地面分水线包围的、具有流出口的、汇集雨水的区域。""该区域的水平投影面积称'流域面积'。"这两个词条对"流域面积"的定义用了两个不同的概念,一个是"分水线所包围的面积",一个是"该区域的水平投影面积"。但不管是用哪个概念,能让读者获得一致的、容易让人理解的、科学而完整的信息才是最重要的。事件类条目中,【新文化运动】【五四运动】两个条目均属于中国现代史学科,但在涉及对"五四运动"的界定时,两者存在观点不统一现象。人物类条目中,【邹韬奋】属新闻学科,其释文内容与中国现代史学科的【七君子事件】及【沈钧儒】【李公朴】【章乃器】【王造时】【沙千里】【史良】等有交叉[1],在释文的层次、用语和行文方面,均应做到统一。

---

[1] 参见李纳《〈辞海〉(第六版)的若干交叉问题》,未刊。

　　通过专题检查，可以发现同类条目在体例上的不统一之处。如地名类条目。在《辞海》中，有好几个学科都是以地名收词为主的，如中国地理、世界地理、历史地理、中西交通史，还有的学科在收词时也收入了一些地名条目，如民族学科收入了中国各省区的民族自治地名。此外，还有散见于其他学科的建筑类地名、名胜古迹类地名、水利地名、文学名著中的地名等。这些地名条目总计数量在 10 000 条以上。这么多条目分属不同的学科，这些学科也分别由不同的编辑来承担，很难达到全书地名条目的整体协调和统一。其中，历史地理学科收的是中国的古地名，包括有文献记载以来历史上的古国、部落、都邑、城镇及各级行政区划（古代设立、民国以前撤销的郡、州、府、路、县）；古地理名称，山川、关隘、道路，水利工程和其他重要建筑，名人出生地及文学名著中的地名。中国地理学科收的是中国的旧地名和今地名，旧地名收词主要范围是1912 年设置至 2006 年 12 月底撤销的我国县以上的行政区划地名；今地名收词包括 2006 年 12 月底前全国各省、自治区、直辖市县级以上行政区划地名及部分重要集镇。世界地理收录的是世界各地的国名、首都、城市等地名和各类自然地名。中西交通史收录的是历史上与中国有交往的国家、地区的水陆交通道路及中外交往史上涉及的自然地名。民族学科收录的是中国境内现存和曾经存在的民族自治地名，包括自治区、自治州、自治县等。由于地名的收词量很大，类型也多，所以情况就会比较复杂，存在着交叉关系、体例上互不统一的现象。

　　在《辞海》编纂过程中进行的地名的专项检查，主要是对条目的释文进行的专项检查，侧重于两个方面：一是释文中涉及的地名的变动情况；二是释文中的地名是否有误。也就是说，它关注的是该地名自身更为具象的内容，而不是从《辞海》的整体出发，考虑与它相关的问题，如与同类的条目相比，是否存在着体例上的不同；与相关条目在释文上是否有矛盾之处；与其他条目相比，它本身是否有收入的必要；在同类同级的地名中，是否还有该收而未收的条目。

　　以两个条目为例。

　　【清东陵】在河北省遵化市马兰峪西。清代帝王陵墓群之一。因与易县的西陵相对，故称"东陵"。共有帝陵 5 座，即顺治孝陵、康熙景陵、乾隆裕陵、咸丰定陵、同治惠陵，还有皇太极后昭西陵、慈禧慈安定东陵等后陵 15 座以及妃嫔、王公、公主陪葬墓 130 多座。陵区始建于顺治十八年（1661 年）。孝陵居诸陵中，建筑最为完整；慈禧定东陵最华美；裕陵地宫满布雕刻，技艺精湛。为全国重点文物保护单位。

【明孝陵】明太祖(朱元璋)墓。位于江苏南京紫金山(即钟山)南麓。1381 年开始营建,次年葬入马皇后,1405 年建成。因马皇后谥"孝慈",故名。朱元璋死后葬入。陵前有神道、石人、石兽群、神功圣德碑等。陵寝包括碑亭、享殿、方城、宝城等。前后纵深 2 600 千米。为全国重点文物保护单位。

首先指出的是,【明孝陵】条有一处明显的错误,是陵墓的前后纵深应为 2 600 米,而非 2 600 千米。

这两条条目中,【清东陵】系中国地理学科条目,【明孝陵】系考古学科条目。但是就条目本身来说,它们都是帝王陵寝,在释文的表述上应该一致。而实际上,两条条目存在着一些细微的差异。从释义顺序上来讲,前者先述其地理位置,再下定性语。后者先下定性语,再述其地理位置。紧接着,前者述其得名由来,再详列陵区规模、建筑年代和特点等;后者的释义顺序却依次是建筑年代、得名由来、陵区规模等。

再如名胜古迹类地名。《辞海》收录的名胜古迹类地名,也分属不同的学科。有的属中国地理学科和世界地理学科,有的属建筑学,有的属民族和宗教学,还有的属考古学。因为由不同的学科主稿,所以,在释文上就会出现不同的表述方式。如下两条:

【峨眉山】眉,古亦作"嵋"。在四川省峨眉山市西南。以有山峰相对如蛾眉,故名。佛教称为光明山,道教称"虚灵洞天""灵陵太妙天"。主峰万佛顶,海拔 3 079.3 米。峰峦挺秀,山势雄伟,誉称"峨眉天下秀"。有万年寺、报国寺、仙峰寺、金顶等寺庙和峨眉宝光、舍身崖、洗象池、龙门洞等胜迹。传为普贤菩萨显灵说法的道场。与五台、普陀、九华合称"中国佛教四大名山"。为全国重点风景名胜区。

【黄山】古称"黟山",唐改黄山。在安徽省南部黄山市境。由花岗岩构成。青弋江上游源地。南北长约 40 千米,东西宽约 30 千米。是中国最著名的风景区之一。有三大主峰:莲花峰(1 864.8 米)、光明顶(1 841 米)、天都峰(1 810 米)。风景秀丽,以奇松、怪石、云海、温泉著名,并称"黄山四绝"。七十二峰各具特色。有玉屏楼、云谷寺、半山寺、慈光阁、始信峰、天都峰、莲花峰、仙人洞、白鹅岭、百丈瀑等名胜古迹。建登山公路、索道、温泉浴室、观瀑楼等。明著名旅行家徐霞客曾有"薄海内外,无如徽之黄山。登黄山天下无山,观止矣"的赞语。特产"黄山毛峰"茶、灵芝。为世界地质公园、全国重点风景名胜区,列入《世界遗产名录》。

不同学科，释文的侧重点有所不同。同样是作为自然实体的地名"山"，由宗教学科收录的【峨眉山】写出了山的宗教色彩，而中国地理学科收的【黄山】却侧重于山的地理元素的描述。【黄山】一条，释文中"是中国最著名的风景区之一"显然不符合辞书的撰写要求，感情色彩浓厚了一些。整部《辞海》中用了"中国最著名的"之类表述的地名也仅此一条。

通过专题检查，还能发现释文内容上的重复、交叉、不与条目名称契合等现象。举一组机构类条目。如洋务运动时期举办的学堂，教育学科收录【武备学堂】，中国近代史学科收【天津武备学堂】，【武备学堂】是一个概括的词目，但释文的主体是"天津武备学堂"，没有着力于各地武备学堂的总体状况，因此与【天津武备学堂】在内容上存在交叉。同样的问题还存在于【水师学堂】（属教育学科）、【天津水师学堂】（属中国近代史学科）两条目。另外，洋务运动时期举办的军事工业、民用企业有【安庆内军械所】【开平矿务局】，由中国近代史学科收录；而【金陵机器制造局】【开平煤矿】【开滦煤矿】【开滦矿务总局】等条目属经济学科。以后同一类型的条目最好由同一学科收词，以利于编辑加工时能从总体上进行把握[1]。

## 三、怎样做好专题检查

首先，参与专题检查的人员要恪守"辞海精神"，从态度上重视它，认认真真地核对每一条资料，做好每一个步骤。因为这是一项要求细致的工作，稍有疏忽就会造成疏漏。如【山东省】释文中提到泰山的海拔为"1 532.6 米"，而【泰山】条却用了"1 532.7 米"这一数据，后者系国家测绘局、建设部于 2007 年 4 月 27 日发布的《关于启用泰山等第一批 19 座著名山峰高程新数据的公告》中的数据，可信度更高。

其次，根据检查结果的具体情况进行处理。处理的方法有：对名同实同或名异实同的条目进行合并，或对名同实异的条目合并后编排义项；区分正条和参见条，总条和分条；对条目进行观点、材料、用语和体例上的统一；对具有异称关系、对称关系、领属关系、比较关系的条目在内容上进行呼应。

最后，根据工作流程完成检查项目。从出版流程管理的角度来说，就是在质量保障方面建立更多、更严密的制度，建立一整套完善的工作程序，从制度

〔1〕 李纳：《〈辞海〉（第六版）中国近代史学科解剖分析》，《辞海通讯》第 178 期。

层面上进行整体掌控,并认真执行这些制度,而不是流于形式。如,在专项检查之外建立专题检查和会稿相结合的制度。关于会稿制度,《辞海通讯》(第174、175 期合刊)上发表了张颖同志的一篇论文《〈辞海〉会稿制度浅议》,从多个角度对会稿制度进行了阐释,有一定的借鉴意义。会稿制度是《辞海》的优良传统,一般是《辞海》条目发稿之前各编辑室协调进行的一项工作,而专题检查制度是《辞海》发稿之后再由专人进行。通过发稿前的会稿和发稿后的专题检查,尽可能地消灭整体上的失误。

另外,从技术应用上来说,要充分利用现代计算机技术。《辞海》(第六版)的编纂实践证明,利用计算机技术,可以大大提高效率,减少差错。而在利用计算机技术时,还要有与之配套的实用便利的工作流程。比如,发稿时由责任编辑填写详细的词目主题词。人物类,要写明主题词如"人物""定性语""朝代"。地名类,不论是行政区划地名,还是自然地名、建筑物地名,均写明最关键的主题词"地名",并依次按照自然属性和历史沿革确定主题词。进入排版流程后,排版公司建立一个文档,给出相应的指令按照分类出长条样给出版社,由出版社组织人员进行专题检查。

从人员配备上来说,要有专门从事某一专题检查的人员,人员素质务求精干,耐心细致,并善于沟通,有团队合作精神。

我们常说,《辞海》是一个系统工程,既要考虑整体和宏观,也要考虑细节和微观。因此,对它的后期编辑,要从大、中、小三个层面进行,大的层面即分学科通读,中的层面即专题检查,小的层面即专项检查。将《辞海》作为一个有机的整体,从内容上、体例上不断进行完善,从而使其质量更高。

本文原刊于《辞海通讯》2013 年 10 月第 189 期。

# 近代中药的效用危机：以麻杏石甘汤为例

刘春燕　徐宇凡

## 一、研究背景与问题

医学是面向人体，对疾病进行预防、诊断、治疗的学科，药物是医学知识和技术组成部分。生命在疾病面前是平等的，药物有效性本没有种族、民族与阶级之分，不会出现某种药物对某些群体有效、对某些群体没效的现象。药物的功效往往以缓解和治愈疾病的结果为检验标准，长期以来都被视为客观和科学的领域。然而现实却是，人体是一个复杂的机体，至今有很多奥秘等待人类的探索。有关药物的临床感受、效果并不存在共识，药物认知不仅存在争议也在不断变化。疾病、身体和药物的知识并不具有普遍性，药物本身也是一种文化物。判断药物是否有效的依据是集体知识而非个体的临床经历，从更广阔的社会-文化视野理解药物效用问题是可行的。韩俊红根据"脱嵌"理论对当代西方医学化研究的述评，让我们看到文化框架下对医药的新解释[1]。

近代以来，中西两种医学的论战一直存在，直至今日争论的喧嚣也未曾平息。目前，近代中国医学研究的基本关注点聚焦于疾病、病人、医疗体系等，而药物常常处于缺场的状态。根据美国普林斯顿大学边和的介绍，"药物"的研究成为西方医疗史的新方向。过去西方医学史的研究，更多关注的是"medicine"一词中的知识体系和社会实践，如今的研究则日益转向"药物"本身。医学史研究从"人"到"物"的转向的意义在于：将药物——而非施予和接受治疗的人——作为关注中心，以挖掘以往医疗史书写中未被重视的新面向[2]。

〔1〕 韩俊红：《医学脱嵌于社会——当代西方社会医学化研究述评(1970—2010)》，《社会学研究》2020 年第 2 期。
〔2〕 边和：《西方医疗史研究的药物转向》，《历史研究》2015 年第 2 期。

在近代中西医文化冲突背景下,围绕药物的争论也是社会的焦点问题之一。这种争论一直延续到今天,在数次重大流行疾病肆虐期间,总会出现中药的方案以及对其的质疑。2019 年,一场席卷全球的流行病新冠疫情(Covid-19)蔓延开来,对世界经济、政治、社会等诸多方面产生深远影响。在新冠疫苗没有研发并大规模投入使用之前,中药对疫情的功效再度被提起。根据众多中医药学者研究统计[1],国家通过公开渠道发布的 Covid-19 推荐诊疗方案 4 个,各省市自治区防治方案 34 个,样本 578 条,得到有名称的传统方剂 84 首,中成药 60 种,涉及单味药 230 味。高频药对"麻黄、杏仁""连翘、甘草"等挖掘出核心药物组合 2 个,新处方 1 个。被国家卫生健康委员会和中医药管理局公布为临床有效的方剂清肺排毒汤,是中医历史上的著名方剂麻杏石甘汤的改良版。麻杏石甘汤作为经典的中药方剂,曾经多次被改良并列入许多流行病的治疗方案。在对抗甲型 H1N1 流感的过程中,卫生部门推荐的连花清瘟胶囊,也是由麻杏石甘汤和银翘散化裁而来。

麻杏石甘汤并非第一次卷入争议漩涡,20 世纪二三十年代就已经出现对此药物是否有效的争论。围绕麻杏石甘汤是否对治疗白喉有效的问题,医学界存在信任其有效和否认其效果的两种声音,麻杏石甘汤和针对白喉杆菌的血清疗法,体现了中、西医对待传染病的鲜明区别。麻杏石甘汤最早出现在东汉张仲景的《伤寒论》,在近 2 000 年的医学实践中,这一方剂被广泛用于表证为发热、咳喘、疼痛等诸多疾病,其退热、止咳、镇痛的效果被诸多临床案例所证明。中药方剂按照君臣佐使的配伍规则,其配方和剂量并不固定,医者根据疾病的表证、病人的情况、病情的变化等诸多因素不断调整,医者判断病情和开出的药物并不相同,以病痛的缓解和治愈的结果为判断药物有效性的依据。在中医文化背景下,有经验的医者比药物本身更重要。当药物对疾病不能产生效果时,人们不会质疑药物的效用,只是批评庸医用药不当,无法根据实际情况开出恰当的药物。

19 世纪晚期,社会上出现一股废除中医、否定中药的潮流,西方医药逐渐占据主流话语。中医与西医扎根于不同的社会-文化传统,形成了各自独特的知识体系,体现了医学的文化属性。中医的药物组方大多为前人临床经验的

〔1〕 范天田、陈永灿、白钰、马凤岐、王恒苍、杨益萍等:《2019 冠状病毒病(covid-19)基于推荐诊疗方案的中医用药特点分析》,《浙江大学学报(医学版)》2020 年第 2 期;丁霞、李园、李萍、苏泽琦、吴凤芝、褚福浩等:《基于关联规则探讨中医药防治新型冠状病毒肺炎协定处方的用药规律》,《北京中医药大学学报》2020 年第 6 期。

积累，医者在此基础上根据情况对药物进行调整，临床效果有好有坏；现代医学建立在西方文化基础上，西医摆脱传统的变革时间并不长。西医对疾病和药物的探索一直没有停止，从分析病因到制造特效药的时间很长，临床中不乏失败的案例。

直到19世纪70年代末，中药依然是中国人治疗疾病的有效手段，几乎没有人质疑其有效性；然而自19世纪70年代末到19世纪末的短短二三十年时间，对中药有效性的质疑从无到有，"中药无效论"迅速成为精英群体的普遍共识。北洋政府和南京国民政府成立之初，政府都曾经大力推行"崇西否中"的医学政策，然而提倡"国医"的势力同样强大，社会上对于中药是否有效的争议不断。一些人拒绝使用中药，也有人则相信中药有疗效。新中国成立以后，中医药获得国家的支持，地位空前提升。中药的效用显然不完全由药物的物理性质决定，社会对中药效用的判断随时代、社会群体的差异而变化。为什么短短的二三十年时间里，中药的社会认知从普遍"有效"快速变成"无效"？社会-文化因素对于药物的效用究竟起了怎样的作用？又是如何起作用的？本文将药物视为一种"文化物"，以时间作为分析工具，通过描述麻杏石甘汤在近代遭遇的效用危机，理解药物效用的社会制作过程，并以药物为中心进一步思考传统社会的文化转型问题。

## 二、效用、文化与药物：一个时间视角

人们通常将药物的效用视作自然科学的范畴，认为药物的功效是一种客观事实，不受种族、民族、社会群体等社会文化的影响。然而，疾病发生作用的机制是复杂的，病人的身体和心理状态参与到疾病的发生和治愈的过程中。药物的物理有效性非常关键，为治愈疾病提供了物理基础，但物理属性只是药物功效的组成部分，人类对于药物有效性的认可，并不完全由药物的物理疗效决定，知识、情感与态度等诸多因素深刻影响了人们对药物疗效的感知能力。药物效用绝非凭借其化学或物理性质可以得到充分解释，有关安慰剂产生效用的机制分析，有力地说明了医疗技术和药物发生效果的复杂性。此类争议不仅是科学与非科学、医学与人文之间的对话，更进入了医学领域的内部，对此可参阅循证医学（传统上被视为"科学"）与替代（补充、整体）医学等科学内部的争论。

一般情况下，安慰剂效应的原理被认为主要是通过改变对疾病症状（如疼

痛、焦虑和疲劳)的体验和感知发挥作用,而不是通过改变疾病的病理生理来发挥作用。米勒等人的研究表明,医生与患者的关系对患者的疾病愈合可能产生真实的治疗效用。他们将安慰剂效应描述为人际愈合的一种形式,不同于自发的自然愈合和依赖于生理活性药物或程序的技术愈合,因此安慰剂效应的研究有可能复兴医学艺术[1]。本文使用安慰剂效应的案例说明医药科学领域知识的多样性,药物效用发生的机制是一个复杂的过程,情感、信任和认知与物理效应共同参与到疾病治疗中。与人类所有的文化创作"物"一样,药物也是人类创造出来的,同样受到其所在社会-文化的影响。

但目前有关文化物的研究主要集中在音乐、绘画等艺术领域,食物、药物被认为是人类生存的必需品,很少与"文化物"的概念产生关联。近年来,社科学者对食物的研究打破了这一研究局限,让人们看到了文化物的广泛存在。历史学者熊月之认为,医药是文明象征的重要组成部分,世界上古老的文明无不伴随着独特的医药文化[2]。在中国传统文化领域,一直有药食同源的说法。很多情况下,中国社会对药物与食物的区分并不明显。近年来,食物作为文化物获得更多的认同,但药物的文化一面却少有社会学者关注。

西医的信仰者批判中医为巫术,非但不能治病反而致病;中医的信奉者则认为,近代中医九法废除的根源之一,却是其自身所具有的价值与疗效。中、西医各自有治疗成功的案例,这些案例和证词成为中、西医争论的武器[3]。在中药是否有效的问题上,面对同一种药物,人们作出了完全不同的判断。个体医疗案例的成功或失败,不足以让人们对医学整体失去或产生信任。梁启超没有因为手术失败而否认西医,依然劝说人们信任西医;近代反对中医的著名代表吴汝纶(1840—1903)表示,即便中药有效也要拒绝,唯恐人们贪图中药的效果而忽视了其弊端。药物的效用不只是物理效果,还有人的感知和信任,"有效"与"相信有效"并不等同。19世纪末,中医中药的效用受到广泛质疑,崇尚西医与否定中医的社会潮流在中国出现。这种群体医药态度的转变,不是基于医疗案例的成功与否、药物的临床表现,而是建立在对药物所属文化的整体反思基础上。

---

[1] F. G. Miller, C. Luana, T. J. Kaptchuk, "The Placebo Effect: Illness and Interpersonal Healing", *Perspectives in Biology & Medicine*, 2009, 52(4), pp. 518-539.

[2] 熊月之:《西学东渐与晚清社会》,上海人民出版社1994年,第710页。

[3] 郝先中:《中医缘何废而不止——近代"废止中医案"破产根源之分析》,《自然辩证法通讯》2006年第5期。

　　20世纪70年代以后，时空维度逐渐成为社会科学理论的核心，成为社会理论家探索的趋势和潮流，吉登斯正是其中的代表之一。吉登斯的社会时空理论建立在对功能主义、结构主义和进化论批判的基础上。新观点将时间和空间作为社会构成的要素和视角，时间视角指的是将时间纳入社会理论的努力。吉登斯认为，传统社会学理论在解释社会和社会变革问题时，时间以"共时"和"历时"的割裂状态存在。时间割裂的观点造成了社会学和历史学的区隔，但在时间视角下，共时和历时统一起来，社会学与历史学也实现了共通〔1〕。吉登斯提出了研究历史的方法，"从我称作片段特征和时空界限的角度来理解社会构成和改革。片段指具有一定方向和形式的社会变革过程，一定的结构改革在这种方向和形式内发生"。比较一个历史关头与另一个历史关头发生的极为相似的片段过渡，会发现迥然不同的形式和截然不同的结果。要弄清其中的重要意义，就必须认真对待社会学和历史学是同一回事的认识。

　　从时间视角重新认识麻杏石甘汤，是将时间作为参与者而不是背景，理解人们对这味中药的态度和反应。作为一个穿越历史的文化物，麻杏石甘汤有其固定的形式和内容，这个形式和内容是有限的，并不能被任意解读。很长一段历史时期内，这味中药被认为是有效的，但近代以来其有效性却受到质疑。麻杏石甘汤"失效"的起点，恰是自两次鸦片战争直到甲午战争后。中医和中药被视为无效的迷信，这种意识在甲午战争以后至民国初年达到高潮；民国以后，认为中药有效和否认其效果的势力同时存在；1949年以后，中医中药的效用再次受到肯定。药物的效用并不完全是客观和科学问题，主流认识随着时代在变动。另外，根据吉登斯社会二重性的理论，文化反思的实践是由不同知识结构、意识形态的行动者实施的，因此"物"的现实既是局限也是创造。在西方进入中国后的复杂政治和经济背景下，人们对于中国和西方文化的认识并不相同，在差异文化和意识形态作用下，药物呈现不同认知和形态。麻杏石甘汤的效用危机在一个特定的历史片段中出现，然而社会普遍接受一种判断则需要很长的一段争议过程，文化结构和意识形态的差异致使其效用认定出现差异。

---

〔1〕　吉登斯、卢野鹤：《社会理论中的时间和空间：对结构主义的批判》，《国外社会科学文摘》1987年第6期。

### 三、麻杏石甘汤的效用危机

　　麻杏石甘汤是一味流传很久的古老方剂,出自东汉张仲景的《伤寒论》。它由麻黄、杏仁、甘草、石膏组成,有清肺泄热平喘的功效,主治邪热壅肺之证[1]。在《伤寒论》第 63 条,有"发汗后,不可更行桂枝汤,汗出而喘,无大热者,可与麻黄杏仁甘草石膏汤"。第 162 条又补充道:"下后,不可更行桂枝汤,若汗出而喘,无大热者,可与麻黄杏子甘草石膏汤。"[2]麻杏石甘汤作为一服中药方剂,自从在张仲景《伤寒论》被提出以来,为后世很多医家保留。经历了长期的历史洗礼和积淀,对表证为肺热喘咳等"伤寒"、"温病"(现代医学的名称又有不同,包括感冒、发烧、咳嗽、炎症等诸多症候表现)等诸多疾病有很好的疗效。

　　传统中医和普通人对于药物有效的观念,与现代医学的判定并不一致。在普通人的观念中,检验药物效用的最好方式似乎是看其是否能够减缓或治愈病痛,但这种认定却并不被现代医学所认可。安慰剂的例子告诉我们,药物对病痛产生效果的机制有很多可能性,可能不是因为药物本身,而是人的心理作用。当药物发生效用的机制未能被有效解释,人类无法控制和重现药物效应时,即便药物能够起到作用,其效应依然不会被现代医学认可。例如,古代苏美尔人和埃及人很早就懂得使用柳树皮解热、镇痛,但这并不是现代意义上的"有效药物"。人们知道利用柳树皮煮水治病,却不清楚发生效用的确切机制,因此无法准确用药及控制其副作用。直到 1763 年,牛津大学的爱德华·斯通发现其有效成分为水杨酸,后化学家们通过努力人工合成了水杨酸,并大量生产这种物质。1897 年,德国化学家费利克斯·霍夫曼,通过向水杨酸中添加乙酰基合成乙酰水杨酸,在保留水杨酸解热、镇痛和抗炎效果的基础上降低其毒副作用,从而产生了现代意义上的"有效"药物阿司匹林。

　　麻杏石甘汤可用于多种疾病的治疗,由多种药物组合而成,配方、数量和加工方法对疗效都有影响。对于麻杏石甘汤的核心药物,医者们一直存在争议。近代名医张锡纯认为麻杏石甘汤有"发表"和"清热"功效,组方中麻黄和石膏剂量可以调整,但他最看重石膏的"清热"功效,临床大量使用石膏;恽铁

---

〔1〕 张剑勇、牛锐:《麻杏石甘汤研究概况》,《陕西中医学院学报》1992 年第 4 期。
〔2〕 熊曼琪:《伤寒学》,中国中医药出版社 2007 年,第 73 页。

樵(1878—1935)则认为，麻黄为方剂中的"君药"，麻黄的发汗作用最重要；也有人认为，张仲景在治疗伤寒太阳表虚证时，主要采用桂枝汤以解表散热，根据症状的发展和变化，观察到病人已经"发汗"，或经"下"法治疗后，处于"汗出""无大热"却发生"喘"的症状，因此主张不再使用发汗的桂枝汤，而采用治疗肺部喘咳为主、尚有余邪的麻杏石甘汤，此处的麻杏石甘汤主治咳喘，麻黄和杏仁显然很重要。

中药效用受到质疑，它无法在西医的知识体系内获得理解。麻杏石甘汤对表证为发热、咳喘、疼痛等方面的疾病有缓解甚至治愈功效，但不能分析药剂发生作用的成分及机制。在西药化学技术影响下，近代中医试图说明麻杏石甘汤的药物功效，医者对此的分析却存在很大分歧。近代著名中医张锡纯(1860—1933)认为，麻杏石甘汤原初是为了"清热"，对于表证为"汗出"的"内热"，石膏最为关键。他"于麻黄石膏之分量恒有变通"，在临床中大量使用石膏，同时降低麻黄用量，甚至以薄荷替代麻黄创出"薄杏石甘汤"。原本石膏是麻黄的两倍，遇到热症加剧的，麻黄用量减少而石膏加重至麻黄的十倍，即便热症并没有那么严重，"石膏亦必五倍于麻黄也"[1]。当然，未出汗者也可增加麻黄量，如果感到还不够，"服药后可服西药阿司匹林瓦许以助其汗"[2]。恽铁樵则认为，麻杏石甘汤中作为君药(主要药物)的应该是麻黄，《伤寒论》原方中"汗出而喘"的记载可能有误，应该是"不汗出而喘"，使用麻黄能促使出汗达到解表祛邪的功效。中医试图说明麻杏石甘汤的药物功效，医者们的意见却很难统一。

麻杏石甘汤的组方被分解为独立的药物，并对每一种药物的成分进行分析，那些药理不明的物质被放弃。1924年，北京协和医学院药理学科的研究者陈克恢和施米特(C. F. Schmidt)等人，对麻黄进行的药理分析文章发表在美国的医学期刊。他们发现麻黄中的麻黄素功效等同于拟交感兴奋剂，麻黄素随即成为世界公认的治疗气管哮喘的重要药物[3]。20世纪30年代，一位叫做"金陵下工"的人士，以物理和化学成分的科学方法为依据，分析了麻杏石甘汤的有效成分，他说："麻黄为发汗镇痛药，对于感冒头疼，咳嗽频发，发汗不出者，与之有效，又最近发明，本品兼有利尿平喘等作用"；"杏仁为镇咳祛痰

〔1〕 张锡纯：《伤寒论中治温病初得方用时宜变通说》，《中国近代中医药期刊汇编》第2辑35《三三医报》，上海辞书出版社2011年，第411页。
〔2〕 张锡纯：《张锡纯伤寒讲义》，福建科学技术出版社2014年，第26页。
〔3〕 何端生：《麻黄素百年史话》，《医学通报》1986年第8期。

药,用于气管枝加答儿,及喘息等有效";石膏具有"镇静""镇痛""镇痉""止泻""强心""止血""强盛""消炎"八种药用功效;甘草"用于缓解物质之刺戟(激)性,及有敏之知觉者",他对麻杏石甘汤药性的最终结论是:

> 本方之重点在石膏,为加尔叟漠,是知石膏之功效,必先知加尔叟漠之医治作用如何,加尔叟漠之功效既有上述之八种,则本方之运用,亦具有同等之功效。[1]

麻黄、石膏是麻杏石甘汤组方中最主要的两种物质,在现代药物有效性的分析中,麻黄的有效成分为麻黄素(麻黄碱),能够起到收缩血管的作用;石膏的主要成分为硫酸钙,可能还有其他成分。这种被大量用于中药、被认为可以解热的"寒"性物质,西医对所谓"解热"的机制很难理解。药物的有效成分被医药化学分析、抽取、提纯和人工合成,才能被视为有效。麻杏石甘汤的药物被分解和提纯后,作为原有组合汤剂的"文化物"消失了,它们以新化学分子的新物质形态重新出现。原来认为"有效"的药物,在新医药化学分析中,其功效可能发生改变。比如,中医认为石膏的"解热"效果,很难从现代医学中获得理解;被认为具有解热、镇痛、止咳功效的麻杏石甘汤,则被阿司匹林等更有效的西药替代。不过,医学界也有人认为,通过化学分析认识药物成分的局限非常明显,石膏的主要成分为硫酸钙却绝不仅限于此。中药组合方剂药物成分复杂,且在熬制过程中经历了复杂的反应和物质变化,中药临床中的效果值得进一步探索。

随着西医病毒理论的发展,很多人认为,中药对于疾病的治疗彻底失效。许多中药汤剂都具有解热、镇痛、消炎等效果,但在西医看来,引起这些症状的根源在于各种病毒。消除病毒引发的症状并不能治愈疾病,因而中药对病毒引起的疾病无效。麻杏石甘汤被认为对于治疗白喉有显著疗效,汪莲石、恽铁樵等近代中医名家对此都有治愈的案例。汪莲石(1848—1928?)为清末伤寒名家,于光绪三十年(1904)曾经用麻杏石甘汤、核桃乘气汤佐以薄荷、射干等药物,治愈寓沪宁波商人任燮藩如夫人的白喉,至今留有医案。恽铁樵曾经跟随汪莲石学习,自称对使用麻杏石甘汤治疗白喉很有经验,且效果迅速而显著,他还以家人治疗白喉的亲身经历作为佐证。

恽铁樵曾经有一个 13 岁的儿子患病,发热、无汗、恶寒、喉痛,且喉有白

---

[1] 金陵下工:《麻杏石甘汤之新剖观》,《国医公报(南京)》1936 年第 10 期。

腐。中医为其开了山豆根、类似石膏的白粉等药物，服药后病情反而加剧。后来又送往西医处治疗，采用血清疗法，每日注射血清依然未能治愈而亡。后来，恽铁樵六岁大的女儿出现与死去的儿子类似的症状，他结合自己读《伤寒论》的心得，给女儿服用了麻杏石甘汤，他的妻子根据广告为女儿购买了西药保喉药片。女儿的病很快痊愈，据此，恽铁樵深信是中药麻杏石甘汤起了功效，而妻子却认为是保喉药片的功德。女儿的病刚好不久，十二岁的儿子又不幸患病，其临床表现一如之前的两个子女。恽铁樵为了检验麻杏石甘汤和保喉药片的功效，先让儿子服用保喉药片，但孩子的病情却加重了。在妻子的催促下，恽铁樵又给儿子服用了麻杏石甘汤，儿子的病很快痊愈了。经过几位子女治疗的经验，恽铁樵深信中药麻杏石甘汤对于治疗白喉症状的有效性[1]。

　　根据西医的理论，白喉是由白喉杆菌引起的传染病，德国医学家贝林在实验室发现已患过白喉的小白鼠的血清具有对白喉的治疗和免疫功能，从而发明了血清疗法，一时间，血清成为治疗白喉的特效药。恽铁樵通过他的亲身经历和临床观察，认为西医治疗喉症的比率也只有45％。血清疗法作为治疗喉症的特效药，需要6天才能起效果，治愈率为75％。麻杏石甘汤对治疗白喉的效果同样显著，"吾于十年前常用麻杏石甘汤治喉症，应手而愈，转机不过六点钟，全愈不过二十四点钟。详说在拙著《伤寒研究》中。谓非喉症唯一正当治法不可也"[2]。麻杏石甘汤是由麻黄、石膏、杏仁等药物组成，它们不具备杀灭白喉杆菌的功效，但为何对治疗白喉有效呢？恽铁樵对此的解释是，麻杏石甘汤能消除发热、形寒、无汗等症状，病菌就不能为患[3]。他认为中药通过发汗等功效调节腺体，从根本上保护身体抵抗病菌伤害，所以病菌并非致病根本，身体抵抗力的消失才是致病的根源。

　　麻杏石甘汤是否能治疗白喉？在近代医学界，中医界和西医界都存在否认麻杏石甘汤在白喉治疗中有效的认识。中医界有一种"白喉忌表""烂喉丹痧（西医所谓猩红热）发表"的传言，由于麻杏石甘汤被认为是"发表"的药物，因此白喉忌用、而烂喉丹痧可用。西医否认麻杏石甘汤对于白喉的治疗有效，依据的是疾病的病菌理论。即认为白喉是由白喉杆菌引起的，血清疗法是最有效的方式。恽铁樵等人通过亲身经历，坚信麻杏石甘汤对于治疗白喉有特

---

〔1〕　恽铁樵：《〈伤寒论研究〉与〈临证演讲录〉》，学苑出版社2007年，第45—51页。

〔2〕　恽铁樵：《恽铁樵医书四种》，福建科学技术出版社2007年，第171页。

〔3〕　恽铁樵：《恽铁樵医书四种》，第37—38页。

殊效果，比西医的血清疗法起效更快、治愈率也不低。陆渊雷（1894—1955）根据恽铁樵、日本人野津猛在《汉法医典》中的医案记载，相信麻杏石甘汤对白喉治疗有效。至于为什么中医界有"白喉忌表"的传言？他认为原因在于中医根据疾病出现的"证候"，而不能区分"少阴咽痛（西医所谓坏死性咽炎）""白喉（西医所谓实扶的里）""烂喉丹痧（西医所谓猩红热）"，从而将"烂喉丹痧"误以为是"白喉"所致[1]。

王润民对于恽铁樵讲述治疗白喉的中、西药物评价提出怀疑，他认为恽铁樵极有可能混淆了"白喉"和"烂喉痧"两种疾病。这两种疾病的外在表现很相似，都会出现发热、喉咙出现白斑等症状，西医通过是否有白喉杆菌进行区分。根据恽铁樵的观察，病人在被注射血清后，后来都出现了猩红热，结果治疗的效果都不好，说明病人很可能患的是猩红热而不是"白喉"。治疗白喉的特效药依然是血清疗法，而猩红热的治疗用麻杏石甘汤加苏子、桑皮、贝母、牛蒡等有很好的疗效[2]。按照这种说法，恽铁樵很可能同样混淆了白喉和猩红热，也就是说，他的几位儿女患的是猩红热而不是白喉，因此用麻杏石甘汤治疗有效。陆渊雷批评中医根据症状治疗疾病，无法分辨白喉、烂喉丹痧（猩红热）的区别，在治疗白喉时忌讳使用麻杏石甘汤。这种认识在王润民看来恰是错误的，麻杏石甘汤无法杀死白喉杆菌，对于白喉的治疗的确无效，真正有效的还是血清疗法。

麻杏石甘汤作为中药的经典方剂，对广泛被归结为"伤寒"表证的发热、疼痛、咳喘等具有一定疗效，但在西医看来，发热、疼痛、咳喘等表证只是疾病的外在表现，感冒、肺炎、支气管炎、关节炎、白喉、猩红热等许多疾病都具有这些表证。这些疾病不是同一种病毒引起，所以不能采用同一种药物进行治疗。麻杏石甘汤能起到一定的降温、镇痛、止咳的效果，却不能分辨疾病的起因。中药在病因不明的情况下被使用，往往因错误用药产生不良后果。恽铁樵以临床经验说明，麻杏石甘汤虽不能消灭白喉杆菌，但在临床中却往往有效，中药治病有其需要发掘的科学道理。麻杏石甘汤"发表"（发汗）的功效，能够增强身体抵抗病菌攻击的能力，比西医消灭病菌更重要。不过，恽铁樵的思路没有被继续探索，西医的病毒理论及消除疗法才是主流。

---

[1] 陆渊雷：《陆渊雷全集》，上海科学技术出版社 2018 年，第 248—249 页。
[2] 王润民：《麻杏石甘汤果能治白喉乎？》，《光华医药杂志》1935 年第 1 期。

## 四、麻杏石甘汤"失效"的历史起点

鸦片战争之后的二三十年间，西医并没有被中国权贵和知识阶层接受，中医依然占据绝对优势的地位。西方传教士、医师合信曾发表过批判中医的言论，他说中医不是建立在坚实的解剖学基础上，对于疾病用阴阳五行和巫术进行解释，药物按照色、香、形、味进行辨识，并与五脏六腑相分配，是缺乏客观依据的主观臆断[1]。当时的中国权贵和知识阶层对西方充满恐惧、愤怒和仇视，合信的响应者很少。

近代最早崇尚西医、否定中医的代表人物，如李鸿章、吴汝纶、俞樾等人，几乎都是洋务派官员及其关系密切者。但在 19 世纪 70 年代之前，洋务派对西方的接纳只停留在武力，在医学上并没有表现出"崇西否中"的明确态度。在内忧外患的严重社会危机面前，西方船坚炮利的军事技术而不是医学首先受到洋务派的重视。曾国藩为洋务运动的著名领袖，患有白内障眼疾，直至去世前一年的同治十年（1871），允许一位名叫马昌明的守备尝试用道家内功（气功）治疗，二十一天后以失败告终。以擅长包括白内障手术在内的眼科手术著称的西医，曾国藩却从未提及。李鸿章早在 19 世纪 60 年代初就接触到了西医，但那时他最关心的还是西方的坚船利炮而不是西医[2]。1872 年，天津发生霍乱，有传教士向民众施予药物，并上书请求李鸿章拨出银两襄助，李鸿章以这是教会自己的事予以拒绝[3]。

19 世纪 70 年代中后期，以李鸿章为首的洋务派官员对待西医、中医的态度却发生了天翻地覆的变化。1879 年之后，李鸿章频繁表达出对西医的崇信和中医的否定，据说他对西医态度的转变和支持，是因为医学传教士马根济（John Kenneth Mackenzie）、郝维德（Leonora Annetta Howard）等人治愈了李夫人的疾病。这一年，在给丁日昌的一封信中，李鸿章提到病危的夫人"赖男女三洋医治之立效"，并表示"今始知中国医术如政术，全是虚伪骗人"[4]。

俞樾视为近代"废医论"的第一人，1879—1880 年，他发表了著名的《废

〔1〕 合信：《内科新说》，上海仁济医院 1858 年（咸丰八年）新镌，第 1 页。
〔2〕 李传斌：《李鸿章与近代西医》，《安徽史学》2001 年第 3 期。
〔3〕 《申报》同治壬申五月廿四日。
〔4〕 李鸿章：《复丁雨生中丞》，《李鸿章全集》第 32 册，安徽教育出版社 2008 年，第 505 页。

医论》〔1〕,激愤地表示中医之"医之不足恃,药石之无益"。数年之后,他的《医药说》对原来的观点稍作修改,说"余固不信医也,然余不信医而信药"〔2〕,即认为中药理论无效但药物有效。如果说俞樾对中医、西医的态度还有待考证,吴汝纶则明确表达了崇尚西医、反对中医的鲜明态度。19 世纪90 年代,吴汝纶在与朋友的通信中,发表了一系列崇尚西药、否定中药的言论。他说西医对脏腑血脉的考核有依据,严格地推论病形,"其药品,又多化学家所定,百用百效"。由于"西医研精物理",深知物性,所以西药在治疗疾病上很有效,制药原本应该是"化学家事也"〔3〕。有一次,吴汝纶的孙子得了目疾,他在给儿子的信中,对治疗方式提出了这样的建议:

> 犬(大)孙目疾,若中药虽可见效,吾不主用。缘(既)中药难恃,恐贪其效而忽其敝。中医不能深明药力之长短,孙儿障翳,苟不碍瞳人,即可置之不问,久亦自退,较胜于(用)不甚知之药。〔4〕

吴汝纶否定中药有效的依据是文化上的,判定标准为西医的知识而非药物的临床表现。根据现有资料,吴汝纶"崇西否中"的医学言论最早出现在光绪十七年(1891)六月,在他写给萧敬甫的信中,称赞西医"理精凿而法简捷",效果显著,悼叹很多朋友宁为中医所误,不肯尝试西医的做法〔5〕。此后,吴汝纶多次表明自己笃信西医,对朋友有病拒绝中医的态度表示赞赏。1893 年,在与友人吴季白的信中,他认为中医是早已一钱不值、含混谬误的旧说,批评友人吴季白不用西医为思想保守;同年,吴汝纶写信给友人王西渠,向其推荐西方养老扶衰的牛肉精,认为当今贵人如李鸿章,恭、醇两位亲王皆服用此药,同时批判中医、中药毫无益处〔6〕。

---

〔1〕 俞樾发表《废医论》的时间并不明确。《废医论》编入《俞楼杂纂》45 卷,由其《序》可知,"俞楼"建于光绪戊寅年(1878),第二年(1879)与夫人居住于此。根据章原《俞樾废中医之谜》,《读书》2014 年第 2 期)的考证,《俞楼杂纂》编定于 1800 年(一说 1801 年)左右,收录 1878—1880 年间的文章,《废医论》成于此间。本文认为,《废议论》极可能写于 1880 年。

〔2〕 有人认为他受到洋务思想和西医文明的影响,也有人认为他的本意并非在于"废医",而是在国破家恨的激愤心态下,怀抱着拯救中医的良苦用心,还有人则认为主要是俞樾由于家人遭遇的医学厄运产生的私人情感。章原(2014)根据章太炎的说法,认为俞樾的"废医"并非真正想要废除中医,他与后来主张废除中医的余云岫有大不同。余云岫受日本留学的医学改革影响,而余樾对中医有"哀其不幸,怒其不争"的心态,只是"起医"的另一种表达。

〔3〕 吴汝纶:《吴汝纶全集》,施培毅、徐寿凯校点,黄山书社 2002 年,第 141、257、704 页。

〔4〕 吴汝纶:《吴汝纶尺牍》,徐寿凯、施培毅校点,黄山书社 1990 年,第 401—402 页。

〔5〕 吴汝纶:《吴汝纶尺牍》,徐寿凯、施培毅校点,第 36—37 页。

〔6〕 吴汝纶:《吴汝纶尺牍》,徐寿凯、施培毅校点,第 46—47 页。

俞樾、吴汝纶都是著名的儒学大师，他们在短时期内发表反对中医的言论令人费解。一些学者从他们的私人医学经历解释这种现象，却忽视了他们所处的时代背景，以及与洋务派官员之间的密切关系。俞樾、李鸿章是曾国藩的两位著名弟子，俞樾的学术成就深得曾国藩的赏识，而李鸿章则延续了曾国藩的洋务运动。俞樾与李鸿章、李瀚章兄弟的关系都很密切，其"废医论"的思想很难说不是受李氏兄弟的影响。约在 1879—1880 年，俞樾的《废医论》与李鸿章推崇西医、否定中医的态度转变同时出现，这应该不只是巧合。吴汝纶受到良好的儒家文化教育，1865 年以其深厚的古文功底受到曾国藩赏识进入其幕府，后来又在李鸿章手下做事。吴汝纶医学态度的转变，受李鸿章的影响更为明显。他经常引用李鸿章的言行，作为西医有效、中医无用的证据。徐一士认为，吴汝纶笃信西医的由来，"殆受教于鸿章"[1]。

医学是文化的重要组成部分，麻杏石甘汤等中药效用危机，只是中国社会-文化整体危机的表现形式。中医自近代以来其社会地位发生了颠覆性改变，麻杏石甘汤与中医的整体命运紧紧捆绑在一起。两次鸦片战争和太平天国运动，是近代中国社会内忧外患的标志性事件。最初，晚清政府对于西方社会的认识比较肤浅，权贵们震惊于西方的武器，对西方文化却十分鄙视。鸦片战争是中国近代失去文化话语的起点，19 世纪 70—90 年代，中国在甲午、八国联军侵华等一系列战争中持续失败，致使民族自信跌入谷底。以李鸿章为首的新一代洋务派官员，对中国贫弱的现状有了清醒的认识，他们意识到学习西方的重要性，改变了敌视西方的态度。洋务派最先意识到中国的贫、弱以及西方的强大，他们从过去只学习西方船坚炮利的武器而蔑视其文化，转向全面学习西方，进行文化反思。文化反思体现在药物中便是药物反思。

清朝灭亡和中华民国成立以后，作为与旧王朝及其文化切割的现代"新文化"代表者，崇尚西医和反对中医的社会思潮成为一股洪流。北洋新政权、南京国民政府建立之初，都表明了废除中医的立场。1912 和 1913 年，北洋政府教育部两次拒绝将中医药列入教育学科，这也是近代著名的教育系统的"漏医案"；1929 年，南京国民政府卫生部召开的第一届中央卫生委员会议上，讨论并通过了四项"废止中医"的提案。标榜进步、先进、科学的社会精英和文化名人，如梁启超、鲁迅、胡适、陈寅恪、傅斯年、丁文江等人，都表明了抗拒中医的态度，甚至有人宁死不看中医、不服中药。包括麻杏石甘汤在内的中药则被视

---

[1] 徐一士：《一士类稿》，辽宁教育出版社 1997 年，第 180 页。

为落后、不科学和无效的巫术受到抨击。麻杏石甘汤的有效体现了近代以来国人对药物的反思,这一文化潮流至今依然具有影响力。新中国成立以后,中医的地位有所提升。

现代药物并不是科学研究者的新发现,许多都是基于地方性的药物知识,源于世界各地传统的药物文化。药物、身体和疾病都不只是物理的客体,它们都无法摆脱社会和文化的影响而独自发挥作用。循证医学在当今医学界受到学者的关注,药物也是一种"文化物",可以像研究艺术那样进行研究。对药物的文化-社会视角下的研究,揭示了药物在饮食、文化物和商品之间的转换,引发我们重新看待中医和中药在当今世界中的地位。

作者简介:徐宇凡,男,1995 年生,浙江杭州人,2018 年入上海大学社会学系攻读硕士学位,师从刘春燕副教授。2021 年从上海大学毕业后入华中科技大学社会学系攻读博士学位。主要研究方向为医学社会学、医学人类学。

# 地方的景观书写与文脉建构

## ——以《元和唯亭志》为中心

左　鹏

## 一、文脉研究与唯亭由来

　　"文脉"本是建筑学讨论较多的话题,后来延伸至社会学、旅游学、城乡规划学和风景园林等多个学科领域[1]。文脉可理解为文章的脉络或文化的脉络,文化的脉络"依托于各种物质载体以及人的活动",蕴含着"文化的精神与灵魂""具有承上启下的传承功能以及阐释人类生活的符号功能"[2]。文脉可从历时性、共时性和情感性三个维度加以解读,是人-事-时-空的关系网络[3]。对于地方而言,文脉连接历史与现实,隐含地方性,体现地方认同与依恋。文脉的物质化或实体性表征,即为地方标志性文化景观,如果把文化景观也看作是文本的话,则对于景观的制作与创作都是一种书写。这种书写比较典型地表现在明清时期各地的"八景"建构之中,选取富有地方特色的景观,给予命名并创作诗文,录入方志等地方文献,使之成为地方文化与记忆的一部分,故此文脉研究最宜倚赖方志类文献。很多学者注意到了方志中的"八景",从景观设计、文学、文化、记忆甚至权力话语等角度做了大量研究,阐述其景观类型与构成、文学题材与内容、文化意义与价值等,大多侧重于景观建设和旅游开发等实用性指向,也有研究者揭示了"八景"中的地方感甚至地方文脉传承[4],但仍有必要以文本细读作深入探讨。

〔1〕 贺夏雨、任云英:《国外文脉研究的进程及其启示》,《华中建筑》2019 年第 8 期。

〔2〕 郑向敏、林美珍:《论文物保护与文脉的传承与中断》,《旅游学刊》2004 年第 5 期。

〔3〕 程兴国等:《"城市双修"语境下城市文脉概念的解构与重构》,《华中建筑》2020 年第 12 期。

〔4〕 前者如黄文车:《找寻地方感的书写:清代屏东地区古典文学发展概述》,《屏东文献》2012 年总第 16 期;后者如宋凤等:《明代崇祯济南八景的景观特征及文脉传承研究》,《中国名城》2020 年第 8 期。

作为这一研究的尝试，笔者谨以《元和唯亭志》为例，选取其"唯亭八景"及"大桥"作阐述对象，以点带面地探讨在地方景观的书写中，地方传统如何发明与赓续，地方文脉如何建构与传承，冀就正于同好并有益于地方。

《元和唯亭志》是清道光二十八年（1848）唯亭沈藻采所撰，沈藻采为元和县国子监生，此志"稿凡三易，阅十寒暑而告成"[1]，志前收录唯亭前贤归圣脉所撰《唯亭八景》诗，并依诗意各配一图[2]，志中备述唯亭各处景观，且无论虚实、存废，凡有题咏，皆依次罗列。从此志体例来看，它对同类志书多有借鉴，而能集其所长；从其记载内容来看，唯亭人颇善利用不同资源，塑造唯亭山川美秀、文物彬彬、风习佳丽的文化大镇形象，从而也以此建构了地方文脉。

唯亭，早先以"夷亭"称，大致处在府城娄门沿至和塘东行到昆山县城的中间位置，南宋以后因出现于"潮过夷亭出状元"的谶语中而闻名，本属长洲县管辖，清雍正二年（1724），"分苏、松、常三府内州县之钱粮重大、地方繁剧者，每县分而为二"[3]，长洲由此析置元和县，唯亭归属之，直至民国初长洲、元和合并，划入吴县辖境，现属苏州工业园区。

夷亭貌似是一个比较古老的地名，宋人已不知其所由来，多从晚唐陆广微《吴地记》所言，如《吴郡志》卷8引此书云："夷亭，阖闾十年，东夷侵逼吴境，下营于此，因名之。"程大昌亦云："予问夷亭何以名夷，虽其土人不能知也。偶阅陆广微《吴地记》而得其说，盖吴阖闾时名之也。阖闾尝思海鱼，而难于生致，乃令人即此地治生鱼，盐渍而日干之，故名为鲞，其读如想。又《玉篇》《说文》无鲞字，《唐韵》始收入也。鲞即鱼身矣，而其肠胃别名逐夷。为此亭之尝制此鱼也，故以夷名之。《吴地志》仍有注释云：夷即鲞之逐夷也。熙宁四年郏亶奏言平江水利，所记昆山支港有夷亭，即其地矣。但以亭为停，当是传讹耳。"[4]朱长文则记："旧传有古馆八，曰全吴、通波、龙门、临顿、升羽、乌鹊、江风、夷亭"[5]，即以其为古馆舍之一，嗣后用为地名。明初卢熊直斥前者之

---

〔1〕 道光《元和唯亭志》"尤崧镇序"，清道光刻本。按：为节省篇幅，下引此志非必要不另注。

〔2〕 这组诗亦见于乾隆《吴郡甫里志》卷23，《中国地方志集成·乡镇志专辑》第6册，江苏古籍出版社1992年，第177—178页。从诗意来看，图画并不完全与之对应，如元泾听潮，反映的是中秋月夜的情形，本当画一轮圆月，而图中所绘为一弯新月，而且画中添加了镇上并不存在的建筑问潮馆；曲水环山，诗中水网密布、烟火千家，但画中显眼的是唐陀罗尼经幢和重元寺、乡厉坛等建筑。

〔3〕 乾隆《元和县志》卷1，江苏广陵古籍刻印社1989年，第14页。

〔4〕（宋）程大昌撰，许逸民校证：《演繁露校证》之续集卷5，中华书局2018年，第1395—1396页。按：程大昌所引《吴地记》及郏亶水利书中的文字，亦见范成大《吴郡志》卷50和卷19。

〔5〕（宋）朱长文：《吴郡图经续记》卷中，《宋元方志丛刊》第一册，中华书局1990年，第651页。

非而以后者为是："夷亭，前志引《吴地记》所载阖闾时事，谬妄不足据。今长洲东有僧坊，号唯亭寺。按《续记》云：古馆名也。"〔1〕但他也没有提出更多史料加以论证，沈藻采曾有"然亦不知何据"之疑。《大明一统志》云：夷亭"在长洲县界。郡志云：吴阖闾十年，东夷侵逼吴境，立营于此。后人为亭，曰夷亭"〔2〕。虽引《吴郡志》，但以后人曾构亭于此而转为地名，亦未言所据。

"夷亭"何以呼作"唯亭"，亦难晓因由，今人认为"夷""唯"吴语音同混写，可备一说〔3〕。《吴郡志》录丘与权《至和塘记》："初，治河至唯亭，得古闸"〔4〕，但宋人文献以"唯亭"称者，似仅见于此文，如是音同混写，而非后人篡改，则宋时已有此写法。洪武《苏州府志》卷四十八曰："唯亭以东三十六里隶昆山，西三十六里隶长洲。"正德《姑苏志》卷三十三云："夷亭，一名唯亭。"似明中叶前虽有"唯亭"之称，而仍以"夷亭"为通名。万历《长洲县志》卷十载"唯亭山"、卷十三载"唯亭桥"，但卷十二所记五市四镇中不见"唯亭"，则其时"唯亭"或已成通名，不过仍旧只是村居野处，未成市镇〔5〕。清初张大纯《维亭沽酒》有"远市酒旗招""村舍傍斜桥"句〔6〕，或见此时已成市而仍以村舍为主的样态。乾隆《元和县志》卷首"元和县田圩图"中俱标作"唯亭镇""唯亭山"，卷二则作"彝亭山"，小注曰："吴王阖闾时东彝寇吴，吴结亭于此以御，故名。今俗呼为'维亭'。"同卷又有"彝亭东市""彝亭镇""彝亭下塘"等名，似乎官方记载的正式名称仍是"夷亭"，而"唯亭"为其俗称，且为人所熟知。《百城烟水》则曰"维亭，俗称怡亭"〔7〕，或未审而致误。

从上述名称的变化来看，唯亭镇的形成或在明万历间，而其大发展乃在入清以后。"唐宋时，民贫俗朴，人皆散处村庄。自明季以迄国朝二百余年，太平翔洽，聚庐而居，人烟稠密，比屋万家"，这应当是对唯亭镇从明末至清道光年间发展历程较为平实的叙述。

---

〔1〕 洪武《苏州府志》卷43，第5页。明刻本。

〔2〕 《大明一统志》卷8，明天顺五年（1461）本，第10页。按：此志同页"问潮馆"条，写作"怡亭"。

〔3〕 参阅张乃格：《苏州唯（夷）亭考》，《江苏地方志》2007年第5期。

〔4〕 （宋）范成大：《吴郡志》卷19，《宋元方志丛刊》第一册，第823页。按：此为民国十五年（1926）影宋刻本。

〔5〕 万历《长洲县志》修成于隆庆五年（1571），万历二十六年（1598）重刊时对此志稍作增补，如科举资料增加至万历二十五年（1597），又补十卷艺文志，但总体上反映的是隆庆末年以前情况。

〔6〕 （清）徐崧、张大纯辑：《百城烟水》卷1，《续修四库全书》733册，上海古籍出版社2002年，第395页。

〔7〕 （清）徐崧、张大纯辑：《百城烟水》卷1，第395页。按：各志书写法不一，或因"夷""彝""怡"、"唯""维"音同而通用。

学界有关江南市镇的研究可谓汗牛充栋，对唯亭的社会经济发展状况也有所分析，此不赘述。因处于府城娄门与昆山县城中间，水陆交通方便，唯亭成镇有其必然性[1]，但与长洲县其他市镇如相城、许市、甫里等比较，唯亭市镇化的时间相对晚近，然而在其发展早期即有明确的文化建设意识，从"唯亭八景"的建构可见一斑。

## 二、造景：文化资源的汇聚与借用

在唯亭由村庄成市镇的过程中，地方文士已有意识地提炼本地胜景，建构人文丰茂绵长的文脉，打造人杰地灵的文化大镇形象，归圣脉题咏"唯亭八景"即其标志性事件[2]。归圣脉字薪传，号莪庵。"未弱冠，淹贯经籍，为长洲学生，弟子受经者来自千里之外""当事争重其名，折节承教。晚岁聘修通志、苏州府志、长、吴二邑志，并称多闻"。这几部志书大体修成于康熙三十年（1691）以前，可知归圣脉生活于明末清初，而题咏"唯亭八景"或许也是他晚年时事。

"唯亭八景"分别为：石桥夜月、古寺乔柯、元泾听潮、渔沼荷风、金沙落照、曲水环山、阳城渔艇、青丘野眺。从名称就可以看出，这些景观与当时全国大多数"八景"一样，富于山水田园诗和文人画的意境，蕴含往事悠邈、人世繁富和闲适的意趣，凸显出本地的山光水色足以怡情悦性，衣冠文物历来彬彬称盛。如果将卷首的八景图标识在地图上，则可发现题咏前三景在镇内，后五景属镇外，镇内三景从东到西依次是石桥夜月、元泾听潮、古寺乔柯，镇外五景中的曲水环山、阳城渔艇在镇北的阳城湖畔，青丘野眺、渔沼荷风、金沙落照错落分布于至和塘南。

"唯亭八景"中水景居其五而山景仅占其一，映射着唯亭多水少山的自然地理环境，它们被提炼出来作为地方形象标志的景观符号，表现了唯亭多样多面的自然与人文特色，如曲水环山"千家烟火结高丘"，满眼世间的热闹；阳城渔艇"江舟试问桑麻熟"，四望丰收的喜悦；石桥夜月"独立怅游身世外，擎尊若寄水云乡"，细品人生的清欢；渔沼荷风"爱同茂叔称君子，时自高吟渔父词"，

---

〔1〕 据包伟民主编《江南市镇及其近代命运：1840—1949》："（江南）乡镇市场的范围，根据各自辖村数目而有大小，但一般直径距离都有限，最远的约十五华里。……农民日常赴市，一般都在早上三四个钟头之内，天亮之前出门赴市，七八点钟就要赶回家干活了。而往返数十里到大市镇即中间市场去，则只是偶尔为之的事情。"（知识出版社1998年，第42页）

〔2〕 关于"八景"的研究颇为繁伙，此不赘举。"八景"营造及题咏在明清时期最盛，"唯亭八景"只是大潮中的一朵小浪花，故于其研究亦鲜。

隐喻德操的高洁;金沙落照"波静风清频击节,何尝把酒夕阳斜",畅叙日常的闲适;古寺乔柯标榜的是当地引以为傲的文物:"环溪挂月似金钩,刹院萧疏景独幽。乔木十围垂铁干,游鱼一曲纵清流。佛经书法珍华藏,宦绩留题著古丘。半舫楼头参玉版,任他尘世禅春秋。"题名虽以"乔柯"为中心词,但诗中各联细述古寺及其文物,暗示本镇历史的久远。这座古寺名叫延福禅寺,据《元和唯亭志》卷6记载:"延福禅寺,在上塘东市,宋开庆(1259)间法印和尚创建。寺前后一水回环,如金钩挂月。寺有古迹五:后冈银杏树、宋版《法华经》、梅花硐、半舫楼、分水堤碑。今惟银杏、《法华经》在焉。"这段文字几乎可视为诗的注释,而与此相关的诗文,在整部志书中多次出现于不同时代本地文士笔下,可见他们对于当地历史的维护与揄扬。再如青丘野眺,则通过追怀前贤以表达本地水土优厚而能孕育杰出人才之意。青丘位于至和塘与吴淞江之间,距唯亭镇数里之遥,此地田平水碧,不过江南一普通村落而已,但元末明初著名文人高启曾退隐于此,自号"青丘子",遂令此地增色。驻足南望,又是自号"天随子"的晚唐诗人陆龟蒙隐居地甫里(今江苏省苏州市吴中区甪直镇),故诗云:"绝代文人隐是丘,昔时烟景尽东流。远瞻金粟埋荒径,近抱天随没钓舟。春草芊芊浮绿水,荻花邈邈点轻鸥。缶鸣谁可追遗响,木落吴淞万里秋。"高启有《缶鸣集》,其文仍存而斯人已逝,后人来此,不免感慨嗟叹。《元和唯亭志》卷3则云:"里中人材辈出。明初,高季迪启为一代开国诗宗,张子宜适诗学与高启、杨基齐名。迨我朝尤西堂父子、顾侠君昆季相继主持风雅,海内艳称。高居青丘,张居唯亭山,尤、顾虽迁居郡城,然俱里中产也。自有明数百年来,先后词坛宗匠,蔚然代兴,亦可以识地灵矣。"这里提及的人物,除高启外,张适为张载九世孙,尤侗自称西堂老人,顾嗣立号侠君,有兄顾用霖、顾嗣协,俱为顾予咸子,他们都以诗闻名于时,而这一陈述可谓此诗此景之互文。

"唯亭八景"中最不用刻意寻觅、同样"可以识地灵"的,当属元泾听潮。南宋时由"潮过夷亭出状元"的谶语,邻邑昆山在县城西南的小虞浦与至和塘交汇处建造了问潮馆,并制造了八月望日在此观潮的风俗,明万历中再造为八月十八"潮生日"时在县城东门外玉柱塔下观潮的风俗,入清后"潮过夷亭出状元"的谶语甚至扩散为"潮到唯亭镇,姑苏出状元"的俗语〔1〕。在此强力辐射下,处于由村成镇转型中的唯亭也形成了"中秋""士子登状元泾桥候潮"的习俗。归圣脉诗云:"状元桥畔有湖亭,八月潮来夜半听。浪涌溪头来瀚海,名传宇内耀文星。

---

〔1〕 参阅左鹏:《状元谶及其风俗制造》,《学术月刊》2023年第10期。

龙腾自是符天纪,鳌占应须识地灵。百谷朝宗旋转至,滔滔雄荐绕王庭。"唯亭士子中秋之夜凝神听潮,既期冀应验"状元谶",也喻示唯亭地气灵秀,人才滋盛。

"状元桥畔有湖亭,八月潮来夜半听",描写了唯亭听潮的大致境况。"状元桥"在状元泾上,大概与其东不远处的驷马泾一样,连通阳城湖与至和塘,跨驷马泾的石桥,为石桥夜月取景处。状元泾桥未见于万历《长洲县志》,《元和唯亭志》卷4则云:"明万历末,里人王峣仁、归隆允、陈证重建。国朝乾隆三十二年(1767)圮,峣仁后裔王慎聪重修。"这段话的依据当来源于其下所附王岱东《重建状元泾桥记略》。王岱东是唯亭人,乾隆丙戌(三十一年,1766)成进士,次年重修状元泾桥时,他撰文记其事,谈到了状元泾桥名称的由来:"启土得旧碑,有'状元泾桥'四大字,下注'万历壬子(1612)王承宠题',即尔谋五世祖,前明任会稽令、号'竹林公'者也。碑旁小跋,字迹漫漶,大旨似述命名之意。然则桥之设也虽久,而状元泾之名自竹林公始,未可知也。"尔谋是王慎聪的字,王承宠与王峣仁是父子关系,王氏家族前后几代人多次重建状元泾桥,不仅给人们的出行带来了便利,而且为当地社会风习的营造贡献了力量。

"湖亭"是问潮馆的俗名,"相传在状元泾桥左",其他诗人亦有吟咏。但揆诸史籍,则不过是诗人笔端虚拟而已。南宋时昆山县令叶子强所筑问潮馆,在昆山县城西南□里四十步的小虞浦边,此处离唯亭约三十五里之遥,而唯亭从未有人指认在状元泾桥边修筑或重建过问潮馆。或许值此之故,沈藻采修志时即已有疑:"吾里问潮馆,据王岱东云,叶子强筑。殆叶公既建于昆山而又筑于唯亭欤?"这里的"王岱东云",出自《重建状元泾桥记略》:"自宋绍兴有'潮到唯亭出状元'之谶,邑令叶子强筑问潮馆,而状元泾桥莫详所自始。今馆址久圮,独桥尚存。"细读此语,各句表述皆为事实,并未明言问潮馆建在唯亭,但这种书写方式极易造成一种阅读错觉,让读者误以为问潮馆就修建在状元泾桥边。不过,"状元谶"中包含"夷亭"这个地名,也极易在流传过程中让人将它与"邑令叶子强筑问潮馆"联系起来,以为问潮馆修建在夷(唯)亭,而且明万历以后昆山的问潮馆已经废圮,更增加了后人弄清事实真相的难度,如清初徐崧编辑《百城烟水》时录入了自己所作《过维亭怀问潮馆》诗,可能就是未察史事而致混淆的产物[1]。然而这首诗被沈藻采收入《元和唯亭志》时,将诗题改成了《唯亭问潮馆》,虽然只是省略了两个动词,却完全改变了诗题原意,把本来

---

[1] (清)徐崧、张大纯辑:《百城烟水》卷1,第395页。按,诗前所摘录的"维亭",见于上文,从其叙述来看,徐崧等人似未理清宋时夷亭属长洲而不辖于昆山的事实,或者模糊了叶子强是昆山县令的身份。

不存于唯亭的问潮馆坐实在这里。沈藻采在同一条目的上下文中又疑又改的举动,似乎透露出一种非常微妙的文化心态:一方面,方志修纂的基本原则是实录,如果已经知道问潮馆修建在昆山,那他就不能不对前人在唯亭的说法有所怀疑,以示志必求实;另一方面,方志也有推贤扬善、增美乡邦的功能,前贤既已明言"状元桥畔有湖亭",后人即使有所质疑,在尊贤崇古心理的支配下,也就极力维护前人陈说,何况这还有利于表彰乡里的人杰地灵!因此,这一改动看似很细微,却能很好地弥合徐崧与归圣脉之间的书写矛盾,因二人大体生活在同时代,下笔时一说"怀"一说"有",未免龃龉,而去掉"怀"字后就别无二致了。

由此可见,虽然大家采取了不同的书写策略,但是从康熙时的归圣脉、乾隆时的王岱东,到道光时的沈藻采以及其他唯亭文士,都在很默契地维护一个并不存在的事实,但问潮馆虽未曾修筑在唯亭,可在它已成历史陈迹,而"状元谶"已成俗语广为流传的情形下,就不再妨碍唯亭士人以此馆作为标志性市镇景观加以追怀题咏。归圣脉以"多闻"见称,还参修过《江南通志》《苏州府志》,应该清楚问潮馆坐落于何处,为何直言其筑于状元泾畔呢?这或许是唯亭士人有意利用社会流传的谶语和俗语,借用昆山已经废圮的问潮馆、还在传承的观潮风俗来书写本地的文化景观、建构历史文脉。状元泾桥隐喻着与"状元谶"同样的文化心理,问潮馆勾连着与"状元谶"相关的观潮风俗,既然唯亭出现在"状元谶"中,就注定了在科举时代它必定因此而名显于众,也必定成为观察潮水是否到达此地的参与者,因而成为昆山观潮风俗的响应者。由此将其化作地方传统的一部分,并打造八月中秋听潮的风俗,可谓顺势而为。这一行动所依托的,是"状元谶"的流播和昆山观潮风俗的盛行,出现在谶语中的唯亭因共享这一历史文化资源而借用其文化要素,建构出本地的标志性景观。

综观"唯亭八景",虽然其命名展现的是一派山水相依的自然风光,但是其内涵通过文化资源的汇聚与借用,将人物与文物镶嵌其中,又表现为一方人世繁盛的精神乐土,它们以文字刻画地方景观,发明地方传统,勾勒地方文脉,力图凸显一个后起市镇并不落后于同侪的文化底蕴。自归圣脉题咏之后,"唯亭八景"成为唯亭标志性景观,得到后世本地文人认同并作为经典代有唱和,这种依题依韵书写,也体现了一种自觉的文脉赓续意识。

## 三、架桥:政治资源的挖掘与利用

唯亭地方文脉的建构并未止步于"八景"书写,此后数年,"尽教霖雨开新景，自有银蟾照故乡"。"霖雨"指唯亭人称为"大桥"的阜民、霖雨桥，其独特处在于一桥两名，恰当地诠释了唯亭人如何在地方建设中有意识地利用社会、政治资源来提升地方文化景观的格调、创新性地传承地方文脉。

唯亭镇起初的主体位于至和塘北岸，康熙三十二年(1693)以前，跨塘南北的交通往来只有渡船，这在村居时代或许已能满足人们日常出行的需求，但随着唯亭产业的兴盛，渡船已不敷时用，遂募资修筑了一座大桥。"桥在镇东市，跨至和塘，俗名大桥。创建于国朝康熙三十二年，里人尤本立募捐，督抚两院命名，故一桥两名。"这座桥之所以有阜民、霖雨两个名称，是因为它们分别得自当时两江总督和江宁巡抚。审阅史料，建桥似乎并没有得到官府的拨款，桥名与尤本立也都不见录于稍后所修乾隆《元和县志》的"桥梁"与"人物"卷，可见修桥只是民间善举，主事者也只是一个里中富户，何以能够游说到朝廷封疆大吏为其题名呢？这或许缘于其家族中有力者在背后的推动。

唯亭在形成市镇的过程中，也出现了一些大家族，比如顾氏、尤氏、钱氏等[1]，他们累积了一些社会资源，并在科名上有所斩获，如以进士而论，有明一代见诸载记的仅六人，清初至康熙年间就已得六人[2]。一些史料表明，这些大家族的主要人物，可能并不以唯亭作为活动舞台，而是生活在京师或府城苏州，但因家族血缘纽带，他们与在乡镇的族人还保持着联系，也可能因此而为故乡谋取一些资源。

以尤氏而论，募资建桥者尤本立原非唯亭人，"自锡山赘于唯亭归氏，遂卜居焉""性慷慨，乐善不倦"，他应与世居于斜塘的尤氏同宗。尤氏以宋朝待制公尤叔保为始祖，"吾尤氏自待制公由闽迁吴，一子居苏，一子居锡，世族绵衍，虽越百里犹同室"[3]，居于无锡的一支"复迁于苏，转徙斜塘，以耕读世其家"[4]。斜塘尤氏明末时有位尤挺秀，是长洲县诸生，在乡里颇得人望，"生平重然诺，解纷排难，讲明乡约，里人多质成焉。太守陈宏谧重其行，举乡饮大宾。年八十二，诏给七品冠带"。挺秀之子尤瀹，同样能秉承父亲的志行，"七试不售，著述自好"，他对乡里多有建议，而能得主事者施行，里人敬重有加。

〔1〕 可参考张学群：《苏州名门望族》，广陵书社 2006 年；徐茂明：《明清以来苏州文化世族与社会变迁》，中国社会科学出版社 2011 年。
〔2〕 仅以道光《元和唯亭志》卷 11"科目"的记载作统计，并剔除寄籍他邑者。
〔3〕 （清）尤侗：《先兄尔钦墓志铭》，《艮斋倦稿·文集》卷 8，清刻本，第 2 页。
〔4〕 （清）尤侗：《悔庵年谱》卷上，清刻本，第 1 页。按：尤氏家世渊源，可参阅徐坤《尤侗研究》第一章（华东师范大学博士学位论文，2006 年）。

他"两举乡饮大宾,不赴"。尤瀹有七子,名侗、价、侗、佺、俊、何、倬,至此尤氏大盛,七人俱就读于县学。尤侗"生而警敏,博闻强记,有才名。历试不利,以贡谒选,除永平府推官",所作诗文"流传禁庭,世祖览而称善,有'真才子'之目""圣祖亦以'老名士'重之。康熙十七年(1678),举博学鸿词,授检讨,修《明史》""己卯(三十八年,1699),圣祖南巡至吴,侗献《平朔颂万寿诗》,御书'鹤栖堂'三大字赐之。癸未(四十二年,1703),驾复南巡,即家晋侍讲"。尤侗虽然贵显,但"和易近人,不为崖岸"。尤何,康熙壬子(十一年,1672)科举人,"教谕黟县,以课士最,授神木令",赴任后"救灾赈饥,用恩执法,而出以至诚。人感其廉,俗赖以淳"。尤倬"天性孝友,少慕朴学",虽然兄家"地望通显,而倬不改儒素,不以门阀自炫也。年八十,以岁贡授训导"。尤侗有子尤珍,"壬戌(康熙二十一年,1682)成进士,入翰林。父子同朝,班联随侍,时人荣之",后"官晋右春坊右赞善,念亲老,乞养归",尤珍与其父性情相类,"恬退冲穆,喜推奖士类;与人交,不立崖岸"。纵观尤氏四世,前两代有声于乡里,后两代显贵于朝廷,尤侗又得世祖、圣祖眷顾,故而有机会结识两江总督与江宁巡抚。这时的两江总督是满人傅拉塔,康熙二十七年至三十三年(1688—1694)在任;江宁巡抚是宋荦,康熙三十一年至四十四年(1692—1705)在任,圣祖三次南巡都由他负责接待。宋荦素负诗名,与同居于苏州的尤侗早年即有交游,康熙十七年(1678),尤侗在京师应博学鸿词科时,值宋荦榷赣关,他与应试诸公为之饯行,作《送宋牧仲榷使赣州》诗,此后二人屡有诗文唱和,尤其是在宋荦江宁巡抚任上往来频繁,唯亭大桥建成的康熙三十二年,尤侗为宋荦小像题诗二首[1]。由此可推知,乡鄙小镇唯亭在里人尤本立的主持下集资造桥,想寻求当朝州郡长官题写桥名以壮大声威、显耀乡里,可能的途径自然是既与唯亭有渊源,又在朝廷有资源,且与自己同祖源的尤侗父子。而尤氏父子与人交往又"不为崖岸",加上捐资造桥实为积德行善的义举,或许他们当即应允了登门相求的尤本立。这大概可以解释唯亭人俗称的"大桥"为何得到了督抚两院的题名。

但是,一桥一名足矣,分别向督抚两院提出请求似乎有悖常理,而且也暂未发现尤侗与傅拉塔有交往的材料,然则是何契机促成了一桥两名?生活于乾嘉时的唯亭人朱丕成,作《唯亭棹歌三十首》,其中写到大桥:"南北中分一水

---

〔1〕 参阅徐坤《尤侗研究》第二章《尤侗交游考》、附录《尤侗年谱》之康熙十七、二十二、二十七、三十二、三十三年各条。

遥,桥成无复唤招招。刚逢两宪牙旗过,并刻阜民霖雨桥。"此言大桥修成后两院长官恰好经过而题名。尤本立的后人、嘉道时的尤崧镇在《霖雨桥》诗中则说:"相传是年患小旱,建桥得雨炎威转。大吏因题霖雨名,载锡阜民殊缱绻。"只是他们都未谈及尤本立或唯亭人如何得以晋见督抚两院并获允为其题名。尤侗有多首诗写到是年五月、六月天旱无雨,他早起随台使祈雨之事[1],小旱之说当属无误;相关记录虽显示宋荦四月、七月曾外出巡视,但行踪不详,考其所作诗文,似未经过唯亭。不过,次年即康熙三十三年(1694)十月,宋荦"奉命同总督范公承勋、浙闽总督朱公弘祚会勘太湖入海水道,酌议疏浚"[2]。清代太湖入海水道主要有黄浦江和娄江,考察娄江必经唯亭,而之所以两江总督是范承勋,是因为这年六月傅拉塔去世,范得上谕继任,随即有南下考察之事,这就印证了"刚逢两宪牙旗过"。据此推测,唯亭大桥得到督抚两院题名应当是康熙三十三年时。至于是否得力于尤侗父子的运作,虽然不排除范、宋二人舟行至此,感慨于尤本立捐资建桥的善行,欣然命笔题写了桥名,但在等级森严、讲究关系的前近代社会,这种情况大概比较罕见,而联系尤侗与宋荦的交往,或许宁可信其有更为妥帖。

无论如何,大桥被督抚两院题名为"阜民""霖雨",是让唯亭人感到荣耀的事情,嗣后百三十年,仍以此自矜曰:"一桥而两名者,吾里阜民、霖雨桥而已",这也可以看出,唯亭人善于利用社会、政治资源,并将其转化为本地的文化资源,从而在新景观的营建中实现地方文脉的传承与创新。

大桥名"霖雨",缘于此年遭逢旱灾,"建桥得雨炎威转",在今人眼里,二者只是前人对经验世界想当然的关联,但在很多时候这种信仰性观念却是指导前人日常生活的依据。其实大桥从动议到建成,不仅出于方便两岸往来的实用目的,还隐含着景观建设中改善地方风水、祈求吉祥富贵的心理诉求。比如建桥之前占卜吉凶:"祷于神灵卜云吉,募建舆梁咸乐从";大桥的选址与规模:"相阴阳而度广狭,众谋金协营于东"。再如大桥建成以前,"尔时耕读各安堵,土风虽淳少巨户。纵云潮到卜状元,统吴而言非块土",但大桥建成后,"斯土自有斯桥来,饶沃清华霞并举",这种积极后果就在于大桥对唯亭风水的改变,"良由洪波每东奔,自娄入海难蓄聚。架以长虹略锁之,令彼中流得容与。腐儒不习形家言,按之地理若合谱"。以此观之,大桥名"阜民"可谓恰如其分,它

[1] 参阅徐坤《尤侗研究》所附年谱,第369—371页。
[2] (清)宋荦:《漫堂年谱》卷2,《续修四库全书》第554册,第207页。

方便了南来北往的行人客商,带来了唯亭的繁荣富庶,促进了唯亭镇规模的扩大,原先位于至和塘北的小镇,遂得以跨塘分列南北,并以塘为界,塘北和塘南分别被称为"上塘""下塘","上塘"又按方位分"东市""西市",这些名称皆不见于万历《长洲县志》,而见于乾隆《元和县志》,而道光《元和唯亭志》中,上塘、下塘又各有东市、中市、西市之名,应可想见此时人烟更为稠密。而纵跨至和塘的大桥,如蛟龙卧波,唤霖雨时至,有锁钥洪流蓄聚财货的形势,有督府两院嘉誉题名的光耀,有连接南北交通的便利,也成为唯亭的标志性景观和地方文脉的承载物。"泾桥潮声石桥月,孰若兹桥多利涉",其势头几欲压倒"八景"中的石桥夜月和元泾听潮,这两处景观都离大桥东面不远,故此能在视野可及的范围内加以比较,但三者的空间组合,又以各自独特的寓意恰成互补:石桥夜月隐喻人生的清雅,元泾听潮隐喻人生的功名,阜民霖雨桥则隐喻民人的繁富,合起来构成一种富贵圆满的空间意义。

## 四、结　语

曾经村居野处的夷/唯亭,因"状元谶"而为人所熟知,以水陆交通便利而在明末清初变成市镇,及至道光时号称"元邑首镇"。在此过程中,唯亭文士通过汇聚和借用不同的历史文化资源,提炼地方胜景,以"八景"书写展现了唯亭怡情悦性的山光水色,彬彬称盛的衣冠文物,打造出唯亭人杰地灵的文化大镇形象,建构了唯亭人文丰茂绵长的地方文脉。出于现实的需求,唯亭人募资修建了跨至和塘的大桥,既改进了南北交通,又改善了地方风水,并充分挖掘社会资源获得了督抚两院题写桥名,巧妙地将这种政治资源转化为本地的文化资源,在新景观的书写中赓续了地方文脉。要言之,中秋听潮风俗的借用与持续,"八景"的建构与命名,"大桥"的营造与题名,它们的书写方式或有差异——"唯亭八景"更多地采取激活历史资源的方式经营代表性文化景观,阜民霖雨桥则是利用政治资源来丰富标志性文化景观,但它们互相呼应,发明并继承了地方传统,共构并续写了地方文脉。这一书写与建构,不独唯亭人与《元和唯亭志》为然,其他地方的人士与文献亦在在有之,值得今人细致钩稽考索,以昭往昔而明来者。

行文至此,似乎犹有未尽之意,景观书写固然成就了唯亭地方传统的发明、地方文脉的建构,当它们被录入方志后,却使得方志书写包含了差异、虚拟和矛盾,这显然有悖于方志书写的实录原则,早期就受到学者的批评,如唐代刘知几曰:"郡书者,矜其乡贤,美其邦族""地理书者,……则人自以为乐土,家自以为名都,竞美所居,谈过其实。又城池旧迹,山水得名,皆传诸委巷,用为故实,鄙哉!"[1]既然如此,为何这种书写一直存在于方志文本之中? 方志从萌芽到成熟,其功能逐渐表现为"资治、教化、存史"[2],从资治、存史的角度,方志书写要做到不虚美、不隐恶、平实无华。从教化的角度,方志书写则遵从推贤扬善、增美乡里的原则。换言之,资治、存史与教化之间有着内在的张力,尽管多数方志修撰者强调以实录为原则,但实际书写中或许更倾向于扬善增美,因为毕竟大多数地方在过去的时间里都平淡无奇。受以古为尚、尊贤隐讳风习的浸染,后世为了表彰先贤、称美乡土、增饰夸耀就在所难免,这与上文论述的发明传统、建构文脉表里关联。然则这样的书写该如何评价,则是另外一个见仁见智的问题了。

本文原载《江汉论坛》2024 年第 1 期,收录时有删改。

---

〔1〕 (唐)刘知几撰,赵吕甫校注:《史通新校注》,重庆出版社 1990 年,第 582—583 页。
〔2〕 杨军昌编著:《中国方志学概论》,贵州人民出版社 1999 年,第 254—258 页。

# 形式即意义：重农、劝农传统与中国古代耕织图绘制

王加华

　　长期以来，中国一直是一个"以农为本"的国度。农业不仅是最为重要的经济基础，是民众衣食与国家税收的最主要来源，也是施行民众教化、建立良好社会秩序、保证国家政治稳定的基础所在。正是基于农业的重要性，中国历朝历代都奉行一种重农、劝农的国策，而"劝农"更是成为中国古代"政府的哲学理念和治理技巧的核心所在"[1]。重农、劝农的具体表现与方式多种多样，如发布诏令与劝农文、举行籍田礼、春间巡行地方等，而创作与农事活动有关的图像也是重要方式之一，比如南宋以来历代体系化耕织图的绘制即是一个重要体现。体系化耕织图，就是通过系列绘画的形式将耕与织的具体环节完整呈现出来，同时配以诗歌以作说明，具体如南宋楼璹《耕织图》、清代康熙《御制耕织图》等。从南宋到清代，七百多年间，至少出现过几十套不同版本与内容的系统化耕织图像[2]。

　　就本文所要讨论的重农、劝农主题来说，相关研究成果可谓极为丰硕，对我国历史上劝农的内容、形式、仪式、官制等制度层面，以及重农、劝农的作用、意义及多方面表现等问题做了相关论述与讨论[3]。但纵观已有研究，可以发现：一方面，这些研究大多都是基于制度层面的讨论，更多是在就事论事，而对这一传统背后所反映的政治运作逻辑、传统中国社会性质等问题关注不

---

〔1〕　[英]白馥兰著，吴秀杰、白岚玲译：《技术、性别、历史：重新审视帝制中国的大转型》，江苏人民出版社 2017 年，第 87 页。

〔2〕　关于中国古代耕织图的绘制与刊刻情况，可参阅中国农业博物馆编：《中国古代耕织图》，中国农业出版社 1995 年；王红谊主编：《中国古代耕织图》，红旗出版社 2009 年。

〔3〕　代表性成果，如宋希庠：《中国历代劝农考》，正中书局 1947 年；包伟民、吴铮强：《形式的背后：两宋劝农制度的历史分析》，《浙江大学学报（人文社会科学版）》2004 年第 1 期；黄启昌：《古代中国的劝农制度》，《寻根》2004 年第 5 期；耿元骊：《宋代劝农职衔研究》，《中国社会经济史研究》2007 年第 1 期等。

够；另一方面，相关研究更多是基于法令法规、仪式活动等面向展开讨论，而从图像层面进行论述的则基本付之阙如。至于作为本文具体探讨案例的耕织图，目前虽已有大量成果存在[1]，但却并没有从本文所要讨论的角度展开论述与分析的。有鉴于此，本文将在已有问题讨论的基础上，以南宋以来体系化耕织图的创绘、刊刻及相关"运行"为具体主题，以窥传统中国重农、劝农实践的实质及其背后所反映的政治运作逻辑与礼制社会建构等更为深层次的问题。

## 一、重农、劝农传统背景下的中国古代耕织图绘制

传统中国以农为本，在长期的历史发展过程中形成了浓厚的重农理念与传统，所谓"大哉农桑之业！真斯民衣食之源，有国者富强之本。王者所以兴教化，厚风俗，敦孝悌，崇礼让，致太平，跻斯民于仁寿，未有不权舆于此者矣"[2]。正是基于农业生产的重要性，历朝历代的统治者都采取了一系列鼓励、促进农业发展的措施。其中，劝农又是最为重要的措施之一，其目的在于提醒统治者(尤其是地方官员)重视农耕，劝勉民众笃力于农业生产，以保证农事活动的顺利进行，从而农有丰收、民有衣食、官有租赋、国有治安。在传统中国社会，劝农具有非常重要的意义与作用，正如有学者论述的那样，"在中国两千余年的农业社会中，劝农的伦理政治观，与相应的农耕仪式和实践，始终贯穿于国家管理体系中，通过各种政府管理事务体现出来"[3]，并由此成为传统中国"重要的政治文化之一"[4]。

重农、劝农的具体表现与方式多种多样，创作有关农事的图像是重要方式之一，其中最为典型与重要的是体系化耕织图。比如我国第一套体系化耕织图南宋楼璹《耕织图》，本质上就是重农、劝农传统与政策的产物：

> 高宗皇帝身济大业，绍开中兴，出入兵间，勤劳百为，栉风沐雨，备知

---

[1] 具体如[日]渡部武《〈耕织图〉流传考》(曹幸穗译，《农业考古》1989 年第 1 期)，中国农业博物馆编《中国古代耕织图》，王红谊主编《中国古代耕织图》，Roslyn Lee Hammers, *Pictures of Tilling and Weaving: Art, Labor, and Technology in Song and Yuan China* (Hong Kong University Press, 2011)，张家荣《〈耕织图〉流变》(新星出版社 2017 年)，等等。

[2] 元世祖敕司农司撰：《农桑辑要·王磐序》，中华书局 1985 年，第 1 页。

[3] [英]白馥兰著，董晓萍译：《跨文化中国农学》，中国大百科全书出版社 2018 年，第 39 页。

[4] 曾雄生：《〈告乡里文〉：传统农学知识建构与传播的样本——兼与〈劝农文〉比较》，《湖南农业大学学报(社会科学版)》2012 年第 3 期。

民瘼，尤以百姓之心为心，未遑它务，下务农之诏，躬耕耤之勤。伯父时为临安於潜令，笃意民事，慨念农夫蚕妇之作苦，究访始末，为耕、织二图。耕自浸种以至入仓，凡二十一事。织自浴蚕以至剪帛，凡二十四事，事为之图，系以五言诗一章，章八句。农桑之务，曲尽情状。[1]

由此记载可知，楼璹《耕织图》的创作是出于对高宗皇帝"务农之诏"的响应[2]。当时南宋政权初建，正处于风雨飘摇之中，急需发展生产、稳固社会秩序，故高宗皇帝"下务农之诏"。宋代，为体现重农、劝农之意，曾创设了一套"职带劝农"之法，即路府州等各级主要地方官官衔上加"劝农"之名，县级主官亦兼劝农衔[3]。而楼璹，作为於潜之县令，自亦带有"劝农"之衔，自应响应高宗皇帝的劝农之诏。楼璹《耕织图》创作完成后，"未及，朝廷遣使循行郡邑，以课最闻。寻又有近臣之荐，赐对之日，遂以进呈。即蒙玉音嘉奖，宣示后宫，书姓名屏间。初除行在审计司，后历广闽舶使，漕湖北、湖南、淮东，摄长沙，帅维扬，麾节十有余载，所至多著声绩，实基于此"[4]。也就是说，此图后来被进献给了高宗皇帝并受到了高宗皇帝的特别嘉奖，楼璹也由此开启了不断的升迁之路。而高宗皇帝之所以如此重视此图，即因此图符合了其重农、劝农之意。

楼璹《耕织图》创作完成并受到高宗皇帝嘉奖之后，受此图之影响，后世出现了诸多以耕与织为题材的耕织图作品。这些图绘，或是直接据楼图摹绘而来，或是受楼图的影响创作而成。据笔者目前掌握的资料可知，仅南宋时期就出现了至少8套相关的耕织图绘。此后元明清三朝，亦陆续有耕织图绘被创作或刊刻出来，至少不下几十套。这其中比较著名的，如元代程棨《耕织图》（完全据楼璹《耕织图》创作而成）、杨叔谦《耕织图》；明代宋宗鲁《耕织图》、邝璠《便民图纂·耕织图》、仇英《耕织图》；清代康熙《御制耕织图》、冷枚《耕织图》、雍正《耕织图》、陈枚《耕织图》、乾隆《御制棉花图》、嘉庆《授衣广训》、光绪木刻《桑织图》与《蚕织图》、何太青《耕织图》等。

在内容呈现上，耕织图以系列图绘的形式，将水稻生产与蚕桑纺织的具体

[1] （宋）楼钥撰，顾大朋点校：《楼钥集》卷74《题跋·跋扬州伯父耕织图》，浙江古籍出版社2010年，第1334页。
[2] 当然，楼璹《耕织图》的创作，是多方面因素共同促进的结果。对此，可参阅王加华：《观念、时势与个人心性：南宋楼璹〈耕织图〉的诞生》，《中原文化研究》2018年第1期。
[3] 对此，可参阅范学辉：《宋代县令兼衔考》，《中国史研究》2018年第3期。
[4] （宋）楼钥撰，顾大朋点校：《楼钥集》卷74《题跋·跋扬州伯父耕织图》，第1334页。

环节做了具体描绘。以作为后世体系化耕织图"蓝本"的南宋楼璹《耕织图》为例,"耕""织"合计共 45 幅图,其中耕图 21 幅,即浸种、耕、耙耨、耖、碌碡、布秧、淤荫、拔秧、插秧、一耘、二耘、三耘、灌溉、收刈、登场、持穗、簸扬、砻、舂碓、筛、入仓;织图 24 幅,即浴蚕、下蚕、喂蚕、一眠、二眠、三眠、分箔、采桑、大起、捉绩、上簇、炙箔、下簇、择茧、窖茧、缫丝、蚕蛾、祀谢、络丝、经、纬、织、攀花、剪帛。后世诸耕织图,除《棉花图》外,只在图幅与内容上略有调整。每一幅图,通过描绘"最富于孕育性的顷刻"[1],即将耕与织最具代表性的劳作场景描绘出来,使图像观看者立刻就能明白其中所表达的意思。

那这些耕织图的性质与创作目的何在呢?传统观点主要将耕织图作为一种农学作品来看待,但笔者认为,虽然不能说耕织图就完全没有技术记录与推广的价值与意义,其创作的主要目的其实在于教化与劝农,主要体现的是重农、劝农之意。这一点从诸耕织图题记中即可明显看出,具体如:

> 使居上者观之,则知稼穑之艰难,必思节用而不殚其财,时使而不夺其力,清俭寡欲之心油然而生,富贵奢侈之念可以因之而惩创矣。在下者观之,则知农桑为衣食之本,可以裕于身而足于家,必思尽力于所事而不辞其劳,去其放僻邪侈之为而安于仰事俯育之乐矣。[2] (明·宋宗鲁《耕织图》)

> 朕早夜勤毖,研求治理,念生民之本,以衣食为天……爰绘耕织图各二十三幅,朕于每幅制诗一章,以吟咏其勤苦而书之于图。自始事迄终事,农人胼手胝足之劳,蚕女茧丝机杼之瘁,咸备极其情状。复命镂板流传,用以示子孙臣庶,俾知粒食维艰,授衣匪易。[3] (清·康熙《御制耕织图》)

正因为耕织图主要表达的是重农、劝农之意,故曾雄生认为,耕织图"不过是以绘画和诗歌形式出现的劝农文而已"[4]。

---

[1] 龙迪勇:《图像叙事:空间的时间化》,《江西社会科学》2007 年第 9 期。

[2] (明)王增祐:《耕织图记》。据王红谊主编《中国古代耕织图》第 346 页所载日本仿刻宋宗鲁《耕织图》之《耕织图记》图片。

[3] 《钦定授时通考》卷 52《劝课门·耕织图上》,清乾隆八年钦定,吉林出版集团有限责任公司 2005 年,第 721—722 页。

[4] 曾雄生:《儒学与中国传统农学》,《传统文化与现代化》1995 年第 6 期。

## 二、耕织图的绘制模式、推广传播与意义呈现

基于农业生产的重要性，中国古代很早就形成了浓厚的重农、劝农传统，并进而在此基础上催生了南宋以来系列体系化耕织图的绘制与刊刻。耕织图的绘制、刊刻与传播，具有何种模式与路径呢？ 基于绘制与传播的模式与路径，耕织图又发挥了何种作用与意义呢？

耕织图，作为古代重农、劝农的一种重要表现形式，其创绘、刊刻或最初的发起者，绝大部分都是帝王或官员[1]。官员可大体分为两类：一类是中央或地方之行政官员，具体如南宋楼璹（县令）、汪纲（绍兴知府），明代邝璠（县令）、宋宗鲁（江西按察佥事），清代何太青（县令）、方观承（直隶总督，《棉花图》绘制者）；一类是供职于宫廷画院的宫廷画家，如南宋高宗吴皇后题注版《蚕织图》之绘制者梁凯、刘松年、李嵩，清代的焦秉贞（康熙《御制耕织图》绘制者）等，这些供职于宫廷画院的画家，也均有一定的官品称号，具体如"待诏""艺学""祗候""学生"等[2]。相比之下，康熙《御制耕织图》、雍正《耕织图》、乾隆《耕织图》、嘉庆《授衣广训》《《棉花图》）等，则是由皇帝授意或发起而绘制的。事实上，由宫廷画家所绘制的耕织图，大多也是在皇帝授意下绘制的。

由"臣"所绘制之耕织图，或进呈给帝王，以让帝王知稼穑之艰难，以存爱民、劝农之心，所谓"伏望陛下置之坐隅，时赐睿览，一则知稼穑之艰难而崇节俭之化，二则念民生之不易而轻租赋之敛"[3]；或直接用以劝诫民众勤于南亩、勤力劳作，"用劝于民，则从厥攸好，容有所感发而兴起焉"[4]。帝王发起创绘耕织图，目的则主要在于颁赐臣下，提醒、督促他们以劝课农桑为务，所谓"命镂板流传，用以示子孙臣庶，俾知粒食维艰，授衣匪易。书曰'惟土物爱，厥心臧'，庶于斯图有所感发焉"[5]。一方面，"臣"是皇帝的"附属"与"助手"，因此首先要在他们内心树立起爱民、重农的观念，才能真正将各项劝农政策落到实处，所谓"凡为官者皆时存重农课稼之心，而凡为农者亦断无苟安怠惰之

---

〔1〕 少数例外，如元代程棨《耕织图》、明代仇英《耕织图》等。

〔2〕 王海、刘虎：《宋明宫廷画院职官待遇对画院水平的影响》，《天津大学学报（社会科学版）》2011年第3期。

〔3〕 （宋）程珌：《洺水集》卷2《奏疏·缴进耕织图札子》，商务印书馆1934年，第98页。

〔4〕 （明）邝璠：《便民图纂》卷1《农务之图》，中华书局1959年，第1页。

〔5〕 《钦定授时通考》卷五52《劝课门·耕织图上》，第722页。

习"〔1〕；另一方面，作为皇权在各地的"代理"，"臣"是皇帝"牧民"与政策推行的具体执行者，因此相对于"庶"，他们又是教化与劝导者。

耕织图创作完成后，其流传与推广究竟如何呢？文献曾对此有一些记载。如据元代虞集所言，"前代郡县所治大门，东西壁皆画耕织图，使民得而观之"〔2〕，由此观之，南宋时期，耕织图曾被画于郡县衙门墙壁之上，由此经过之人自然就会看到并认知这一图绘形式。宋宗鲁《耕织图》，"录此图以示人者，以教化及民"〔3〕，似也曾进行过推广。至于清代前中期创作的耕织图，一般先由宫廷画师绘制成册，帝王御笔题诗并装裱于画作之后，最后以之为底本进行版刻，或刻于石头之上再以拓本形式流传〔4〕。此外，清初绘制的耕织图，尤其是康熙《御制耕织图》，还曾被大量刊刻颁赐，"圣祖仁皇帝，念切民依，尝刊耕织图颁行中外"〔5〕。也就是说，整体来看，耕织图的传播，主要是限于帝王、官员、知识分子间，并没有真正推广到普通农民大众中去。固然《便民图纂》《钦定授时通考》《授衣广训》等，曾被大量刊刻印刷，但考虑到发行机构及古代民众的识字率问题〔6〕，这些书籍应该也基本只是在官员、知识分子中进行传播，所谓"唐后各朝，虽间有劝农图籍之颁行，然皆属诸官书，固不克家弦而户诵也"〔7〕。

当然，除上述提到的传播方式外，耕织图还曾以其他媒介与方式而被推向民间，如瓷器(如康熙五彩耕织图瓶)、扇面(如传宋杨威的农事图团扇)、漆器、鼻烟壶、绣品、墨块等〔8〕。晚清出版界，也曾印刷出版了诸多耕织图印刷品，如由外商创办的点石斋印书局就曾于 1879 年、1886 年发行过两个版本的《御制耕织图》〔9〕。总之，耕织图曾以多种形式与媒介进行传播。不过，这些耕

〔1〕（清）王先谦：《东华录·雍正九》，清光绪十年长沙王氏刻本。

〔2〕（元）虞集：《道园学古录》卷30《七言绝句·题楼攻愧织图》，商务印书馆1937年，第512页。

〔3〕（明）王增祐：《耕织图记》。据王红谊主编《中国古代耕织图》第346页所载日本仿刻宋宗鲁《耕织图》之《耕织图记》图片。

〔4〕 王璐：《清代御制耕织图的版本和刊刻探究》，《西北农林科技大学学报(社会科学版)》2013年第2期。

〔5〕《圣谕广训·序》，文渊阁四库全书本。

〔6〕 如据理查德·所罗门(Richard Solomon)的研究，据粗略估计，1600—1900年，中国识字人口仅占全部人口的1%—2%。参见 Richard H. Solomon, *Mao's Revolution and the Chinese Political Culture*, University of California Press, 1971, p.82。

〔7〕 宋希庠：《中国历代劝农考》，正中书局1947年，第98页。

〔8〕 可参见王红谊主编：《中国古代耕织图》，第234—251页。

〔9〕 参见陈翔、刘兵：《媒介、艺术与科学传播——耕织图案例研究》，《科普研究》2019年第1期。

织图作品，并非呈体系化的，往往只是截取某套耕织图的某一个或几个画面。更关键的是，这些耕织图主要是作为一种"艺术"作品而被应用与传播，并非出于重农、劝农之目的，由此"依附于文化价值上的重农意识形态以及对技术生产场景的审美旨趣已经从新的传播方式中消失"[1]。

劝农的最终目的，在于教化并督导民众不误农时、勤力耕种，那么历朝历代劝农的实际效果究竟如何呢？整体来看，可能并不如意。宋人谌祐的《劝农曲》就形象生动地说明了这一点："山花笑人人似醉，劝农文似天花坠。农今一杯回劝官，吏瘠民肥官有利。官休休，民休休，劝农文在墙壁头。官此日，民此日，官酒三行官事毕。"[2]各种劝农文，虽被"大字楷书，榜要闹处，晓告民庶，乡村粉壁，如法誊写"[3]——被"真正"播布到了民间，但实际上并未起到何种实际作用，正所谓"田父不知墙壁字，此声便是劝农文"[4]。也就是说，劝农行为更多只是一种形式主义的做法，故民国时人宋希庠评价说："至若为君上者，未尝不耕籍田，后妃未尝不亲蚕事，非不下悯农之诏，非不敕守令以劝相，然皆尚虚文而已，非实惠也。"[5]由此，我们再来看耕织图绘制的实际效果。作为重农、劝农的一种重要形式，由于创绘、刊刻的最初发起者主要是帝王与官员，其传播也主要是在帝王、官员以及知识分子间进行，那竟有多少劝慰民众、鼓励农耕的实际效果也就可想而知了，更罔提其技术推广与传播作用了。事实上，对统治者来说，其真正关注的重点，其实并非图像能否被广泛推向民间、真能发挥何种作用的问题，而是耕织图的创作与刊刻这一行为本身，其实质就是"仪式"的一个组成部分。也就是说，图像创作本身就是意义所在，其主要起到的是一种"展示"作用，至于会不会有人观看、有多少人观看其实并不重要。正如费希尔在提到公元前14至公元前13世纪黎凡特沿海所竖立的大量石碑时所说的那样："事实上，这些刻字的石碑与其说是让人阅读的，倒不如说是一种展示。统治者发布了书面声明，也就了事了。"[6]

总之，作为一种重要的重农、劝农形式，耕织图的创绘与刊刻，不论从其创作刊刻的模式还是社会传播的角度来说，可能并没有产生多少实际的劝导农

〔1〕 陈翔、刘兵：《媒介、艺术与科学传播——耕织图案例研究》，《科普研究》2019年第1期。
〔2〕 （宋）谌祐：《劝农曲》，（清）陆心源：《宋诗纪事补遗》卷64"谌祐"，山西古籍出版社1997年，第1496页。
〔3〕 （宋）李元弼：《作邑自箴》卷1《处事》，上海书店出版社1934年，第9页。
〔4〕 （宋）赵时韶：《布谷》，《全宋文》，上海辞书出版社、安徽教育出版社2006年，第35898页。
〔5〕 宋希庠：《中国历代劝农考》，第96—97页。
〔6〕 ［新西兰］史蒂文·罗杰·费希尔著，李瑞林等译：《阅读的历史》，商务印书馆2009年，第32页。

耕的效果,其创作过程本身就是意义所在。不过,这并不代表这种图绘创本就没有任何意义所在,因为其既是行"仁政"的重要表现形式,又具有规范与协调社会分工及社会秩序的意义在里面,有助于"再造神圣的儒家社会契约——统治者和人民(等于小农)之间的互惠性责任与义务的结合"[1]。因此,不论对帝王、官员还是普通大众来说,包括耕织图绘制在内的各种劝农形式都有其必要性与合理性所在。

## 三、讨  论

耕织图绘制与刊刻是劝农的一种重要形式,是中国古代重农传统的一种重要体现。就实际来看,包括耕织图绘制在内的劝农之策可能并未起到什么实际功用,形式意义要大于实际意义。就表现来看,其就像是统治者自编、自导、自演的"一出戏",其设想与预期的"观众"是普通农民大众,但却更像是演给他们自己看的——虽然台下并非完全就没有普通"观众"。当然,这出"戏"的演出并非完全没有意义,只是其更为侧重的是象征性、教化性的意义表达,在于表达当政者的重农、劝农理念。其最终目的,则在于通过这种仪式性、象征性、充满说教性的理念与价值观表达,营造统治者心目中各安其位、各安其业、生活富足、社会和谐、国家安治、王朝稳固的和谐、稳定、大同之理想社会秩序。正如康熙在《御制耕织图》题记中所说的那样:"欲令寰宇之内,皆敦崇本业,勤以谋之,俭以积之,衣食丰饶,以共跻于安和富寿之域。"[2]这一理想社会秩序,虽然很大程度上只是象征性、理念性的,但正如白馥兰所评价的那样:"事实上,对中世纪和晚期帝国的皇帝来说,最为性命攸关的不是经济而是象征性的秩序。"[3]这一点,正符合了"礼"所具有的"表演性"与"象征性"特点:"它是为强调某一事件的重大意义和渲染庄严气氛而特意排练的一种仪式……意在表现并强化实际的社会关系、政治制度、外交关系、军事诉求和观念信仰等,它与所表现的内容有密切关联但并不是这些内容本身。由于侧重于表现和形式,所以礼仪必定带有可以装饰、追求美观、模仿、虚拟、表演、象征

---

〔1〕 [英]白馥兰著,江湄、邓京力译:《技术与性别:晚期帝制中国的权力经纬》,江苏人民出版社2010年,第25页。
〔2〕 《钦定授时通考》卷52《劝课门·耕织图上》,第722页。
〔3〕 [英]白馥兰著,江湄、邓京力译:《技术与性别:晚期帝制中国的权力经纬》,第37页。

等特性。"[1]而耕织图绘制，本质上就是一种劝农之"礼"。

包括耕织图绘制在内的劝农传统，深刻体现出古代中国以"礼"治天下的礼治传统。"礼者，天地之序也"[2]，"礼，上下之纪、天地之经纬也，民之所以生也"[3]。礼，既可以视为引导社会生活与社会行为的基本准则，也可具体化为包括政治制度在内的各种社会组织形式[4]。在中国古人看来，个人、家庭、社会、国家等各层面都需要遵循"礼"的精神，从言语到行为、从生产到生活、从小民之交到国之政事，都需要"礼"来调整与规范，所谓"圣人之所以作，贤者之所以述，天子之所以正天下，诸侯之所以治其国，卿大夫之所以守其位，庶人之所以保其生，无一物而不以礼也。穷天地，亘万世，不可须臾而去也"[5]。而"礼"之行否，将直接关乎社会与家国之治乱，正如北宋大儒程颢所言："故所以行其身，与其家，与其国，与其天下，礼治则治，礼乱则乱，礼存则存，礼亡则亡。上自古始，下逮五季，质文不同，罔不由是。"[6]因此，历朝历代的统治者，都极为重视"礼"，并将"礼"抬升到了根本治国方略的高度。"礼，经国家，定社稷，序民人，利后嗣者也。"[7]"夫礼，人道之准，世教之主也。圣人之所以治天下国家，修身正心，无他，一于礼而已矣。"[8]故费孝通先生提出，中国传统社会的治理，主要是通过教化的方式进行的，社会中的每一个人都在一定的礼仪规则下生活，因此传统中国社会是一种礼治社会[9]。就耕织图创作在内的传统中国劝农实践来看，其本质是以"农"作为途径与手段，来倡导、规范并维护一种各安其业、稳定有序的社会秩序。在"以农为本"的社会

[1] 胡新生：《礼制的特性与中国文化的礼制印记》，《文史哲》2014年第3期。
[2] 《礼记》卷11《乐记十九》，(元)陈澔注，上海古籍出版社2016年，第431页。
[3] 杨伯峻编著：《春秋左传注·昭公二十五年》，中华书局1981年，第1559页。
[4] 杨国荣：《何为儒学？——儒学的内核及其多重向度》，《文史哲》2018年第5期。
[5] (宋)李觏：《李觏集》卷2《礼论第七》，中华书局1981年，第19—20页。
[6] (宋)程颐、(宋)程颢：《二程文集》卷12《礼序》，中华书局1985年，第178—179页。
[7] 杨伯峻编著：《春秋左传注·隐公十一年》，中华书局1981年，第76页。
[8] (宋)李觏：《李觏集》卷2《礼论第一》，第5页。
[9] 费孝通：《乡土中国》，北京出版社2005年，第68—76页。当然，说中国古代社会是一种礼治社会，并不是说其中就没有法治的因素或影子，在特定的历史时期(如战国、秦)，法治主义也曾是非常盛行的治理观念与实践。只是，"法治主义虽一时偶占势力，摧灭封建制度、阶级制度，然以吾国崇古念重，法治主义之学说，终为礼治主义之学说所征服"(梁启超：《中国法理学发达史论》，范中信选编：《梁启超法学文集》，中国政法大学出版社2000年，第70页)，最终形成一种"礼法并用，礼主刑辅"的治国理念。事实上，正如有学者所认为的那样，传统中国法文化的核心就是"礼"(张晋藩：《论礼——中国法文化的核心》，《政法论坛(中国政法大学学报)》1995年第3期)。

大环境下,各种劝农之"礼"必将处于一个极为重要的地位,是古代中国礼治社会建构与行政运作的重要表现,故白馥兰将其称为古代中国"政府的哲学理念与治理技巧的核心所在"〔1〕。

耕织图绘制与重农、劝农传统意涵的表达,体现出一种典型的象征性意象。就表面来看,耕织图是对水稻种植与蚕桑、丝织生产的描绘,但其核心意涵却是借此表达重农、劝农的理念。在中国古代社会,通过"礼""仪式"等所表达的象征性意象是普遍存在的,并且发挥了极其重要的作用,其目的在于对规范与秩序性的强调,以至于有时"象征"竟取代了"事实"而成为意义之所在。"尽管象征本来是一种符号、一种暗示、一种隐喻,并不是事实本身,可是,在中国古代思想世界中,象征却是极为重要的,在人们的思想中,象征有时竟取代了事实,成为意义之所在。"〔2〕回到本文所探讨的主题上来,"形式即意义",耕织图绘制这一象征性行为本身,即在很大程度上取代了其实际意义发挥而成为意义之所在。

劝农及其背后所体现的古代中国象征意涵与礼治传统,又充分体现出传统中国政治运作的一个重要面向,即象征性特色。政治运作可大体分为两个层面,即权力体系运作与象征体系运作。其中权力体系由政府、法律、军队等政治权力提供保障,具有"刚性"特点;象征体系则通常由各种符合、仪式活动等体现与组成,具有"柔性"特点,主要是通过象征性仪式、符号等发挥潜移默化的教化与影响力。在古代中国政治运作中,受礼治传统的影响,象征性可能是更为主要的面向。正如有学者所说的那样:"整个帝制中国实际运作的礼乐制度、政治制度及政策过程,实际上都是(以君权为中心)统治合法性信仰的象征系统"〔3〕;"中国传统政治论述的特色,在很大程度上,与其说是逻辑的,不如说是仪式的;其表达方式少有逻辑修辞之严谨的'证成',而更多地侧重于情感之调动与控制的'表演'"〔4〕。具体到运作逻辑,"象征"对"政治"的作用机制,可概括为八个方面,即"引起知觉""隐喻联想""引发认同""产生信仰""激发情绪""形成态度""支配行为""促进沟通"〔5〕。也就是说,主要是通过思想

---

〔1〕 [英]白馥兰著,吴秀杰、白岚玲译:《技术、性别、历史:重新审视帝制中国的大转型》,第87页。
〔2〕 葛兆光:《中国思想史》第1卷《七世纪前中国的知识、思想与信仰世界》,复旦大学出版社2019年,第53页。
〔3〕 张星久:《象征与合法性:帝制中国的合法化途径与策略》,《学海》2011年第2期。
〔4〕 萧延中:《我们生活在一个"真正的真实"的镜像社会之中》,马敏:《政治象征》,中央编译出版社2012年,"序"第18页。
〔5〕 马起华:《政治行为》,正中书局1977年,第165—168页。

引致的途径发挥作用。回到包括耕织图绘制与刊刻在内的劝农实践上来，可以发现这就是一种典型的象征性行为，虽然其中有"政府""帝王""官员"等政治实体与强权人物参与其中，但更多是一种提倡性、说教式的，而非法律、制度式的硬性话语，即沿着"引起知觉""隐喻联想""引发认同""产生信仰"这一模式展开进行的：通过耕织图的绘制、刊刻与提倡，引致人们头脑中已有意识与观念的共鸣，从而引发联想与认同。其背后的共有知识，则是对"以农为本"理念的共同认知与强调。

本文原载《开放时代》2022 年第 3 期，收录时有删节。

# 河流伦理的三个维度：理论渊源、文化积淀与历史实践

张俊峰　李　杰

河流是人类社会生存的基础，在历史发展进程中扮演着重要角色。《管子》论曰："凡立国都，非于大山之下，必于广川之上。"[1]河流为人类文明的发展提供了必要的水源与物质基础。被梁启超称为"四大文明古国"的中国、古代埃及、古代巴比伦以及古代印度，分别成长发展于黄河流域、尼罗河流域、两河流域和印度河流域，无一不是大河文明，故葛剑雄先生认为"河流伦理的基础是河流文明"[2]。在传统的农业时代，由于生产力限制，人类对河流的利用、索取尚属有限；但进入工业时代以来，生产活动排放的大量污染物及其对水资源的大量需求使河流遭受严重的污染与破坏，河流的生命健康权被肆意侵夺，这不仅破坏了自然环境，也对人类的生存发展产生不利影响。基于河流对人类社会发展的重要性，加之"河流危机演变成为人类存续危机，是全球人类命运共同体面临的重大挑战"[3]，当下构建河流伦理具有重要的现实意义，有助于更好地保护河流，促进人与自然和谐共生，实现可持续发展。

河流伦理是中国水利工作者在长期的管理实践中逐渐摸索、提炼的重要成果。2003 年 2 月，时任水利部黄河水利委员会主任的李国英提出"河流生命"的概念。2004 年 9 月，水利部黄河水利委员会提出《河流伦理体系研究框架》，将河流生命作为该框架的核心伦理概念，并由此对河流自然生命、河流文化生命以及河流的权利进行了初步的探索[4]。2009 年 10 月，第四届黄河国际论坛召开，主题为"生态文明与河流伦理"，对河流伦理进行了多学科的深入

---

〔1〕　黎翔凤撰，梁运华整理：《管子校注》，中华书局 2004 年，第 83 页。
〔2〕　葛剑雄：《河流伦理与人类文明的延续》，《文汇报》2005 年 2 月 7 日。
〔3〕　中国水利水电科学研究院：《河流伦理建构与中国实践》，科学出版社 2024 年，第 45 页。
〔4〕　叶平：《河流生命论》，黄河水利出版社 2007 年，第 92 页。

探讨[1]。2024 年 1 月，水利部部长李国英在全国水利工作会议上再次指出建构河流伦理要"把自然界河流视作生命体，尊重河流生存与健康的基本权利""形成维护河流健康生命的文化认同、观念自觉，实现人与河流和谐共生"[2]。2024 年 5 月，《河流伦理建构与中国实践》报告在第十届世界水论坛上获得各国与会嘉宾的高度认可与赞誉。从其发展历程来看，河流伦理得到水利界的极大重视，并从中国逐渐走向世界；从河流生命健康到文化认同、观念自觉，理念内涵也在不断深化。

河流伦理的人文社会科学色彩极为浓厚，"维持河流健康生命的治河行动不仅是自然科学的一个重大实践，也是人文科学的一个全新命题"[3]。笔者认为，河流伦理虽是针对当下的河流、环境问题提出的，但应把其放置在历史的脉络、逻辑中加以理解及建构。具体来说，应从马克思主义生态观、传统文化中人水和谐共生的文化积淀、中国古代的历史实践三个方面挖掘河流伦理的理论遵循、中国特色和历史底蕴，这也是在接下来的研究实践中进一步构建、完善河流伦理的三个重要维度。如此，才能把河流伦理做实、做厚、做通，更好地做成体现中国智慧的中国方案。

## 一、马克思主义关于人与河流关系的深刻认识

马克思主义认为，河流在农业时代、工业时代都扮演着极其重要的角色，具有军事、灌溉、航运等多种功能，并着重指出河流及其开发在近代工业革命中发挥了重要作用。1755 年，兰开夏郡开凿了从桑甚布鲁克到圣海伦斯的运河，此后英国的运河建设繁荣展开，"仅仅在英格兰就有 2 200 英里运河和 1 800 英里可通航的河流"[4]，1836 年，在英国各港口运营的轮船就达 500 余艘，航运为英国工业的发展注入了强大的动力。在讨论美国的迅速发展时，恩格斯认为"美国有取之不尽的资源，有巨量的煤铁蕴藏，有无比丰富的水力和通航的河流"[5]，而马克思则提到荷兰"由于国内河流缺乏大的水力坡降，促

〔1〕 蒲飞：《还河流以生命的尊严》，《黄河报》2009 年 10 月 22 日。
〔2〕 李国英：《为以中国式现代化全面推进强国建设、民族复兴伟业提供有力的水安全保障——在 2024 年全国水利工作会议上的讲话》，《中国水利》2024 年第 2 期。
〔3〕 李国英：《河流伦理》，《中国水利》2009 年第 20 期。
〔4〕 《马克思恩格斯文集》第 1 卷，人民出版社 2009 年，第 401 页。
〔5〕 《马克思恩格斯文集》第 1 卷，第 495 页。

使荷兰人利用风力"[1]。马克思、恩格斯所处的工业革命时代,生产力获得极大进步,同时也造成前所未有的包括河流枯竭、污染在内的环境破坏,马克思、恩格斯以超前的洞察力考察了人类社会与包括河流在内的自然之间的关系,并留下诸多经典论述。习近平总书记曾指出,"学习马克思,就要学习和实践马克思主义关于人与自然关系的思想"[2]。

马克思主义认为人类是自然界的一部分,而并非自然界的主宰者。人类与自然界的关系"决不像征服者统治异族人那样支配自然界,决不像站在自然界之外的人似的去支配自然界"[3]。马克思在《1844 年经济学哲学手稿》中明确写道,"所谓人的肉体生活和精神生活同自然界相联系,不外是说自然界同自身相联系,因为人是自然界的一部分"[4]。自然先于人类社会存在,人类社会依靠自然界进行生存,并且无论在何种生产力条件下,自然界始终是人类社会生存发展的基础,"没有自然界,没有感性的外部世界,工人什么也不能创造"[5],故唯物史观认为,"只要有人存在,自然史和人类史就彼此相互制约"[6]。恩格斯同样认为人类是相互联系的自然界中的一分子,"我们所接触到的整个自然界构成一个体系,即各种物体相互联系的总体,而我们在这里所理解的物体,是指所有的物质存在"[7]。在"相互联系的总体"中,人类社会与其他各种物质相互影响、共同生存,带有"命运共同体"的色彩。人类是自然的一分子,而非高高在上的存在,这是马克思、恩格斯的基本认识,也应是构建河流伦理的理论基础。

在马克思主义的生态观念中,人类能够通过劳动影响、作用于自然,"人也反作用于自然界,改变自然界,为自己创造新的生存条件"[8],但自然界也有不以人的意志为转移的客观规律,若超出自然的承受限度、违背客观规律,往往会祸及人类社会自身的发展。恩格斯在考察美索不达米亚、希腊、小亚细亚、意大利、西班牙等地的环境开发史后指出,"我们不要过分陶醉于我们人类对自然界的胜利。对于每一次这样的胜利,自然界都对我们进行报复。每一

---

[1]《马克思恩格斯文集》第 8 卷,第 337 页。
[2] 习近平:《推动我国生态文明建设迈上新台阶》,《当代党员》2019 第 4 期。
[3]《马克思恩格斯文集》第 9 卷,第 560 页。
[4]《马克思恩格斯文集》第 1 卷,第 161 页。
[5]《马克思恩格斯文集》第 1 卷,第 158 页。
[6]《马克思恩格斯文集》第 1 卷,第 516 页。
[7]《马克思恩格斯文集》第 9 卷,第 514 页。
[8]《马克思恩格斯文集》第 9 卷,第 483—484 页。

次胜利，起初确实取得了我们预期的结果，但是往后和再往后却发生完全不同的、出乎预料的影响，常常把最初的结果又消除了"〔1〕，即使是最初获得的收益也会在自然的报复之下不复存在，故要从长远发展的角度思考人与河流以及自然之间的关系。"到目前为止的一切生产方式，都仅仅以取得劳动的最近的、最直接的效益为目的。那些只是在晚些时候才显现出来的、通过逐渐的重复和积累才产生效应的较远的结果，则完全被忽视了"〔2〕，这就要求人类应该学会思考短期的收益与长期的后果之间的联动作用，"学会认识我们对自然界习常过程的干预所造成的较近或较远的后果"〔3〕。再者，人与自然的和谐相处，离不开对自然规律的深刻认识、把握和践行。马克思主义十分强调认识自然规律的重要性，"不以伟大的自然规律为依据的人类计划，只会带来灾难"〔4〕。并且人之所以为人，较之其他动物的长处就在于"能够认识和正确运用自然规律"〔5〕，这也是人与自然和谐共生的前提。

马克思主义关于人与自然关系的思考十分深刻，认为人类在与自然的相处过程中"决不允许单单把片面的'斗争'写在旗帜上"〔6〕，如此才能更好地处理人与自然之间的关系。马克思主义生态观中"人类是自然界的一分子""尊重并践行自然客观规律""以长远的眼光看待人与自然之间的关系"等观点，对当下的社会主义生态文明建设具有重要的理论指导意义，"无论现在的生态环境与马克思当时所处的情况多么不同，马克思对这个问题的理解、他的方法、他的解决社会和自然相互作用问题的观点，在今天仍然是非常现实而有效的"〔7〕。

河流伦理基于长远发展的眼光提出要尊重河流生存与健康的权利、尊重自然从而促进人与河流的和谐共生，其基本内涵与马克思主义生态观的理论十分契合。人类社会的发展就是不断在处理人与自然关系的基础之上前进的，马克思主义生态观为河流伦理的构建提供了理论基础，而河流伦理就是在新的时代背景下结合中国河流保护的实践与认知对马克思主义生态观的进一步阐

---

〔1〕 《马克思恩格斯文集》第 9 卷，第 559—560 页。
〔2〕 《马克思恩格斯文集》第 9 卷，第 562 页。
〔3〕 《马克思恩格斯文集》第 9 卷，第 560 页。
〔4〕 《马克思恩格斯全集》第 31 卷，人民出版社 1972 年，第 251 页。
〔5〕 《马克思恩格斯文集》第 9 卷，第 560 页。
〔6〕 《马克思恩格斯文集》第 9 卷，第 548 页。
〔7〕 ［苏］И. Т. 弗罗洛夫著，王思斌、潘信之译：《人的前景》，中国社会科学出版社 1989 年，第 153 页。

释与发展。对马克思主义生态思想深入地学习、理解，有助于我们重新思考人类与河流之间的关系，对当下构建、践行河流伦理也具有重要的指导作用。

## 二、中国古代关于人与河流和谐共生的文化积淀

中国古人"天人合一"的宇宙观，十分强调人与自然和谐共生。《吕氏春秋》中说，"天有九野，地有九州，土有九山，山有九塞，泽有九薮，风有八等，水有六川"[1]，是自然的基本组成，并认为"天地万物，一人之身也，此之谓大同"[2]，即天地万物相互联系、和谐共生，如一人之身体。其所谓"大同"，并非大同社会之意，而是指天地万物融合为一，即是古人对于"生态是统一的自然系统"[3]的朴素表达。在充分认识、感悟马克思主义生态观和中国古代天人合一、万物一体的重要理念的基础上，才能更加深入地理解河流伦理中所说的"作为自然的一员和河流的儿女，人类没有任何理由和权力终结河流"[4]的深刻内涵。

在"天人合一"观念的影响下，早在先秦时期便已产生尊重自然规律，不可对自然过度索取的行为意识。《史记》载黄帝曾教民"节用水火材物"[5]，以求达到"收采禁捕以时，用之有节，令得其利也"[6]。在周礼的职官设置中，大司徒的属官川衡"掌巡川泽之禁令，而平其守，以时舍其守。犯禁者，执而诛罚之"[7]，可见其最重要的职能便是要进行合理安排以守护川泽。《国语》所记"里革断罟匡君"的故事可谓非常典型，其载鲁宣公夏天在泗水用渔网捕鱼，里革割破渔网并劝诫道："且夫山不槎蘖，泽不伐夭，鱼禁鲲鲕，兽长麑麋，鸟翼鷇卵，虫舍蚳蝝，蕃庶物也，古之训也。今鱼方别孕，不教鱼长，又行网罟，贪无艺也。"[8]中国古代此类事例不胜枚举，其中蕴含的生态思想便是遵从自然规律，有限度地利用自然资源以求可持续发展。

〔1〕 许维遹撰：《吕氏春秋集释》上，中华书局 2009 年，第 276 页。
〔2〕 许维遹撰：《吕氏春秋集释》上，第 283 页。
〔3〕 张修玉、施晨逸、刘煜杰、刘艳青、庄长伟编：《新时代生态文明建设：中国路径与实践》，中国环境出版集团 2022 年，第 4 页。
〔4〕 张真宇、胡述范：《走向和解：一种新的河流伦理观》，《中国水利》2003 年第 8 期。
〔5〕 《史记》卷 1《五帝本纪》。
〔6〕 《史记》卷 1《五帝本纪》正义。
〔7〕 钱玄等注译：《周礼》，岳麓书社 2001 年，第 156 页。
〔8〕 徐元诰集解，王树民、沈长云点校：《国语集解》，中华书局 2002 年，第 170 页。

所谓"天地万物，一人之身也"〔1〕，把自然万物比喻成人体是古人论述自然关系时常用的拟人手法之一，而水在其中的作用尤为关键。"水是生命之源"这一口号早已家喻户晓，春秋时期的管子就曾论道："水者何也？万物之本源也，诸生之宗室也。"〔2〕江河在提供生存用水之外，江河的流动、滋润之功用对于维持自然平衡十分重要，所谓"水者，地之血气，如筋脉之流通者也"〔3〕。明代徐光启亦认为"水利之在天下，犹人之血气然，一息之不通，则四体非复为有矣"〔4〕。古人把江河视为自然之血气筋脉，其"泽以润生万物，所以万物皆说"〔5〕，对于自然及人类生存都十分重要，故而老子云"上善若水，水善利万物而不争"。在"拟自然为人"的传统影响下，中国喜好把黄河誉为中华民族的"母亲河"，各省市也多有自己的区域性"母亲河"，如山西之汾河、天津之海河等。在河流伦理的研究中，不少研究从哲学的角度探讨基于人伦道德属性的"伦理"一词如何应用于自然的河流之上。为扎实构建河流伦理，进行概念辨析是十分必要的，也是基础工作。但是在社会大众中推广、宣传该理论，哲学式的话语则未必适合，也未必能够取得良好的效果。而传统历史文化的积淀为当今河流伦理的建构、推广以及宣传提供了重要的文化背景，在"有鉴别的对待、有扬弃的继承"基础之上进行传统文化的创造性转化，才会更加容易使人理解。

在漫长的与河流相处的历史过程中，古人逐渐形成了尊重河流的朴素认知。在大禹治水的传说中，其疏通而非堵塞，在保障河流"完整性"〔6〕的基础上实现了江河安流，已隐含尊重河性、尊重自然规律的价值取向。汉代贾让的《治河三策》，是古代关于黄河治理的经典文献。在上策中，贾让认为，人、河应当各安其位、和谐共生，人类不应争抢河流的"生存"空间，即所谓"遵古圣之法，定山川之位，使神人各处其所，而不相奸。且以大汉方制万里，岂其与水争咫尺之地哉？此功一立，河定民安，千载无患，故谓之上策"〔7〕。北宋任伯雨认为朝廷花费大量物力、人力、财力治河而效果却并不如人意，对此反思道："而徇众人偏见，欲屈大河之势以从人者，莫甚于近世"〔8〕，认为不顾地势、不

〔1〕 许维遹撰：《吕氏春秋集释》上，第 283 页。
〔2〕 黎翔凤撰，梁运华整理：《管子校注》，第 831 页。
〔3〕 （清）马骕撰，王利器整理：《绎史》，中华书局 2002 年，第 1135 页。
〔4〕 （明）徐光启撰，石声汉校注，石定枎订补：《农政全书校注》上，中华书局 2020 年，第 339 页。
〔5〕 （魏）王弼、（晋）韩康伯注：《宋本周易注疏》，中华书局 2018 年，第 346 页。
〔6〕 中国水利水电科学研究院：《河流伦理建构与中国实践》，第 11 页。
〔7〕 《汉书》卷 29《沟洫志》。
〔8〕 《宋史》卷 93《河渠志》。

顺河性的治理是自困之道，"此非堤防之不固，亦理势之必至也"〔1〕。任伯雨深刻指出人力不可能完全战胜自然，也不会完全驯服河流，"臣窃以黄河为中国患二千岁矣，若使人力可胜，有利无害，则昔人固已为之，不应留以遗后世也"〔2〕。徐光启在总结历代经验的基础上论道治水之法应"先度地形之高下，次审水势之往来，并追源溯流，各顺其性"〔3〕。元代史伯璇关于河之利害的认识也非常深刻，"天下之水利有可兴者，有不可兴者。可兴者而不兴，则失其利；不可兴者而兴之，非惟无益而且有害"〔4〕，强调在对河流全面、深刻认知的基础之上遵从自然规律、兴利避害。清代宋荦与史伯璇的理念颇为相似，其提出"若但见其利不知其害，而利之未见，害即隐受焉者"〔5〕，为避免人水冲突则必须要"贵于识势而审时也"〔6〕。

以水为师，遵从自然规律，顺水之性、势，以达到"百川流行，水道自利，无溢决之害矣"〔7〕的理想境界，是中国古代先贤治水智慧的结晶。反之，一味地欲使自然、使河流屈从于人力，并不能实现人类社会的可持续发展，古人对此已有深刻的认知。传统时代的这些理念，与河流伦理所讲的尊重"河流生存与健康权利"〔8〕等有一定的契合之处。中华民族悠久、深厚的文化传统，富有思辨性的思想体系是我国的宝贵资源，正如习近平总书记所讲，"绵延几千年的中华文化，是中国特色哲学社会科学成长发展的深厚基础"〔9〕。在合理扬弃的基础上汲取传统文化中关于人与自然、人与河流和谐共生的智慧，也是建设具有中国特色、中国风格、中国气派河流伦理的客观需要。

## 三、中国古代的历史实践：冲突两败抑或和谐共生

作为从黄河、长江流域发展起来的文明，中国既受河流之利，亦受河流之害。以黄河为例，"据统计，自周定王五年（公元前602年）至1938年的2 540

---

〔1〕《宋史》卷93《河渠志》。

〔2〕 曾枣庄、刘琳主编：《全宋文》，上海辞书出版社2006年，第270页。

〔3〕（明）徐光启撰，石声汉校注，石定枎订补：《农政全书校注》上，第382页。

〔4〕 李修生主编：《全元文》卷1434，江苏古籍出版社1998年，第431页。

〔5〕（清）宋荦：《宋荦全集·外编卷上》，浙江古籍出版社2020年，第2502页。

〔6〕（清）宋荦：《宋荦全集·外编卷上》，第2502页。

〔7〕《汉书》卷29《沟洫志》。

〔8〕 中国水利水电科学研究院：《河流伦理建构与中国实践》，第11页。

〔9〕 习近平：《在哲学社会科学工作座谈会上的讲话》，《人民日报》2016年5月19日。

年中,黄河下游泛滥决口达 1 590 次,其中重要改道 26 次"[1],以致有"三年两决口,百年一改道"之说。大禹治水传说的流行即与早期"洪水横流,滥于天下"[2]的状况有关;《史记》中也讲"河灾衍溢,害中国也尤甚"[3]。正是由于河流与社会发展之间的密切关系,故而古人把江河安流视为社会发展、国泰民安的重要象征,"夫国必依山川,山崩川竭,亡之征也"[4],历朝历代莫不重视河政,正如宋人所说"自古竭天下之力以事河"[5]。中国历史上各地建设的水利工程难以计数,其中既有失败教训,亦有成功使人河两安者。所谓"读史可以明智,知古方能鉴今",通晓历史实践,有助于为今天的河流伦理建构提供镜鉴。

汉代贾让在《治河三策》中讲到,战国时期由于各国"雍防百川,各以自利",从而导致"齐与赵、魏,以河为竟。赵、魏濒山,齐地卑下,作堤去河二十五里。河水东抵齐堤,则西泛赵、魏"[6],各方以邻为壑,不符规律地建设堤坝以转嫁危机,对社会发展与秩序造成极大破坏。平原、东郡之地,"闻禹治河时,本空此地,以为水猥,盛则放溢,少稍自索"[7],即黄河的泄洪区,至西汉时期随着人口增加,沿河居民不断与河争地,侵占黄河的生存空间,造成"濒河十郡治堤岁费且万万,及其大决,所残无数"[8]。对此,贾让提出正确的措施应为"可空此地"[9]。贾让提出的放宽河槽、给河流以去路等建议,在当时来说难能可贵[10],该状况在今日亦有之,如侵占河道修建民居、游乐设施等,若遇雨季河道不畅往往会造成严重的洪灾。故而河流伦理十分强调连续贯通的有机体、物理形态的完整性,要给予河流基本的生存空间。

大江大河周围往往伴生有湖泊,两者相通联动,有利于维持河流流量的动态平衡,是河流生态系统的重要组成部分。具体来讲,湖泊可以发挥调蓄作用,雨季江河水位高于湖泊时,江河补给湖泊,从而削减洪峰,保障安全行洪,

---

〔1〕 水利部黄河水利委员会:《黄河调水调沙理论与实践》,黄河水利出版社 2013 年,第 1 页。
〔2〕 (战国)孟子撰,郑训佐、靳永译注:《孟子译注》,齐鲁书社 2009 年,第 86 页。
〔3〕 《史记》卷 29《河渠书》。
〔4〕 徐元诰集解,王树民、沈长云点校:《国语集解》,第 27 页。
〔5〕 《宋史》卷 93《河渠志》。
〔6〕 《汉书》卷 29《沟洫志》。
〔7〕 《汉书》卷 29《沟洫志》。
〔8〕 《汉书》卷 29《沟洫志》。
〔9〕 《汉书》卷 29《沟洫志》。
〔10〕 毛振培、谭徐明著,路甬祥编:《中国古代防洪工程技术史》,山西教育出版社 2017 年,第 59 页。

这也是我们今天大力保护江河(尤其是长江等河流)沿线湖泊的重要原因[1]。以山西为例,历史时期汾河附近湖泊众多,但在利益等因素的驱动下,人们往往采取"废湖"的举措,来满足一时之利而罔顾千秋之害。如北魏郦道元《水经注》中提到的文湖,历史悠久,"文湖所汇汾阳西山之水,自泄于汾"[2],对汾河具有重要的调蓄功能。但宋金以来,文湖历经三次泄湖,"近者滨湖居民利其耕垦之饶"[3],至万历四年(1576)泄湖得腴田二万二千四百余亩,文湖彻底消亡。虽得一时耕田之利,但"文湖的湮废,却给当地社会造成了深远的危害:灾害频仍,河道频繁迁徙、决溢,汾河中游水系紊乱,湖域村落纷争不断、水案迭增"[4]。至清代,在饱受水患赔累之后,"复湖"之议付诸行动,光绪时期文水、平遥、汾阳三县联合行动,"复文湖之潴蓄,凿渠建闸,经营岁余,水始畅行"[5],但也仅得原湖面积之三四成而已[6]。可谓是不充分考量河流特性、不尊重自然规律,仅顾一时之利而造成环境破坏、社会损失的典型案例,今天仍然具有重要的警示意义。

在失败教训之外,中国历史上也有诸多充分考察河流特性、尊重河流规律而实现人河和谐共生的案例。例如造就天府之国的都江堰,被誉为人水互动的历史典范。秦昭王任命李冰为蜀郡太守,到任后领导蜀郡人民修建都江堰。都江堰主体工程包括宝瓶口、鱼嘴和飞沙堰三部分,其中鱼嘴用来分水,将岷江分为内、外江,内江灌溉,外江泄洪;宝瓶口用来保持内江的流向,控制水流;飞沙堰则是在内江水量过大时,溢流内江水至外江,从而起到保护作用[7]。据《华阳国志》记载,都江堰建成后"蜀沃野千里,号为陆海""水旱从人,不知饥馑,时无荒年,天下谓之天府也"[8]。李冰因势利导,充分利用自然地理环境,采用无坝引水,既减少了修建成本,又减少了对自然环境的破坏,"使人、地、水三者高度协和统一"[9],至今仍然发挥着巨大的效益,是人与河、人与

〔1〕 魏佐国:《唐朝至清代鄱阳湖地区生态失衡及其成因探研》,《鄱阳湖学刊》2010年第6期。
〔2〕 光绪《山西通志》卷68,三晋出版社2015年,第3246页。
〔3〕 康熙《汾阳县志》卷2。
〔4〕 张俊峰、张瑜:《湖殇:明末以来清源东湖的存废与时运——兼与汾阳文湖之比较》,《山西大学学报(哲学社会科学版)》2013年第3期。
〔5〕 光绪《山西通志》卷41,第2247页。
〔6〕 张继莹:《山西湖泊的资源辩证——以文湖为例的讨论》,《社会史研究》2021年第2期。
〔7〕 张彦主编:《四川历史读本》,四川大学出版社2020年,第52页。
〔8〕 (晋)常璩撰:《华阳国志》,齐鲁书社2010年,第30页。
〔9〕 王天津、田广主编:《环境人类学》,宁夏人民出版社2012年,第266页。

自然和谐共生的经典水利工程案例。山西省地处黄土高原，气候干旱，引泉、引洪、引河水利工程众多[1]，其中颇具代表性与地域特色的当属汾河八大冬堰。明万历时期，在平遥、汾阳、介休、孝义四县已出现拦河堰，经过清代的建设，至光绪二十八年(1902)备案拦河堰已发展为十道。虽名十道，但有时连年不筑一堰，有时一年仅筑三堰或五堰，最多时亦仅准筑八道拦河堰，故名八大冬堰[2]。修堰数量一方面受工程成本的影响，另一方面也是考量汾河水量和夏秋雨量。八大冬堰在小雪后修筑，清明后拆除，既在一定程度上满足了濒河区域农业生产的春浇需求，又保障河道贯通，不妨碍雨季到来后的泄洪，是古人合理利用河水资源的智慧体现。

历史是最好的教科书，其中既有和谐共生的成功经验，亦有冲突两败的教训。河流伦理致力于调整人与河流的关系，强调"承认并尊重河流的道德权利，是要把人类对河流的实践活动限制在客观规律所要求的河流伦理的道德范围之内"[3]。而如何遵从自然规律、符合河流伦理精神以"善待、善用、善治、善享"[4]原则更好地开发利用河流？充分、系统地总结、吸取历史上水利工程的经验、教训可能是一条重要路径。这既是构建河流伦理的必要组成部分，也有助于为具体的实践提供"抓手"和参考，尤为重要。

## 四、结　语

河流伦理作为一种"崭新"的理论，既具有重要的现实意义，又富有浓厚的学术创新色彩，其建构与完善需要多学科的研究者共同推进。从史学专业的角度出发，笔者认为河流伦理需要在马克思主义理论的遵循、传统文化的积淀和历史实践三个维度加强理论建构。其一，习近平总书记强调要坚持马克思主义在我国哲学社会科学领域的指导地位，因此，我们要深入挖掘马克思主义生态观与河流伦理的逻辑关联，这将有助于进一步完善河流伦理的理论渊源，把河流伦理做"实"。其二，发展中国哲学社会科学要融通"中华优秀传统文化，这是中国特色哲学社会科学发展十分宝贵、不可多得的资源"[5]，河流伦

---

〔1〕 张俊峰：《泉域社会——对明清山西环境史的一种解读》，商务印书馆 2018 年。
〔2〕 张荷：《"从智伯渠到汾河八大冬堰"的历史解读》，《山西水利》2021 年第 3 期。
〔3〕 中国水利水电科学研究院：《河流伦理建构与中国实践》，第 13 页。
〔4〕 中国水利水电科学研究院：《河流伦理建构与中国实践》，第 13—14 页。
〔5〕 习近平：《在哲学社会科学工作座谈会上的讲话》，《人民日报》2016 年 5 月 19 日。

理作为人文学科的新命题，也必须深入汲取传统文化的智慧结晶，这将有助于进一步丰富河流伦理的文化蕴涵，把河流伦理做"厚"。其三，在形而上的思想层面之外，历史上众多水利工程的成败得失亦须总结具体经验，以史为鉴，鉴往知去，把河流伦理做"通"。如此，有助于真正把河流伦理做成体现中国立场、中国智慧、中国价值的理念、主张、方案，为促进人类认知观念的转变，构建人与自然和谐共生的地球家园贡献一份力量。

本文原刊《中国水利》2024 年第 12 期。

作者简介：李杰，男，1998 年生，山东滨州人，2020 年入山西大学中国社会史研究中心硕博连读，师从张俊峰教授。主要研究方向水利社会史，环境史。

# 地方的自我叙事与他者想象

## ——明中晚期京口三山图像中的视觉空间探微

闫爱宾　朱诗漪

对山水画与地理图等实景图像的解读是当前景观历史研究领域的一个重要议题，这些图像常被学者用作辅助真实空间复原的史料[1]，同时也有学者注意到，传统图像所表现的视觉形象并不能直接等同于"外在真实"[2]，图中所绘的风景同时具有能指与所指的双重身份，既是真实的客体环境，又是经过主观包装的拟境（simulacrum）[3]。对于二者的错位，有学者借助图像志与图像学方式剖析实景图像的生成机制[4]，这类研究潜藏了对作画者主体行为与意图的判断，但尚未回答如"对于'景-图'转译方式的选择是否存在群体趋同""在群体的图像生产活动中，风景承担的角色"等问题。对上述有关主体性问题的研究有助于接近历史上的真实观念，以此窥探某一特定风景在区域内的角色定位与意义映射，为传统图像介入景观历史研究提供参考。

艺术史学者巫鸿在中国本土美术材料研究中引入视觉空间（visual space）的分析，将空间视作视觉感知及再现的内涵与手段[5]，揭示了中国古代对三维真实空间的视觉感知模式与艺术再现方式。笔者借用艺术史学的分析方法，以图像本身的内证分析为基础，结合题跋、游记、方志等相关文本解

---

〔1〕　高居翰、黄晓、刘珊珊：《不朽的林泉》，生活·读书·新知三联书店 2012 年，第 316 页；张志强、郑曦：《吴门画派园林绘画中城墙的风景内涵：以〈东庄图〉和〈拙政园三十一景图〉为例》，《中国园林》2022 年第 7 期；Andong Lu, "Deciphering the Reclusive Landscape: A Study of Wen Zhengming's 1533 Album of the Garden of the Unsuccessful Politician", *Studies in the History of Gardens & Designed Landscapes*, 2011(1), pp. 40-59；顾凯：《明末清初太仓乐郊园示意平面复原探析》，《风景园林》2017 年第 2 期。

〔2〕　冯仕达、慕晓东：《中国园林史的期待与指归》，《建筑遗产》2017 年第 2 期。

〔3〕　W. J. T. Mitchell, *Landscape and Power*, University of Chicago Press, 1994.

〔4〕　黄晓、刘珊珊：《图像与园林：学科交叉视角下的园林绘画研究》，《装饰》2021 年第 2 期。

〔5〕　巫鸿：《"空间"的美术史》，上海人民出版社 2018 年。

读,探析图像背后隐含的视觉模式与观念认知。京口三山是明中晚期地方经济与文化发展的产物,相关文本的创作具有明显的地方性特征。笔者以京口三山为例,通过剖析图像的视觉空间,呈现不同群体对三山的空间表达与认知差异[1],指出风景是地方叙事与他者想象共同建构的结果。

## 一、京口三山的形成溯源

京口三山在明代为镇江府丹徒县所辖,包括金山、焦山、北固山 3 座核心山体,地处大运河与长江交汇处,其中金、焦二山立于江中,北固山濒临南岸。京口三山作为一个风景概念最早可被追溯至明正德(1506—1521)年间,在更早的方志中,尚未有此说法。南朝宋《南徐州记》的现存残本仅收录了北固山[2];南宋《嘉定镇江志》虽囊括了对金、焦、北固山的概述,但尚未言及三山之间的关联;元《至顺镇江志》更是只收录了焦山,未言及金山与北固山。"京口三山"一词最早出现于明正德七年(1512)丹徒举人张莱所撰的《京口三山志》中,这是首部三山专志,标志了金、焦、北固三山在文化地理层面的整合,九年后,在《丹徒县志》中,"山"一节以北固山为首,依次书写金山、鹘山(金山东侧水中,归属金山)、石排山(金山西侧水中,归属金山)、焦山,详细梳理了三山各自的历史沿革、掌故传说及题咏诗文,从收录范围与编排顺序方面强化了三山在丹徒县辖区内区别于一般山体的文化地位。

京口三山这一风景概念的整合与三山所处区域的发展阶段有着密切关联。镇江府位于大运河与长江交汇处,是重要的水运枢纽,明永乐迁都后,此地成为江南地区重要的粮食集散地[3],商品经济空前繁荣,加之当地教育科举、经史研究的兴盛,此地逐步建立起自己的经济与文化体系,诞生了一批科第显达的文化世家,引领区域文化发展。镇江急需一种更具有识别性的叙事体系,以强化当地的城市形象与集体认同,京口三山由此诞生,从而为当地提供了一个更为明确的文化符号,成为后世书写镇江文化的固定模式。

---

[1] 艺术史学者许彤已从流派与形式层面对京口三山图像展开梳理,将京口三山图像分为吴门画派的山水画与版刻地理图两类,笔者则试图突破不同图像的类型区隔,关注图像在视觉再现模式层面的异同。明中叶以风景名胜为主题的山水画常有导览之用,多从鸟瞰视角展开对全景布局的描绘,所绘的景物皆有特定的地名指向,与用于标识位置的地理图有"景-图"转换层面的相通之处。

[2] 刘纬毅:《汉唐方志辑佚》,北京图书馆出版社 1997 年,第 440 页。

[3] 潘法强主编:《江苏地方文化史·镇江卷》,江苏人民出版社 2020 年,第 543 页。

## 二、明中晚期京口三山图像概览

### 1. 地方叙事中的京口三山图像

丹徒举人张莱在《京口三山志》中所附的《三山图》是京口三山最早的图像化表达。应当地推官史宗道之请，张莱将三山的历史沿革及历代诗文编纂成册，首次将金、焦、北固三山共绘一图（图 1-1）。该图是对府城以北的沿江区域的山水总览，包括京口三山及南岸的玉山、银山、象山等临江山体。

继张莱作《三山图》之后，三山形象在当地绘制的府志或县志地理图中也屡有出现，正德《丹徒县志》卷首《丹徒县地理图》（图 1-2）是现存最早表现丹徒县地理形势的图像，该图以上北下南为图绘方位，所绘范围北起长江中线，

**图 1  明中晚期镇江作者绘制的图像**

图 1-1  张莱《三山图》  图 1-2  杨琬《丹徒县地理图》
图 1-3  王樵《郡属总图》

南抵丹阳,西至炭渚,东达圌山,京口三山位于丹徒县城以北。丹徒县为镇江府治所在地,即府、县共用一城,因此类似的舆图在万历《镇江府志》的《郡属总图》(图1-3)中再次出现,此图相较于正德《丹徒县地理图》,将地理描绘范围从丹徒县管辖区域扩大至镇江府管辖区域,将镇江府所辖丹徒、丹阳、金坛三县皆纳入图示,京口三山被置于最北端突出表现。

2. 他者想象下的京口三山图像

除了镇江当地的图像生产,京口三山因明中叶游赏活动的盛行,成为周边士人短期旅行的首选之地,进入外来文人画家的视野之中,被用以标榜士大夫群体独特的阶层"品味"[1]。

明万历(1573—1620)年间,钱穀曾绘《纪行图》与《水程图》,两套图册创作时间仅相隔一年。前者为王世贞委托钱穀所绘,描绘王世贞北上赴任途中的太仓至扬州段的风景[2],共32帧;其后又请钱穀的弟子张复随船而行,补充了扬州至北京段的水程[3],完成《水程图》,共52帧。两套图册所包含的三山图像(图2-1,2-2)在绘画主题、所绘元素、整体构图上都类同。钱穀的题跋"维欲记其江城山市、村桥野店、舟车行旅、川涂险易,目前真境,工拙妍媸,则不暇计也"[4],表明了两本画册是画家随行所见的实景记录,具备较强的纪实性,其中《纪行图·金焦》与《水程图·金山焦山》两帧为途经镇江时所见的山水实景,映射了绘画者亲历三山时的直观视觉体验。

与钱穀《纪行图》《水程图》所兼有的纪程、志宦功能[5]不同,宋懋晋的《名胜十八景图》主要承载着单纯的咏景之用,此图创作于1620年以前,与上述两图的年代相距不远,含18帧册页,记载了金陵(今南京)及其周边地区的18处名胜实景,其中《名胜十八景图·金山》与《名胜十八景图·北固山》两帧(图2-3)描写的即是京口三山。同时期,苏州画家卞文瑜在《北固》(图2-4)中也绘制了类似的图像,该图是《江南小景》册页中的一帧,还在明崇祯年间的《天下名山图》(图2-5)中被描摹为版画。

---

[1] 巫仁恕:《品味奢华:晚明的消费社会与士大夫》,中华书局2008年。

[2] 王世贞,江苏太仓人,万历二年(1574)在多年外放赋闲后重返京师出任太仆寺卿,意图以图像代替游记,记录上京赴任途中自小祇园(在今太仓)至扬州的沿路景致。

[3] 杜娟:《实境山水画:明代后期吴中纪实性山水画研究》,天津人民美术出版社2020年。

[4] 何传馨:《故宫书画图录》,台北故宫博物院2009年。

[5] 蒋方亭:《明代王世贞与吴门画派后期"纪行图"之兴》,《中国书画研究》,广西美术出版社2018年。

**图 2　明中晚期非镇江作者绘制的图像**

图 2-1　钱毂《纪行图·金焦》　图 2-2　钱毂、张复《水程图·金山焦山》

图 2-3　宋懋晋《名胜十八景图·金山》与《名胜十八景图·北固山》

图 2-4　卞文瑜《江南小景·北固》　图 2-5　墨绘斋主人《天下名山图·京口三山》〔1〕

〔1〕（明）墨绘斋主人：《天下名山图》，清初刻本 1644 年。

## 三、图像中的京口三山视觉空间对比分析

在谈论上述图像时，不仅要厘清个体的差异，更需关注图像结构的相似性所透露出的信息，这种相似性或可被视为某个特定历史时期集体记忆的映射。社会学家莫里斯·哈布瓦赫（Maurice Halbwachs）认为，集体记忆背后是有某一个同时受到时间与空间限制的特定群体作为承载者的[1]。循此分析，上述舆图或山水画册的创作群体主要分为两类：一是以张莱为代表的镇江当地士人；二是以钱穀为代表的外来游客。两类群体身份的不同决定了他们在"景-图"转译方式上的差异。笔者将从视点选择、构图模式与空间要素的组织结构 3 个方面探析上述图像在视觉空间上的群内趋同与群际差异，其中空间要素主要包括京口三山、西津渡与镇江府城。

1. 图绘视点的转换

画者身份的不同首先带来了其身处空间的位置错位（见表 1），对于当地士人而言，府城是其开展文化活动的核心场所，《丹徒县地理图》《郡属总图》《三山图》皆是围绕府城的图像创作。以《三山图》（图 1-1）为例，此图以不同形式描绘山体，提示了府城是作图者的视点位置：北固山等南岸山体相比于金焦二山呈现出更为立体的形象，山峰之间的距离被有意拉开，形成自右下角至左上角倾斜的山脊走向，其下的"弓形"陆地也相应作出倾斜之态，提示着作图者的视线走向，连接北固山中、前峰细长的土岗（俗称龙埂）加强了这一趋势，而这些视线的落点即是位于龙埂南端的镇江府城，图像下方的墙垣与府署提示了这是来自府城内部的视角（见图 3）。南朝《京口记》记载了从北固山前峰的铁瓮城北望长江的场景："北望海口，实为壮观"[2]，铁瓮城在明代被改为府署，是镇江区域的符号化替代，宣示了三山的地方归属性。

---

〔1〕 Maurice Habwachs, *Das Kollektive Gedächtnis*, Fischer Taschenbuch Verlag, 1985, pp. 34-77.

〔2〕 刘纬毅：《汉唐方志辑佚》，第 440 页。

表 1 明中晚期京口三山图像作者信息与视点位置对比分析

| 图 名 | 创作年份 | 作者 | 作者籍贯 | 视点位置 | 图绘范围 |
|---|---|---|---|---|---|
| 三山图 | 正德七年(1512) | 张莱 | 镇江丹徒 | 府城(府治) | 京口三山 |
| 丹徒县地理图 | 正德十六年(1521) | 杨琬等 | 镇江丹徒 | — | 丹徒县辖区域 |
| 郡属总图 | 万历二十四年(1596) | 王樵等 | 镇江金坛 | — | 镇江府辖区域 |
| 纪行图·金焦 | 万历二年(1574) | 钱榖 | 苏州吴县 | 西津渡 | 京口三山 |
| 水程图·金山焦山 | 万历三年(1575) | 钱榖 | 苏州吴县 | 西津渡 | 京口三山 |
| | | 张复 | 苏州太仓 | | |
| 名胜十八景图·金山 | ?—万历四十八年(1620) | 宋懋晋 | 松江华亭 | 西津渡 | 金焦二山 |
| 名胜十八景图·北固山 | ?—万历四十八年(1620) | 宋懋晋 | 松江华亭 | 西津渡 | 北固山 |
| 江南小景·北固 | 万历四十四年—永历八年(1616—1654) | 卞文瑜 | 苏州吴县 | 西津渡、北固山中峰 | 京口三山 |
| 天下名山图·京口三山 | 崇祯六年(1633) | 墨绘斋主人 | 不详 | 西津渡、北固山中峰 | 京口三山 |

注:视点位置"—"表示该图为平面图,无视点。

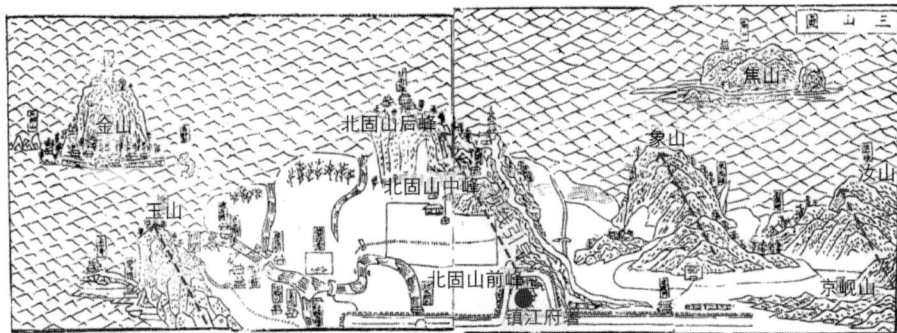

图 3 《三山图》视线分析

　　对于外来游客而言,作为南北交通要塞的西津渡成为他们展开图像创作的落脚点,因此他们将视点转移至渡口。以钱毂《纪行图》《水程图》为例,学者许彤认为《纪行图》《水程图》画面右下角的山体是北固山[1],指出两图是从北固山北望的景象再现,但这一推论有待商榷,有关其右下角山体的真实名称与地理位置,需要从同时期甚至更早年间的图像文本中寻找答案。根据《郡属总图》(图4-1)与《河防一览图》(图4-2)中长江南岸的山体形象对比,可推断此山名为蒜山。此山位于府城城墙以西2.5千米处,山顶建有望江亭,西津渡位于其西侧山麓,而图中所绘的山旁建筑进一步证实了该区域是西津渡的猜测。早在明成化(1465—1487)年间,日本画家雪舟等杨游历镇江时所绘的《唐土胜景图卷》(图4-3)中即有类似形象,该建筑重檐两层,底层为可供通行的拱券式大门,根据建筑形制可推断是景泰三年(1452)建于西津渡码头的"江南

 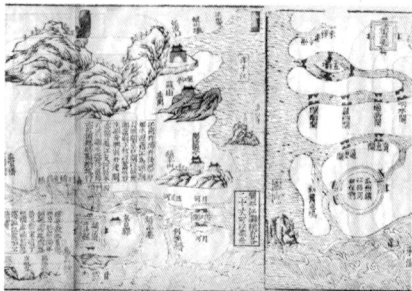

4-1　　　　　　　　　　　　　　4-2

4-3

**图4　同时期图像中蒜山与江南伟观楼的形象对照**

图4-1　王樵《郡属总图》(局部)　图4-2　潘季驯《河防一览图》(局部)
图4-3　[日]雪舟等杨《唐土胜景图卷》(局部)

----

〔1〕　许彤:《明代中晚期"京口三山"的视觉表达及其文化内涵》,中央美术学院硕士学位论文,2013年。

伟观楼"[1],作待渡之用。由此,可初步确定《纪行图》与《水程图》画面右下角所绘为西津渡码头一带,画中江南伟观楼下的两人一马,更暗示作画者正待渡北上。同样,宋懋晋也将视点落在西津渡区域,《名胜十八景图·金山》图像下端山麓处升起的桅杆提示了码头的存在,因而以上三者所绘场景皆是自西津渡区域远望三山的景象重组。

2. 构图的中心化与偏移

从构图分析,《丹徒县地理图》《郡属总图》《三山图》都将北固山置于构图中心。以《三山图》为例,此图与前两者的上半部分结构相似(见图5):长江环绕居于中心的府城,北固山位于"弓形"陆地的最北端,金焦二山对峙两侧,与北固山共同构成三山鼎峙之状。而在实际地理关系中,象山位于北固山之东北,而非图像所示的东南侧。《三山图》对山体位置关系的调整强化了以北固山为中心的构图。山川形势之"中"往往并非地理位置的中心,而是人文活动中的认知核心[2],这一构图是对地方性空间认知的回应。同时期的地方文献可证实这一推论,《三山图》的作者张莱在《京口三山志》中称:"北固濒江中据,江南诸山南

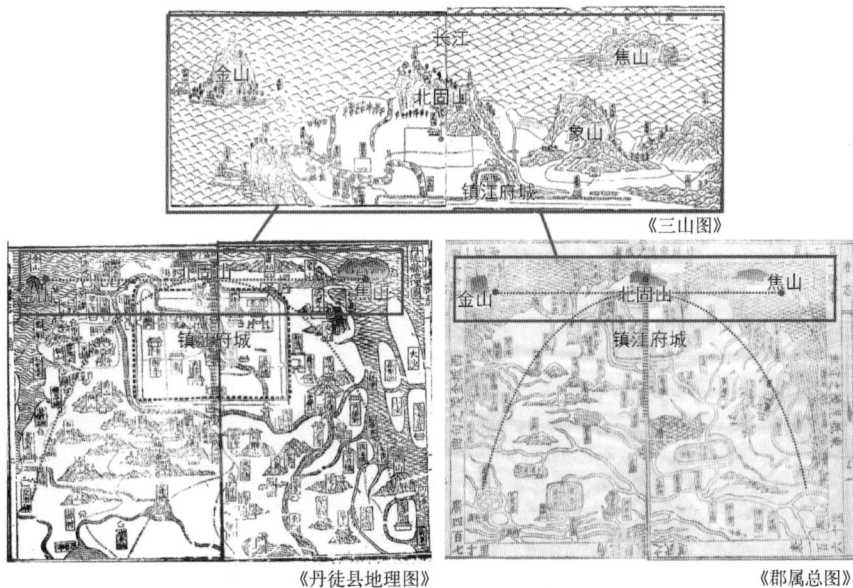

图5 《三山图》《丹徒县地理图》《郡属总图》构图比对

────────────

[1] 乾隆《镇江府志》,《中国地方志集成·江苏府县志辑》,江苏古籍出版社2008年。

[2] 吴寒:《古典山岳舆图的图绘类型与嬗变历程》,《云南大学学报(社会科学版)》2021年第4期。

来,砥江而止。"正德《丹徒县志》写道:"三吴之山川林泉肇发于此。"万历镇江知府许国诚也在《京口三山全志》中称:"乃其山自西南五州、长山、黄鹤、磨笄诸胜蜿蜒而东,以至于北遂屹立为北固山。"[1]上述文本都视北固山为南方诸山的尽头,图像对山体位置的理想化矫正实则是对当地士人区域地理观的映射,在以府城为中心的地方视野下,北固山被赋予了统领区域山水形势的地理想象。

对于外来游客而言,北固山并不是空间认知的核心区域,这类人群常围绕西津渡区域以旁观者的视角展开对可感知范围内景象的重组。钱毂《纪行图·金焦》《水程图·金山焦山》、宋懋晋《名胜十八景图·金山》和卞文瑜《江南小景·北固》4幅图在构图上高度相似,皆是对上述中心式构图的反叛。4幅图都将北固山与焦山画于画面右侧,金山则被置于更靠近中心的位置,但并不居中。此类去中心化的偏移式构图,源于外来画家不同于本地士人对京口三山的认知模式,根据考古资料可对明代西津渡码头[2]做大致复原,模拟从西津渡区域分别观看三山的真实视野(见图6),可见金山正对渡口,而焦山、

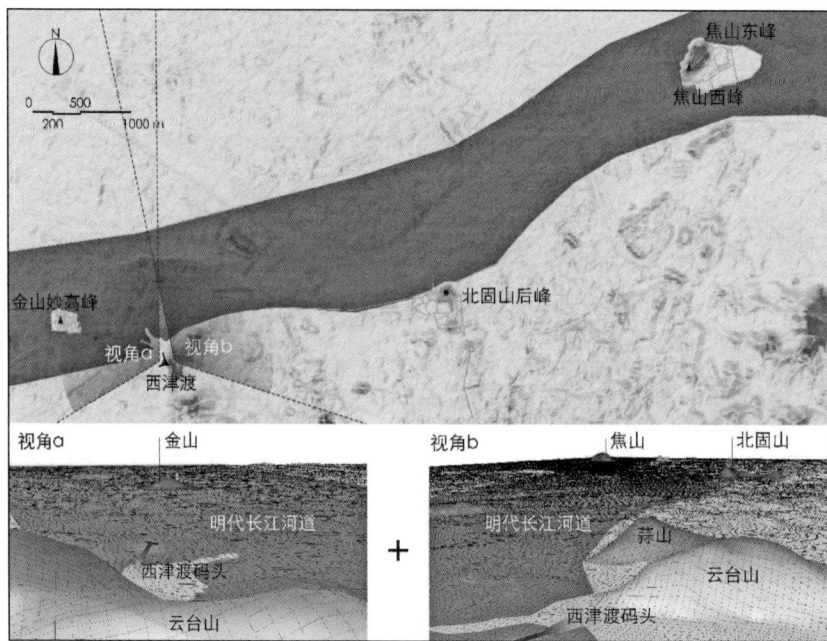

**图 6 自码头看京口三山的景面拼合示意**

〔1〕《京口三山全志》,明万历二十八年刻本。
〔2〕 刘建国、霍强、陈长荣等:《西津渡考古(1998—2010)》,江苏大学出版社 2018 年,第 287 页。

北固山则远退至视野右侧,作图者通过将多个景面重组,使三山形成不平衡的三角关系,引导观画者的视觉重心从北固山抽离,使观画者转以更自由的游观姿态观赏,获得文人所追求的卧游之趣。

3. 图像空间结构与景观结构的互证与变形

笔者参照方闻对山水画再现纵深空间的分析手法[1],对图像所表达的要素进行分层,将图像在垂直方向上的上下叠压关系转为地平面的水平纵深关系,形成各视觉要素的平面拓扑关系图(见图7),并将其与真实地理平面进行比对,进而呈现图像视觉要素的空间组织与地理实景在结构层面的差异与关联。

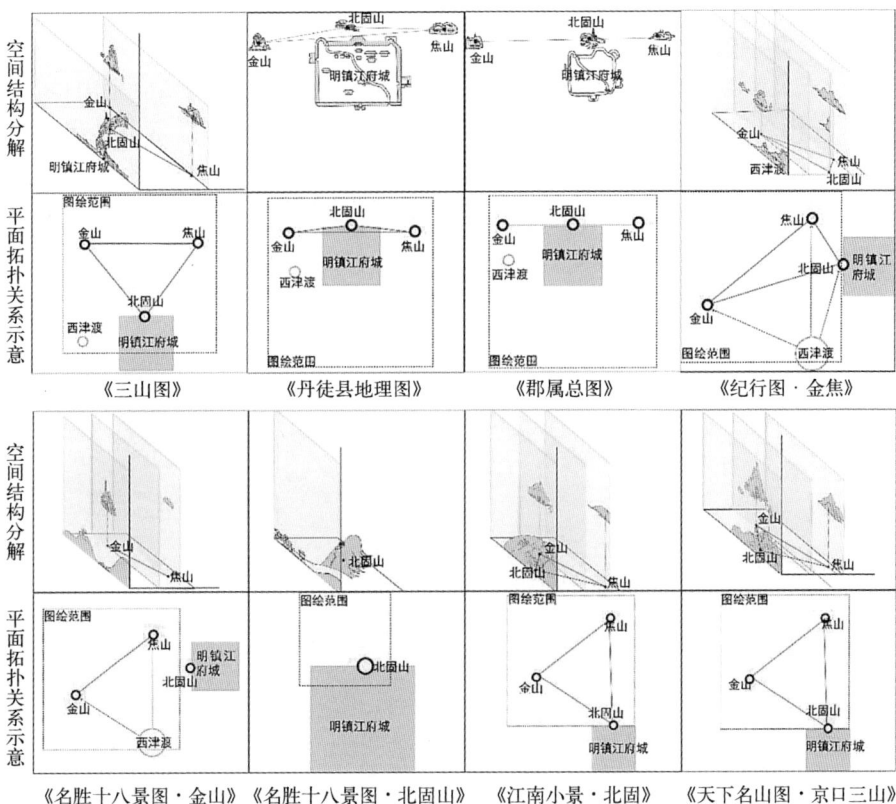

图7 明中晚期京口三山图像空间结构与平面拓扑关系分析

---

[1] 方闻:《夏山图:永恒的山水》,上海书画出版社 2016 年。

　　张莱《三山图》着重刻画了连接金、焦、北固三座山峰的南北向龙埂,这条土岗被拉长并被安置在不断后延的"弓形"地平面上,在延展了空间深度的同时,标示了进入京口三山的直接途径,即沿着此路可直接登临后峰北瞰群山,北固山成为更容易被画者接近的主要观景点,而以立面形式呈现的金、焦二山则是被远观的视觉客体。北固山与金、焦二山的二元关系曾在《京口三山赋》中被明确指出,此赋以山拟人,将金、焦二山比作公子与处士,北固山则为主人,并以北固山的口吻称:"金焦之事,又焉足道,独不闻北固之名山乎……西峙金山,东偃焦峰,左纡吾臂,右引吾肱"[1],表明北固山在三山中的主体地位,而金、焦二山仅是左右两翼,形成"北固为主、金焦为客"的视觉权力结构。

　　同时,这一视觉权力关系通过风景建筑的修建演化为真实的景观结构:明初及以前,金、焦有吞海、吸江两亭东西而立,互成对景;万历癸巳年(1593)当地僧人又于北固山后峰建三山楼以供远眺,取"登北固山,则西有金山,东有焦山,三山者若鼎峙然"[2]之意,从实景营造层面完成了京口三山景观秩序建构(见图8),确立了北固山在京口三山景象组织中的统领地位,形成从三山楼北望,金、焦分列两侧的对景关系。张莱《三山图》实则是对京口三山景观结构的图像化预演,从本地视角对三山之间的视觉关系进行制约,为后世的营造实践提供结构蓝本。

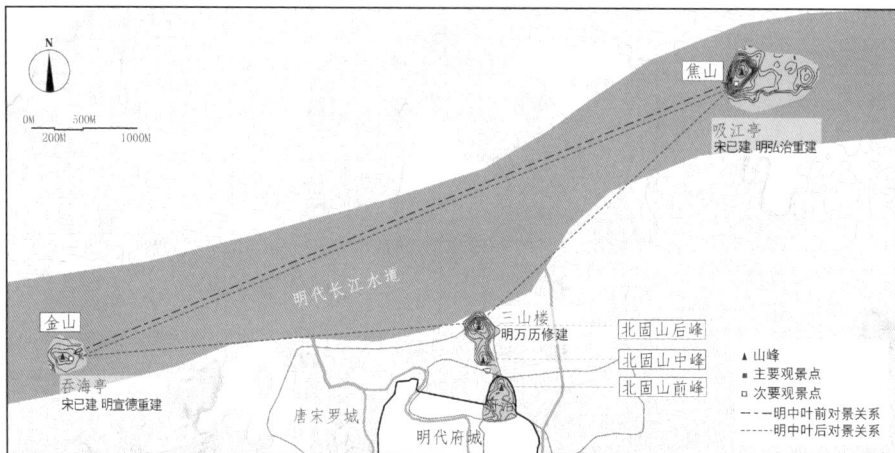

图8　京口三山景观结构分析

[1]《京口三山全志》,明万历二十八年刻本。
[2]《京口三山全志》,明万历二十八年刻本。

　　上述三山视觉结构是以北固为主体认知下的产物,在外来游客的图像中,这一结构尚未被表现。与张莱《三山图》中有连续深度的空间不同,钱穀与卞文瑜的图像则通过多层山体的斜向远退,实现对空间纵深的表达,这一多层的平行结构类似于方闻所总结的唐宋山水画的空间结构[1]:位于中远景的三山皆呈立面形态,形成非连贯的远近关系,与观者的身体相疏离。卞文瑜《江南小景》的具体创作年代尚不可断,但根据画者作画生涯的起讫年份(1616—1654)[2]推断,应晚于三山楼的初建时间,即在《江南小景》前,三山的景观秩序已经成型。卞文瑜以北固山后峰形象[3]替换钱穀图像中右下角的西津渡,似乎试图将叙事重心转向北固山,更是将"北固"作为图名,看似示意了以北固山为视点的北望视角,但他对金、焦二山的刻画仍旧沿用了在西津渡区域远观所得的位置关系与山体形象。张莱《三山图》所表现的景观秩序在此分崩离析,取而代之的是多视角景面的拼合,北固山与金、焦二山一同成为供游者观赏的客体,与外来游客以西津渡为活动中心的视觉体验吻合。

　　4. 山城秩序的显隐

　　如果将视野从京口三山进一步扩展至宏观的府境层面,则可以由图像对山、城二者的空间组织推导出不同群体对山城秩序的认知差异。

　　《丹徒县地理图》与《郡属总图》描绘了一个被高度理想化的山川布局与城市形态,呈现出显著的地方政治色彩。在其所架构的府境理想图景中,京口三山扮演着重要角色:从地理空间秩序看,图绘所示的京口三山是城市理想中轴的起点(见图5),这与明中叶时期镇江当地对三山的地理定位有关。明中叶镇江当地视北固山为府之"主山",称金焦二山为府城之"双阙"[4],并通过城市建设,将这一理想秩序转化为真实的城市礼制轴线。明末《京口三山赋》写道:"(北固山)且其郡治直延,黉宫傍翼;神祠梵宇,左起右伏",点明了北固山与治署、学校、寺观、神祠等城市重要公共建筑的空间对位关系,自北向南总体形成由金、焦二山的对称中心—北固山后峰—北固山中峰—北固山前峰—府治—谯楼—城隍庙和县治所在的南门古道—南水关构成的礼制轴线

---

[1] 指多个悬空的三角形山体不断斜向后退,分别置于前景、中景及远景3个部分,构成前后空间层次。引自方闻:《中国艺术史九讲》,上海书画出版社2017年。

[2] L. Carrington Goodrich, *Dictionary of Ming Biography*, *1368–1644*, Columbia University Press, 1976.

[3] 图像右下角所示山体有一条山道呈"之"字形蜿蜒而上,旁有一座七级铁塔,楼阁落于山顶,整体形态山石嶙峋,与北固山后峰南坡的实景相符。

[4] 张莱:《京口三山志》,《四库全书存目丛书》,齐鲁书社1996年。

（见图 9），清中叶又在谯楼以南新建青云门强化了这一轴线。由此，京口三山不仅是城外的风景名胜地，更统筹了镇江府城的理想空间秩序。

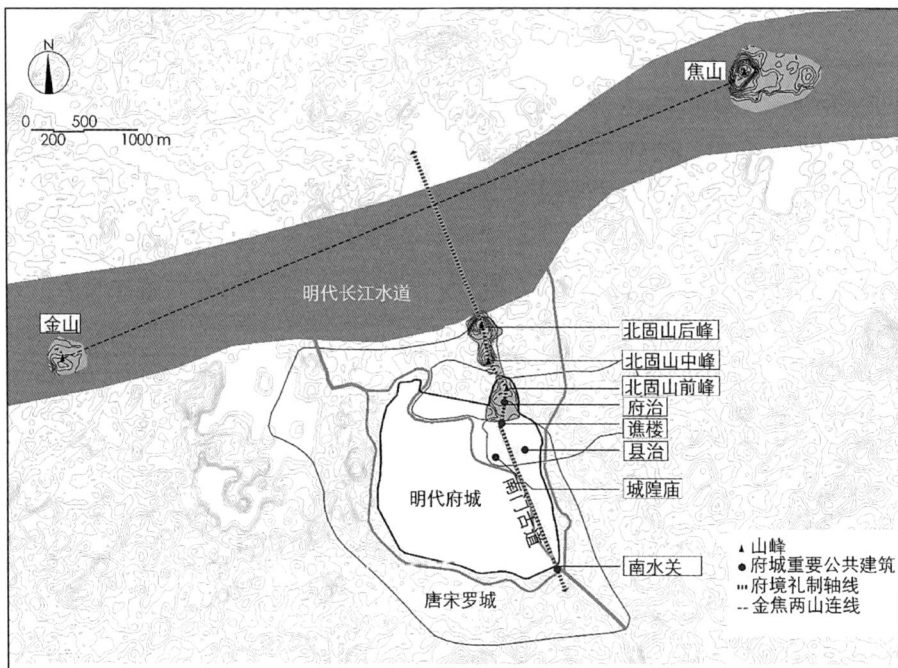

**图 9　明镇江府境轴线模拟**

在钱穀、宋懋晋与卞文瑜等外来游客的图像中，北固山同样成为影响三者山城关系表达的主要变量。钱穀《纪行图》将府城与北固山前、中峰隐藏在画框之外，仅露出北固山后峰的一角山麓；宋懋晋《名胜十八景图·金山》与卞文瑜《江南小景·北固》试图单独刻画北固山，却皆将山体置于画面偏右处，消解了本地图像中北固山所呈现的中心性，使北固山与府城的关联也被相应模糊。这与北固山的实景变迁有关，嘉靖末年为抵御倭寇，知府下令凿断北固山南侧与府城相连的龙埂以据城自守，万历年间（1573—1620），又在北固山中峰与府城之间修建夹城以加强城防[1]，自此北固山的主体山峰与镇江府城彻底割裂，外来游客无法直接从实景层面捕捉二者的关联。因此，府城在画面中的消隐使得京口三山脱离了地方归属或府境秩序的象征，而仅作为纯粹的游览之地

---

[1]《京口三山全志》，明万历二十八年刻本。

以供审美体验,《纪行图》的委托人王世贞在《弇州山人四部稿》中的自述可证明这一点:"吾家太仓去神都,为水道三千七百里……所经縣都会繁盛,若云烟之过眼而已。"[1]京口三山在此成为脱离身体与心理双重归属的游离之地。

## 四、结　语

笔者通过对图像视觉空间的分析和相关文本的解读,剖析了不同群体对京口三山的视觉习惯与认知模式:一方面,以张莱为代表的镇江士人完成对京口三山的整合,通过强调以府城为视点的中心式构图、有连续深度的空间和山城秩序,强化京口三山在镇江府境山水总势中的统领地位,使其成为地方认同的具象化演绎,以符合镇江府日渐崛起的经济文化地位;另一方面,以钱穀为代表的外来画家通过视点转移、构图反叛与府城消隐等手段解构了山城关系,凸显京口三山作为纯粹游赏之地的意义,使其成为纪游文本系统的一部分,投射自己的过客身份。

本研究揭示了明中晚期当地士人的地方自我审视与外来者的他者想象对京口三山审美形象的建构作用,不同群体通过艺术创作与空间营造,为同一风景赋予了多重空间想象与秩序控制,将京口三山这一地方性风景转化为具有多重象征意义的场域。对实景图像视觉空间的探索,丰富了景观历史研究领域对传统风景形成过程的认识,并为相关图像分析提供了方法参考。

致谢:

论文在研究与写作过程中得到朱宇晖、黄晓、吴洪德等老师的宝贵意见与建议,特致谢意。

本文原载《风景园林》2023 年第 6 期,原标题为《明中晚期京口三山图像中的视觉空间分析》,收录时有改动。

作者简介:朱诗漪,女,1998 年生,浙江绍兴人,2016—2020 年于华东理工大学艺术设计与传媒学院风景园林专业就读,2020 年入华东理工大学艺术设计与传媒学院攻读景观规划设计硕士,师从闫爱宾副教授,2023 年毕业,获工学硕士学位。主要研究方向为风景园林历史与理论。

---

[1] (明)王世贞撰,汤志波辑校:《弇州山人题跋》,浙江人民美术出版社 2019 年。

# 显扬忠烈：袁昶、许景澄"庚子上疏"事件的生成史考察

朱家英

　　袁昶与许景澄为浙江同乡，中同榜举人，又在"庚子事变"中同时罹难，世人将二人与稍后被难的兵部尚书徐用仪、户部尚书立山、内阁学士联元并称"庚子五大臣"。其中徐、许、袁三人同属浙江籍，又称庚子"浙中三忠"，于西湖立祠以祀，俱为晚清名臣。袁、许二人的仕宦生涯，大部分时间都是从事外交工作，一为总理衙门章京，典机要文字，并曾外任海关道，一为重要的驻外使节；至后期，又一同出任负责国家外交工作的总理衙门大臣。这种同乡、同年、同官的经历使得二人关系颇为密切。

## 一、问题的提出

　　光绪二十六年（1900）七月初三日，正值义和团运动如火如荼进行之际，时任总理衙门大臣的袁昶和许景澄被清廷处死，上谕称二人："屡被人奏参，声名恶劣。平日办理洋务，各存私心，每遇召见时，任意妄奏，莠言乱政，且语多离间，有不忍言者，实属大不敬。若不严行惩办，何以整肃群僚？"[1]所谓召见时"任意妄奏、莠言乱政"的罪名，自是指二人迭次参加讨论局势的御前会议而言，关于此事已见诸史料，皆云二人力主剿拳和洋。然而在袁、许被杀之后，有关二人曾三次联衔上疏，主张应剿灭拳民、保护使馆，并弹劾袒护拳民的几位权臣，由此触当政之怒的说法却不胫而走[2]。涉及"庚子事变"的著述，如恽

〔1〕　中国第一历史档案馆编：《光绪朝上谕档》第 26 册，广西师范大学出版社 1996 年，第 227 页。
〔2〕　《新闻报》1901 年 3 月 10 日广告页："新出袁京卿请剿拳匪奏疏墨迹（四马路江南书局售）：去岁拳匪扰乱，由于廷臣惑邪，致我国家掣肘，大局艰难。独袁爽秋京卿心存君国，不计利害，痛哭流涕，抗疏极谏，因而受祸，海内冤之。"

毓鼎《崇陵传信录》、罗惇曧《拳变余闻》、李希圣《庚子国变记》、佚名《西巡回銮始末记》、王彦威《清季外交史料》、濮兰德《慈禧外纪》等皆有所记录。至赵尔巽主编《清史稿》，亦于袁昶传中采用其说，此事遂成为信史。

与此同时，对上疏事件持怀疑态度的也不乏其人。如高枬在本年十一月初七日的日记中即云：

> 石生知茂在，赶来，讲袁二、三折，皆上海好事人伪作。窃好事人之笔墨，博览者零杂，清真者浅快，求所谓拗折绉透者，未尝多见。至于文法，更不讲求，况持论正大乎！石生又以为，徐氏言袁一日曾在伊门求见九次，既求见之，必不劾之。[1]

其后章枬于宣统年间供职国史馆，其所作国史传稿有袁昶传记，曾于文后附有考证文字，云：

> 三忠授命后，海内传袁忠节三折稿甚著，俞曲园先生撰许文肃墓志亦采之，谓许与袁合奏者。余在史馆覆纂许文肃传，即据以辑录。迨覆纂袁忠节传，初辑者备录三折，顾亚蘧前辈瑗覆纂，删其后二折，签云："实未入奏。"余又遍查军机、内阁奏事处各档，五月以后，七月初三日以前，实无袁忠节折件。许文肃有二折，亦均言他事。则袁之第一折亦未入奏者，因并删之，兼删许文肃传与袁合疏之事。嗣恭读光绪二十七年正月十二日上谕……则三折之未入奏，益无疑义矣。宣统三年八月记。[2]

认为军机处、内阁奏事处的档案中没有发现袁昶、许景澄上奏的记录，且光绪二十七年（1901）初，西安行在寄发上谕，否认蒙难诸臣有保护使馆之奏。这两点也成为后世质疑上疏事件的最有力的证据。如研究者孔祥吉、陆玉芹、戴玄之等人，或在中国第一历史档案馆所藏军机处《录副奏折》《朱批奏折》《随手登记档》《早事档》《议覆档》中翻检而无所得，遂提出否定性的看法[3]，或据章枬所引上谕进而推断此事必无[4]。此外，程明洲、钱恂等人也都从不同的角

---

[1] 中国社会科学院近代史研究所《近代史资料》编译室编：《庚子记事》，中华书局1978年，第220页。

[2] 章枬：《一山文存》卷三，民国七年嘉业堂刊本，第18a页。

[3] 孔祥吉：《袁昶〈乱中日记残稿〉质疑》，《史学月刊》1991年第2期；陆玉芹：《庚子事变中被杀五大臣研究》，华东师范大学博士学位论文，2005年。

[4] 戴玄之：《义和团研究》，北京大学出版社2010年，第160页；陆玉芹：《袁昶、许景澄庚子"三折"质疑》，《史学月刊》2007年第5期，都引述此电文作证据。

度对袁、许上疏之事提出了质疑,程氏认为是后人为了给荣禄开脱罪责进行的伪造[1],钱氏则着眼于二人性情,认为"许文肃人与笔均极谨慎,袁昶则粗暴性成,二人必不肯联衔上折。"[2]

此事之实情究竟如何,当另撰文探讨,上述的这些质疑意见也都不同程度地推动了这一事件的研究。然而通过考察"庚子上疏"事件的传播过程,了解其如何从一隐秘的政治举动而广为大众所知,以至成为义和团运动中的标志性历史事件被写入史书,则可以从另一角度深化对这一史事的认识,有助于廓清历史的谜案。

## 二、袁、许上疏事件的早期传播

关于上疏一事的最早记录,当属袁昶本人在日记中所写"昨拟急救目前危局折,即约竹篔于今晨同上之"一语[3],所指即世传三道奏疏中的第一疏。研究者或认为此日记为伪造[4],或认为奏折虽拟而并未真正呈递[5],从而否认了上疏一事的成立。实则有关此疏之真伪,前人已经有较为充分的论述,主要认为第一疏的内容与《乱中日记残稿》及《上庆亲王请急剿拳匪书》相似,在思想上有一致性;《袁京卿请剿拳匪奏疏遗墨》石印本笔迹与袁昶手书相同;当时士大夫谈论三疏时,或疑二、三疏为伪作,但未怀疑第一疏。因此基本认定该疏出自袁昶之手。且从奏疏中所谈到的细节而论,亦可增加佐证,如云:"臣去年冬曾以劳乃宣说帖商之总署诸臣,奏明请旨饬下东抚办理,旋因东抚办有头绪,遂寝未奏。"又,《袁忠节公手札》光绪二十五年(1899)腊月二十四日致劳乃宣书:"承示尊撰《义和拳邪教源流考》并书后一首……弟于时局之利病,一年中未有所献替,久叹寒蝉,故虽欲代奏而中止。当将此项大著两篇转呈典属王大臣……而仁和协揆云大著早已见过,因毓帅已命来京,此事已交袁慰帅办。曹充一带确系有邪教煽乱,而莱沂则系腹地民人与德兵仇怨,又非邪

[1] 程明洲:《所谓景善日记者》,《燕京学报》1940年第27期。

[2] 钱恂编,致之校点:《金盖樵话》卷七,辽宁教育出版社2001年,第213页。

[3] 袁昶:《乱中日记残稿》"光绪二十六年五月二十二日"条,袁允櫆等编《太常袁公行略》附录,光绪三十一年(1905)商务印书馆石印本,第20页。

[4] 孔祥吉:《袁昶〈乱中日记残稿〉质疑》,《史学月刊》1991年第2期。

[5] 陆玉芹:《庚子事变中被杀五大臣研究》附录"袁、许奏稿质疑"认为许景澄本日记中未提到联衔上折事,因此认定此折未呈递(华东师范大学博士学位论文,2005年)。董佳贝《两种袁昶庚子日记的比较研究》亦持类似观点,见《近代史研究》2014年第1期。

教,当分别办理,未可遥度东省机宜,遂将代奏一节搁起。"〔1〕两者对读,若合符节。又疏中云:"上年臣询提督程文炳,该提督乙未年驻军近畿,有山东义和拳又自称金钟罩、红灯照名目四五十人投效,以火枪利刀试其伎俩,立时见血伤毙,是妖术全不可信,确凿无疑……臣于上年十一月十三日,蒙恩召见,其时东省拳匪借仇教为名滋事,臣曾面奏系邪教倡乱,应预为扑灭各情。"而《申报》所载十一月十三日京报全录:"召见军机、袁昶、程文炳。"〔2〕可互相参证。又疏中云:"前月东抚袁世凯遵旨覆陈一折,言万无招抚编为营伍之理,言之最为切实明白。"查《袁世凯全集》四月二十一日有《覆陈拳民私团公练必不可行折》〔3〕,即疏文中所指。无论是袁昶本人经历,还是劳乃宣说帖、袁世凯奏折,其事其时,非亲历无以知其详,故此疏若为伪作,断不致如此严密。

考虑到袁昶曾将这一时期的日记录副并寄给张之洞参阅,因此张氏的湖广总督行辕应是对袁昶、许景澄联衔上疏一事较早的知情者。只是袁昶自京中向外省大吏传递信息事属机密,故知晓此事之人即使在张氏幕府中也不会太多,因此除了黄绍箕将此录副日记传抄外〔4〕,寓目文献中尚未见有幕府中人在事变初期谈及此事者。而另一方面,在事变中心的北京城,袁、许的直谏举动至少在二人被戮前后即已为人所知,如当时困守东交民巷使馆区的日本人服部宇之吉在七月初八日得知了袁昶、许景澄被处死的消息,即于日记中写道:

> 今日得京报,言总理衙门大臣许景澄、袁昶二人以大不敬罪处死,但未详何日。……许曾任公使,驻扎俄德两国,稍通外国事情,现兼京师大学堂总办、总管铁路大臣等,属于开明派;袁以学问赅博称,亦识时务之人。两人皆自开战以来直谏不讳,遂招谗间致此。余与二人均相识,与袁曾往复数回,谈论学问,痛惜尤深。〔5〕

然而,这些私人的传抄和记述,在当时影响的范围非常有限,真正将此事宣之于众的,乃是当时报刊的新闻报道。在袁、许二人被杀后的第八天,《申报》便引述某丝业人士自北京来电称:"月初某日,许竹筼侍郎及袁爽秋京卿同时奏

---

〔1〕 袁荣叟编:《袁忠节公手札》,台湾艺文印书馆 1976 年影印本。
〔2〕 "京报全录",《申报》1899 年 12 月 26 日。
〔3〕 骆宝善、刘路生主编:《袁世凯全集》,河南大学出版社 2013 年,第 441 页。
〔4〕 叶景葵《卷盦札记》1941 年 3 月载有"阅袁爽秋先生日记,黄鲜盦廉藏,杨志林绍廉手录以赠翰怡"一语,转引自柳和城编:《叶景葵年谱长编》,上海交通大学出版社 2017 年,第 1021 页。
〔5〕 [日]服部宇之吉:《北京笼城日记》,转引自钱恂编,致之校点:《金盖樵话》卷七,第 80 页。

请剿匪,词甚恳切,不虞事被拳匪侦悉,竟要于路而戕之。"〔1〕报道内容真伪参半,可以理解为战乱时期信息来源的不确定性所致,但这里提到了许景澄、袁昶同时奏请剿灭义和团,使得大江南北的读者知悉了这一举动,从而将上疏事件与袁、许被杀联系起来。随后八月十七日《申报》中又载《纪许袁二公被戮缘由》一文,援引自京师南下者的话说:"既出,复会衔上疏,不称旨,留中数日。及杨村失陷,二公复会疏,略谓团匪初起,不难扑灭,主谋不善,养痈贻患,以至兵连祸结,九庙震惊,乞速诛谋臣,以冀挽回危局。疏上,皇太后震怒。"〔2〕内容尽管仍存讹传,但增添的细节却使得事件显得更加真实可信。同时须注意到,该报道最早提及了奏疏的内容,只是相当简略。而在次日出版的《中外日报》对奏疏的内容就有了较为详细的描绘:

> 许尚书及袁侍郎被害之事,本馆已屡据所闻登报。日昨袁侍郎之家属由京南下,本馆亲往访问,承以详细情形见告,与前所登载略有异同,兹为照录如下。据云:先是五月下旬及六月中旬曾两次拜疏。首疏大旨谓义和拳能避枪炮,乃愚人自愚,大不可信,臣等往东交民巷,亲见尸骸狼藉,显被洋枪击毙,此等不法之民愈纵愈横,宜剿不宜抚。疏上,端、刚谓死者乃伪义和团,真正义和团实无一死者,将其折留中。次疏大旨谓春秋之义不斩来使,此次因乱民肇衅,攻毁使馆,不合公法,激怒各国,以一敌八,自古为戒。请旨保护使馆,仍以剿匪为第一要义。荣相既拥重兵,宜事权归一,应抚应剿请饬荣相相机行事,不宜另简重臣,以致分歧。时刚相适总统义和拳,谓为倾己,亦置之不报。迨六月下旬,西兵麇集,势将直扑京师,二公相对曰:等死耳,奚待为?遂又会衔上疏,大旨谓拳匪始萌之际,一旅之师足以剪除,乃养痈成患,以至于此。亲而天潢贵胄,尊而师保枢密,莫不信为神术,屡创不悟。今西兵日逼都下,万一不幸,其如宗社何?非剿拳匪不足谢敌,非诛主持拳匪之人不足以剿匪。疏上而祸作矣。〔3〕

宣称报道来源于对刚刚抵达松江寓宅的袁昶家人的采访。可以推断,前此一日《申报》所引"自京师南下者"的话应同样是指袁氏家人而言。袁昶于七月初三日受刑,家属于七月十二日离京南返,战时道路梗阻,海舶停运,应系

---

〔1〕《大臣遇害》,《申报》1900 年 8 月 5 日。

〔2〕《纪许袁二公被戮缘由》,《申报》1900 年 9 月 10 日。

〔3〕《追述袁、许二公遇害事》,《中外日报》1900 年 9 月 11 日。转引自路遥主编:《义和团运动文献资料汇编·中文卷下》,山东大学出版社 2012 年,第 500 页。

陆路间行[1]，故抵达松江应即在八月中旬左右[2]。那么，《申报》《中外日报》的报道即是袁昶家人获得安全后第一时间对事实真相的披露，这里面既有新闻媒体追逐时事热点的因素，也不排除袁氏家人想通过这样的方式为袁昶正名的意图。而之所以选择《中外日报》作为主要报道方，当与该报主事者汪康年系袁昶旧友，且其办报活动曾受袁氏资助等情谊有关[3]。

这样的举措显然取得了良好的效果，世人对忠谏被戮的官员素来抱有同情，尤其是在京师沦陷、两宫西逃之际，得益于"东南互保"带来的安定环境，南方地区的士民更加认可袁昶、许景澄等人剿拳和洋策略的正确性。此后报章的评论皆为包括两人在内的蒙难诸臣感到惋惜，而松江的地方官员也亲临袁宅进行慰唁[4]，赋予了此时仍背负汉奸恶名被朝命处死的罪臣不甚相称的礼遇。

## 三、疏稿刊布与各方力量的博弈

经过报纸的报道，袁、许上疏事件遂广为人知。至当年闰八月二十一日《清议报》第六十期刊载《袁爽秋京卿请剿拳匪第一疏》，率先发布了第一道奏疏，即袁昶日记中提到的《急救目前危局折》的内容，更是将世人对上疏事件的讨论推向了新的高潮。与耳闻其事相比，阅读疏稿带来的冲击力显然更强，正如时人所谓有"涕洟满纸，只为苍生；咳唾九天，可盟白水"之感[5]。《清议报》为康有为、梁启超等"保皇派"所创，是"维新"之喉舌，故对以慈禧太后为首的顽固势力多有抨击。虽然袁昶入职总理衙门后曾奉命究办捉拿康、梁等事[6]，但其为当政者杀害，"天下冤之"[7]，无疑又站到了慈禧等人的对立面。因此《清

---

[1] 按，俞陛云八月中离京南返，即赁车陆行，袁家应与其情况类似。见其《南归杂诗》，《小竹里馆吟草》卷1，民国十七年（1928）刻本，第14—15页。

[2] 萧穆：《敬孚日记》光绪二十六年（1900）闰八月初一日条："何霞斋来访，伊于七月十二日由京城护送袁爽秋太常家眷至松江，现由松江至上海，附轮舟至此，知余在此，故来一晤。"（萧穆：《敬孚日记》，《上海图书馆藏稿钞本日记丛刊》第39册，国家图书馆出版社2017年，第181页）按，何霞斋即桐城人何则琳，系袁昶所聘家庭教师兼幕僚。袁昶死后，何则琳护送袁氏家眷自京返回松江，应会在稍事安顿后离开，故推测其抵达松江的时间当在八月中旬左右。

[3] 袁昶：《渐西村舍日记》"光绪二十二年（1896）七月十六日"条，上海图书馆藏手稿本。

[4] 《云间近事》，《申报》1900年9月22日。

[5] 《袁京卿请剿拳匪奏疏遗墨书后》，《新闻报》1901年4月18日。

[6] 参看《廖寿恒日记》"光绪二十四年（1898）十月"诸条，张剑、郑园整理：《晚清军机大臣日记五种》，中华书局2019年，第630—636页。

[7] 《浙绅公呈拟稿》，朱家英整理：《许景澄集》，浙江古籍出版社2015年，第569页。

议报》对奏疏的刊载,一方面当然是出于办刊宗旨介绍中国近事,另一方面自然也有借机宣扬慈禧罪状的目的。

只是随之而来一个问题:《清议报》如何获得了奏疏的底稿? 据该报所载"疏稿"后附识语云:"此稿系从北京友人带来抄本,系五月二十二日袁京卿请一事权,以剿拳匪之初稿也。读毕泫然,特录之以供众览。"〔1〕"北京友人带来抄本"云云,语焉不详,察其内容与《袁京卿请剿拳匪奏疏遗墨》完全相同〔2〕,《奏疏遗墨》即袁昶所上第一疏的底稿,可以断言亦是《清议报》抄本所自出。而袁昶之子袁允楠等人所编《太常袁公行略》后附该奏疏全文,题目改为《请亟图补救之法以弭巨患疏》,内容较《奏疏遗墨》稍有不同,并于题下注云:"庚子五月二十二日。此第一疏稿,系照初次底稿抄出,原题急救目前危局折,旋经增润,会同许大臣奏上。其稿已失,惟此稿较石印手迹最初本又稍详。"〔3〕此注似欲交代所附奏疏之来源,然其言含混。所谓"石印手迹最初本"当指《袁京卿请剿拳匪奏疏遗墨》而言,既云石印手迹系"最初本",又云《行略》所附奏疏为"照初次底稿抄出",然则究竟石印本为初稿,抑或《行略》所据底稿为初稿? 实在令人费解。又,按《行略》所附以袁允楠、袁梁肃、袁荣叟三兄弟名义所作《致上海中外日报馆书》称:

> 洎先君尽节次日,住宅即为乱民与兵匪肆行焚掠,故先人遗稿仅得略事密拣,间行带出。要者因置坐室,已多被劫毁。第一疏手迹仅全,余各疏稿均已仅得抄底,其未至毁失,亦幸矣。〔4〕

考其语意,第一疏的手迹底稿乃是遭焚劫后仅存之物,应该是具有唯一性的,《奏疏遗墨》即是此手迹的石印本,然则又从哪里冒出另一个供《行略》所据的"初次底稿"呢? 且由此可知,第一疏的底稿一直藏在家中,至袁昶蒙难后被家人紧急带出,此后应是随同家眷携至松江,并于次年初石印行世〔5〕。这段时间,如果想要目睹奏疏底稿,只能通过袁氏家人。因此,《清议报》所得抄本,也一定是由袁家所藏底稿抄出,且抄录时间应该在袁氏家眷安抵松江之后至实

---

〔1〕《袁爽秋京卿请剿拳匪第一疏》后附识语,《清议报》1900 年第 60 期。

〔2〕袁昶第一疏手稿曾以《袁京卿请剿拳匪奏疏遗墨》为名石印行世。

〔3〕《请亟图补救之法以弭巨患疏》,袁允楠等编:《太常袁公行略》附录,光绪三十一年(1905)商务印书馆石印本,第 14 页。

〔4〕《致上海中外日报馆书》,袁允楠等编:《太常袁公行略》附录,第 29 页。

〔5〕按《郑孝胥日记》"光绪二十七年(1901)六月二十四日"条,袁梁肃当日赠其袁昶奏疏石印本。劳祖德整理:《郑孝胥日记》,中华书局 1993 年,第 805 页。

际登载出来的一个月之内。目前尚无资料证明选择《清议报》这样一家政治倾向极强的报刊登载奏疏全文，究竟是出于袁氏家人的选择，还是其他抄录者的自作主张，但至少可以肯定袁家有公布疏稿的主观意图，而且也预料到此举会引起强烈反响。这种舆论的风潮，不仅有利于为袁昶正名，也能在一定程度上让袁氏家人获得安全的保证，同时还可以打击朝廷的顽固势力以泄杀父之愤，自然是袁家乐得见到的。

只是《清议报》在刊载第一疏之后，并未接着披露第二、三两疏，最大的可能便是没有获得相关稿件。回溯《太常袁公行略》所记，第一疏题目小注较为详细，但对于第二、三两疏即《请速谋保护使馆维持大局疏》《严劾大臣崇信邪术请旨惩办疏》，则仅署上奏日期，对于疏稿的来源未作任何交代。虽然《致上海中外日报馆书》有提到"余各疏稿均已仅得抄底"，但所谓"抄底"究系何种情况？是仅存片段，还是完整全文？都未加解释，给人以闪烁其词之感。如果袁家当时拥有第二、三两疏的全稿，想必不会迟迟不公布。但在中外开始议和之后，袁允樾、袁梁肃兄弟于十月中下旬左右回到北京，而就在十月底至十一月初，北方地区的天津《直报》《北京新闻汇报》却接连刊载了三疏的全文[1]，从时间与空间衔接如此紧密来看，恐怕不能仅以巧合论之。

需要指出的是，曾任袁昶幕僚的沈惟贤作有《记袁碻秋先生轶事》，云："世传袁、许有三谏疏，其第一疏为袁先生手草（今有印本），第二、第三则其女夫高子衡尔伊代拟。"[2]沈氏追随袁昶多年，并结为儿女亲家，后又与袁家同住松江，往来极为密切，以如此关系，所言当非无据[3]。只是"代拟"一说易被理解为受袁昶指示而作，略欠精确[4]，应说"重拟"较为合适。最大的可能就是第一疏刊布后袁家获得了普遍的同情，而第二、三两疏所谓"抄底"并非全帙，因此在袁允樾、袁梁肃等人复述的基础上，袁昶之婿高尔伊重拟了第二、三疏，

〔1〕 参看叶昌炽：《缘督庐日记》"光绪二十六年（1900）十月至十一月"条，江苏古籍出版社 2002 年，第 3280 页。
〔2〕 沈惟贤：《记袁碻秋先生轶事》，《人文月刊》1932 年第 9 期。
〔3〕 按，沈惟贤不仅是《太常袁公行略》的审定人之一，且为袁昶之妻作《薛夫人家传》，对袁家知之甚深。
〔4〕 袁昶庚子年六月十三日致高尔伊书云："存项均汇沪，如命大、次儿先归，必求贤倩代为料理。……荣儿年轻少阅历，尚祈督教之。苏浙情形如何？信局不通，南望怅怅。"（《澹隐轩藏札》，北京师范大学图书馆藏民国间石印本）显然高尔伊当时正在南方，并不在北京，因此不可能在当时为袁昶代拟奏稿。

只是高尔伊本人从未写过奏章,加上学殖不厚,因此在文法、语气上均有欠缺,这也是造成观者讥其陋劣的原因。此举应该是在九月、十月间进行的,如此才能保证在十月中下旬袁氏二子北上时携至京城,并及时通过报刊登载,获取舆论的支持。这一切都是在中外开始议和的时事背景下进行的,其目的很明显,就是为了推动对袁昶等人的平反。

对于参与谈判的外国驻华公使们而言,除了索取巨额赔偿之外,惩办祸首与昭雪冤屈也是议和的重要条款。美国国务卿海约翰曾就此指示美国驻华公使康格说:"任何劝告对外国人采取友好行动,或者在外国人处境危险时给予帮助的中国官员,因此而遭到贬黜或其他惩罚性的对待,这对于外国人虽是间接的,但却是实际上的一种侮辱。"〔1〕当然,追恤主和派不仅是为了打击清政府的顽固势力,更可以借此拉拢中国的开明派,培植对外国友善的改革势力,从长远来看是非常有必要的。基于这样的考虑,各国公使甚至将平反蒙难大臣作为开议的先决条件,那么对于接连掀动舆论风潮的袁、许"三疏"自然不会无动于衷。康格写给海约翰的信中曾专门提到:

> 对总理衙门四位大臣袁昶、徐用仪、许景澄、联元以及前户部尚书、内务府总管大臣立山,因为他们积极地反对政府采取疯狂的犯罪行为袭击外国人,以致去夏被斩首,我们要求对他们予以褒恤。随函附寄各份照会抄本。……对于上述要求予以褒恤的官员,为了说明他们是何等明智。兹附寄袁昶和许景澄为敦促政府停止消灭外国人作出的努力,惩办负责官吏和拯救帝国的三篇奏折的译文。他们就是因为这些忠言而遭到杀害的。〔2〕

信函后附有"三疏"的译文,显然是将其作为要求褒恤诸臣的重要证据。而信中提到的人名的排序也是不能忽视的细节,蒙难的五大臣中,按照官职大小,袁昶应该居末,但在康格的信中却处于首要的位置,这种变化可以说是"上疏事件"造成的舆论影响力的折射。

作为议和另一方的清政府,迫于中外压力,最终在当年的十二月二十五日

〔1〕《海约翰致康格函》(1900 年 10 月 23 日),天津社会科学院历史研究所编,刘心显、刘海岩译:《1901 年美国对华外交档案·有关义和团运动暨辛丑条约谈判的文件》,齐鲁书社 1984 年,第45—46 页。
〔2〕《康格致海函》(1901 年 2 月 7 日第 527 号),天津社会科学院历史研究所编,刘心显、刘海岩译:《1901 年美国对华外交档案·有关义和团运动暨辛丑条约谈判的文件》,第 84—86 页。

下诏为五大臣平反，并开复原官[1]。但其谕旨中称五大臣于召见时"词意均涉两可，而首祸诸臣遂乘机诬陷"的措辞却引起了驻华公使们的不满。光绪二十七年（1901）初，中方议和代表奕劻、李鸿章将此事报告西安行在，云：

> 上年十二月二十五日蒙恩将徐用仪等五员开复原官，当即恭录谕旨照会各使。旋据该使等面称，该五员实系力驳攻击使馆致罹大辟，代抱不平。顷据领衔葛使照称：谕旨内有数句，令人阅视，一似攻击使馆系徐用仪、许景澄、袁昶、联元、立山五员之意，按诸国大臣所阅发抄该五员之奏折，明与此语不符。是以诸国大臣未能允在公文中有此等隐括之词，现核定应另请重发开复该五员之谕旨，其中务须详细言明，开复惨罹大辟之五员系因当日力驳攻击使馆之故等语。查上谕内朝廷剿抚两难，迭次召见臣工，以期折衷一是，乃徐用仪等重经一再垂询，辞意均涉两可，与廷臣同召对时所闻之语似有未符，使馆内来往传话者众口一词，是以该使等不愿在公文中有此等隐括之语。虽系加恩臣下与外人无涉，而其获罪因力驳攻击使馆，亦难禁其饶舌，若置之不理，恐不肯续议别款，致碍和局。拟仍与该使等婉商，未知其甘服否。应如何预筹变通之处，伏候圣裁。请代奏。奕劻、李鸿章。真。[2]

这封电文提供了很丰富的信息，驻华公使们所谓"诸国大臣所阅发抄该五员之奏折"，事实上清廷甚至都没有接收奏疏的记录，也从无发抄之举，那么各国公使所看到的奏折自然不是来自官方渠道，应该就是报纸刊载的袁、许三疏。而奕劻、李鸿章对于上谕中这一段话同样提出了疑问，"与廷臣同召对时所闻之语似有未符"云云，用语非常谨慎，但质疑的态度是明确的。尤其是奕劻，作为总理衙门领班大臣，被徐用仪、袁昶等视为可以"据情上达"之人[3]，是主管外交业务的官员们与最高统治者沟通的中介，同时也是召对廷臣之一，对当时的情况是很清楚的。若五大臣确无保护使馆之奏，他完全有理由直接予以澄清，何以会冒着触怒慈禧的风险提请复议呢？这种与慈禧的定调未能保持一致的举动果然招致了严厉的批驳，西安行在随后复电称：

> 来电阅悉。去年十二月二十五日开复徐用仪等谕旨内，剿抚两难语

---

[1] 中国第一历史档案馆编：《光绪朝上谕档》第 26 册，第 481 页。
[2] 《李鸿章全集》第 28 册"电报"八，安徽教育出版社 2008 年，第 34 页。
[3] 徐用仪：《致吕海寰书》，《庚子浙中三忠手札》，北京大学图书馆藏原件。

系专指拳匪而言,与攻击使馆无涉。徐用仪等亦并无力驳攻击使馆之奏,何从发抄?近来各处报馆往往捏造蜚语,耸人听闻,各使难保非见报馆所乱道,以致生疑。私刻之与官报,不难一望而知。至惩办五员实因当时首祸诸臣借端诬蔑,既经开复,已足昭雪,着与各使分析剖明,勿再异议。[1]

此即前述章梫所引上谕,指责各公使所阅奏折出自报馆捏造,并非事实,这既是令奕劻、李鸿章等人转达,也是告诫作为议和代表的二人不要在这件事上继续纠缠。然而此时的慈禧犹如惊弓之鸟,历次颁布的谕旨都将战争责任推卸得一干二净,因而这种果决的否定态度并不能影响舆论对上疏事件的认可,其中既有清廷公信力下降的缘故,也有国民更愿意接受忠臣直谏被戮这样叙事话语的原因,这不仅符合公众对国之贤良的期待,也可以使公众借此表达对清廷因应失当、昏庸无能的不满情绪。

## 四、士人群体的推毂与官方话语体系的接纳

经过上述考察可知,由于许景澄无子,故在上疏事件的传播过程中,袁氏后裔充当了重要的角色。与此同时,包括众多师友在内的士人群体对此事的一再揄扬,也成为将风传事件定格为史实的推动力量。早在袁昶与许景澄被杀之后数日,密友樊增祥便作《四友诗》悼念云:"黄垆痛饮成千古,白首同归更二人。颜子命如鹦鹉短,元舆血溅牡丹痕。"[2]又《一日》云:"一日遂亡双烈士,炎霜昼下使人愁。和戎利大翻为罪,博物书成枉见收。龙比相从游地下,犊华遗恨指河流。银涛白马之江路,肠断胥潮八月秋。"[3]所用典故皆喻二人以直谏遭戮。随后消息传至大江南北,师友咏叹此事者踵起,郑观应《挽袁爽秋太常》云"庸知抗疏扶危局,忠比椒山事更奇"[4],将袁昶比作明代因弹劾权臣致死的杨继盛,"抗疏扶危局"云云,即指上疏事而言。至黄遵宪明确道及此事,其时黄氏正在广东嘉应乡居,对北方战事一直保持关注,此一时期所

---

[1] 王彦威、王亮辑,李育民、刘利民、李传斌、伍成泉整理:《清季外交史料》第9册"西巡大事记"卷五,湖南师范大学出版社2015年,第4783页。
[2] 樊增祥著,涂晓马、陈宇俊校点:《樊樊山诗集》,上海古籍出版社2004年,第890页。
[3] 樊增祥著,涂晓马、陈宇俊校点:《樊樊山诗集》,第890页。
[4] 郑观应:《罗浮待鹤山人诗草》卷二,夏东元编:《郑观应集》下册,上海人民出版社1982年,第1370页。

写诗歌中数次提到袁昶上疏之事。是年冬作《三哀诗》，咏袁昶一首云：

> 公官典客时，正值艰难际。初言义和拳，本出大刀会。先皇铸九鼎，早既斥魑魅。……继言诸大国，各有白马誓。……一客不能容，反纵瘐犬噬。问罪责主人，将以何辞对？封事两留中，痛哭再上疏。彼贼敢横行，实挟朝贵势。奈何朝廷尊，公与匪人比。盲师胡涂相，骄将偃蹇吏。掷国作孤注，作事太愦愦。速请黄钺诛，无得议亲贵。幸清君侧恶，斧钺臣不避。当璧天子父，不敢为尊讳。天潢盗弄兵，语直斥王字。呜呼批鳞难，况触投鼠忌。朝衣缚下狱，众口咸诟詈。……恶耗四海传，何人不雨泪。……未知比干心，竟为直谏碎。……今日读公疏，倘得行公意。四百五十兆，何至贻民累。[1]

在悼念的同时，并复述了三疏的内容，对清廷不能用其言反而刑其人表达了强烈的愤慨。其时距离三疏全文刊载未久，这种传播的速度也从侧面说明了士大夫们对此事的关注。

至光绪二十七年（1901）二月，袁昶、许景澄归葬浙江，京城官绅暨外国公使咸与致祭，昔日的总理衙门僚属唐文治亦在其列，并作《五君咏》吊蒙难五大臣，其中《袁公昶》"绿章万口传寅直，碧血千年怨子规"句有小注云："公有《请剿拳匪疏》，忠肝义胆，可与椒山先生谏草并传。"[2]逮归榇抵达上海，东南士绅更是举行了盛大的祭奠仪式，各家报馆给予了全程的跟踪报道，一时万人瞩目，备极哀荣。据《申报》所录当时挽联，如严复所作云："善战不败，善败不亡，疏论廷诤，动关至计；主忧臣辱，主辱臣死，皇天后土，式鉴精忠。"赵凤昌、刘树屏所作云："与立尚书、联阁学同罹北寺奇冤，痛箧中谏草禾寒，浅土黄沙，正气竟埋燕市血；配岳鄂王、于少保一例西湖庙食，望天半灵旗来下，云车风马，忠魂长咽浙江潮。"[3]盛宣怀等人则在祭文中称："朝开明望，天子用咨，烈烈侍郎，侃直有词。默契帝心，浩启群疑，退复三疏，太常同之。"[4]就各人表述所见，尽管不久前清廷尚坚决否认袁昶等人有疏谏之举，然而有关袁、许上疏的说法仍得到士大夫阶层的广泛认可，几乎作为一种公论出现在庚子事变的叙事话语中。

---

〔1〕 （清）黄遵宪著，钱仲联笺注：《人境庐诗草笺注》卷十，上海古籍出版社1981年，第993页。
〔2〕 唐文治：《五君咏五首有序》，《国专校友会集刊》1931年第1期。
〔3〕 《三忠举襄记》，《申报》1901年4月29日。
〔4〕 《救济善会绅士公祭徐许袁三公文》，《申报》1901年4月27日。

　　如果将这种现象理解为"民意"所向，乱后思定的清政府自然希望能够妥顺舆情，争取士大夫阶层的谅解，从而维持其统治。加上中外议和渐次进行，将来的巨额赔款仍须各地绅民配合征缴。因此面对着强大的公共舆论，清廷在处理蒙难诸臣事件时也开始放低姿态，对照前后所颁谕旨，从下令正法时"声名恶劣""平日办理洋务，各存私心"的贬斥，到被迫将诸人开复原官时"宣力有年，平日办理交涉事件，亦能和衷，尚著劳绩"的勉强认可，再到光绪二十七年(1901)十二月二十二日主动加恩录用五大臣子嗣[1]，显示出有意识的妥协倾向。而对于袁、许上疏事件的风传，也不再刻意辩驳或澄清，如浙江绅士樊恭煦、杨文莹、钱骏祥、高云麟、汤寿潜、沈曾植、劳乃宣、孙荣枝、陈豪等联名呈请为徐用仪、许景澄、袁昶建立专祠，时任浙江巡抚任道镕代为奏请，其公呈写道："拳匪乱起，兵事将开，皇太后、皇上召见大小臣工，面询机宜。袁太常匍匐青蒲，敷陈剀切，侃侃不挠，为同列所叹服。继又联衔上疏，力陈匪不可恃，衅不可成，请旨饬下大学士荣禄搜捕解散，保护使臣，斡旋危局。"[2]这些话与昔日行在极力否认蒙难诸臣有保护使馆之奏，且诋其为报馆捏造的说法是公然相悖的，作为封疆大吏的任道镕却据以上奏，而清廷对奏折用语一向纠察严密，亦并未对此加以斥责，其间的态度颇堪玩味。

　　此后士大夫们在追述庚子事变时，往往将袁、许上疏当作既定的事实，或形诸诗歌，或写入传记，如张之洞、俞樾、谭献、俞陛云、何则琳等人，均有相关作品存世。至宣统即位，以五大臣"心存君国，忠謇可矜"，均被易名之典，袁昶、许景澄以较低品秩而特谥"忠节""文肃"，被赋予极高的尊崇。对于清廷而言，这种既不承认也不否认却恩施屡沛的做法，意在对朝野争执的问题寻求缓和处理，借以拉拢人心。但对于士大夫们而言，这意味着对朝廷上疏事件变相的承认，是经过博弈之后"民意"最终占据了上风。

　　　　　　　　　　　　　　本文原载《安徽史学》2022年第5期。

---

〔1〕　中国第一历史档案馆编：《光绪朝上谕档》第27册，第271页。
〔2〕　《浙抚任奏请准建徐尚书许侍郎袁京卿专祠折》，《选报》"内政纪事"，1902年第21期。

城市史与环境史研究

# 明代武昌府城江岸修筑的初步研究

夏增民

## 一、明代以前今武昌城区滨湖垸堤的修建

武汉作为滨江城市,其筑堤以保障城市安全古已有之。然而,旧志仅概言"唐宋既筑长堤"[1]。《武汉堤防志》也曾记武昌沿江驳岸相传最早为唐初尉迟恭监修,但编者亦认为查无实据,有史可考者始于宋代[2]。据嘉靖《湖广图经志书》,宋时鄂州城所筑堤防,有长堤,一曰花堤(花蕊堤)[3],"在平湖门内。旧志云,政和年间,江水泛溢,漂损城垣,知州陈邦光、知县李基筑堤以障水患,至今赖之"。又有郭公堤,"在湖心。自长街东至新开路二里,旧志以为宋都统制郭果所筑,故名"。又有万金堤,"在县西南长堤之外。宋绍兴间役大军筑之,上建压江亭"[4]。

万金堤早在宋代就有记述。祝穆《方舆胜览》卷28《湖北路·鄂州》即云:"万金堤,在城西南隅,绍熙间,大军筑压江亭于其上。"[5]而天顺《明一统志》卷59《湖广布政使司·武昌府·山川》则称:"万金堤,在府城西南长堤之外,宋绍兴间役大军筑之,上建压江亭。"[6]两处记载的筑堤时间有异,然当以绍熙为是。

严格意义上讲,宋代所筑诸堤还不是江堤,《武汉堤防志》称其"多为滨湖

〔1〕 如乾隆元年湖广总督史贻直在《请修楚省江岸疏》中说:"武昌为楚江省会……唐宋既筑长堤,元明每加修治,垒以巨石,保以松桩,锢以铁冶,镇以铸犀。"见(清)史贻直:《请修楚省江岸疏》,载《皇清奏议》卷33,民国影印本,第363页。
〔2〕 邬宗谟主编:《武汉堤防志》,武汉市防汛指挥部办公室1986年,第41页。
〔3〕 康熙《湖广武昌府志》卷3"水利":"花堤,在平湖门内。宋政和间,水溢城坏,知府陈邦光、县令李基筑之",江苏古籍出版社2001年,第160页。
〔4〕 嘉靖《湖广图经志书》卷2《武昌》,书目文献出版社1991年,第118页。
〔5〕 (宋)祝穆著,施和金点校:《方舆胜览》,中华书局2003年,第497页。
〔6〕 《明一统志》,台联国风出版社1977年,第3641页。

垸堤"[1],是很有道理的。武昌自建城之始,即以今蛇山为脊线,向南北两侧扩展。蛇山之北,分别有胭脂山、花园山及凤凰山、螃蟹岬三列平行山丘(山为今名),成为城池的安全屏障,螃蟹岬以北才是江、湖。而蛇山之南不远,则是与长江相通的系列湖泊,如长湖、墩子湖(滋阳湖)、歌笛湖、教唱湖、菱湖(宁湖、明月湖)等系列湖泊[2]。因此,为拓展城市空间,筑堤是必须的。

今武昌蛇山以南平湖门以东,北起大成路,南至张之洞路,有南北走向的花堤街,疑即南宋之花堤故址。民国十年《湖北通志》卷 10《舆地志·山川五》载:"宁湖,一作菱湖,一曰明月湖,在平湖门内,湖心有郭公堤,宋都统郭果筑。"自注云:"郭公堤疑即今之长街。"[3]又卷 39《建置志十五·堤防一》在记述长堤、郭公堤后,复自注:"此即今会垣内花堤至广里堤及长街也。昔在城外,今则易为城市矣。"[4]又记万金堤云:"宋绍兴间,筑万金堤,建压江亭,今堤半在城内,为民居址。"[5]可见,《湖北通志》的编者认为,从武昌城内今花堤街,南至解放路、广里堤一线,为宋代诸堤的位置。然而,此说稍嫌夸大。按,蛇山以南诸湖(宋之古南湖)的北缘在今彭刘杨路偏南一线,西自长江边始,东至首义路止。那么,宋代所筑诸堤的走向当是自今花堤街向南,然后折向东沿今张之洞路北侧至首义路。果如此,这基本上也就是宋代鄂州城垣的南缘,以上各堤的主要功能之一即是保护城垣免遭水害。王象之《舆地纪胜》卷 66《鄂州上·景物上》即称:"南湖,在望泽门外,周二十里,旧名赤栏湖,外与江通,长堤为限。长街贯其中,四旁居民蚁附。"[6]是为其证。

万金堤当是城南外围的另外一道护堤,所以旧志皆云"万金堤在县西长堤之外""建压江亭"。若说江堤驳岸,万金堤当是。然而,康熙《湖广武昌府志》卷 3"水利"记:"万金堤,在县西南宋绍兴间,役大军筑之,建压江亭。今大堤口是也。"[7]今武昌武胜门外城北江边有大堤口,后人以为宋之压江亭在今之城北大堤口,当误。宋之压江亭位置已不可考。

杨果在探讨宋代鄂州城市布局的时候认为,宋朝时的鄂州城得到较大规模的扩建,但限于地形,城池扩建向东展开,孙吴时的夏口城变为城内西头的

---

〔1〕 邹宗谟主编:《武汉堤防志》,第 38 页。
〔2〕 即宋志所记之古南湖,今湖大多淤没,湖名均为晚清的名称。
〔3〕 民国《湖北通志》,京华书局 1967 年,第 277 页。
〔4〕 民国《湖北通志》,第 957 页。
〔5〕 民国《湖北通志》,第 1000 页。
〔6〕 (宋)王象之撰:《舆地纪胜》,中华书局 1992 年,第 2261 页。
〔7〕 康熙《湖广武昌府志》,第 160 页。

子城;而且明代初年的武昌城的汉阳门、平湖门、竹簰门(文昌门),很可能是沿用的宋代布局[1]。据以上分析,我们认为,宋代鄂州的城市空间在向东延伸的同时,也在向南扩展;而明代也的确是沿用了宋代三个西门的名称,但明代武昌府城西门的位置可能与宋代并不相同,尤其是平湖门和竹簰门(文昌门),较之宋代,要偏东数百米。

因此,宋鄂州城的城垣,西起黄鹤矶、东尽蛇山尾、北以螃蟹岬为限、南至今张之洞路偏北一侧;因受地貌影响,城池规制并不规则。

虽然如此,宋鄂州城的城市空间并不限于城垣之内,事实上,据史乘记载,南宋所筑诸堤甫一完成,即成为民、商辐辏之所,从而使宋鄂州城的城市空间向南扩展。前文所引《舆地纪胜》之"长街贯其中,四旁居民蚁附"即指明了这一点。

宋鄂州城城南古南湖之外之水面,称"南浦",《太平寰宇记》记云:"南浦,在县南三里……其源出景首山,西入江。春冬涸竭,秋夏泛涨,商旅往来,皆于浦停泊。以其在郭之南,故曰南浦。"[2]《舆地纪胜》卷66《鄂州上·景物上》亦记:"南浦,《寰宇记》云在江夏南三里……南浦水出景首山,西入大江,冬涸夏盈,商舟聚泊,今谓之新开港也。"[3]南浦,明清称里河,即今之巡司河,其与长江相连,水面更为广阔。宋代筑堤,在很大程度上就是分隔当时的南湖与南浦,使南湖堤岸及周边成为商民的生存空间。

陆游在《入蜀记》中提到南宋鄂州城,"市邑雄富,列肆繁错;城外南市亦数里,虽钱塘、建康不能过,隐然一大都会也"[4]。当他登上蛇山的南楼,"下瞰南湖,荷叶弥望,中为桥,曰广平。其上皆列肆"[5];"由江滨堤上还船,民居市肆,数里不绝,其间复有巷陌,往来憧憧如织。"[6]距陆游七年以后,范成大在《吴船录》卷下也描述了鄂州城南市盛况:"泊鹦鹉洲前南市堤下。南市在城外,沿江数万家,廛闬甚盛,列肆如栉,酒垆楼栏尤壮丽,外郡未见其比""下临南市,邑屋鳞差。"[7]

---

〔1〕 杨果:《宋代鄂州城市布局初探》,韩国《中国史研究》第40辑,2006年。

〔2〕 (宋)乐史撰,王文楚等点校:《太平寰宇记》卷112《江南西道十·鄂州》,中华书局2007年,第2279页。

〔3〕 (宋)王象之撰:《舆地纪胜》,第2261页。

〔4〕 (宋)陆游:《入蜀记》卷4,中华书局1985年,第38页。

〔5〕 (宋)陆游:《入蜀记》卷5,第41页。

〔6〕 (宋)陆游:《入蜀记》卷5,第42页。

〔7〕 (宋)范成大:《吴船录》,中华书局1985年,第27页。

可见,宋代在鄂州城南所筑诸堤,不仅保障了鄂州城垣的安全,也扩展了鄂州的城市空间,使鹦鹉洲以东古南湖地区的南市及周边成为重要的商贸和游乐之区。到了元明时期,堤防建设进一步开展,堤岸不断西移南拓,该区域被扩进城垣内,成为衙署、王府以及民居汇聚之区。

另,《武汉堤防志》的编者又云,在宋代,花堤南边有"豹头堤""广里堤""保望堤";元代尚有"扫门堤",具体位置已不可考[1]。实际上,"豹头堤""广里堤""保望堤"三堤不见于清代以前旧志,其修筑时间约为清代。"广里堤"、"保望堤"地名仍存,在武昌解放路南端东侧;"豹头堤"原在清湖广总督衙门附近,辛亥革命之后,为纪念武昌起义前夜牺牲的彭楚藩、刘复基和杨得胜,改称为三烈士街,在今解放路南端西侧武昌造船厂内。至于"扫门堤",据民国十年《湖北通志》卷105《金石志十三》,有元代碑文曾提及"南城扫门堤上街",则元代或确有其堤,但修筑时间及确切地点均已不可考[2]。

## 二、明成化年间武昌府城江岸的修砌[3]

明洪武四年(1371),周德兴因旧城增筑武昌府城,"城周围三千九十八丈……城铺九十三座,城楼十三座。门曰大东、小东、新南、平湖、汉阳、望山、保安、竹簰、草埠,共九门"[4],从此奠定了明清武昌城的基础,其城垣扩展到最广,直至清代中期,城市空间基本上限于此域。然而在此时,城外之江岸却频发溃塌事故,严重威胁了城垣及城外商民的生计和安全。

武昌府城频发水患,堤岸屡毁,究其原因,首先是与其地诸水环绕的自然地理环境密切相关的。郭正域曾言:"楚,泽国也……武昌以会省而扼诸水之冲。"[5]民国十年《湖北通志》卷42《建置志十七·堤防三》也曾提出:"会城逼临大江,北受汉水之冲,又东南诸湖水出而入江,轶于城下,黄鹄矶崖石陡峭,江水回环激射,每有泛涨之患。"[6]所以,武昌西南有长江干流,西有汉水主

---

〔1〕 邹宗谟主编:《武汉堤防志》,第38页。
〔2〕 民国《湖北通志》,第2553页。
〔3〕 旧志往往区分"江岸"和"江堤",概言之,城区堤以"江岸"称之,其他则称以"江堤"。故本文统一使用"江岸"。
〔4〕 嘉靖《湖广图经志书》卷1《本司志·城池》,第15页。
〔5〕 (明)郭正域:《武昌府新修江岸记(之一)》,载《四库禁毁书丛刊》集14《合并黄离草》,北京出版社1997年,第213页。
〔6〕 民国《湖北通志》,第1000页。

泓,东南有汇集武昌城南汤逊湖等里河水系,东北有沙湖、东湖水系,加之雨季需要排出的城内积潦;其丰水地区的特征明显。而且,武昌周边多湖,围湖以增加城市空间,地势低洼,在洪水季节更易暴发水灾。

其次,宋代以来,由于湖北地区的持续开发,尤其是到了元明以后,人口增殖越来越多,人水争地的矛盾也越来越突出。明代修建的武昌府城,其城垣已逼近江流,"今百雉楼橹直压江流,涌水震撼,居民与鱼鳖为邻"〔1〕。同时,江汉平原大范围的围水造垸,使该地区发生重大的环境变迁,更增加了水患的概率。"大较堤防多在襄安常武荆岳间,盖古七泽正其地也。汉唐以来,代苦水患。至宋为荆南留屯之计,多将湖渚开垦田亩,复沿江筑堤以御水,故七泽受水之地渐湮,三江流水之道渐狭而溢,其所筑之堤防亦渐溃塌。"〔2〕到明代,围垦有变本加厉之势,"正德以来,潜沔湖□□□平陆湖田隲土,游民利之,多为堤以自保。汉□□□左右俱强则下伤也"〔3〕。长江行水不畅,而湖泊的蓄洪能力又大为减弱,江水下泄,武汉地区的洪灾变得更加严重。

第三个重要原因是长江主泓的摆动,带动江中沙洲的变迁,使武昌府城江岸失去了屏障,江水直冲城趾。"江中洲徙无常,东流西□□涩上涌,浸啮城趾,岸石崩弛。"〔4〕明代,长江主泓向右偏移,鹦鹉洲渐次沉没,"至是大江东击,流沙转徙汉江岸滨,而武昌岸溃可支矣。自行竹簟门距马坊门五六里间,日就崩陷,前此距江尚二里余,居民万家,至是仅三四步或六七步,溺二十余家,所存惟二街耳"〔5〕。万历《湖广总志》卷32《水利志一》也载:长江"逼绕会城,旧恃金沙洲障之,迩来洲徙,水泛横流,直冲江岸"。而后到了清代,这种情形仍没有改变,"江自嘉鱼至会城下合汉,流水涨则逼绕城趾,旧恃金沙洲障,之后洲徙,水泛横流,直冲江岸"〔6〕。江水主泓东移,直接冲击武昌府城江岸,使护岸的压力大增。〔7〕

〔1〕(明)郭正域:《武昌府新修江岸记(之一)》,《四库禁毁书丛刊》集14《合并黄离草》,第213页。

〔2〕(清)傅泽洪主编,郑元庆辑:《行水金鉴》卷79《江水》,文渊阁四库全书本,第802页。

〔3〕(明)郭正域:《武昌府新修江岸记(之一)》,《四库禁毁书丛刊》集14《合并黄离草》,第213页。

〔4〕(明)郭正域:《武昌府新修江岸记(之一)》,《四库禁毁书丛刊》集14《合并黄离草》,第213页。

〔5〕(明)黎淳:《修砌江岸碑记》,见《湖广图经志书》卷1《本司志·文》,第96—98页。

〔6〕雍正《湖广通志》,文渊阁四库全书本,第671页。

〔7〕关于长江河势变化对江中沙洲以及武汉江段堤岸的影响,详见张修桂的《长江城陵矶——湖口河段历史演变》(《复旦学报》1980年历史地理专辑)、《汉水河口段历史演变及其对长江汉口段的影响》(《复旦学报》1984年第3期)和《中国历史地貌与古地图研究》(社会科学文献出版社2006年),以及尹玲玲的《明清时期长江武汉段江面的沙洲演变》(《中国历史地理论丛》2007年第2期)和《明清两湖平原的环境变迁与社会应对》(上海人民出版社2008年)。

最后不能不提的是,其中亦有人为破坏的原因,竟有盗取护岸土石而致江岸损毁者。乾隆元年(1736),时任湖广总督史贻直曾上疏曰:"向之高广坚厚者,今且坍陷倾废矣。小民无知,每将坍圮土石乘间挖取,日侵月削,习为故常。目今沙土淤松,狂澜冲激,每当西风波撼,江涨连天,水势直刷城根,时虞漫溢。"[1]试想在前朝,类似情形恐怕也难以避免。

总之,江水威胁城市的安全,政府便不得不动议筑堤。

一般认为,明代武昌临江驳岸的修筑,始自明正统七年(1442),乃武汉最早的护岸工程[2]。《明史·河渠志》记载:"(正统)七年,修江西广昌江岸、萧山长山浦海塘、彭山通济堰。筑南京浦子口、大胜关堤,九江及武昌临江塌岸。浚江陵、荆门、潜江淤沙三十余里。"[3]另《明英宗实录》卷98"正统七年十一月"条:"湖广武昌府奏,本府社稷坛滨大江,比者江岸坍决,坛场因坏,请俟农闲率工修筑。从之。"当指同一事。然而,本次筑堤的详细情况,史志缺载,且筑堤的地点,距武昌府城稍远。

详考之,武昌府城近城临江驳岸的修筑,当始自成化三年(1467)。

《明宪宗实录》卷43"成化三年六月"记:"湖广江夏县水冲堤岸,起竹簰门外江口,迄夏口驿、汉阳马枋闸,长八百五十丈有奇,巡抚都御史罗篪等各言堤岸逼近城址,近者不满十步,宜命有司采办物料,量役军民以渐修筑。上可其奏。"

此次江岸修筑的情况,黎淳在《修砌江岸碑记》中记述甚详,但往往为学者所忽略,如下试述其始末[4]。

据黎淳《修砌江岸碑记》云,"竹簰门距马坊(枋)门五六里间,日就崩陷,前此距江尚二里余,居民万家,至是仅三四步或六七步,溺二十余家,所存惟二街耳"[5],严重威胁到武昌城垣的安全。湖广巡抚、右副都御史罗篪[6]会同巡

---

〔1〕 (清)史贻直:《请修楚省江岸疏》,《皇清奏议》卷33,民国景印本,第364页.

〔2〕 (明)郭正域:《武汉堤防志》,第4页。

〔3〕 《明史》卷88《河渠志六》,中华书局1974年,第2155页。

〔4〕 黎淳的《修砌江岸碑记》,未收入其文集《黎文僖公集》,但被嘉靖《湖广图经志书》所录,见《湖广图经志书》卷1《本司志·文》,第96—98页。下段即转述其文。

〔5〕 此与《明宪宗实录》所记"起竹簰门外江口迄夏口驿、汉阳马枋闸,长八百五十丈有奇"不同,黎淳《修砌江岸碑记》述其终点,一作"马坊(枋)门",一作"马坊(枋)闸";应以《明宪宗实录》为是,是"闸"不是"门"。夏口驿在竹簰门与平湖门之间,不存在距离五六里的问题。"汉阳马枋闸"一说,史籍所载仅此一见,疑为笔误,或因其地正对汉阳而称。因此《明宪宗实录》所载可理解为:起竹簰门外江口,经夏口驿至马枋闸。

〔6〕 黎淳《修砌江岸碑记》称"罗公",据《明宪宗实录》卷28"成化二年闰三月"条:"升湖广按察使罗篪为都察院右副都御史",罗公当为罗篪。

按监察御史王玺、左布政使王锐等奏请修砌，得到中央的许可。于是自1467年冬天起，"檄郡县采木于山，炼灰于冶，货铁于市，给官帑买石条，役夫三分，以官七分，以民合二千九百人"兴工。然而"以季秋兴事，仲春息工"，逾年而无所进展，遂又专派湖广按察副使卢秩[1]负责江堤修筑。卢秩认为，筑堤不成的原因是专门工匠的缺乏，"财用有余而夫多屡弱"，于是"请行顾（雇）役之法"，每一役夫缴纳银一两，免役，由政府"别征良匠江西，伐坚珉于赤壁，役人拽送水滨，派巡司连所暨水驿合以舟载来，历役三年，成功殆半"。但是，由于泥质江岸不堪江水急浪冲刷，"有随砌随塌，不数月而溃者"。卢秩又分别采取措施，对于"江岸不堪砌者"，用竹草裹以乱石堵塞，而"堪砌者"修成后又在其外投以乱石护堤。这就又需要大量的石材供应，卢秩于是采取"纳石输粮"的办法，"令江西客舟之求载秋粮者，预皆载石纳官，给信帖听赴有司载粮，取顾船之资偿载石之费；见役夫日给米二升，遂为定规"。这不仅保证了江堤修筑的材料供应，还提高了工匠的积极性，使工程进度加快。成化六年（1470），罗篪升调南京[2]，接任的吴琛会同镇守太监王定、总兵官平蛮将军左都督李震[3]又继续督造，"同心协德，急除民患"，在卢秩调任贵州以后，又有应愿、翟政、邵琼主持其事。由于"委任得人，官罔作私，经济有法，民乐趋事，勤者劝之赏不僭，惰者惩之罚不滥"，使堤防的修砌得以顺利进行。"始丁亥冬，终癸巳春（成化九年，1473），凡历六年余"，江岸始大功告成。

新修的堤防，"起竹簰门至马坊（枋）闸，凡长八百六十七丈，高二丈六尺"。竹簰门后改名为文昌门，地名今存，在武昌张之洞路西端（靠近长江一端）南侧。沿江边向下游约3公里至马坊（枋）闸，马坊（枋）闸当在武昌城北垣武胜门外江边，今武昌大堤口一带。

## 三、明万历年间武昌府城江岸的新修

但是成化年间所筑江堤至迟在正德年间时逐渐崩坏，于是遂有万历修筑

〔1〕 黎淳《修砌江岸碑记》称"宪副卢公"，据《明宪宗实录》卷39"成化三年二月"条，卢公当指卢秩。
〔2〕 《明宪宗实录》卷76"成化六年二月"条："召巡抚湖广右佥都察院事而以吴琛代之"。黎淳《修砌江岸碑记》称"接任者吴公"，因此可确定为吴琛。
〔3〕 黎淳《修砌江岸碑记》称"王公"，据《明宪宗实录》卷98"成化七年十一月"条，王公应为王定。另黎淳《修砌江岸碑记》所称"李公"，据《明宪宗实录》卷93"成化七年秋七月"，"李公"应为李震；但《明宪宗实录》记其职为"右都督"。

之举。关于此,旧志多有记载,然而,其说多袭自郭正域在其文集《合并黄离草》中的记述,后人辗转传抄而已。

在《合并黄离草》卷 22 中有两篇《武昌府新修江岸记》,分别记述了万历年间围绕武昌城的两次江堤修筑,为方便计,本文分别标以《武昌府新修江岸记(之一)》、《武昌府新修江岸记(之二)》,以示区分。

据《武昌府新修江岸记(之一)》所记,"正德以来……今汉阳、平湖二门□□港董家坡而上,水蚀其土,垫溺湮塌,支木而居,□□而爨,百姓愁苦,且去城不数武,而城以内郡□□□在焉,诚虞有不测。"原文之"□□港",漫漶不清,据雍正《湖广通志》卷 20《水利志》,乃为"禹龙港"[1],今地不详,或在蛇山下江边[2]。董家坡,一名等驾坡[3],在汉阳门外街,黄鹤楼下西南江边。也就是说,这一次武昌城江岸自今汉阳门外江边武汉长江大桥武昌桥头附近始,向上游方向延伸,均出现坍塌险情,不仅居民受灾,而且江水侵蚀江岸,距离城墙"不数武",再次危及城垣安全。

重修武昌江岸,时任武昌府知府韩济感觉财政不济,"郡守韩公[4]以为□□□□四百有奇,属汉阳,亦以水告计费五百有奇,而公私困乏,无所取办"。巡抚湖广右佥都御史邵陛[5]遂将以前赈济旱灾结余的钱谷用作修筑江岸的经费,计"钱二千有奇,谷八百有奇"。不久,邵陛升调,其职由秦耀接任,查《明神宗实录》卷 212"万历十七年六月"条:"升提督南赣军务、都察院右佥都御史秦耀为右副都御史巡抚湖广。"[6]可见此次修堤的时间在万历十七年,即 1589 年。秦耀继续沿用邵陛的做法,敦促韩济加快修堤。于是韩济率人"亲巡行堤上者弥月,凿焉、洒焉、瀹焉、甃焉、畚插焉、荷担焉,功始于万历某

〔1〕 雍正《湖广通志》卷 20《水利志》,第 671 页。
〔2〕 据传,蛇山曾有禹王殿,江边有禹王巷,见陈秋芳:《大武汉之梦:关于一座城市的历史、现状与构想》,武汉出版社 2006 年,第 39 页。但史料缺载,可备一说。《湖北水利志》《长江志》转引《湖北通志》亦云为"禹王巷",查民国《湖北通志》,似无此说,不知所本。见湖北省水利志编纂委员会编:《湖北水利志》,中国水利水电出版社 2000 年,第 500 页;《长江志》编纂委员会编:《长江志·防洪》,中国大百科全书出版社 2003 年,第 225 页。
〔3〕 武昌耆老有歌谣曰:"迎宾接驾汉阳门",汉阳门外旧有等驾坡等地名,"等驾坡"或为董家坡之讹。见彭翔华:《武汉歌谣故事》,长江出版社 2015 年,第 68 页。
〔4〕 郭正域称"郡守韩公",雍正《湖广通志》径言"郡守韩济修之"。查康熙《湖广武昌府志》卷 4《秩官志》,则明代武昌知府韩姓者仅韩济一人;又,卷 5《宦迹志》载:"韩济,龙溪人,万历年间知武昌府,多惠政,士民德之。"是以郭所称韩公当为韩济不误。另,同卷又载:"张以谦,号益吾,洛阳人。知武昌府,勤劳为政,民歌抚字,鼓舞士子,多所成就,民思之,立祠江浒。"
〔5〕 据《明神宗实录》卷 203"万历十三年九月"条,当为邵陛。
〔6〕 郭正域称之为"秦公",于此可证为秦耀。

月某日,毕于某月某日,凡为堤几百丈",江堤迅速修缮完毕。据雍正《湖广通志》云"费千四百金"〔1〕,"非税于民,非供于公",造价也并不高。可见这只是一项小型的修堤工程,其效果未必可观。但是,郭正域对此给予了高度的评价,其云:"官不废朝常,民不妨时务,钱不出正供,力不出闾巷,因财于荒政,因力于饥民。饥民食其力,居民奠其居,王政之大者也。"虽然如此,在长江洪灾愈演愈烈的明代中期,万历十七年所筑武昌江岸势必不堪久用。

万历年间第二次武昌府城江岸的修筑,是由时任武昌知府张以谦主持的,并得到时任湖广巡按御史史学迁的支持。关于这一工程,可以从郭正域《合并黄离草》卷 22 中的《武昌府新修江岸记(之二)》《御史翼城史公江岸生祠记》和《武昌守洛阳张公生祠记》三篇文献中一窥全貌。

本次筑岸的具体时间没有明确记载,推测当在万历三十三年(1605)十一月至万历三十七年(1609)十一月之间。

查《明神宗实录》,其卷 370"万历三十年三月"条记载:"吏部以广东缺副使推武昌知府徐应簧。上曰:徐应簧在武昌不能安定乱民,无才可知,不准用。"又卷 413"万历三十三年九月"条:"升湖广武昌府知府徐应簧为本省副使,以三年满考,为巡抚梁云龙所保奏也。"可推知,徐应簧卸任武昌府知府后,始由张以谦接任。紧接着,《明神宗实录》卷 414"万历三十三年十一月条"载:"敕御史史学迁往湖广巡按。"据《武昌府新修江岸记(之二)》,其曰"太守张公下车,问民所疾苦,父老以江岸对,太守请于汾阳直指史公"云云,可见,此次筑岸当在万历三十三年十一月之后。

再据《明神宗实录》卷 439"万历三十五年十月"条:"江西巡按史弼改差湖广巡按。"又《明神宗实录》卷 449"万历三十六年八月"条:"云南道御史史学迁请补谥典。"及卷 492"万历四十年二月"条:"巡按湖广御史史记事以勘实地方水灾。"可知,万历三十五年十月,史学迁由湖广巡按调任云南。

又,《明神宗实录》卷 464"万历三十七年十一月"条:"升浙江参政李长庚为山西按察使,户部郎中余自强为陕西汉羌道参议,武昌知府张以谦为湖广湖南道副使。"及卷 467"万历三十八年二月"条:"甲戌,调湖广副使张以谦为陕西副使。"可知,至万历三十七年十一月,张以谦不再任武昌知府。从万历三十三年到任,至万历三十七年离任,正符合郭正域在《武昌守洛阳张公生祠记》中所讲的"来守吾郡四年"。而此时,江岸修筑已完工,所以,其修筑的时间下限

---

〔1〕 雍正《湖广通志》卷 20《水利志》,第 671 页。

当在万历三十七年。

在正式施工之前,张以谦进行了扎实详细的准备工作。"太守张公下车,问民所疾苦,父老以江岸对……太守巡行其上,凡几寒暑,与诸父老约曰:岸址不高则易没,岸基不广则易颓,有岸者新之,无岸者兴之,其可乎!因遣官视之。"〔1〕湖广巡按史学迁也提出:"以所属能吏与居民相之,沿江诸门何始何止,有岸者何状,无岸者何所,高几丈,阔几尺,用木石几何,金钱几何,何以勿坏,宜用何人。其勿敛诸田亩,勿劳小民,毋用匪人,毋滋糜费。"〔2〕所以,经过实地勘察、工程预算以及施工计划安排的程序,实际开工最早也应该是在万历三十四年(1606)。

然而,据郭正域《御史翼城史公江岸生祠记》云:"御史翼城史公按楚……明年,大浸,城尽圮,保安、望山、平湖、汉阳、武胜四门俱塞土",于是史学迁责成武昌府"留心民瘼",着手筑堤。按,万历三十五年和三十六年,武汉地区均有大水,以万历三十六年为甚〔3〕,依《御史翼城史公江岸生祠记》,似乎筑堤开工于大水之后〔4〕。然而,如上文所引,至早在万历三十五年十月,史学迁既已调离,恐非是。

开工以后,"因石于繁昌,因楫于舟师,因民所苦陆沉于拯堂而争峙于水浒者,增卑培薄,逾年而江复涨,为辍役者再,三岁始克有成绪"〔5〕。也就是说,开工的第二年,又遇到水患,为此不得不两次停工,整个江岸施工三年才完成。如果是万历三十四年开始正式施工的话,正好与长江汛情和主持官员的任职情况相符。所以,此次堤防工程似称"万历三十四年筑岸"为是。

---

〔1〕《武昌府新修江岸记(之二)》,《四库禁毁书丛刊》集14《合并黄离草》,第235页。
〔2〕《御史翼城史公江岸生祠记》,《四库禁毁书丛刊》集14《合并黄离草》,第234页。
〔3〕 万历三十五年,湖北发生全流域水灾,据《明神宗实录》卷434"万历三十五年六月"条:"湖广黄州府蕲州、黄冈、黄梅、罗田等处蛟起,漂没人家;武昌、承天、郧阳、岳州、常德等府先各亢旱,入夏大雨,至是民舍漂没,凡数千家。"至于万历三十六年武汉大水,康熙二十六年《湖广武昌府志》卷3《灾异》:大水,江豚入山涧中,人畜多溺死,沿江民居尽没。又乾隆《汉阳县志》卷4《祥异》:是年水涨,从古未有,府治仪门外登舟,天水相连,止存大别山万户鳞集。又康熙二十二年《江夏县志》卷2《灾祥》:大水,金沙洲暨城外沿江人家尽没,城内编桥而渡。《神宗实录》卷451"万历三十六年十月"条:"湖广巡抚张问达、史弼会题武昌府属江夏等州县各被水灾异常,议于该年各存留仓米银,悉照原勘分数依例蠲免,部覆允行。"郭正域对万历三十六年武汉水灾也有详尽的描述,并提出了相应的救灾措施。见其《与张益吾太守》和《水灾与当道书》,均载《合并黄离草》卷22。
〔4〕 严昌洪也认为此次筑堤在万历三十五年大水之后,见《三镇古堤漫忆》,载肖志华、严昌洪主编:《武汉掌故》,武汉出版社1994年,第260页。
〔5〕《武昌府新修江岸记(之二)》,《四库禁毁书丛刊》集14《合并黄离草》,第236页。

万历三十四年所筑江岸的走向相对比较清晰。根据张以谦的调查,"自下坛至阅兵楼,故无岸;阅兵楼至接官署,岸半圮;中闸口抵观音阁,水啮城址,往来通衢,岸大圮;至青龙巷,岸半圮;夏口驿而上迤逦而南,又南抵王惠桥,故无岸"[1]。

详细言之,从下坛至阅兵楼,在万历三十四年以前没有人工堤岸。下坛,疑指明社稷坛(社坛)江边地方。前曾引《明英宗实录》卷98"正统七年十一月"条:"湖广武昌府奏:本府社稷坛滨大江,比者江岸坍决,坛场因坏。请俟农闲率工修筑。"可见,社稷坛临江不远。又,嘉靖《湖广图经志书》卷2《武昌·坛壝》载:"社稷坛在府北三里。"[2]而雍正《湖广通志》卷25《祀典志》也云:"社稷坛在武胜门外。"[3]是为其证。民国十年《湖北通志》卷10《舆地志·山川五》云:"(长江)又十里鲇鱼套口,里河合汤孙、清宁诸湖水西北流入江……凡十里,右径厉坛角,左对汉口,其下有新河口。"[4]从鲇鱼套口至坛角,约10里,这与万历三十四年所筑江岸的长度正合。推测社稷坛因在武昌府城之下游,故称下坛,清代又称下坛角、坛角,又因音近讹作塘角,即今武昌和平大道上河街以南、武汉工人文化宫以西一带。

阅兵楼,即"阅马厂"或"阅马场",亦即教场。民国十年《湖北通志》卷27《建置志三·坛庙一》"江夏县条"记:"社稷坛,宋时在阅马厂;清康熙五十九年知县潘棻鼎重建于武胜门外。"[5]即指明了社稷坛与教场相邻。雍正《湖广通志》卷15《城池志》又称:"教场在武胜门外,正厅三楹。"[6]明教场约在今武昌积玉桥北部地区,清前期移至蛇山之南今址,今以称"阅马场"为常。

从阅兵楼至接官署,江岸垮塌近半。接官署,嘉靖《湖广图经志书》卷2《江夏县图》作"接官亭",约在汉阳门外以北江边,接近城垣拐角处。该书卷2《武昌·宫室》又记有"迎恩馆","在汉阳门外……使臣至,百官于此迎候"[7]。疑此迎恩馆亦即接官亭,一地两名。

从中闸口至观音阁,本是城外通衢大道,江岸基本垮塌,江水进逼武昌城垣。"中闸口",今失所在。据民国《湖北通志》卷10《舆地志·山川五》记:

---

〔1〕《武昌府新修江岸记(之二)》,《四库禁毁书丛刊》集14《合并黄离草》,第236页。

〔2〕嘉靖《湖广图经志书》,第150页。

〔3〕雍正《湖广通志》,第36页。

〔4〕民国《湖北通志》,第277页。

〔5〕民国《湖北通志》,第713页。

〔6〕雍正《湖广通志》,第494页。

〔7〕嘉靖《湖广图经志书》,第140页。

"（江水）又径平湖门会城内山南诸湖水。"自注云："案《县志》，墩子湖、东湖、明月湖俱西北流出平湖闸入江。"又记："合城内山北藩湖诸水。"自注云："案《县志》：藩湖西流出万年闸入江。"〔1〕可知明清时期为将城内积潦排入长江，同时又防止江水倒灌，设有若干闸口。蛇山以南墩子湖诸水，由平湖闸节制；蛇山以北藩湖诸水，由万年闸节制。由此看，中闸口与平湖闸、万年闸功能类似，考之蛇山以北武昌江边地形，中闸口约在今红巷江边，闸北即接官署。

观音阁，据嘉靖《湖广图经志书》卷2《武昌·宫室》："在汉阳门外黄鹤矶头，上有铜观音像，正德十四年镇守太监杜肃重修之。"〔2〕即今武汉长江大桥武昌桥头位置，此地曾建有头陀寺〔3〕。

由黄鹤矶至青龙巷，江岸也是垮塌近半。青龙巷，地望不详。据民国十年《湖北通志》卷27《建置志三·坛庙一》："张王庙祠唐张巡，一在青龙巷，一在金口。"〔4〕此青龙巷或即武昌城内蛇山之阴青龙巷，地名今存，然并非郭正域所指之青龙巷。妄测之，其地约在今武昌张之洞路江边偏南。

从夏口驿一直至王惠桥，同样在万历三十四年以前没有人工堤岸。夏口驿即夏口水驿，据嘉靖《湖广图经志书》卷2《武昌·公署》："夏口水驿，洪武九年迁江东，正德十年重建。"〔5〕同治《江夏县志》卷2《疆土》："明洪武五年于平湖门外设夏口水驿。"〔6〕其地约在今武昌造船厂江边黄花矶附近。

王惠桥，在望山门外，据雍正《湖广通志》卷13《关隘志·附津梁》："浮桥，在望山门外，江水支流所经，两岸相峙。明洪武间知府冒政造舟为梁，正德庚辰周仪改造，嘉靖壬子知府严忠增修。其水夏溢冬涸，楚藩驾木为桥，更名王惠。今废，用舟渡。"〔7〕今在武昌解放路南端偏东位置，地名犹存。

在嘉靖《湖广图经志书》卷2所附的《江夏县图》中，社坛、教场、接官亭、观音阁、夏口驿俱在〔8〕，可为以上文字佐证。

根据实地勘察的结果，张以谦制定了施工方案。先在白沙洲修渠一道，引

〔1〕 民国《湖北通志》，第277页。

〔2〕 嘉靖《湖广图经志书》，第139页。

〔3〕 据民国《武昌要览·胜迹》记载："观音阁在汉阳门外黄鹤矶上，即古头陀寺遗址。"参见李西亭编著：《黄鹤楼小志》，崇文书局2008年，第49页。

〔4〕 民国《湖北通志》，第715页。

〔5〕 嘉靖《湖广图经志书》，第135页。

〔6〕 同治《江夏县志》，成文出版社1975年，第88页。

〔7〕 雍正《湖广通志》，第412页。

〔8〕 嘉靖《湖广图经志书》，第107页。

水向西,减轻对江岸的冲击,"夫欲修沙洲,先杀水势,宜于白沙洲浚渠一道,新淤高阜,浚之使卑,使水渐西",然后,"自下坛抵望山门,有岸者培而广之,无岸者起而筑之",最终形成的江岸,"自王惠桥至阅兵楼,长一千一百三十五丈,高广四丈有奇。自王惠桥至红庙,无岸凡几千几百丈,高广如之"[1]。笼统言之,即是"起自南浦,尽郡城北趾"[2],从武昌府城南(今解放路南端解放桥),向西折向长江边,又沿江边向下游延伸,一直到府城的北边,形成一道护城堤岸。

最后,将明代武昌府城历次修筑的江岸走向以示意图(见图1)的形式做一总结,以求教于方家。

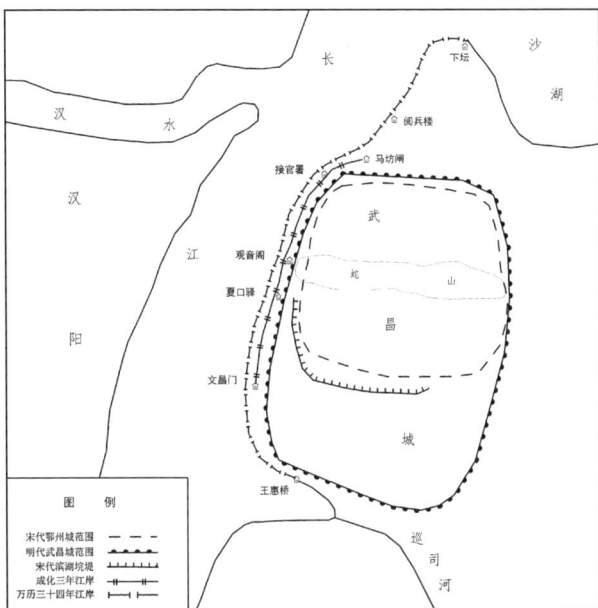

**图 1　明代武昌府城历次江岸修筑示意图**

## 余　论

从郭正域的记述看,筑岸工程似乎并不是按照原先踏察的线路修建的。

---

〔1〕《御史翼城史公江岸生祠记》,《四库禁毁书丛刊》集14《合并黄离草》,第234页。
〔2〕《武昌府新修江岸记(之二)》,《四库禁毁书丛刊》集14《合并黄离草》,第236页。

自王惠桥至阅兵楼,是最初的计划走向。而"从王惠桥至红庙",长度不可确知,只是估算"几千几百丈",这一段原本没有人工护岸,此次才是第一次修筑堤岸。"红庙",其地不可考,文昌门外江边有红庙矶,一名红石矶,在今武昌造船厂厂区内[1],应非同地。因自王惠桥至此红庙,与至阅兵楼的堤岸重合,且未有"几千几百丈"之遥。清代旧志对此段人工堤岸都置而不论,雍正《湖广通志》卷20《水利志》即云:"其后复圮,郡守张以谦请于御史,大修之,费五千金。自王惠桥至阅兵楼长一千一百三十五丈,高广各四丈有奇,凡用石十万,松桩一万二千,松片二千一百,俱以铁锢之,铸铁犀四以镇焉。"[2]但载王惠桥至阅兵楼段,未提王惠桥至红庙段。民国十年《湖北通志》从之[3]。

郭正域所提及的王惠桥至红庙段江岸,可能是自王惠桥沿里河向东过保安门、中和门延伸至某处,以护武昌府城南城垣。嘉庆《重修清一统志》卷336在提及望山门至武胜门江岸修筑情况后,接着说:"又保安门外荞麦湾,乾隆十年筑月堤一道,长九百九十一丈;老堤头至茶庵止,乾隆二十六年筑月堤一道,长二百九十丈;老堤内,乾隆三十二年筑月堤一道,长四百七十四丈五尺。"[4]此处所修堤岸,或即万历三十四年所修王惠桥至红庙段的所在。其言"老堤",也可见乾隆年间之前,曾有筑堤之举。

万历第二次修筑江岸竣工以后,"又铸铁牛四镇之"[5]。至清代,铁牛还遗存,康熙《湖广武昌府志》卷2《古迹志》云:"镇水铁犀,一在平湖门外,名铁牛厂,一没于水。"[6]又据同治《江夏县志》卷2《疆土》:"镇水犀二,一沉于江,一在文昌门外红庙矶,年久朽坏。"[7]

以上主要就明代武昌府城四次江岸修筑的时间、主持官员和所筑堤岸的基本走向进行了较为详细的考证,至于堤岸工程的经费筹措、材料来源、民众动员、政府在其中的角色和地位以及堤防修筑对城市空间和生态环境的影响等问题,尚留待将来做进一步的研究。

本文原载《中国历史地理研究论丛》2020年第2期,收录时有改动。

---

[1] 同治《江夏县志》卷2《疆土》:"红石矶在文昌门外,当江水之冲。"见第133页。
[2] 雍正《湖广通志》,第671页。
[3] 民国《湖北通志》,第956页。
[4] 嘉庆《重修大清一统志》卷336,《四部丛刊续编》影旧抄本,第6724页。
[5] 《御史翼城史公江岸生祠记》,《四库禁毁书丛刊》集14《合并黄离草》,第234页。
[6] 康熙《湖广武昌府志》,第92页。
[7] 同治《江夏县志》,第186页。

# 《榆林府城图》与清代榆林城水患

李　嘎

## 一、引　　言

　　大连市图书馆藏有《榆林府城图》一幅，纵 173 厘米，横 85 厘米，彩色绢本。是图以榆林府城为中心，详细描绘了榆林城内外的地理状况，注记文字较为丰富，被学界视为研究榆林城市史、榆林城市历史地理的宝贵资料。现今出版的多种古代舆图著作均将此图收录其中，并加以判读，如曹婉如等编《中国古代地图集·清代》[1]、郑锡煌主编《中国古代地图集·城市地图》[2]、席会东著《中国古代地图文化史》[3]等。不过，从这些著作的判读情况来看，笔者认为，在绘图年代与地图性质两个问题上出现了一定的失误。众所周知，榆林城是我国北方由边防卫所发展为区域中心城市的典型代表，也因其坐落于农牧交错地带的区位特征，长期受到学界关注。对《榆林府城图》的绘制年代与地图性质加以考证，对榆林城市史、榆林城市历史地理、环境变迁，尤其是水患问题进行研究，具有重要意义。

## 二、《榆林府城图》的绘制年代与性质

　　上述三种今编古舆图著作的图说内容大同小异，现以《中国古代地图集·清代》为例展开讨论。是书言：

　　　　榆林府城图，纵 173 厘米，横 85 厘米。此图彩色绢绘。图上未标图

---

〔1〕 曹婉如、郑锡煌、黄盛璋、钮仲勋、任金城、秦国经、汪前进编：《中国古代地图集·清代》，文物出版社 1997 年。图说见第 12 页。
〔2〕 郑锡煌主编：《中国古代地图集·城市地图》，西安地图出版社 2005 年。地图见第 29 页，图说见第 179 页。
〔3〕 席会东：《中国古代地图文化史》，中国地图出版社 2013 年，第 186—188 页。

名、绘者和绘制年代。图的左边有"榆林府城"的注记,故定此名。注记中有同治二年(1863年)的年号,据此断定此图所绘时间不会早于此年。图上左右两边残存"东""西"两字,表明此图以上方为北,以下方为南。此图中心部分为府城,城向北突出。城东墙北端和城西墙北端各有二门,东部南端无门,西墙南端有二门,其一为水门。城内主要建筑物分布在中轴线两旁,城北部大墙内又建一东西向的倒"Z"字形的小城墙。城西部绘有一条南北向的街道,城内东部绘有一条南北走向的山岭,西北部绘有斜流的河道,水流至西墙内的湖中,再从水门流出城,注入榆溪河。城外也绘制了不少地物。南部和北部绘有山岭,西部绘有"榆溪河",南部绘有南河。榆溪河的两岸绘有河堤,在旧河堤上绘有护堤林。河上绘有四座多孔砖石结构桥梁。北部绘有一小城堡——镇北台,台外为一东西向的边墙。在城西和城南绘有呈矩形的耕地,图中有不少注记文字,它们记述了新开退水濠、石洞、新筑石坝、水沟夹堤、引水夹堤、河堤等部位的长、宽、高尺寸,以及内土城和外砖城的长、宽、高。该图是研究榆林城历史地理的宝贵资料,现藏于大连图书馆。[1]

引文中有"同治二年"之注记,将该图的绘制时间约略定为"不会早于此年";以图中标绘的地理要素,将是图定性为城市图。郑锡煌主编《中国古代地图集·城市地图》一书将该图的绘制时间确定为"同治二年",同样认定为城市图。席会东著《中国古代地图文化史》认为该图绘制于"同治二年前后",是"一幅描绘清代晚期榆林府城内衙署街道布局和城外土地、堤防分布的城市平面布局图"。

要判定古代舆图的绘制时间,考证图中所标示人文地理要素(如衙门、祠祀、书院、楼宇等)的建成年代是重要路径之一。从图中的时间注记来看,《榆林府城图》必定不会早于同治二年(1863),则我们应在同治二年至宣统三年(1911)这49年的时段中寻找证据。民国《榆林县志》成为重要的依托文献。按,民国《榆林县志》,清裴世廉、张立德初修于光绪末年,未曾刻印,此后贾路云进一步补充增续,记事止于宣统三年,有民国十八年(1929)稿本。认真判读《榆林府城图》的建筑名称,借助民国《榆林县志·建置志》"公署""学校""祠祀"等篇的记载,可以界定该图中相关建筑的建成年代。图中坐落于城内东山

---

[1] 曹婉如、郑锡煌、黄盛璋、钮仲勋、任金城、秦国经、汪前进编:《中国古代地图集·清代》,第12页。

（即驼峰山）上的"刘公祠"引起笔者的注意。民国《榆林县志》载："刘公祠，在城东山，清光绪四年总兵官谭仁芳奉旨建，系刘公厚基专祠。"[1]按，刘厚基（1840—1877），湖南耒阳人，咸丰末年以武童投效湘军，入川与太平军作战，久历戎行，后转战陕甘，同治七年（1868）授陕西延绥镇总兵，驻守榆林城，光绪三年（1877）正月十七日病故于任上[2]。在榆十年间做过不少有利于地方民生的益事，事功详见其僚属及绅民编录的《图开胜迹》一书。刘厚基的直属长官左宗棠在光绪四年春给清廷的奏折中说："该总兵安不忘危，力筹赈垦，设法招徕，修城开渠，建立书院，增置膏火，修庙宇，设痘局，凡地方义举，无不竭力勉为，纪律严明，兵民和辑，联络蒙地，中外交孚。"并请求"俯准榆林地方建立原任延绥镇总兵刘厚基专祠"，得到清廷允准[3]。刘公祠遂于光绪四年落成。据今榆林地方文史人士回忆，刘公祠具体坐落在驼峰山香云寺之南，内祀塑像，每年地方官员和士绅会按时祭祀，可惜1987年该祠被地方某单位拆毁[4]。认真比对《榆林府城图》，图内刘公祠正位于香云寺的南部（见图1），至此，我们可以确知是图的绘制时间必定在光绪四年（1878）之后。

仔细审读《榆林府城图》可以发现，以榆溪河为中心的堤坝沟濠景观是该图呈现的主要内容，因此，考察清朝末年榆溪河对榆林城的洪水威胁成为我们下一步的工作重点。查阅民国《榆林县志》、民国《榆林县乡土志》、《清代黄河流域洪涝档案史料》等文献，光绪六年（1880）左右、光绪十三年（1887），榆溪河先后发生两次大规模洪水，尤以前者为害最烈。《清代黄河流域洪涝档案史料》（以下简称《洪涝档案史料》）记载：

> 榆林府西城外有榆溪河一道，发源边外蒙古界内，收受蒙地山涧各水，由府城西北十里之红石峡入境，建瓴而下，复西受芹河之水，傍西城南流，经永济桥南趋入无定河而去。每逢夏秋水涨，挟沙带石，奔腾奋迅而来，时有冲没民田之事。乾嘉之间即有水患，近年为害益甚。叠经官民修堤障水，用保东西两岸田庐。讵意旋修旋圮。盖缘榆林郡城屹立沙碛之中，以河土筑堤，根脚本难坚固，加以连年河沙淤垫，以致东西泛滥。从前

---

[1] 民国《榆林县志》卷8《建置志·祠祀》"刘公祠"条，民国十八年稿本。原书无页码。
[2] （清）左宗棠：《延绥镇总兵刘厚基因病出缺请以谭仁芳接署折》（光绪三年二月十八日），《左宗棠全集·奏稿六》，岳麓书社2014年，第554页。
[3] （清）左宗棠：《已故总兵刘厚基功德在民恳建专祠折》（光绪四年三月二十七日），《左宗棠全集·奏稿七》，岳麓书社2014年，第79—80页。
[4] 史书博：《刘厚基在榆林事迹点滴》，《榆林文史资料》第8辑，内部资料，1988年，第83页。

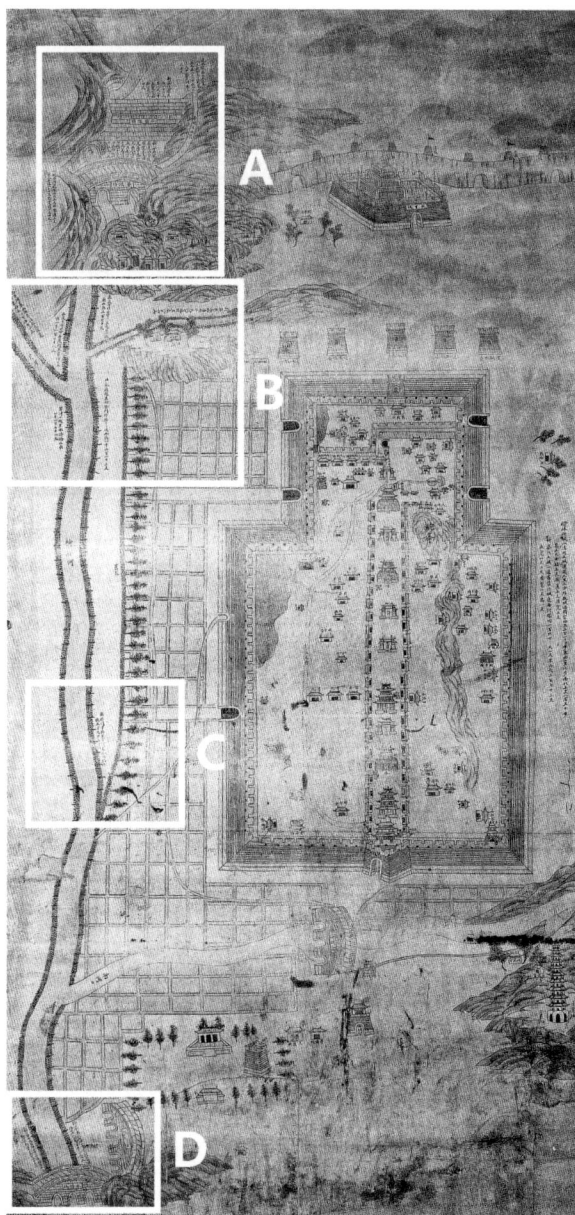

**图 1 《榆林府城图》全幅一览**

说明：图片载曹婉如等编：《中国古代地图集·清代》"图 103 榆林府城图"。

河面宽只十数丈,而岸堤内皆系民田。东堤民田之东即系该郡西面城身。近因军兴以后,堤圮无款兴修。夏秋淫雨,河涨横流,河面宽至百余丈及二三百丈不等。迨至冬令水落归槽,又因地气极寒,河面坚冰盈尺,水流冰下,更属防无可防。每从堤底浸渗堤内城根,又从城底渗入城内,出地便结为冰。春季冻解,城西内外尽成泽国,浸塌官民房屋,抢护宣泄,兵民不胜其苦。若不及时修治,不独堤内民田沦入河心,即该郡城池亦极可虑。[1]

榆溪河的高含沙量导致河床淤垫严重,河流随之泛滥漫溢,而榆林城疏松黄土结构的城基特征,使得溢出河道的水流极易渗透堤外,再进一步渗入城内,春日冰解之后的榆林城内常是一派泽国涝区,对城市生存与发展造成重大威胁。为因应这一严峻事态,榆林地方官府自光绪七年(1881)二月至光绪八年二月发起了一场规模庞大的堤坝沟濠修筑行动,档案文献对此有精详记载:

> 该河(即榆溪河——笔者注)水涨,来势甚猛,议于红石峡入水口内,修砌石坝一座,高三丈五尺,底宽八丈五尺、长十二丈一尺,顶宽三丈四尺、长十七丈四尺。坝上迎水一面护坝一道,长与坝等,高九尺,底宽一丈,顶斜宽一丈四尺。坝北地面宽广,使水有停蓄,以杀其猛迅之势。即于坝之西岩修筑泄水石洞一眼,深十丈二尺,高宽均一丈四尺,使水由洞出,俾免泛滥横流。东岸退水石壕一道,宽八尺,高九尺,长十二丈,以防大水浸坝,即由此濠宣泄。……下面河堤东西两岸,俱自红石峡下石岩起,南至永济桥止,束水入堤,俾令刷沙下驶,不至淤垫为患。……实计西堤长二千三百零二丈,东堤除原有旧堤一段外,计长二千一百七十三丈五尺。东岸之上流水沟一道,共筑南北堤八十四丈。西岸芹河之水斜入本河,两岸筑堤四百七十一丈。……计自光绪七年二月开工起,至八年二月一律工竣。[2]

文中堤坝沟濠设施的相关数据引发了笔者的兴趣。笔者将《榆林府城图》中涉及沟濠数据的注记文字进行分区,与此文献进一步对比讨论(见图1)。

图1中A区有数据文字注记者凡4处,自上至下依次为:"退水濠高九

〔1〕 水利电力部水管司、科技司,水利水电科学研究院编:《清代黄河流域洪涝档案史料》"1882年(光绪八年)"第24条,中华书局1993年,第718页。

〔2〕 水利电力部水管司、科技司,水利水电科学研究院编:《清代黄河流域洪涝档案史料》"1882年(光绪八年)"第24条,第718页。

尺，口宽八尺，长四丈二尺；尾宽五尺，高八尺八寸，长四丈三尺；中设大石洞，长三丈五尺"；"新添护坝□长一十二丈，高八尺八寸，底宽一丈，□斜宽一丈四尺"；"新筑石坝，底宽八丈五尺，顶宽三丈四尺五寸，高三丈五尺五寸；底身长一十二丈一尺，顶□北长一十七丈四尺，南长一十三丈一尺"；"新开石洞一眼，深四丈五尺，新凿通五丈七尺，并□一十二丈，高宽均一丈四尺"。B 区有数据文字注记者凡 6 处，其中榆溪河东岸堤防有 2 处注记，上方为"东堤自雄山寺石崖起，至北岳庙止，长三百七十丈"，下方为"北岳庙起，至新乐门外接旧堤止，长一千二百一十三丈"；榆溪河西岸堤防亦有 2 处注记，上方为"西堤自雄山寺石崖起，至芹河口止，长一千一百二十八丈"，下方为"芹河口起，至永济桥止，长一千一百七十四丈"；图片左侧之芹河堤防有 1 处注记，为"西芹河东西两岸引水夹堤二道，计东西长四百七十一丈"；图片右侧之注记为"新筑东流水沟两岸夹堤二道，计□长八十四丈"。C 区中的文字注记为"新乐门下接旧堤起，至永济桥止，长五百九十丈五尺"。D 区中的文字注记有左右 2 处，右侧为"新筑东堤自雄山寺石崖起，至永济桥止，共长二千一百七十三丈五尺"，左侧为"新筑西堤自雄山寺石崖起，至永济桥止，共长二千三百零二丈"。

图 1 中的 A 至 D 区均是以榆溪河为中心的堤坝沟濠的具体数据。这些数据与《洪涝档案史料》所载数据相比表现出高度一致且更为精细的特点。首先，B 区至 D 区中的数据与《洪涝档案史料》所载完全一致。如新筑榆溪河东堤长度均为"二千一百七十三丈五尺"，西堤长度均为"二千三百零二丈"，榆溪河支流芹河两岸堤防长度均为"四百七十一丈"，榆溪河东流水沟两岸夹堤长度均为"八十四丈"。其次，A 区中的数据与《洪涝档案史料》所载基本一致且前者更为精细。如退水石壕的长度在《洪涝档案史料》中载为"十二丈"，在 A 区中细化为"四丈二尺""四丈三尺""三丈五尺"三个区段，合计恰为十二丈；退水石壕的宽度、高度在《洪涝档案史料》中为"宽八尺，高九尺"，在 A 区中则细化为口、尾两个区段，"宽八尺，高九尺"乃是口部规格，尾部数据为《洪涝档案史料》所未载。复如 A 区中护坝的相关数据与《洪涝档案史料》也基本一致，稍微不同之处在于护坝高度，前者记为"八尺八寸"，后者载为"九尺"。再如 A 区中石坝的相关数据同样与《洪涝档案史料》基本一致且更为精细：略微不同之处在于石坝高度前者记为"三丈五尺五寸"，后者载为"三丈五尺"；石坝顶长在《洪涝档案史料》中载曰"十七丈四尺"，在 A 区中则细化为北长"一十七丈四尺"、南长"一十三丈一尺"。又如 A 区中泄水石洞的相关数据与《洪涝档案史料》所载也完全一致且更为精细：石洞深度在《洪涝档案史料》中为"十丈二

尺"，A 区中则记为"四丈五尺""五丈七尺"两段，合计恰为十丈二尺，石洞高、宽均为"一丈四尺"，而 A 区中的"并□一十二丈"之数据为《洪涝档案史料》所未载。

从两类数据的高度一致性来看，可以肯定地说，《榆林府城图》实为反映光绪七年二月至光绪八年二月榆林地方官民治理榆溪河水患行动的地图。那么，应如何解释两者少数细部数据稍有不同且《榆林府城图》更为精细的现象呢？《洪涝档案史料》所载是陕西巡抚冯誉骥于光绪八年十月二十一日给清廷的奏片，从《榆林府城图》纵 173 厘米、横 85 厘米超大尺寸以及彩色绢绘的地图质地来看，绝非基于寻常目的率性而绘。笔者推测，《榆林府城图》极有可能是冯誉骥在光绪八年十月与奏片一起呈送给清廷的，该图实绘制于此年二月榆溪河治理行动竣工之后、十月冯氏进奏清廷之前。冯氏奏片中的堤坝沟濠数据乃是"议"的内容[1]，"议"者，"建议""计划"之意也，与最后施工时的实际数据可能会稍有出入，这应该正是奏片数据与舆图数据稍有不同的原因。

至此，我们可以得出结论，《榆林府城图》实际绘制于光绪八年（1882），并非绘制于"同治二年"或"同治二年前后"，主张不早于同治二年的说法虽大体不误，但失之粗略。该图的性质也并不是一幅普通的"城市图"，而是一幅珍贵的"城市水患治理图"。

## 三、清代榆林城的水患现象及其深层原因

光绪八年《榆林府城图》及冯誉骥的奏片使笔者产生了这样的疑问：坐落于陕北长城脚下、年降水量仅有 400 毫米上下[2]的榆林城为何会产生如此严重的水患？具体而言，榆林城市水患是否自明代建城伊始即是如此，抑或表现为从无到有、由轻而重的渐进过程？地方官民采取了哪些防治水患的举措？诱发水患的深层原因究竟何在？本节即集中探讨这些问题。

1. 榆林城的水患现象与防治

历史上对榆林城造成最大威胁的是城西的榆溪河。但在有明一代极少发

〔1〕　参见上文所引《清代黄河流域洪涝档案史料》"1882 年（光绪八年）"第 24 条："该河水涨，来势甚猛，议于红石峡入水口内，修砌石坝一座，高三丈五尺，底宽八丈五尺，长十二丈一尺，顶宽三丈四尺，长十七丈四尺……"

〔2〕　陕西师范大学地理系《陕西省榆林地区地理志》编写组编：《陕西省榆林地区地理志》，陕西人民出版社 1987 年，第 65 页。

生榆溪河冲击榆林城的事件,诸多史料证实,明代榆溪河的含沙量还是相对较小的,河道稳定,很少发生旁溢的现象,自然不会影响到榆林城的安危。万历《延绥镇志》的"榆林镇城图"中,在城西的榆溪河上明确标绘有两座桥梁[1],其中稍南的一座名曰"清波桥",从桥名即可得见当时榆溪河尚较清澈的事实。同书在"清波桥"下记载:"戍妇捣衣,征夫饮马。渔者逆回涛而举网,浴者掬清流而濯足。滔滔自赤峡来,澄泓如练,凫鹭时翔。登梁远览,足泻赏心。"[2]由此可见水质澄净的状貌。榆林城西一带多是黄土地貌,城南2.5公里处方进入基岩区,河道在疏松的黄土地带是容易发生迁移的,河上筑桥正说明此时榆溪河河道稳定的事实。此外,明代中后期城北红石峡一带的榆溪河上尚能泛舟,时人有诗曰:"饮到夜深衣不解,溪头醉卧小舟回。"[3]这在一定程度上也能说明当时河流生态优良。

但到清代初年的时候,榆溪河已经成为含沙量很大的浑浊之河了。康熙初年谭吉璁说:"榆溪之水,自塞外来,澎湃激荡,泥沙浑浑,与黄河水无异。"[4]此时城西河上的两座桥梁已经基本废弃,谭吉璁称:"询之故老,云桥有二,已亡其一,今之在西门者,尚有一二梁柱存焉。"[5]为沟通东西两岸,谭吉璁力请重修西门外之桥,新桥名曰"碧浔桥"。可以看出,清代初年的榆溪河已经开始为害,不过仍未见直接殃及榆林城的记录。

降至乾隆年间,榆林城水患渐趋严重起来。乾隆十四年(1749)的六、七月间,陕西"大雨时行,依山傍河之州县,处处发水大于往年",榆溪河洪水就是其中的一例,大水"冲塌城墙、水洞、炮楼及道路堤岸"[6]。及至道光年间,清初重建的碧浔桥久已废弃[7],此时除城南基岩地带因地质稳定而始终建有名曰"永济桥"[8]的桥梁之外,城西榆溪河上已经不能再修建桥梁了。榆溪河携带大量来自塞外的泥沙在城西一带堆积,城外地势渐趋升高,对本就低洼的

〔1〕 万历《延绥镇志》卷1《舆图·延绥镇城图说》,上海古籍出版社2011年,第24—25页。

〔2〕 万历《延绥镇志》卷4《桥梁》,第288页。

〔3〕 (明)马希龙:《八月望日泛舟赤峡二律》,万历《延绥镇志》卷8《艺文下》,第695页。

〔4〕 (清)谭吉璁:《芹亭记》,康熙《延绥镇志》卷6之3《艺文志》,上海古籍出版社2012年,第560—561页。

〔5〕 (清)谭吉璁:《碧浔桥碑记》,康熙《延绥镇志》卷6之3《艺文志》,第559页。

〔6〕 水利电力部水管司、科技司,水利水电科学研究院编:《清代黄河流域洪涝档案史料》"1749年(乾隆十四年)"第7条,第183页。

〔7〕 道光《榆林府志》卷6《建置志·津梁》"碧浔桥"条载:"碧浔桥,本名清波桥,在西城外西河上……今俱废",道光二十一年刻本,第12页。

〔8〕 永济桥,亦名响岔桥,明代即已存在,清咸丰年间桥址曾发生过略微的迁移,参见下文。

城内西隅的地下水形成挤压效应。对此,道光《榆林府志》对坐落于城内西隅的文庙泮池之水的记载值得重视:

> 泮池在棂星门外,乾隆二十四、五年知府赵铨引荣泉水注之。今则池水自满,无须引注,以地势洿下故也。[1]

志书作者将池水自满的原因归结为地势低洼,这显然是站不住脚的,因为低洼地势乃是天然如此,此前缘何无池水自满的现象,而现在却出现了呢? 这无疑是地下水挤压效应所致。至咸丰时期,城内西隅的积水已经严重影响到很多建筑,咸丰九年(1859),新任榆林知府刘廷鉴称:"咸丰九年春,余来守是邦,甫下车,见城外积沙成阜,而城之西偏学宫、官署半陷于沮洳之中,居民零落,弥望森漫,附郭之田,并解可耕,乃进绅耆而询其故,佥曰是西河浸溢之所致也。"[2]刘廷鉴认为积水成灾的直接原因与永济桥的阻沙效应有关。该桥处于榆溪河与榆阳河的交汇处,地势平坦,榆溪河的泥沙遇桥受阻,沉积遂日渐严重,"沙愈淤愈高,而水益泛滥"。为解决这一危局,刘廷鉴决定将永济桥向南移至高阜之南,利用地势高差使水流加速,以水拖沙,逐渐减少城西一带的积沙状况,"桥成而北来之水疾趋而下,沙之积者自随水去,而学宫、官署、居民、田亩之在城内外者可由是以安"[3]。移桥工程自咸丰十年四月始,至同治元年(1862)八月告成。不过,从此后的水患情势来看,以水拖沙的效果并不十分明显。

光绪元年(1875),榆林城再遭水患打击,时任延绥镇总兵的刘厚基记载说:

> 光绪元年冬十月,(榆溪河)于七里外之北岳庙庄决口,突抵城根,积水丈余,瓮门莫救。城内普惠、北海子两泉无从宣泄,会为巨浸。市衢、屋舍宛在中央。[4]

这次灾害的起因在于榆溪河在城北之北岳庙庄决口,深达丈余的洪水在西城墙外积聚,原本可经由水西门向城外宣泄城内之水的流路阻塞,导致城内西隅积水成灾。刘厚基认为这是由于榆溪河旧堤日久隳坏,沙碛拥入河心,致使河道向城池一侧移徙,而地方百姓对此险况不察,反而与水争地,最终造成了这一严重的城市水患事件。基于此,刘厚基发动管下兵士一千余名大修堤防,

---

〔1〕 道光《榆林府志》卷8《建置志·祠祀》"文庙"条,第1页。
〔2〕 (清)刘延鉴:《改建永济桥碑记》,民国《榆林县志》卷47《艺文志》。原书无页码。
〔3〕 (清)刘延鉴:《改建永济桥碑记》,民国《榆林县志》卷47《艺文志》。原书无页码。
〔4〕 (清)刘厚基:《建固城堤记》,《图开胜迹》卷3,光绪二年刻本,第57页。

"决口筑横堤一道,计长一百十余丈,逼水入河;更筑长堤一道,自北岳庙庄起至南城角南河口止,计长一千四百六十九丈,以防漫溢"[1]。可以看出,刘氏重新修筑了榆溪河堤以约束水流。工程一时起到了较为明显的效果。在刘厚基僚属及榆林绅民编纂的《图开胜迹》中有《束流固垒》图一幅,正是这次榆溪河修治行动的形象展现。

不过好景不长,在刘厚基筑堤之后数年,榆溪河水浸泡城池的情势重又十分危急,这在光绪八年(1882)陕西巡抚冯誉骥的奏片中已经很清楚地显示出来。榆林地方官民随之发起大规模的堤坝修筑行动,详情即光绪八年《榆林府城图》所展示之内容。冯氏在奏片中交代这次大修堤防的目的说,"河堤东西两岸,俱自红石峡下石岩起,南至永济桥止,束水入堤,俾令刷沙下驶,不至淤垫为患"[2],即筑堤束水,加快水流速度,以冲刷河底淤沙。工程效果在五年以后的榆溪河大洪水中显现了出来。光绪十三年(1887)六月十七、十八两日,榆林一带大雨如注,榆溪河洪水经红石峡后汹涌而出,因水势异常,芹河堤防全行冲溃,但榆溪河"河底刷深,不致旁溢",并未对榆林城造成丝毫冲击[3]。"河底刷深"正是五年前束水攻沙之策产生的直接效果。

### 2. 清代榆林城水患现象逐步加重的深层原因

行笔至此,我们有必要对榆林城何以在清代乾隆以后水患日渐加重的问题做出解释。一个不容置疑的原因是与天气因素有关。榆林城及其所在的榆溪河流域属中温带半干旱大陆性季风气候区,年降水量虽然较少,但月际变率大,多集中于7—9月,且常以大雨或暴雨形式出现,容易在短时间内引发河流洪水,进而影响到榆林城。上文言及的多次榆林城水患无不与短时强降雨有关。此外,清代同光年间,西北战争对陕北地区社会经济的巨大破坏导致堤防失修也是不容忽视的重要因素。先是同治六年至九年(1867—1870),回民义军多次进入陕北,先后在姬家坡、榆林城等地与清军作战;此后左宗棠把战争推进至甘肃、新疆境内,陕北成为战争物资供应的重要基地,社会经济由此遭受重创,地方财力匮乏,进而影响到堤防之修[4]。光绪八年,冯誉骥奏片中

---

[1] (清)刘厚基:《建固城堤记》,《图开胜迹》卷3,第58页。
[2] 水利电力部水管司、科技司,水利水电科学研究院编:《清代黄河流域洪涝档案史料》"1882年(光绪八年)"第24条,第718页。
[3] 水利电力部水管司、科技司,水利水电科学研究院编:《清代黄河流域洪涝档案史料》"1887年(光绪十三年)"第5条,第747页。
[4] 可参见郭琦等主编,秦晖等著:《陕西通史·明清卷》,陕西师范大学出版社1997年,第336—354页。

所言的"近因军兴以后,堤圯无款兴修"正是指此。除以上两个直接原因外,笔者认为更为深层的原因在于,乾隆以降,边墙以外榆溪河上游迎来土地垦殖高潮,由此引起榆溪河河流生态恶化,最终导致榆林城水患日重。现论述如下:

边墙以外的榆溪河上游乃是毛乌素沙地的组成部分,据学界研究,毛乌素沙地久已形成,在明代中后期,陕北边墙即为这片大沙地的南缘。不过,毛乌素沙地既具备沙化的条件,又因相对丰富的降水量,在某些地带也适宜人类定居,人类在这些地区从事的社会经济活动只要没到足以引起环境恶化的临界点,人类与环境是可以相容的〔1〕。明代中后期,边墙长期是明帝国北疆界线,边外基本作为蒙古族游牧之区〔2〕,游牧方式对环境的扰动较之农耕明显要小,故而可以认为明代边墙外榆溪河上游的人类活动与环境实态基本相容。

进入清初,受制于复杂的政治与社会形势,清廷对边外蒙地仍旧实行禁止汉人出口垦殖的政策,为此,顺治年间特意在陕北边墙口外划出"直北禁留地五十里"〔3〕作为封锁蒙地的标志,既不许汉人耕种,亦不许蒙古人放牧。变化从康熙三十六年(1697)开始。这年三月,蒙古鄂托克旗札萨克松阿喇布奏请朝廷:"边外车林他拉、苏海阿鲁等处,乞发边内汉人,与蒙古人一同耕种"〔4〕,得到康熙帝允准,这一事件可视为边外蒙地初步弛禁的标志。康熙五十八年,清廷派侍郎拉都浑至陕北边墙以外踏勘,"得各县口外地土,即于五十里界内,有沙者以三十里立界,无沙者以二十里立界,准令民人租种"〔5〕。不过,雍正年间以迄乾隆初年,汉蒙双方围绕边外垦种范围仍多次发生争执,为此,乾隆八年(1743),清廷再派臣员会同地方汉蒙官员会勘,达成定议:"于旧界外再展二、三十里,仍以五十里为定界,此外不准占耕游牧,并令民人分别新、旧界给租"〔6〕,实际上以官方形式正式允许民人可在边外五十里范围内垦殖,五十里范围外则执行严厉的禁垦政策。自此而后,边外五十里范围内遂成为民人出边垦殖的核心地带,这一区域逐渐演变为以农耕为主的地带,正如

〔1〕 参见韩昭庆:《明代毛乌素沙地变迁及其与周边地区垦殖的关系》,《中国社会科学》2003 年第 5 期。

〔2〕 民国《绥远通志稿》载明代陕北边墙以外已有内地民人越界垦种,其言:"内地农人春至秋归,谓之雁行,此雁行之俗在明季已然,尚不始于清初",但基于明代中后期边墙乃是明帝国北疆的基本史实,这种边墙外的农业开垦无疑是零星式、小规模的。参见民国《绥远通志稿》卷 50《民族(汉族)》,内蒙古人民出版社 2007 年,第 2 页。

〔3〕 道光《神木县志》卷 3《建置上·附牌界》,道光二十一年刻本,第 6 页。

〔4〕 《清圣祖实录》卷 181"康熙三十六年三月乙亥"条,中华书局 1985 年,第 939 页。

〔5〕 道光《神木县志》卷 3《建置上·附牌界》,第 7 页。

〔6〕 道光《神木县志》卷 3《建置上·附牌界》,第 7 页。

民国《绥远通志稿》所言:"至清乾隆间,私垦令除,秦、晋沿边州县移垦之民遂日众。汉种蒙地,蒙取汉租,互相资以为生,渐由客籍而成土著。年久蕃息,而汉族生齿之繁,遂远非蒙族所可及。"[1]对于主要处在边外五十里范围内的榆溪河上游而言也概莫能外,这从榆溪河上游村落的产生时间就能很清晰地展现出来。按,边外的榆溪河上游今天主要位于榆林市榆阳区金鸡滩镇、孟家湾乡、岔河则乡一带,笔者根据1988年印行的《陕西省榆林县地名志》对三个乡镇所辖村落的形成时间做了统计(见表1)。

表1　金鸡滩、孟家湾、岔河则三乡镇所辖村落形成时间及数量统计一览

| 建 村 时 间 | | 村 落 数 量 | | | |
|---|---|---|---|---|---|
| | | 金鸡滩镇 | 孟家湾乡 | 岔河则乡 | 合　计 |
| 明代 | | 0 | 0 | 0 | 0 |
| 顺治(1644—1661) | | 0 | 3 | 0 | 3 |
| 康熙(1662 -1722) | | 0 | 1 | 0 | 1 |
| 雍正(1723—1735) | | 0 | 0 | 0 | 0 |
| 乾隆 | 前期(1736—1755) | 0 | 0 | 7 | 7 |
| | 中期(1756—1775) | 0 | 5 | 0 | 5 |
| | 后期(1776—1795) | 4 | 33 | 0 | 37 |
| 嘉庆(1796—1820) | | 3 | 26 | 0 | 29 |
| 道光(1821—1850) | | 24 | 11 | 5 | 40 |
| 咸丰(1851—1861) | | 16 | 2 | 1 | 19 |
| 同治(1862—1874) | | 6 | 0 | 5 | 11 |
| 光绪(1875—1908) | | 6 | 9 | 8 | 23 |
| 宣统(1909—1911) | | 1 | 1 | 0 | 2 |

[1]　民国《绥远通志稿》卷50《民族(汉族)》,第2—3页。

续　表

| 建 村 时 间 | 村 落 数 量 | | | |
|---|---|---|---|---|
| | 金鸡滩镇 | 孟家湾乡 | 岔河则乡 | 合　计 |
| 民国（1912—1949） | 5 | 1 | 11 | 17 |
| 中华人民共和国 | 1 | 2 | 2 | 5 |
| 合计 | 66 | 94 | 39 | 199 |

资料来源：榆林县地名志编辑委员会编《陕西省榆林县地名志》，内部资料，1988 年。需要说明的是，第一，该表所统计的村落是指自然村，不包括极少数的片村和废村；第二，金鸡滩于 1997 年由乡改镇，故在该地名志中称"金鸡滩乡"。

由表 1 可见，边墙以外的榆溪河上游凡有自然村 199 个，出现于乾隆以前的村落仅有 4 个，乾隆年间则急速增加，共 49 个，尤以乾隆后期最多，嘉庆及以后出现的村落也相当可观。众所周知，陕北边外村落乃是民人出边垦种时"伙聚盘居"而形成的伙盘聚落，村落的出现意味着周边土地垦殖已经开始，故而我们可以认定，边外榆溪河上游的土地垦殖高潮正是始于乾隆时期。边外土地分滩地与沙地两种，滩地区水资源较为丰富，土质尚可，基本能够保证每年垦种，无需休耕，但沙地区水源匮乏、土质瘠薄，"凡沙地耕一二年必须停耕三四年，然后复耕"[1]。不过毋庸置疑的是，在边内民人出边垦殖趋之若鹜的大背景下，沙地区的休耕之制是很难保证的，滩地区也面临着地力渐趋耗尽的窘境，故而榆溪河上游一带人地关系逐步失衡并不难以推知。过度垦殖破坏了掩藏在薄层表土之下的"古芦土"，将"古芦土"以下的暗沙翻上地表，成为明沙，土地沙化遂日渐严重[2]。这势必直接导致榆溪河含沙量的增加，榆林城水患出现并逐渐加重也就不难理解了。光绪八年（1882）的洪涝档案史料在追述榆溪河水患趋势时称："乾嘉之间即有水患，近年为害益甚"[3]，并在乾

---

〔1〕 樊士杰等编：《陕绥划界纪要》卷 3《榆林县已垦地亩表册》，民国二十一年铅印本，第 1 页。

〔2〕 参见严钦尚：《陕北沙丘和它的由来》，《地理知识》1954 年 8 月号。需要说明的是，严先生在该文中主张陕北沙丘的产生不过是近二三百年间的事情，笔者并不同意这种观点，但文中提出的不合理的土地垦殖破坏地表土壤层的说法无疑是可信的。

〔3〕 水利电力部水管司、科技司，水利水电科学研究院编：《清代黄河流域洪涝档案史料》"1882 年（光绪八年）"第 24 条，第 718 页。

隆十四年(1749)时榆林城有了首次明确的水患记录[1]，这与边外榆溪河上游的农业垦殖进程可谓若合符节。

## 四、结　　语

通过对《榆林府城图》内建筑(刘公祠)以及注记文字的考证，发现该图实际绘制于光绪八年(1882)，是一幅反映光绪七年至光绪八年榆林城市水患治理的珍贵舆图。

光绪八年《榆林府城图》折射出清代末年榆林城市水患的严重性。研究发现，清代对榆林城威胁最大的是城外西侧的榆溪河。该河在明代之时水质尚可，但因发源于边墙之外的荒漠地带，最晚从清代初年起，已是含沙量很大的浑浊之河。随着乾隆年间边外垦殖高潮的到来，榆溪河上游人地关系失衡，土地沙化现象日趋严重，由此导致榆溪河含沙量进一步增大，河性随之大变——因河心泥沙淤积，致使河流宽度大增，河道变得移徙不定，河东城西之地势也日渐增高——这些变化最终波及榆林城本身。从乾隆年间开始，城市水患遂开始显现并日渐严重。总体而言，受制于榆林城区东高西低的下垫面特征，在城外西侧地势增高、榆溪河河性发生巨大变化的情形之下，城内西隅成为水患最为严重的地段。地方官民的治水之策多围绕榆溪河而展开，可分为利用地势高差以水拖沙和筑堤束水攻沙两种，后者一时成效较为明显。不过需要强调的是，清代后期的堤防修筑多局限于红石峡至永济桥一段，笔者认为这终究属于治标之法，要彻底消弭榆溪河对榆林城区的威胁，从流域整体出发，注重全流域治理及生态修复当是不容回避的必经之途。

清代榆林城的水患现象启示我们，城市水患严重与否乃是气象条件、城区下垫面条件、城市旁侧的河流特性、社会经济条件、流域开发进程等多个因子综合作用的结果，与区域年降水量的多寡并无高度的相关性。我们发现，与榆林城同属陕北降水稀少区的清涧城、延长城、绥德城、延川城、安塞城、延安城等在历史上都曾多次发生较为严重的水患。如清涧县城在天启六年(1626)时"大水与城齐，漂去南雍(瓮)城，没南关民数百家"[2]，嘉庆五年(1800)"七月

---

[1] 水利电力部水管司、科技司，水利水电科学研究院编：《清代黄河流域洪涝档案史料》"1749年(乾隆十四年)"第7条，第183页。
[2] 顺治《清涧县志》卷1《地理志·灾祥》，顺治十八年刻本，第11页。

十日,大水,与西城女墙齐,漂去民庐市廛,南门楼、文昌楼皆没于水"[1];延长县城在顺治十六年(1659)六月初六日夜间"洪水穿城,漂没民居庐舍,街基弥漫数尺",城关居民被迫移居县城北面高部山上的土城,直至乾隆年间,这次洪水袭击后的"遗迹犹存"[2];绥德州城在同治三年(1864)七月初九日,"理水大涨,入银川门,不及城垛者数尺"[3]。凡此种种无不在警示我们,半干旱地区的城市水患问题亦不可忽视!

本文原载《中国历史地理论丛》2021年第3辑,收录时有删改。

〔1〕 道光《清涧县志》卷1《地理志·灾祥》,道光八年刻本,第37页。
〔2〕 乾隆《延长县志》卷2《城池》,乾隆二十七年刻本,第2页。
〔3〕 光绪《绥德直隶州志》卷3《祥异》,光绪三十一年刻本,第34页。

# 近千年江苏海陆变迁与滩涂
# 盐作的动态响应

鲍俊林

在中国大陆1.8万千米的漫长海岸线上,分布有大规模的淤泥质滩涂,特别是在海州湾到杭州湾之间的沿海地带。其中,江苏沿海是中国淤泥质潮滩的最大分布区,约占全国潮滩面积的1/4。近千年以来,这里曾是古代中国海盐生产中心,今天这里又是世界自然遗产地,有2个国家级自然保护区、1个国际重要湿地以及1个国际湿地城市,"海势东迁""移亭就卤"是这片海涂传承千年的自然湿地文化与人类盐作文化的关键表现。"海势东迁"即海岸线东移、滩涂不断扩张的自然现象,"移亭就卤"即滩涂制盐随着海岸扩张而不断向海迁移的人文现象。近千年以来江苏海陆变迁与滩涂盐作的互动,展示了淤涨滩涂上的历史生态与人文景观变化,是滨海地带独特的人与自然互动的案例。在加快推进生态文明建设、长江三角洲生态一体化发展的背景下,梳理江苏沿海近千年的滩涂湿地演变与淮盐文化发展脉络,对促进沿海地区人与自然和谐共生具有重要参考意义。

## 一、黄河夺淮以后江苏海陆变迁与滩涂生态

宋元时期江苏海岸线尚在范公堤沿线附近,自黄河夺淮以来,江苏沿海存在明显的海陆变迁过程,特别是在明清时期,江苏沿海快速扩张。整体上,自南宋建炎二年(1128)至清咸丰五年(1855)的727年内,黄河带来大量泥沙逐渐沉积在古淮河口及南北沿岸,使江苏海岸发生质变,塑造了广袤的废黄河三角洲与大面积滨海平原。不过,"海势东迁"也存在比较明显的时间与空间上的差异。在时间上,自1128年黄河夺淮以来,海岸线变迁经历了三个阶段,即整体上宋至明代中叶淤涨较慢、明代中叶到清代中叶淤涨加快,

以及 1855 年黄河北归后岸线重新调整三个阶段。在空间分布上,扩张最为明显的是北部的废黄河三角洲沿岸,其次是中部的盐城沿岸,最后是南通沿岸(见图 1)。

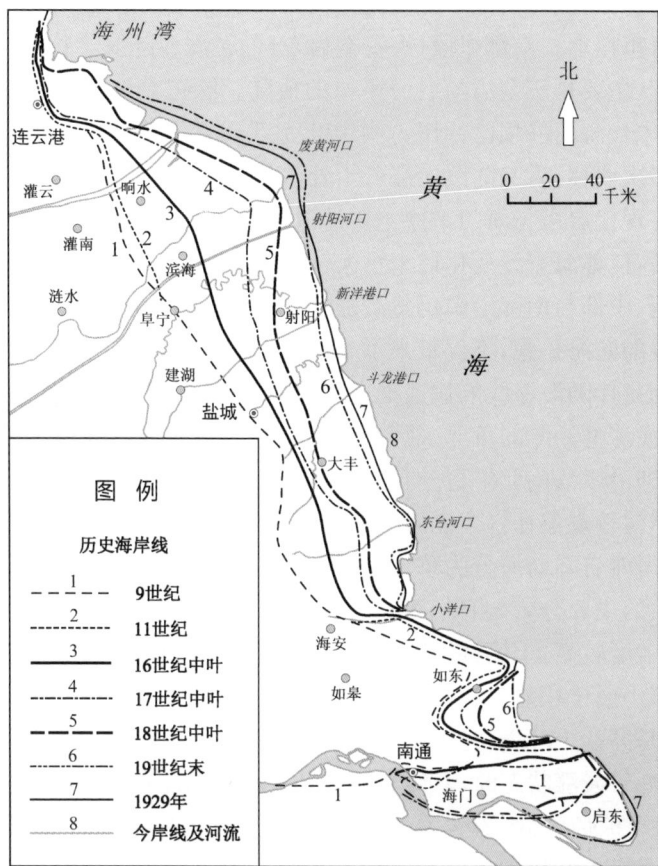

**图 1　江苏海岸线的历史变迁**

资料来源:鲍俊林:《气候变化与江苏海岸的历史适应研究》,复旦大学出版社 2021 年,第 69 页。

北部沿岸(赣榆至阜宁)的扩张以废黄河三角洲快速伸展最为突出。黄河夺淮以后这里有 700 多年都是黄河入海口,从阜宁喻口至云梯关之间的古淮河口向海淤涨延伸,废黄河三角洲在此大幅淤涨。1128 年至 1855 年,这里共成陆面积约 0.7 万平方千米,并积累了丰富的黏土层。清代后期废黄河三角洲河口迅速东移,曾抵达今河口外 20 多千米。中部岸段(阜宁至海安)的淤涨成陆是以岸外沙洲并陆为主、岸滩向海均匀淤涨为辅。1128 年至 1855 年,范公堤以东江苏中部滨海平原成陆面积共约 0.5 万平方千米。16 世纪中叶之后淤涨速度明显加快,并在 1855 年黄河北归前的一段时间内达到最高值。中部沿岸快速扩张,滨海荡地十分宽阔。范公堤东部滩涂宽度少则数里,多则数十里甚至百里以上。南部岸段(海安至启东)的淤涨成陆属于长江三角洲北翼的扩张过程,主要是三余湾与启海平原的成陆。除三余湾及启东部分地区尚未成陆外,宋代海门沙坝已并岸。明中叶海潮反复侵袭、滩地不断坍塌,海门县治被迫多次西移,后又陆续淤涨若干外沙。清末外沙与海门融合成陆,启海平原形成。现代启东与海门平原主要是清代江沙重涨的产物。此外,1855 年黄河北归后,江苏海岸线变化迎来重大转折,整体上北部由以往长期淤涨转变为侵蚀后退,中部与南部沿岸仍然淤涨。

海岸线的向海扩张,不仅带来了丰富的土地资源,也引发了滩涂生态环境变化。特别是伴随海岸线的快速推进,淤涨滩涂呈现了独特的生态演替规律。自陆向海,淤涨型潮滩的草滩、盐蒿滩、光滩等各植被分带表现出规律性的地带性分布,即沿岸线南北平行分布,并伴随潮滩淤涨不断向海平行迁移。这种规律的自然演替现象在古今潮滩上都会表现出来。如康熙《淮南中十场志》梁垛场图,将海滩自陆向海分为草荡、新淤沙荡以及海沙三带,这与今天江苏沿海淤涨滩涂的主要分带(自陆向海为草滩、盐蒿滩、光滩)一致。草滩带盐度低,植被覆盖度较高,土壤逐渐脱盐,有机质开始增多增厚,比较适宜垦作。盐蒿滩与光滩仍属于积盐过程。特别是光滩带,为强积盐带,土壤盐度高,植被群落稀少,是高盐土环境;光滩以下还包括浮泥滩与板沙滩以及水下浅滩。此外,当滩涂处于淤涨状态时,草滩实际上是淤涨潮滩发育的最终阶段。伴随苏北海涂的持续扩张,光滩、盐蒿滩、草滩带均会加快淤宽,但光滩、盐蒿滩的宽度相对稳定,而草滩作为滩涂上生态演替的最终阶段,会伴随滩涂外涨而不断淤宽。海涂扩张、滩涂环境的演替变化为传统淮盐生产提供了重要生态基础[1]。

## 二、千年淮盐与古代中国海盐生产中心

江苏沿海盐业历史悠久,历史上这里长期是中国传统海盐主产区,以废黄河为界,分为淮北、淮南两个盐区,统称为两淮盐区。淮南盐区占到江苏沿海的

---

[1] 鲍俊林:《15—20 世纪江苏海岸盐作地理与人地关系变迁》,复旦大学出版社 2016 年。

绝大部分,北至废黄河,南到长江口北岸,西到范公堤,东至海,下辖泰州、通州二分司,因此也被称为通泰地区。自明代中叶开始,淮北各场晒盐、淮南各场煎盐。

淮盐始于汉代,"汉煮海为盐,吴王濞立国广陵,招集亡命煮海为盐,盐所入辄以善价与民,此两淮盐利见于载籍之始"[1]。唐宋以后淮盐快速发展,成为朝廷的主要盐课来源、全国海盐生产中心。"绍兴末年以来,泰州……一州之数过唐举天下之数矣""淮南有楚州盐城监,岁鬻四十一万七千余石,通州丰利监四十八万九千余石,泰州海陵监如皋仓、小海场六十五万六千余石"[2]。

明至清初两淮盐区共有三十场,从南到北分别归通州、泰州以及淮安分司管辖,包括通州分司上十场(丰利、马塘、掘港、石港、西亭、金沙、余西、余中、余东、吕四),泰州分司中十场(富安、安丰、梁垛、栟茶、角斜、东台、何垛、丁溪、草堰、小海),以及淮安分司下十场(白驹、刘庄、伍祐、新兴、庙湾、莞渎、板浦、徐渎、临洪、兴庄)。清代两淮盐区经过省并,到乾隆三十四年(1769)共有23个盐场。其中,泰州分司共十一场:富安、安丰、梁垛、东台、何垛、丁溪、草堰、刘庄、伍祐、新兴、庙湾(角斜、栟茶归入通州分司,明代原属淮安分司的白驹、刘庄、伍祐、新兴、庙湾五场归入泰州分司)。

海岸线东迁、滩涂持续扩张,为淮盐发展提供了丰富的自然资源,推动了淮盐在明清时期的快速发展,全面迎来淮盐的黄金时代,形成全国海盐重心在两淮、两淮重心在淮南的格局。明初两淮各盐场岁办大引额盐116.07万引,其中两淮为35.2万引,淮盐课入占全国近三分之一。"两淮场之广,草之丰,卤之厚,皆甲于天下。"[3]"淮盐岁课七十万五千一百八十引,征银六十万两,可谓比他处独多矣。"[4]清代淮盐重要性进一步增强,"淮盐课额,甲于天下……淮盐以一隅,抵数省之课"[5]。清代乾嘉道时期淮盐达到极盛,"两淮为天下财赋之薮"[6],淮盐年产200万引左右,约占全国年盐产量33%、盐课的40%—60%,其中淮南盐产规模又占到两淮总数80%以上。

为控制淮盐产销、稳定盐课,官府在生产组织上管理严格,"每盐场有团有灶,每灶有户有丁,数皆额设。一团设总催十名,每名有甲首户丁"[7]。各盐

---

〔1〕 嘉靖《惟扬志》卷9《盐政志》。

〔2〕 《宋史》卷182《食货志·盐法》。

〔3〕 (清)包世臣:《包世臣全集》,黄山书社1993年,第135页。

〔4〕 (明)王士性:《广志绎》卷2《两都》。

〔5〕 (清)陶澍:《陶文毅公全集》卷14"复奏办理两淮盐务一时尚未得有把握折子"。

〔6〕 (明)毕自严:《度支奏议》卷4,明崇祯刻本。

〔7〕 嘉靖《惟扬志》卷9《盐政志》。

场团数不等,明代两淮"共一百一十一团户丁,泰州分司灶户四千七百一十二、灶丁一万三百一十四;通州分司灶户四千六百三十四、灶丁一万三千一十四;淮安分司灶户六千一百七十、灶丁一万四千七百二十二"[1]。明代淮盐主要采取集中的团灶生产。团灶包含一定数量的亭场,是各场灶的基本生产单位。后因海涂扩张、场灶迁移,清代以后逐渐形成散灶生产,两淮亭场从明代中叶的 15 599 个,增加到清代后期的 21 342 个。

淮南盐区长期占据全国最大的专销市场,包括湘、鄂、西、皖四岸,涵盖了湖南、湖北、江西以及安徽省大部分府县。咸丰年间长江航运受阻,淮南失去鄂、湘销岸,产销受阻,到咸丰八年(1858),淮南盐场陷入困境。同治、光绪年间,淮南盐业经过恢复,盐产大约占到两淮的七成左右。清末,为保证两淮盐课,清廷以淮北盐接济淮南产销不足之困,淮北盐产规模快速上升。"北盐渐盛,南盐渐衰"。但到宣统年间,淮南盐产规模仍占到两淮的六七成。

### 三、千年延续的淮南淋卤煎盐技法

淮南各盐场采用摊灰淋卤煎法生产,即"刺土成盐"法,在宋代已成熟定型。《太平寰宇记》详细描述了淮南道滨海地带的"刺土成盐法",主要制作工序包括开辟亭场、海潮浸灌、摊灰曝晒、淋灰取卤、煎卤成盐这五个关键步骤。其中,前面四个都属于制卤环节。

淋卤煎盐必须依赖荡草与高盐分土壤。草滩主要提供了煎盐生产所用的荡草燃料来源,高盐分的盐蒿滩与光滩带土壤,以及近海咸潮共同提供了土卤来源。草滩带与盐蒿滩,分别提供了淮南盐场需要的白草与红草。为保障荡草供应,官府一般都会严格控制荡地资源,实行官拨草荡。

制盐先制卤,制卤是关键步骤。制盐过程就是从初级卤水到高级卤水逐步浓缩直至结晶成盐的过程。在淮南盐场,一般都是利用海边含盐沙土与海水进行人工淋卤,获得接近饱和点的卤水,以便备煎(见图 2)。但制卤并不需要薪柴,通过利用潮水浸渍摊场,铺以草灰日晒,利用草灰、碎土的毛细管作用,充分吸附土壤盐分,收取卤土,用海水灌淋等工序,便可以得到较高浓度的卤水。淮南盐场的制卤方法经历了从唐宋时期的刮土淋卤到元明清时期的摊灰淋卤的演变过程,宋代的刮土淋卤法,一般达到七分以上的卤水,才会用于

---

[1] 嘉靖《惟扬志》卷 9《盐政志》。

煎煮结晶成盐,否则需要重新刮土再淋。土壤盐分较低的地方,一般通过多次重复以上过程也能获取较高浓度的卤水。摊灰淋卤是对刮土淋卤技术的改进、发展完善,主要将煎盐剩余的草木灰铺入摊场,取代晒沙吸取土壤盐分。由于毛细管作用比泥土更强,吸附海水盐分的能力更优,因此往往成卤多、浓度高,且草灰也比泥沙轻便,大幅降低了劳动强度,整体制卤效率明显提高。

a. 淋卤

b. 煎盐

**图 2 两淮盐区的传统淋卤煎盐法(a. 淋卤,b. 煎盐)**

资料来源:嘉靖《两淮盐法志》卷 1《图说》。

摊灰淋卤对于土壤、海水的盐度有一定的要求。因近岸海水盐度较低,为提高制卤效率,一般等候涨潮带来高盐的外海咸潮,而不是直接利用近岸海水。纳潮就是充分利用潮汐能获得外海高盐海水、借助潮汐推力将海水输送摊场。在近海平坦开阔的潮滩,靠近海水的灰场多用自然纳潮,最为便捷,海潮沿着引潮沟自然浸满摊场,再铺入草灰,经过日晒,析出盐霜,再收取富含盐霜的卤土、灌淋海水得到浓度较高的卤水。但随着海涂淤涨,一些远离海水的灰场往往难以接受潮水自然浸渍,这时候就需要借助人工引潮进行纳潮,有时因干旱也需要人工扬戽或车入海水。

亭场(亭灶)即滩涂制盐的基本单位,"淮南之盐,卤从土出,灶丁择卤旺之地,坚筑如砥,一年后土密卤起,遂成亭场"[1]。"盐之地曰亭场,民曰亭户,或谓之灶户,户有盐丁。"[2]一般将制盐之地通称为亭场、亭灶或盐灶。亭场主要包括用于摊灰淋卤的灰场(灰亭、摊场)、用于煎盐或居住的灶舍。一个亭场内一般包括一个灶舍与若干个灰场,共同构成一个基本生产单位,多位于海堤以外、靠近海水。灰场是制卤的关键场所,"夫灰场者,产盐根本之地,与草荡皆灶丁之命脉也"。根据离海水的距离,由近及远,灰场可分为上亭(上场)、中亭(中场)与下亭(下场)。下亭远离海岸、卤气淡薄,上亭或新亭靠近海岸新淤地带,二者中间为中亭。涨潮时各场次第被海水浸漫,退潮后灰场土壤盐分增加,灶民再先高处、后低处依次摊灰开晒。先晒上场、次晒中场、最后晒下场,每日下午收灰入淋,待场地空了,再放海水浸漫,以便次日摊灰曝晒。

不过,滩涂上能够设置亭场的地方也是有限的,并非随处可以设置。亭场选址需要首先保证制卤的便利,尽量能够同时获得荡草与土卤资源,因此草丰卤旺的宜盐带才是最佳选择。受潮滩淤涨变宽以及生态演替作用影响,草滩、盐蒿滩以及光滩提供的盐作资源不同。草滩土壤淡化、卤水不足,但能提供荡草资源;盐蒿滩与光滩荡草稀疏、土壤盐含量高,处于积盐过程,主要为亭场提供制卤的高盐分土壤,而且距离海潮更近,晒灰、淋卤更为便利。比较而言,草滩土淡草多,无法设置新亭,盐蒿滩下部到光滩上部的新淤地带,滩面干净、植被稀疏、土壤盐分高,且距离海潮有一定距离,是主要设置新亭的地带。在明清各部《两淮盐法志》所载的盐场图中,亭场多在草荡与海潮之间,靠近新淤荡地、近潮傍海。因此,前临海潮、后依草荡,循引潮河而居是多数亭场的基本分

〔1〕 光绪《重修两淮盐法志》卷 15《图说门·摊灰淋卤图说》。
〔2〕 《宋史》卷 181《食货志》。

布特征。

在亭场的分布高程上,沿海煎盐场所一般均与江苏沿海滩涂的平均高潮线基本一致。其中,亭场多设置在月高潮也不易淹没的地带,即略低于平均高潮线,约在 3 到 3.5 米高程(废黄河口零点)的位置;灶舍、潮墩等则大致应高于平均高潮线,约在 3.5 到 4 米高程之间。此外,亭场设置还要考虑潮灾风险的影响。尽管濒海新淤卤旺,便于设置亭场制卤,但潮灾风险也更大,因此新淤沙荡未必是最佳设亭位置。伴随潮滩淤涨,煎灶日趋分散,开阔低平的潮滩上难以躲避潮灾,抑制了在迫近海潮之处铺设新亭的积极性。因此,潮滩上能够设置亭场的空间是有限的,也是有规律的。宜盐带集中在盐蒿滩下部与光滩之间,即月潮淹没下带与日潮淹没上带之间,新亭场多密集分布,而在该区域两侧,亭场稀疏分布[1]。

淮南盐区长期沿用传统的淋卤煎盐法,始终未能改晒。淮南传统煎盐生产很好地适应了江苏沿海淤涨滩涂环境,充分利用了丰富的草卤资源与不断扩大的滩涂土地空间。这种表面上看似简单落后的传统生产方法却能在淮南沿岸维持千年,正是人类对自然环境不断适应的结果。虽然淮北晒盐相比淮南煎盐更有效率,但晒盐更容易透私,官府不好控制产销,继而威胁盐课的稳定,这导致官府对待晒盐的态度一直不太积极,反而对淮南煎盐予以大力支持,因此淮南盐区能够一直占有全国最大的销售市场,并成为全国海盐的主要产区。

## 四、淮盐独特的“移亭就卤”盐作生态景观

由于淮盐的淋卤煎盐生产方法对滩涂草卤资源十分依赖,因而对草卤资源的分布情况也十分敏感,制盐亭场不断向海迁移成为淤涨滩涂盐作活动的基本特征。为能够稳定获取滨海盐土与海水盐分以便制取高浓度卤水,灰场必须尽量迫近海岸与海水,便于每日两次涨潮浸渍灰场以提高潮浸频率。但伴随海涂淤涨、海潮远离亭场,旧灰场所在滩地逐渐淡化,不得不将亭场迁移到条件更好的近海新淤潮滩。因此,为适应潮滩不断向海淤涨、演替的变化,亭场不得不随之迁移变化。

明代中叶以后,潮滩淤涨导致宜盐带向海外迁,亭场不得不同步迁移,从

---

[1] 鲍俊林:《15—20 世纪江苏海岸盐作地理与人地关系变迁》,第 114—116 页。

团煎到散煎,亭场越发分散,广泛分布在新涨滩涂,在苏北、中部沿岸各场表现得最为典型。北宋天圣年间增修泰州捍海堰后,经南宋及元代多次延修增筑,障壁海潮,屏蔽盐灶,堤西土壤海浸频率降低,脱盐加快,亭场纳潮困难,不适宜煎盐生产,堤西亭灶渐次搬迁至堤东。到明嘉靖年间,范公堤西侧基本没有亭灶。清代中叶以后,"海势东迁"加快,灶户"移亭就卤",从卤淡老荡移至新淤卤旺荡地更为普遍〔1〕。这种向海搬迁、适应潮滩演变的"移亭就卤"的现象,本质上是对不同岸段潮滩淤涨与生态演替过程的响应〔2〕。

亭场的迁移并不均匀,由于淤涨海涂的演替是缓慢的过程,加上引潮沟的普遍使用,因此亭灶迁移频次并不高。老荡旧亭虽然难以为继,但仍可以通过加强引潮沟疏浚实现人工引潮,延长了亭场在老荡存续时间。各场都有大量灶河、引潮沟,亭场多分布在港汊附近。如果潮沟、港汊淤塞频繁,就需要疏浚引潮沟以便维持引潮功能。一旦引潮河沟淤塞难以疏浚,亭场便难以为继、不得不搬迁。因此,一般情况下,亭场土壤盐含量逐渐降低、修浚引潮沟的投入过大、产盐效率下滑沦为低产区时,才有了搬迁的动力,最短的时间间隔约十余年。

亭场只是盐场的一部分,亭场搬迁不等于盐场搬迁。为控制盐业生产、稳定盐课,明代官府对海盐灶户采取"聚团公煎",煎盐工具长期由官府提供。汉制煮盐是官府给灶户牢盆作为煎盐工具,明初,官府开始提供盘铁、锅,官府对制盐工具的垄断强化了团煎、限制了亭场自由迁移的可能。但明代中叶以后,团煎方式在面临潮滩淤涨时,无法适应潮滩不断淤涨的变化,老荡亭场难以为继、搬迁势在必行。明万历四十五年(1617),盐引改征折价,于是"团煎之制遂废,而盘铁锅亦不复"〔3〕。改征折价加快团煎转为散煎,促进了亭场迁移与海盐生产的发展。此外,尽管官府为杜绝私盐,一直坚持禁止私自迁移亭场或私设新亭,但伴随潮滩淤涨、土壤演替淡化、咸潮远离,虽违禁令,却也不得不因时制宜。特别是17—18世纪,大量亭场迁移近海,广泛分布在新涨滩涂。因此,在高度动态的潮滩环境下,从明代团煎到清代逐渐转变为散煎方式,滩涂上的传统制盐活动整体呈现出低密度模式。

伴随亭灶向海迁移,与制盐紧密相关的基本设施,如灶河、潮墩与仓垣也随之东移。特别是避潮墩,作为滩涂盐民防御潮灾的依靠,由于海岸不断扩

〔1〕 鲍俊林:《试论明清苏北"海势东迁"与淮盐兴衰》,《清史研究》2016年第3期。
〔2〕 鲍俊林:《明清两淮盐场"移亭就卤"与淮盐兴衰研究》,《中国经济史研究》2016年第1期。
〔3〕 光绪《重修两淮盐法志》卷28《场灶门·盘上》。

张、范公堤远离大海,很难再为盐民提供庇护。在低平辽阔的滩涂上,缺乏遮蔽,一旦大潮来袭,盐民损失极大。为了躲避潮灾侵袭,自明中叶起,盐民开始自发地筑墩自保,后来官府又在盐民自发筑墩的基础上大量建设潮墩。明嘉靖年间第一次大规模官筑潮墩,有 200 余座。潮墩一般呈上小下阔的台状,"墩形如覆釜,围四十丈,高二丈,容百人。潮至则卤丁趋其上避之"[1]。潮墩成为江苏海涂防御潮灾的独特设施,对保护滩涂盐民生命财产安全发挥了重要历史作用。不过,"堤者所以捍海,墩者所以避潮",官府筑墩最初是为了"连墩为堤"。因为盐民与盐务官员都倾向于兴筑第二道范公堤,毕竟海堤远比潮墩更为坚实可靠。但自明代嘉靖年间两淮运使陈暹提议"连墩为堤"的设想,对于筑堤与建墩的辩论一直存在。比较而言,新滩筑堤阻隔了引潮制卤,且新涨滩涂土质较软,也难以筑堤,反而这种分散的潮墩兼顾了制盐与防潮需求,也便于亭场不断迁移,适应了滩涂淤涨的影响,因此通过积少成多的方式提高墩台密度才是最为合适的办法[2]。清乾隆年间添设 200 余座,清末又由两江总督兼管两淮盐政左宗棠、两淮盐运使孙翼谋大力推动修筑淮南各场潮墩,还采取民办民捐的方式,将墩台从专用于灶户开始推广到民户,共筑各类防潮墩台 4 000 余座。今天江苏沿海滩涂仍有部分潮墩残基保存[3]。

总之,海岸扩张、滩涂环境的演替变化为传统淮盐生产提供了重要生态基础。滩涂上的制盐亭场从实行聚团公煎、集中管理,禁止迁移,到后来因海岸扩张导致集中式生产不可持续、不得不迁移。从团煎到散煎的演变,制盐亭场不断向海迁移成为淤涨滩涂盐作活动的基本特征,反映了历史上淮南盐场与"海势东迁"相适应的"移亭就卤"的传统盐作生态景观变化,也是淮盐对海岸扩张的动态响应。

本文原载《江苏地方志》2023 年第 6 期,收录时略有修改。

---

〔1〕 嘉靖《两淮盐法志》卷 3《地理志》。

〔2〕 鲍俊林:《气候变化与江苏海岸的历史适应研究》,复旦大学出版社 2021 年,第 218—224 页。

〔3〕 鲍俊林:《气候变化与江苏海岸的历史适应研究》,第 228—230 页。

# 近代上海外滩纵深区域人地关系演进探析

万　勇

## 一、引　　言

　　上海外滩纵深区域自 1843 年开埠以后,至 1853 年华洋杂居,再至太平天国平复以及后来的较稳定发展,直至解放前夕,其人口、形态、人地关系一直处于变化之中。百年间,从最初具有综合功能的西式花园商住区,到华人社区自河南中路向西铺展开来,再到 1870 年前后对华人住宅的一次集中改建,乃至后来步入稳定更新发展时期,近代上海外滩纵深区域的人地关系不仅跌宕起伏,而且极不均衡,呈现截然不同的居住形态和里弄更新发展的空间分布逻辑。

　　本文所研究的外滩纵深区域,是指外滩沿线及其西至西藏中路的腹地,即今西藏中路以东、延安东路以北、黄浦江以西、苏州河以南的约 2 平方千米地域范围(东西约 1.5 千米、南北约 1.3 千米),是近代上海时空演进中最早、最核心的部分。只是在不同时期,这个范围的称谓有所不同,开埠初期为 1843 年英租界范围(今北京东路—河南中路—延安东路与黄浦江围合区域),其后为第一次扩区后的 1848 年英租界范围(与本文所述外滩纵深区域范围完全重合),1863 年英美租界并区后仍为原 1848 年英租界范围,1899 年公共租界扩区后为公共租界中区范围(也与本文所述外滩纵深区域范围完全重合),1943 年租界收回后为老闸区全部、黄浦区大部(延安东路以北范围)。本文所议"近代上海"是指 1843—1949 年的上海,历时 106 年。

　　不同时期产生了一定数量的针对近代上海人口、道契、建筑、景观、市政等的专题研究[1],为本文提供了很好的文献支撑。然而,相关文献聚焦到外滩

---

〔1〕　其中,从人口视角进行研究的有邹依仁《旧上海人口变迁的研究》(上海人民出版社 1980 年);从道契角度进行研究的有陈珲《近代上海城乡景观变迁(1843—1863):基于上海道契档案的数据处理与分析》(复旦大学博士学位论文,2010 年);从市政、形态、建筑、景观等视角进行研究的有王绍周《上海近代城市建筑》(江苏科学技术出版社 1987 年),陈从周、章明《上海近代 (转下页)

纵深区域的不多,开展人地关系演进研究的不多,结合数据、文字与图形三种要素进行综合分析、论述的更不多。本文通过典型年代空间数据的矢量化和场景再现,以及相关数据的对比分析,结合历史文献的相关描述,在总体上搭建城市重点片区人居史的研究框架,并以外滩纵深区域为例进行实验,努力体现城市区域的历史价值。

同时,本文以近代外滩纵深区域人口发展、空间拓展、人地关系演进为主要研究内容,回望该区域早期百年间的时空演进与城市更新进程,以长周期持续演进的历史描述为基础,总结、论述人地关系演进的特征与规律,在上海大力推进外滩"第二立面"城市更新和转型发展的背景下,在外滩纵深区域开展大规模旧改征收和土地出让、后期开发的同时,具有一定的实践意义,也期待为相似研究做出一些探索。

## 二、近代上海外滩纵深区域的人口发展

1843 年前,外滩纵深区域范围内人口数据不详,但总体而言,可谓人烟稀少,"荒芜未辟",仅有李家庄、宋家巷、翟家巷等少数村庄[1]。

1843 年,上海开埠,实行华洋分居。在最初的十年内,英租界所在的外滩纵深区域总体上呈现为华人渐减、外侨渐增的人口发展趋势。作为近代中国第一块外侨居留地,英租界外侨人数逐年增加[2],从 1843 年的 25 人,发展到 1844 年 50 人、1845 年 90 人、1848 年 100 余人、1849 年 175 人、

---

(接上页)建筑史稿》(上海三联书店 1988 年),沈华《上海里弄民居》(中国建筑工业出版社 1993 年),高潮《上海里弄住宅沿革》(上海书店 1990 年),郑祖安《1864—1866 年上海英租界外观》(上海学林出版社 2004 年),钱宗灏《百年回望:上海外滩建筑和景观的历史变迁》(上海科学技术出版社 2005 年),伍江《上海百年建筑史(1840—1949)》(同济大学出版社 2008 年),张鹏《都市形态的历史根基:上海公共租界市政发展与都市变迁》(同济大学出版社 2008 年),冯绍霆《石库门:上海特色民居与弄堂风情》(上海人民出版社 2009 年),张生《上海居大不易:近代上海房荒研究》(上海辞书出版社 2009 年),朱培初《石库门文化:上海近代历史的标识》(《创意设计源》2010 年第 6 期、2011 年第 2 期),罗苏文《大上海石库门:寻常人家》(上海人民出版社 1991 年),于醒民《上海,1862 年》(上海人民出版社 1991 年)等。拙著《近代上海都市之心》针对近代上海公共租界中区的功能与形态演进开展了系统研究,具备了一些基础。

〔1〕 陈琍:《近代上海城乡景观变迁(1843—1863):基于上海道契档案的数据处理与分析》,复旦大学博士学位论文,2010 年。

〔2〕 蒯世勋:《上海公共租界史稿》,上海人民出版社 1984 年,第 318 页。

1850 年 220 人〔1〕，直至 1853 年前后，外侨规模达到 300 人〔2〕。与开埠时相比，十年间外侨人数增长 12 倍。而与此同时，区域内华人因失地而逐年减少。例如李家庄，因英领馆建设，人口外迁。至 1853 年，租界华人大约只有 500 人〔3〕。

1853 年，因小刀会起义，华人大规模涌向租界，华洋杂居局面形成，英租界华人从之前约 500 人增至约 2 万人〔4〕。1860 年，因太平天国运动，江浙豪绅、富商、地主及平民大批量迁进英租界，人口持续猛增，上海成为"通省子女玉帛所聚"〔5〕，英、美、法三个租界内的中国人已达 30 万人，1862 年更增至 50 万人〔6〕。如以英租界人口占三租界总数的七成计，英租界 1860 年承载人口约 20 万人，1862 年增至约 35 万人。1853—1865 年，外侨人口也同时大幅度增加，从 1853 年前后的约 300 人，增加到 1865 年前后的约 1 600 人〔7〕。

19 世纪 60 年代中后期，战事平息，租界人口规模出现大幅度下降。1865 年，英美租界合并后的公共租界工部局第一次正式进行人口统计，租界人口共为 92 884 人，其中华人 90 587 人、外侨 2 297 人。如参考英美租界房屋数量占比进行推算（见表 1），则 1865 年英租界人口约 6.6 万人，其中外侨人口约 1 600 人。人口下降趋势一直持续到 1870 年，《黄浦区志》称"清同治九年，境内公共租界中区已达 46 818 人"，其中外侨人口为 908 人〔8〕。

1870—1900 年，原英租界在历经两次战事引起的人口大起大落之后，逐渐进入稳定发展的阶段，人口规模从 1870 年的 46 818 人，逐步增长至 1900 年的 116 592 人，30 年间增加近 7 万人。其中，外侨人数 1870 年 908 人、1876

〔1〕 王垂芳：《洋商史》，上海社会科学院出版社 2007 年，第 15 页。
〔2〕 蒯世勋：《上海公共租界史稿》，第 349 页。
〔3〕 ［美］朗格等著，高俊等译：《上海故事》，生活·读书·新知三联书店 2017 年，第 100 页。
〔4〕 张生：《上海居大不易：近代上海房荒研究》，第 25 页。
〔5〕 邹依仁：《旧上海人口变迁的研究》，上海人民出版社 1980 年，第 92 页表格。美国基督教传教士朗格所著《上海社会概况》一文记载，当时太平军兴，租界曾收容"难民"50 万人之多。对此，邹依仁在《旧上海人口变迁的研究》中认为，从人口数字来看，朗格所述的人口规模显然是夸大了的，但由于战争影响，大批人口流入租界，亦系无可否认的事实。另外，这里使用的是租界，而非公共租界，邹依仁所称 70 万人，系"整个上海地区"。因此，数字不同，料因口径不同。
〔6〕 姜龙飞：《上海租界百年》，文汇出版社 2008 年，第 79 页。此为公共租界数据，未含法租界。
〔7〕 张生：《上海居大不易：近代上海房荒研究》。据第 33 页数据按七成推算（笔者对时年地形图进行了矢量化处理，范围内居住用地占行政区内总居住用地的比例统计，以下同）。
〔8〕 上海市黄浦区志编纂委员会编：《黄浦区志》，上海社会科学院出版社 1996 年，第 115、122 页。

表1 1866年租界内房屋构成情况一览表[1]

| 租界 | 时点 | 华人居住房屋 | | | | 外人居住房屋 | | | |
|---|---|---|---|---|---|---|---|---|---|
| | | 有人居住房屋 | 无人居住房屋 | 合计 | 占比 | 有人居住房屋 | 无人居住房屋 | 合计 | 占比 |
| 英租界 | 1866.2 | 6 454 | 2 252 | 8 706 | 73% | 250 | 19 | 269 | 74% |
| 美租界 | 1866.2 | 2 012 | 1 253 | 3 265 | 27% | 69 | 24 | 93 | 26% |
| 公共租界合计 | 1865.3 | 8 466 | 3 505 | 11 971 | 100% | 319 | 43 | 362 | 100% |

年1 042人、1880年972人,10年间基本稳定在1 000人左右。其后一段时间有所增加,基本保持在1 300—1 400人区间,如1885年1 352人、1890年1 387人、1895年1 287人、1900年1 442人[2]。

1900—1930年,外滩纵深区域即公共租界中区人口规模从116 592人增至132 255人,30年间增加约1.5万人,增长幅度远不如前一个30年。这也可以理解为中区在经历半个多世纪的发展之后,居住空间已趋向饱和。其间,外侨人数基本保持在1 400—1 900人区间,分别是1900年1 442人、1905年1 453人、1910年1 356人、1915年1 649人、1920年1 574人、1925年1 583人、1930年1 867人、1935年1 418人,其中最多的是1930年前后[3]。

1937年,全面抗战开始,"大批外地居民涌入,租界人口激增"。至1945年,原公共租界中区人口迅速增至20万人[4]。相比1930年的132 255人而言,人口增加约7万。这是在既有居住空间基本饱和的情况下的畸形增长,是战争状态下的井喷式爆发,拥挤程度持续加剧。

1945—1949年,原公共租界中区范围总人口规模从1945年的约20万人,增长到1948年的约23万人[5],仍然呈现增长态势,人口密度达到无以

---

[1] 张生:《上海居大不易:近代上海房荒研究》,第33页。
[2] 上海市黄浦区志编纂委员会编:《黄浦区志》,第115、122页。
[3] 上海市黄浦区志编纂委员会编:《黄浦区志》,第115、122页。
[4] 上海市黄浦区志编纂委员会编:《黄浦区志》,第115页。含老闸区民国34年人口总数为129 690人;黄浦区民国34年人口总数为112 050人,按延安东路以北区域占七成计。二者加和约20万人。
[5] 上海市黄浦区志编纂委员会编:《黄浦区志》,第115页。

复加的程度。其中外侨人数 1946 年约 700 人，1947 年约 450 人，1948 年约 1 200 人[1]，过程中存在明显的波动。

综上，可见外滩纵深区域的人口发展总体历程，即开埠后的第一个 10 年，英租界实行华洋分居，主要是外侨，1853 年前后已达 300 人之众，而华人因道契制度影响，渐渐失地离开租界。1853 年之后，受小刀会起义影响，人口激增至 2 万人，形成华洋杂居局面。至 1860 年，受太平天国运动影响，难民激增，人数飙升至 20 万人，随后更于 1862—1864 年增至 35 万人。而后，人口锐减，1865 年仅余 6.6 万人，一两年间人口退潮规模近 30 万之众，直到 1870 年，仅余 4.7 万人。在此之后，中区范围内公共租界人口开启了漫长的稳步增长态势，在 1900 年达到 11.7 万人，30 年间增长 6 万人。随后 30 年，增长相对缓慢，仅增加 1.5 万人，在 1930 年达到 13.2 万人。1930—1949 年间，特别是抗战期间和解放前夕，人口迅速增长至约 23 万人，20 年间增加约 10 万人。

在 1843 年至 1949 年的百余年间，外滩纵深区域人口规模经历了从数百人到 20 余万的大增长，全面完成城市化进程。从最原始的乡村状态进入近代城市状态，主要依靠的是人口机械增长。过程中，既有平稳渐进发展的阶段，如开埠最初的 10 年和 1870—1937 年的半个多世纪，呈现为租界制度与市场经济驱动下的常态化发展；也有突发剧变的阶段，多次战事带来了中区人口规模的剧烈起伏，这是中国近代城市史上罕见的人口流动现象，如受小刀会起义影响，华洋分居局面被打破，英租界内华人迅速增加；受太平天国运动影响，短时间内承载巨量人口；受日军侵华影响，人口负荷达到更大规模。总体推算，外滩纵深区域范围内，平稳发展形势下与战争因素影响下的人口增量基本相当。

## 三、近代上海外滩纵深区域的空间进程

根据陈琍博士学位论文中对于早期英租界永租土地的定位，可以发现当时的土地永租在空间分布上存在一定的规律[2]。为了便于分析，本文将中

---

[1] 上海市黄浦区志编纂委员会编：《黄浦区志》，第 122 页。外侨人口 1946 年 890 人（黄浦 819 人、老闸 71 人），1947 年 545 人（黄浦 375 人、老闸 170 人），1948 年 1597 人（黄浦 1558 人、老闸 39 人）。此处按老闸全部、黄浦八成推测外滩纵深区域外侨人数。

[2] 陈琍：《近代上海城乡景观变迁(1843—1863)：基于上海道契档案的数据处理与分析》，复旦大学博士学位论文，2010 年。

区划分为自东向西的八个街区：第一街区为外滩至四川路,第二街区为四川路至江西路,第三街区为江西路至河南路,第四街区为河南路至山西路及其向南延伸线,第五街区为山西路及其向南延伸线至福建路,第六街区为福建路至浙江路,第七街区为浙江路至贵州路(北)-广西路(南),第八街区为贵州路(北)-广西路(南)至西藏路。总体上,上述划分中的各街区面积基本均衡。

1844—1846 年,永租土地主要位于区域内东、北方向。1844 年,永租土地主要是沿外滩北段发展,共批准道契用地 7 幅,其中有 5 幅位于外滩北段沿线,占 72%,另外 2 幅位于第二街区。1845 年,永租土地主要位于东北方位即后来的领事馆周边,共批准道契 15 幅,其中有 11 幅在九江路以北、河南路以东的第一期租界北部地区,占 85%,有 2 幅超越了第一期土地章程所规定范围,另有 2 幅位于今福州路以南的第一期租界外西侧的第四街区。1846 年,永租土地开始向第二、三街区推进,同时继续位于靠北位置,共批准道契用地 15 幅,其中有 10 幅位于第二、三街区,占三分之二,大部分(9 幅)位于福州路以北;有 5 幅继续在沿黄浦江岸线分布,占三分之一。

1847—1854 年,开始呈现向西节节推进的趋势。1847 年,永租土地向西延展,第四街区进入开发视野。共批准 27 幅用地,其中仅有 6 幅位于第一街区,占 22%;有 18 幅用地位于第二、三街区,占三分之二;有 3 幅用地已开始布局在第四街区。1848—1854 年,永租土地继续向西推进,在总计 49 幅用地中,第一街区 13 幅,近三成;第二、三街区 24 幅,近二分之一。而位于界西的第四、五街区,此时已达 12 幅,近四分之一。其中第五街区开始被永租,共有 4 幅用地,直指福建中路。其间,界西开发基本上都在南京东路以南区域,占 88%。这一现象与 1844—1847 年以北面较多(60%)的情况相反。

1855—1863 年,永租土地继续向西大规模、大范围推进。其中,传统的第一二三街区共计 74 幅用地,仅占四分之一;第四五六街区共计 145 幅用地,占六成,是时年开发建设的重点区域;第七八街区共计 33 幅用地,处于蓄势待发的阶段。其中,第一二三街区永租土地呈现"南多、北次、中少"的空间分布特征：福州路以南地区共 40 块,占 54%,从东向西递增;北京路以北地区较均匀地分布了 24 幅用地,占近三分之一;位于北京路与福州路之间的中部地区仅有 10 幅用地,占 14%。第四五六街区内,以河南路至山西路之间的第四街区为甚,道契总数相当于第五六街区的总和,说明当时土地永租存在向西顺序递进的规律。其中第四街区共计 72 幅用地,北(37 幅)、南(35 幅)分布相对均衡,第五六街区分别为 37 幅和 36 幅,也比较均匀。但从第四五六街区的南北分布特征看,大部分永租土地位于南部[1]。第七街区和第八街区道契数量基本相当,分别为 21 幅和 22 幅。

1863 年之后,空间向西拓展的势头放缓了下来,甚至随后导致城市收缩。一方面是道契数量急剧下滑,1862 年签发道契用地 195 幅,1863 年 117 幅,而从 1864 年开始,签发的道契数量急剧减少到 35 幅,此后几年一直维持在一个较低的水平,到 1869 年仅有 5 幅。从 1870 年开始,道契数量又稳步上升,之后一直维持在每年 20—70 幅的一个相对稳定的状态。另一方面,根据 1876 年图纸,可以发现城市建设范围大致回缩至山西路—(宁波路)五福弄—(天津路)福建路—(南京路)湖北路—(广东路)靖远街—(芜湖路)山东路,原 1866 年地图中所显示的西北和西南区域部分用地基本消失,经历了一次大范围的城市收缩[2]。

随后的发展,从 1884 年地图看,建设范围又进一步向西推进了一个多街区,仅剩下界内西北、西南少数区域尚未开发。四年后的 1898 年地图显示,西南区域也已基本完成开发建设,弄巷系统已清晰可见,而西北区域仍是处女地。在后来的 1917 年地图中,西北区域终于被填实。如果上述历史地图绘制基本准确,公共租界中区的完全建成时间应为 1915 年前后。也就是说,在 1843 年开埠后的约 70 年时间里,外滩纵深区域全面建成,城市形态基本稳定,并开始了漫长的更新之路。

百年间,外滩纵深区域在人口波动的同时,也往往伴随道契用地的对应波动。经查考道契资料,1853 年才批准土地 1 幅,而 1854 年批准土地增长至 45 幅,1855 年前 5 个月也以较快速度批准了 10 幅土地。可见,当时为了应对小刀会起义所致华人大规模涌入的局面,以及洋商为房地产暴利计,租界当局快速释放了大量土地。其后,在太平天国运动结束致人口大规模回流的情况下,城市开发建设势头放缓,道契数量急剧下降,例如 1862 年批

---

[1] 陈琍:《近代上海城乡景观变迁(1843—1863):基于上海道契档案的数据处理与分析》,复旦大学博士学位论文,2010 年。

[2] 这样的图纸表现,如果仅仅在 1875 年地图(上海市档案馆收藏历史地图)或仅仅在《沪游杂记》(记载 1876 年租界情况)中,或许会认为该份历史地图有误,但两份历史地图均呈现如此一致的空间范围,又无法否认 1866 年图纸的准确性,那么就只能是一种情况了,即 1866—1875(或 1866—1876)年,由于某些因素,导致大规模城市改建,大范围拆除了一些破旧房屋。而这种猜测是可以被证实的,那就是 1870 年前后的大改造。从相关文献或至今为止人们现有的认识看来,在这次大改造中,石库门应运而生,上海中式住宅建筑从此走上了一条健康发展的道路,与 19 世纪 50 年代小刀会起义、60 年代初太平天国运动时的居住条件相比,已大有改观。

准道契用地多达 195 幅,而 1863 年降至 117 幅,1864 年急剧减少至 35 幅,1869 年仅 5 幅。

## 四、近代上海外滩纵深区域人地关系演进历程及其特征

开埠前,外滩纵深区域主要的居住建筑是华人住宅。"总体而言,那个时候的租界与本地其他地区无异。租界里大部分地方是耕地,茂盛地种着庄稼,也有些低洼地,更有些地方早已荒芜……人烟稀少。"[1]"最初的居留地内只有上海本地乡民的简陋农舍"[2]。开埠之后,伴随着道契制度与市场经济的发展,以及多次战争因素的影响,外滩纵深区域人地关系发生了一系列演进。总体上,大致可以分为五个阶段。

1. 开埠初期的人地关系(1843—1953)——华洋分居下的西式花园商住区

开埠后,1845 年地图显示,外滩腹地道路建设已成格网之势,开发建设推进到今江西中路一带。至 1855 年,开发建设迅速抵达今山东中路一带,在经历 10 年左右的建设发展后,英租界已有约 300 名外侨,是开埠早期英、法、美三个租界中人口聚居程度最高的区域。

时年《北华捷报》曾称"外侨集团约占地 1 500 亩,建有住所 150 所"[3]。从中可推测,在华洋分居期间建设的约 1 平方千米土地内,有 150 幢住所,承载约 300 名外侨居住、办公,即平均每幢住所占地达 10 亩、居住人口 2 人,人口密度为每平方千米 300 人。如以每幢住所建筑面积 600 平方米计(含仓栈等辅助用房),容积率还不到 0.1。可见,时年英租界建筑密度之低、人口密度之低。

此间以具有商住等综合功能的西式建筑为主。"楼下都是四间大房,以供办公和会客之用,楼上则为卧室"[4],说明此时的土地使用性质尚未分化,办公、居住、仓栈、社交等多种功能往往集于一身。这种使用功能的混合性、兼容性,形成具有花园式商住区特点的总体风貌,独立式洋房,建筑间距较大,庭院

[1] [英]兰宁、[英]库龄著,张新等译:《上海史(全二卷)》,上海社会科学院出版社 2023 年,第 33 页。
[2] 陈琍:《近代上海城乡景观变迁(1843—1863):基于上海道契档案的数据处理与分析》,复旦大学博士学位论文,2010 年。
[3] 《北华捷报》1854 年 7 月 8 日,参见《上海法租界史》,第 135 页注 1。
[4] 朱梦华:《上海租界的形成及其扩充》,上海市文史馆、上海市人民政府参事室文史资料工作委员会编:《上海地方史资料(二)》,上海社会科学院出版社 1983 年,第 37 页。

空间宽敞、舒展,"四周留出很大的空地,种植花木"〔1〕。外滩一线形成较为明显的公共建筑区域,特别是其中的主体建筑,"都是方形"〔2〕,"楼外面周围是配置着大拱门的敞开游廊"〔3〕,四面坡顶,砖石结构,立面对称,彰显了高大宏伟、以自我为中心的公共建筑特点。其间,还杂糅了许多较为低矮、贴临街道、设计普通的仓栈和辅助建筑,既体现了自身的功能特征,又衬托了主体建筑的较大体量。

2. 小刀会起义影响下的人地关系(1853—1860)——华洋杂居下中式社区初期开发

1853 年 9 月开始的小刀会起义致使难民涌入租界,人口骤增。在此情势下,原以西式建筑为主的英租界居住形态被打破,英国商人趁机"将土地租与难民,或建房屋供难民居住,为有利可图之举"〔4〕。许多洋行因之而起,在租界土地上建设了大量以华人聚居为主的木板房〔5〕。上海第一次出现现代意义上的房地产开发。投机家蜂拥而至,原来的大班、水手、伙夫、鸦片贩子,摇身一变成了房地产商。从此,"租界本专为外侨居住而设之原始观念,乃首先以租界外之情势纷扰,以及内战方烈,而被改变"。虽然英租界领事阿礼国曾在 1855 年 1 月下令驱逐"不良华人"离开租界,但华洋杂居的局面已成事实〔6〕。

从 1853 年 9 月到 1854 年 7 月,租界内的广东路、福州路一带以最快的速度建造了 800 多幢简陋木板房〔7〕,以高价租给逃入租界的约 2 万华人,房租收益高达 30%—40%。具有经济能力租赁木板简屋的华人,以富商、地主为主。时年《北华捷报》对华人居住状态进行了描述:"中国人占地 200亩,建有 800 所房子。"也就是说,在 200 亩的华人集居区内,建有 800 幢住所,共容纳 2 万人,即每幢房屋占地不到 170 平方米,却要容纳 25 人居住,

〔1〕 朱梦华:《上海租界的形成及其扩充》,上海市文史馆、上海市人民政府参事室文史资料工作委员会编:《上海地方史资料(二)》,第 37 页。
〔2〕 朱梦华:《上海租界的形成及其扩充》,上海市文史馆、上海市人民政府参事室文史资料工作委员会编:《上海地方史资料(二)》,第 37 页。
〔3〕 [美]罗兹·墨菲著,上海社会科学院历史研究所编译:《上海——现代中国的钥匙》,上海人民出版社 1986 年,第 84 页。
〔4〕 《费唐法官研究上海公共租界情形报告书》第 1 卷,1931 年,第 58 页。
〔5〕 张生:《上海居大不易:近代上海房荒研究》,第 25 页。
〔6〕 张生:《上海居大不易:近代上海房荒研究》,第 28 页。
〔7〕 张生:《上海居大不易:近代上海房荒研究》,第 25 页。

人口密度高达每平方千米 15 万人。与外侨聚居区的平均每幢住所占地 10 亩、每平方千米 300 人的人口密度相比,当时华洋之间的居住状态反差之大可见一斑。

19 世纪 50 年代中期以后,中式房屋逐年增加,中国人办的各种商号、店铺也如雨后春笋般出现,华人社区逐渐发育、铺展,逐渐形成中西融合、产城融合之势(见图 1)。

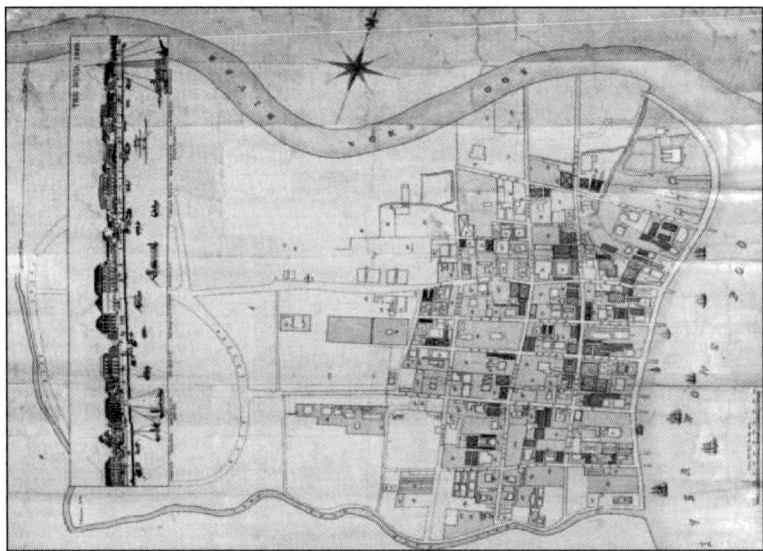

**图 1　1855 年英租界空间肌理**

资料来源:张伟等编著:《上海老地图》,上海画报出版社 2007 年,第 36—37 页。

3. 太平天国运动影响下的人地关系(1860—1865)——中式社区向西大规模铺展

1860—1862 年,太平天国运动,江浙豪绅、富商、地主及平民大批量迁进租界,人口持续猛增,上海成为"通省子女玉帛所聚"[1]。据邹依仁在《旧上海人口变迁的研究》中的数据,最顶峰时整个上海地区总人口达到 70 万人[2],所需房屋紧缺。许多外国洋行纷设地产部,"抛弃了丝茶的旧业而专心于价值立时暴涨的地产",再度乘机大肆兴建房屋,在河南路以西、湖北路浙江路

─────────────

[1] 钱农部请师本末,见于《太平天国史料专辑》,上海古籍出版社 1979 年,第 96 页。
[2] 邹依仁:《旧上海人口变迁的研究》,第 92 页表格。

以东增建木板房出租。1863 年前后,达到"新筑室纵横十余里,地值至亩数千金"的程度,"实在没有地皮可卖,便把自己行址四周的墙垣拆去,将行屋以外的空地也一起卖掉;甚至跨出租界界限,向乡下人买进空地,转卖出去"〔1〕。

经过快速建设,1860 年租界内木板式里弄已达 8 740 幢〔2〕。如果该数据属实,意味着在 1853 年前后建设的 800 幢住所基础上,至 1860 年的 7 年间,增加房屋 10 倍有余。1860—1864 年,洋商又迅速开展了大规模开发建设,木板式里弄达到 11 971 幢〔3〕,承载华人 35 万〔4〕。经统计 1866 年地图所示华人社区,用地约 100 公顷,意味着 1862—1864 年人口高峰期密度高达每平方千米 35 万人,每亩建设华人住宅约 10 幢,每幢占地面积约 67 平方米,承载华人 30 人。即便全部住宅用地内建筑满铺并按容积率 1.5 计,人均建筑面积也仅有 3.4 平方米。由此可见时年华人居住之密集(见图 2)。

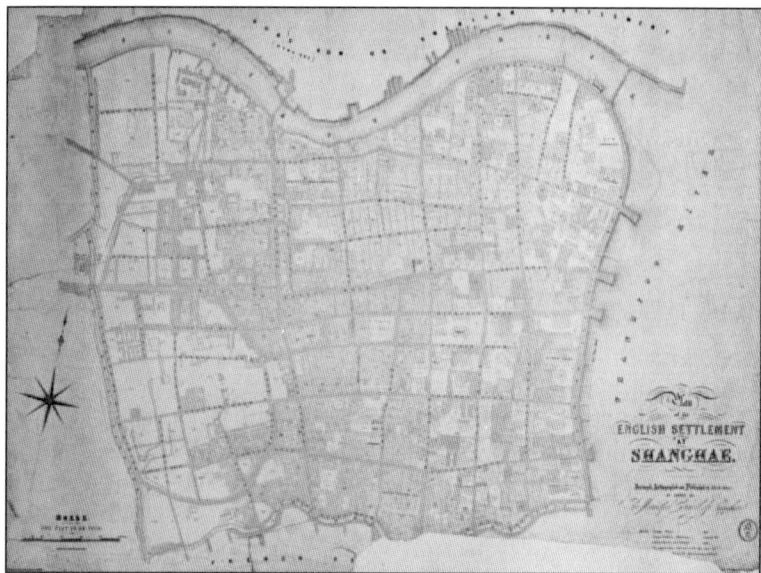

**图 2　1866 年上海英租界图**

资料来源:张伟等编著:《上海老地图》,第 38 页。

---

〔1〕 张生:《上海居大不易:近代上海房荒研究》,第 30 页。
〔2〕 [英]兰宁、[英]库龄著,张新等译:《上海史(全二卷)》,第 55 页。
〔3〕 张生:《上海居大不易:近代上海房荒研究》,第 33 页。
〔4〕 姜龙飞:《上海租界百年》,第 79 页。此为公共租界数据,未含法租界。

根据 1866 年地图,可见今河南中路东部区域基本保持了 19 世纪 50 年代形成的功能兼容性特征、"康白度式"建筑风格和独立式花园商住区风貌,但建筑密度明显上升。经统计,建筑密度从 1855 年的 21%,上升到 1866 年的 45%,增长了一倍多。过程中,由于道契的增加和转手交易的频繁,土地发生了一系列的聚变和裂变,导致房屋布局变化,庭院空间和建筑间距开始逐渐缩小。而在今河南中路与福建中路之间区域,可见大部分街坊已完成城市化,街坊内基本上已被大规模中式住宅区所填实。这些中式住宅的建筑间距很小,密密麻麻,连绵不断,平均建筑密度为 80% 以上。透过地图上连成一片又一片的方格,可以想见租界内华人住宅房挨房、人挤人的景象。除了城市道路和十分狭窄的主弄、支弄之外,几无其他开放空间,更无绿化、广场可言。其间,第一次可见中式里弄布局形式,具有行列式排布、单元式重复的特征,显得十分密集。

4. 战后重建时期的人地关系(1865—1870)——退潮后的中式社区

从 1864 年太平军平复至 1865 年底,华人外迁现象变得非常严重。此时房屋入住率快速下降,甚至出现大量空置。"中国店铺所剩寥寥无几,整个住宅区都变得空空荡荡。在建的住屋多半停工。许多外国商行关门大吉,货仓堆栈都成空屋。"

根据 1865 年底统计数据,英租界有人居住华人房屋计 6 454 幢,承载华人 90 587 人,则每幢华人房屋居住人口约 14 人,而无人居住房屋居然达到 2 267 幢。同年,外侨有人居住房屋 250 幢,承载外侨约 1 600 人,则每幢外侨居住房屋承载人口 6—7 人。也就是说,每幢中式住宅从前一年居住 30 人,下降到当年居住不到 14 人,减少到最顶峰时期的约一半,人口密度也大幅度下降,减少到每平方千米约 9 万人。而外侨每幢房屋居住人口从 1853 年前后的 2 人增加到 1866 年前后的 6—7 人,人口密度也从 1853 年前后每平方千米约 300 人,增加到 1865 年约 2 900 人(其时外侨集聚区范围有一定缩小,测图后按 55 公顷计)。可见,在华洋杂居之后的英租界,外侨居住渐趋密集,中西聚居区之间的人口密度差异存在缩小的迹象。

在华人大幅度减少后,华人居住空间稍微宽敞了一些,但居住建筑质量问题浮上水面。由于这些建筑都是洋商在战时赶工建设,在急功近利的价值取向驱使下,大部分为木板式里弄,建筑密集,质量低劣,防潮、保温、隔热、防火等性能极差,结构也不安全,居住品质总体上很低,这些房屋的更新改造工作显得日益急迫。

5. 更新改造背景下的人地关系(1870—1949)——长周期持续下的城市更新

1870 年前后,由于木板式简屋的建筑材质问题,租界当局以起火易燃为由,对之加以取缔和限制,已建成的一些其他类型的简屋,为了防火也要拆除。新建的中式住宅基本上以石库门里弄为主要类型,外滩纵深区域华人住宅因此经历了一轮规模庞大的更新。据《黄浦区地名志》大事记中记载,1872 年租界中区已出现第一批石库门里弄住宅,有兴仁里、昼锦里、兆福里等。另据《沪游杂记》图纸(见图 3),至 1876 年,石库门等中式建筑的数量随人口增长和居住水平提高而稳步增长,公共租界中区已有成规模的石库门里弄 85 条之多[1]。

**图 3　1876 年英租界地图**

资料来源:(清)葛元煦撰,郑祖安标点:《沪游杂记》,上海书店出版社 2006 年,第 2 页。

1877 年,华人房屋比 1866 年 2 月多出 3 566 幢,预计约万幢[2]。而西人住宅也在人口大量减少的同时,不降反增,达到 565 幢。由此可知,1876 年前

---

[1] (清)葛元煦撰,郑祖安标点:《沪游杂记》,上海书店出版社 2006 年,第 2 页。
[2] 赖德霖:《中国近代建筑史研究》,清华大学博士学位论文,1992 年。笔者认为原空置华人住宅预计被拆除建新,故视其为在 1865 年原有居住的 6 454 幢基础上加建,推测原 6 454 幢数量也有所变化,但总体上约万幢。

后平均每幢建筑的居住人数为华人住宅 9—10 人、外侨住宅 3 人。

此后，在市场经济的长期作用下，中区土地效率发挥到了极致，建筑密度大到无以复加的地步，除街道、巷弄和少数机构的庭院空间外，中区内绝大部分用地已被成千上万幢建筑填满、夯实。原作为居留地的东部地区，已经基本上实现了功能的转型，外侨开始向扩展后的租界西区或北区寻求更合适的居住空间，东部原花园式商住区逐步演进为比较纯粹的商务区，承载更多的商务、商业、贸易功能。除一些机构配建的宿舍、大班买办的公寓之外，已少见成片外侨住宅。

而在西部地区，除少数大楼、戏院等公共建筑外，其时已建成大规模水平铺展的石库门里弄，无数个长短不一的长方形石库门建筑，形成特有的内部行列式、周边围合式里弄布局，并由格网式道路系统将其有序组织起来，构筑了令人震撼的城市风貌。这些石库门建筑一间间并排联立成为一行，一幢幢平行排列成为一个地块，一个个地块拼合成一个完整街坊，一个个街坊组成一个街区，一个个街区构成一个庞大城市。其中，一道道防火墙勾勒出建筑轮廓，一方方天井提供了呼吸空间，还有一条条纵横交织、密集排列的支弄空间，在几乎每一个街区内形成有节奏感、韵律感的街巷肌理和城市风貌，建成后便基本稳定地保持了数十年。

本文原载《复旦学报（社会科学版）》2024 年第 3 期，收录时有删改。

# 附录 葛剑雄指导的硕士、博士研究生及博士后人员一览表

| 姓名 | 硕士入学年份 | 博士入学年份 | 博士后入学年份 | 论文题目 | 所在工作单位 |
|---|---|---|---|---|---|
| 李懋军 | 1989 | | | 明代湖北人口迁移研究 | 湖北省鄂州市 |
| 赵发国 | 1990 | 1995 | | 齐地历史地理研究 | 山东画报出版社 |
| 安介生 | 1991 | 1993 | | 山西历史人口迁移研究 | 复旦大学历史地理研究中心 |
| 董龙凯 | 1993 | 1996 | | 山东段黄河灾害与人口迁移(1855—1947) | 上海教育出版社 |
| 张 敏 | 1994 | | | 明清时期苏州府人口的外迁 | 上海辞书出版社 |
| 杜 非 | | 1995 | | 中国古代姓氏地理研究——先秦—公元六世纪 | 商务印书馆 |
| 侯杨方 | | 1995 | | 明清时期江南地区的人口与社会经济变迁——一项历史人口学的实证研究 | 复旦大学历史地理研究中心 |
| 张根福 | | 1995 | | 抗战时期浙江省人口迁移研究 | 浙江师范大学 |
| 王卫东 | 1996 | 1998 | | 1648—1937年绥远地区移民与社会变迁研究 | 复旦大学出版社 |
| 葛庆华 | | 1997 | | 近代苏浙皖交界地区人口迁移研究(1853—1911) | 复旦大学统战部 |

续　表

| 姓名 | 硕士入学年份 | 博士入学年份 | 博士后入学年份 | 论　文　题　目 | 所在工作单位 |
|---|---|---|---|---|---|
| 刘春燕 | | 1997 | | 茶叶历史景观——生产、流通、消费、文化 | 上海大学社会学院社会学系 |
| 孙宏年 | | 1997 | | 中越关系研究（1644—1885） | 中国社会科学院中国边疆研究所 |
| 左　鹏 | | 1998 | | 唐诗中的文化景观 | 上海财经大学人文学院 |
| 高蒙河 | | 1999 | | 长江下游考古时代的环境研究——文明化进程中的生态系统与人地关系 | 复旦大学文物与博物馆学系 |
| 阙耀平 | | 2000 | | 清代天山北路人口迁移与区域开发研究 | 南通大学地理科学学院 |
| 苏新留 | | 2000 | | 民国时期水旱灾害与河南乡村社会 | 南阳师范学院研究生处 |
| 吴　滔 | | 2000 | | 流动的空间：清代江南的市镇和农村关系研究——以苏州地区为中心 | 中山大学历史学系（珠海） |
| 周筱赟 | | 2000 | | | 广东广强律师事务所 |
| 周　言 | | | 2000 | | 南京大学历史学院 |
| 李玉尚 | | 2001 | | 环境与人：江南传染病史研究（1820—1953） | 上海交通大学人文学院历史系 |
| 胡云生 | | 2002 | | 河南回族社会历史变迁研究 | 中共河南省委巡视组 |
| 杨　蕤 | | 2002 | | 西夏地理初探 | 北方民族大学中华民族共同体学院 |
| 王加华 | | 2003 | | 近代江南地区的农事节律与乡村生活周期 | 山东大学儒学高等研究院民俗学研究所 |
| 张晓芳 | | 2003 | | 蚌埠城市历史地理研究 | 苏州科技大学环境学院 |

续 表

| 姓名 | 硕士入学年份 | 博士入学年份 | 博士后入学年份 | 论 文 题 目 | 所在工作单位 |
|---|---|---|---|---|---|
| 谢湜 | 2004硕博连读 | | | 高乡与低乡：11—16世纪太湖以东的区域结构变迁 | 中山大学历史学系 |
| 陆长飞 | 2004 | | | 唐代中后期区域政治地理及相关问题研究——以若干方镇为中心 | 复旦大学图书馆 |
| 王大学 | | 2004 | | 明清江南海塘的建设与环境 | 复旦大学历史地理研究中心 |
| 吴轶群 | | 2004 | | 清代新疆边境地区城市对比研究——以伊犁、喀什噶尔为中心 | 新疆大学研究生院 |
| 夏增民 | | 2004 | | 儒学传播与汉魏六朝文化变迁 | 华中科技大学历史研究所 |
| 马长泉 | | | 2004 | 新疆卡伦制度的嬗变 | 中国人民武装警察部队学院边防系 |
| 李嘎 | | 2005 | | 山东半岛城市地理研究——以西汉至元城市群体与中心城市的演变为中心 | 山西大学中国社会史研究中心 |
| 路伟东 | | 2005 | | 清代陕甘人口研究 | 复旦大学历史地理研究中心 |
| 蒋有亮 | | 2006 | | 近代中加文化交流史研究 | 中国科学院上海有机化学研究所 |
| 李强 | | 2006 | | 1930年代东北地区人口研究 | 河南工程学院人文学院 |
| 李向锴 | | 2006 | | | 苏州科技大学商学院 |
| 郑发展 | | 2006 | | 近代河南人口问题研究(1912—1953) | 郑州大学马克思主义学院 |
| 郑维宽 | | 2006 | | 清代广西人地关系的演进与生态变迁研究 | 广西民族大学民族学与社会学学院 |

续 表

| 姓名 | 硕士入学年份 | 博士入学年份 | 博士后入学年份 | 论文题目 | 所在工作单位 |
|---|---|---|---|---|---|
| 张俊峰 | | | 2006 | 明清山西水利社会中的非正式制度 | 山西大学中国社会史研究中心 |
| 马孟龙 | | 2008 | | 西汉侯国地理 | 复旦大学历史学系 |
| 侯文权 | | 2008 | | 重庆历史人文地理研究——以区域开发为中心 | |
| 马雷 | | 2008 | | 公元前8—前3世纪中国大陆地区墓葬分布研究 | 四川文理学院巴文化研究院 |
| 魏枢 | | | 2008 | | 上海大学数码艺术学院 |
| 郝红霞 | | 2009 | | 中晚唐文学的南方化 | 中国文联网络文艺传播中心 |
| 张宏杰 | | 2009 | | 曾国藩京官时期经济生活研究 | 中国人民大学清史研究所 |
| 闫爱宾 | | | 2009 | 文化交流与技术传播——以浙闽沿海密教建筑为中心 | 华东理工大学艺术设计学院景观规划设计系 |
| 郭永钦 | 2010 | 2012 | | 清代财政数据及其空间差异研究——以地丁税数字为中心 | 广东外语外贸大学中国计量经济史研究中心 |
| 胡列箭 | | 2010 | | 名与实：广西瑶人分布研究 | 华南师范大学历史文化学院 |
| 万勇 | | | 2010 | 近代上海公共租界中区的功能和形态演进——基于历史地图和历史图片的整理与分析 | 上海社会科学院部门经济研究所 |

续 表

| 姓名 | 硕士入学年份 | 博士入学年份 | 博士后入学年份 | 论文题目 | 所在工作单位 |
|---|---|---|---|---|---|
| 鲍俊林 | | 2011 | | 明清江苏沿海盐作地理与人地关系变迁 | 复旦大学历史地理研究中心 |
| 张靖华 | | 2012 | | 明初以降巢湖北岸的聚落与空间 | 安徽建筑大学建筑与城市规划学院 |
| 张 宁 | | 2013 | | 清至民国滇缅地区的政治秩序与国家管控研究 | 上海外国语大学丝路战略研究所 |
| 杨 林 | 2013 | | | 西藏志出程站研究 | 复旦大学历史地理研究中心（博士生在读） |
| 位书海 | | 2015 | | 清代苏皖院绿营研究 | 阜阳师范大学历史文化与旅游学院 |
| 张 力 | | 2016 | | 摇摆在政区与非政区之间：清代云南直隶盐课提举司研究 | 复旦大学义乌研究院 |
| 朱家英 | | | 2016 | 民国旧体诗社分省叙录 | 山东大学文学院 |
| 邓小飞 | | 2017 | | 察哈尔地方移民与社会变迁（1902—1933） | 上海市委统战部 |
| 黄 磊 | | 2017 | | | 上海财经大学出版社（博士生在读） |
| 李希光 | | 2020 | | | 复旦大学历史地理研究中心（博士生在读） |
| 刘德军 | | 2022 | | | 复旦大学历史地理研究中心（博士生在读） |
| 杨 文 | | 2023 | | | 复旦大学历史地理研究中心（博士生在读） |

# 编后记

五年前,也即二〇一九年,我们编辑出版了《成蹊集:葛剑雄先生从教五十五年誌庆论文集》,以贺恩师从教五十五年及七十五岁寿辰。往日情形,历历在目。

五年来,恩师依然在复旦大学指导研究生。他身体康健,精力充沛,学术活动、社会活动繁多,日程安排相当满。

自今年始,恩师又担任了香港中文大学(深圳校区)图书馆馆长,并驻馆办公,我们见到先生的机会变得更少了。但是,恩师每次回到上海,只要时间允许,他都会事先告知我们,如想见他,即可相约。有时,他甚至专门抽出时间,约见在上海的弟子们一起用餐,一起聊天,以此我们能够有机会,不断聆听先生的教诲。

恩师学养宏富,无所不谈,无所不包,上至学术前沿、国际形势,下至耳闻目睹、家庭事务,言语中饱含着智慧与真知,每每让人耳目一新,弟子门生受益匪浅。

今年是恩师从教六十年,整整一个甲子,十二月十五日又是恩师八十岁寿辰。迄今为止,恩师指导的硕士、博士研究生和博士后研究人员正好六十人。"桃李不言,下自成蹊。"为了表达一份心意,我们葛门弟子又编辑成这部《成蹊集(二):葛剑雄先生从教六十年誌庆论文集》,作为贺礼,献给恩师。

恩师招收学生,不拘一格,学生来自历史、地理、文学、建筑、经济、考古等多种学科。在研究生培养中,他一般也不给弟子规定论文的题目,而是从兴趣及方向等方面进行启发教诲。

恩师注重学术传承,对于他所研究的移民史、人口史领域以及历史地理其他方向都高度期待。他特别希望,将谭其骧先生等老一辈史地学家传授的理论、方法以及求真求实精神继续传承下去,发扬光大。

恩师桃李满天下,他指导过的学生在大学、科研机构、出版社等单位工作,已成为这些行业的中坚力量;而恩师的学生又培养了第二代学生。对于这些学者的成长，恩师感到无比欣喜与宽慰。限于篇幅，这部论文集只收录了少量第二代学生的学术论文，并在文后附以作者简介，以展示恩师学术传承的真实轨迹。

论文集所收文章，皆为学术文章，旧文新作皆有，代表了作者们的学术水准。由于各篇文章体例不同，我们按照图书编校的要求作了体例统一的处理。有些文章收录时进行了修改，作者在文末做出了说明。

编者所辑"葛剑雄指导的硕士、博士研究生及博士后人员一览表"作为附录，以便读者了解先生指导的研究生情况与学术发展脉络。

编　者
二〇二四年十一月三日

**图书在版编目 ( CIP ) 数据**

成蹊集：葛剑雄先生从教六十年誌庆论文集. 二/
本书编委会编. --上海：复旦大学出版社,2024. 11
ISBN 978-7-309-17622-3

Ⅰ. K0-53

中国国家版本馆 CIP 数据核字第 2024CE1205 号

成蹊集(二)——葛剑雄先生从教六十年誌庆论文集
本书编委会　编
责任编辑/王卫东　黄　丹

复旦大学出版社有限公司出版发行
上海市国权路 579 号　邮编：200433
网址：fupnet@ fudanpress. com　http://www.fudanpress. com
门市零售：86-21-65102580　团体订购：86-21-65104505
出版部电话：86-21-65642845
上海雅昌艺术印刷有限公司

开本 787 毫米×1092 毫米　1/16　印张 38　字数 642 千字
2024 年 11 月第 1 版
2024 年 11 月第 1 版第 1 次印刷

ISBN 978-7-309-17622-3/K · 841
定价：180. 00 元